HABLA EL ANTIGUO TESTAMENTO

Samuel J. Schultz

HABLA EL ANTIGUO TESTAMENTO

Un examen completo de la historia y la literatura del Antiguo Testamento

Josías Max Rodríguez

Editorial
PORTAVOZ

Título del original: *The Old Testament Speaks* by Samuel J.
Schultz © 1960, 1970 por Samuel J. Schultz y publicado
por Harper & Row, Inc., New York, NY. U.S.A. Todos los
derechos reservados.

Edición en castellano: *Habla el Antiguo Testamento* © 1976,
por Outreach, Inc., Grand Rapids, Michigan y publicado con
permiso por Editorial Portavoz, filial de Kregel Publications, Grand Rapids, Michigan 49505. Todos los derechos
reservados.

Traducción: Francisco Cazarola

EDITORIAL PORTAVOZ
2450 Oak Industrial Dr. NE
Grand Rapids, Michigan 49505 USA

ISBN 978-0-8254-1657-6

17 18 edición/año 26 25 24 23 22 21

Impreso en los Estados Unidos de América
Printed in the United States of America

Indice

ESQUEMAS

MAPAS

Prefacio

La Biblia vive hoy. El Dios que habló y actuó en tiempos pasados confronta a los hombres de esta generación con la palabra escrita que ha sido preservada en el Antiguo Testamento. Nuestro conocimiento de las antiguas culturas en que este documento tuvo su origen, ha sido grandemente incrementado mediante descubrimientos arqueológicos y las crecientes fronteras ampliadas de la erudición bíblica. La preparación de esta visión general, destinada a introducir al estudiante de las artes liberales y al lector laico en la historia y la literatura del Antiguo Testamento, ha sido impulsada por más de una década de experiencias en las aulas. En este volumen intento ofrecer un bosquejo de todo el Antiguo Testamento a la luz de los progresos contemporáneos.

En mis estudios de graduación estuve expuesto a un amplio campo de interpretación del Antiguo Testamento, bajo el Dr. H. Pfeiffer en la Universidad de Harvard, al igual que los Drs. Allan A. MacRae y R. Laird Harris del Faith Theological Seminary. A tales hombres me liga una deuda de gratitud por un entendimiento crítico de los problemas básicos con que se enfrenta el erudito del Antiguo Testamento. No es sin la conciencia del conflicto del pensamiento religioso contemporáneo respecto a la autoridad de las Escrituras que la visión bíblica de la revelación y autoridad se proyecta como la base para una adecuada comprensión del Antiguo Testamento (ver Introducción). Dado que este análisis está basado en la forma literaria del Antiguo Testamento como ha sido transmitido hasta nosotros, las cuestiones de autoridad están ocasionalmente anotadas y los hechos pertinentes de crítica literaria se mencionan de pasada.

Se incluyen mapas para ayuda del lector en una integración cronológica del desarrollo del Antiguo Testamento. Las fechas de los períodos más antiguos están todavía sujetas a revisión. Cualquier dato ocurrido antes de los tiempos davídicos tiene que ser considerado como aproximado. Para el Reino Dividido he seguido el esquema de Edwin H. Thiele. Puesto que los nombres de los reyes de Judá e Israel constituyen un problema para el lector medio, he dado las variantes utilizadas en este libro en las páginas 158-159.

Los mapas han sido diseñados para ayudar al lector a una mejor comprensión de los factores geográficos que han afectado a la historia contemporánea. Las fronteras han cambiado frecuentemente. Las ciudades fueron destruídas y vueltas a reconstruir de acuerdo con la variante fortuna de los reinos que florecieron y declinaron.

Es un placer rendir un tributo de agradecimiento al Dr. Dwight Wayne Young de la Universidad de Brandeis por la lectura de este manuscrito en su totalidad y su contribución de ayuda crítica en el conjunto de la obra. También quiero expresar mi agradecimiento al Dr. Burton Goddard y William Lane de la Gordon Divinity School, así como al Dr. John Graybill del Barrington Bible College, quien leyó las anteriores versiones. Quiero dar las gracias de modo especial a mi amigo George F. Bennet, cuyo interés y consejo fueron una fuente continua de estímulo.

Deseo igualmente expresar mi agradecimiento a la administración del Wheaton College por concederme tiempo para completar el manuscrito, a la Asociación de Alumnos del Wheaton College por una subvención para investigación y a la Iglesia Bautista de Southshore de Hingham, Massachussetts, por proporcionarme facilidades para investigar y escribir. Estoy agradecido por el interés y el estímulo de mis colegas del Departamento de Biblia y Filosofía del Wheaton College, especialmente al Dr. Kenneth S. Kantzer que asumió responsabilidades presidenciales en mi ausencia.

A Elaine Noon la estoy agradecido por su exactitud y cuidado al mecanografiar todo el manuscrito. De igual forma ha sido altamente valiosa la ayuda de los bibliotecarios de Andover-Harvard y Zion. Estoy en deuda de gratitud igualmente con Carl Lindgren de Scripture Press por los mapas incluídos en el presente volumen.

Por encima de todo, este proyecto no hubiera podido llevarse a cabo sin la voluntaria cooperación de mi familia. Mi esposa, Eyla June, leyó y releyó palabra por palabra todo el trabajo brindándome su inapreciable crítica, mientras que Linda y David aceptaron bondadosamente los cambios que este empeño impuso sobre nuestra vida familiar.

S.J.S.

Wheaton College
Wheaton, Illinois
Enero, de 1960

Introducción:
El Antiguo Testamento

El interés en el Antiguo Testamento es universal. Millones de personas vuelven a sus páginas para rastrear los principios del judaísmo, el cristianismo, o el Islam. Otras personas, sin cuento, lo han hecho buscando su excelencia literaria. Los eruditos estudian diligentemente al Antiguo Testamento para la contribución arqueológica, histórica, geográfica y linguística que posee conducentes a una mejor comprensión de las culturas del Próximo Oriente y que preceden a la Era Cristiana.

En la literatura mundial, el lugar qué ocupa el Antiguo Testamento es único. Ningún libro —antiguo o moderno— ha tenido tal atracción a escala mundial, ni ha sido transmitido con tan cuidadosa exactitud, ni ha sido tan extensamente distribuído. Aclamado por hombres de estado y sus súbditos, por hombres de letras y personas de escasa o nula cultura, por ricos y pobres, el Antiguo Testamento nos llega como un libro viviente. De forma penetrante, habla a todas las generaciones.

Origen y contenido

Desde un punto de vista literario, los treinta y nueve libros que componen el Antiguo Testamento, tal y como es utilizado por los protestantes, pueden dividirse en tres grupos. Los primeros diez y siete —Génesis hasta Ester— dan cuenta del desarrollo histórico de Israel hasta la última parte del siglo V, a.C. Otras naciones entran en la escena solo en cuanto tienen relación con la historia de Israel. La narración histórica se interrumpe mucho antes de los tiempos de Cristo, por lo que hay un intervalo de separación de cuatro siglos entre el Antiguo y el Nuevo Testamento. La literatura apócrifa, aceptada por la Iglesia Católica, se desarrolló durante este período, pero nunca fue reconocida por los judíos como parte de sus libros aceptados o "canon".

Cinco libros, Job, Salmos, Proverbios, Eclesiastés y el Cantar de los Cantares, se clasifican como literatura de sabiduría y poesía. Siendo de naturaleza bastante general, no serán relacionados íntimamente con algún incidente particular en la historia de Israel. Como mucho, solo unos pocos salmos se pueden asociar con acontecimientos relatados en los libros históricos.

1

16/08/2023

Los diez y siete libros restantes registran los mensajes de los poetas, quienes aparecieron en Israel de tiempo en tiempo para declarar la Palabra de Dios. El fondo general y frecuentemente los detalles específicos dados en los libros históricos, sirven como clave para la adecuada interpretación de tales mensajes proféticos. Recíprocamente, las declaraciones de los profetas contribuyen en gran medida a la comprensión de la historia de Israel.

La disposición de los libros del Antiguo Testamento ha sido una cuestión de desarrollo histórico. En la Biblia hebrea moderna los cinco libros de la Ley están seguidos por ocho libros llamados "Profetas": Josué, Jueces, I y II de Samuel, I y II de Reyes, Isaías, Jeremías, Ezequiel y los Doce (los profetas menores). Los últimos once libros están designados como "Escritos" o hagiógrafos: Salmos, Job, Proverbios, Rut, Cantar de los Cantares, Lamentaciones, Ester, Daniel, Esdras-Nehemías y I y II de Crónicas. El orden de los libros ha variado durante varios siglos después de haber sido completado el Antiguo Testamento. El uso del códice, en forma de libros, introducido durante el siglo segundo de la Era Cristiana, necesitaba un orden definido de colocación. En tanto eran conservados en rollos individuales, el orden de los libros no era de importancia fundamental, pero según el códice fue reemplazado al rollo, la colocación normal, tal y como se refleja en nuestras Biblias hebreas y de lenguas modernas, llegó gradualmente a hacerse de uso común.

De acuerdo con la evidencia interna, el Antiguo Testamento fue escrito durante un período de aproximadamente mil años, (de 1.400 a 400 a. C.) por, al menos, treinta autores diferentes. La paternidad literaria de cierto número de libros es desconocida. La lengua original de la mayor parte del Antiguo Testamento fue el hebreo, una rama de la gran familia de las lenguas semíticas, incluyendo el fenicio, el asirio, el babilonio, el árabe y otras lenguas. Hasta el tiempo del exilio, el hebreo continuó siendo el lenguaje hablado de Palestina. Con el transcurso del tiempo, el arameo se convirtió en la lengua franca del Fértil Creciente, por lo que partes de Esdras (4:8-6:18; 7:12-26), Jeremías (10:11) y Daniel (2:4-7:28) fueron escritas en esta lengua.

Transmisión del texto hebreo

El pergamino o vitela, que se prepara con pieles de animales, era el material más frecuente empleando en los escritos del Antiguo Testamento hebreo. A causa de su durabilidad, los judíos continuaron su uso a través de los tiempos de griegos y romanos, aunque el papiro resultaba más plena y comercialmente aceptable tipo de material de escritura. Un rollo de piel de tamaño corriente medía unos diez metros de largo por veinticinco centímetros de altura aproximadamente. Peculiar a los textos antiguos, es el hecho de que en el original solo se escribían las consonantes, apareciendo en una línea continua con muy poca separación entre las palabras. Con el comienzo de la Era Cristiana, los escribas judíos se hicieron extremadamente conscientes de la necesidad de la exactitud en la transmisión del texto hebreo. Los eruditos dedicados particularmente a esta tarea en los siglos subsiguientes se conocían como los masoretas. Los masoretas copiaban el texto con gran cuidado, y con el tiempo, incluso numeraban los versículos, palabras y letras de cada libro.[1] Su mayor contribución fue la inserción de signos vocales en el texto como una ayuda para la lectura.

Hasta 1.448, en que apareció en Soncino, Italia, la primera Biblia hebrea impresa, todas las Biblias eran manuscritas. A pesar de haber aparecido ejemplares privados en vitela y en forma de libro, los textos de la sinagoga eran limitados usualmente a rollos de piel y copiados con un extremo cuidado.

Hasta el descubrimiento de los Rollos del Mar Muerto, los más antiguos manuscritos existentes databan de alrededor del 900 a.C., En los rollos de la comunidad de Qunram que fue dispersa poco antes de la destrucción de Jerusalén en 70 a.C., todos los libros del Antiguo Testamento están representados, excepto el de Ester. Evidencias mostradas por estos recientes descubrimientos han confirmado el punto de vista de que los textos hebreos preservados por los masoretas han sido transmitidos sin cambios de consideración desde el siglo I a.C.

Las versiones[2]

La Septuaginta (LXX), una traducción griega del Antiguo Testamento, empezó a circular en Egipto en los días de Ptolomeo Filadelfo (285-246 a.C.). Existía una gran demanda entre los judíos de habla griega de ejemplares del Antiguo Testamento, asequibles para uso privado y en la sinagoga, en la lengua franca del área mediterránea oriental. Muy probablemente una copia oficial fue colocada en la famosa biblioteca de Alejandría.

Esta versión no fue usada solamente por los judíos de habla griega, sino que también fue adoptada por la iglesia cristiana. Muy probablemente, Pablo y otros apóstoles usaron un Antiguo Testamento griego al apoyar su afirmación de que Jesús era el Mesías (Hechos 17:2-4). Contemporáneamente, el Nuevo Testamento fue escrito en griego y vino a formar parte de las Escrituras aceptadas por los cristianos. Los judíos, alegando que la traducción griega del Antiguo Testamento era inadecuada y estaba afectada por las creencias cristianas, se aferraron tenazmente al texto en la lengua original. Este texto hebreo, como ya hemos apuntado, fue transmitido cuidadosamente por los escribas y masoretas judíos en siglos subsiguientes.

En virtud de estas circunstancias, la iglesia cristiana vino a ser la custodia de la versión griega. Aparte de eruditos tan destacados como Orígenes y Jerónimo, pocos cristianos concedieron atención alguna al Antiguo Testamento en su lengua original hasta el Renacimiento. Sin embargo, había varias traducciones griegas en circulación entre los cristianos.

Durante el siglo II, la forma de códice nuestra moderna forma de libro con hojas ordenadas para la encuadernación comenzó a entrar en uso. El papiro era ya el principal material de escritura empleado en todo el Mediterráneo. Reemplazando los rollos de piel, que había venido siendo el medio aceptado para la transmisión del texto hebreo, los códices de papiro se con-

---

1. Dado que la división en versículos aparece en el texto hebreo en el siglo décimo d. de C., la división del Antiguo Testamento en versículos fue hecha, al parecer, por los masoretas. Nuestra división en capítulos empezó con el obispo Stephen Langton en el siglo XIII. (Falleció en 1228.)

2. Para el relato de cómo las Escrituras llegaron a nosotros, ver *Nuestra Biblia y los Antiguos Manuscritos* de sir Frederic Kenyon, revisada por A. W. Adams (Nueva York: Harper & Brothers, 1958.)

_16/08/2023_

virtieron en las copias normales de las Escrituras en la lengua griega. Hacia el siglo IV el papiro fue reemplazado por la vitela (el pergamino). Las primeras copias que actualmente existen, datan de la primera mitad del siglo IV. Recientemente, algunos papiros, de la notable colección de Chester Beatty, han proporcionado porciones de la Septuaginta que resultan anteriores a los códices en vitela anotados anteriormente.

La necesidad de otra traducción se desarrolló cuando el latín sustituyó al griego como lengua común y oficial del mundo mediterráneo. Aunque una antigua versión latina de la Septuaginta había ya circulado en Africa, fue, no obstante, a través de los esfuerzos eruditos de Jerónimo, cuando apareció una traducción latina del Antiguo Testamento cerca de fines del mencionado siglo IV. Durante el siguiente milenio, esta versión, más conocida como la Vulgata, fue considerada como la más popular edición del Antiguo Testamento. La Vulgata, hasta nuestros días, con la edición de los libros apócrifos que Jerónimo descartó, permanece como la traducción aceptada por la Iglesia Católica Romana.

El Renacimiento tuvo una decisiva influencia en la transmisión y circulación de las Escrituras. No solamente el reavivamiento de su estudio estimuló la multiplicación de copias de la Vulgata, sino que despertó un nuevo interés en el estudio de las lenguas originales de la Biblia. Un nuevo ímpetu se produjo con la caída de Constantinopla, que obligó a numerosos eruditos griegos a refugiarse en la Europa Occidental. Emparejado con este renovado interés en el griego y en el hebreo, surgió un vehemente deseo de hacer la Biblia asequible al laico, como resultado de lo cual, aparecieron traducciones en la lengua común. Antecediendo de Martín Lutero en 1522, había versiones alemanas, francesas, italianas e inglesas. De importancia principal en Inglaterra fue la traducción de Wycliffe hacia el final del siglo XIV. Por hallarse reducida a la condición de Biblia manuscrita, la accesibilidad de esta temprana versión inglesa estaba bastante limitada. Con la invención de la imprenta en el siglo siguiente, amaneció una nueva era para la circulación de las Escrituras.

William Tyndale es reconocido como el verdadero padre de la Biblia en lengua inglesa. En 1525, el año del nacimiento de la Biblia impresa en inglés, empezó a aparecer su traducción. A diferencia de Wycliffe que tradujo la Biblia del latín, Tyndale acudió a las lenguas originales para su versión de las Sagradas Escrituras. En 1536, con su tarea todavía sin terminar, Tyndale fue condenado a muerte. En sus últimos momentos, envuelto por las llamas, elevó su última oración: "Señor, abre los ojos del Rey de Inglaterra". El súbito cambio de acontecimientos justificaron pronto a Tyndale y su obra. En 1537, fue publicada la Biblia de Matthew, que incorporaba la traducción de Tyndale suplementada por la versión de Coverdale (1535). Obedeciendo órdenes de Cromwell, la Gran Biblia (1541) fue colocada en todas las iglesias de Inglaterra. Aunque esta Biblia era principalmente para uso de las iglesias, algunos ejemplares se hicieron asequibles para el estudio privado. Como contrapartida, la Biblia de Ginebra entró en circulación en 1560 para convertirse en la Biblia del hogar y durante medio siglo fue la más popular para la lectura privada en inglés.

La Versión Autorizada de la Biblia inglesa fue publicada en 1611. Siendo ésta el trabajo de eruditos de griego y hebreo interesados en producir la mejor traducción posible de las Escrituras, esta "Versión del Rey Jaime" ganó un lugar indiscutible en el mundo de habla inglesa a mediados del siglo XVII. Revisiones dignas de ser notadas aparecidas desde entonces, son la Versión Inglesa Revisada, 1881-1885, la Versión Standard Americana de 1901, la Versión Standard Revisada de 1952 y la Versión Berkeley en inglés moderno de 1959.

Significado

¿Llegó el Antiguo Testamento a nosotros como un relato de cultura o historia secular? ¿Tiene solamente valor como la literatura nacional de los judíos? El Antiguo Testamento mismo manifiesta ser más que el relato histórico de la nación judía. Tanto para judíos como para cristianos, es la Historia Sagrada que descubre la Revelación que Dios hace de Sí mismo al hombre; en él se registra no solo lo que Dios ha hecho en el pasado, sino también el plan divino para el futuro de la humanidad.

A través de las venturas y desventuras de Israel, Dios, el Creador del Universo, tanto como del hombre, dirigió el curso de su pueblo escogido en la arena internacional de las culturas antiguas. Dios no es solamente el Dios de Israel, sino el supremo gobernador que controla el quehacer de todas las naciones. Consecuentemente, el Antiguo Testamento registra acontecimientos naturales, y además, entretejidas a través de toda esta historia, se encuentran las actividades de Dios en forma sobrenatural. Este rasgo distintivo del Antiguo Testamento —el descubrimiento de Dios en acontecimientos y mensajes históricos— le eleva sobre el nivel de la literatura e historia seculares. Solo como Historia Sagrada puede ser el Antiguo Testamento entendido en su significación plena. El reconocimiento de que tanto lo natural como lo sobrenatural son factores vitales en toda la Biblia, es indispensable para una comprensión integral de su contenido.

Unico como Historia Sagrada, el Antiguo Testamento reclama distinción como Sagrada Escritura: así fue para los judíos, a quienes estos escritos fueron confiados, al igual que para los cristianos (Rom. 3:2). Viniendo a través de los medios naturales de autores humanos, el producto final escrito tuvo el sello de la aprobación divina. Sin duda el Espíritu de Dios usó la atención, la investigación, la memoria, la imaginación, la lógica, todas las facultades de los escritores del Antiguo Testamento. En contraste con los medios mecánicos, la dirección de Dios se manifestó por medio de las capacidades histórica, literaria y teológica del autor. La obra escrita como la recibieron los judíos y cristianos constituyó un producto divino-humano sin error en la escritura original. Como tal, contenía la verdad para toda la raza humana.

Esta fue la actitud de Jesucristo y los apóstoles. Jesús, el Dios-Hombre, aceptó la autoridad del cuerpo entero de literatura conocido como el Antiguo Testamento y usó libremente estas Escrituras como base del apoyo de su enseñanza: (Comparar Juan. 10:34-35; Mt. 22:29, 43-45; Luc. 16:17; 24:25). De igual forma hicieron los apóstoles en el período inicial de la iglesia cristiana (II Timoteo 3:16; II Pedro 1:20-21). Escrito por hombres bajo dirección divina, el Antiguo Testamento fue aceptado como digno de toda confianza.

En nuestros días, es tan esencial considerar el Antiguo Testamento como autoridad final, como lo fue en los tiempos del Nuevo Testamento para judíos y cristianos. Como un registro razonablemente confiable, dando margen a errores de transmisión que necesitan consideración cuidadosa mediante el uso científico de los correctos principios del criticismo actual, el Antiguo Testamento habla autoritativamente en el lenguaje del laico de hace dos o más milenios. Lo que anuncia lo declara con toda la verdad, ya use lenguaje figurado o literal, ya trate de cuestiones de ética o del mundo natural de la ciencia. Las palabras de los escritores bíblicos, adecuadamente interpretadas en su contexto total y en su sentido natural de acuerdo con el uso de su tiempo enseñan la verdad sin error. Así, hable al lector el Antiguo Testamento.

Este volumen ofrece una perspectiva de todo el Antiguo Testamento. Dado que la Arqueología, la Historia y otros campos de estudio están relacionados con el contenido del Antiguo Testamento, pueden ser medios para conseguir un mejor entendimiento del mensaje de la Biblia, pero sólo en tanto el lector deje a la Biblia hablar por sí misma, alcanzará este libro su propósito.

16/08/2023

BIBLIOGRAFÍA SELECTA
* Libros en castellano

* ARCHER, GLEASON L. *Reseña crítica de una introducción al Antiguo Testamento.* Grand Rapids: Editorial Portavoz, 1987.

BAILLIE, JOHN. *The Idea of Revelation in Recent Thought.* Nueva York: Columbia University Press, 1956.

BRIGHT, J. *The Authority of the Old Testament.* Nashville: Abingdon Press, 1967.

* FRANCISCO, CLYDE T. *Introducción al Antiguo Testamento.* El Paso: Casa Bautista de Publicaciones, 1964.

GAUSSEN, L. THEOPNEUSTIA. *The Plenary Inspiration of the Holy Scriptures* (con un prefacio de C. H. Spurgeon). Londres, 1888.

GEISLER, N. L. Y NIX, W. E. *A General Introduction of the Bible.* Chicago: Moody Press, 1968.

GELDENHUYS, J. NORVAL. *Supreme Authority.* Londres: Wm. B. Eerdmans Publishing Co., 1953.

GUILLEBAND, H. *Moral Difficulties in the Bible.* Londres: Inter-Varsity Press, 1949.

HARRIS, R. LAIRD. *The Inspiration and Canonicity of the Bible.* Grand Rapids: Zondervan Publishing House, 1957.

* HARRISON, R. K. *Introducción al Antiguo Testamento.* Grand Rapids: Editorial TELL, 1990.

HENRY, CARL H. (ed.) *Revelation and the Bible.* Filadelfia: Presbyterian and Reformed Publishing Co., 1958.

KENYON, SIR FREDERICK. *Our Bible and the Ancient Manuscripts.* Nueva York. Harper & Brothers, 1958.

KITCHEN, KENNETH A. *Ancient Orient and Old Testament.* Chicago: Inter-Varsity Press, 1966.

LEVIE, JEAN. *The Bible, Word of God in Words of Men.* Londres: Geoffrey Chapman, 1961.

LIGHTNER, R. P. *Neo-evangelicalism.* Findlay, Ohio: Dunham Press, 1961.

MASCALL, E. L. *Christian Theology and Natural Science.* Nueva York: Ronald Press, 1956.

_____ . *Words and Images.* Nueva York: Ronald Press, 1957.

McDONALD, H. D. *Ideas of Revelation, an Historical Study* 1860-1960. London: G. Allen and Unwin, 1963.

_____ . *Theories of Revelation, An Historical Study* 1700-1860. Nueva York: Londres. G. Allen and Unwin, 1963.

PACKER, JAMES I. *Fundamentalism and the Word of God.* Londres: Inter-Varsity Press, 1958.

_____ . *God Speaks to Man.* Filadelfia: Westminster Press, 1966.

PREUS, ROFERT. *The Inspiration of Scripture.* Edimburgo: Oliver & Boyd, 1955.

RAMM, BERNARD. *Pattern of Authority.* Grand Rapids: Wm. B. Eerdmans Publishing Co., 1957.

*   ____ . *La revelación especial y la Palabra de Dios*: Buenos Aires: Editorial La Aurora, 1967.

REID, J. K. S. *The Authority of Scripture.* Nueva York: Harper & Brothers, s. f.

RUNIA, KLAAS. *Karl Barth's Doctrine of Holy Scriptures.* Grand Rapids: Wm. B. Eerdmans Publishing Co., 1962.

SCHULTZ, SAMUEL. *The Prophets Speak.* Nueva York: Harper & Row, 1968.

STONEHOUSE N. B., y WOOLEY, PAUL (eds.). *The Infallible Word.* Filadelfia: Presbyterian Guardian Publishing Corporation, 1946.

TASKER, R. V. G. *Our Lord's Use of the Old Testament.* Londres: Westminster Chapel, 1953.

TENNEY, MERRILL C. (ed.). *The Bible—The Living Word of Revelation.* Grand Rapids: Zondervan Publishing House, 1968.

VOS, HOWARD F. (ed.). *Can I Trust My Bible?* Chicago: Moody Press, 1968.

WALVOORD, JOHN W. (ed.). *Inspiration and Interpretation.* Grand Rapids: Wm. B. Eerdmans Publishing Co., 1957.

WARFIELD, B. B. *The Inspiration and Authority of the Bible.* Nueva York: Oxford University Press, 1927.

YOUNG, E. J. *Thy Word Is Truth.* Grand Rapids: Wm. B. Eerdmans Publishing Co., 1957.

*   ____ . *Introducción al Antiguo Testamento.* Grand Rapids: Editorial TELL, 1977.

HABLA EL ANTIGUO TESTAMENTO

Capítulo **I**

El período de los principios

Los interrogantes acerca del origen de la vida y de las cosas han tenido siempre un lugar en el pensamiento humano. Los descubrimientos del pasado, tales como el de los Rollos del mar Muerto, no solo son un reto para el estudioso, sino que también fascina al laico.

El Antiguo Testamento provee una respuesta a la interrogación del hombre por lo que respecta al pasado. Los primeros once capítulos del Génesis exponen los hechos esenciales respecto a la Creación de este Universo y del hombre. En el registro escrito del proceder de Dios con el hombre, estos capítulos penetran en el pasado más allá de lo que ha sido establecido o corroborado definitivamente por la investigación histórica. Con razonable seguridad, sin embargo, el evangélico acepta inequívocamente esta parte de la Biblia como el "primero" (y el único auténtico) relato de la Creación del Universo por Dios.[1]

Los capítulos iniciales del canon son fundamentales para toda la revelación expuesta en el Antiguo y Nuevo Testamento. En toda la Biblia hay referencias[2] a la creación y temprana historia de la humanidad tal como se expone en estos capítulos introductorios.

¿Cómo deberemos interpretar esta narración del principio del hombre y su mundo? ¿Es mitología, alegoría, una combinación contradictoria de documentos, o la idea de un solo hombre acerca del origen de las cosas? Otros escritores bíblicos la reconocen como una narración progresiva de la actividad de Dios al crear la tierra, los cielos y el hombre. Pero el lector moderno debe guardarse de leer más allá de la narración, interpretándola en términos científicos, o asumiendo que es un almacén de información sobre

---

1. La mayor parte de los acontecimientos en el Génesis 1-11 preceden a la civilización sumeria, en que apareció la escritura hacia el final del cuarto milenio a. C.
2. Comparar Is. 40-50; Rom. 5:14; I Cor. 15:45; I Tim. 2:13-14 y otros.

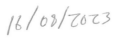

ciencias recientemente desarrolladas. Al interpretar esta sección de la Biblia —o cualquier otro texto a tal objeto— es importante aceptarla en sus propios términos. Sin duda alguna, el autor hizo uso normal de símbolos, alegorías, figuras del lenguaje, poesía y otros recursos literarios. Para él, al parecer, constituyó un registro sensible y unificado del principio de todas las cosas, tal como le habían sido dadas a conocer por Dios mediante medios humanos y divinos.

El tiempo comprendido por este período de los principios no se indica en ningún lugar de las Escrituras. En tanto el punto terminal —el tiempo de Abraham— se relaciona con la primera mitad del segundo milenio, los demás acontecimientos de esta era no pueden ser fechados con exactitud. Intentos de interpretar las referencias genealógicas como una cronología completa y exacta, no parecen razonables a la luz de la historia secular. Aunque la narrativa sigue, en general, un orden cronológico, el autor del Génesis no sugiere en forma alguna una fecha para la creación.

Tampoco nos son conocidos los detalles geográficos de este período. Es improbable que lleguen a ser identificadas las situaciones del Edén y algunos de los ríos y naciones mencionados. No se señalan los cambios geográficos habidos con la expulsión del hombre del Edén y con el diablo. Al parecer, están más allá de los límites de la investigación humana.

Al leer los once capítulos del Antiguo Testamento, pueden suscitarse cuestiones que la narrativa deja sin contestación. Estos interrogantes merecen un estudio más extenso. De mayor importancia, sin embargo, es la consideración de lo que se afirma; porque este material provee el fundamento y fondo para una mayor y más completa revelación de Dios, como se manifiesta de forma progresiva en capítulos subsiguientes.

La primera parte del Génesis encaja distintamente en las divisiones siguientes:

I. El relato de la Creación	Génesis 1:1-2:25
A. El universo y su contenido	1:1-2:3
B. El hombre y su habitación	2:4-25
II. La caída del hombre y sus consecuencias	3:1-6:10
A. Desobediencia y expulsión del hombre	3:1-24
B. Caín y Abel	4:1-24
C. La generación de Adán	4:25-6:10
III. El diluvio: Juicio de Dios sobre el hombre	6:11-8:19
A. Preparación para el diluvio	6:11-22
B. El diluvio	7:1-8:19
IV. El nuevo principio del hombre	8:20-11:32
A. El pacto con Noé	8:20-9:19
B. Noé y sus hijos	9:20-10:32
C. La torre de Babel	11:1-9
D. Sem y sus descendientes	11:10-32

El relato de la Creación —1:1 - 2:25

"En el principio" introduce el desarrollo en la preparación del Universo para la creación del hombre. Si este tiempo sin fecha se refiere a la crea-

16/08/2023

ción original[3] o al acto inicial de Dios en la preparación del mundo para que el hombre, es cuestión de interpretación.[4] En cualquier caso, el narrador empieza con Dios como creador, en este breve párrafo introductorio (1:1-2) en relación con la existencia del hombre y el Universo.

Orden y progreso marcan la era de la creación y organización (1:3-2:3). En el período designado como de seis días prevaleció el orden en el Universo relativo a la tierra.[5] En el primer día fueron ordenadas la luz y las tinieblas para proporcionar períodos de día y de noche. En el segundo día fue separado el firmamento para ser la expansión de la atmósfera terrestre. Sigue en el orden, la separación de la tierra y el agua, así la vegetación apareció a su debido tiempo. El cuarto día empezaron a funcionar las luminarias en el cielo en sus respectivos lugares, para determinar las estaciones, años y días para la tierra. El quinto día trajo a la existencia criaturas vivas para poblar las aguas de abajo y el cielo arriba. Culminante en esta serie de acontecimientos creativos fue el día sexto.[6] Fueron ordenados los animales terrestres y el hombre para la ocupación de la tierra. El último día fue distinguido de los primeros confiándosele la responsabilidad de tener dominio sobre toda la vida animal. La vegetación fue la provisión de Dios para su mantenimiento. En el séptimo día terminó Dios sus actos creativos y lo santificó: como período de descanso.

El hombre es inmediatamente distinguido como lo más importante de toda la creación de Dios (2:4b-25). Creado a imagen de Dios, el hombre se convierte en el punto central de su interés al continuar el relato. Aquí se dan más detalles de su creación: Dios lo formó del polvo de la tierra y sopló en él el aliento de vida, haciéndolo un ser viviente. Al hombre, no solo se le confió la responsabilidad de cuidar de los animales, sino que también se le encargó que les pusieran nombre. La distinción entre el hombre y los animales se hace más evidente por el hecho de que no encontró compañía satisfactoria, hasta que Dios creó a Eva como su ayuda idónea. Como habitación del hombre, Dios preparó un jardín en el Edén. Encargado del cuidado de este jardín, al hombre le fue confiado el disfrute completo de todas las cosas que Dios había previsto abundantemente. Había únicamente una restricción: el hombre no debía comer del árbol del conocimiento del bien y del mal.

La caída del hombre y sus consecuencias —3:1 - 6:10

El punto más crucial en la relación del hombre con Dios, es el cambio drástico que se precipitó por desobediencia del primero (3:1-24). Como

---

3. Las estimaciones para la edad del universo varían tanto que es imposible sugerir una fecha aceptable. Einstein sugirió diez mil millones de años como edad de la tierra. Cálculos de la edad de las galaxias varían desde dos a diez mil millones de años.
4. La construcción hebrea en Génesis 1:1 es un nombre relacionado con un verbo personal. Nótese la traducción literal: «En el principio de Dios creando los cielos y la tierra... cuando el espíritu de Dios cubría la haz de las aguas, Dios dijo: Haya luz».
5. No se establece la duración de estos días creativos. Algunos sugieren días de 24 horas basándose en Génesis 1:14, Ex. 20:11 y otras referencias. Estos días pueden haber sido prolongados en eras, ya que «día» se usa en este sentido en Génesis 2:4. En este caso, tarde y mañana serían usados en sentido figurado. Este relato no proporciona datos para la aseveración conclusiva de la duración de este período de días creativos.
6. Usando las genealogías de Gén. 5 y 11 para calcular el tiempo, el obispo Ussher (1654) dató la creación del hombre en 4.004 a. C. Esta fecha es insostenible, ya que las genealogías no representan una cronología completa.

el más trágico desarrollo en la historia de la raza humana, constituye un tema recurrente en la Biblia.

Enfrentada con una serpiente que hablaba, Eva comenzó a dudar de la prohibición de Dios y deliberadamente desobedeció[7]. A su vez, Adán cedió a la persuasión de Eva. Inmediatamente se hallaron conscientes de su decepción y del engaño producido por la serpiente y de su desobediencia a Dios. Con hojas de higuera, intentaron recubrir sus vergüenzas. Cara a cara con el Señor Creador, todas las partes implicadas en esta transgresión fueron juzgadas solemnemente. La serpiente fue maldita por encima de todos los animales (3:14). La enemistad sería puesta como relación perpetua entre la semilla de la serpiente, que representaba más que el reptil presente y la semilla de la mujer.[8] Respecto a Adán y a Eva el juicio de Dios, tiene un carácter de misericordia, al asegurar la definitiva victoria para el hombre a través de la semilla de la mujer (3:15).[9] Pero la mujer fue condenada al sufrimiento de criar sus hijos y el hombre sujeto a una tierra maldita. Dios proveyó pieles para su vestido, que implicaba el matar animales como consecuencia de ser hombre pecador. Conscientes del conocimiento del bien y del mal, Adán y Eva fueron inmediatamente expulsados del huerto del Edén, por miedo a que compartieran el árbol de la vida y así vivir para siempre. Perdido el hábitat de la eterna felicidad, el hombre se encaró con las consecuencias de la maldición, con la sola promesa de un eventual consuelo a través de la simiente de la mujer, que mitigaría su destino.

De los hijos nacidos a Adán y a Eva, solo tres se mencionan por su nombre. Las experiencias de Caín y Abel revelan la condición del hombre en su nuevo estado cambiado. Ambos adoraban a Dios llevándole ofrendas. Mientras que el sacrificio de un animal de Abel era admitido, la ofrenda de vegetales de Caín era rechazada. Irritado por aquello, Caín mató a su hermano. Puesto que había sido advertido por Dios, Caín adoptó una actitud de deliberada desobediencia, convirtiéndose así en el primer asesino de la humanidad. No es irrazonable obtener la conclusión de que esta misma actitud prevaleció cuando llevó su ofrenda, que Dios había rechazado.

La civilización de Caín y sus descendientes está reflejada en una genealogía que sin duda alguna representa un muy largo período de tiempo (4:17-24). El propio Caín fundó una ciudad. Una sociedad urbana en la antigüedad, por supuesto, implicaba el crecimiento de rebaños y manadas de animales. Las artes se desarrollaron con la invención y producción de instrumentos musicales. Con el uso del hierro y el bronce llegó la ciencia de la metalurgia. Esta avanzada cultura dio aparentemente al pueblo un falso sentido de seguridad. Esto se refleja en una actitud de despreocupación y fanfarronería ostentada por Lamec, el primer polígamo. Tuvo el orgullo de utilizar armas superiores para destruir la vida. Característicamente ausente, por contraste, estuvo cualquier reconocimiento de Dios por la progenie de Caín.

---

7. Nótese que la única otra ocasión en la Escritura de un animal que habla, se halla en el asno de Balaam (Núm. 22:28.)

8. Comparar la interpretación del N. T. en Juan 8:44; Rom. 16:20; II Cor. 11:3; Apoc. 12:9; 20:2, etc.

9. Nótese la esperanza basada en esta promesa en Gén. 4:1, 25; 5:29 y las promesas mesiánicas en el Antiguo Testamento.

Después de la muerte de Abel y su pérdida y de la decepción respecto a Caín como asesino, los primeros padres tuvieron una nueva esperanza con el nacimiento de Set (4:25 ss). Fue en los días del hijo de Set, Enós, que los hombres comenzaron a volverse hacia Dios. Con el paso de numerosas generaciones y muchos siglos, otro signo de acercamiento a Dios fue ejemplificado en Enoc. Esta notable figura no experimentó la muerte; su vida de piedad filial con Dios terminó con su asunción. Con el nacimiento de Noé, la esperanza revivió una vez más. Lamec, un descendiente de Set, anticipó que a través de su hijo, el género humano sería consolado de la maldición y relevado de ella por la cual había sufrido desde la expulsión del hombre del Jardín del Edén.

En los días de Noé, el creciente ateísmo de la civilización alcanzó una verdadera crisis. Dios, que había creado al hombre y su hábitat, estaba decepcionado con su prevaleciente cultura. Los matrimonios entre los hijos de Dios y las hijas de los hombres le habían disgustado.[10] La corrupción, los vicios y la violencia se incrementaron hasta el extremo de que todos los planes y acciones de los hombres estaban caracterizados por el mal. La actitud de lamentación de Dios en haber creado el género humano resultaba aparente en el plan de retirar su espíritu del hombre. Un período de ciento veinte años de aviso precedió el juicio que pendía sobre la raza humana. Solo Noé encontró favor a los ojos de Dios. Justiciero y sin tacha, se mantuvo en una aceptable relación con el Dios Creador.

El diluvio: El juicio de Dios sobre el hombre —6:11 - 8:19

Noé era un hombre obediente. Cuando se le ordenó que construyese el arca, él siguió las instrucciones (6:11-22). Las medidas del arca todavía representan las proporciones básicas utilizadas en la construcción de embarcaciones. No estando diseñada para navegar a velocidad, el arca fue construída para albergar y acomodar en ella todas las formas de vida que tuvieran que ser conservadas durante la crisis del juicio del mundo. Se proveyó amplio lugar para albergar a Noé, su esposa y sus tres hijos y sus esposas, una representación de cada animal básico y ave y alimento para todos ellos.[11]

Durante aproximadamente un año, Noé quedó confinado en el arca, mientras que el mundo estaba sujeto al juicio divino.[12] El propósito de Dios de destruir la pecadora raza humana se cumplió. Tanto si el diluvio fue local o a escala mundial resulta de importancia secundaria, por el hecho de que el diluvio se extendió lo bastante para incluir a toda la raza humana. Lluvias incesantes y aguas procedentes de fuentes subterráneas elevaron el nivel de las aguas por encima de los picos de las más altas montañas. A su debido

---

10. «Hijos de Dios» puede referirse a los angélicos seres o la línea de Set. Para la última interpretación las «hijas de los hombres», se refiere a la línea de Caín. Para esta discusión, ver Albertus Pieters, *Notes on Genesis* (Grand Rapids: Eerdmans, 1943), pp. 113-116. Estos matrimonios cruzados, sea cual sea lo que representase, disgustaron a Dios.
11. Tomando un cálculo de 45 cms. por codo, las medidas del arca eran de aprox. 132 por 22 y por 13 metros. Las cubiertas permitían un desplazamiento de aproximadamente 40.000 a 50.000 toneladas.
12. Para una cronología de este año, ver E. F. Kevan, «Génesis», *The New Bible Commentary*, pp. 84-85.

tiempo, el agua fue cediendo. El arca acabó descansando sobre el monte Ararat. Una vez que el hombre abandonase el arca se enfrentó con una nueva oportunidad en un mundo renovado.[13]

El nuevo principio del hombre —8:20 - 11:32

La civilización tras el diluvio comenzó con ofrecimientos sacrificales. En respuesta, Dios hizo un convenio con Noé y sus descendientes. Jamás el mundo volvería a ser destruído con un nuevo diluvio. El arco iris en el cielo se convirtió en el signo perpetuo de la alianza eterna de Dios con el hombre. Bendiciendo a Noé, Dios le comisionó para poblar y adueñarse de toda la tierra. Los animales, debidamente sacrificados, al igual que la vegetación, quedaron como fuentes de alimento viviente. El hombre, sin embargo, quedaba estrictamente a disposición de Dios, a cuya imagen había sido creado, para evitar el derramamiento de su sangre.

Volviendo hacia un propósito agrario, Noé plantó una viña. Su indulgencia con la ingestión del vino resultante, dio como resultado que Cam y probablemente su hijo Canaán le faltasen al respeto que le debían. Este incidente dio ocasión a los pronunciamientos paternales de maldición y bendiciones hechos por Noé (9:20-28). El veredicto de Noé fue profético en su alcance. Anticipó la pecaminosa actitud de Cam reflejada en la línea de Canaán, uno de los cuatro hijos de Cam.[14] Siglos más tarde, los impíos cananeos fueron objeto de severo juicio con la ocupación de sus tierras por los israelitas. Sem y Jafet, los otros hijos hijos de Noé, recibieron las bendiciones de su padre.

Siendo una racial y lingüísticamente, la raza humana permaneció en un lugar por un período indefinido (11:1-9). Sobre la llanura de Sinar, emprendió el proyecto de construir un tremendo edificio. La construcción de la Torre de Babel representaba el orgullo en los logros humanos al igual que un desafío del mandato de Dios para poblar toda la tierra. Dios, que continuamente había tomado interés en el hombre constantemente, desde su creación, no podía ignorarlo entonces. Aparentemente la torre no fue destruída, pero Dios terminó con el intento por la confusión de las lenguas. Esto dio como resultado de la dispersión de la raza humana.

La distribución geográfica de los descendientes de Noé, se da en un breve sumario (10:1-32). Esta genealogía, que representa una larga era, sugiere áreas hacia las cuales emigraron las diversas familias. Jafet y sus hijos se situaron en las proximidades de los mares Negro y Caspio, extendiéndose hacia el oeste en dirección a España (10:2-5). Muy verosímilmente los griegos, los pueblos indo-germánicos y otros grupos emparentados entre sí, descienden de Jafet.

---

13. La fecha dada por Ussher para el Diluvio fue la del año 2348 a. C. Driver, en su comentario sobre el Génesis (1904), alega el año 2501 a. C., como fecha bíblica para el Diluvio. A la luz de una continua civilización en Egipto desde 3.000 años a. C., estas fechas resultan insostenibles. Tampoco pueden sostenerse por la propia exégesis de la Escritura. El Diluvio pudo haber tenido lugar 10.000 años a. C. Para cronologías relativas, ver R. W. Enrich, *Chronologies in Old World Archaology* (U. of Chicago Press), 1965. Para la cultura continuada en América, ver R. M. Underhill, *Red Man's America* (Chicago, 1953), pp. 8 - 9.

14. H. C. Leupold, *Exposition of Genesis* (Grand Rapids: Baker, 1950), Vol. 1, pp. 349 - 352.

Los tres hijos de Cam descendieron hacia Africa (10:6-14). Subsiguientemente, se expandieron hacia el norte y hacia las tierras de Sinar y Asiria, construyendo ciudades tales como Nínive, Calah, Babel, Acad y otras. Canaán, el cuarto hijo de Cam, se estableció a lo largo del Mediterráneo, extendiéndose desde Sidón a Gaza y hacia el este. Aunque camitas de origen racial, los cananeos utilizaban una lengua muy emparentada de cerca con la de los semitas.

Sem y sus descendientes ocuparon el área norte del Golfo Pérsico (10: 21-31). Elam, Asur, Aram, y otros nombres de ciudades estaban asociados con los semitas. Después de 2000 años a. C. tales ciudades como Mari y Nahor se hicieron centros sobresalientes de cultura de los semitas.

Para concluir el período de los principios, el fin de los desarrollos se reduce hacia los semitas (11:10-32). Por medio de una estructura genealógica que utiliza diez generaciones, el registro finalmente se enfoca sobre Taré, que emigró desde Ur a Harán. El clímax es la presentación de Abram, más tarde conocido por Abraham (Gén. 17:5) que encarna el comienzo de una nación elegida, la nación de Israel, que ocupa el centro de interés en todo el resto del Antiguo Testamento.[15]

---

15. En ninguna parte indican las Escrituras cuánto tiempo transcurrió en Génesis 1-11. En consecuencia, esto queda como un problema para su investigación. Byron Nelson pone de relieve que sin tener en cuenta qué fecha puede darse aproximadamente para el comienzo de la raza humana, ello sigue estando dentro del alcance del relato bíblico. Para esta «visión sin límites», ver su libro *Before Abraham: Prehistoric Man in Biblical Light* (Minneapolis: Augsburg Publishing House, 1948). Con respecto a una reciente discusión de la cronología del antiguo Próximo Oriente, ver R. K. Harrison, *Introduction to the Old Testament* (Grand Rapids: Wm. B. Eerdmans Publishing Co., 1969), pp. 145-198.

BIBLIOGRAFÍA SELECTA
Libros en castellano

American Scientific Affiliation Symposium, *Modern Science and Christian Faith*. Wheaton, Ill.: Van Kampen, 1950.

CASSUTO, U. *A Commentary on the Book of Genesis*. Jerusalén: Magnes Press, 1961.

CLARK R. E. D. *Darwin, Before and After*. Chicago: Moody Press, 1967.

HEIDEL, ALEXANDER. *The Babylonian Genesis*. Chicago: University of Chicago Press, 1942.

_____ . *The Gilgamesh Epic and Old Testament Parallels*. University of Chicago Press, 1946.

* KIDNER, F. D. *Génesis*. Buenos Aires: Ediciones Certeza, 1991.

LEUPOLD, H. C. *Exposition of Genesis*. Grand Rapids: Baker Book House, 1949.

LEWIS, J. P. *A Study of the Interpretation of Noah and the Flood in Jewish and Christian Literature*. Leiden: E. J. Brill, 1968.

MIXTER, RUSSELL L. (ed.). *Evolution and Christian Thought Today*. Grand Rapids: Wm. B. Eerdmans Publishing Co., 1959.

NELSON, BYRON. *Before Abraham: Prehistoric Man in Biblical Light*. Minneapolis: Augsburg Publishing House, 1948.

PIETERS, ALBERTUS. *Notes on Genesis*. Grand Rapids: Wm. B. Eerdmans Publishing Co., 1943.

RAMM, BERNARD. *The Christian View of Science and Scripture*. Grand Rapids: Wm. B. Eerdmans Publishing Co., 1955.

SMITH, A. E. WILDER. *Man's Origin, Man's Destiny*. Wheaton, IL.: Harold Shaw Publishers, 1968.

SPEISER, E. A. *Genesis*. The Anchor Bible. Garden City, NY.: Doubleday, 1964.

* VOS, HOWARD F. *Génesis*. Grand Rapids: Editorial Portavoz, 1990.

* WHITCOMB, JOHN C. Y MORRIS, HENRY M. *El diluvio del Génesis*. Terrassa, España: Editorial CLIE,1982.

WHITCOMB, JOHN C. *El mundo que pereció*. Grand Rapids: Editorial Portavoz, 1991.

WHITELOW, REV. THOMAS. *Genesis*. The Pulpit Commentary. Rev. Canon H. D. Spence y Rev. Joseph S. Exell (eds.). Nueva York: Anson D. F. Randolph & Company.

Capítulo **II**

La edad patriarcal

El mundo de los patriarcas ha sido el punto focal del intensivo estudio de las recientes décadas. Nuevos descubrimientos han iluminado las narraciones bíblicas, al suministrar un extenso conocimiento de las culturas contemporáneas del Próximo Oriente.

Geográficamente, el mundo de los patriarcas está identificado como el del Creciente Fértil. Extendiéndose hacia el norte desde el Golfo Pérsico, a lo largo de las corrientes del Tigris y el Eufrates y sus cuencas y después hacia el sudoeste a través de Canaán hacia el fértil Nilo y su valle, esta zona fue la cuna de las civilizaciones prehistóricas. Cuando los patriarcas surgen en escena en el segundo milenio a. de C, las culturas de Mesopotamia y Egipto, ya ostentaban de un pasado milenario. Con Canaán como el centro geográfico de los comienzos de una nación, el relato del Génesis está interrelacionado con el ambiente de dos tempranas civilizaciones que comienzan con Abraham en Mesopotamia y terminando con José en Egipto (Gén. 12-50).

El mundo de los patriarcas

Los comienzos de la historia coinciden con el desarrollo de la escritura en Egipto y en Mesopotamia (*ca.* 3500-3000 a. C). Los descubrimientos arqueológicos nos han proporcionado una perspectiva que atañe a las culturas que prevalecieron durante el tercer milenio a. C. El período 4000-3000 a. C., o la llamada Edad Calcolítica, está usualmente considerada como civilización preculta que descansa poco en materiales escritos. Las ciudades estratificadas de tales tiempos indican la existencia una sociedad organizada. Consecuentemente, el cuarto milenio a. C., que revela la primera creación de grandes edificios, establece los límites de la historia en términos aceptables para el historiador. Lo que se conoce de las civilizaciones precedentes, es denominado, con frecuencia, como prehistórico.

19

Esquema I CIVILIZACIONES DE LOS TIEMPOS PATRIARCALES*

Egipto—Valle del Nilo	Palestina y Siria	Valle del Tigris-Eufrates y Asia Menor
Prehistórico—antes del 3200		
Período primitivo—3200-2800 Egipto unido bajo las I y II dinastías		
Antiguo Reino—2800-2250 Dinastías IV-VI —grandes pirámides —textos religiosos		Cultura sumeria—2800-2400 —primera literatura en Asia —tumbas reales —el poder extendido hasta el Mar Mediterráneo
Declive y resurgimiento— 2250-2000 Dinastías VII-X Dinastía XI —poder centralizador en Tebas	2100 a.C.	Supremacía Accadia—2360-2160 —Sargon el gran rey —invasión guti—*ca.* 2080
Reinado Medio—2000-1780 Dinastía XII —gobierno central poderoso con capital en Menfis y en Faiyun Literatura clásica (Dinastías X-XII)	Patriarcas en Canaán 1700 a.C.	Tercera dinastía de Ur—2070-1950 —presión hurriana desde el norte Primera dinastía babilónica— 1800-1500 (Amoreos o semitas occidentales, 1750) Zimri-Lim rey en Mari (Shamshi-Adad I en Nínive)
Decadencia y ocupación— 1780-1546 Dinastías XIII-XIV —oscuridad Dinastías XV-XVI —los hicsos como invasores ocupan Egipto con caballos y carros de guerra Dinastía XVII —los hicsos son expulsados por los reyes tebanos Nuevo Reino—1546-1085 Dinastías XVIII-XX (Edad Amarna—1400- 1350)	Los israelitas están en Egipto	Hamurabi—el más grande de los reyes—1700 Declive de Babilonia a. Antiguo Imperio Hitita— 1600-1500 b. Reino Mitanni—1500-1370 c. Nuevo Imperio Hitita— 1375-1200 d. Resurgimiento de Asiria— 1350-1200

* Todos estos datos deben ser considerados sólo como aproximados a la realidad.

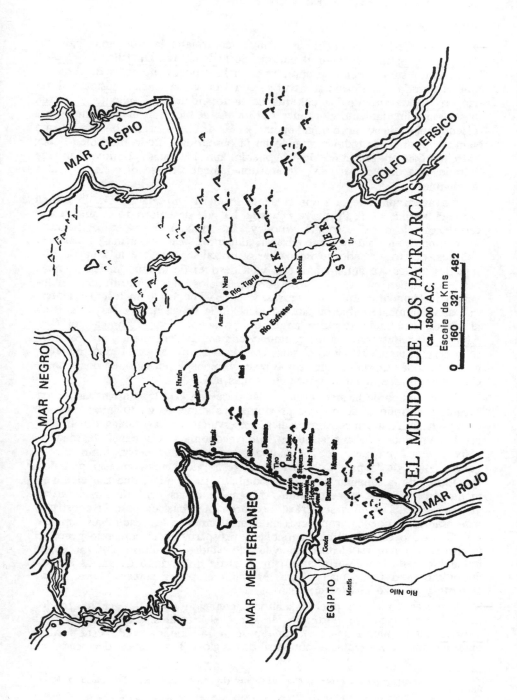

EL MUNDO DE LOS PATRIARCAS
ca. 1800 A.C.

Escala de Kms

0   160   321   482

MAR CASPIO

MAR NEGRO

GOLFO PERSICO

MAR MEDITERRANEO

MAR ROJO

EGIPTO

Río Nilo

Menfis

Gosén

AKKAD

SUMER

Ur

Babilonia

Río Tigris

Río Eufrates

Nuzi

Asur

Mari

Harán

Padán-Aram

Ugarit

Biblos

Damasco

Sidón

Tiro

Río Jordán

Siquem

Meguido

Mar Muerto

Dotán

Betel

Jerusalén

Hebrón

Gerar

Beerseba

_23/08/2023_

Mesopotamia

Los Sumerios

→ Los sumerios, un pueblo no semita, controlaba la zona más baja del Eufrates, o Sumer, durante el período de la Primitiva Dinastía, 2800-2400 a. C. Estos sumerios nos proporcionarían la primera literatura de Asia, ya que el mundo cuneiforme sumerio se convirtió en la lengua clásica y floreció en la escritura de las culturas de la totalidad de Babilonia y Asiria, hasta aproximadamente el primer siglo a. C. si bien fue hablada de forma discontinuada hasta aproximadamente 1800 a. C. El origen de la escritura sumeria permanece todavía sumido en la obscuridad. Pudo muy bien haber sido tomada en préstamo de un pueblo anterior, más primitivo, aunque letrado, con respecto al cual, desafortunadamente, no se dispone de textos inteligibles.[1]

La avanzada cultura sumeria de la Primera Dinastía de Ur, la última fase del período de la Primitiva Dinastía, ha sido desenterrado en un cementerio excavado por C. Leonard Woolley.[2] Los ataúdes de madera de las gentes comunes, en donde se encontraron alimentos, bebidas, armas, utensilios, collares, objetos de adorno en cajitas y brazaletes, sugiere la idea de que aquellas gentes, ya anticipaban una vida después de la muerte. Las tumbas reales contenían una amplia provisión de objetos para la ultratumba, incluyendo instrumentos musicales, joyas, ropas, vehículos e incluso sirvientes, que aparentemente bebieron sin violencia de la droga que se les suministró al efecto, quedando sumidos en el último sueño. En la tumba del Rey Abargi se encontraron sesenta y cinco víctimas. Evidentemente, era considerado esencialmente religioso el sacrificar seres humanos en el enterramiento de las personas sagradas, tales como reyes y reinas, esperando, en consecuencia, el asegurarse la servidumbre en el más allá.

En el campo de la metalurgia, al igual que en las obras artesanas de los joyeros y cortadores de piedras preciosas, los sumerios no tuvieron rival en la antigüedad. Informes comerciales preservadas en las tablas de arcilla, revelan un detallado análisis de su vida económica. Un panel de madera (56x26 cms.) en una de las tumbas, representan escenas tanto de la guerra como de la paz. Los carros guerreros ya estaban en uso para los lanzadores de la jabalina durante el combate. La falange, que tan efectivamente fue utilizada por Alejandro Magno, muchas centurias más tarde, ya era conocida por los sumerios. Los principios básicos para la construcción, utilizados por los arquitectos modernos, también les resultaban familiares. Con éxito en los cultivos agrícolas y prósperos en el comercio general, la civilización sumeria alcanzó un avanzado estadio de cultura (2400 a. C.) e indudablemente fue desarrollado a lo largo de un período de varios siglos. Su último gran rey, Lugal-zaggisi, extendió el poder sumerio lejos hacia el oeste y alcanzó el Mediterráneo.

Los Semitas

→ Mientras tanto, un pueblo semítico, conocido como el acadio, fundó la ciudad de Acad al norte de Ur sobre el Eufrates. Comenzando con Sargon, esta dinastía semítica, sobrepasó a la sumeria y de esta forma mantuvieron la supremacía por casi dos siglos. Tras haber derrocado a

1. Samuel N. Kramer. *From Tablets of Sumer* (Indian Hills, Colo.: The Falcon's Wing Press, 1956).
2. Leonard Woolley. *Ur of the Chaldees* (Nueva York: Charles Scribner's Son, 1930), pp. 45-68. *Ur Excavation II The Royal Cemetery*, p. 42.

Lugal-zaggisi, Sargon nombró a su propia hija como gran sacerdotisa de Ur en reconocimiento de la diosa-luna Nannar. Así extendió su dominio por toda Babilonia, de tal forma que Finegan habla de él como el "más poderoso monarca" que jamás hubiese gobernado la Mesopotamia.[3]

Su dominio se extendió hasta el Asia Menor.

Que los acadios no tuviesen ninguna hostilidad cultural, parece estar reflejado en el hecho de que adoptaron la cultura de los sumerios. Su escritura fue adoptada por la lengua semítica babilónica. Tablillas descubiertas en Gasur, que más tarde fue conocida como Nuzu en tiempo de los hurrianos, los horeos bíblicos, indican que este antiguo período acadio fue un tiempo de prosperidad, en el cual el plan de instalación fue utilizado comercialmente por toda la extensión del imperio. Un mapa de arcilla, entre lo extraído de las escavaciones, es el mapa más antiguo conocido por el hombre.[4]

Bajo la égida de Naram-Sin, el nieto de Sargon, el poder acadio alcanzó su punto culminante. Su estela de victorias puede admirarse en el Louvre de París. Contiene el testimonio de sus triunfales campañas en las Montañas Zagros. La supremacía de su gran reino semítico, declinó bajo los gobernantes que le sucedieron.

La invasión gutiana procedente del norte (*ca.* 2080 a. C.), terminó con el poder de la dinastía acadia. Aunque se conoce poco de estos invasores caucásicos, estos ocuparon Babilonia por casi un siglo. Un gobernante en Erech en Sumer, acabó con el poder de los gutianos y preparó el camino para un resurgimiento de la cultura sumeria, que llegó a su máximo esplendor bajo la Tercera Dinastía de Ur. El fundador de la dinastía, Ur Nammu, erigió un gran ziggurat en Ur. Ladrillo tras ladrillo, excavados de esta gran estructura (61 por 46 mts. en la base y alcanzando una altura de 24 mts.), tienen escrito el nombre del Rey Ur-Nammu con el título de "Rey de Sumer y Acad". Aquí, Nannar, el dios-luna y su consorte Nin-Gal, la diosa luna, fueron adorados durante la edad dorada de Ur.

Tras un siglo de supremacía, esta dinastía neo-sumeria quedó colapsada y la tierra de Sumer revirtió al viejo sistema de las ciudades-estados. Esto permitió a los amoreos, o semitas occidentales, que se habían ido gradualmente infiltrando en Mesopotamia, una oportunidad para ganar ascendencia en la cuestión. Virtualmente toda la Mesopotamia fue pronto absorbida por los semitas. Zimri-Lin, cuya capital era Mari sobre el Eufrates, extendió su influencia (1750 a. C.) desde el curso medio del Eufrates en Canaán, como el gobernante del estado más importante. El magnífico palacio de Mari tuvo pronto casi trescientas habitaciones construídas en una extensión de quince acres de terreno; de los desperdicios, los arqueólogos han recobrado algo así como 20.000 tablillas cuneiformes. Estos documentos de arcilla que revelan los intereses políticos y comerciales de los gobernantes amoreos, demuestran una eficiente administración de un imperio de altos vuelos.

→ Sobre el 1700 (a. C.) Hamurabi, que había hecho desarrollar la pequeña ciudad de Babilonia en un gran centro comercial, estuvo en condiciones de

3. Jack Finegan. *Light from the Ancient Past* (Princeton University Press, 1946). pp. 38-40.
4. Para los relatos de la vida de Nuzu, ver Edward Chiera, *They Wrote on Clay* (University of Chicago Press, 1956).

conquistar Mari con sus extensos dominios.[5] No solo dominó el alto Eufrates, sino que también subyugó el reino de Sami-Adad I, cuya capital estaba en Asur, sobre el río Tigris. Marduc, el rey dios de Babilonia, ganó una prominente posición en el reino. Lo más significativo de los logros de Hamurabi, fue su Código de la Ley descubierto en 1901 en Susa, que había sido tomado por los elamitas cuando cayó el reinado de Hamurabi. Puesto que las antiguas costumbres sumerias estaban incorporadas en esas leyes, es muy verosímil que ellas representen la cultura que prevaleció en Mesopotamia en los tiempos patriarcales. Muchas de las cartas de Hamurabi que han sido descubiertas, indican que fue un eficiente gobernante, emitiendo sus órdenes con claridad y con atención al detalle. La Primera Dinastía de Babilonia (1800-1500 a. C.) se hallaba en su cima, bajo el mando de Hamurabi. Sus sucesores fueron perdiendo gradualmente prestigio hasta la invasión de los casitas, que conquistaron Babilonia en 1500 (a. C.)

→Egipto

Cuando Abraham llegó a Egipto, esta tierra podía presumir de una cultura de más de un milenio de antigüedad. El comienzo de la historia en Egipto, se inicia usualmente por el rey Menes (3000 a. C.) quien unió dos reinos, uno en el Delta del Nilo y otro en el Valle.[6] Los gobernantes del primero y segundo período dinástico, tuvieron su capital en el Alto Egipto cerca de Tebas.[7] Las tumbas reales excavadas en Abydos, han mostrado vasos de piedra, joyas, vasijas de cobre y otros objetos enterrados con los reyes, reflejando así una alta civilización durante aquel primitivo período. Fue la primera era de comercio internacional en tiempos históricos.

La edad clásica de la civilización egipcia, conocida como el período del Antiguo Reino (2700-2200 a. C.), y que comprende las dinastías III-VI, testifica un número de notables logros. Gigantescas pirámides, las maravillas de los siglos que seguirían, proveen un amplio testimonio de la avanzada cultura de esos primitivos gobernantes. La Pirámide escalonada de Saqqara, la más primitiva gran estructura hecha de piedra, fue construida como un mausoleo real por Inhotep, un arquitecto que también ganó renombre como sacerdote, autor de proverbios y mago. La Gran Pirámide en Gizeh alcanza un techo de 147 metros por una base de casi cuatro hectareas de base. La gigantesca esfinge que representa al Rey Kefrén de la Cuarta Dinastía, es otra obra que no ha tenido parigual. Los "Textos de las Pirámides" inscritos durante la Quinta y la Sexta Dinastía sobre los muros de las cámaras y salones, indican que los egipcios en su adoración al sol se anticiparon a la posteridad. Los proverbios de Pathotep, que sirvió como Gran Visir bajo un Faraón de la Quinta Dinastía, son realmente notables por sus consejos prácticos.[8]

---

5. Para la datación de Hamurabi, ver Finegan, *op. cit.* p. 47. Para una más reciente discusión, consultar M. R. Rowton, «The Date of Hamurabi», *Journal of Near Eastern Studies*, XVII, Núm. 2 (Abril, 1958), pp. 97-111.
6. El nombre hebreo de Egipto es Mizraim, que indica dos reinos por su dual concepto.
7. Manetho, un sacerdote de Egipto, bajo Ptolomeo Philadelpho, 285-246, hizo un estudio y un análisis de la historia de Egipto. Su división de la historia de Egipto en treinta dinastías se preserva en los escritos de Josefo, 95 a. C., Sextus Julius Africanus 221 a. C. y Eusebius. Para una completa lista de dinastías, ver Steindorff and Seele, *When Egypt Ruled the East* (rev. ed. University of Chicago Press, 1957), pp. 274-275.
8. Para la historia de Egipto anterior a 1600 a. C., ver W. C. Hayes, *The Scepter of Egypt*, parte I (Nueva York: Harper and Brothers, 1953).

Las siguientes cinco dinastías que gobernaron a Egipto (2200-2000 a. de C.), surgieron en un período de decadencia. Decreció el gobierno centralizado. La capital fue trasladada de Menfis a Herakleópolis. La literatura clásica de este período refleja un gobierno débil y cambiante. Hacia el fin de este período, la Undécima Dinastía, bajo el agresivo Intefs y Mentuhoteps, se construyó un estado fuerte en Tebas.

El Reino Medio (2000-1780 a. C.) marca la reaparición de un poderoso gobierno centralizado. Aunque nativa para Tebas la Dinastía Duodécima estableció su capital cerca de Menfis. La riqueza de Egipto aumentó de valor por un proyecto de irrigación que abrió el fértil Fayum con su valle para la agricultura. Simultáneamente una enorme actividad en edificar grandes edificios se produjo en Karnak, cerca de Tebas y en otros lugares del país. Además de promover operaciones de minería para la extracción del cobre en la península del Sinaí, los gobernantes también construyeron un canal que conectaba el Mar Rojo con el Nilo; esto les capacitó para mantener mejores relaciones comerciales con la costa somalí de Africa oriental. Hacia el Sur, Nubia fue anexionada hasta la tercera catarata del Nilo y allí se mantuvo una colina comercial fortificada. Los objetos egipcios encontrados por los arqueólogos en Siria, Palestina y en Creta, atestiguan las poderosas actividades comerciales de los egipcios en la esfera del Mediterráneo oriental.

Mientras que el Antiguo Reino se recuerda por su originalidad y su genio en el arte, el Reino Medio hizo su contribución en la literatura clásica. Las escuelas de Palacio entrenaban oficiales en leer y escribir durante el próspero reinado de los Amenhemets y Sen-userts de la Duodécima Dinastía. Aunque la masa permanecía en la pobreza, resultaba posible para el individuo medio en aquella época de feudalismo entrar al servicio del gobierno por medio de la educación, entrenamiento, y especial capacidad. Los textos de instrucción inscritos en los ataúdes de personas ajenas a la realeza, indican que muchas personas entonces gozaban de la posibilidad de entrar en "la otra vida". "La historia de Sinuhé" es el más fino ejemplo de la literatura procedente del antiguo Egipcio destinado a entretener. "The Song of Harper" (El Canto del Arpista) es otra obra maestra del Reino Medio, enriquece a los hombres para que gocen de los placeres de la vida.[9]

Dos siglos de desintegración, declive e invasión, siguieron al Reino Medio; consecuentemente este período es bastante obscuro para el historiador. Las débiles dinastías XIII y XIV dieron paso a los hicsos o pueblo amurito. Estos intrusos, que probablemente llegaron desde el Asia Menor, destruyeron a los egipcios por medio de carros guerreros tirados por caballos y del arco compuesto, ambas armas desconocidas para las tropas egipcias. Los hicsos establecieron Avaris en el Delta como su capital. Sin embargo, los egipcios quedaron autorizados para mantener una especie de autoridad en Tebas. Poco después de 1600 a. C., los gobernantes de Tebas se hicieron poderosos, lo bastante como para expulsar a aquel poder extraño y establecer la Dinastía XVIII, introduciendo así el Nuevo Reino.

(margen izquierdo manuscrito: Los Hicsos)

---

9. Para su traducción, ver James B. Pritchard, *Ancient Near Eastern Texts Relating to the Old Testament* (Princeton University Press, 1955), p. 467.

Los Cananeos

Canaán

El nombre de "Canaán" se aplica a la tierra que existe entre Gaza en el sur y Hamat en el norte, a lo largo de la costa oriental del Mediterráneo (Gén. 10:15-19). Los griegos, en su comercio con Canaán, durante el primer milenio a. C. se refieren a sus habitantes como fenicios, un nombre que probablemente tiene en origen en la palabra griega para designar la "púrpura" designando el color rojizo de un tinte textil desarrollado en Canaán. Ya en el siglo XV a. C. el nombre "Canaán" se aplicaba en general la provincia egipcia en Siria o al menos a la costa fenicia, un centro de la industria de la púrpura.[10] Consecuentemente, las palabras "cananeo" y "fenicio" tienen el mismo origen cultural geográfico e histórico. Más tarde, esta zona se conoció como Siria y Palestina. La designación "Palestina" tiene su origen en el nombre "Filisteo".

Con la emigración de Abraham hacia Canaán, esta tierra llegó a ser el punto focal de interés en el desarrollo histórico y geográfico de los tiempos de la Biblia. Estando estratégicamente localizado entre los dos grandes centros que acunaban las primitivas civilizaciones, Canaán sirvió como un puente natural que eslabonaba Egipto a la Mesopotamia. Consecuentemente, no es sorprendente encontrar una población mezclada en aquella tierra.[11] Ciudades de Canaán, tales como Jericó, Dotán y otras, fueron ocupadas siglos antes de los tiempos patriarcales.[12] Con el primer gran movimiento semítico (amoreo) en Mesopotamia, parece probable que los amoreos extendieron sus establecimientos hacia la Palestina. Durante el Reino Medio los egipcios avanzaron sus intereses políticos y comerciales hasta llegar a Siria por el norte.[13] Mucho antes de 1500 a. C. el pueblo de Caftor quedó establecido sobre la Llanura Marítima.[14] No menos entre los invasores, fueron los hititas, que penetraron en Canaán procedentes del norte y aparecieron como ciudadanos bien establecidos cuando Abraham compró la cueva de Macpela (Gén. 23). Los refaítas, un pueblo algo obscuro más allá de las referencias escriturales, han sido recientemente identificados en la literatura Urgarítica.[15] Se conoce muy poco respecto a otros habitantes que se anotan en el relato del Génesis. La designación "cananea", muy verosímilmente abraza la mixtura compuesta de gentes que ocupaban la tierra en la época patriarcal.

---

10. Ver Merrill F. Unger, *Israel and the Arameans of Damascus* (Londres: James Clarke & Co., 1957). p. 19.

11. Comparar Gén. 12:6; 14:13; 15:16; 19-21; 21:34; 23:3, y otros. Aquí están anotados los cananeos, amoreos, camitas, kenizitas, jebuseos, filisteos y otros.

12. Dotán comenzó en 3000 a. C. Ver Joseph P. Free «The First Season of Excavation at Dothan», *Bulletin of the American Schools of Oriental Research*, Núm. 131, octubre 1953, pp. 16-20. Para localización cronológica de Jericó antes del milenio VI o VII a. C., ver Kathleen M. Kenyon «*Digging up Jericho*» (Londres: Ernest Benn, 1957), pp. 51-76.

13. Sinuhé, un oficial egipcio durante el Reino Medio, refleja el contacto con los comerciantes egipcios y residentes en Palestina. Para una traducción de este clásico egipcio, hecha por John A. Wilson, ver James B. Pritchard, *Ancient Near Eastern Texts, op. cit.* pp. 18-22.

14. Cyrus H. Gordon, *The World of the Old Testament* (Garden City: Doubleday & Co., 1958), pp. 121-122. Este pueblo no semita también incluía a los filisteos.

15. *Ibidem*, pp. 97-98.

Geografía[16]

Extendiéndose en una longitud de 241 kilómetros desde Beerseba por el norte hacia Dan, Palestina tiene un área de 9.656 kilómetros cuadrados entre el mar Mediterráneo y el río Jordán. La anchura media es de 64 kilómetros con un máximo de 87 desde Gaza hasta el mar Muerto, estrechándose hasta los 45 kms. en el mar de Galilea. Con la adición de 6.437 kms. cuadrados al este del Jordán, cuya zona es llamada con frecuencia Transjordania, esta tierra comprende aproximadamente 16.093 kms. cuadrados.

Además de tener una situación central y estratégica relativa a los centros de civilización y grandes naciones de los tiempos del Antiguo Testamento, Palestina tiene también una variada topográfica que tuvo un efecto significativo sobre el desarrollo histórico de los acontecimientos. Por causa de esa situación Palestina estuvo sujeta a los invasores y su neutralidad en manos del poder más fuerte. Los acontecimientos locales con frecuencia surgen de factores de topografía.

Para un análisis de estas características físicas, Palestina puede ser dividida en cuatro áreas principales: La llanura Marítima, el País de las Colinas, el Valle del Jordán y la Meseta Oriental.

La llanura Marítima costera consiste en la zona costera del mar Mediterráneo. La línea de la costa es poco aprovechable para facilidades portuarias; consecuentemente el comercio, en su totalidad, era dirigido hacia Sidón y Tiro, en el Norte. Incluso Gaza, que fue uno de los más grandes centros de comercio de la antigua Palestina y situada solo a cinco kms. del Mediterráneo, no tuvo tampoco facilidades portuarias. Esta rica tierra a lo largo de la costa, puede fácilmente ser dividida en tres áreas: La *llanura de Aco,* o *Acre,* que se extiende al norte desde el pie de las colinas de monte Carmelo por casi 32 kms. con una anchura que varía de 3 a 16 kms. Al sur del monte Carmelo, está la *llanura de Sarón, de* aproximadamente 80 kms. de longitud, alcanzando un máximo de anchura de 19 kms. La *llanura Filistea,* comienza a 8 kms. al norte de Joppa, se alarga 113 kms. hacia el sur y se expande hacia unos 40 kms. de anchura en dirección a Beerseba.

El *País de las Colinas,* o *la Comarca Montañosa,* situada entre el Jordán y su valle y la llanura Marítima, es la más importante sección de Palestina. Las tres zonas más importantes, Galilea, Samaria y Judea, tienen una elevación aproximada que varía desde 610 a 1.220 metros sobre el nivel del mar. Galilea se extiende al sur desde el río Orontes, inmediatamente al este de Fenicia y a la llanura de Acre. Está dotada de un suelo fértil, donde se cultivan las uvas, los olivos, las nueces y otras cosechas, al igual que algunas áreas de pastoreo. Uno de os valles más pintorescos y productivos para el cultivo de las tierras en Palestina separa las colinas de Galilea y Samaria. Conocido como el valle de Jezreel, o Esdraelón, esta zona es vitalmente importante en su localización estratégica a través de los tiempos de la Biblia, igual que sucede hoy en nuestros días. Al sudeste del monte Carmelo, esta

---

16. Para un excelente estudio sobre geografía histórica, ver Dennis Baly, *The Geography of the Bible* (Nueva York: Harper & Brothers, 1957). Comparar también George Adam Smith, *The Historical Geography of the Holy Land* (Londres: Hodder & Stoughton, 1931), y G. E. Wright y F. V. Nelson, *Atlas Histórico Westminster de la Biblia* (El Paso, Texas: Casa Bautista de Publicaciones), pp. 17-20.

fértil llanura se extiende aproximadamente por 64 kms. en longitud hacia
monte More, desde donde se divide en dos valles y continúa hasta el Jordán.
En los tiempos del Antiguo Testamento, los hebreos distinguían entre las
zonas oriental y occidental, conocidas respectivamente como los valles de
Jezreel y Esdraelón. La ciudad de Jezreel, a unos veinticuatro kms. del
río Jordán, marcaba la entrada a este famoso valle. La sección occidental
era también conocida por la llanura de Meguido, puesto que el famoso paso
entre montañas de Meguido era de crucial importancia para los invasores.
Desde la colina de More en el valle de Jezreel, esta fértil llanura puede verse con el monte Carmelo en el oeste, monte Tabor hacia el norte y monte
Gilboa hacia el sur. El centro geográfico de Palestina, la ciudad colina de
Samaria, surge abruptamente, comenzando con monte Gilboa y continúa al
sur hacia Betel. Las quebradas colinas y valles de esta fértil elevación,
ofrecían un paraíso a los pastores lo mismo que a los que trabajan la tierra
en la agricultura. Siquem, Dotán, Betel y otras poblaciones de esta zona
eran frecuentadas por los patriarcas. Las tierras altas de Judea se extienden
al sur desde Betel aproximadamente a 97 kms. hacia Beerseba con una elevación de unos 762 metros en Jerusalén, alcanzando un pico más elevado
de casi 914 metros cerca de Hebrón. Comenzando en la vecindad de Beerseba, las colinas de Judea se extienden y desparraman en ondulentas llanuras
en el gran desierto, con frecuencia mencionado, del Neguev, o tierras
del Sur, con Cades-barnea marcando el extremo sur. Hacia el este de las
colinas de Judea, está la gran extensión que se designa como "el desierto de
Judá". Hacia el oeste de este occidente geográfico está el Siquem, conocido
también por las tierras bajas. En esta área estratégicamente importante para
la defensa y valiosa económicamente para los cultivos agrícolas estaban
situadas las ciudades fortificadas de Laquis, Debir y Libna.

El valle del Jordán representa una de las más fascinantes zonas del mundo. Más allá, a unos 64 kms. hacia el norte del mar de Galilea, se cierne
en la altura monte Hermón con una altitud de 2.793 metros. Hacia el sur,
el valle del Jordán alcanza su punto más bajo en el mar Muerto, a unos
389 metros por debajo del nivel del mar. Cuatro corrientes de agua, una
procedente de la llanura occidental y tres de monte Hermón, se combinan
para formar el río Jordán a unos dieciseis kms. al norte del lago Hule.
Desde el lago Hule[17], que estaba a unos seis kms. de longitud y a dos metros
por encima del nivel del mar, el río Jordán desciende en un curso de 32 kms.
a 209 metros por debajo del nivel del mar hacia el mar de Galilea. Esta
masa líquida de aproximadamente 24 kms. de longitud, era también conocida
como el mar de Cineret en tiempos del Antiguo Testamento. En una distancia de 97 kms. el Jordán, con una anchura media de 27 a 30 metros., zigza-
guea hacia el sur en un curso de 322 metros hacia el mar Muerto, cayendo
183 metros más por debajo del nivel marítimo. La zona del valle, que es
actualmente un gran paso natural entre dos filas de montañas, es a veces
conocida como Ghor. Comenzando con una anchura de seis kms. en el mar
de Galilea, se abre hasta once kms. en Bet-sán, estrechándose hasta unos
tres kms. antes de expandirse a veintitres kms. en Jericó, dentro de ocho
kms. del mar Muerto. En los tiempos bíblicos este lago llamado el "Mar
Salado" puesto que sus aguas tienen un contenido de un 25 por ciento de

---

17. El lago Hule fue recientemente drenado y utilizado con fines agrícolas.

sal. Muy verosímilmente el valle de Sidim en el extremo meridional de este mar de 74 kms. de longitud, era el lugar en que estaban ubicadas las ciudades de Sodoma y Gomorra en los días de Abraham.[18] Al sur de mar Muerto, se extiende la región desolada y desértica conocida por el Arabá. En los 105 kms. de distancia hasta Petra, este desierto se eleva a 600 metros descendiendo después hasta el nivel del mar a 80 kms. de distancia en el Golfo de Acaba.

La Meseta Oriental, o de Transjordania, puede generalmente ser dividida en cuatro áreas principales: Basán, Galaad, Amón y Moab. Basán, con su rico suelo, se extiende al sur de monte Hermón hacia el río Yarmuk en una anchura de 72 kms. y a una elevación de casi 610 metros por encima del nivel del mar. Bajo él, está el bien conocido territorio llamado Galaad, con su principal río, el Jaboc. Extendiéndose al nordeste del mar Muerto y hasta donde Jaboc alcanza su máxima altura, está el territorio de Amón. Directamente al este del mar Muerto y al sur del río Arnón, está Moab, cuyos dominios se extendieron mucho hacia el norte en varias ocasiones.

El relato bíblico—Génesis 12-50

23/08/2023

El actual consenso de los eruditos conceda a los patriarcas un lugar en la historia del Creciente Fértil, en la primera mitad del segundo milenio a. C. La aserción de que el relato bíblico consiste en nada más que una leyenda fabricada, ha sido reemplazada por un respeto general para la calidad histórica del Génesis 12-50.[19] En gran parte responsables para este revolucionario cambio, fue el descubrimiento y publicación de las tablillas Nuzu, lo mismo que otras informaciones arqueológicas que se han dado a la luz pública desde 1.925. Aunque no hay una evidencia concreta para identificar cualquier nombre específico o sucesos procedentes de fuentes externas a lo mencionado en los relatos del Génesis, es fácil reconocer que el medio cultural es el mismo para ambos. La sola evidencia para la existencia de Abraham procede de la narrativa hebrea, pero muchos eruditos del Antiguo Testamento reconocen ahora su persona por el lugar que ocupa en los principios de la historia hebrea.[20]

---

18. Ver Nelson Glueck, *The Other Side of the Jordan* (New Haven: American Society of Oriental Research, 1940), p. 114.
19. J. Wellhausen, *Prolegomena to the History of Israel* (3.ª edición; Edimburgo), p. 331. De acuerdo con la teoría de Graf-Wellhausen, Abraham, Isaac y Jacob no existieron realmente como individuos históricos, sino que fueron personajes mitológicos creados por genios literarios entre el 950 y 400 a. C. Moisés puede haber sido un individuo histórico con el que empieza la historia de Israel. (Ver H. Pfeiffer, *Introduction to the Old Testament* Nueva York: Harper & Brothers, 1941), Elmer W. K. Mould, *Essentials of Bible History* (Nueva York: Ronald Press Co., 1951), p. 32, representa el registro patriarcal como historias tribales que no contienen sino una «pequeña historia» en moderna terminología. De acuerdo con Mould, sólo las tribus de Rachel emigraron a Egipto y más tarde entraron en Palestina para unirse con las tribus que nunca emigraron a Egipto. W. F. Albright. *From Stone Age to Christianity* (2.ª edic., Baltimore; Johns Hopkins Press, 1940) concuerdan mayormente en el reconocimiento del comienzo de Israel con los patriarcas.
20. H. H. Rowley *Recent Discoveries and the Patriarcal Age* en *The Servant of the Lord and other Essays on the Old Testament* (Londres: Luterworth Press, 1952), pp. 269-305. Ver también W. F. Albright *The Biblical Period* (Pittsburgh, 1950), p. 6: «Pero como en un todo, la descripción del Génesis es histórica y no hay razón para dudar de la general precisión de los detalles bibliográficos y bosquejos de personalidad que hacen que la edad de los Patriarcas surja a la vida».

23/08/2023

La cronología de los patriarcas todavía permanece como un punto discutible. Dentro de este período general, la fecha abogada para Abraham varía desde el siglo XXI al XV. Con las cronologías para esta era en un estado de flujo, será preciso tomar nota de varias apreciaciones respecto a la fecha de los patriarcas.

Sobre la base de ciertas notaciones cronológicas dadas en las Escrituras, la entrada de Abraham en Canaán, se calcula que tuvo lugar en el año 2.091 a. C. Esto permite 215 años para la vida patriarcal en Canaán, 430 años para el cautiverio de Egipto y una temprana fecha para el éxodo de Egipto (1.447 a. C.).[21] La correlación entre los acontecimientos seculares y bíblicos basados sobre esta cronología ha sido sujeta a nuevo ajuste en el cálculo. La teoría, identificando a Amrafel (Gén. 14) con Hamurabi, exige una reinterpretación de los datos bíblicos con la aceptación de una cronología babilónica más baja.[22]

Aunque Gordon sugiere una fecha más tardía, la Edad Patriarcal parece encajar mejor en el período aproximado de 2000-1750 a. C., de acuerdo con Kenneth A. Kitchen.[23] Resalta que los principales acontecimientos e historia externa tales como la densidad de la población, los nombres de los Reyes Orientales (ver Gén. 14) y el sistema de las alianzas mesopotámicas se comparan favorablemente con los nombres existentes en documentos mesopotámicos y egipcios de este período. Fue también durante ese tiempo en que el Neguev fue ocupado temporalmente.

Una fecha razonable para la emigración de Abraham a Canaán es a principios del siglo XIX a. C. A la vista de la cronología reajustada recientemente para el Creciente Fértil, esta fecha parece permitir una mejor correlación entre los sucesos bíblicos y los seculares. Esto igualaría la entrada de Jacob y José en Egipto con el período de los hicsos y llevar el tiempo de Abraham, Isaac y Jacob a una más cercana asociación con la era de Hamurabi y la cultura reflejada en el Nuzu y en los documentos Mari. Los documentos Mari revelan la situación política en Mesopotamia alrededor de 1750-1700 a. C. Mientras que las tablillas de Nuzu reflejan las instituciones sociales entre los hurrianos (los horeos bíblicos), alrededor de 1500 a. C., se conoce que algunas de esas costumbres probablemente prevalecieron en la cultura de la Mesopotamia del norte, ya por el año 2000 a. C. La presencia de una colonia hitita en los días de Abraham, también apunta a una fecha después de 1900 a. C. (Gén. 23).[24] Aunque no se halla respuesta a ningún problema en la fecha del siglo XIX para Abraham, esta perspectiva parece tener lo más importante a su favor.

Sobre la base de los personajes importantes de la narrativa de la edad

---

21. Para un cálculo representativo de las referencias bíblicas e interpretaciones, ver Merrill F. Unger, *Archeology and the Old Testament* (Grand Rapids: Zondervan, 1954), pp. 105-107).

22. La nueva baja cronología fecha a Hammurabi en 1700 a. C., en lugar de 2100 a. C. (Ver nota al pie, N.° 5.)

23. Gordon, *op. cit.*, pp. 113-133, fecha el nacimiento de Abraham en la última parte del siglo XV a. C. Aunque Gordon reconoce que el enorme material del Génesis puede ser reconocido como fiable, asume que muchos de los números y años en los relatos hebreos son esquemáticos y no pueden ser tomados literalmente. Para una extensa bibliografía sobre la fecha de la Edad Patriarcal, ver K. Kitchen, *Ancient Orient and Old Testament*. (Chicago: Inter-Varsity Press), 1966, p. 41.

24. G. Ernest Wright, *Biblical Arqueology* (Filadelfia: Westminster Press, 1957), p. 50. Cf. Albright, *op. cit.*, pp. 3-6.

patriarcal, puede convenientemente ser dividida como sigue: Abraham, Gén. 12:1-25:18; Isaac y Jacob, Gén. 25:19-36:43; José, Gén. 37:1-50:26.

Abraham (Gén. 12:1-26:18)

I. Abraham establecido en Canaán	12:1-14:24
Transición desde Harán a Siquem, Betel y el País del Sur	12:1-9
Permanencia en Egipto	12:10-20
Separación de Abraham y Lot	13:1-13
La tierra prometida	13:14-18
Lot rescatado	14:1-16
Abraham bendecido por Melquisedec	14:17-24
II. Abraham espera el hijo prometido	15:1-22:24
El hijo prometido	15:1-21
El nacimiento de Ismael	16:1-16
La promesa renovada — La alianza y su hijo	17:1-27
Abraham el intercesor — Lot rescatado	18:1-19:38
Abraham liberado de Abimelec	20:1-18
Nacimiento de Isaac — Expulsión de Israel	21:1-21
Abraham habita en Beerseba	21:22-34
La alianza confirmada en obediencia	22:1-24
III. Abraham provee por la posteridad	23:1-25:18
Abraham adquiere un lugar de enterramiento	23:1-20
La novia para el hijo prometido	24:1-67
Isaaac designado como heredero — Muerte de Abraham	25:1-18

Mesopotamia, la tierra entre dos ríos, fue el hogar y la patria de Abraham (Gén. 12:6; 24:10, y Hechos 7:2). Situada sobre el río Balikh, un tributario del río Eufrates, Harán constituyó el centro de cultura donde vivió con sus parientes. Los nombres de la parentela de Abraham, Taré, Nacor, Peleg, Serug y otros, están atestiguados en los documentos Mari y asirios como nombres de ciudades en esta zona.[25] En obediencia al mandato de Dios, de dejar la tierra y parentesco, Abraham dejó Harán para establecerse con un nuevo hogar en la tierra de Canaán.

Abraham había vivido en Ur de los caldeos antes de llegar a Harán (Gén. 11:28-31). La identificación más generalmente aceptada de Ur es la moderna Tell el-Muqayyar, que está situada a catorce kms. al oeste de Nasiriyeh, sobre el río Eufrates al sur de Iraq. Se han dado algunas consideraciones a las notaciones geográficas modernas en los tiempos de Abraham a una ciudad llamada Ur, ubicada al norte de la Mesopotamia.[26] El lugar meridional de Ur (*Uri*) fue excavado en 1922-34, conjuntamente por el Museo Británico y el Museo de la Universidad de Filadelfia, bajo la dirección de Sir Leonard Woolley. Trazó la historia de Ur desde el cuarto milenio a. C. hasta el año 3000 a. C. cuando esta ciudad fue abandonada. En este

---

25. Esta tierra era también conocida como Padan-aram, de tal forma que el nombre «arameo» fue aplicado a Abraham y a sus familiares. Ver Gén. 25:20, 28:5, 31:20, 24 y Deut. 26:5. También Labán hablaba arameo. Gén. 31-47.
26. Gordon, *op. cit.*, p. 132. Ver también las citas de Nuzu en una tesis no publicada por Loren Fisher en la Universidad de Brandeis. *Nuzu Geographical Names.*

23/08/2023

lugar fueron encontradas las ruinas del ziggurat que había sido construído por el próspero rey sumerio Ur Nammu, quien gobernó por poco tiempo antes del 2000 a. C. Esta ciudad continuó siendo la gran capital de la Tercera Dinastía de Ur. La diosa-luna Nannar que fue adorada en Ur fue también la principal deidad en Harán.[27]

La vida de Abraham conduce por sí misma a una variedad de tratamientos. Geográficamente se pueden trazar sus movimientos comenzando con la ciudad altamente civilizada de Harán. Dejando a sus parientes, aunque acompañado por Lot, su sobrino, viajó cosa de 647 kms. hacia la tierra de Canaán, donde se detuvo en Siquem aproximadamente a 48 kms. al norte de Jerusalén. Además de una excursión a Egipto obligado por el hambre, Abraham se detuvo en lugares tan bien conocidos como Betel, Hebrón, Gerar y Beerseba. Sodoma y Gomorra, las ciudades de la llanura hacia las cuales emigró Lot, estaban directamente esparcidas al este del País del Sur o Neguev, donde se estableció Abraham.

Frecuentes referencias indican que Abraham fue un hombre de considerable riqueza y prestigio. Lejos de ser un nómada errabundo en el sentido beduíno, Abraham disponía de intereses mercantiles. Aunque la valoración de sus posesiones está modestamente resumida y expresada en una sencilla declaración "todas las cosas que habían reunido y las almas que habían conseguido en Harán" (12:5) es muy verosímil que esta riqueza suya estuviese representada por una gran caravana cuando emigró a Palestina. Una fuerza de 318 sirvientes utilizada para libertar a Lot (14:14) y una caravana de diez camellos (24:10) no significa sino una indicación de los recursos con que contaba Abraham.[28] Los sirvientes estaban acumulados por compra, donación y nacimiento (16:1; 17:23; 20:14). Sus rebaños y manadas de ganado en constante crecimiento, la plata y el oro, y los sirvientes para cuidar tan extensas posesiones, indican que Abraham fue un hombre de grandes medios. Los caudillos palestinos reconocieron a Abraham como a un príncipe con quien podían hacer alianzas y concluir tratados (Gén. 14:13; 21:22; 23:6).

Desde el punto de vista de las instituciones sociales, el relato del Génesis de Abraham resulta un estudio fascinante. Los planes de Abraham para hacer de Eliezer heredero de sus posesiones, puesto que no tuvo un hijo (Gén. 15:2) reflejan las leyes de Nuzu, que determinaban que una pareja sin hijos podía adoptar como hijo a un sirviente fiel, que pudiera ostentar derechos legales y quien podía ser recompensado con la herencia, como pago por sus cuidados constantes y el entierro en caso de fallecimiento. Las costumbres maritales de Nuzu, lo mismo que el código de Hamurabi, proveían que, si la esposa de un hombre casado no tenía hijos, el hijo de una criada podía ser reconocido como legítimo heredero. La relación de Agar con Abraham y Sara es algo típico de las costumbres que prevalecían en Mesopotamia. La preocupación de Abraham por el bienestar de Agar puede también ser explicada por el hecho de que legalmente una criada que pariese un hijo no podía ser vendida para la esclavitud.

---

27. G. E. Wright, *op. cit.*, p. 41, observa: «De cualquier modo, estamos seguros al decir que el hogar con quienes los patriarcas estuvieron más íntimamente relacionados fue Harán, existiendo muy pocas evidencias de cualquier influencia del sur de Mesopotamia sobre sus tradiciones.
28. Gordon, *op. cit.*, p. 124.

Un estudio devocional de Abraham puede resultar altamente provechoso. La promesa séxtuple hecha al patriarca tiene un gran alcance en las implicaciones de la historia. La promesa de Dios de hacer con él una gran nación se realiza subsiguientemente en los acontecimientos del Antiguo Testamento. "Yo te bendeciré", pronto se hizo una realidad en su experiencia personal. El nombre de Abraham se hizo grande, no solo como padre de los israelitas y mahometanos, sino también como el gran ejemplo de fe para los creyentes cristianos, según los escritos del Nuevo Testamento, en Romanos, Gálatas, Hebreos y Santiago. Por añadidura, la actitud del hombre hacia Abraham y sus descendientes habría tenido una directa influencia en la bendición o maldición sobre el género humano; esto aseguró a Abraham un lugar único en el designio providencial para la raza humana. Ciertamente, la promesa de que Abraham sería bendito, fue literalmente cumplida durante su vida, lo mismo que en los tiempos subsiguientes. Finalmente, la promesa de bendecir todas las familias de la tierra se descubre en su alcance a escala mundial cuando Mateo comienza su relato de la vida de Jesucristo, estableciendo que él es el "hijo de Abraham".

La alianza juega un papel importante en la experiencia de Abraham. Nótense las sucesivas revelaciones de Dios tras la promesa inicial a la cual Abraham responde con obediencia. A medida que Dios hace mayor su promesa, Abraham ejerció la fe, que se le reconoce como justicia en Génesis 15. En esta alianza, la tierra de Canaán fue específicamente dada en prenda a los descendientes de Abraham. Con la promesa del hijo, la circuncisión se convierte en el signo del pacto (Gén. 17). Esta promesa de la alianza fue sellada finalmente en el acto de obediencia de Abraham, cuando estuvo dispuesto a llevar a cabo el sacrificio de su único hijo Isaac (Gén. 22).

La religión de Abraham es un tema vital en los relatos bíblicos, patriarcales. Procedente de un fondo politeísta donde la diosa-luna Nannar era reconocida como el dios principal en la cultura de Babilonia, Abraham llega a Canaán. Que su familia sirvió a otros dioses queda claramente establecido en Josué 24:2. En Canaán, y en medio de un entorno idólatra y pagano, la meta de Abraham fue la de "construir un altar al Señor". Tras que hubo rescatado a Lot y el rey de Sodoma, rehusó una recompensa, reconociendo que él se hallaba por completo dedicado por devoción única a Dios, el "hacedor de los cielos y la tierra". La íntima comunión y camaradería existente entre Dios y Abraham está bellamente retratada en el capítulo 18 donde él intercede por Sodoma y Gomorra. Tal vez es sobre la base de Is. 41:8 y Santiago 2:23 que la Septuaginta insertó las palabras "mi amigo" en 18:17. Al paso de los siglos la puerta meridional de Jerusalén, que conduce hacia Hebrón y Beerseba, ha sido citada siempre como la "puerta de la amistad" en memoria de la relación íntima entre Dios y Abraham.

Isaac, el hijo prometido, fue el heredero de todo lo que Abraham poseía. Otros hijos de Abraham, tal como Ismael, de donde descienden los árabes y Madián, el padre de los madianitas, recibieron regalos cuando partieron de Canaán, dejando el territorio a Isaac. Antes de su muerte, Abraham dejó a Rebeca por esposa de Isaac. Abraham también compró la cueva de Macpela[29], que se convirtió en el sepulcro de Abraham, Isaac y Jacob, así como el de sus esposas.

---

29. La compra de Abraham de tal propiedad (Gén. 23) refleja la ley hitita. Efrón insistió en venderle el campo entero, y así Abraham se hizo responsable por la tributación y

Isaac y Jacob (Gén. 25:19-36:43)

El carácter de Isaac, según se describe en el Génesis, está en cierta forma obscurecido por los acontecimientos de la vida tanto del padre como del hijo. Con el anuncio de la muerte de Abraham, el lector queda inmediatamente presentado a Jacob, quien emerge como el eslabón de la sucesión patriarcal. Puede ser que muchas de las experiencias de Isaac fuesen similares a las de Abraham, por lo que haya poco que narrar al respecto.

Aunque Isaac heredó la riqueza de su padre y continuó la misma pauta de vida, es interesante notar que se comprometió en cuestiones de agricultura cerca de Gerar (26:12). Abraham en cierta ocasión se había detenido en Gerar, en territorio filisteo, pero pasó mucho tiempo en los alrededores de Hebrón. Cuando Isaac comenzó a cultivar la tierra, obtuvo cosechas que le proporcionaron el ciento por uno. Aquel éxito tan poco corriente en las labores del campo, excitó la envidia de los filisteos de Gerar de forma que Isaac tuvo que desplazarse, por considerarlo necesario, hacia Beerseba con objeto de mantener relaciones pacíficas.

La presencia de los filisteos en Canaán durante los tiempos patriarcales, ha sido considerada un anacronismo. El establecimiento caftoriano en Canaán alrededor de 1200 a. C. representó una migración tardía del Pueblo del mar que previamente se había establecido en otras ocasiones durante un largo período de tiempo. Los filisteos se habían establecido en pequeños

otros impuestos que deseaba evitar, al interesarse sólo por la cueva. Ver J. F. Lehman, *Bulletin of the American Schools of Oriental Research*, n.° 129 (1953), pp. 15-18. Ver Gordon, *op. cit.*, p. 124 y Wright, *op. cit.*, p. 51.

grupos mucho antes de 1500 a. C. Con el tiempo se mezclaron con otros habitantes de Canaán, pero el nombre de "Palestina" (Filistia) continúa llevando el testimonio de su presencia en Canaán. La cerámica caftoriana por todo el sur y la parte central de Palestina, al igual que las referencias literarias, testifican la superioridad de los filisteos en las artes y habilidades manuales. En los días de Saúl monopolizaron los trabajos metalúrgicos en Palestina.[30]

Polémico en conducta, Jacob surgió como el heredero de la alianza. De acuerdo con las costumbres de Nuzu, negoció con Esaú para asegurarse la herencia y sus derechos. Su capacidad de negociador se hace pronto aparente en su adquisición de los derechos de primogenitura por el escaso precio de un plato de lentejas. El irreal sentido de Esaú del valor de las cosas, pudo haber sido a la fatiga temporal y al agotamiento de una expedición de caza que no tuvo ninguna recompensa. Por añadidura, Jacob ganó la bendición en el lecho de muerte valiéndose de algún truco y la decepción, instigado por Rebeca, su madre. El significado de esta adquisición se comprende mejor por comparación con las leyes contemporáneas que hacían tales bendiciones orales legalmente valederas. Es de notar, sin embargo, el hecho de que el relato bíblico recargue el énfasis del lugar que ocupa la jefatura familiar por encima de las bendiciones materiales.

Temiendo el probable matrimonio de Jacob con mujeres hititas lo mismo que la venganza de Esaú, Rebeca concibió e instrumentó un plan para enviar a su hijo favorito a Padan-aram. De camino, Jacob responde a un sueño en Betel con una promesa condicional para servir a Dios y una tentativa de dar el diezmo de sus rentas. Habiendo recibido una cordial acogida en su hogar ancestral, Jacob entra en un acuerdo con Labán, hermano de Rebeca. De acuerdo con las costumbres de Nuzu, esto podía haber sido más que una simple labor de contrato para el matrimonio. Aparentemente, Labán no tenía un hijo en aquella época, por lo que Jacob fue constituido como heredero legal. Típico de los tiempos, fue el regalo de Labán de una criada a cada una de sus hijas, Raquel y Lea. La esposa de Labán dio a luz más tarde otros hijos, por lo que Jacob dejó de ser el heredero principal. Aquel giro de los asuntos no fue del agrado de Jacob; deseó marcharse, pero fue disuadido por un nuevo contrato que le abría la posibilidad de obtener riqueza mediante los rebaños de Labán. En el transcurso del tiempo, Jacob llegó a ser tan próspero, a pesar del reajuste del contrato de Labán, que la relación existente entre el padre y el yerno se alteró.

Alentado por Dios para volver a la tierra de sus padres, Jacob reunió todas sus posesiones y partió en el momento oportuno cuando Labán se hallaba ausente en un negocio de ganado. Tres días más tarde Labán se enteró de la marcha de Jacob y envió en su busca. Tras siete días le dio alcance en las colinas de Galaad. Labán estaba grandemente perturbado por la desaparición de sus dioses lares. El terafín, que Raquel había escondido con éxito mientras Labán buscaba las posesiones de Jacob, pudo haber sido más legal que de significación religiosa para Labán.[31] De acuerdo con la ley Nuzu, un yerno que tuviese en su poder los dioses lares podía recla-

---

30. Gordon, *op. cit.*, pp. 121-123.
31. Labán distinguía entre los dioses de Nahor y el Dios de Abraham (Gén. 31:29-30). Mientras que Jacob era monoteísta, Labán era politeísta.

mar la herencia de la familia ante un tribunal. De esa forma Raquel intentaba obtener cierta ventaja de su marido, al robarle los ídolos. Pero Labán había anulado cualquier beneficio de esa índole por un convenio con Jacob antes de que se separasen.

Continuando hacia Canaán, Jacob anticipó el terrible encuentro con Esaú. El temor le venció aunque en toda crisis del pasado había terminado con ventaja para él. A punto de no volver Jacob se encaró en una crucial experiencia (32:1-32). Dividiendo todas sus posesiones en el río Jacob, en preparación para el encuentro con Esaú, se volvió hacia Dios en oración. Reconoció humildemente que era inmerecedor de todas las bendiciones que Dios le había otorgado. Pero de cara al peligro, suplicó por su liberación. Durante la soledad de la noche, luchó a brazo partido con un hombre. En esta extraña experiencia, en la cual reconoció un encuentro divino, su nombre fue cambiado por el de "Israel" en lugar de seguir llamándose Jacob. Después de eso, Jacob no fue el impostor; en su lugar estuvo sujeto a la decepción y a los sufrimientos por sus propios hijos.

Cuando llegó Esaú, Jacob se postró siete veces —otra vieja costumbre mencionada en los documentos Ugarísticos y de Amarna— y recibió la seguridad del perdón por su hermano. Declinando cortésmente la generosa ayuda ofrecida por Esaú, Jacob continuó lentamente hacia Sucot mientras que Esaú volvió a Seir.

En ruta hacia el Hebrón, Jacob acampó en Siquem, Betel, y Belén. Aunque adquirió algunas tierras en Siquem, el escándalo y la perfidia de Leví y Simeón le hicieron imposible el continuar viviendo en aquella región (34: 1-31). Este incidente, lo mismo que el ofensivo de Rubén (35:22), tuvo que ver con la bendición de Jacob por sus hijos (49).

Cuando recibió instrucciones de Dios para trasladarse a Betel, Jacob preparó para su vuelta a aquel lugar sagrado al suprimir la idolatría de su hogar. En Betel erigió un altar. Allí, Dios renovó la alianza con la seguridad de que no solo una nación, sino un grupo de naciones y reyes surgirían de Israel (35:9-15).

Mientras viajaban hacia el sur, Raquel murió al dar a luz a Benjamín. Fue enterrada en la vecindad de Belén en un lugar llamado Efrata. Siguiendo su viaje con sus hijos y posesiones, Jacob llegó finalmente al Hebrón, el hogar de su padre Isaac. Cuando murió Isaac, Esaú volvió desde Seir para reunirse con Jacob en el entierro de su padre.

Los edomitas, aparentemente, contaban con una ilustrativa historia. Poco es lo conocido respecto a ellos, más allá del relato somero relatado en Gén. 36:1-43, lo que indica que tenían diversos reyes incluso antes de que cualquier rey reinase en Israel. En este aspecto, la narrativa del Génesis dispone de líneas colaterales antes de resumir el relato patriarcal.

José (Gén. 37:1-50:26)

I. José el hijo favorito	37:1-36
Odiado por sus hermanos	37:1-24
Venida a Egipto	37:25-36
II. Judá y Tamar	38:1-30
III. José: esclavo y gobernante	39:1-41:57
José en prisión	39:1-20

30/08/2023

En una de las más dramáticas narraciones de la literatura mundial, las experiencias de José entreteja la vida patriarcal en Egipto. Mientras que los contactos anteriores habían sido primariamente con el ambiente de Mesopotamia, la transición a Egipto resultó en una mezcla de costumbres consecuencia de aquellas dos formas tan adelantadas de civilización. En esta narrativa, notamos la continuidad de la antigua influencia, la adaptación al ambiente egipcio y por encima de todo, toda la guía protectora y de control de Dios en las fascinantes fortunas de José y su pueblo.

José, el hijo de Raquel, fue el orgullo y la alegría de Jacob. Para mostrar su favoritismo, Jacob le engalanó con una túnica, aparentemente la marca exterior de un jefe de tribu.[32] Sus hermanos, que ya estaban resentidos contra José por los malos informes que les concernían, fueron incitados por este hecho a un odio extremo. La cuestión llegó a su punto álgido cuando José les relató haber tenido dos sueños pronosticando su exaltación.[33] Los hermanos mayores dieron suelta a su rencor jurando quitarse de encima a José a la primera ocasión.

Enviado por su padre a Siquem, José no pudo encontrar a sus hermanos hasta que llegó a Dotán, aproximadamente a 130 kms. al norte del Hebrón.[34] Tras someterle al ridículo y al abuso, los hermanos le vendieron a los mercaderes madianitas e ismaelitas, quienes en consecuencia, dispusieron de él como de un esclavo para Potifar en Egipto. Al mostrársele ensangrantado la capa que vestía José, Jacob lloró y se enlutó por la pérdida de su hijo favorito en la creencia de que había sido muerto por las bestias salvajes (37:1-36).

El lector queda en suspenso por el bienestar de José con el episodio de Judá y Tamar (38:1-30). Este relato tiene significación histórica, por lo

---

32. «Manto de muchos colores», de acuerdo con la Septuaginta y Targum Jonathan, o una túnica que le llegaba a los tobillos. De las pinturas de la tumba de Bene Hassam, mostrando a los líderes de las tribus semitas que aparecen en Egipto en 1500 a. C., con mantos de diversos colores, ver J. B. Pritchard, *Ancient New Eastern Texts in Pictures* (Princeton University Press, 1954), fig. 3.

33. Aunque la duplicidad de sueños era típica en la literatura del Próximo Oriente, éstos tuvieron y añadieron una importancia divina en la vida de José.

34. Incluso hoy, los pastores llevan sus rebaños desde el sur de Palestina al pozo de Dotán, de acuerdo con J. P. Free, que ha estado excavando Dotán desde 1953. Sobre la ladera superior del otero, los niveles 3 y 4 representan ciudades de la época del Bronce Medio (2000-1600 a. C.). Ver *Bulletin of the American Schools of Oriental Research*, núms. 135 y 139. Durante la temporada de 1959, el nivel superior, sólo quince centímetros por debajo de la superficie había indicaciones de una reconstrucción, tras una destrucción llevada a cabo por los asirios en 722 (ver 2.º Reyes 17:5-6). Un segundo nivel puede ser la restauración hecha tras la invasión asiria del 733, mientras que un tercer nivel sugiere una devastación anterior, probablemente por los sirios. Ver *BASOR*, Dic., 1959.

que suministra en pasado genealógico de la línea davídica (Gén. 38:29; Rut 4:18-22; Mateo 1:1). Además de esto, a despecho de la conducta poco ejemplar de Judá, la práctica del levirato es mantenida en el matrimonio. La demanda de Judá de que Tamar fuese quemada por el delito de prostitución, puede reflejar una costumbre llevada a Canaán por los indo-europeos, tales como los hititas y los filisteos. Las fuentes ugaríticas y mesopotámicas atestiguan el uso de tres artículos para significar la identificación personal. Tamar estableció la culpabilidad de Judá por su impregnación al utilizar su sello, su cinturón y el báculo como prueba. Puesto que la ley hitita permitía a un padre hacer cumplir las obligaciones del levirato al casar a una nuera viuda, Tamar no fue sometida al castigo bajo la ley local por su estratagema en embrollar el plan de Judas al ignorar sus derechos de matrimonio. En la legislación mosaica, la estipulación fue hecha para el matrimonio del levirato (Deut. 25).[35]

El establecimiento de las experiencias de José en la tierra del Nilo, han quedado mostradas como auténticas en muchos detalles (39-50). Los nombres egipcios y títulos ocurrieron, como podía esperarse. Potifar es designado como "capitán de la guardia" o "jefe de los ejecutores" que era usado como el título que se daba a la guardia personal del rey. Asenat (nombre egipcio), la hija de un sacerdote de On (Heliópolis), se convirtió en la esposa de José. Oficiales importantes de la corte egipcia están apropiadamente identificados como "jefe de mayordomos" y "jefe de los panaderos". Las costumbres egipcias están asimismo reflejadas. Siendo José un semita, llevaba barba; pero para su presencia ante el Faraón, tuvo que ser afeitado de conformidad con las formas egipcias. La fina ropa de lino, el collar de oro y el anillo con el sello adornaron a José en la típica forma egipcia cuando asumió el mando administrativo bajo la divina autoridad del Faraón. "Abrech", probablemente una palabra egipcia que significa "tomar nota", es la orden para todos los egipcios al producirse el nombramiento de José (Gén. 41:43). El embalsamiento de Jacob y la momificación de José, también seguían las normas egipcias del cuidado propio de los fallecidos.

Son también de gran valor los paralelos en la vida de José y en la literatura egipcia. La transición de José desde ser un esclavo a convertirse en un gobernante, tiene un gran parecido con el clásico egipcio, "El campesino elocuente". Los siete años de abundancia, en los sueños del Faraón, comportan igualmente una gran similitud con una vieja tradición egipcia.[36]

A todo lo largo de esos años de adversidad, sufrimientos y éxito, la relación humano-divina es claramente aparente. Tentado por la esposa de Potifar, José no cedió. No quería pecar contra Dios (Gén. 39:9). En prisión, José confesó francamente que la interpretación de los sueños solo correspondía a Dios (40:8). Cuando apareció frente al Faraón, José reconoció que Dios se valía de los sueños para revelar el futuro (41:25-36). Incluso en el hecho de ponerle nombre a su hijo, Manasés, José reconoció a Dios como la fuente de su promoción y el alivio de los dolores (41:51). También tomó a Dios en consideración en su interpretación de la historia: al revelar su identidad a sus hermanos, humildemente dio crédito a Dios por llevarle

---

35. Para más detalles, ver Cyrus H. Gordon, *op. cit.*, 136-137. También su artículo «Epica indoeuropea y hebraica». *Eretz-Israel*, V. (1958), 10-15.
36. Para traducción hecha por John A. Wilson, ver. J. B. Pritchard, *Ancient Near Eastern Texts*, pp. 31-32.

a él a Egipto. No dijo de ningún modo que ellos le habían vendido como esclavo (41:4-15). Después de la muerte de Jacob, José les volvió a dar la seguridad una vez más de que no buscaría venganza alguna. Dios había ordenado los eventos de la historia por el bien de todos (50:15-21).

La magnificación hecha de Dios por José a través de muchas vicisitudes, fue recompensada por su propia elevación. En la casa de Potifar, fue tan fiel y tan notable y eficiente que fue elevado a la categoría de superintendente. Metido en prisión por falsas acusaciones, José pronto fue considerado con responsabilidades de supervisión que utilizó sabiamente para ayudar a sus compañeros de encarcelamiento. A través del mayordomo, quien por dos años falló en recordar su ayuda, José fue llevado súbitamente a la presencia del Faraón para interpretar los sueños del rey. Fue ciertamente un momento oportuno: el gobernante de Egipto tenía la necesidad de contar con un hombre como José, que probó su valía. Como jefe administrador, no solamente guió a Egipto a través de los años cruciales de la abundancia y del hambre, sino que fue el instrumento adecuado para salvar a su propia familia. La posición de José y su prestigio hicieron posible el distribuir la tierra de Gosén a los israelitas cuando emigraron a Egipto. Aquello fue de una enorme ventaja para ellos, a causa de sus intereses como pastores.

Las bendiciones de Jacob forman una conclusión que encaja en la edad patriarcal del relato del Génesis. En su lecho de muerte, pronunció su última voluntad y su testamento. Aunque se hallaba en Egipto, sus bendiciones reflejan la costumbre de la Mesopotamia, el hogar original, donde los pronunciamientos orales eran reconocidos como fiel testimonio de fe ante un tribunal. Manteniendo las promesas divinas hechas a los patriarcas, las bendiciones de Jacob, dadas en forma poética, tuvieron una significación profética.

BIBLIOGRAFÍA SELECTA

Libros en castellano

* ALBRIGHT, WILLIAM F. *Arqueología de Palestina.* España: Garriga.
* _____ . *De la edad de piedra al cristianismo.* Santander, España: Sal Terrae.
_____ . *The Biblical Period From Abraham to Ezra.* Nueva York: Harper Torchbook, 1963.
BALY, DENIS. *The Geography of the Bible.* Nueva York: Harper & Row, 1957.
_____ . *Palestine and the Bible.* Londres: Lutterworth Press, 1960.
_____ . *Geographical Companion to the Bible.* Nueva York: McGraw-Hill, 1963,
BARTON, G. A. *Archaeology and the Bible.* American Sunday School Union, 1973.
BEEK, M. A. *Atlas of Mesopotamia.* Nueva York: Thomas Nelson & Sons, 1962.
BURROWS, M. *What Means These Stones?* New Haven: Yale, Meridian, 1957.
CHIERA, E. *They Wrote on Clay.* Chicago: University of Chicago Press, 1956.
DALMAN, GUSTAF. *Sacred Sites and Ways.* Nueva York: The MacMillan Company, 1935.
* DOWLEY, TIM. *Atlas bíblico Portavoz.* Grand Rapids: Editorial Portavoz, 1991.
FINEGAN, JACK. *Light From the Ancient Past.* Princeton University Press, 1959.
FRANKFORT, H. *The Birth of Civilization in the Near East.* Garden City, NY: Doubleday, 1950.
FREE, JOSEPH P. *Archaeology and Bible History.* Wheaton, IL: Scripture Press, 1956.
FREEDMAN, D. N., y CAMPBELL, E. F. (eds.). *The Biblical Archaeologist Reader.* Garden City, NY.: Doubleday Anchor Books, Vol. I, 1961, Vol. II, 1964.
GLUECK, NELSON. *The Other Side of Jordan.* New Haven: ASOR, 1940.
_____ . *Rivers in the Desert.* Nueva York: Farrar, Straus & Cudihy, 1959.
_____ . *The River Jordan.* Filadelfia: Westminster Press, 1946.
GORDON, CYRUS H. *The World of the Old Testament.* Garden City, NY: Doubleday, 1958.
GROLLENBERG, L. H. *Atlas of the Bible.* Nueva York: Thomas Nelson & Sons, 1956.
JACOBSEN, T. *The Sumerian King List.* Chicago: University of Chicago Press, s.f.

* KENYON, KATHLEEN. *Arqueología en la Tierra Santa*. España: Garriga.

KRAMAR, SAMUEL NOAH. *From the Tablets of Sumer*. Indian Hills, CO: The Falcon's Wings Press, 1956.

_____ . *History Begins at Sumer*. Garden City, NY: Doubleday Anchor Books, 1959.

_____ . *The Sumerians*. Chicago: University Press, 1964.

LLOYD, S. *Early Anatolia*. Hardmondsworth, Inglaterra. Penguin Books, 1956.

OPPENHEIM, A. LEO. *Ancient Mesopotamia*. Chicago: University of Chicago Press, 1964.

_____ . *Letters From Mesopotamia*. Chicago: University of Chicago Press, 1967.

PAYNE, J. BARTON. *An Outline of Hebrew History*. Grand Rapids: Baker Book House, 1954.

* PFEIFFER, CHARLES F. *Atlas bíblico*. Deerfield, FL: Editorial Vida, 1977.

* _____ . (ed.). *Diccionario bíblico arqueológico*. El Paso: Casa Bautista de Publicaciones, 1982.

_____ , y VOS, HOWARD F. *The Wycliffe Historical Geography of the Bible*. Chicago: Moody Press, 1967.

SCHWANTES, S. J. *A Short History of the Ancient Near East*. Grand Rapids: Baker Book House, 1965.

SMITH, GEORGE A. *The Historical Geography of the Holy Land*. Londres: Hodder & Stoughton, 1931.

THOMAS, D. W. (ed.). *Archaeology and Old Testament Study*. Nueva York: Oxford University Press, 1957.

THOMPSON, J. A. *Archaeology and the Old Testament*. Grand Rapids: Wm. B. Eerdmans Publishing Co., 1960.

UNGER, MERRILL F. *Archaeology and the Old Testament*. Grand Rapids: Zondervan Publishing House, 1954.

* VARDAMAN, E. J. *La arqueología y la Palabra viva*. El Paso: Casa Bautista de Publicaciones, 1968.

WISEMAN, D. J. *Illustrations From Biblical Archaeology*. Grand Rapids: Wm. B. Eerdmans Publishing Co., 1958.

WOOLEY, C. L. *Ur of the Chaldees*. Londres: Ernest Benn, 1930.

WRIGHT, G. E. *Biblical Archaeology*. Filadelfia: Westminster Press, 1962.

_____ . *Biblical Archaeology*. Filadelfia: Westminster Press, 1957.

YADIN, Y. *The Art of Warfare in Biblical Lands*. Nueva York: McGraw-Hill, 1963.

_____ . *Everyday Life in Bible Times*. National Geographic Society, 1967.

Capítulo III

La emancipación de Israel

Los siglos pasaron en silencio desde la muerte de José, hasta el amanecer de la conciencia nacional, bajo Moisés. La Historia Sagrada, no obstante, se refiere a nuevas y excitantes dimensiones con la única transición de los israelitas desde las garras faraónicas de la esclavitud a la situación de una nación independiente como pueblo elegido de Dios. En menos de lo que pareció una eternidad, sobrellevaron y obtuvieron una milagrosa liberación del emperador más poderoso de la época, recibieron una divina revelación que les hizo conscientes de ser el pueblo de la alianza de Dios y se les impartió un código de leyes en preparación para ocupar la tierra de la promesa de los patriarcas. No es sorprendente que esta notable experiencia fuese recordada y vuelta a vivir anualmente en la observancia de la pascua de los judíos. Repetidamente los profetas y salmistas aclaman la liberación de Israel del poder de Egipto como el más significativo milagro de su historia.

Tan llena de significado fue aquella emancipación y tan vital fue aquella interrelación entre Dios e Israel para las generaciones venideras, que cuatro quintas partes del Pentateuco o más de un sexto de la totalidad del Antiguo Testamento está dedicado a este corto período en la historia de Israel. Después de los años de la opresión egipcia, que recibe una breve consideración en los capítulos introductorios, los acontecimientos de estos cuatro libros, Exodo, Levítico, Números y Deuteronomio, están confinados a menos de cinco décadas. En el bosquejo siguiente se recuerda sumariamente el material de referencia:

Desde Egipto al Monte Sinaí	Ex. 1-18.
Acampamiento en el Sinaí	Ex. 19-Núm. 10.
Recorridos por el desierto	Núm. 10-21.
Acampamiento ante Canaán	Núm. 22-Deut. 34.

43

30/08/2023

Acontecimientos contemporáneos

No existe desacuerdo entre los eruditos, quienes aceptan la historicidad del cautiverio de Israel en Egipto y que el Exodo tuvo lugar durante la era del Nuevo Reino. Puesto que los capítulos que cierran el Génesis ya cuentan la emigración de Israel hacia Gosén, los acontecimientos contemporáneos en Egipto son de primordial importancia.

La Invasión de los Hicsos

La poderosa Duodécima Dinastía del Reino Medio en Egipto fue seguida (1790 a. C.) por dos otras débiles dinastías bajo las cuales el gobierno quedó desintegrado. Los invasores semitas procedentes de Asia, conocidos como los hiksos, pueblo que ya utilizaba el caballo y el carro de guerra, desconocidos por los egipcios, ocuparon Egipto aproximadamente hacia 1700 a. C. Es muy poco lo que se conoce acerca del pueblo, aunque Manetho asigna a las XV y XVI dinastías a esos gobernantes extranjeros que controlaron el Bajo Egipto durante casi un siglo y medio. En el transcurso del tiempo, rivales de Tebas dominaron la utilización del caballo y el carro de guerra y bajo Amosis, de la XVII dinastía, estuvieron en condiciones de expulsar a los hicsos del país (1500 a. C.). Aquella circunstancia dio la oportunidad para el resurgimiento de un gobierno poderoso conocido como el Nuevo Reino. Es comprensible que los egipcios no dejaran testimonios escritos de tan grande humillación llevada a cabo por los hicsos durante la dominación de estos. Por lo tanto, nuestro conocimiento de este período es, desafortunadamente, muy limitado.

El nuevo reino (1546-1085 a. C.)

En este período reinaron en Egipto tres dinastías. Bajo los primeros tres gobernantes de la XVIII dinastía, Amenofis y Tutmosis I y II (1550-1500 a. C.), Egipto quedó establecido con la fuerza y la grandeza de un Imperio. Aunque Tutmosis III fue el supremo gobernante desde 1504 a 1450 (a. C.), su poderío quedó obscurecido durante los primeros veintidós años de su reinado por la reina Hatsheput, que obtuvo el control completo de todo el gobierno. Como consecuencia de su poderoso y brillante liderazgo, fue reconocida tanto por el Bajo como por el Alto Egipto. Entre los impresionantes edificios construídos, no lo fue menos el proyecto de un templo blanco de piedra calcárea. Este mortuario fue construído en terrazas columnadas, con el imponente macizo recoso de Deir-el-Bahri como fondo. Uno de sus grandes obeliscos (conteniendo 138 metros^3 de granito, y que alcanzaba casi treinta metros de altura) todavía se mantiene en pie en Karnak.

Tutmosis III, cuyas ambiciones habían sido contrarrestadas durante muchos años, ganó la posesión indisputada de la corona Hatsheput al morir ésta. Estableció el poder absoluto en Egipto, afirmándose como el más grande caudillo militar en la historia de Egipto. En dieciocho campañas, extendió el alcance de su reinado hasta el Eufrates, marchando sus ejércitos a través de Palestina o navegando por el Mediterráneo hasta la costa fenicia. Como militar y constructor de imperios, ha sido frecuentemente comparado con Alejandro Magno y Napoleón. Puesto que tales campañas eran llevadas a cabo durante el verano, acostumbraba a promover la construcción de gran-

30/08/2023

des edificios durante el invierno, embelleciendo y ensanchando el gran templo de Karnak, que había sido erigido para Amón durante el Reino Medio. Los obeliscos que erigió pueden ser contemplados en nuestros días en Londres, Nueva York, el Lateranense y Constantinopla.

Tutmosis III fue seguido por Amenofis II (1450-1425) que fue un gran deportista, Tutmosis IV (1425-1417), que excavó la esfinge y se casó con una princesa mitanni, y Amenofis III (1417-1379). Amenofis IV, o Akh-en-Atón (1379-1362), es mejor conocido por la revolución llevada a cabo en materia religiosa. Es muy probable que los faraones fuesen progresivamente hartándose del creciente poder de los sacerdotes de Amón, en Tebas. Tutmosis IV había adscrito previamente su real descendencia al antiguo dios solar Ra, más bien que a Amón; pero Amenofis IV fue aún más allá, intentando negar el opresivo poder de los sacerdotes tebanos. El fue el campeón de la adoración de Atón, que estaba representado por el disco solar. Construyendo un templo a su nuevo dios en Tebas, mientras que era corregente con su padre, se proclamó a sí mismo el primer sacerdote de Atón. No satisfecho con erigir templos en varias ciudades por todo su imperio, eligió el nuevo emplazamiento de Amarna para la situación de su dios. Desde esta capital, situada aproximadamente a medio camino entre Tebas y Menfís, estableció la adoración de Atón como la religión del Estado. Tomó las medidas precisas para que se adorase y sirviese solo a este dios. Tan dedicado estuvo a Atón que él y sus devotos olvidaron las demandas de ayuda procedentes de varias partes de su reino. Los archivos de Amarna, descubiertos en 1887, proporcionan un testimonio al respecto.[1] Cuando Akh-en-Atón murió, la capital nuevamente establecida fue abandonada. Su yerno, Tut-ank-Amón, aseguró su trono renunciando a Atón y restaurando la antigua religión de los dioses de Tebas. La tumba de Tut-ank-Amón, descubierta en 1929, suministró abundante evidencia de su devoción a Amón. Con la corta vida y el breve reinado de Ay la XVIII dinastía terminó en 1348 a. C.

Los dos grandes reyes de la próxima dinastía, que duró hasta 1200 a. C., fueron Seti I (1318-1304) y Ramsés II (1304-1237). El primero comenzó la reconquista del imperio asiático, que había estado perdido durante los días de Akh-en-Atón y llevó la capital a la parte oriental del Delta. El último continuó su intento de reconquistar Siria, pero eventualmente firmó un tratado de paz con el rey hitita, que selló su acuerdo al dar su hija en matrimonio a Ramsés II. Este es el primero de los pactos de no agresión entre naciones conocido hasta hoy. Además del extenso plan de construcciones en o cerca de Tebas, Ramsés II también embelleció Tanis, la capital del Delta, que los gobernantes hicsos habían utilizado siglos antes.

Durante el resto de las dinastías XIX y XX, los gobernantes egipcios lucharon para retener su reinado. Conforme fue decreciendo el poder central, el sacerdocio local de Amón ganó bastante fuerza para establecer la XXI dinastía alrededor de 1085 a. C. y Egipto nunca recobró ya más, como resultante del declive que sufría, el volver a ganar su posición como potencia mundial.

---

1. La mayor parte de esas cartas fueron escritas en acadio por los escribas cananeos en Palestina, Fenicia y la Siria Meridional a Amenofis III y a Akh-en-Aton. Para una traducción de algunos de esos textos cuneiformes por W. F. Albright, ver Pritchard, *Ancient Near Eastern Texts*, pp. 483-490.

30/08/2023

La religión en Egipto[2]

Egipto era un país politeísta. Con deidades locales como base de la religión, los dioses egipcios se hicieron numerosos. Los dioses de la Naturaleza fueron comúnmente representados por animales y pájaros. Eventualmente, las divinidades cósmicas, personificadas en las fuerzas de la Naturaleza, fueron elevadas por encima de los dioses locales y fueron teóricamente considerados como deidades nacionales o universales. Había una tal cantidad, que llegaron a ser agrupados en familias de triadas y novenarios.

De igual forma, los templos fueron numerosos por todo Egipto. Con la provisión de un hogar o templo para cada dios, llegó el sacerdocio, las ofertas, los festivales, ritos y ceremonias para su adoración y culto. Como respuesta a tales circunstancias, el pueblo consideraba a sus dioses como sus benefactores. La fertilidad de la tierra y de los animales, la victoria o la derrota, la inundación del Valle del Nilo y de hecho, cualquier factor que afectase a su bienestar, estaba adscrito a cualquier dios.

La prominencia nacional acordada respecto a cualquier dios se hallaba íntimamente relacionada con la política. El dios halcón, Hourus, surgió como una deidad local y después pasó a tener carácter de deidad estatal cuando el rey Menes unió el Bajo y el Alto Egipto en los albores de la historia egipcia. Cuando la Quinta Dinastía patrocinó el dios-sol de Heliópolis, Ra se convirtió en la cabeza del panteón egipcio. La más cercana aproximación a un dios nacional en Egipto, fue el reconocimiento dado a Amón durante el Medio y Nuevo Reino. Los magníficos templos erigidos en Karnak y Luxor, en las proximidades de Tebas, todavía muestran el real patronazgo de este dios. En la ciudad de Tebas, con la XVIII dinastía, el culto de Amón con su sacerdocio tebano se hizo tan fuerte que el desafío hecho a los faraones tuvo éxito en el poder con la muerte de Akh-en-Atón. A despecho de la prominencia de los dioses nacionales, en ninguna ocasión fueron adorados por la población egipcia. Para un campesino egipcio, el dios local fue el de la máxima importancia.

Los egipcios creían en una vida después de la muerte. Una conducta intachable sobre la tierra conducía a la inmortalidad del hombre. Esto cuenta por los enterramientos reales representados por las pirámides y otras tumbas, en las cuales se depositan toda clase de provisiones tales como alimentos, bebidas y objetos de lujo con la intención de su utilización en la vida de ultratumba. En los primeros tiempos, incluso a los sirvientes se les mataba y guardaba junto al cuerpo de sus amos. Como Osiris, el símbolo divino de la inmortalidad, el egipcio muerto anticipaba así el juicio de un tribunal del ultramundo con la esperanza de estar moralmente destinado a la felicidad de una vida eterna.

La extrema tolerancia de la religión egipcia se explica por la existencia sin fin y el reconocimiento de tantísimos dioses. Ninguno fue nunca eliminado del todo. Puesto que el moderno estudioso encuentra difícil hacer un análisis lógico de tan incontables elementos entremezclados de su religión, es difícil también pensar que lo hiciera cualquier egipcio nativo. La confu-

---

2. Ver W. C. Hayes, *The Scepter of Egypt;* Vol. I (Nueva York: Harper & Brothers, 1953), Capítulo VI, «La religión y creencias funerarias del Antiguo Egipto», pp. 75-83.

sión resulta de cualquier intento de relacionar entre sí la hueste de deidades existentes con sus respectivos cultos y rituales. Tampoco pueden ser racionalizados tan enorme conjunto de creencias y mitos.

La fecha del Exodo

Que Israel abandonase la esclavitud durante la última mitad del segundo milenio a. C. es algo que está sujeto a dudas y discusiones. Muy pocos eruditos podrían fechar el Exodo más allá de una duración de tiempo de dos siglos y medio (1450-1200). Dado que no hay referencias o incidentes en el libro del Exodo que pueden ser definitivamente relacionadas con la historia de Egipto, poder fechar el momento demanda ulteriores investigaciones.

Respecto a una fecha más específica de la era mosaica, dos clases de evidencias pueden garantizar una cuidadosa investigación y minucioso examen: la arqueológica y la bíblica. Hasta ahora, ninguna ha proporcionado una conveniente respuesta que obtenga el apoyo de los eruditos del Antiguo Testamento.

La caída de Jericó, que ocurrió dentro del medio siglo siguiente al Exodo, está todavía sujeta a una fecha arqueológica que se balancea entre aproximadamente dos siglos (1400-1200). Las recientes excavaciones han confirmado antiguos hallazgos y conclusiones para su reexamen. Garstang, que excavó Jericó (1930-1936), razonó que la invasión de Josué está mejor fechada alrededor de 1400 a. C.[3] Miss Kathleen Kenyon mantiene que los hallazgos sobre los cuales estaban basadas estas conclusiones, proceden de la primitiva Edad del Bronce (tercer milenio) y que virtualmente no resta nada de los siglos durante los cuales se fechan la ocupación israelita (1500-1200). En consecuencia, ella afirma que su reciente excavación (1952-1956) no arroja luz alguna sobre la destrucción de Jericó. Mientras que Garstang fechó la última cerámica procedente de la Edad del Bronce, no más tarde de 1385 a. C., Kenyon prefiere una fecha más tardía 1350-1325 a. C.[4] Ya que esto representa la ocupación de la Edad del Bronce, ella fecha la destrucción de Jericó por los israelitas en el tercer cuarto del siglo XIV.[5] Albright, Vincent, de Vaux y Rowley están a favor de la última mitad del siglo XIII para la caída de Jericó bajo Josué.[6]

Los exámenes de la superficie de la cerámica en la Arabia y la Transjordania, indican que los reinos moabitas, amonitas y edomitas no fueron establecidos hasta el siglo XIII.[7] Todo esto no ha sido confirmado por extensas excavaciones, por lo que esa cerámica que corresponde a esa zona

3. John Gastang. *Joshua Judges* (Londres: Constable, 1931), p. 146. Ver también *The Story of Jericho* (nueva ed. rev. Londres; Marshall, Morgan y Scott), 1948, pp. XIV, 126-127. Ver J. P. Free. *Archaelogy and Bible History*. (5.ª edic. rev. Wheaton; Scripture Press, 1956), pp. 131-132, 137.
4. Ver Ernest Wright, *Biblical Archaeology* (Filadelfia: Westminster Press, 1957), pp. 78-80. Wright y Albright independientemente concluyeron que la última cerámica procedente de la «era Josué» de Garstang, está mejor fechado en la segunda mitad del siglo XIV. Ambos, sin embargo, datan la caída de Jericó en el siglo XIII.
5. Kathleen Kenyon, *Digging Up Jericho* (Londres: Ernest Benn, 1957), pp. 262-263.
6. Vincent y De Vaux sugieren 1250-1200 a. C. Para un estudio exploratorio de este problema con una conclusión que favorece esta última fecha, ver H. H. Rowley, *From Joseph to Joshua* (Londres: Oxford University Press, 1950).
7. Nelson Glueck, *The Other Side of the Jordan.* (New Haven, 1940), pp. 125-147.

puede todavía estar sujeta a posteriores reajustes cronológicos.[8] Comparativamente se conoce poco respecto a las condiciones de vida del pueblo a quien los israelitas encontraron en su camino hacia Canaán. Aunque Glueck no halló evidencia de habitantes en Transjordania para el período anterior al siglo XIII, es posible que ese pueblo estuviese viviendo en ciudades hechas con tiendas, en cuyo caso, naturalmente, no quedarían ruínas.[9]

Tampoco tiene la identificación de Pitón y Ramsés respuesta concluyente para evidenciar la fecha de la partida de Israel de Egipto.[10] Esas ciudades pudieron haber sido construídas por los israelitas, pero vueltas a construir y a recibir nuevos nombres por Ramsés durante su reinado. En consecuencia, la evidencia arqueológica, que por el momento está sujeta a varias interpretaciones, no ofrece una concluyente prueba para la precisa datación cronológica del Exodo.

Los informes bíblicos proveen datos limitados para el establecimiento de una fecha definitiva para la época de la esclavitud de Israel. Sólo una referencia cronológica, específicamente, eslabona la era Salomónica[11] —que tiene fechas bien establecidas— con el Exodo. La suposición, de que los 480 años anotados en I Reyes 6:1 proveen una base para la datación exacta, proporciona una fecha para el Exodo aproximadamente en 1450 a. C.[12] Aunque otras referencias[13] y el relato de otros acontecimientos, apunten hacia una larga era entre la entrega de Egipto y la era del reinado de Israel, ninguno de los pasajes bíblicos implican la garantía de una datación precisa.

Más numerosas son las anotaciones bíblicas que aproximan el período que precedió al Exodo. Aun cuando los problemas de interpretación están todavía sin resolver, todo conduce a la impresión de que los israelitas pasaron varios siglos en Egipto.[14] Las referencias geneológicas pueden sugerir un período comparativamente corto de tiempo entre José y Moisés; pero el uso de una genealogía como base para una aproximación del tiempo, está todavía sujeta a discusión.[15] Las genealogías con frecuencia tienen amplias

---

8. Tal fue el caso con la cerámica y su cronología en Palestina. Ver Free, *op. cit.*, p. 99.

9. Dwight Wayne Young, de la Universidad de Brandeis, resalta que tal fue el caso concerniente a los madianitas en los días de Gedeón (Jue. 6-7).

10. Este nombre Pi-Ramsés entra en uso en la XIX dinastía por el sitio previamente conocido por Avaris. Desde la XXII dinastía en adelante, esta ciudad fue conocida por el nombre de Tanis. El uso en Gén. 47:11 y Ex. 1:11 puede representar la modernización del nombre geográfico en el texto hebreo.

11. Fechas aceptables para el final del reino de Salomón están ahora confinadas a un período variable de diez años. Las fechas representativas son: Albright, 922; Thiele, 931.

12. De acuerdo con Thiele, Salomón comenzó a construir el Templo en 967 a. C. La fecha para el Exodo sobre este cálculo es la de 967 más 480, ó 1447 a. C. Para una discusión de diversas teorías, ver Rowley *op. cit.*, pp. 74-98. Utilizando números redondos y permitiendo 25 años en lugar de 40 para una generación, Wright, *op. cit.*, pp. 83-84, reduce 480 a aproximadamente 300 años fechando el Exodo después del 1300 a. C.

13. Comparar Jue. 11:26 y Hechos 13:19; ciertamente la última se obtiene por la adición de números redondos. Haciéndolo para Moisés, Josué, los Jueces, Saúl y David, apunta a un período más largo que la última fecha sugiere para el Exodo.

14. Comparar Ex. 12:40, 41 (el texto hebreo dice 430, LXX, 215), Gén. 15:13 y Gál. 3:17, mencionan 400 años. Estos parecen números redondos y dejan abierto el alcance de este período en cuestión. ¿Empezó este período con Abraham, el nacimiento de Isaac, o con la emigración de Jacob y sus hijos a Egipto? La tradición rabínica fecha los 400 años desde el nacimiento de Isaac. Ver *The Soncino Chumash*, ed. A. Cohen. (Hinhead, Surrey: The Soncino Press, 1947), p. 397.

15. Ver Rowley, *op. cit.*, pp. 71 y ss. Ver su discusión en Núm. 26:59 y otros pasajes.

lagunas que las hacen inutilizables para la fijación de una cronología.[16] El crecimiento de los israelitas desde setenta hasta una gran multitud, que amenazaba el orden egipcio, favorece igualmente el lapso de siglos para la residencia de Israel en la tierra del Nilo.

Las consideraciones bíblicas indican cronologías más extensas antes y después del Exodo. Sobre esta base, es razonable considerar 1450 como una fecha apropiada para el Exodo y permite la migración de Jacob y sus hijos en la era de los hiksos y de su supremacía en Egipto.

El relato bíblico

La dramática escapada de la esclavitud egipcia se halla vívidamente retratada en Ex. 1:1-19:2. Comenzando con una breve referencia a José y a la adversa fortuna de Israel, los histriónicos acontecimientos centrados alrededor de Moisés culminan en la emancipación de Israel. La narrativa, en sí misma, conduce a las siguientes subdivisiones:

I. Israel libre de la esclavitud	Exodo 1:1-13:19
Condiciones en Egipto	1:1-22
Moisés, nacimiento, educación, llamamiento	2:1-4:31
Enfrentamiento con el Faraón	5:1-11:10
La Pascua de los judíos	12:1-13:19
II. Desde Egipto hasta el Monte Sinaí	13:20-19:2
Liberación divina	13:20-15:21
En ruta al acampamiento del Sinaí	15:22-19:2

Opresión bajo el Faraón

En los días de José, los israelitas, que tenían intereses pastorales, recibieron el permiso de disfrutar la tierra más fértil en el Delta del Nilo. Los invasores hicsos, pueblo también de pastores, muy verosímilmente estuvieron favorablemente dispuestos hacia los israelitas. Con la expulsión de los hicsos, los gobernantes egipcios asumieron más poder y con el tiempo, empezó la opresión de los israelitas. Un nuevo gobernante, no familiar a José, no tenía interés personal en Israel; pero introdujo una serie de medidas que tenían como fin aliviar el temor de una rebelión israelita. Consecuentemente, el pueblo elegido fue destinado a una dura labor construyendo ciudades, tales como Pitón y Ramsés (Ex. 1:11). Un edicto real ordenó a los egipcios que matasen, a su nacimiento, a todos los varones nacidos a los israelitas. Este fue el designio del Faraón para contrarrestar la bendición de Dios sobre Israel conforme el pueblo crecía y aumentaba y prosperaba (Ex. 1:15-22). Años más tarde, cuando Moisés desafió el poder del Faraón, la opresión fue intensificada, reteniendo a los esclavos israelitas la paja tan útil en la producción de ladrillos (Ex. 5:1-21).

---

16. Por ejemplo, en Mat. 1, donde se omiten algunos reyes muy conocidos. Ver el estudio de W. H. Green, en *Biblioteca Sacra*, abril, 1890.

06/09/2023

La preparación de un caudillo

Moisés nació en tiempos peligrosos. Fue adoptado por la hija del Faraón y se le dieron facilidades y ventajas para su educación en el más importante centro de aquella civilización. Aunque no esté mencionado en el Exodo, Esteban, dirigiéndose al Sanedrín en Jerusalén, se refiere a Moisés como habiendo sido instruído en la sabiduría egipcia (Hechos 7:22). Una extensa facilidad educacional en la corte egipcia fue llevada a cabo durante el Nuevo Reino y su período, para entrenar a los reales herederos de los príncipes tributarios. Aunque retenidos como rehenes para asegurarse de la percepción de los tributos, eran magníficamente tratados en su principesca prisión. Si un lejano príncipe moría, un hijo que había estado sometido a la cultura egipcia era designado para el trono con la esperanza de que sería un leal vasallo del Faraón.[17] Es altamente probable que Moisés recibiese su educación egipcia juntamente con los herederos reales de Siria y otras tierras.

El valeroso intento de Moisés de ayudar a su pueblo finalizó en el fracaso. Temiendo la venganza del Faraón, huyó hacia la tierra de Madián, donde pasó los siguientes cuarenta años. Allí fue favorablemente acogido en el hogar de Reuel, un sacerdote de Madián, quien era también conocido por Jetro.[18] Con el transcurso del tiempo, Moisés tomó por esposa a la hija de Reuel, Séfora y se estableció dedicándose a la vida de los pastores en el desierto de Madián. A través de la experiencia adquirida del pastoreo en la zona que rodeaba el Golfo de Acaba, Moisés indudablemente adquirió un gran conocimiento de aquel territorio. Sin hallarse consciente de su importancia, recibió una excelente preparación para conducir a Israel a través de aquel desierto muchos años más tarde.

La llamada de Moisés es ciertamente significativa a la luz del pasado y su entrenamiento (Ex. 3-4). En la corte del Faraón se dio cuenta de que habría de contender con la autoridad. No sin razón solicitó la libertad de los israelitas. Dios aseguró a Moisés la divina ayuda y que proveería su actuación con tres milagros que le acreditasen ante los israelitas: el bastón que se convirtió en una serpiente, la mano del leproso y el agua que se convertiría en sangre. Esto suministró una base razonable para que los israelitas creyesen que Moisés estaba comisionado por el Dios de los patriarcas. Habiendo recibido la seguridad de que Aarón sería su portavoz, Moisés cumplió con la llamada de Dios y volvió a Egipto.

La confrontación con el Faraón

Durante el período del Nuevo Reino, el poder del Faraón era soberano y no sobrepasado por ninguna nación contemporánea. Su dominio, a veces, se extendía tan lejos como el Eufrates. La aparición de Moisés en la corte real, demandando la puesta en libertad de su pueblo de Israel, significaba un desafío al poder del Faraón.

Las plagas, que ocurrieron durante un período relativamente corto, demostraron el poder del Dios de Israel, no solo al Faraón y a los egipcios, sino también a los propios israelitas. La actitud del Faraón desde el princi-

17. Steinhoff y Seele, *When Egypt Ruled the East*, p. 105.
18. La pronunciación en hebreo es *Reuel* (Ex. 2:18) y en griego es *Reguel* (Núm. 10:29). En otras partes de Exodo, se le llama *Jetró*. Ver *The New Bible Comentary* para una discusión sobre Núm. 10:29.

pio, es la del reto expresada en la pregunta: "¿Quién es ese Señor cuya voz yo debería obedecer para dejar a Israel que se marche?" (Ex. 5:2). Cuando se enfrentó con la oportunidad de dar cumplimiento a la voluntad de Dios, el Faraón se resistió, endureciendo su corazón en el curso de aquellas circunstancias que con tal motivo se desarrollaron.[19] Las tres diferentes palabras hebreas advirtiendo al Faraón su actitud —como se establece por diez veces en Ex. 7:13-13:15— denota la intensificación de una condición ya existente. Dios permitió vivir al Faraón dotándole con la capacidad de resistir las divinas ofertas (Ex. 9:16). En esta forma Dios endureció su corazón, como está indicado en dos predictivas referencias (Ex. 4:21 y 7:23) lo mismo que en la narrativa (9:12-14:17). El propósito de las plagas —claramente establecidas en Ex. 9:16— es mostrar al Faraón el poder de Dios en nombre de Israel. El gobernador de Egipto era así desafiado por un poder sobrenatural.

De qué forma fueron afectados los egipcios por las plagas, no está totalmente declarado. La última plaga consistía en llevar a juicio a todos los dioses de Egipto (Ex. 12:12). La incapacidad del Faraón y su pueblo para contrarrestar aquellas plagas tuvo que haber demostrado a los egipcios la superioridad del Dios de Israel en comparación con los dioses que ellos adoraban. Aquello fue la causa de que algunos egipcios llegaran al conocimiento del Dios de Israel (Ex. 9:20).

Israel se hizo consciente, asimismo, de la divina intervención. Habiendo permanecido en la esclavitud y el cautiverio por diversas generaciones, los israelitas no habían sido testigos de una demostración del poder de Dios en su época. Cada plaga triunfante aportaba una mayor manifestación de lo sobrenatural, de tal forma, que con la muerte del primogénito, los israelitas comprobaron que estaban siendo liberados por Uno que era omnipotente.

Las plagas están mejor explicadas como una manifestación del poder de Dios, a través de fenómenos naturales. Ni el elemento natural, ni el sobrenatural, debería quedar excluído. Todas las plagas tenían elementos comúnmente conocidos para los egipcios, tales como la de las ranas, los insectos, y las inundaciones del Nilo. Pero la intensificación de aquellas cosas que eran naturales, la exacta predicción de la llegada y desaparición de las mismas, lo mismo que la discriminación mediante la cual los israelitas quedaron excluídos de ciertas plagas, fueron sucesos que debieron haber causado el reconocimiento de lo sobrenatural.

La pascua de los judíos

A los israelitas se les dio instrucciones específicas por Moisés de la última plaga (Ex. 12:1-51). La muerte del primogénito no afectó a aquellos que cumplieron con los divinos requerimientos.

Un cordero o un cabrito, sin tacha alguna, fue escogido en el décimo día de Abib. El animal fue muerto en el día décimo cuarto hacia el atardecer y su sangre aplicada al dintel de cada casa. Con la preparación para la partida completada, los israelitas comieron la carne de la pascua que consistía en

---

19. Ver Free, *op. cit.*, pp. 93-94, para ulteriores consideraciones.

carne, pan sin levadura y hierbas amargas. Abandonaron Egipto inmediatamente tras de que el primogénito de cada hogar egipcio hubiese muerto.

Para los israelitas el éxodo de la tierra de Egipto fue el más grande de los acontecimientos del Antiguo Testamento y su época. Cuando el Faraón comprobó que el primogénito de cada hogar egipcio había sido muerto, estuvo conforme con la partida de los israelitas. La observancia de la pascua fue una rememoración anual de que Dios les había puesto en libertad de su cautiverio. El mes de Abib, más tarde conocido por Nisan, marcó desde entonces el comienzo de su año religioso.

La ruta hacia el Monte Sinaí

El viaje de Israel hacia Canaán vía la península del Sinaí estuvo divinamente ordenada. No había duda del camino directo —un camino en buen uso utilizado para propósitos comerciales y militares— y que les llevaría a la tierra prometida en una quincena. Para una desorganizada multitud de esclavos liberados, el desvío sinaítico no solo tenía una ventaja militar, sino que también les proveía de tiempo y oportunidades para su organización.

El incrementado conocimiento arqueológico y topográfico ha disipado las antiguas disputas respecto a la historicidad[20] de este caminar hacia el sur, incluso aunque algunas identificaciones geográficas son todavía inciertas. La imprecisa significación de nombres de lugares tales como Sucot, Etam, Pi-hahirot, Migdol y Baal-zefón, dan margen a diversas teorías que conciernen a la ruta exacta.[21] Los Lagos Amargos pueden haber sido relacionados con el Golfo de Suez, por lo que este canal cenagoso podría ser el "Mar de las Cañas" (Yam Suph).[22] Es muy probable que los egipcios tuviesen una línea de fortificaciones más o menos idénticas con el Canal de Suez para protegerles de los invasores asiáticos.

El punto exacto del paso de las aguas por Israel es de secundaria importancia por el hecho de que esta masa de agua, además de haber ahogado a los egipcios perseguidores, suministrase una infranqueable barrera entre los israelitas y la tierra de Egipto. Un fuerte viento del este partió las aguas para el paso de las gentes de Israel. Aunque esto puede haber sido similar a algún fenómeno natural[23] el elemento tiempo claramente indica una intervención sobre natural hecha en su favor (Ex. 14:21). La protección divina fue aparente también cuando la columna en forma de nube les ocultó de los egipcios y evitó que éstos les atacasen antes de que las aguas se abriesen. Tras esta triunfante liberación, Israel tenía razón para dar gracias a Dios (Ex. 15).

Una jornada de tres días a través del desierto de Shur llevó a Israel hasta Mara, donde las aguas amargas se convirtieron en aguas dulces. Avanzando hacia el sur, los evadidos acamparon en Elim, donde disfrutaron de la como-

---

20.   Albright resalta que el egiptólogo Alan Gardiner, que rechazó la historicidad de la ruta del Exodo, retiró sus objecciones en 1953. Ver *From Stone Age to Christianity*, p. 194.

21.   Sucot significa «tabernáculos», y es usada más de una vez como nombre de un lugar. Etam se refiere a «muros», «Pi-Hahirot» significa «casa de las marismas»; Migdol designa un «fortaleza». Ver L. H. Grollenberg *Atlas of the Bible* (Nueva York: Nelson & Sons, 1956), p. 48.

22.   M. F. Unger, *Archaeology and Old Testament*, pp. 137-138.

23.   Como referencia a subsecuentes observaciones de sucesos similares, ver Free, *op. cit.*, pp. 100-101.

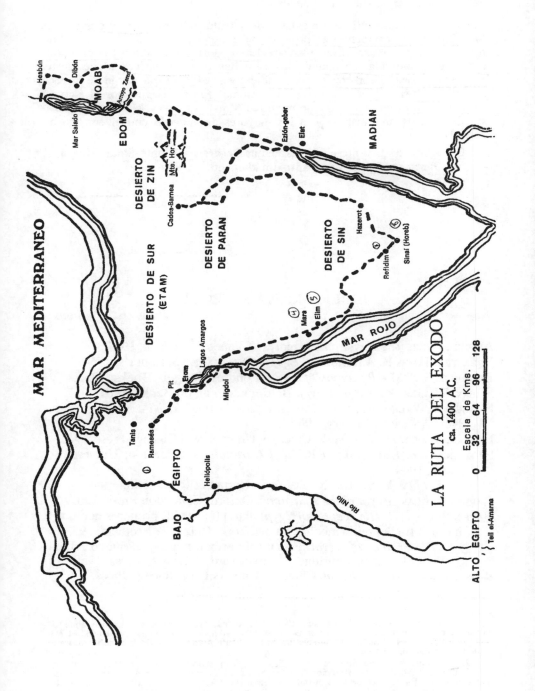

MAR MEDITERRANEO

BAJO EGIPTO

ALTO EGIPTO

Tell el-Amarna

Río Nilo

Heliópolis

EGIPTO

Tanis

Rameses

Pit

Etam

Migdol

Lagos Amargos

DESIERTO DE SUR (ETAM)

Mara

Elim

MAR ROJO

DESIERTO DE SIN

Refidim

Sinaí (Horeb)

Hazerot

DESIERTO DE PARAN

Cades-Barnea

DESIERTO DE ZIN

Mte. Hor

Ezión-geber

Elat

MADIAN

EDOM

Mar Salado

MOAB

Arroyo Zered

Hesbón

Dibón

LA RUTA DEL EXODO
ca. 1400 A.C.

Escala de Kms.

0   32   64   96   128

didad de doce manantiales de agua y de setenta palmeras. En el desierto de Sin, Dios milagrosamente les proveyó del maná, que les sirvió de alimento diario hasta que entraron en Canaán. Las codornices también fueron suministradas en abundancia cuando los israelitas tuvieron necesidad de carne. En Refidín, ocurrieron tres cosas significativas: el agua que surge de la roca cuando Moisés la toca con su bastón, Amalec fue rechazado por el ejército israelita bajo el mando de Josué mientras Moisés oraba, y Moisés delegando sus deberes de administración a los mayores de acuerdo con el consejo de Jetro.[24]

En menos de tres meses, los israelitas llegaron a Monte Sinaí (Horeb).[25] Allí quedaron acampados por aproximadamente un año.

BIBLIOGRAFÍA SELECTA

Libros en castellano

ALFRED, CYRIL. *The Egyptians*. Londres: Thames & Hudson, 1961.
BREASTED, JAMES H. *A History of Egypt*. Nueva York: Scribner's, 1954.
EDWARDS, E. S. *The Pyramids of Egypt*. Londres: Penguin Books, 1955.
EMERY, WALTER B. *Archaic Egypt*. Baltimore: Penguin Books, 1961.
FAIRSERVIS, WALTER A. JR. *The Ancient Kingdoms of the Nile*. Nueva York: New American Library, 1962.
FAKHRY, AHMED. *The Pyramids*. Chicago: University of Chicago Press, 1961.
FINEGAN, JACK. *Handbook of Biblical Chronology*. Princeton: University Press, 1964.
_____ *Let My People Go*. Nueva York: Harper & Row, 1953.
GARDINER, ALAN. *Egypt of the Pharaohs*. Oxford: Clarendon Press, 1961.
HAYES, WILLIAM C. *The Scepter of Egypt*. Part I (desde los primeros tiempos hasta el fin del reino medio). Nueva York: Harper & Brothers, 1953.
_____ . *The Scepter of Egypt*. Part II (el período hicso y el nuevo reino 1675-1080 a.C.) Cambridge, MA: Harvard University Press, 1959.
KESS, HERMAN. *Ancient Egypt*. Chicago: University of Chicago Press, 1961.

---

24. Para la viabilidad de los suministros del maná, las codornices e incluso agua de una roca en la península del Sinaí, ver G. E. Wright, *Biblical Archaeology*, pp. 64-65. El elemento tiempo y los abundantes suministros son un indicativo de provisiones sobrenaturales para una nación tan grande.

25. Aunque un cierto número de eruditos localizan el monte Sinaí en Madián, al este del Golfo de Acaba, el sitio tradicional, Jebel Musa, es considerado como la zona de acampada de Israel. En el ápice de la península del Sinaí (un triángulo de 241 kilómetros de ancho en el borde norte y extendiéndose hacia el sur 418 kilómetros) las montañas de granito se elevan hacia un pico de 2.438 metros de altitud. Ver Wright, *op. cit.*, pp. 62-64, y a Grollenberg, *op. cit.*, p. 48.

* KITCHEN, KENNETH A. «Egipto» y «Moisés», en J. G. Douglas, ed., *Nuevo diccionario bíblico*. Downers Grove: Ediciones Certeza, 1991, pp. 397-406 y 920-925 respectivamente.

MOUTET, PIERRE. *Eternal Egypt*. Londres: Weindenfeld and Nicolson, 1964.

_____ . *Egypt and the Bible*. Filadelfia: Fortress Press, 1967.

PFEIFFER, CHARLES F. *Egypt and the Exodus*. Grand Rapids: Baker Book House, 1964.

STEINDORFF, GEORGE, Y SEELE, KEITH. *When the Egypt Ruled the East*. Chicago: University of Chicago Press, 1957.

VAN SETERS, JOHN. *The Hyksos: A New Investigation*. New Haven: Yale University Press, 1951.

_____ . *Signs and Wonders Upon Pharaoh*. Chicago: University of Chicago Press, 1964.

Esquema II EL CALENDARIO ANUAL

Año sagrado	Meses hebreos	Año civil	Equivalencia moderna	Mes babilónico	Estación agrícola
1	Abib (Nisán) 1—Luna nueva 14—Pascua 15—Sábado—santa convocatoria 16—semana del pan sin levadura 21—santa convocación	7	Marzo/Abril	Nisanu	Lluvias fin primavera Comienzo de la cosecha de la cebada
2	Iyar (Zif) 1—Luna nueva	8	Abril/Mayo	Aiaru	Cosecha de la cebada
3	Siván 1—Luna nueva 6-7—Fiesta de Semanas	9	Mayo/Junio	Simanu	Cosecha del trigo
4	Tamuz 1—Luna nueva	10	Junio/Julio	Duzu	
5	Ab 1—Luna nueva	11	Julio/Agosto	Abu	Maduración de higos y olivas
6	Elul 1—Luna nueva	12	Agost./Sept.	Ululu	Estación vendimias
7	Tishri (Etanim) 1—Luna nueva Día del Año Nuevo Fiesta de las Trompetas 10—Día de Expiación 15-22—Fiesta de Tabernáculos	1	Sept./Oct.	Tashritu	Antiguas primeras lluvias. Tiempo de arar
8	Marcheshvan (Bul) 1—Luna nueva	2	Oct./Nov.	Arahsammu	Tiempo de sembrar cebada y trigo
9	Chislev (Kisleu) 1—Luna nueva	3	Nov./Dic.	Kislimu	
10	Tebet	4	Dic./Enero	Tebetu	
11	Sebat	5	Enero/Feb.	Shabatu	
12	Adar	6	Feb./Marzo	Addaru	Floración de los almendros

Capítulo IV

La religión de Israel

El acampamiento en el monte Sinaí tuvo un propósito. En menos de un año, el pueblo de la alianza con Dios se convirtió en una nación. La alianza estableció en el Decálogo las leyes para una vida santificada, la construcción del tabernáculo, la organización del sacerdocio, la institución de las ofrendas y las observancias de las fiestas y estaciones del año, todo lo cual capacitaba a Israel para servir a Dios de una forma efectiva (Ex. 19:1- Núm. 10:10).

La religión de Israel fue una religión revelada. Durante siglos, los israelitas habían sabido que Dios hizo un pacto con Abraham, Isaac y Jacob, si bien experimentalmente no habían sido conscientes de su poder y manifestaciones hechas en su nombre. Dios realizó un propósito deliberado con esta alianza al liberar a Israel del cautiverio egipcio y de la esclavitud (Ex. 6:2-9). Y fue en el monte Sinaí, donde el propio Dios se reveló a sí mismo al pueblo de Israel.

La experiencia de Israel y la revelación de Dios en aquel acampamiento está registrada en Ex. 19 y hasta Lev. 27. Las siguientes subdivisiones pueden servir como una guía para ulteriores consideraciones:

I. Pacto de Dios con Israel ——————————→ Exodo 19:3-24:8
    1 Preparación para el encuentro con Dios ———→ 19:3-25
    2 El Decálogo ———————————————→ 20:1-17
    3 Ordenanzas para Israel ——————————→ 20:18-23:33
    4 Ratificación del pacto ——————————→ 24:1-8
II. El lugar para la adoración ———————————→ 24:9-40:38
    1 Preparación para su construcción —————→ 24:10-31:18
    2 Idolatría y juicio ————————————→ 32:1-34:35
    3 Construcción del Tabernáculo ——————→ 35:1-40:38
III. Instrucciones para un santo vivir ——————→ Lev. 1:1-27:34
    1 Las ofrendas ——————————————→ 1:1-7:38
    2 El sacerdocio ——————————————→ 8:1-10:20

Leyes de purificación	11:1-15:33
El día de la expiación	16:1-34
Prohibición de costumbres paganas	17:1-18:30
Leyes de la santidad	19:1-22:33
Fiestas y estaciones	23:1-25:55
Condiciones para las bendiciones	26:1-27:34

El pacto

Habiendo estado en cautiverio y en un entorno idolátrico, Israel a partir de entonces iba a ser un pueblo totalmente devoto de Dios. Por un acto sin precedentes en la historia, ni repetido desde entonces, quedó repentinamente cambiado desde una situación de esclavitud a la de una nación libre e independiente. Allí, en el Sinaí, sobre la base de su liberación, Dios hizo un pacto por el que sería su nación sagrada.

Israel fue instruído para preparar tres días para el establecimiento de esta alianza. A través de Moisés, Dios reveló el Decálogo, otras leyes e instrucciones para la observación de fiestas sagradas. Bajo el liderazgo de Aarón, dos de sus hijos y setenta mayores, el pueblo adoró a Dios con ofrendas de fuego y de paz. Tras de que Moisés hubo leído el libro de la alianza, ellos respondieron aceptando sus términos. La aspersión de la sangre sobre el altar y sobre el pueblo selló el acuerdo. Israel tuvo la seguridad de que sería llevado a la tierra de Canaán a su debido tiempo. La condición del pacto era la obediencia. Los miembros individuales de la nación podían perder sus derechos a la alianza por la desobediencia. Sobre las llanuras de Moab, Moisés condujo a los israelitas a un público acto de renovación de todo aquello antes de su muerte (Deut. 29:1).

El Decálogo[1]

Las diez palabras o diez mandamientos constituyen la introducción al pacto. Las enumeraciones más comunes del Decálogo, como se consideran en el presente son:

La mayor parte de los protestantes y la Iglesia Católica Griega. (Orden de Josefo)	Luteranos e Iglesia Católica Romana. (Orden de Agustín)
1. Dioses extraños, Ex. 20:2-3	1. Dioses extraños e imágenes, Ex. 20:2-6
2. Imágenes, 20:4-6	2. Nombre de Dios
3. Nombre de Dios	3. Sábado
4. Sábado	4. Padres
5. Padres	5. Matar
6. Matar	6. Adulterio
7. Adulterio	7. Robar

---

1. Para detalles respecto al Decálogo, la ley, el Tabernáculo, el sacerdocio y las ofrendas, fiestas y estaciones, ver el comentario sobre el Exodo y Levítico de Keil y Delitzsch.

8. Robar
9. Falso testimonio
10. Ambicionar.

8. Falso testimonio
9. Desear la casa del prójimo
10. Ambicionar la casa, la propiedad o la mujer del prójimo.

Los judíos difieren de Josefo al utilizar Ex. 20:2 como el primer mandamiento y los versículos 3-6 como el segundo. La división usada por los judíos desde los primeros siglos del Cristianismo, coloca el versículo 2 aparte como el primer mandamiento y combina los versículos 3-6 como el segundo. La enumeración agustina difería ligeramente de la lista citada anteriormente en que el noveno mandamiento se refiere a la avaricia y el deseo hacia la esposa del prójimo, mientras que la propiedad estaba agrupada bajo el décimo mandamiento, siguiendo el orden establecido en el Deuteronomio.

Distribuyendo los diez mandamientos en dos tablas, los judíos desde Filo hasta el presente, las dividen en dos grupos de cinco cada una. Puesto que la primera pentada es cuatro veces tan larga como la segunda, esta división puede estar sujeta a discusión. Agustín asignó tres a la primera tabla y siete a la segunda, comenzando la última con el mandamiento de honrar padre y madre. Calvino y muchos otros, que siguieron la enumeración de Josefo, utilizan la misma división en dos partes, con cuatro en la primera tabla y seis en la segunda. Esta división en dos partes por Agustín y Calvino, asigna todos los deberes hacia Dios en la primera tabla. Los deberes hacia los hombres quedan consignados en la segunda. Cuando Jesús redujo los diez mandamientos en dos en Mateo 22:34-40, pudo haber aludido a tal división.

La característica distintiva del decálogo es evidente en los primeros dos mandamientos. En Egipto eran adorados muchos dioses. Las plagas habían sido dirigidas contra los dioses egipcios. Los habitantes de Canaán también eran politeístas. Israel iba a ser distinto y único como el propio pueblo de Dios, caracterizado por una singular devoción a Dios y solo a Dios. Consecuentemente, la idolatría era una de las peores ofensas en la religión de Israel.

Dios entregó a Moisés la primera copia del decálogo en el monte Sinaí. Moisés rompió aquellas tablas de piedra sobre las cuales fueron escritos los diez mandamientos por el dedo de Dios, cuando comprobó que su pueblo estaba rindiendo culto al becerro de oro fundido. Tras de que Israel fuese debidamente castigado, pero salvado de la aniquilación mediante la plegaria intercesoria de Moisés, Dios le ordenó que le proporcionase dos tablas de piedra (Deut. 10:2, 4). Sobre tales tablas, Dios escribió una vez más el decálogo. Aquellas tablas fueron más tarde colocadas en el Arca del Pacto.

Las leyes para un vivir santo

La expansión de las leyes morales y sus regulaciones adicionales para un vivir santo, fueron instituídas para guiar a los israelitas en su conducta como el pueblo santificado por Dios (Ex. 20-24; Lev. 11-26). La simple obediencia a esas leyes morales, civiles y ceremoniales, les distinguirían de todas las naciones que les circundaban.

Esas leyes para Israel pueden ser entendidas mejor a la luz de las culturas contemporáneas de Egipto y Canaán. El matrimonio entre hermano y hermana, que era cosa común en Egipto, quedaba prohibido. Las regulaciones concernientes a la maternidad y al nacimiento de los hijos, no solamente les recordaban que el hombre es una criatura pecadora, sino que se erigía contra la perversión sexual como contraste, contra la prostitución, y el sacrificio de los niños asociado con sus ritos religiosos y con las ceremonias de los cananeos. Las leyes del alimento purificado y las restricciones concernientes al sacrificio de animales, tenían como fin evitar que los israelitas se conformaran con las costumbres egipcias, asociadas con rituales idolátricos. Los israelitas, habiendo vivido y conservado frescas las memorias y recuerdos de la esclavitud, debían ser instruídos en dejar algo para los pobres en tiempo de las cosechas, proveer para los sin ayuda, honrar a los ancianos, y rendir un constante ejemplo de justicia en todas sus relaciones humanas. Conforme se disponía de un mayor conocimiento relativo al medio religioso contemporáneo de Egipto y Canaán, es verosímil que muchas de las restricciones para los israelitas pareciesen más razonables a la mente moderna.

Las leyes morales eran permanentes, pero muchas de las civiles y ceremoniales, eran temporales en naturaleza. La ley que limitaba el sacrificio de animales para alimento destinado al santuario central, fue abrogada cuando Israel entró en Canaán (comparar Lev. 17 y Deut. 12:20-24).

El santuario

Hasta aquel tiempo, el altar había sido el lugar del sacrificio y del culto. Una de las costumbres de los partiarcas era que deberían erigir un altar allí donde fuesen. Allá en el monte Sinaí, Moisés construyó un altar, con doce pilares representando las dos tribus, sobre el cual los jóvenes de Israel ofrecían sacrificios para la ratificación del pacto (Ex. 24:4 ss.). Un "Tabernáculo de Reunión" que se menciona en Ex. 33, fue erigida "fuera del campamento". Aquello servía temporalmente solo como el lugar de reunión para todo Israel, pero también como el lugar de la divina revelación. Puesto que ningún sacerdocio había sido organizado, Josué fue el único ministro. Siguiendo inmediatamente la ratificación del Pacto, Israel recibió la orden de construir un tabernáculo de tal forma que Dios pudiese "habitar en medio de él" (Ex. 25:8). En contraste con la proliferación de templos en Egipto, Israel tenía un solo santuario. Los detalles se dan explícitamente en Ex. 25-40.

Bezaleel de la tribu de Judá fue nombrado jefe responsable de la construcción. Trabajando junto a él, estaba Aholiab de la tribu de Dan. Estos hombres estaban especialmente insuflados con el "Espíritu de Dios" y "capacidad e inteligencia" para suprevisar el edificio del lugar del culto (Ex. 31,35-36). Asistiéndoles, se encontraban muchos otros hombres que se hallaban divinamente motivados y dotados con capacidad para llevar a cabo sus tareas particulares. Los ofrecimientos por la libre voluntad del pueblo suministraban material más que suficiente para el logro propuesto.

El espacio cerrado destinado al tabernáculo era comúnmente conocido y llamado el atrio (Ex. 27:9-18;38:9-20). Con un perímetro de 300 codos

(14 metros) aquel receptáculo estaba marcado por una cortina de fino lienzo retorcido colgado sobre pilares de bronce con ganchos de plata. Aquellos pilares eran de dos metros de altura y espaciados dos metros uno de otro. La única entrada (de nueve metros de anchura) se encontraba al final de la cara este.

La mitad oriental de este atrio constituía el cuadrado de los adoradores. Allí, el israelita hizo sus ofrendas en el altar del sacrificio (Ex. 27:1-8; 38:1-7). Este altar de bronce (tres metros cuadrados y casi dos de altura) con cuernos en cada esquina, fue construído con acacia recubierta de bronce. El altar era portátil equipado con escalones y anillas. Más allá del altar surgía la fuente (Ex. 30:17-21; 38:8, 40:30) que también fue construído en bronce. Allí los sacerdotes se lavaban los pies en preparación para su oficio en el altar de los sacrificios o en el tabernáculo.

En la mitad occidental del atrio, aparecía el tabernáculo propiamente dicho. Con una longitud de 13'50 mts. y una anchura de 4'80 mts., estaba dividido en dos partes. La única entrada abierta hacia oriente, daba acceso al lugar sagrado de nueve mts. de largura, accesible a los sacerdotes. Más allá el velo era el Lugar Santísimo (4'5 x 4'5 mts.) donde el Sumo Sacerdote tenía permiso para entrar en el Día de la Expiación.

El tabernáculo en sí mismo estaba hecho de 48 tablas de 4'5 mts. de altura y casi 70 cms. de ancho, con 20 a cada lado y ocho en el extremo occidental. Hecho todo ello con madera de acacia sobrecubierta de oro (Ex. 26:1-37; 36:20-38), las planchas quedaban sujetas por medio de barras y encastres de plata. El techo consistía en una cortina de fino lienzo retorcido en colores azul, púrpura y carmesí con figuras de querubines. La cubierta externa principal estaba fabricada con pelo fino de cabra, que servía como protección para el lienzo. Dos cubiertas más, una hecha con pieles de carnero y otra de pieles de tejones, tenían como finalidad proteger las dos primeras. Dos velos del mismo material de la primera cubierta eran usados para los lados oriental y occidental del tabernáculo y también para la entrada del lugar santo. La exacta construcción del tabernáculo no puede ser determinada, sin embargo, puesto que no se suministran detalles en el relato escriturístico.

En el lugar santo había colocadas tres piezas de mobiliario: la mesa de los panes de la proposición al norte, el candelero de oro hacia el sur y el altar del incienso ante el velo separando el lugar santo del lugar santísimo (Ex. 40:22-28).

La mesa de los panes de la proposición estaba hecha de acacia, recubierta de oro puro teniendo alrededor una cornisa también de oro, rodeada con un reborde de un palmo coronado todo ello de oro. Se hicieron cuatro anillas de oro para los cuatro pies en sus ángulos. Los anillos están por debajo de la cornisa para pasar por ellos las barras con que tenía que ser llevada (Ex. 25:23-30; 37:10-16). Además, platos, cucharas, copas y tazas para las liberaciones, todo de oro puro. Sobre la mesa se pusieron cada sábado doce panes para la proposición, que fueron comidos por los sacerdotes (Lev. 24:5-9).

El candelero de oro puro todo él en su base y en su tallo era trabajado a cincel (Ex. 25:31-39; 37:17-24). La forma y medidas del pedestal aparecen inciertas. De sus lados salían seis brazos, tres de un lado y tres del otro. Tres copas en forma de flor de almendro con un capullo y una flor en un brazo y otras tres copas de la misma forma en el otro. El tallo del candelabro tenía también cuatro copas en forma de almendro en flor con sus capullos y sus flores. Un capullo bajo los dos primeros brazos que salen del candelabro, otro bajo los otros dos y un tercero bajo los dos últimos que arrancaban también del candelabro. El conjunto de capullos y brazos formaba una sola pieza con el candelabro. Todo en oro puro trabajado a cincel. Cada tarde los sacerdotes llenaban las lámparas con aceite de oliva suministrado por los israelitas, para proveer de luz durante toda la noche (Ex. 27: 20-21; 30:7-8).

El altar dorado, primeramente usado para la quema del incienso, quedaba en el lugar santo ante la entrada en el lugar santísimo. Hecho de acacia recubierta de oro, este altar tenía casi un metro de altura y 46 cms. cuadrados. Tenía un reborde de oro alrededor de la parte superior y un cuerno y un anillo sobre cada esquina, de forma que pudiera ser convenientemente transportado con varas (Ex. 30:1-10, 28, 34-37). Cada mañana y cada tarde al llegar los sacerdotes al candelabro, quemaban incienso utilizando fuego procedente del altar de bronce.

El arca del pacto o testimonio era el objeto más sagrado en la región de Israel. Esta, y solamente esta, tenía su sitio especial en el lugar santísimo. Hecho de madera de acacia recubierta de oro puro por dentro y por fuera, este cofre tenía 1'15 mts. de largo con una profundidad y anchura de setenta centímetros (Ex. 25:10-22; 37:1-9). Con anillos de oro y varas en cada lado, los sacerdotes podían fácilmente transportarla. La cubierta del arca era llamada el propiciatorio. Dos querubines de oro permanecían sobre la tapa de frente uno respecto del otro con sus alas cubriendo el centro del propiciatorio. Este lugar representaba la presencia de Dios. A diferencia de los paganos, no existía ningún objeto material para representar al Dios de Israel en el espacio que mediaba ente los querubines. El Decálogo claramente prohibía ninguna imagen o semejanza de Dios. No obstante, este propiciatorio era el lugar donde Dios y el hombre se encontraban (Ex. 30:6), donde Dios hablaba al hombre (Ex. 25:22; Núm. 7:89), y donde el sumo sacerdote aparecía en el día de la expiación para rociar la sangre para la nación de Israel (Lev. 16:14). Dentro del arca propiamente dicha, estaba depositado el Decálogo (Ex. 25:21; 31:18; Deut. 10:3-5), un frasco de maná (Ex. 16:32-34), y la vara de Aarón que floreció (Núm. 17:10). Antes de que Israel entrase en Canaán, el libro de la Ley fue colocado cerca del Arca (Deut. 31:26).

El sacerdocio

Anterior a los tiempos de Moisés las ofrendas eran usualmente hechas por el cabeza de una familia, que oficialmente representaba a su familia en el reconocimiento y la adoración de Dios. Excepto por la referencia de Melquisedec como sacerdote de Dios en Gén. 14:18, no se menciona oficialmente el oficio o cargo de sacerdote. Pero ya que Israel había sido redimido de Egipto, el oficio del sacerdote se hizo de una significante importancia.

Dios deseó que Israel fuese una nación santa (Ex. 19:6). Para una ministración adecuada y una adoración y culto efectivos, Dios designó a Aarón para servir como sumo sacerdote durante la permanencia de Israel en el desierto. Asistiéndole, estaban sus cuatro hijos: Nadab, Abiú, Eleazar e Itamar. Los dos primeros fueron más tarde castigados en juicio por llevar fuego no sagrado al interior del tabernáculo (Lev. 8:10; Núm. 10:2-4). En virtud de haber escapado a la muerte en Egipto, el primogénito de cada familia pertenecía a Dios. Elegidos como sustitutos por hijo mayor en cada familia, los levitas auxiliaban a los sacerdotes en su ministerio (Núm. 3:5-13; 8:17). En esta forma, la totalidad de la nación estaba representada en el ministerio sacerdotal.

Las funciones de los sacerdotes eran varias. Su primera responsabilidad era mediar entre Dios y el hombre. Oficiando en las ofrendas prescritas, ellos conducían al pueblo asegurándoles la expiación por el pecado (Ex. 28:1-43; Lev. 16:1-34). El discernimiento de la voluntad de Dios para el pueblo era la más solemne obligación (Núm. 27:21; Deut. 33:8). Siendo custodios de la ley, también estaban comisionados para instruir al laicado. El cuidado y la administración del tabernáculo también estaba bajo su jurisdicción. Consecuentemente, los levitas estaban asignados para asistir a los sacerdotes en la ejecución de las muchas rseponsabilidades asignadas a ellos.

La santidad de los sacerdotes es aparente en los requerimientos para un vivir santo, al igual que en los prerequisitos para el servicio (Lev. 21:1-22:10). La ejemplaridad en la conducta era especialmente aplicada por los sacerdotes como obligación de tener un especial cuidado en cuestiones de matrimonio y de disciplina de la familia. Mientras que las taras físicas les excluían permanentemente del servicio sacerdotal, la falta de limpieza ceremonial resultante de la lepra, o de contactos prohibidos, les descalificaba temporalmente del ministerio. Las costumbres paganas, la profanación de las cosas sagradas, y la contaminación, eran cosas que tenían que ser evitadas por los sacerdotes en todas las ocasiones. Para el sumo sacerdote las restricciones eran todavía mucho más exigentes (Lev. 21:1-15).

La santidad peculiar para los sacerdotes también estaba indicada por los ornamentos que tenían instrucciones de vestir. Hechos de materiales escogidos y de la mejor labor artesana, tales vestiduras adornaban a los sacerdotes en belleza y en dignidad. El sacerdote vestía una túnica, un cinturón, una tiara, y unos calzoncillos, todo ello fabricado con lino fino (Ex. 28:40-43; 39:27-29). La túnica era larga, sin costuras y con mangas de lino fino, que le llegaban casi hasta los pies. El cinturón, aunque no está descrito en particular, se ponía por encima de la túnica. De acuerdo con Ex. 39:29, el azul, la púrpura y el escarlata, eran trabajados en el hilo blanco del cinturón con aguja, correspondiendo a los materiales y colores utilizados en el velo y ornamentos del tabernáculo. El manto del sacerdote terminaba con un casquete plano, en forma de bonete. Bajo la túnica tenía que usar calzoncillos de hilo fino cuando entraba en el santuario (Ex. 28:42).

El sumo sacerdote se distinguía por ornamentos adicionales que consistían en una túnica bordada, un efod, un pectoral y una mitra para la cabeza (Ex. 28:4-39). El vestido, que se extendía desde el cuello hasta por debajo de las rodillas, era azul y muy liso, excepto por unas granadas y campanillas adheridas al fondo. El primero, de color azul, púrpura o escarlata, tenía un propósito ornamental. Las campanillas, hechas en oro, estaban diseñadas para conducir a la congregación que esperaba en cualquier momento, la entrada del sumo sacerdote en el lugar santísimo, en el día de la expiación.

El efod consistía en dos piezas de hilo hecho de oro, azul, púrpura y escarlata, unidas entre sí con tiras en los hombros. En las caderas una pieza extendida en forma de banda en la cintura sontenía a ambas en su lugar. Sobre cada pieza de los hombros del efod, el sumo sacerdote vestía una piedra preciosa con los nombres de seis tribus grabadas por el orden de su nacimiento. Para hacer la cuenta igual, los levitas eran omitidos, puesto que ellos asistían a los sacerdotes, o posiblemente José contaba por Efraín y Manasés. En esta forma, el sumo sacerdote representaba la totalidad de la nación de Israel en su ministerio de mediación. Adornando el efod, llevaba dos bordes dorados y dos pequeñas cadenas de oro puro.

En el pectoral, una especie de bolsa cuadrada, de 25 cms. se hallaba el más lujoso, magnífico y misterioso complemento del vestido del sumo sacerdote. Cadenas de oro puro lo eslabonaban a la tira del hombro del efod. El fondo estaba atado con encaje azul a la banda de la cintura. Todo de piedras grabadas con los nombres tribales, estaban montadas en oro sobre la plancha pectoral, sirviendo como un visible recordatorio de que el sacerdote representaba a la nación ante Dios. El Urim y el Tumim, que significaban "luces" y "perfección" estaban situados en el pliegue de la citada plancha del pecho (Ex. 28:30, Lev. 8:8). Se conoce poco respecto a su función o del procedimiento prescrito del sacerdote oficiante; pero el hecho importante permanece, aquello proveía un medio de discernir la voluntad de Dios.

Igualmente significativo era la vestidura de la cabeza o turbante del sumo sacerdote. Extendido por toda la frente y adherido al turbante, llevaba una lámina de oro puro sobre la cual se hallaba escrito "Santidad al Señor". Ello constituía un permanente recordatorio de que la santidad es la esencia de la naturaleza de Dios. Mediante un precepto expiatorio, el sumo sacerdote presentaba a su pueblo como santo ante Dios. Por medio de los sagrados ornamentos el sumo sacerdote, lo mismo que los sacerdotes ordinarios, manifestaba, no solamente la gloria de este ministerio de mediación entre Dios e Israel, sino también la belleza en el culto por la mezcla del colorido de la ornamentación corporal con el santuario.

En una elaborada ceremonia de consagración, los sacerdotes estaban colocados aparte para su ministerio (Ex. 29:1-37; 40:12-15; Lev. 8:1-36). Tras un lavatorio con agua, Aarón y sus hijos eran vestidos con los ornamentos sacerdotales y ungidos con aceite. Con Moisés oficiando como mediador, se ofrecía un buey joven como ofrenda para el pecado, no solamente para Aarón y sus hijos, sino para la purificación del altar de los pecados asociados con su servicio. Esto solía ir seguido por un holocausto en donde se sacrificaba un morueco de acuerdo con el ritual usual. Otros de estos animales era entonces presentado como ofrenda de paz en una ceremonia especial. Moisés aplicaba la sangre al dedo pulgar derecho, la oreja derecha y el dedo gordo del pie derecho de cada sacerdote. Después tomaba la grasa, la pierna derecha y tres trozos de repostería, que eran normalmente distribuídos al sacerdote oficiante y los presentaba a Aarón y a sus hijos, quienes hacían con ellos ciertos signos y movimientos antes de ser consumido sobre el altar. Tras ser presentado como ofrenda, la pechuga era hervida y comida por Moisés y los sacerdotes. Precediendo a esta comida sacrifical, Moisés rociaba el aceite de los ungüentos y la sangre sobre los sacerdotes y sus vestiduras. Esta impresionante ceremonia de ordenación era repetida cada uno de siete días sucesivos, santificando los sacerdotes para su ministerio en el tabernáculo. En esta forma la totalidad de la congregación se hacía consciente de la santidad de Dios cuando el pueblo llegaba hasta los sacerdotes con sus ofrendas.

Las ofrendas

Las leyes sacrificales e instrucciones dadas en el Monte Sinaí, no implicaban la ausencia de las ofrendas anteriormente a este tiempo. Si puede o no ser discutida la cuestión de las varias clases de ofrendas en el sentido de fuesen claramente distinguidas y conocidas por los israelitas, la práctica de hacer sacrificios era indudablemente familiar, de cuanto se deduce de lo registrado acerca de Caín, Abel, Noé y los patriarcas. Cuando Moisés apeló al Faraón para dejar en libertad al pueblo de Israel, ya había anticipado las ofrendas y sacrificios haciéndolo así antes de su partida de Egipto (Ex. 5:1-3; 18:12, y 24:5).

Ahora que Israel era una nación libre y en relación de alianza con Dios, se dieron instrucciones específicas que concernían a las varias clases de ofrendas. Llevándolas como estaban prescritas, los israelitas tenían la oportunidad de servir a Dios de manera aceptable (Lev. 1-7).

Cuatro clases de ofrendas implicaban el esparcir de la sangre: la ofrenda que tenía que ser quemada, la ofrenda de la paz, la ofrenda del pecado y la ofrenda de culpa. Los animales estimados como aceptables para el sacrificio eran animales limpios de manchas cuya carne podía ser comida, tales como corderos, cabras, bueyes o vacas, viejos o jóvenes. En caso de extrema pobreza estaba permitida la ofrenda de una paloma o un pichón.

Las reglas generales para hacer el sacrificio eran como sigue:

1. Presentación del animal en el altar
2. La mano del oferente se colocaba sobre la víctima
3. La muerte del animal
4. El rociado de la sangre sobre el altar
5. Quemar el sacrificio

Cuando un sacrificio era ofrecido para la nación, oficiaba el sacerdote. Cuando un individuo sacrificaba por sí mismo, llevaba al animal, colocaba su mano sobre él y lo mataba. El sacerdote, entonces, rociaba la sangre y quemaba el sacrificio. El que ofrecía, no podía comer la carne del sacrificio, excepto en el caso de una ofrenda de paz. Cuando se producían varios sacrificios al mismo tiempo, la ofrenda del pecado precedía al holocausto y a la ofrenda de paz.

Holocausto

La característica distintiva respecto al holocausto, era el hecho de que la totalidad del sacrificio era consumido sobre el altar (Lev. 1:5-17; 6:8-13). No estaba excluída la expiación, puesto que ésta era parte de todo sacrificio de sangre. La completa consagración del oferente a Dios quedaba significada por la consunción de la totalidad del sacrificio. Tal vez Pablo hacía referencia a esta ofrenda en su llamamiento para la completa consagración (Rom. 12:1). Israel tenía ordenado el mantener una continua ofrenda de fuego día y noche, por medio de ese fuego sobre el altar de bronce. Se ofrecía un cordero cada mañana y cada tarde, y de ahí el recordatorio de Israel de su devoción hacia Dios (Ex. 29:38-42; Núm. 28: 3-8).

La ofrenda de paz

La ofrenda de paz era totalmente voluntaria. Aunque la representación y la expiación estaban incluídas, la característica primaria de esta ofrenda era la comida sacrificial (Lev. 3:1-17; 7:11-34; 19:5-8; 22:21-25). Esto representaba una comunicación viviente y una camaradería y amistad entre el hombre y Dios. Se permitía a la familia y a los amigos unirse al oferente en esta comida sacrificial (Deut. 12:6-7, 17-18). Puesto que era un sacrificio voluntario, cualquier animal, excepto un ave, resultaba aceptable, sin tener en cuenta la edad o el sexo. Tras la muerte de la víctima y el rociado de sangre para hacer expiación por el pecado, la grasa del animal era quemada sobre el altar. A través de los ritos de los movimientos de las manos del oferente, que sostenía el muslo y el pecho, el sacerdote oficiante dedicaba estas porciones del animal a Dios. El resto de la ofrenda servía como fiesta para el oferente y sus huéspedes invitados. Esta alegre camaradería significaba el lazo de amistad entre Dios y el hombre.

Existían tres clases de ofrendas de paz. Aquellas variaban con la motivación del oferente. Cuando el sacrificio se hacía en reconocimiento de una bendición inesperada o inmerecida, se llamaba ofrenda de acción de gracias. Si la ofrenda se hacía en pago de un voto o promesa, se le llamaba ofrenda votiva. Si la ofrenda tenía como motivo una expresión de amor a Dios, se le daba el nombre de ofrenda voluntaria. Cada una de tales ofrendas era acompañada por una comida de ofrenda prescrita. La ofrenda de gracias duraba un día, mientras que las otras dos se extendían a dos, con la condición de que cualquier cosa que quedase tenía que ser consumida por el fuego al tercer día. En esta forma, el israelita gozaba del privilegio de entrar en el gozo práctico de su relación de alianza con Dios.

La ofrenda por el pecado

Los pecados de ignorancia cometidos inavertidamente, requerían una ofrenda (Lev. 4:1-35; 6:24-30). La violación de la negativa de órdenes punibles por excisión podía ser rectificada por un sacrificio prescrito. Aunque Dios tenía solo una pauta de moralidad, la ofrenda variaba con la responsabilidad del individuo. Ningún caudillo religioso o civil eran tan prominente que su pecado fuese condenado, ni ningún hombre tan insignificante que su pecado pudiera ser ignorado. Existía una gradación en las ofrendas requeridas: un becerro para el sumo sacerdote o para la congregación, un macho cabrío para un gobernante, una cabra para un ciudadano privado. El ritual variaba también. Para el sacerdote o la congregación, la sangre era rociada siete veces ante la entrada del lugar santísimo. Para el gobernante y el laico, la sangre era aplicada a los cuernos del altar. Puesto que era una ofrenda de expiación, la parte culpable carecía del derecho de comer la carne del animal, en ninguna de sus partes. Consecuentemente, este sacrificio o bien era consumido sobre el altar o quemado al exterior, en el campo, con una excepción: el sacerdote recibía una porción cuando oficiaba en nombre de un gobernante o seglar.

La ofrenda por el pecado era requerida también para pecados específicos, tales como rehusar el testificar, la profanación del ceremonial o un juramento en falso (Lev. 5:1-13). Incluso aunque esta clase de pecados podían ser considerados como intencionales, no representaban un desafío calculado a Dios castigado por la muerte (Núm. 15:27-31). La expiación alcanzaba a cualquier pecado arrepentido, sin tener en cuenta su situación económica. Si no podía ofrecer una oveja o una cabra, podía sustituirlas por una tórtola o una paloma. En casos de extrema pobreza, incluso una pequeña porción de harina de flor fina —el equivalente de una ración diaria de alimento— aseguraba a la parte culpable la aceptación por parte de Dios. (Para otras ocasiones que requieran una ofrenda del pecado, ver Lev. 12:6-8; 14:19-31; 15:25-30; y Núm. 6:10-14).

La ofrenda de expiación

Los derechos legales de una persona y de su propiedad, en situación que implicase a Dios al igual que a un amigo, estaban claramente establecidos en los requerimientos por las ofrendas de la transgresión (Lev. 5:14-6:7; 7:1-7). El fallo en el reconocimiento de Dios al descuidar el llevarle los primeros frutos, el diezmo, u otras ofrendas requeridas, necesitaba no solamente la restitución, sino también un sacrificio. Además, era preciso pagar seis quintos de las deudas requeridas, y el ofensor también sacrificaba un carnero con objeto de obtener con ello el perdón. Este costoso sacrificio le recordaba el precio del pecado. Cuando la mala acción era cometida contra un amigo, el quinto era también preciso para hacer la pertinente enmienda. Si la restitución no podía ser hecha para el ofendido o un pariente cercano, estas reparaciones eran pagadas al sacerdote (Núm. 5:5-10). El infringir de los derechos de otras personas, también representaba una ofensa contra Dios. Por tanto, era necesario un sacrificio.

La ofrenda del grano[2]

Esta es la única ofrenda que no implicaba la vida de un animal, sino que consistía primariamente en los productos de la tierra, que representaban los frutos del trabajo del hombre (Lev. 2:1-16; 6:14-23). Esta ofrenda podía ser presentada en tres diferentes formas, siempre mezcladas con aceite, incienso y sal, pero sin levadura ni miel. Si una ofrenda consistía en los primeros frutos, las espigas del nuevo grano eran quemadas en el fuego. Tras de moler el grano, podía presentarse al sacerdote como harina fina o pan sin levadura, tartas o bien en forma de obleas preparadas en el horno.

---

2. La ofrenda del grano está identificada como la «ofrenda de la carne» en la versión autorizada inglesa, la «ofrenda de la comida» en la versión americana, y «la ofrenda de los cereales» en la revisada inglesa, y la «ofrenda del alimento» en la versión de Berkeley.

Parece que una parte de estas ofrendas eran acompañadas de una proporcionada cantidad de vino para sus libaciones (Ex. 29: 40; Lev. 23:13; Núm. 15:5,10). Una justificable inferencia es que la ofrenda del grano, no era nunca llevada sola. Primeramente existía el acompañamiento de las ofrendas de paz y del fuego. Para estas dos parecía ser el necesario y adecuado suplemento (Núm. 15:1-13). Tal era el caso de la ofrenda diaria del fuego (Lev. 6:14-23; Núm. 4:16). La totalidad de la ofrenda era consumida cuando estaba ofrecida por el sacerdote para la congregación. En el caso de una ofrenda individual, el sacerdote oficiante presentaba sólo un puñado ante el altar del holocausto y retenía el resto para el tabernáculo. Ni en la ofrenda misma ni en el ritual, hay alguna sugerencia de que proveía expiación por el pecado. Por medio de estas ofrendas, los israelitas presentaban los frutos de su trabajo, significando así la dedicación de sus regalos a Dios.

Las fiestas y estaciones

Por medio de las fiestas y estaciones designadas, los israelitas recordaban constantemente que ellos eran el pueblo de Dios. En el pacto con Israel, que este ratificó en el Monte Sinaí, la fiel observancia de los períodos establecidos era una parte del compromiso adquirido (Ex. 20-24).

El Sabbath

Lo primero, y muy principalmente, era la observancia del *Sabbath*. Aunque el período de siete días queda referido en el Génesis, el sábado (día de reposo) está primeramente mencionado en Ex. 16:23-30. En el Decálogo (Ex. 20:8-11), los israelitas tienen que "acordarse del día de reposo" indicando que este no era el principio de su observancia. Para descansar o cesar de sus trabajos, los israelitas recordaban que Dios descansó de su obra creativa en el séptimo día. La observancia del sábado era un recordatorio de que Dios había redimido a Israel del cautiverio egipcio y santificado como su pueblo santo (Ex. 31:13; Deut. 5:12-15). Habiendo sido liberado del cautiverio y la servidumbre, Israel disponía de un día de cada semana para dedicarlo a Dios, que indudablemente no hubiera sido posible mientras que el pueblo había servido a sus amos egipcios. Incluso sus sirvientes estaban incluídos en la observancia del día de reposo. Se prescribía un castigo extremo para cualquiera que deliberadamente despreciaba el sábado (Ex. 35:3; Núm. 15:32-36). Mientras que el sacrificio diario para Israel era un cordero, en el sábado se ofrecían dos (Núm. 28:9,19). Este era también el día en que doce tortas de pan eran colocadas sobre la mesa en el lugar santo (Lev. 24:5-8).

La luna nueva y la fiesta de las trompetas

El sonido de las trompetas proclamaban oficialmente el comienzo de un nuevo mes (Núm. 10:10). Se observaba también la luna nueva sacrificando ofrendas al pecado y al fuego, con provisiones apropiadas de carne y bebida (Núm. 28:11-15). El mes séptimo, con el día de la expiación y la fiesta de las semanas, marcaba el clímax del año religioso, o el fin del año (Ex. 34:22). En el primer día de este mes de la luna nueva, era designado como el de la fiesta de las trompetas y se presentaban ofrendas adicionales (Lev. 23:23-25; Núm. 29:1-6). Este también era comienzo del año civil.

El año sabático

Intimamente relacionado con el sábado, estaba el año sabático, aplicable a los israelitas cuando entraron en Canaán (Ex. 23:10-11; Lev. 25:1-7). Observándolo como un año festivo para la tierra, dejaban los campos sin cultivar, el grano sin sembrar y las viñas sin cuidados cada siete años. Cualquier cosa que recogiesen en dicho año tenía que ser compartido por los propietarios, los sirvientes y los extraños, al igual que las bestias. Los que tenían créditos a su favor, tenían instrucciones de cancelar las deudas en que hubiesen incurrido los pobres durante los seis años precedentes (Deut. 15:1-11). Puesto que los esclavos eran liberados cada seis años, probablemente tal año era también el año de su emancipación (Ex. 21:2-6; Deut. 15:12-18). De esta forma, los israelitas recordaban su liberación del cautiverio egipcio.

Las instrucciones mosaicas también preveían para la lectura pública de la ley (Deut. 31:10-31). En esta forma, el año sabático tuvo su específica significación para jóvenes y viejos, para los amos y sus sirvientes.

Año de júbilo

Después de la observancia del año sabático, llegaba el año del jubileo. Se anunciaba por el clamor de las trompetas en el décimo día de Tishri, el mes séptimo. De acuerdo con las instrucciones dadas en Lev. 25:8-55, este marcaba un año de libertad en el cual la herencia de la familia era restaurada a aquellos que habían tenido la desgracia de perderla, los esclavos hebreos eran puestos en libertad y la tierra era dejada sin cultivar.

En la posesión de la tierra el israelita reconocía a Dios como el verdadero propietario de ella. Consecuentemente tenía que ser guardada por la familia y pasaba como si fuese una herencia. En caso de necesidad, podían venderse sólo el derecho a los productos de la tierra. Puesto que cada cincuenta años esta tierra revertía a su propietario original, el precio estaba directamente relacionado con el número de año que se mantenía antes del año del jubileo. En cualquier momento, durante este período, la tierra estaba sujeta a rendición, por el propietario o un pariente próximo. Las casas existentes en las ciudades amuralladas, excepto en las ciudades levíticas, no estaban incluídas bajo tales principios del año del jubileo.

Los esclavos eran dejados en libertad durante este año, sin tener en cuenta la duración de su servicio. Seis años era el período máximo de servidumbre para cualquier esclavo hebreo sin la opción de la libertad (Ex. 21:1). En consecuencia, no podía quedar reducido a la condición de perpetuo estado de esclavitud, aunque pudiese considerarlo necesario el venderlo a otro como sirviente alquilado, cuando financieramente fuese preciso. Incluso los esclavos no hebreos no podían ser considerados como de propiedad absoluta. La muerte como resultado de la crueldad por parte de su amo, estaba sujeta a castigo (Ex. 21:20-21). En caso de evidentes malos tratos personales, un esclavo podía reclamar su libertad (Ex. 21:26-27). Por el periódico sistema de dejar en libertad a los hebreos esclavos y la demostración de amor y amabilidad a los extranjeros en la tierra (Lev. 19:33-34), los israelitas recordaban que ellos también habían sido esclavos en la tierra de Egipto.

Incluso cuando el año del jubileo era seguido por el año sabático, los israelitas no tenían permiso para cultivar el suelo durante este período. Dios les había prometido que recibirían tal abundante cosecha en el sexto año que tendrían suficiente para el séptimo y el octavo años siguientes, que eran tiempo para el descanso de la tierra. De este modo, los israelitas recordaban también que la tierra que poseían al igual que las cosechas que de ellas recibían, era un regalo de Dios.

Fiestas anuales

Las tres observaciones anuales celebradas como fiestas, eran: (1) La pascua y fiesta de los panes sin levadura, (2) la fiesta de las semanas, primicias o siega, (3) la fiesta de los tabernáculos o cosecha. Tenían tal significación estas fiestas que todos los israelitas varones eran requeridos para su debida atención y celebración (Ex. 23:14-17).

La pascua y la fiesta de los panes sin levadura

Históricamente, la pascua fue primeramente observada en Egipto cuando las familias de Israel fueron excluídas de la muerte del primogénito, matando el cordero pascual (Ex. 12:1-13:10). El cordero era escogido en el décimo día del mes de Abib y matado en el décimo cuarto. Durante los siete días siguientes solo podía comerse los panes sin levadura. Este mes de Abib, más tarde conocido por Nisán, era designado como "el principio de los meses" o el principio del año religioso (Ex. 12:2). La segunda pascua era observada en el décimo cuarto día de Abib un año después de que los israelitas abandonasen Egipto (Núm. 9:1-5). Ya que ninguna persona incircuncisa podía compartir la pascua (Ex. 12:48), Israel no observó este festival durante el tiempo en su peregrinación por el desierto (Jos. 5:6). No fue sino hasta que el pueblo entró en Canaán, cuarenta años después de dejar la tierra de Egipto en que se observó la tercera pascua.

El propósito de la observancia de la pascua, era el recordar a los israelitas anualmente la milagrosa intervención de Dios en su favor (Ex. 13:3-4; 34:18; Deut. 16:1). Ello marcaba la inauguración del año religioso.

El ritual de la pascua sufrió indudablemente algunos cambios de su primitiva observancia, cuando Israel no tenía sacerdotes ni tabernáculo. Los ritos de carácter temporal eran: el sacrificio de un cordero por el cabeza de cada familia, el rociado de la sangre en las puertas y dinteles y posiblemente también la forma en que compartían el cordero. Con el establecimiento del tabernáculo, Israel disponía de un santuario central en donde los hombres tenían que congregarse tres veces al año comenzando con la estación de la pascua (Ex. 23:17; Deut. 16:13). Los días quince y veinticinco eran días de sagrada convocación. En toda la semana, sólo podía comerse por los israelitas el pan sin levadura. Puesto que la pascua era el principal acontecimiento de la semana, a los peregrinos se les permitía volver a casa a la mañana siguiente de esta fiesta (Deut. 16:7). Mientras tanto, durante toda la semana se hacían ofrendas adicionales diarias para la nación, consistentes en dos becerros, un carnero y siete corderos machos para una ofrenda de fuego, con la comida de ofrenda prescrita y un macho cabrío para una ofrenda de pecado (Núm. 28:19-23; Lev. 23:8). Acompañando el ritual en el cual el sacerdote movía la gavilla ante el Señor, estaba la presentación de una ofrenda de fuego consistente en un cordero macho además de una comida de ofrenda de flor de harina mezclada con aceite y una ofrenda de vino. Ningún grano tenía que ser usado de la nueva cosecha hasta el público reconocimiento que tenía que ser hecho como materiales de bendición que procedían de Dios. Por consiguiente, en la observancia de la semana de la pascua, los israelitas eran no solamente conscientes de su histórica liberación de Egipto, sino también reconocían la bendición de Dios que era continuamente evidente en provisiones materiales.

Tan significante era la celebración de la pascua, que su especial provisión era hecha para aquellos que estaban incapacitados para participar en el tiempo señalado y observarla un mes más tarde (Núm. 9:9-12). Cualquiera que rehusara observar la pascua quedaba reducido al ostracismo en Israel. Incluso el extranjero era bienvenido para participar en aquella celebración anual (Núm. 9:13-14).

Así, la pascua era la más significativa de todas las fiestas y observaciones en Israel. Conmemoraba el más grande de todos los milagros que el Señor había puesto en evidencia en favor del pueblo de Israel. Esto se halla indicado por muchas referencias en los Salmos y en los libros proféticos. Aunque la pascua era observada en el tabernáculo, cada familia tenía un vivísimo recuerdo de su significación, comiendo los panes sin levadura. No había ningún israelita exceptuado de su participación en ella. Esto servía como un recordatorio anual de que Israel era la nación elegida de Dios.

Fiesta de las semanas

Mientras que la pascua y la fiesta del pan sin levadura era observada al comienzo de la cosecha de la cebada, la fiesta de las semanas tenía lugar cincuenta días más tarde, tras la cosecha del trigo (Deut. 16:9).[3] Aunque era una ocasión verdaderamente importante, la fiesta era observada solamente un día. En este día de descanso, se presentaba una comida especial y una ofrenda consistente en dos hogazas de pan con levadura que se presentaba al Señor para el tabernáculo, significando con ello que el pan de cada día era proporcionado por obra del Señor (Lev. 23:15-20). Los sacrificios prescritos eran presentados con esta ofrenda. En esta alegre ocasión, el israelita no olvidaba nunca al menos afortunado, dejando alimentos en los campos para los pobres y los necesitados.

---

3. También era conocida por la Fiesta de las Primicias (Núm. 28:26) o la Fiesta de la Siega (Ex. 23:16). Basada en la palabra griega para designar el número «cincuenta», se llamó Pentecostés en tiempos del Nuevo Testamento.

La fiesta de los tabernáculos

El último festival anual era la fiesta de los tabernáculos[4], un período de siete días durante el cual los israelitas vivían en tiendas (Ex. 23:16; 34: 22; Lev. 23:40-41). Esta fiesta no sólo marcaba el fin de la estación de las cosechas, sino que cuando estuvieron establecidos en Canaán, servía de recordatorio de su permanencia en el desierto en que tenían que vivir en tiendas de campaña.

Las festividades de esta semana encontraban su expresión en los mayores holocaustos jamás presentados, sacrificando un total de setenta bueyes. Ofreciendo trece el primer día, que se consideraba como una convocación sagrada, el número iba decreciendo diariamente en uno. Cada día, además, se ofrecía una ofrenda de fuego adicional. Esta ofrenda consistía en catorce corderos y dos carneros con sus respectivas ofrendas igualmente de carne y bebida. Una convocatoria sagrada celebrada en el octavo día, llevaba a la conclusión de las actividades del año religioso.

Cada año séptimo era peculiar en la celebración de la fiesta de los tabernáculos. Era el año de la pública lectura de la ley. Aunque a los peregrinos se les pedía observar la pascua y la fiesta de las semanas durante un día, ellos normalmente empleaban la totalidad de la semana en la fiesta de de los tabernáculos, dando ocasión de una amplia oportunidad para la lectura de la ley de acuerdo con el mandamiento de Moisés (Deut. 31:9-13).

Día de la Expiación

La más solemne ocasión de la totalidad del año era el día de la expiación (Lev. 16:1-34; 23:26-32; Núm. 29:7-11). Era observada en el décimo día de Tishri con una sagrada convocatoria y ayuno. En aquel día no era permitido ningún trabajo. Este era el único ayuno requerido por la ley de Moisés.

El principal propósito de esta observancia era el hacer una verdadera expiación. En su elaborada y singular ceremonia la propiciación fue hecha por Aarón y su casa, el santo lugar, la tienda de la reunión, el altar de las ofrendas de fuego y por la congregación de Israel.

Sólo el sumo sacerdote podía oficiar en aquel día. Los otros sacerdotes ni siquiera se les permitía estar en el santuario sino identificarse con la congregación. Para esta ocasión, el sumo sacerdote lucía sus especiales ornamentos y se vestía con lino blanco. Las ofrendas prescritas para el día eran, como sigue: dos carneros como holocausto para sí mismo y para la congregación, un becerro para su propia ofrenda de pecado, y dos machos cabríos como una ofrenda de pecado por el pueblo.

Mientras que las dos cabras permanecían en el altar, el sumo sacerdote ofrecía su ofrenda del pecado, haciendo expiación por sí mismo. Sacrificando una cabra en el altar, hacía la expiación por la congregación. En ambos casos, aplicaba la sangre al propiciatorio. En manera similar, santificaba

---

4. También conocida como Fiesta de la Cosecha (Ex. 23:16; 34:22; Lev. 23:39; Deut. 16:13-15). Era observada en el día decimoquinto de Tishri con las olivas, las uvas y el grano, cuyas cosechas ya se habían completado.

el santuario interior, el lugar sagrado y el altar de las ofrendas de fuego. De aquella forma las tres divisiones del tabernáculo eran adecuadamente limpiadas en el día de la expiación para la nación. Después, la cabra era llevada al desierto para que con ella se fuesen los pecados de la congregación.[5]

Habiendo confesado los pecados del pueblo, el sumo sacerdote volvía al tabernáculo para limpiarse a sí mismo y cambiarse en sus atavíos oficiales. Una vez más volvía al altar en el patio exterior. Allí concluía el día de expiación y su ritual con dos holocaustos, uno para sí mismo y el otro para la congregación de Israel.

Las distintivas características de la religión revelada de Israel formaba un contraste con el ambiente religioso de Egipto y Canaán. En lugar de la multitud de ídolos, ellos adoraban a un solo Dios. En vez de un gran número de altares y hornacinas de adoración, ellos tenían sólo un santuario. Por medio de las ofrendas prescritas y de los sacerdotes consagrados, se tenía hecha la provisión para que el laicado pudiese aproximarse a Dios sin temor. La ley les guiaba en una pauta de conducta que distinguía a Israel como la nación de la alianza con Dios en contraste con las culturas paganas del entorno. En toda la extensión en que los israelitas practicaban esta religión divinamente revelada, se hallaban asegurados del favor de Dios, como se expresaba en la fórmula sacerdotal para bendecir la congregación de Israel (Núm. 6:24-26):

"Jehová te bendiga y te guarde."

"Jehová haga resplandecer su rostro sobre ti, y tenga de ti misericordia."

"Jehová alce sobre ti su rostro, y ponga en ti paz."

---

5. La persona encargada de llevar la cabra al desierto, sólo se le permitía volver al campamento tras haberse lavado y limpiado sus propias ropas.

BIBLIOGRAFÍA SELECTA
Libros en castellano

ALBRIGHT, WILLIAM F. *Archaeology and the Religion of Israel*. Baltimore: The Johns Hopkins Press, 1942.

* ALLIS, OSWALD T. «Levítico», en *Nuevo comentario bíblico*. El Paso: Casa Bautista de Publicaciones, 1978, pp. 117-136.

ALT, ALBRECHT. *Essays on Old Testament History and Religion*. Garden City, NY: Doubleday, 1967.

BONAR, ALEXANDER. *Leviticus*. Grand Rapids: Zondervan Publishing House, 1959.

CERNY, J. *Ancient Egyptian Religion*. Londres: Hutchinson University Library, 1952.

FERM, V. (ed.). *Forgotten Religions*. Philosophical Library, 1950.

FRANKFORT, H. *The Problem of Similarity in Ancient Near Eastern Religions*. Nueva York: Oxford University Press, 1951.

KAUFFMAN, Y. *The Religion of Israel*. Chicago: University of Chicago Press, 1960.

KEIL C. F., Y DELITZSCH, F. *Commentary on the Old Testament*, Edimburgo, 1886. Reeditado, Grand Rapids: Wm. B. Eerdmans Publishing Co., 1949. Vol. II, pp. 88-486.

KELLOGG, S. H. *The Book of Leviticus*. Londres: Hodder & Stoughton, 1891.

RAVEN, J. H. *The History of the Religion of Israel*. New Brunswick, NJ: N. B. Theological Seminary, 1933.

ROWLEY, H. H. *Prophecy and Religion in Ancient China and Israel*. Nueva York: Harper & Row, 1956.

Capítulo V

Preparación para la nacionalidad

En los alrededores del Monte Sinaí, Israel celebró el primer aniversario de su emancipación. Aproximadamente un mes más tarde el pueblo levantó el campamento, buscando la inmediata ocupación de la tierra prometida. Una marcha de once días les llevó hasta Cades, donde una crisis precipitó el divino veredicto de la marcha errabunda por el desierto. No fue sino hasta pasados treinta y ocho años más tarde, que el pueblo llegó a las llanuras de Moab (Núm. 33:38) y de allí a Canaán.

Organización de Israel[1]   Total 603,550

Mientras que aún estaban estacionados en el Monte Sinaí, los israelitas recibieron detalladas instrucciones (Núm. 1:1-10:10), muchas de las cuales estaban directamente relacionadas con su preparación para continuar la jornada hasta Canaán. En la Biblia este material está presentado en una forma y disposición lógica más bien que cronológica, como puede verse por el siguiente bosquejo:

I. La numeración de Israel	Núm. 1:1-4:49
El censo militar	1:1-54
Asignación campamental	2:1-34
Levitas y sus deberes	3:1-4:49
II. Regulaciones del campamento	5:1-6:21
Restricciones de prácticas del mal	5:1-31
Votos nazareos	6:1-21

---

1. Para un excelente comentario breve sobre el Libro de los Números, ver A. A. MacRae, «Numbers» en *The New Bible Commentary* (Londres, 1953), pp. 162-194.

Las instrucciones expuestas en los primeros capítulos pertenecen en gran medida a cuestiones y materias de organización. Muy verosímilmente, el censo fechado en el mes de la partida de Israel del Monte Sinaí, representa una tabulación de la cuenta tomada previamente (Ex. 30:11 ss.; 38:26). Mientras que en principio Moisés tuvo como primordial preocupación la colección de lo preciso para la construcción del tabernáculo, después debió ser instruido para lo concerniente al servicio militar. Excluídos las mujeres, niños y levitas, el conjunto era de unos 600.000. Casi cuatro décadas más tarde, cuando la generación rebelde había perecido en el desierto, la cifra era aproximadamente la misma (Núm. 26).

El paso de tan grande hueste de gente a través del desierto trasciende la historia ordinaria.[2] No solo el hecho en sí debió requerir un suminstro sobrenatural de provisiones materiales de maná, codornices y agua, sino una cuidadosa organización. Tanto si estaba acampado o en marcha, la ley y el orden eran necesarios para el bienestar nacional de Israel.

Los levitas estaban numerados separadamente. Substituídos por el primogénito en cada familia, los levitas tenían como misión servir bajo la supervisión de Aarón y sus hijos, que ya habían sido designados como sacerdotes. Como asistentes a los sacerdotes aarónicos, tuvieron asignadas ciertas responsabilidades. Los levitas maduros entre las edades de treinta a cincuenta años tenían confiadas especiales misiones en el propio tabernáculo. La edad límite mínima, dada, como la de veinticinco años en Núm. 8:23-26, pudo haber previsto un período de aprendizaje de cinco años.

El campamento de Israel fue cuidadosamente planeado, con el tabernáculo y su atrio ocupando el lugar central. Rodeando el atrio, estaban los lugares asignados a los levitas, con Moisés y los sacerdotes de Aarón colocados en la parte oriental o frente a la entrada. Más allá de los levitas, había cuatro campamentos encabezados por Judá, Rubén, Efraín y Dan. A cada campamento fueron asignadas otras dos tribus adicionales. El cuidado y la eficiencia en la organización del campamento están indicadas por los nombramientos hechos a las varias familias de los levitas: Aarón y sus hijos tenían la supervisión sobre la totalidad del tabernáculo y su atrio; los gersonitas tenían a su cuidado las cortinas y cubiertas, los coatitas estaban al cargo del mobiliario, y los meraritas eran responsables de los pilares y las mesas. El siguiente diagrama indica la posición de cada grupo en el acampamento de Israel:

---

2. En un reciente estudio de las costumbres contemporáneas y el examen de las listas del censo en Números, G. E. Mendenhall sugiere que «elef», la palabra hebrea usualmente traducida como «mil», es una designación de alguna subsección tribal. De acuerdo con esta teoría, Israel tenía aproximadamente 600 unidades, proporcionando un ejército de unos 5.500 hombres. Ver George E. Mendenhall «Las listas del Censo de Números 1 y 26». *Journal of Biblical Literature*, LXXVII (marzo de 1958), 52-56.

Aser

Norte **DAN**

Neftalí

Merarites

Este

Oeste

Manasés			Moisés	Isacar
EFRAIN	Gersonitas	**TABERNACULO**	Aarón y	**JUDA**
Benjamín		**Y ATRIO**	sus hijos	Zebulón

Coatitas

Sur

Simeón

RUBEN

Gad

— Los problemas peculiares a un acampamento de tan populosa nación, requerían regulaciones especiales (5:1-31). Desde el punto de vista higiénico y ceremonial, se tomaban medidas de precaución necesarias para los leprosos y otras personas enfermas, existiendo quienes se cuidaban de los que morían. El robo requería una ofrenda y la restitución. La infidelidad marital estaba sujeta a severo castigo, tras una comprobación fuera de lo usual, lo que implicaba un milagro y que hubiese revelado la parte culpable. Sin tener subsiguientes referencias a tales procedimientos, es razonable considerar esto como un método temporal usado solamente durante la larga jornada empleada en el desierto.

— El voto nazareo pudo haber sido una práctica común que requería regulación (6:1-21). Al hacer este voto, una persona se consagraba voluntariamente a sí misma servicio especial de Dios. Tres en número eran las obligaciones de un nazareo: negarse a sí mismo el uso de los productos de la vid, incluso el jugo de las uvas y de la propia fruta, dejarse crecer el cabello como signo público de que había tomado un voto, y abstenerse del contacto de cualquier cuerpo muerto. Se imponía un severo castigo cuando se rompía uno de tales votos, incluso sucediendo intencionadamente. El voto solía terminar por una ceremonia pública a la conclusión del período prescrito.

— Una de las ocasiones más impresionantes durante el acampamento de Israel en el Monte Sinaí, era el principio del segundo año. En aquella ocasión, el tabernáculo con todos sus ornamentos y accesorios era erigido y dedicado (Ex. 40:1-33). Se proporciona información adicional, respecto a este acontecimiento, cuando el tabernáculo se convirtió en el centro de la vida religiosa de Israel, en el libro de los Números 6:22-9:14. Moisés, que oficiaba en la iniciación del culto en el tabernáculo, impartía al pueblo y a los sacerdotes directrices procedentes del Señor, respecto a su servicio religioso (ver 6:22; 7:89; 8:5).

— Los sacerdotes recibían una fórmula para bendecir la congregación (Núm. 6:22-27). Esta oración, bien conocida, aseguraba a los israelitas no solamente el cuidado de Dios y su protección sino también la prosperidad y el bienestar.

— Cuando el tabernáculo había sido totalmente dedicado, los jefes de las tribus presentaban sus ofrendas. Anticipando los problemas prácticos del transporte para el tabernáculo, había doce carros cubiertos y doce bueyes dedicados a este propósito. De ello estaban encargados los levitas de servicio. Para la dedicación del altar, cada jefe aportaba una serie de elaborados sacrificios, que eran ofrecidos en doce días sucesivos. Tan significativos eran aquellos regalos y ofrendas, que cada una de ellas, diariamente, era puesta en una lista (Núm. 7:10-88). Aarón recibía también instrucciones a la luz de las lámparas del tabernáculo (8:1-4).

Los levitas eran públicamente presentados y dedicados para su servicio en asistir a los sacerdotes (8:5-26). Cuando Moisés había oficiado solo, Aarón y sus hijos eran santificados para el servicio sacerdotal y estaba asistido por Aarón en la instalación de los ritos y ceremonias para los levitas.

— La pascua, que marcaba el primer aniversario de la partida de Egipto, era observada durante el primer mes del segundo año (9:1-14). Lo que se registra sobre esta festiva celebración es breve, pero se hacía un especial énfasis en que participasen todos, incluso los extranjeros[3] que se encontrasen en el campamento. Se tenía dispuesta una especial provisión para aquellos que no podían participar a causa de contaminación, de forma que pudiesen observar la pascua el segundo mes. Puesto que los israelitas no levantaban el campamento hasta el vigésimo día, todos estaban en condiciones de tomar parte en la celebración de la primera pascua, después del Éxodo.

— Antes de que Israel levantase el campamento de Monte Sinaí, se hacía la adecuada provisión para la guía en su viaje hacia Canaán (9:15-10:10). — Con la dedicación del tabernáculo, la presencia de Dios era visiblemente mostrada en el pilar de la nube y el fuego que podían observarse día y noche. La misma divina manifestación había provisto de protección y guía cuando el pueblo escapó de Egipto (Ex. 13:21-22; 14:19-20). Cuando Israel acampó la nube se cernía sobre el lugar santísimo. Estando en ruta, la nube marcaba el camino a seguir.

— La contrapartida a la guía divina era la eficiente organización humana. La señal que suministraba la nube era interpretada y ejecutada por hombres responsables del liderazgo. A Moisés se le ordenó que se proveyese de dos trompetas de plata. El sonar de una trompeta llevaba a los jefes tribales hacia el tabernáculo. El sonido de ambas llamaba a pública asamblea de todo el pueblo. Un largo y prolongado toque de ambas trompetas ("sonido de alarma") era la señal para los varios campamentos para estar dispuestos a avanzar en un orden preestablecido. Así, la adecuada coordinación de lo humano y lo divino hacían posible que tan gran nación pudiese seguir su ruta de una forma ordenada a través del desierto.

Peregrinación en el desierto

Tras de haber acampado en el Monte Sinaí, por casi un año, los israelitas siguieron hacia el norte en dirección a la tierra prometida. Casi cuatro

---

3. Un extranjero, en contraste con un residente temporal conocido como forastero, era un hombre que dejaba su propio pueblo y buscaba residencia permanente entre otro grupo de personas (Ex. 12:19; 20:10; Deut. 5:14; 10:18; 14:29; 23:8). Ver Ludwig Kholer, *A Dictionary of the Hebrew Old Testament in English and German* (Grand Rapids: Eerdmans, 1951). Vol. I. p. 192.

décadas más tarde, llegaron a la orilla oriental del río Jordán. Comparativamente breve es la narración de su viaje en Núm. 10:11-22:1. Puede ser conveniente el considerarlo bajo las siguientes subdivisiones:

I. Desde Monte Sinaí a Cades	Núm. 10:11-12:16
Orden de procedimiento	10:11-35
Murmuraciones y juicios	11:1-12:16
II. La crisis de Cades	13:1-14:45
Los espías y sus informes	13:1-33
Rebelión y juicio	14:1-45
III. Los años de peregrinación	15:1-19:22
Leyes — futuro y presente	15:1-41
La gran rebelión	16:1-50
Vindicación de los jefes nombrados	17:1-19:22
IV. Desde Cades a las llanuras de Moab	20:1-22:1
Muerte de María	20:1
Pecados de Moisés y Aarón	20:2-13
Edom rehusa el paso de Israel	20:14-21
Muerte de Aarón	20:22-29
Israel venga la derrota por los cananeos	21:1-3
La serpiente de bronce	21:4-9
Marcha alrededor de Moab	21:10-20
Derrota de Sehón y Og	21:21-35
Llegada a las llanuras de Moab	22:1

— Tras once días Israel alcanzó Cades en el desierto de Parán (Deut. 1:2). Marchando como una unidad organizada, el campamento de Judá abría marcha, seguido por los gersonitas y los meraritas, quienes tenían a su cargo el transporte del tabernáculo. El siguiente, por el orden convenido, era el campamento de Rubén. Precediéndoles, seguían los coatitas, quienes llevaban los ornamentos del Arca y otros del tabernáculo. Completando la procesión estaban los campamentos de Efraín y Dan. Además de la divina guía Moisés solicitó la ayuda de Hobab,[4] cuya familiaridad con el desierto le calificaba para proporcionar un servicio de exploración para la marcha hacia adelante de Israel. Aparentemente estuvo conforme en acompañarles, puesto que sus descendientes más tarde residieron en Canaán (Jueces 1:16; 4:11).

— En ruta hacia su destino, los israelitas se quejaron y se rebelaron. Perplejo y preocupado, Moisés acudió a Dios en oración. En respuesta, se le dieron instrucciones para elegir setenta personas mayores a quien Dios había dotado para compartir sus responsabilidades. Además, Dios envió un gran viento que les aportó una abundante cantidad de codornices para los israelitas.[5] La intemperancia y el desorden hizo que la gente las comiera sin cocinar, y de tal forma, su gula se convirtió en una plaga que causó la muerte de muchos. Apropiadamente este lugar se llama "Kibrot-hataava", que significa "las tumbas de la codicia."

---

4. La palabra hebrea «hothen», que se traduce usualmente por suegro, puede ser aplicada también como cuñado, y esto puede ser aplicado sólo tras Jetro (Reuel) muerto, y Hobab convertido en el jefe de la familia. Ver MacRae, *op. cit.*, p. 175.
5. Estas codornices, una especie de perdiz pequeña, emigran dos veces al año y a veces son capturadas en gran abundancia en las costas e islas del Mediterráneo.

- La insatisfacción y la envidia se extendió hasta los jefes. Incluso Aarón y María discutieron la posición de liderazgo de su hermano.[6] Moisés fue vindicado cuando María quedó afectada por la lepra. Aarón se arrepintió inmediatamente, nunca más desafió la autoridad de su hermano y a través de la oración intercesoria de Moisés, María fue curada.

- Desde el desierto de Parán, Moisés envió doce espías a la tierra de Canaán. Cuando volvieron, estaban acampados en Cades, aproximadamente a ochenta kms. al sur y algo al oeste de Beerseba. Los hombres, unánimamente, informaron de la excelencia de la tierra y de la fuerza potencial y ferocidad de sus habitantes. Pero no estuvieron de acuerdo en sus planes de conquista. Diez declararon que la ocupación era imposible y manifestaron públicamente su deseo de volver a Egipto, inmediatamente. Dos, Josué[7] y Caleb, afirmaron confiadamente que con la ayuda divina la conquista era posible. El pueblo, no queriendo creer que el Dios que les había recientemente liberado de la esclavitud de Egipto fuese también capaz de conquistar y ocupar la tierra prometida, promovió un insolente motín, amenazando con apedrear a Josué y a Caleb. En desesperación, incluso consideraron el hecho de elegir otro nuevo caudillo.

- Dios, en su juicio de la situación, contemplaba la aniquilación de Israel en rebelión. Cuando Moisés se dio cuenta de aquello, hizo la necesaria intervención y obtuvo el perdón para su pueblo. Sin embargo, los diez espías sin fe murieron en una plaga, y toda la gente con edad de veinte años y mayor, exceptuando a Josué y a Caleb, quedó sin el derecho de entrar en Canaán. Conmovidos por la muerte de los diez espías y el veredicto de otro prolongado período de peregrinación por el desierto, confesaron su pecado. Que su arrepentimiento no es genuino es aparente en su intento de rebelión para entrar en Palestina inmediatamente. En esto fueron derrotados por los amalecitas y los cananeos.

- Mientras los israelitas pasaban el tiempo en el desierto (15:1-20:13), murió una generación entera. Las leyes en Núm. 15, tal vez dadas pronto tras este punitivo veredicto anunciado, muestra el contraste entre el juicio por el pecado voluntario y la misericordia por el arrepentimiento individual de quien había pecado en la ignorancia. Además, las instrucciones para sacrificar en Canaán suministraban una esperanza para la generación más joven en su anticipación de vivir realmente en la tierra que se les había prometido.

- La gran rebelión acaudillada por Coré, Datán y Abiram, representaba dos grupos de amotinados, mutuamente reforzados por su esfuerzo cooperativo (Núm. 16:1-50).[8] El liderazgo eclesiástico de la familia de Aarón, a quienes fue reducido y restringido el sacerdocio, fue desafiado por Coré y los levitas que le apoyaron. Se apeló a la autoridad política de Moisés en la cuestión por Datán y Abiram, que aspiraban a tal posición en virtud de ser descendientes de Rubén, el hijo mayor de Jacob.

---

6. Esta oposición fue velada en su desaprobación por el matrimonio. Es improbable que esta queja fuese contra Séfora, a quien Moisés había desposado más de cuarenta años antes. Probablemente Séfora murió —su muerte no está registrada en la Biblia— y Moisés se había casado con una mujer de Etiopía.

7. Al anotar la lista de espías, se hace mención de «Josué», el nombre antiguo «Oseas». Ver Núm. 13:8, 16; Deut. 32:44. Josué fue distinguido como un líder militar (Ex. 17) y siervo de Moisés (Núm. 11:28).

8. Para un análisis detallado, ver MacRae, *op. cit.*, pp. 182-183.

— En juicio divino, tanto Moisés como Aarón fueron vindicados. La tierra se abrió para tragarse a Datán y Abiram junto con sus familiares. Coré desapareció con ellos.⁹ Antes de que esta rebelión cediese, en el campamento de Israel había perecido 14.000 personas.

— Tras la muerte de los insurrectos, Israel recibió una señal milagrosa evitando cualquier posterior deseo de poner en duda la autoridad de sus jefes (17:1-11). Entre doce varas, cada una representando una tribu, la de Leví produjo vástagos, flores y almendras. Además, de confirmar a Moisés y a Aarón en sus nombramientos, la inscripción del nombre de Aarón en su bastón específicamente le designó como sacerdote de Israel. La preservación de aquel bastón en el tabernáculo servía como permanente evidencia de la voluntad de Dios.

— Para aliviar el temor del pueblo al acercarse al tabernáculo, las responsabilidades de los sacerdotes y levitas fueron reafirmadas y claramente delineadas (17:12-18:32). El sacerdocio fue restringido para Aarón y su familia. Los levitas fueron designados como asistentes de los sacerdotes. La provisión para su mantenimiento se hizo a través del diezmo entregado por el pueblo. Los levitas daban un décimo también de su renta a los sacerdotes. Por esta razón, los levitas no fueron incluídos en el reparto de la tierra, cuando los israelitas se asentaron en Canaán.

— La polución resultante procedente de la plaga y el entierro de tanta gente al mismo tiempo, hizo necesaria una ceremonia especial para la purificación del campamento (19:1-22). Eleazar, un hijo de Aarón, ofició. Este ritual, que de forma impresionante recordó a los israelitas la naturaleza de la muerte (5:1-4) y proporcionó una higiénica protección, fue ordenado como un estatuto permanente.

— Las experiencias de los israelitas mientras viajaban por Ezión-geber y Elat hacia las llanuras de Moab, se hallan resumidas en Núm. 20:1-22:1. Antes de su partida de Cades, María murió. Cuando el pueblo se enfrentó con Moisés a causa de la escasez de agua, recibió instrucciones de ordenar que una roca suministrase el líquido elemento. Airado e impaciente, Moisés golpeó la roca y el agua surgió en abundancia. Pero por su desobediencia, le fue denegado el privilegio de entrar en Canaán.

— Desde Cades, Moisés envió mensajeros al rey de Edom solicitando permiso para marchar a través de sus tierras por Camino Real. No sólo le fue denegado el permiso sino que el ejército edomita fue enviado a vigilar la frontera. Esta inamistosa actitud fue frecuentemente denunciada por los profetas.¹⁰

— Antes de que Israel dejase la frontera edomita, Aarón murió en la cima del monte Hor. Eleazar fue revestido con los ornamentos de su padre y nombrado sumo sacerdote en Israel. Y antes de continuar su viaje, Israel fue atacado por un rey cananeo, pero Dios les dio la victoria. Aquel lugar fue llamado Horma.

---

9. Las diferencias entre las actitudes de los dos grupos puede destacarse por el hecho de que la familia de Coré no pereció con él. Sus descendientes ocupan un honroso lugar en tiempos posteriores. Samuel alcanza un rango quizá próximo a Moisés como un gran profeta. Henam, un nieto de Samuel, fue un notable cantor durante el reinado de David. Un cierto número de salmos están designados como «para los hijos de Coré».
10. Ver Is. 34:1-17; Jer. 49:7-22; Ezeq. 25:12-14; 35:1-15.

— Dándose cuenta de que se movían hacia el sur alrededor de Edom, el pueblo se impacientó y se quejó contra Dios al igual que contra Moisés. El castigo divino llegó en forma de una plaga de serpientes, causando la muerte de muchos israelitas.[11] En penitencia, el pueblo se volvió hacia Moisés, quien aportó el consuelo mediante la erección de una serpiente de bronce. Cualquiera que fuese mordido por una serpiente, era curado con solo dirigir la mirada a la serpiente de bronce. Jesús utilizó este incidente como un símbolo de su muerte sobre la cruz, aplicando el mismo principio— cualquier que se volviese hacia El no perecería sino que tendría la vida eterna (Juan 3:14-16).

— Israel continuó su camino hacia el sur por el camino de Elat y Ezióngeber, rodeando Edom, lo mismo que Moab, y continuando hacia el norte por el valle de Arnón. Los tres relatos, tal y como se dan en Núm. (21 y 33) y Deuteronomio (2) se refieren a varios lugares no identificados hasta el día de hoy. Israel tenía prohibido luchar contra los moabitas y los amonitas, los descendientes de Lot. Sin embargo, cuando los dos gobernantes amorreos, Sehón, rey de Hesbón y Og, rey de Basán, rehusaron el paso de Israel y respondieron con un ejército, los israelitas les derrotaron y ocuparon la tierra que había al norte del valle de Arnón. Allí, en las llanuras de Moab, recientemente tomadas por los amorreos, los israelitas establecieron su campamento.

Instrucciones para entrar en Canaán

Mientras que permanecieron acampados al nordeste del Mar Muerto, la nación de Israel recibió las instrucciones finales para la conquista final y la ocupación de la tierra prometida. El cuidado providencial de Israel en las sombras de Moab y la cuidadosa preparación del pueblo en la víspera de la entrada en Canaán, están registrados en Núm. 22-36. Los varios aspectos de esta provisión pueden ser observados en el siguiente bosquejo:

I. Preservación del pueblo elegido de Dios	Núm. 22:2-25:18
—El designio de Balac para maldecir a Israel	22:2-40
—Bendiciones de Balaam	22:41-24:24
— Seducción y juicio	24:25-25:18
II. Preparación para la conquista	26:1-33:49
La nueva generación	26:1-65
Problemas de herencia	27:1-11
Un nuevo jefe	27:12-33
Sacrificios y votos	28:1-30:16
Venganza sobre los madianitas	31:1-54
Reparto y división de Transjordania	32:1-42
Revisión de la marcha de Israel	33:1-49
III. Anticipación de la ocupación	33:50-36:13
La tierra a conquistar	33:50-34:15
Los jefes nombrados para distribuir la tierra	34:16-29
Las ciudades levíticas y su refugio	35:1-34
Regulaciones sobre la herencia	36:1-13

---

11. Para referencias modernas de plagas similares, ver T. E. Lawrence. *The Seven Pillars of Wisdom*, pp. 269-270.

PREPARACIÓN PARA LA NACIONALIDAD**
PREPARACIÓN PARA LA NACIONALIDAD 83

Los sutiles designios de los moabitas sobre la nación elegida de Dios, fueron más formidables que una guerra abierta (22:2-25:18). Dominado por el miedo cuando los amorreos fueron derrotados, Balac, el rey moabita, ideó planes para la destrucción de Israel. En cooperación con los ancianos de Madián, comprometió al profeta Balaam de Mesopotamia para maldecir al pueblo acampado a través del río Arnón.

Balaam rehusó la primera invitación, siendo explícitamente advertido de no ir y no maldecir a Israel. Los honorarios para la adivinación fueron tan incitantes, sin embargo, que arrastraron a Balaam a aceptar la repetida invitación del rey. En aquella misión, que era contraria a la voluntad de Dios claramente revelada, Balaam tuvo la sorprendente experiencia de ser audiblemente increpado por su propio burro. Al profeta le fue recordado de una manera impresionante que iba a Moab para hablar solamente del mensaje de Dios.[12]

Balaam declaró fielmente el mensaje de Dios cuatro veces. Sobre tres diferentes montañas, Balac y sus príncipes prepararon ofrendas para proporcionar una atmósfera de maldición, pero cada vez el profeta pronunció palabras de bendición. Profundamente decepcionado, el rey moabita le increpó y le ordenó que cesara. Aunque Balac le despachó sin ninguna recompensa, Balaam profirió una cuarta profecía antes de irse. En ella, delineó claramente la futura victoria de Israel sobre Moab, Edom y Amalec.[13]

Balac tuvo más éxito en su siguiente plan contra Israel. En lugar de retornar a su hogar de Mesopotamia, Balaam permaneció con los madianitas y ofreció un mal consejo a Balac (31:16). Los moabitas y madianitas siguieron su consejo y sedujeron a muchos israelitas para caer en la inmoralidad y la idolatría. Mediante el culto de Baal-peor con ritos inmorales, los participantes incurrieron en la ira divina. Con objeto de salvar un gran número de gentes del juicio, los jefes israelitas culpables fueron ahorcados inmediatamente. Finees, un hijo de Eleazar, desplegó un gran celo y se revolvió contra aquellos que precipitaron la plaga en la que murieron por miles. Subsecuentemente, los descendientes de Finees sirvieron como sacerdotes en Israel. La orden de castigar a los madianitas por su desmoralizadora influencia sobre Israel, fue ejecutada bajo el liderazgo de Moisés (31:1-54). No escapó del castigo de los jefes notables el propio Balaam, hijo de Beor.

Después de esta crisis, Moisés hizo la necesaria preparación para condicionar a su pueblo en la conquista de Canaán. El censo tomado bajo la supervisión de Eleazar fue en parte una apreciación militar del poder en hombres de Israel (26:1-65). La cuenta total fue realmente en cierto modo más baja que la que se había hecho casi cuarenta años antes. Josué fue nombrado y públicamente consagrado como el nuevo caudillo (27:12-23). La solución dada al problema de la herencia, surgido por las hijas de Zelofehad, indicó la voluntad de Dios de que la tierra prometida sería conservada en pequeñas pertenencias que pasarían a sus herederos. Se dieron también

12. MacRae, *op. cit.*, p. 188, sugiere que Balac preparó una fiesta para celebrar la llegada de Balaam, Núm. 22:40. La palabra hebrea «Zabah» traducida por «ofrecido» en AV y «sacrificado» en ASV y RSV, tiene mejor acepción que «matar», «mató» o «degolláis» como en Deut. 12:15, 21; I Sam. 28:24; I Reyes 1:9, 19, 25; II Crón. 18:2 y Ezeq. 34:3, o bien «muerto», como en II Reyes 23:20.
13. En Núm. 24:7, Agag tal vez fuese un nombre general para un rey amalequita similar a faraón para un gobernante egipcio.

otras instrucciones adicionales concernientes a las ofrendas regulares, festivales, y el mantenimiento de los votos, una vez asentados en la tierra prometida (28:1-30:16).

Viendo que el terreno oriental del Jordán era un excelente territorio para pastos, las tribus de Rubén y Gad apelaron a Moisés para asentarse en ellas permanentemente. Aunque con cierta desgana, lo permitió, accediendo a su demanda. Para estar seguros de que la conquista de Canaán no sería puesta en peligro por falta de cooperación, exigió una prenda para garantizarlo. Aquella promesa verbal fue pronunciada dos veces. La tierra de Galaad fue entonces otorgada a Rubén, Gad, y a la mitad de la tribu de Manasés (32:1-42).

Moisés preparó también un informe escrito sobre la jornada a través del desierto (Núm. 33:2). A causa de su entrenamiento y experiencia parece razonable asumir que él conservó detallados informes y registros de aquella marcha llena de incidentes desde Egipto hasta Canaán, para consideración de la posteridad (33:1-49).

Pensando en el futuro, Moisés se anticipó a las necesidades de los israelitas cuando entrasen en Canaán (33:50-36:13). Les advirtió claramente de destruir a sus idólatras habitantes y poseer sus tierras. Además, aparte de Josué y Eleazar, diez caudillos tribales fueron asignados para la responsabilidad de dividir la tierra a las restantes nueve tribus y media. Ninguno de los príncipes, mencionados en Núm. 1, ni ninguno de sus hijos, están en este nuevo grupo. En lugar de tierras, cuarenta y ocho ciudades situadas por todo Canaán, se designan para los levitas. Ciudades de refugio, designadas para prevenir el comienzo de las disensiones sangrientas, quedaron descritas por Moisés. Antes de su muerte, dejó tres ciudades al este del Jordán para este propósito (Deut. 4:41-43).[14] En el capítulo final de Números, Moisés trata del problema de la herencia, limitando a las mujeres que hereden tierra por matrimonio con miembros de su propia tribu.

Pasado y futuro

Moisés estaba advertido de que su ministerio estaba casi completado. Aunque no se le permitió entrar en la tierra prometida, pidió a Dios bendiciones para los israelitas, anticipando el privilegio de su conquista y posesión. Como jefe fiel, entregó diversas directrices a su pueblo, amonestándole con ser fieles a Dios. El libro del Deuteronomio, que consiste principalmente en estos discursos de Moisés, puede ser considerado bajo las siguientes subdivisiones:

I. La historia y su significación	Deut. 1:1-4:43
Revisión de los fracasos de Israel	1:1-3:29
Adominación a la obediencia	4:1-40
Las ciudades de refugio de Transjordania	4:41-43
II. La ley y su significación	4:44-28:68
La Alianza y el Decálogo	4:44-11:32

---

14. Núm. 35:9-34 es la descripción más completa para las ciudades de refugio; la suplementaria información se da en Deut. 19:1-13. Josué designó tres ciudades al oeste del Jordán para igual propósito (Josué 20:1-9).

Nadie estuvo más familiarizado con las experiencias de Israel que Moisés. Habían transcurrido cuarenta años desde que escapó de las garras del Faraón y condujo con éxito al pueblo elegido fuera de Egipto. Tras la única revelación de Monte Sinaí hecha por Dios, la ratificación del pacto, y casi un año de preparación para ser nación, Moisés se había anticipado conduciendo su nación a la tierra de Canaán. En lugar de avanzar sobre la conquista y la ocupación de la tierra prometida, el tiempo había transcurrido en el desierto hasta que la generación irreligiosa y revolucionaria hubo muerto. Entonces Moisés dirige la nueva generación que está al borde de tomar posesión de la tierra prometida a los patriarcas y a sus descendientes.

En su primer discurso público revisa la historia (1:6-4:40). Comenzando con su campamento y partida del monte Horeb, él recuerda a sus oyentes que a través de la duda y la rebelión, sus padres perdieron el derecho a la tierra prometida y murieron en el desierto. También les recordó las recientes victorias sobre los amoreos y el reparto de su tierra a diversas tribus que se comprometieron a ayudar al resto de los israelitas en la conquista de la tierra más allá del Jordán. Aunque por sí mismo no podía conservar el privilegio de continuar como jefe, les aseguró que Dios les garantizaría la victoria bajo el mando de Josué.

En vista de lo sucedido a la precedente generación, Moisés advierte a su pueblo el evitar que se cometan los mismos errores. Las condiciones para obtener los favores de Dios son: obediencia a la ley y una total devoción realizada con toda el alma y el corazón hacia el único Dios. Si desobedecen y se conforman a las formas idolátricas de los cananeos, los israelitas sólo pueden esperar la cautividad.

Moisés comienza su segundo discurso con una revisión de la ley (4:44 ss.). Les recuerda que Dios hizo una alianza con ellos y que están bajo la obligación de guardar la ley si tienen verdaderos deseos de mantener su relación. Repite el Decálogo, que es básico para una vida aceptable a los ojos de Dios. Llamado a ser un pueblo separado y santo, ellos sólo pueden continuar así mediante un genuino amor a Dios y a la diaria obediencia a su voluntad como está expresado en la revelación hecha en el Sinaí. Moisés también les advierte contra los peligros de fallar en tales propósitos.

Anticipándose a la residencia del pueblo en Canaán, Moisés les instruye con respecto a su conducta en su estado de asentamiento de la tierra prometida (12:1 ss.). La idolatría tiene que ser absolutamente suprimida, así como los idólatras. Tienen que rendir culto a Dios solamente, en los lugares divinamente designados, advirtiéndoles además del culto que hagan los habitantes de la tierra. Algunas de las leyes, tales como la de restricción de matar animales en una plaza central (Lev. 17:3-7), es revisada de nuevo y adaptada a nuevas condiciones. Para guiarles en su vida doméstica, civil y social, Moisés promulga reglas y ordenanzas para su guía y aliento. Revisa brevemente muchas de las leyes ya dadas, y se pronuncia sobre numerosas instrucciones que les ayudarán a conformarse a los deseos de Dios. En todo su discurso, les exhorta a la más completa obediencia.

Finalmente, Moisés especifica ciertas bendiciones y maldiciones (27:1-30:20). Por la obediencia Israel prosperará pero con la desobediencia, atraerán hacia sí la maldición del exilio y el cautiverio, de los cuales fue liberada como nación. Para impresionar más vívidamente al pueblo, Moisés da instrucciones de que se lean esas bendiciones y maldiciones antes de que la entera congregación haya de entrar en Canaán.

Al delegar Moisés su liderazgo en Josué y su ministerio de enseñar a los sacerdotes, les provee de una copia de la ley. No se conoce el completo contenido de lo existente en aquella copia escrita. Siendo familiar con los acontecimientos cambiantes de la historia de Israel, Moisés, indudablemente tuvo que referirse a proveer unos extensos informes desde que Israel cambió su estado de esclavitud en una nación libre. Lo más probable es que estuviese asistido y ayudado por los escribas.[15]

Con arreglos finales para el liderazgo continuo de su pueblo, Moisés expresa su alabanza a Dios por el cuidado providencial (32:1-43). El hace un recuento del nacimiento y de la niñez de la nación. Los israelitas han sido castigados por su ingratitud y apostasía pero son luego restaurados en gracia. Ha prevalecido la justicia y la misericordia de Dios demostrándose en amoroso cuidado para con su pueblo escogido. En una declaración profética de oración y alabanza, Moisés presenta las bendiciones para cada tribu individualmente (33:1-29). Antes de su muerte él tuvo el privilegio de ver la tierra prometida desde el monte Nebo.

---

15. Para una discusión de los estudios del Antiguo Testamento sobre el Pentateuco y una razonable delineación de la autoridad mosaica del Pentateuco, ver R. K. Harrison, *Introduction to the Old Testament* (Grand Rapids: Wm. B. Eerdmans Publishing C., 1969), pp. 1-662.

BIBLIOGRAFÍA SELECTA

* Libros en castellano

AALDERS, G. C. *A Short Introduction to the Pentateuch*. Londres: Tyndale, 1949.

ALLIS, O. T. *God Spoke by Moses*. Filadelfia: Presbyterian & Reformed Press, 1958.

* ARCHER, G. L. *Reseña crítica de una introducción al Antiguo Testamento*. Grand Rapids: Editorial Portavoz, 1987.

CASSUTO, U. *The Documentary Hypothesis*. Jerusalén: Magnes Press, 1961.

GOTTWALD, N. A. *Light to the Nations*. Nueva York: Harper & Row, 1959.

GREENSTONE, J. H. *Numbers*. Filadelfia: Jewish Publication Society, 1939.

* JENSEN, IRVING L. *Números: Viaje a la tierra de reposo*. Grand Rapids: Editorial Portavoz, 1980.

KITCHEN, K. A. *Ancient Orient and Old Testament*. Chicago: Inter-Varsity Press, 1966.

KLINE, M. *Treaty of the Great King*. Grand Rapids: Wm. B. Eerdmans Publishing Co., 1963.

* _____ MACRAE, A. A. «Números», en *Nuevo comentario bíblico*. El Paso: Casa Bautista de Publicaciones, 1978, pp. 137-159.

MANLEY, G. T. *The Book of the Law*. Londres: Tyndale House, 1957.

REIDER, J. *Deuteronomy*. Filadelfia: Jewish Publication Society, 1939.

ROWLEY, H. H. *The Old Testament and Modern Study*. Oxford: Clarendon Press, 1961.

SCHULTZ, S. J. *The Prophets Speak*. Nueva York: Harper & Row, 1968.

* _____ . *Deuteronomio: El evangelio de amor*. Grand Rapids: Editorial Portavoz, 1979.

UNGER, M. F. *Introductory Guide to the Old Testament*. Grand Rapids: Zondervan Publishing House, 1952.

WRIGHT, G. (ed.). *The Bible and the Ancient Near East*. Garden City, NY: Doubleday, 1961.

Egipto*	Canaán	Otras naciones
1417 Amenofis III	1406 *Josué* como líder Conquista División Ultimos días	El avance de los hititas desde el norte neutraliza la influencia egipcia
1379 Amenofis IV Akh-en-Aton 1361 Tut-ankh-Amón 1348 Harmhab	1376 *Ancianos* de Israel 1366 Opresión por los mesopotamios 1358 Otoniel—liberación y permanencia por 40 años	1366 Cusham-Rishathaim en Mesopotamia 1358
1318 Seti I—expedición de castigo en Palestina	1318 Opresión por Moab 1301 *Aod*—liberación y paz por 80 años	Eglón, rey de Moab
1304-1237 Ramsés II Mer-ne-Ptah y otros 1200- Ramsés III-XI 1085 XXI dinastía XXII dinastía 945 Sisac	1221 Opresión por los cananeos 1201 *Débora y Barac*— liberación y 40 años de paz 1161 Opresión por los madianitas 1154 Gedeón—liberación y 40 años de paz 1114 Abimelec—rey por 3 años 1111-1105 Jefté—6 años de gobierno, fin de la opresión Magistratura de Sansón, aproximadamente 20 años durante este período 1066 Elí (?) 1046 Samuel (?) 1026 Saúl (?) 1011 David 971 Salomón 931 División del Reino	1286 Batalla de Cades 1280 Pacto de no agresión hitita-egipcio 1221 Reino Cananeo (Asor)—Rey Jabín 1161 Los madianitas oprimen a Israel; ocupación del valle de Jezreel 1128 Avance amonita y opresión al este del Jordán 1105 Opresión filistea 1100 Tiglat-pileser I en Asiria 1000 Asur-rabi II en Asiria 969-936 Hiram en Fenicia

* Para los datos revisados sobre los gobernantes egipcios, ver el artículo sobre «Cronología» preparado por el finado William Christopher Hayes para la revisada *Cambridge Ancient History I*, capítulo VI. Fue publicado por los *Syndies of the Cambridge University Press* en 1964, como una sinopsis del volumen I, capítulo VI. Cf. también el artículo de M. B. Rowton «*The Material from Western Asia and the Chronology of the Nineteenth Dynasty*» en el *Journal of Eastern Studies*, Vol. 25, n.º 4, 1966, pp. 240-258.

Capítulo **VI**

La ocupación de Canaán

El día tan largamente esperado llegó al fin. Con la muerte de Moisés, Josué fue comisionado para conducir la nación de Israel a la conquista de Palestina. Habían transcurrido siglos desde que los patriarcas habían recibido la promesa de que sus descendientes heredarían la tierra de Canaán. Mientras tanto y en ese interregno, cada generación sucesiva del pueblo palestino había estado influenciado por varios otros pueblos procedentes del Creciente Fértil. Motivados por intereses económicos y militares, atravesaron Canaán de vez en cuando.

Memorias de Canaán

En el apogeo de los éxitos militares, la poderosa XII Dinastía (2000-1780 a. C.) extendió espasmódicamente el control egipcio a través de Palestina incluso hasta llegar tan al norte como el Eufrates. En las subsiguientes décadas, Egipto no solo declinó en su poderío, sino que fue ocupado por los poderosos hicsos, que gobernaron desde Avaris, en el Delta. Poco antes de 1550 a. C. el gobierno de los hicsos, como invasores e intrusos, había terminado en la tierra del Nilo.

El reino hitita tuvo sus principios en Asia Menor al comenzar el siglo XIX a. C. Referidos en el Antiguo Testamento como los "hijos de Het" los hititas se mencionan frecuentemente como ocupantes de Canaán. Allá por el 1600 su poder se había incrementado tanto en el Asia Menor que llegaron a extender sus dominios hasta Siria e incluso destruyeron Babilonia sobre el Eufrates por el 1550 a. C. Dentro de la siguiente centuria la expansión hitita fue detenida por dos reinos que entonces surgieron.

Por el tiempo en que los hicsos invadieron Egipto y Babilonia, se hallaba floreciendo bajo la I Dinastía, ejemplarmente representada por Hamurabi, el nuevo reino de Mitanni que emergió en las altas tierras de Media. Este pueblo indoario estaba compuesto de dos grupos: la clase común, conocido por los hurrianos, y la nobleza, o clase gobernante, llamada arianos. Procedente del territorio al este de Harán, esas gentes de Mitanni continuamente extendieron su reino hacia el oeste de tal forma que en 1500 a. C. alcanzaron el mar Mediterráneo. El principal deporte del pueblo ario o ariano, era el de las carreras de caballos. Se han descubierto tratados escritos sobre la cría y el entrenamiento de los caballos, a principios del presente siglo en Boghazköy donde habían estado preservados por los hititas que conquistaron al pueblo mitanni. Por el 1500 a. C., el poder mitanni detuvo el avance de los heteos por casi un siglo.

Los egipcios enviaron frecuentemente sus ejércitos a través de Canaán para desafiar el poder mitanni. Tutmosis III llevó a cabo diez y siete o diez y ocho campañas en la región de Siria y más allá todavía. Durante los primeros intentos hacia la conquista asiática, una confederación siria, apoyada por el rey de Cades (localizado en el río Orontes) resistió el avance egipcio. Muy verosímilmente la tierra de Siria una tierra de prósperas ciudades, fértiles llanuras rica en minerales y otros recursos naturales, y con vitales rutas de comercio, que unían los florecientes valles del Nilo y el Eufrates había permanecido bajo la hegemonía mitanni. Tras de la derrota de los sirios en Meguido, el poder de Egipto se extendió hasta Siria. Por un cierto tiempo los mitanni parecían apoyar a Cades como un Estado-tapón, pero eventualmente, Tutmosis marchó con sus ejércitos a través del Eufrates y temporalmente acabó con el dominio mitanni en Siria. Cuando murió Tutmosis, virtualmente toda Siria se hallaba bajo el gobierno de Egipto.

La fricción continuó entre el poder egipcio y el mitanni durante los reinos de Amenofis II (1450-1425) y Tutmosis IV (1425-1417), por lo que Siria vaciló en su fidelidad y acatamiento. Aunque Saussatar, rey de Mitanni, extendió su poder hacia el este llegando hasta Asur y más allá del río Tigris, su hijo Artatama parece que fue frenado a causa del poder hitita. Esta amenaza parece que fue la causa de que Artatama I hiciese un convenio de paz con Tutmosis IV. Bajo los términos de esta política, las princesas mitanias se casaron con los faraones durante tres reinados sucesivos. Por aquel tiempo, Damasco se hallaba bajo administración egipcia. Las cartas de Amarna (ca. 1400 a C.) reflejan las condiciones en Siria, indicando que las relaciones diplomáticas y fraternales existían entre las familias reales de Mitanni y Egipto.

El poder hitita pronto se incrementó y desafió este control mitanni-egipcio del Creciente Fértil. Bajo el reinado del rey Suppiluliune (1380-1346) los hititas cruzaron el Eufrates hasta Wasshugani, reduciendo Mitanni a la situación de un Estado-tapón entre el reino hitita y el creciente imperio asirio en el valle del Tigris. Este, por supuesto, eliminó a Mitanni como factor político en Palestina. Aunque el reino Mitanni estaba completamente absorbido por los asirios (1250 a. C.), los hurrianos, conocidos como horeos en el Antiguo Testamento, se hallaban en Canaán cuando entraron los israelitas. Posiblemente los heveos eran también de origen mitanni.

Con la eliminación de la amenaza mitanni, los hititas dirigieron sus intenciones hacia el sur. Por casi un siglo, los hititas desde su capital en Boghazköy y los egipcios rivalizaron por el control de la vacilante frontera de Siria. Durante este período, Cades se convirtió en el centro de un reino amorreo revivido. Muy verosímilmente adoptaron una política de acomodación manteniendo amistad con el más poderoso.

Cuando Ramsés II (1304-1237) llegó al trono, los egipcios renovaron sus esfuerzos para eliminar los hititas de la Palestina del norte con objeto de recobrar sus posesiones asiáticas. Mutwatallis, el rey hitita, se atrincheró firmemente en la ciudad de Cades y ayudado por ejércitos procedentes de ciudades de Siria, al igual que de Carquemis, Ugarit y otras ciudades de la zona. Ramsés extendió su frontera hasta Beirut a expensas de los fenicios y después marchó por el Orontes hacia Cades, enfrentándose un enemigo que tenía comprometido a los egipcios en una situación de guerra desde hacía ya dos décadas. Esta batalla de Cades en el año 1286 a. C. estuvo lejos de ser decisiva para los egipcios. Tras otras numerosas conquistas de ciudades en Canaán y en Siria, Ramsés II y Hattusilis, el rey hitita, concluyeron un tratado en 1280 a. C., un prominente pacto de no agresión en la historia. Copias de este famoso acuerdo han sido halladas en Babilonia, Boghazköy y en Egipto. Aunque no se mencionan fronteras en el tratado, es muy posible que el estado amorreo formase una influencia neutralizadora entre los egipcios y los hititas.

En los días de Merneptah, unos invasores procedente del norte, conocidos como los arios, destruyeron el imperio hitita y debilitaron el amorreo, destruyendo Cades y otras plazas fuertes. Aunque el imperio hitita se desintegró, este pueblo es frecuentemente mencionado en el Antiguo Testamento. Ramsés III rechazó a estos invasores procedentes del norte, en una gran batalla por tierra y mar y una vez su poder menguado, unificó la Palestina bajo control egipcio. Tras Ramsés III, declinó también el poder egipcio, permitiendo la infiltración de los arameos en el área de Siria, que llegó a ser una poderosa nación, aproximadamente dos siglos más tarde.

— El pueblo de Canaán no estaba organizado en fuertes unidades políticas. Los factores geográficos, al igual que la presión de las naciones vecinas que la rodeaban, del Creciente Fértil, y que utilizaban a Canaán como un Estado-tapón, cuenta mucho para el hecho de que los cananeos nunca formaron un imperio fuertemente unido. Numerosas ciudades-estado, controlaban tanto territorio local como les era posible, con la ciudad bien fortificada para resistir un posible ataque del enemigo. Cuando los ejércitos marcharon sobre Canaán, estas ciudades con frecuencia impedían el ataque mediante el pago de un tributo. No obstante, cuando el pueblo llegó para ocupar la tierra, como Israel hizo mandada por Josué, tales ciudades formaron ligas y se unieron oponiéndose al invasor. Esto se halla, por cierto, bien ilustrado en el libro de Josué.

— La localización de Palestina en el Creciente Fértil y la configuración geográfica de la tierra en sí misma, con frecuencia afectó a su desarrollo político y cultural. Sobre las llanuras aluviales del Tigris y el Eufrates, lo mismo que en el valle del Nilo, numerosas diminutas ciudades-reinos, y pequeños principados o distritos, estuvieron más de una vez unidos en una gran nación. Esto no se llevó a cabo fácilmente en Siria-Palestina, ya que la topografía era opuesta a la fusión. Como resultado, Canaán se hallaba en una posición debilitada, puesto que ninguna de sus ciudades-reinos era igual en fuerza para las fuerzas invasoras que venían procedentes de los reinos más poderosos establecidos a lo largo del Nilo o del Eufrates. Al propio tiempo, Canaán era el precio codiciado de esas naciones más fuertes. Hallándose situada entre dos grandes centros de civilización, Canaán con sus fértiles valles estaba frecuentemente sujeta a la invasión de fuerzas más poderosas. Reyezuelos no lo bastante fuertes para hacer frente a una invasión enemiga, encontraban la solución al expediente, momentáneamente, al humillarse y pagar un tributo a grandes reinos como el de Egipto. Con frecuencia, sin embargo, cuando el invasor se retiraba, los "regalos" terminaban. Aunque aquellas ciudades-reinos eran fácilmente conquistadas, resultaba difícil para los vencedores el retenerlas como posesiones permanentes.

La religión de Canaán era politeísta.[1] El, era considerado como la principal entre las deidades cananeas. Parecido a un toro en una manada de vacas, el pueblo se refería a él como "el padre toro" y lo consideraban como su creador. Asera era la esposa de El. En los días de Elías, Jezabel patrocinó a cuatrocientos profetas de Asera (I Reyes 18:19). El rey Manasés colocó su imagen en el templo (II Reyes 21:7). Como jefe principal entre setenta dioses y diosas que eran considerados como vástagos de El y Asera, estaba Hadad, más comúnmente conocido como Baal, que significaba "señor". Reinaba como rey de los dioses y controlaba el cielo y la tierra. Como dios de la lluvia y de la tormenta, era responsable de la vegetación y la fertilidad. Anat, la diosa que amaba la guerra, era hermana, y al propio tiempo su esposa. En el siglo IX, Astarté, diosa de la estrella de la mañana, era adorada como su esposa. Mot, el dios de la muerte, era el jefe enemigo de Baal. Yom, el dios del mar, fue derrotado por Baal. Esos y muchos otros forman la introducción del Panteón cananeo.

Puesto que los dioses de los cananeos no tenían carácter moral, no es de sorprender que la moralidad del pueblo fuese extremadamente baja. La brutalidad y la inmoralidad en las historias y relatos respecto de tales dioses es con mucho, la peor de cualquier otra hallada en el Cercano Oriente. Puesto que todo ello se reflejaba en la sociedad cananea, los cananeos, en los días de Josué, practicaban el sacrificio de los niños, la prostitución sagrada, y el culto de la serpiente en sus ritos y ceremonias con la religión. Naturalmente, su civilización degeneró bajo tan desmoralizadora influencia.

Las Escrituras atestiguan esta sórdida condición por numerosas prohibiciones dadas como aviso a los israelitas.[2] Esta degradante influencia religiosa era ya aparente en los días de Abraham (Gén. 15:16; 19:5). Siglos más tarde, Moisés encargó solemnemente a su pueblo el destruir a los cananeos, y no solo a castigarles por su iniquidad, sino para prevenirles de la contaminación del pueblo elegido por Dios (Lev. 18:24-28; 20-23; Deut. 12:31; 20:17-18).

La era de la conquista

La experiencia y el entrenamiento habían preparado a Josué para la misión desafiante de conquistar Canaán. En Refidín condujo el ejército israelita, derrotando a Amalec (Ex. 17:8-16). Como espía, obtuvo el conocimiento de primera mano de las condiciones existentes en Palestina (Núm. 13-14).

---

1. Para más información, ver G. E. Wright, *Biblical Archaeology*, pp. 98-119.
2. Hasta 1930 la única fuente secular concerniente a esta condición religiosa de los cananeos era Filo de Biblos, un erudito fenicio que escribió una historia de los Fenicios y los cananeos. Ver Merrill F. Unger, *Archaeology and the Old Testament*, pp. 167 y ss.

04/10/2023

Bajo la tutela de Moisés, Josué fue entrenado para el mando y la dirección de la conquista y ocupación de la tierra prometida.

Como fue el caso en el relato de la peregrinación en el desierto, el registro de la actividad de Josué está incompleto. No se hace mención de la conquista de la zona de Siquem entre monte Ebal y monte Gerizim; pero fue allí donde Josué reunió a todo Israel para escuchar la lectura de la ley de Moisés (Jos. 8:30-35). Muy posiblemente, muchas otras zonas locales fueron conquistadas y ocupadas, aunque no sean mencionadas en el libro de Josué. Durante la vida de Josué la tierra de Canaán fue poseída por los israelitas, pero de ningún modo todos sus habitantes fueron expulsados. Así, el libro de Josué tiene que ser considerado como solo un relato parcial de la empresa emprendida por Josué. Ello conduce a considerar las siguientes subdivisiones:

I. Entrada en Canaán	Josué 1:1-4:24
Josué asume el liderazgo	1:1-18
Envío de dos espías a Jericó	2:1-24
Paso sobre el Jordán	3:1-17
Conmemoraciones	4:1-24
II. Derrota de las fuerzas oponentes	5:1-12:24
Preparación para la conquista	5:1-15
Campaña central — Jericó y Hai	6:1-8:35
Campaña del sur — Liga amorreo	9:1-10:43
Campaña del norte — Liga cananeo	11:1-15
Tabulación de la conquista	11:16-12:24
III. Reparto de Canaán	13:1-24:33
Plan para la división	13:1-14:15
Reparto tribal	15:1-19:51
Ciudades levitas y refugio	20:1-21:45
Despedida y muerte de Josué	22:1-24:33

No se declara la duración del tiempo empleado para la conquista y división de Canaán. Asumiendo que Josué tenía la edad de Caleb, los acontecimientos registrados en el libro de Josué ocurrieron en un período de veinticinco a treinta años.[3]

Entrada en Canaán

Al asumir Josué la jefatura de Israel, se aseguró por completo del total apoyo de las fuerzas armadas de Rubén, de los gaditas y de la tribu de Manasés, quienes se habían asentado al este del Jordán en la herencia que se les había atribuido antes de la muerte de Moisés. Parece completamente razonable el asumir que la petición de apoyo, en Jos. 1:16-18, es la respuesta de la totalidad de la nación de Israel al dictado de las órdenes de Josué para la preparación del paso sobre el río Jordán. Dos espías fueron entonces despachados hacia Jericó para ver la tierra. Por Rahab, quien dio cobijo

---

3. Josué empleó 40 años en el desierto (Jos. 5:6). Murió a la edad de 110 años (24:29). Caleb tenía 40 años cuando Moisés envió a Josué y a Caleb como espías (14:7-10).

a aquellos espías, se supo que los habitantes de Canaán eran conscientes del Dios de Israel y que había intervenido de una forma sobrenatural en favor de Israel. Los dos hombres volvieron asegurando a Josué y a Israel que el Señor había preparado el camino para una victoriosa conquista (Jos. 2:1-24).

Como una visible confirmación de la promesa de Dios, de que estaría con Josué como lo había estado con Moisés, y la seguridad adicional de la victoria en Palestina, Dios procuró un milagroso paso a través del Jordán. Esto constituyó una razonable base para que todos los israelitas ejerciesen su fe en Dios (Jos. 3:7-13). Con los sacerdotes que portaban el Arca abriendo el camino y permaneciendo en medio del Jordán, los israelitas pasaron por un terreno seco.

De qué forma las aguas se detuvieron para realizar este paso y hacerlo posible, no se establece en el relato. Ciertos hechos declarados están, sin embargo, mostrando su significación positiva. El lugar del paso está identificado como "cerca de Jericó" que sería aproximadamente de ocho kms. al norte del mar Muerto. Las aguas se cortaron o se detuvieron en Adam, que hoy está identificada con ed-Damieh, localizada a 32 kms. del mar Muerto o aproximadamente a 24 kms. desde donde Israel cruzó realmente.[4] El Jordán sigue un curso de 322 kms. en la distancia de 97 kms. entre el mar de Galilea y el mar Muerto, descendiendo 183 metros. En Adam, los arrecifes de piedra caliza salpican los bancos de corriente. Tan recientemente como en el pasado 1927, parte de un arrecife de 46 mts. cayó en el Jordán, bloqueando el agua durante veintidos horas. Tanto si Dios causó que esto ocurriera o no cuando Israel pasó el río, es algo que no está claramente determinado, pero puesto que el Señor empleó medios naturales para hacer cumplir su voluntad en otras ocasiones (Ex. 14:21), existe la posibilidad de que un terremoto pudo haber sido la causa de la obstrucción en semejante ocasión.

También fue hecha la provisión para que Israel no olvidase lo sucedido. Se elevaron dos memoriales para este propósito. Bajo la supervisión de Josué, doce grandes piedras apiladas una sobre otra, marcan el lugar donde el sacerdocio con el arca de la alianza en el medio del Jordán, permaneció de pie mientras que el pueblo marchó cruzando el río (Jos. 4:9). En Gilgal, se erigió otro memorial en forma de amontonamiento de piedras (Jos. 4:3, 8 y 20). Doce hombres, representando a las tribus de Israel, llevaron doce piedras a Gilgal para este memorial que recordaba a las futuras generaciones la provisión milagrosa que se había hecho para los israelitas en el cruce del río Jordán. De esta forma, las acciones de Dios deberían ser recordadas por el pueblo de Israel en los años venideros.

La conquista

Acampados en Gilgal, Israel estaba realmente preparado para vivir en Canaán como la nación elegida por Dios. Durante cuarenta años, mientras que la generación incrédula había muerto en el desierto, la circuncisión como un signo de la alianza (Gén. 17:1-27) no había sido observada. Me-

---

4. Ver J. Garstang, *Joshua Judges* (Londres: Constable, 1931), pp. 136-137.

diante este rito, las nuevas generaciones recordaban dolorosamente la alianza y la promesa de Dios hecha para llevarles hacia la tierra que "manaba leche y miel". La entrada en aquella tierra fue también marcada por la observancia de la Pascua y el cese de la provisión del maná. El pueblo redimido se alimentaría de entonces en adelante de los frutos de aquella tierra.

El propio Josué estaba preparado para la conquista a través de una experiencia similar a la que tenía Moisés cuando Dios le llamó (Ex. 3). Mediante una teofanía, Dios impartió a Josué la conciencia de que la conquista de la tierra dependía entonces no solamente de su persona; sino que estaba divinamente comisionado y dotado de los poderes precisos. Incluso aunque estaba a cargo de Israel, Josué no era sino un servidor más y sujeto al mando del ejército del Señor (Jos. 5:13-15).

La conquista de Jericó fue una sencilla victoria.[5] Israel no atacó la ciudad de acuerdo con las normas usuales de estrategia militar, sino simplemente siguiendo las instrucciones del Señor. Una vez por día, durante seis días, los israelitas marcharon alrededor de la ciudad. Al séptimo día, cuando marcharon siete veces alrededor de las murallas de la ciudad, éstas cayeron y los israelitas pudieron entrar fácilmente y posesionarse de ella. Pero no se permitió a los israelitas el apropiarse del botín ni los despojos por sí mismos. Las cosas que no fueron destruidas —objetos metálicos— fueron colocadas en el tesoro del Señor. Excepto Rahab y la casa de sus padres, los habitantes de Jericó fueron exterminados.

La milagrosa conquista de Jericó fue una convincente demostración para los israelitas de que sus enemigos podían ser vencidos. Hai fue el próximo objetivo de conquista. Siguiendo el consejo de su reconocimiento previo, Josué envió un ejército de tres mil hombres, que sufrieron una grave derrota. Por medio de la oración y de una investigación de Josué y los ancianos, se reveló el hecho de que Acán había pecado en la conquista de Jericó apropiándose de un atractivo ornamento de origen mesopotámico, además de plata y oro. Por esta deliberada acción de desafío a las órdenes emanadas del Señor sobre el botín y los despojos de la victoria, Acán y su familia fueron apedreados en el valle de Acor.

Seguro del éxito, Josué renovó sus planes de conquistar Hai. Contrariamente al procedimiento anterior, los israelitas echaron mano al ganado y a otros objetos de propiedad movible. Las fuerzas enemigas fueron atraídas hacia campo abierto de tal forma, que los treinta mil hombres que había estacionados más allá de la ciudad por la noche, estuviesen en condiciones de atacar Hai desde atrás y prenderle fuego. Los defensores fueron aniquilados, el rey fue ahorcado y el lugar reducido a cascotes.

Wright identifica et-Tell, localizado a unos 2,5 kms. al sudeste de Betel, como la situación de Hai. Las excavaciones llevadas a cabo indican que et-Tell floreció como una fortaleza cananeo en 3330-2400 a. C. Subsiguientemente fue destruída y quedó en ruínas hasta aproximadamente el año 1000 a. C. Betel, sin embargo, fue una floreciente ciudad durante este tiempo y, de acuerdo siempre con Albright, que excavó allí en 1934, fue destruída durante el siglo XIII. Puesto que nada se establece en el libro de Josué respecto a su destrucción, Wright sugiere tres posibles explicaciones:

---

5. Para la discusión de la caída de Jericó, ver el cap. III de este libro.

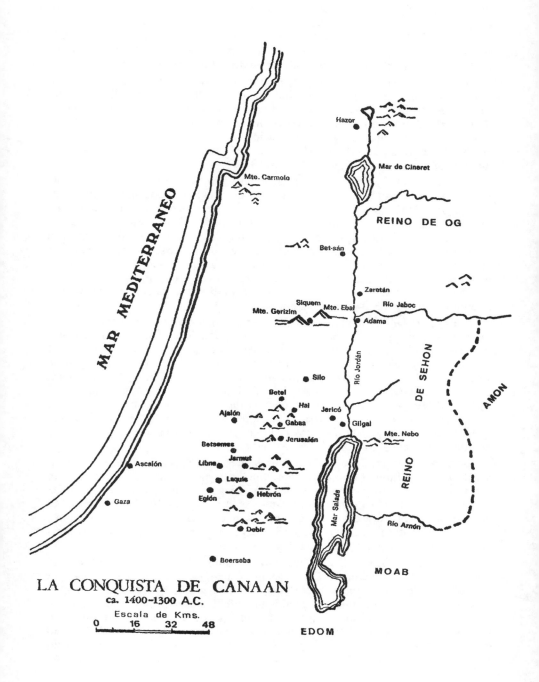

MAR MEDITERRANEO

Hazor

Mar de Cineret

REINO DE OG

Mte. Carmelo

Bet-sán

Zaretán

Río Jaboc

Siquem   Mte. Ebal

Mte. Gerizim   Adama

DE SEHON

Río Jordán

AMON

Silo

Betel

Hai

Ajalón   Jericó

Gabaa   Gilgal

Jerusalén   Mte. Nebo

Betsemes

REINO

Jarmut

Libna

Ascalón   Laquis

Eglón   Hebrón

Mar Salada   Río Arnón

Gaza

Debir

MOAB

Beerseba

EDOM

LA CONQUISTA DE CANAAN
ca. 1400~1300 A.C.

Escala de Kms.

0   16   32   48

(1) el relato de Hai es una invención posterior para justificar las ruinas; (2) el pueblo de Betel utilizó Hai como puesto fronterizo militar; (3) la teoría de Albright de que el relato de la conquista de Betel fue más tarde transferida a Hai. Wright apoya la última teoría, asumiendo la última fecha del éxodo y la conquista.[6]

Otros no están tan ciertos respecto a la identificación de et-Tell y Hai. El Padre H. Vincent sugiere que los habitantes de Hai tenían un sencillo puesto fronterizo militar allí, por cuya razón no queda nada hoy que suministre evidencia arqueológica de su existencia en la época de Josué. Unger plantea la posibilidad de que el actual lugar de Hai pueda todavía ser identificada en la vecindad de Betel.[7]

Aunque nada esté definitivamente establecido respecto a la conquista de Betel, esta ciudad, que figura tan prominentemente en tiempos del Antiguo Testamento desde los días de la entrada de Abraham en Canaán, se menciona en Jos. 8:9, 12, y 17. Una razonable inferencia es la de que los betelitas estuvieron implicados en la batalla de Hai. No se afirma nada respecto a su destrucción, pero el rey de Betel está citado como habiendo sido muerto (Jos. 12:16). Los espías enviados a Hai llevaron la impresión de que Hai no era muy grande (Jos. 7:3). Más tarde, cuando Israel hace su segundo ataque, el pueblo de Hai, al igual que los habitantes de Betel, abandonaron sus ciudades para perseguir al enemigo (Jos. 8:17). Es probable que Hai solamente fuese destruída en aquella ocasión y que Betel fuese ocupada sin destruirla. La conflagración del siglo XIII puede ser identificada con el relato dado en Jueces 1:22-26, subsiguiente al tiempo de Josué.

Siguiendo esta gran victoria, los israelitas erigieron un altar en el monte Ebal con objeto de presentar sus ofrendas al Señor, de acuerdo con lo ordenado por Moisés. Allí, Josué hizo una copia de la ley de Moisés. Con Israel dividido de forma tal que una mitad del pueblo permaneciese frente al monte Ebal y la otra mitad frente al monte Gerizim, de cara al arca, la ley de Moisés fue leída al pueblo (Jos. 8:30-35). De esta forma, los israelitas fueron solemnemente puestos sobre el recuerdo de sus responsabilidades, conforme se hallaban al borde de ocupar la tierra prometida, a no ser que se apartasen del curso que Dios les había trazado.

Cuando la noticia de la conquista de Jericó y de Hai se esparció por toda Canaán, el pueblo, en varias localidades, organizó la resistencia a la ocupación de Israel (Jos. 9:1-2). Los habitantes de Gabaón, una ciudad situada a 13 kms. al norte de Jerusalén, imaginaron astutamente un plan de engaño. Fingiendo ser de una lejana tierra por la evidencia de sus ropas rotas y sucias y sus alimentos descompuestos, llegaron al campamento israelita en Gilgal y expresaron su temor del Dios de Israel, ofreciéndoles ser sus sirvientes si Josué hacía un convenio con ellos. A causa de haber fallado en buscar la guía divina, los líderes de Israel cayeron en la trampa y se negoció un tratado de paz con los gabaonitas. Tras tres días, se descubrió que Gabaón y sus tres ciudades dependientes se hallaban en las proximidades. Aunque los israelitas murmuraron contra sus jefes, el tratado no se violó.

---

6. Wright, *op. cit.*, pp. 80-81.
7. Unger, *op. cit.*, p. 162.

En su lugar, los gabaonitas fueron encargados de suministrar madera y agua para el campamento israelita.

Gabaón era una de las grandes ciudades de Palestina. Cuando capituló a Israel, el rey de Jerusalén, se alarmó grandemente. En respuesta a su llamada, otros reyes amorreos de Hebrón, Jarmut, Laquis y Egión formaron una coalición con él para atacar la ciudad de Gabaón. Habiendo hecho una alianza con Israel, la ciudad sitiada despachó inmediatamente mensajeros en demanda de socorro para aquel lugar. Mediante la marcha de toda una noche desde Gilgal, Josué apareció inesperadamente en Gabaón, donde derrotó y empujó al enemigo a través del paso de Bet-horón (también conocido como el valle de Ajalón) hasta Azeca y Maceda.

La ayuda sobrenatural en esta batalla resultó una aplastante victoria para los israelitas. Además del elemento sorpresa y pánico en campo enemigo, las piedras del granizo hicieron enormes bajas entre los amorreos, más de las que hicieron los combatientes de Israel (Jos. 10:11). Además, a los israelitas se les permitió un largo día para que persiguieran al enemigo. La ambigüedad del lenguaje concerniente a este largo día de Josué, ha dado origen a variadas interpretaciones. ¿Era este un lenguaje poético? ¿Solicitó Josué una mayor duración de la luz del sol o para descanso del calor del día?[8] Si se trata de un lenguaje poético, entonces sólo se trata de una llamada hecha por Josué para ayuda y fortaleza.[9] Como resultado los israelitas estuvieron tan llenos de fortaleza y vigor que la tarea de un día fue llevada a cabo en medio día. Aceptado como una prolongación de la duración de la luz, esto fue un milagro en el cual el sol o la luna y la tierra, quedaron detenidos.[10] Si el sol y la luna retuvieron sus cursos regulares, pudo haber sido un milagro de refracción o un espejismo dado sobrenaturalmente, extendiendo la luz del día de forma tal que el sol y la luna parecieron quedar fuera de sus cursos regulares. Esto proporcionó a Israel más tiempo para perseguir a sus enemigos.[11] La llamada de Josué en favor de la ayuda divina pudo haber sido una solicitud de alivio para que disminuyera el calor del sol, ordenando que el sol permaneciese silencioso o sordo, es decir, que evitara el brillar tanto. En respuesta, Dios envió una tormenta de granizo que les proporcionó tanto el alivio del calor solar y la destrucción del enemigo. Los soldados, refrescados, hicieron un día de marcha en medio día de duración desde Gabaón hasta Maceda, una distancia de 48 kms.[12] y les pareció un día completo cuando en realidad sólo había transcurrido medio día. Aunque el relato de Josué no nos proporcione detalles de cómo ocu-

8. Para un resumen de varias opiniones, ver el libro de Bernard Ramm, *The Christian View of Science and Scripture*, (Grand Rapids: Eerdmans), 1955, pp. 156-161.

9. Para una discusión representativa, ver el artículo titulado «Sun» en Davis, *Dictionary of the Bible*, 4.ª rev. ed. (Grand Rapids: Baker Book House, 1954), pp. 748-749.

10. Ver R. A. Torrey. *Difficulties in the Bible* (1907), p. 53; Josefo, *Antiquities of the Jews*, v. 1:17 y Ecclus 46:4.

11. Ver A. Rendle Short, *Modern Discovery and the Bible* (Londres: Intervarsity Fellowship of Evangelical Unions, 1943), p. 117, y Lowell Butler «*Mirages are Light Benders*», *Journal of the American Scientific Affiliation*, diciembre 1951.

12. Ver D. Maunder, «The Battle of Beth-Horon» *The International Standard Bible Encyclopedia*, I, 446-449. Ver también Robert Dick Wilson «What does the sun stood still mean?» *Moody Monthly*, 21:67 (octubre, 1920), interpreta las palabras traducidas como «el sol se detuvo» como significando «oscurecer» sobre la base de la Astronomía babilónica. Hugh J. Blair «Joshua» en *The New Bible Commentary*, p. 231, sugiere que Josué hizo tal petición en la mañana para que la tormenta de granizo prolongase la oscuridad.

rrió aquello, resulta aparente que Dios intervino en nombre de Israel y la liga amorea fue totalmente derrotada.

En Maceda, los cinco reyes de la liga amorrea fueron atrapados en una cueva y subsecuentemente despachados por Josué. Con la conquista de Maceda y Libna, esta última situada en la entrada del valle de Ela, donde más tarde David venció a Goliat, los reyes de aquellas dos ciudades igualmente fueron muertos. Josué, entonces asaltó la bien fortificada ciudad de Laquis (la moderna Tell-ed-Duweir) y al segundo día de sitio, derrotó dicha plaza fuerte. Cuando el rey de Gezer intentó ayudar a Laquis, también pereció con sus fuerzas; sin embargo, no se afirma que se conquistase la ciudad de Gezer. El siguiente movimiento de Israel fue la victoria al tomar Eglón, que actualmente está identificada con la moderna Tell-el-Hesi. Desde allí, las tropas atacaron hacia el este en la tierra de las colinas, y bloquearon Hebrón, que no fue fácilmente defendida. Entonces, dirigiéndose hacia el sudoeste cayeron como una trompa y tomaron Debir, o Quiriat-sefer. Aunque las fuertes ciudades-estado de Gezer y Jerusalén no fueron conquistadas, quedaron aisladas por esta campaña, de tal forma que la totalidad del área meridional, desde Gabaón hasta Cades-barnea y Gaza, quedaron bajo el control de Israel cuando Josué condujo sus guerreros endurecidos por la batalla de nuevo al campamento de Gilgal.

La conquista y ocupación del norte de Canaán está brevemente descrita. La oposición fue organizada y conducida por Jabín, rey de Hazor, que tenía bajo su mando una gran fuerza de carros de batalla. Una gran batalla tuvo lugar cerca de las aguas de Merom con el resultado de que la coalición cananeo fue totalmente derrotada por Josué. Los caballos y los carros de combate fueron destruidos·y la ciudad de Hazor quemada hasta reducirla a cenizas. No se hace mención a la destrucción de otras ciudades en Galilea.

Hazor, identificada como Tell-el-Quedah, está estratégicamente situada aproximadamente a 24 kms. al norte del mar de Galilea a unos ocho kms. al oeste del Jordán. En 1926-1928, John Garstang dirigió una excavación arqueológica de este lugar. Más recientemente, excavaciones de mayor importancia de Hazor fueron llevadas a cabo y dirigidas por el Dr. Yigael Yadin, en 1955-58.[13] La acrópolis en sí misma, consistía en veinticinco acres que alcanzaban una altura de cuarenta mts. y que aparentemente fue fundada en el tercer milenio a. C. Un área más baja hacia el norte consistente en unas sesenta y siete hectareas estuvo ocupada durante el segundo milenio a. C. y tal vez tuviera una población tan importante como 40.000 habitantes. En los registros de Egipto y Babilonia, Hazor es frecuentemente mencionada, indicando su importancia estratégica. La parte baja de la ciudad, aparentemente fue construída durante la segunda mitad del siglo XVIII de la era de los hicsos. Tras de que Josué destruyera este poderoso centro cananeo, el poder en Hazor tuvo que haber sido restablecido suficientemente para suprimir a Israel, hasta que fue nuevamente aplastada (Jue. 4:2) tras de lo cual Hazor fue incorporada por la tribu de Neftalí.

En forma resumida, Jos. 11:16-12:24 relata para la conquista de Israel la totalidad de la tierra de Canaán. El territorio cubierto por las fuerzas de

---

13.   Ver Yigael Yadin «Excavations at Hazor», 1955-58, en *The Biblical Archaeologist Reader, II* (Garden City, N. J., 1964), pp. 191-224.

ocupación extendidas desde Cades-barnea, o las extremidades del Neguev, que llegaba al norte hasta el valle del Líbano, bajo monte Hermón. Sobre el lado oriental del Jordán, se divide el área que previamente había sido conquistada bajo Moisés y que se extendía desde monte Hermón en. el norte, hasta el valle de Arnón, al este del mar Muerto.

Existe una lista de treinta y un reyes derrotados por Josué. Con tantas ciudades-estados, cada una con su propio rey y tan pequeño territorio, fue posible para Josué y los israelitas el derrotar a aquellos gobernantes locales en pequeñas federaciones. Incluso aunque los reyes fueron derrotados, no todas las ciudades fueron realmente capturadas u ocupadas. Mediante su conquista, Josué sometió a los habitantes hasta el extremo de que durante el subsiguiente período de paz, los israelitas pudieron establecerse en la tierra prometida.

El reparto de Canaán

A pesar de que los reyes cabecillas habían sido derrotados y prevaleció un período de paz, quedaron muchas zonas no ocupadas en la tierra (13:1-7). Josué fue divinamente comisionado para repartir el territorio conquistado a las nueve tribus y media. Rubén, Gad, y la mitad de Manasés habían recibido sus partes al este del Jordán, bajo Moisés y Eleazar (Jos. 13:8-33; Núm. 32).

Durante el período de la conquista, el campamento de Israel estuvo situado en Gilgal, un poco al nordeste de Jericó, cerca del Jordán. Bajo la supervisión de Josué y Eleazar, el reparto fue hecho a algunas de las tribus, mientras todavía estaban allí acampadas. Caleb, que había sido un hombre de fe poco común cuarenta y cinco años anterior a aquella época, cuando los doce espías fueron enviados a Canaán (Núm. 13-14), entonces recibió una especial consideración, siendo recompensado con la ciudad de Hebrón en su herencia (14:6-15). La tribu de Judá se apropió de la ciudad de Belén, además de la zona existente entre el mar Muerto y el mar Mediterráneo. Efraín y la mitad de Manasés recibieron la mayor parte de la zona al oeste del Jordán entre el mar de Galilea y el mar Muerto (Jos. 16:1-17:18).

Silo fue establecido como el centro religioso de Israel (Jos. 18:1). Fue allí donde las tribus restantes fueron invitadas a poseer sus territorios ya asignados. Mientras se le dio a Simeón la tierra al sur de Judá, las tribus de Benjamín y de Dan recibieron su parte inmediatamente al norte de Judá. Se les entregó su pertenencia a Manasés en el norte, comenzando con el valle de Meguido y monte Carmelo, Isacar, Zabulón, Aser y Neftalí.

Las ciudades para refugio fueron designadas por toda la tierra prometidá (20:1-9). Al oeste del Jordán esas ciudades eran Cades en Neftalí, Siquem en Efraín, y Hebrón en Judá. Al este del Jordán en cada una de las áreas tribales, estaban los siguientes: Beser en Rubén, Ramot de Galaad dentro de las fronteras de Gad, y Golán en Basán, en el área de Manasés. A esas ciudades, cualquiera podía huir buscando seguridad para caso de venganza de sangre por la muerte de un hombre.

La tribu de Leví no recibió reparto territorial, ya que era la responsable de los servicios religiosos en toda la nación. Las demás tribus tenían la obligación de proporcionar toda clase de facilidades a los levitas y, de esa forma, la tierra de pastoreo de cada una de las cuarenta y ocho ciudades estaba a disposición de los levitas para que pudiesen dar alimento a sus rebaños.

Con una recomendación por sus fieles servicios y una admonición a permanecer fieles a Dios, Josué despidió a las tribus transjordanas que habían servido con el resto de la nación, bajo su mando, en la conquista del territorio al oeste del Jordán. Tras su retorno a la Transjordania, erigieron un altar, una acción que alarmó a los israelitas que se habían comportado en Canaán debidamente. Finees, el hijo del sumo sacerdote, fue enviado a Silo para hacerse cargo de la situación. Su investigación le aseguró de que el altar levantado en la tierra de Galaad, servía al propósito de mantener un debido culto a Dios.

La Biblia no establece cuanto tiempo vivió Josué tras sus campañas militares. Una inferencia basada en el libro de Josué, 14:6-12, es que la conquista de Canaán fue llevada a cabo en un período de aproximadamente siete años. Josué pudo haber muerto poco después de esto o pudo haber vivido como veinte o treinta años como máximo. Antes de morir a la edad de 110 años, reunió a todo Israel en Siquem y severamente les amonestó a temer al Señor. Les recordó que Dios había advertido a Abraham de que no sirviera a ningún ídolo y había verificado el convenio de la alianza hecho con los patriarcas trayendo a Israel a la tierra prometida. Se hizo una alianza pública mediante la cual los jefes aseguraron a Josué que ellos servirían al Señor. Después de la muerte de Josué, Israel cumplió esta promesa sólo hasta el paso de la generación más vieja.

Cuando gobernaban los Jueces

Los acontecimientos registrados en el libro de los Jueces están íntimamente relacionados a los de los tiempos de Josué. Puesto que los cananeos no habían sido totalmente desalojados y la ocupación de Israel no era completa, similares condiciones continuaron en el período de los Jueces. En consecuencia, el estado de guerra continuó en zonas locales o en ciudades que fueron vueltas a ocupar en el curso del tiempo. Referencias tales como las citadas en Jueces 1:1; 2:6-10, y 20:26-28 parecen indicar que los acontecimientos en Josué y Jueces están íntimamente relacionados cronológicamente o son incluso sincrónicos.

La cronología de este período es difícil de discernir. El hecho de que se hayan sugerido cuarenta o cincuenta métodos diferentes para medir la era de los Jueces, es indicativo del problema. Los años conforme están repartidos para cada Juez en el relato bíblico, son como sigue:

	años	
Opresión mesopotámica	8	3:8
Otoniel — liberación y tranquilidad	40	3:11
Opresión de Moab	18	3:14
Aod — liberación y tranquilidad	80	3:30
Opresión cananea — Jabín	20	4:3
Débora y Barac — liberación y tranquilidad	40	5:31

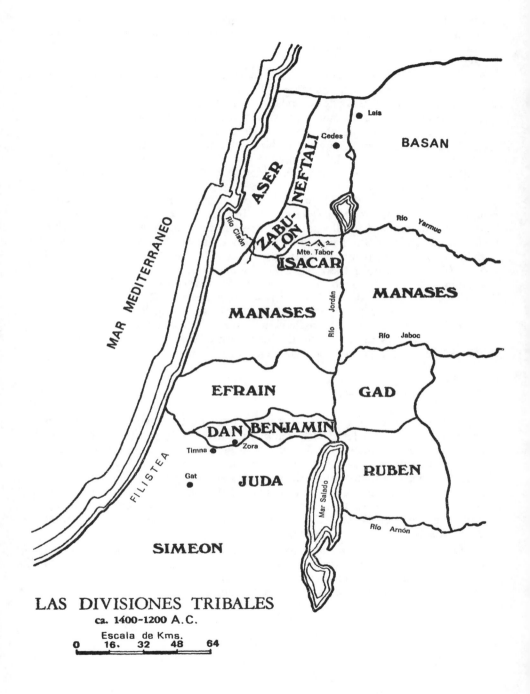

LAS DIVISIONES TRIBALES

ca. 1400-1200 A.C.

Escala de Kms.

0   16.   32   48   64

	años	
Opresión madianita	7	6:1
Gedeón — liberación y tranquilidad	40	8:28
Abimelec — el rey marioneta	3	9:22
Tola — período de judicatura	23	10:2
Jair — período de judicatura	22	10:3
Opresión amonita	18	10:8
Jefté — liberación y tranquilidad	6	12:7
Ibzán — magistratura	7	12:9
Elón — magistratura	19	12:11
Abdón — magistratura	8	12:14
Opresión filistea	40	13:1
Sansón — hazañas y magistratura	20	15:20
Total	410 años	

Indudablemente, este cálculo de años y tabulación es la que tiene Pablo en la memoria cuando divide el período de Josué hasta Samuel, incluyendo 40 años para la judicatura de Elí (Hechos 13:20). Incluso con la aceptación de la temprana fecha de la ocupación de Canaán bajo Josué (1400 a. C.), es imposible permitir una cronológica secuencia para esos años, puesto que David estaba plenamente establecido en el trono de Israel por el año 1000, a. C. En I Reyes 6:1, se calcula un período de 480 años, desde el tiempo del Exodo al cuarto año del reinado de Salomón. Incluso permitiendo un mínimo de 20 años por cada uno para Elí, Samuel y Saúl, 40 años para David, 4 años para Salomón, 40 años para la peregrinación por el desierto y un mínimo de 10 años para Josué y los ancianos, un total de 154 años tendría que ser añadido a 410, haciendo una gran tabulación de 566 años. La obvia conclusión es que el período de los Jueces no corresponde a una secuencia cronológica.

Garstang tiene en cuenta para este período, considerando a Samgar, Tola, Jair, Ibzán, Elón y Abdón como jueces locales cuyos años son sincrónicos con aquellos de los períodos mencionados.[14] Omitiendo esto de la tabulación cronológica, el número total de años entre el Exodo y el cuarto año del reinado de Salomón, aproxima la cifra de 480 años. En Jueces 11:26, se dan 300 años como el tiempo transcurrido entre la derrota de los amonitas bajo Moisés y los días de Jefté. Restando los años de Josué y los ancianos, y añadiendo 20 años para Sansón, el tiempo que corresponde a los Jueces desde Otoniel a Sansón se aproximaría a tres siglos (1360-1060 a. C.).

La última fecha para la conquista bajo Josué (1250-1225 a. C.) limita el período permitido a los Jueces, incluyendo los días de Elí, Samuel y Saúl, a dos siglos o menos. Con este cómputo en I Reyes 6:1, y Jueces 11:26, se tiene la consideración de ser unas últimas inserciones y no fiables históricamente. Aunque Garstang considera la referencia en I Reyes como una inserción, él lo fecha antes y lo acepta como fiable. Esta cronología más corta necesitaría una ulterior sincronización de períodos de opresión y permanencia en los días de los Jueces.

---

14. J. Garstang, *op. cit.*, pp. 51-66.

Obviamente, cualquier pauta cronológica propuesta para esta era de los jueces no es sino una solución sugerida. Los datos de la Escritura son suficientes para establecer una cronología absoluta. Parece completamente cierto que los autores de Josué y Jueces no intentan dar un relato que encaje en una completa cronología para el período en cuestión. La fe a las tradiciones de I Reyes 6:1 y Jueces 11:26 exige la cronología más larga.

Israel no tenía capital política en los días de los Jueces. Silo, que fue establecido como centro religioso en los días de Josué (Jos. 18:1), continuó como tal en los días de Elí (I Samuel 1:3). Puesto que Israel no tenía rey (Jueces 17:6; 18:1; 19:1; y 21:25) no existía plaza central donde un juez pudiera oficiar. Aquellos jueces intervenían en lugares de liderazgo según la situación local o nacional pudiese demandar. La influencia y el reconocimiento de muchos de ellos, era indudablemente limitada a su comunidad local o tribu. Algunos de ellos eran caudillos militares que liberaron a los israelitas del enemigo opresor, mientras que otros fueron reconocidos como magistrados a quienes el pueblo se dirigía para decisiones políticas o de carácter legal. Sin tener un gobierno central, ni capitalidad, las tribus israelitas fueron gobernadas espasmódicamente sin inmediata sucesión, cuando uno de los jueces fallecía. Con algunos de los jueces restringidos a zonas locales, es también razonable asumir que varias judicaturas se superpusieran.

Para la bíblica representación gráfica de las condiciones de esta época, como se da en Jueces y Rut, considérese el siguiente análisis:

I. Condiciones prevalecientes	Jueces 1:1-3:6
Areas no ocupadas	1:1-2:5
Ciclos religioso-político	2:6-3:6
II. Naciones oprimidas y liberadores	3:7-16:31
Mesopotamia — Otoniel	3:7-11
Moab — Aod	3:12-30
Filistea — Samgar	3:31
Canaán (Hazor) — Débora y Barac	4:1-5:31
Madián — Gedeón (Jerobaal)	6:1-8:35
Abimalec, Tola y Jair	9:1-10:5
Amón — Jefté	10:6-12:7
Ibzán, Elón, y Abdón	12:8-15
Filistea — Sansón	13:1-16:31
III. Condiciones culturales en los días de los Jueces	17:1-Rut 4:22
Micaía y su idolatría	17:1-13
Migración de los danitas	18:1-31
Crimen y guerra civil	19:1-21:35
La historia de Rut	Rut 1:1-4:22

La anotación "en estos días no había rey en Israel; y cada uno hacía lo que bien le parecía" (Jue. 21:25) describe claramente las condiciones que prevalecían en la totalidad del período de los Jueces.

El versículo que sirve de apertura a Jueces, sugiere que este libro tiene relación con los acontecimientos que tuvieron lugar tras la muerte de Josué. El relato de Jueces 2:6-10, puede apoyar la idea de que algunos de tales acontecimientos se refiere en parte a la conquista de ciertas ciudades bajo el mando de Josué. La conquista de Hebrón en Jueces 1:10-15 puede ponerse como paralelo al relato de Josué 15:14-19. Otras declaraciones reflejan los cambios que ocurrieron en un largo período de tiempo. Jerusalén no fue conquistada en los días de Josué (15:63) y, de acuerdo con Jueces 1:8, la ciudad fue quemada por el pueblo de Judá, pero en el versículo está claramente establecido que los benjaminitas no desalojaron a los jebuseos de Jerusalén. La ciudad no fue realmente ocupada por los israelitas hasta los días de David. La victoria judaica tuvo que haber sido solo temporal.

Aunque Josué había derrotado las principales fuerzas de la oposición cuando conducía a Israel hacia Canaán y dividió la tierra a las diversas tribus, muchos locales permanecieron en manos de los cananeos y otros habitantes. En su mensaje final a los israelitas Josué advirtió al pueblo de no mezclarse o contraer matrimonio con los habitantes locales que se quedaron, sino que les amonestó a apartar a aquellas gentes idolátricas y ocupar sus tierras. Se hicieron ulteriores intentos para desalojar a tales gentes, pero según lo escrito se deduce que los israelitas sólo fueron parcialmente obedientes.

Mientras que se conquistaron algunas zonas, ciertas ciudades fuertemente fortificadas tales como Taanac y Meguido permanecieron en posesión de los cananeos. Cuando Israel fue lo suficientemente fuerte, Israel quiso forzar a aquellas gentes al trabajo y a pagar tributos; pero fracasaron en su propósito de expulsarles fuera de la tierra. Consecuentemente, los amorreos, cananeos y otros, permanecieron en la tierra que había sido entregada por completo a Israel para su posesión y ocupación. Hubiera parecido completamente natural, que cuando Israel se hubiera debilitado, aquellas gentes incluso volviesen a tomar posesión de sus tierras, ciudades y poblados que Israel hubo una vez conquistado (ver Jueces 1:34).

La ocupación parcial de la tierra dejó a Israel en permanentes dificultades. Mediante la fraternización con los habitantes, los israelitas participaron en el culto a Baal, conforme apostataban del culto a Dios. Los pueblos particularmente mencionados que fueron culpables de que Israel se apartase de Dios, fueron los cananeos, los heteos, los amorreos, los ferezeos, los heveos y los jebuseos. Durante este período de apostasía, los matrimonios mixtos condujeron a mayores abandonos en el servicio y verdadero culto a Dios. En el curso de una generación el populacho de Israel llegó a ser tan idólatra que las bendiciones prometidas por Dios a través de Moisés y Josué, les fueron retiradas. Al rendir culto a Baal los israelitas rompieron con el primer mandamiento del Decálogo.

El juicio les llegó en forma de opresión. Ni Egipto ni la Mesopotamia eran lo bastante fuertes como para dominar el Creciente Fértil durante esta era. La influencia egipcia en Palestina había disminuído durante el reinado de Tut-ank-Amón (1360 a. C.). Asiria surgía poderosa (1250 a. C.), pero ya no se interfería en las cuestiones de Canaán. Esto permitió a los pueblos de las inmediaciones, al igual que a las ciudades-estados usurpar sobre las posesiones de Israel en Canaán. Los oponentes políticos de esta época son los mesopotámicos, moabitas, filisteos, cananeos, madianitas y amonitas. Estos invasores tomaron ventaja de los israelitas, arrebatándoles sus propiedades y cosechas. Cuando la situación llegó a hacerse insoportable, se desesperaron lo bastante como para volverse hacia Dios.

El arrepentimiento fue el siguiente paso de este ciclo. Conforme los israelitas perdían su independencia y se sometían a la opresión, reconocieron que estaban sufriendo las consecuencias de su desobediencia a Dios. Cuando se hicieron conscientes de su pecado, se volvieron hacia Dios en penitencia Su llamada no fue en vano.

La liberación llegó a través de campeones que Dios envió para desafiar a los opresores. Jefes militares que condujeron a los israelitas a atacar al enemigo, fueron como notables, Otoniel, Aod, Samgar, Débora y Barac, Gedeón, Jefté y Sansón. Especialmente dotados con una divina capacidad, aquellos jefes rechazaron a los enemigos e Israel de nuevo gozó de un período de paz y tranquilidad.

Estos ciclos religioso-políticos se sucedieron frecuentemente en los días de los Jueces. El pecado, la tristeza, la súplica y la salvación eran cosa del día. Cada generación, aparentemente, tenía bastante gente que era consciente de la posibilidad de asegurarse el favor de Dios y sus bendiciones, y la idolatría rechazada, restaurándose la adhesión a los preceptos de Dios que quedaban así instaurados.

Los jueces y las naciones opresoras

La opresión por un período de ocho años por una fuerza de invasión procedente de las altiplanicies de Mesopotamia, de comienzo al primer ciclo. Garstang sugiere que Cusham-Risha-taim era un rey heteo que se había anexionado el norte de la Mesopotamia, también conocido por Mitanni, y extendió su poder hasta la tierra de Israel.[15] Otoniel, de la tribu de Judá, tomó la iniciativa en convertirse en campeón de la causa de Israel, conforme el Espíritu del Señor cayó sobre él. Siguió a esto un período de calma de cuarenta años.

Moab fue la próxima nación que invadió a Israel. Apoyados por los amonitas y amalecitas, los moabitas ganaron una posición en territorio de Israel y exigió tributos. Aod, de la tribu de Benjamín se levantó como liberador para terminar con los diez y ocho años de la dominación moabita. Habiendo pagado el tributo, Aod obtuvo una audiencia privada con Eglón, el rey de Moab. Utilizando la espada con la mano izquierda, Aod le atacó cuando estaba desprevenido, y mató al citado rey de Moab, escapando después antes de que fuera descubierta su hazaña. Los moabitas quedaron desmoralizados, mientras que los israelitas se envalentonaron para apoyar a Aod en toda su ofensiva contra el enemigo. Aproximadamente unos 10.000 moabitas perdieron la vida en el encuentro, lo que proporcionó a Israel una notable victoria. Con la expulsión de Moab, Israel gozó de un período de tranquilidad de ocho años. Durante esta época, Ramsés II, que gobernaba Egipto (1290-1224 a. C.) y Merneptah su hijo (1224-1214) mantuvieron un equilibrio de poder con los heteos controlando Palestina tan lejos como al sur de Siria. La sola mención de Israel en las inscripciones egipcias procede de la baladronada de Merneptah de que Israel era considerada como un erial.[16] En su totalidad las condiciones de paz prevalecieron por algún tiempo.

---

15. *Ibid.*, p. 62. ¿O pudo haber sido un grupo arameo?
16. Steindorff y Seele, *When Egypt Ruled the East*, p. 252.

Solamente en un versículo se hace mención a la carrera de Samgar. No se indica nada respecto a la opresión, ni existen tampoco detalles respecto al origen de Samgar ni a su pasado. Una lógica inferencia parece ser que los filisteos penetraron dentro del territorio de Israel y que Samgar se levantó para ofrecerles resistencia, matando a 600 enemigos en un valeroso esfuerzo.

El hostigamiento por los cananeos, seguido por un período de veinte años, conforme la influencia egipcia declinaba en Palestina bajo Merneptah y otros gobernantes débiles, ocurrió cerca del siglo XIII. Mientras Jabín, rey de los cananeos, gobernaba en Hazor, situado al norte del mar de de Galilea, Sísara, el capitán del ejército de Jabín, persiguió a los israelitas desde Haroset-goim, situada cerca del arroyo de Cisón a la entrada noroeste de la llanura de Esdraelón.

Durante la época de esta opresión cananea, Débora ganó el reconocimiento como profetisa en la tierra de Efraín, cerca de Ramá y Betel. Habiendo enviado por Barac, no sólo le amonestó para que entrase en la batalla, sino que personalmente se unió a él en Cedes en Neftalí. Allí, Barac reunió una fuerza combatiente y se dirigió hacia el sur al monte de Tabor, situado al nordeste de la llanura triangular de Esdraelón. Sin embargo, puesto que Sísara tenía la ventaja de 900 carros de guerra en su fuerza combatiente, Barac tuvo miedo de asumir la responsabilidad de combatir a los cananeos con sus 10.000 infantes. Incluso aunque Débora le aseguró la victoria conforme los cananeos fueron atraídos con engaño hacia el Cisón, Barac no quiso aventurarse fuera sin su valerosa acompañante.

Las fuerzas cananeas fueron sorprendentemente confundidas. Un cuidadoso examen del relato, parece indicar que cuando los carros de guerra del enemigo se hallaban en le valle de Cisón, una repentina lluvia redujo la ventaja de los cananeos. Los carros guerreros tuvieron que ser abandonados al quedar atascados en el fango (5:4, 20, 21; 4:15).[17] Con las fuerzas cananeas derrotadas y Sísara muerto, por Jael, los israelitas ganaron una paz que duró cuarenta años. La victoria fue celebrada en un canto que expresa la alabanza por la ayuda divina (Jueces 5).

La reversión de Israel a la idolatría fue seguida por incursiones procedentes del Desierto Sirio por nómadas hostiles montados en camellos, conocidos como madianitas, amalecitas e Hijos de Este, que llegaron a hacerse dueños de las cosechas y el ganado de los israelitas. Siete años de depredación fue un período excesivo, de tal forma, que los israelitas tuvieron que buscar refugio seguro en las cuevas y en lugares montañosos.

En un pueblo llamado Ofra, Gedeón se hallaba ocupado secretamente buscando grano para su padre, cuando el ángel del Señor le comisionó para liberar a su pueblo. Aunque Ofra no puede ser definitivamente identificado, probablemente estaba situado cerca del valle de Jezreel en la Palestina central, donde la presión madianita era mayor. Lo primero que hizo Gedeón fue destruir el altar de Baal en el estado de su padre. Aunque las gentes de la población se alarmó ante el hecho, el padre de Gedeón, Joás, no era partidario de la idolatría. Por esta memorable acción Gedeón fue llamado Jerobaal que significa "Contienda Baal contra él" (Juec. 6:32).

---

17. Garstang, *op. cit.*, pp. 298-299, resalta que durante la Primera Guerra Mundial, los movimientos de la caballería quedaron bloqueados con el mismo peligro en esa misma zona por una tremenda lluvia de 15 minutos.

Cuando las fuerzas del enemigo estaban acampadas en el valle de Jezreel, Gedeón reunió un ejército. Por el uso de un vellón dos veces expuesto, tuvo la seguridad de que Dios le había llamado ciertamente para liberar a Israel (Jueces 6:36-40). Cuando Gedeón anunció a su ejército de 32.000 hombres reunidos de Manasés, Aser, Zabulón y Neftalí, que cualquiera que tuviese miedo podría volverse a casa vio a 22.000 hombres salir de las filas. Como resultado de una nueva comprobación perdió otros 9.700 hombres. Con una compañía de solo 300 hombres que preparó para la batalla, se dispuso a atacar a las hordas nómadas.

En las faldas del monte More, hacia la terminación oriental de la llanura de Meguido, permanecía acampada la gran hueste de los madianitas con sus camellos. Gedeón, dividiendo su banda de 300 hombres en tres compañías, hizo un ataque por sorpresa durante la noche. Al principio de la mitad de la guardia —tras las 10 de la noche— cuando el enemigo dormía profundamente, los hombres de Gedeón soplaron las trompetas, aplastaron sus cántaros y gritaron el grito de batalla diciendo "¡Por la espada del Señor y de Gedeón!" (Juec. 7:20). Los madianitas sumidos en la mayor confusión huyeron a través del Jordán. Por su fe en Dios, Gedeón puso así en fuga al enemigo y liberó a los israelitas de la opresión (ver Heb. 11:32).

En la persecución de los madianitas, la condición sin ley de los días de los Jueces se refleja de nuevo (Jueces 8). Tras pacificar a los celosos efrateos, que no habían compartido la gran victoria, Gedeón encaminó a los madianitas hacia la Transjordania, tomando una apreciable cantidad de botín de objetos valiosos, objetos de oro, collares de camellos, joyas de toda clase, al igual que ornamentos de púrpura de los que vestían los reyes madianitas. Como resultado, el pueblo ofreció a Gedeón el reinado hereditario. El rechazo de Gedeón refleja su actitud de resistencia contra la tendencia hacia la monarquía. Sin embargo, Gedeón hizo un efod de oro de los despojos tomados al enemigo. Tanto si aquello era un ídolo o un simple memorial de su victoria o una acción contraria al efod con que se adornaban los sumos sacerdotes (Ex. 27:6-14) es algo que no está claro. En cualquier caso, el objeto se convirtió en un símbolo para Gedeón y su familia, al igual que para los israelitas, allanando el camino hacia la idolatría. Aunque Gedeón había ganado la seguridad para Israel de los invasores, por cuarenta años, mediante su victoria militar, su influencia en religión fue negada. Poco después de su muerte, el pueblo se volvió abiertamente hacia el culto de Baal, olvidando que Dios les había garantizado la liberación.

Abimalec, un hijo de una concubina de Gedeón, se nombró a sí mismo como rey en Síquem por un período de tres años tras la muerte de Gedeón. Ganó la adhesión de los siquemitas, matando traidoramente a todos los setenta hijos de Gedeón, excepto a Jotam. Este último, dirigiéndose a los hombres de Síquem, desde el monte Gerizim, por medio de una parábola, compara a Abimelec con una zarza que fue invitada a reinar sobre los árboles. Invocó la maldición de Dios sobre Siquem por su conducta con la familia de Gedeón.

La revuelta pronto estalló bajo Gaal, quien incitó a los siquemitas a rebelarse. En el transcurso de la lucha civil que siguió, Abimelec fue muerto finalmente por una piedra de molino que una mujer dejó caer sobre su cabeza cuando se aproximaba a una torre fortificada dentro de la ciudad.

Esto acabó con todos los intentos de establecer la monarquía en Israel en los días de los Jueces.

Se conoce poco respecto a Tola y a Jair. Puesto que no se conocen grandes hechos que les conciernan, sus responsabilidades fueron meramente judiciales. Tola, de la tribu de Isacar, paró en Samir, situada en algún lugar del país de las colinas de Efraín. Se le asigna un gobierno de 23 años.

Jair hizo su oficio de juez en el territorio de Galaad al este del Jordán durante 22 años. El hecho de que tuviese una familia de 30 hijos indica no sólo una ostentosa poligamia, sino también su rango y su posición de riqueza en la cultura de la época.

La apostasía de nuevo prevaleció en Israel, vuelto hacia el culto de Baal y otras deidades paganas. La opresión de esta época proviene de dos direcciones: los filisteos presionaban desde sudoeste y los amonitas invadieron desde oriente. La liberación en la Transjordania y su zona llegó bajo el caudillaje de Jefté.

A causa de ser hijo de una ramera, Jefté fue condenado al ostracismo desde su comunidad hogareña a temprana edad. Llegó a ser un jefe de bandoleros o capitán de merodeadores en Tob, que probablemente estaba situada al nordeste de Galaad. Cuando los galaaditas buscaron un caudillo, fue llamado Jefté. Antes de aceptar este nombramiento, se hizo un solemne pacto mediante le cual los ancianos galaaditas le reconocieron como jefe y caudillo.

Cuando Jefté apeló a los amonitas, éstos respondieron con la fuerza. Antes de presentar batalla, hizo un voto que le obligaba a ser cumplido en el caso de que volviera victorioso. Vigorizado con el Espíritu del Señor, Jefté obtuvo una gran victoria de tal forma que los israelitas fueron liberados de los amonitas quienes les habían oprimido durante diez y ocho años. Cuando Efraín protestó de que no se les había llamado para tomar parte en la batalla contra los amonitas, Jefté supo responderle militarmente con su ejército.

¿Sacrificó Jefté realmente a su hija en cumplimiento del voto que había pronunciado? En aquel dilema, no habría agradado ciertamente a Dios que se le hiciera un sacrificio humano, que en ningún lugar de la Escritura tiene la divina aprobación. De hecho, este fue uno de los grandes pecados por los cuales los cananeos tenían que ser exterminados. Por otra parte, ¿cómo pudo agradar a Dios no cumpliendo con su voto? Aunque los votos en Israel eran voluntarios, una vez que una persona hacía un voto, se hallaba bajo la obligación de cumplirlo (Núm. 6:1-21). La clara implicación en Jueces 11, es que Jefté cumplió el suyo (v. 39). Su manera de hacerlo está sujeta a varias interpretaciones.

Que los líderes israelitas no se conformaban a la religión pura en los días de los Jueces, resulta aparente en los registros bíblicos.[18] Jefté, que tenía un pasado a medias cananeo, pudo haber conformado la realización de su voto, prevaleciendo las costumbres paganas, sacrificando a su hija.[19] Puesto que las montañas eran consideradas como símbolos de la fertilidad

---

18. Gedeón hizo un efod de oro que condujo a los israelitas a la idolatría. La vida de Sansón no fue, de ningún modo, un ejemplo de religión pura.
19. Esta opinión ha sido sostenida por intérpretes judíos y cristianos hasta el siglo XII. Para una completa discusión, ver el International Critical Commentary sobre *Judges*, por George Foote Moore (New York: Scribner's, 1895), pp. 301-305. Ver también F. F. Bruce, «Judges», en *The New Bible Commentary*, p. 250. Ver también *Modern Science and the Christian Faith* (Wheaton: Van Kampen, 1948), pp. 134-135.

por los cananeos, su hija fue a las montañas a guardar luto por su virginidad con objeto de evitar cualquier posible cesación de la fertilidad de la tierra.[20] Periódicamente, durante cada año, las doncellas israelitas empleaban cuatro días recordando el luto de la muchacha sacrificada.[21]

Si la familiaridad de Jefté con la ley le volvió consciente del disgusto de Dios con los sacrificios humanos, él pudo haber dedicado a su hija al servicio del tabernáculo.[22] Haciéndolo así, pudo haber cumplido con su voto y conformado su actuación a la ideal esencial de la completa consagración significada en la ofrenda del fuego. Puesto que su hija era su único vástago, Jefté perdió el derecho de sus esperanzas a la posteridad.[23] En esta forma, pudo haber conjugado sus obligaciones del cumplimiento del voto pronunciado sin hacer ningún sacrificio humano, un voto que tal vez hubiese sido realizado apresuradamente bajo una determinada presión.

Aunque la manera en la cual Jefté cumplió su voto no está detallada en la narrativa bíblica, hizo frente al desafío de liberar a su pueblo de la opresión y está considerado como un héroe de la fe (Heb. 11:32).

Ibzán juzgó en Israel durante siete años. Se ignora si Belén, el lugar de su actividad y enterramiento, es la bien conocida ciudad de Judá o un pueblo en Zabulón. La mención de treinta hijos y treinta hijas indica su posición, riqueza e influencia.

Elón tiene asignados diez años como juez. En Ajalón, en la tierra de Zabulón, tuvo su hogar y su lugar de servicio a su pueblo.

Abdón, el siguiente juez de la lista, vivió en Efraín. Estando en una posición de proporcionar asnos para los setenta miembros de su familia, Abdón tuvo que haber sido un hombre de grandes riquezas e influencia en su país. Juzgó en Israel durante ocho años.

Israel fue oprimida simultáneamente por los amonitas y filisteos (Juec. 10:6). Mientras que Jefté derrotó a los primeros, Sansón es el héroe que resistió y desafió el poder de los últimos. Puesto que Sansón nunca alivió completamente a Israel de la dominación palestina, es difícil fechar el período de 40 años que se menciona en Jueces 13:1. Veinte años es el período que se calcula que Sansón ostentó su caudillaje (Juec. 15:20).

Sansón fue un gran héroe dotado de una fuerza sobrenatural recordado en primer término por sus hazañas militares. Que fue un nazareno, fue anunciado a sus padres danitas antes de su nacimiento. Manoa y su esposa fueron instruídos mediante la revelación divina de que su hijo comenzaría la liberación de Israel de la opresión filistea. A través de numerosos relatos, y referencias, se conoce el hecho de que el Espíritu del Señor estaba sobre él (13:25; 14:5, 19; 15:14). Sus actividades estuvieron limitadas a la llanu-

---

20. Para la discusión de los ritos de la fertilidad, ver J. D. Frazer, *The Golden Bough* (Londres: MacMillan & Co., 1890).
21. El Dr. Dwight W. Young sugiere en apoyo de esta opinión de que la problemática palabra «Tana» es probablemente un arameísmo que significa «repetir», «rehacer» y está relacionada con la palabra hebrea «Shana».
22. Para esta cuestión, ver C. F. Keil, en su comentario a *Judges*, pp. 388-395. David Kimchi (siglo XII) y otros rabinos aceptaron este punto de vista comparando a Jefté y su acción con la experiencia de Abraham donde el sacrificio humano no fue realmente ejecutado.
23. La familiaridad de Jefté con la historia de Israel, como está registrada en el Libro de los Números, es aparente en Núm. 11:12-28. El sacrificio humano estaba prohibido, Lev. 20:2. Vivir sin hijos o carecer de herederos era considerado como una calamidad en Israel. Ana (I Sam. 1) dedicó su hijo al servicio del Tabernáculo. Por referencias incidentales para las mujeres en tales servicios, ver Ex. 38:8 y I Sam. 2:22.

ra marítima y el país de las colinas de Judá, donde emprendió la lucha contra la ocupación filistea del territorio Israelita.

Numerosos relatos que sólo pueden ser una muestra de todo lo que Sansón hizo, están registrados en el libro de los Jueces. En su camino hacia Timnat, destrozó un león con sus propias manos. Cuando fue obligado a suministrar treinta ornamentos de fiesta a los filisteos, quienes deshonestamente obtuvieron la respuesta al acertijo que él puso en sus bodas en Timnat, mató a treinta de ellos en Ascalón. En otra ocasión, soltó a trescientas zorras con ramas ardientes para destrozar las cosechas de los filisteos. En respuesta a sus represalias, Sansón mató a muchos filisteos cerca de Etam. Cuando los hombres de Judá le entregaron atado de manos al enemigo, sus ataduras quedaron sueltas conforme el Espíritu del Señor llegó sobre él. Sin otras armas que sus manos, mató a mil hombres con la quijada de un asno. En Gaza arrancó las puertas durante la noche y se las llevó casi a 64 kms. al este a una colina cercana al Hebrón.

Las relaciones de Sansón con Dalila, cuyas simpatías estaban con los filisteos, le condujeron a su ruina. Por tres veces rechazó con éxito a los filisteos, cuando la mujer le traicionó; sin embargo, cuando reveló el secreto de su colosal fuerza y poder a ella y le cortaron los cabellos, Sansón perdió su fuerza. Los filisteos le sacaron los ojos y le forzaron a trabajar en un molino como un esclavo. Pero Dios restauró su fuerza para su hazaña final y pudo derrumbar los pilares del templo de Dagón, matando más filisteos de los que había muerto en sus anteriores encuentros.

A despecho de su debilidad, Sansón ganó renombre entre los héroes de la fe (Heb. 11:32). Dotado con tan grande fuerza, indudablemente pudo haber hecho mucho más, pero envuelto en el pecado, fracasó en su misión de liberar a Israel. De todos modos hizo lo bastante como para hacer desistir a los filisteos de que Israel no fuese desalojado de la tierra prometida.

Condiciones religiosas, políticas y sociales

Los últimos capítulos del libro de los Jueces y el libro de Rut, describen las condiciones que existían en los días de los heroicos jefes tales como Débora, Gedeón, y Sansón. Sin referencias mezcladas a las actividades de cualquiera de los jueces particulares nombrados en los capítulos precedentes, es difícil fechar estos acontecimientos específicamente. Los rabinos asocian la historia de Micaía y la emigración danita con la época de Otoniel; pero a causa de la falta de detalles históricos, es imposible hallarse ciertos de la fiabilidad de todo esto y de las tradiciones similares de los rabinos. Lo más que puede ser hecho es limitar tales acontecimientos a los días "cuando los Jueces gobernaban" y "no había rey en Israel" (Rut 1:1 y Jue. 21:25).

Micaía y su casa de dioses son un ejemplo de la apostasía religiosa que prevaleció en los días de los Jueces. Cuando Micaía, un efrainita, devolvió 1.160 siclos robados a su madre, ella dio 200 siclos a un joyero, el cual hizo una imagen grabada en la madera y recubierta de plata, al igual que otra imagen fundida de plata. Con aquellos símbolos idolátricos, Micaía estableció un santuario al que añadió un efod y terafines e hizo sacerdotes a uno de sus hijos. Cuando un levita procedente de Belén se detuvo por azar en aquella capilla en monte Efraín, Micaía hizo un acuerdo con él, alquilándole como su sacerdote oficial con la esperanza de que el Señor haría prosperar su empresa.

Cinco danitas enviados como grupo de reconocimiento para localizar más tierra para su tribu, se detuvieron en el santuario de Micaía para pedir consejo a este levita. Tras haberles asegurado el éxito de su misión, siguieron su camino y encontraron condiciones favorables para la conquista de más territorio en Lais, una ciudad situada en la vecindad del hontanar del río Jordán Como resultado, seiscientos danitas emigraron hacia el norte. En el camino, convencieron al levita de que era mejor para él servir como sacerdote para una tribu más bien que para un solo individuo. Cuando Micaía y sus vecinos objetaron la cuestión, los danitas, mucho más fuertes, se limitaron simplemente a tomar al levita y a los dioses de Micaía y llevárselos a Lais, desde entonces llamada Dan. Allí, Jonatán, que indudablemente era el levita, estableció un santuario para los danitas como un substituto para Silo. De no haber ninguna omisión en la genealogía (18:30) de este Jonatán, es muy verosímil que la emigración tuviese lugar en los primeros días del período de los Jueces.

El crimen sexual en Gabaa y los acontecimientos que siguieron, condujeron a Israel a la guerra civil. Un levita de las colinas de la tierra de Efraín y su concubina, al retorno de una visita a los padres de la mujer en Belén, se detuvieron en Gabaa por la noche. Había pasado por Jebús, esperando recibir mejor hospitalidad en Gabaa, que era una ciudad benjaminita. Durante la noche, los hombres de Gabaa exigieron y después obtuvieron a la concubina del levita. En la mañana ella fue encontrada muerta a la puerta de la casa. El tomó el cadáver y la llevó a su hogar, cortándola en doce piezas que envió por todo el país. Todo Israel, desde Dan a Beerseba, fue tan horrorizado por semejante atrocidad, que se reunieron en Mizpa. Allí, ante una reunión de 400.000 hombres, el levita habló de lo que habían hecho con ellos los benjaminitas.

Cuando la tribu de Benjamín rehusó entregar los hombres de Gabaa que habían cometido aquel crimen, estalló la guerra civil. Los benjaminitas dispusieron una fuerza combativa de 26.000 hombres, incluyendo una división de honderos. El resto de Israel, entonces, se reunió en Betel, donde estaba situada el Arca del Señor, para recibir consejo para la batalla de Finees, el sumo sacerdote. Por dos veces las fuezas israelitas fueron derrotadas en su ataque a Gabaa. La tercera vez, la conquistaron y quemaron la ciudad, matando a todos los benjaminitas excepto a 600 que huyeron y encontraron refugio en la roca de Rimón. La destrucción y devastación de Benjamín fue completa, hasta el extremo de que la totalidad de la tribu quedó arruinada. Tras cuatro meses, se efectuó una reconciliación con los 600 hombres que quedaban. Se tomaron medidas para la restauración y el matrimonio de aquellos hombres, de forma tal que los benjaminitas pudiesen ser reinstaurados en la nación de Israel.

La historia de Rut suministra una visión rápida de una era más pacífica en los días en que los Jueces gobernaban.[24] Esta narrativa cuenta con la

---

24. Josefo, *Antiquities*, v. 9:1, fechaba la historia de Rut en los días de Elí. La referencia a Salmón, padre de Booz, como el marido de Rahab, apunta a una fecha más anterior. Como Booz era bisabuelo de David, esta genealogía en Mateo permite considerar la existencia de lagunas.

emigración de una familia israelita —Elimelec, Noemí y sus dos hijos— hacia Moab, cuando había hambre en Judá. Allí, los dos hijos se casaron con dos mujeres moabitas, Rut y Orfa. Tras la muerte de su marido y ambos hijos, Noemí se volvió a Belén acompañada de Rut. En el curso del tiempo, Rut se casó con Booz y, subsiguientemente, figura en la línea genealógica davídica de la familia real de Israel.

BIBLIOGRAFÍA SELECTA

Libros en castellano

AHARONI, Y. *The Land of the Bible*. Filadelfia: Westminster Press, 1966.

ANDERSON, B. *Understanding the Old Testament*. Englewood Cliffs, NJ: Prentice-Hall, 1957.

* ARCHER, G. L. *Reseña crítica de una introducción al Antiguo Testamento*. Grand Rapids: Editorial Portavoz, 1987, pp. 291-309.

* BRIGHT, J. *La historia de Israel*. Bilbao, España: Desclée de Brouwer, 1966.

* BRUCE, F. F. *Israel y las naciones*. Grand Rapids: Editorial Portavoz, 1987.

CUNDALL, A., y MORRIS, L. *Joshua-Judges*. Chicago: Inter-Varsity Press, 1968.

DE VAUX, R. *Ancient Israel: Its Life and Institutions*. Nueva York: McGraw Hill, 1961.

GARSTANG, J. *Joshua-Judges*. Londres: Constable, 1931.

_____, y J. B. E. *The Story of Jericho*. Londres: Marshall, Morgan, and Scott, 1948.

GURNEY, O. R. *Anatolia, ca.* 1750-1600 a.C. Cambridge: University Press, 1962.

_____. *The Hitites*. Harmonsdsworth, Inglaterra: Penguin, 1961.

* JENSEN, I. L. *Josué: La tierra de reposo conquistada*. Grand Rapids: Editorial Portavoz, 1980.

KAUFFMAN, Y. *The Biblical Account of the Conquest of Canaan*. Jerusalén: Magnes Press, 1953.

KENYON, K. *Digging Up Jericho*. Londres: Ernest Benn, 1957.

_____. *Archaeology in the Holy Land*. Nueva York; Frederick A. Praeger, 1960.

* LEWIS, A. H. *Jueces y Rut*. Grand Rapids: Editorial Portavoz, 1981.

PRITCHARD, J. *Gibeon: Where the Sun Stood Still*. Princeton: University Press, 1962.

WOUDSTRA, M. H. *The Ark of the Covenant From Conquest to Kingship*. Filadelfia: Presbyterian & Reformed Publishing House, 1965.

Exposiciones del Capítulo VII al
página 115-117

Capítulo VII

Tiempos de transición

En los siglos X y XI Israel estableció y mantuvo la más poderosa monarquía de toda su historia. Ni antes ni después, la nación tuvo tan extensas fronteras y sostuvo tanto respeto internacional. Tal expansión fue posible en gran medida a causa de la no interferencia que pudo haberle llegado desde las extremidades del Creciente Fértil durante esta época de su historia.

Las naciones vecinas

Egipto había declinado a una posición de debilidad. Ramsés III (1198-1167 a. C.), el Faraón de la XX dinastía que había sido fuerte lo bastante como para rechazar a todos los invasores, murió a manos de un asesino. Bajo Ramsés IV-XII (*ca.* 1167-1085) el poder de los reyes egipcios sucumbió gradualmente a la política agresiva de la familia sacerdotal.[1] Por el 1085 a. C. Heri-Hor, el sumo sacerdote, comenzó a gobernar Egipto desde Karnak en Tebas, mientras que príncipes de la familia controlaban Tanis. La pérdida de prestigio de Egipto se refleja por el tratamiento despectivo que se permitió Wen-Amun[2] en su jornada hacia Biblos como un enviado egipcio (*ca.* 1080 a. C.). No fue sino hasta el cuarto año de Roboam (927 a. C.) en que Egipto estuvo en posición de invadir Palestina (I Reyes 14: 25-26).

Los asirios, bajo Tiglat-pileser (1113-1074 a. C.), extendieron su influencia hacia el oeste, a Siria y a Fenicia. Sin embargo, antes de que transcurriera mucho tiempo, los propios asirios sintieron los efectos de la inva-

---

1. De acuerdo con el papiro Harris, aproximadamente el 15 por 100 de la tierra cultivable agrícolamente estaba bajo el control de los sacerdotes, mientras que el 2 por 100 de la población servía como esclavos.

2. Para lo relativo al viaje de Wen-Amon a Fenicia, ver Pritchard, *Ancient Near Eastern Texts*, pp. 25-29.

sión procedente del Oeste.[3] Durante el reinado de Asur-Rabi II (1012-975 a. C.), los establecimientos asirios a lo largo del Eufrates fueron desplazados por emigración de las tribus arameas. Sólo después del año 875 a. C. Asiria volvió a recobrar el control del alto valle del Eufrates para desafiar a los poderes occidentales en Palestina.

El enemigo que tan seriamente amenazaba el creciente poder de Israel era el de los filisteos. Rechazados en su intento de entrar en Egipto, los filisteos se establecieron en gran número sobre la llanura marítima de Palestina poco después del 1200 a. C.[4] Cinco ciudades se convirtieron en plazas fuertes de los filisteos: Ascalón, Asdod, Ecrón, Gaza y Gat (I Sam. 6:17). Sobre cada una de esas ciudades independientes gobernaba un "señor" que supervisaba el cultivo de la tierra anexionada. Aunque eran activamente competitivos con los fenicios en el lucrativo negocio del comercio, como registraba Wen-Amun, los filisteos amenazaban con dominar a Israel en los días de Sansón, Elí, Samuel y Saúl. Independientes en sí mismas, las cinco ciudades y sus gobernantes se unían ocasionalmente para propósitos políticos y militares.

La explicación real de la superioridad filistea sobre Israel se encuentra en el hecho de que los filisteos guardaban el secreto del hierro fundido. Los heteos en Asia Menor habían sido fundidores de hierro antes del 1200 a. C. pero los filisteos fueron los primeros que utilizaron el proceso en la Palestina. Guardando su monopolio celosamente, tenían a Israel a su merced. Esto queda claramente reflejado en I Sam. 13:19-22. "Ahora no se encuentra un solo herrero en toda la tierra de Israel". No solo se encontraban los israelitas sin herreros para forjar espadas y lanzas, sino que incluso dependían de los filisteos para el arreglo de sus instrumentos de trabajo agrícola. Con semejante amenaza pesando sobre Israel, se encontraba al borde de caer en una esclavitud sin remisión por parte de los filisteos.

Aunque Saúl ofreció alguna resistencia al enemigo que avanzaba, no fue sino hasta los tiempos de David, en que el poder de los filisteos quedó roto. Por la ocupación de Edom, David aprendió los secretos de la utilización del hierro y ganó acceso a los recursos naturales que existían en la península del Sinaí. En tales condiciones, se encontró capaz de unir firmemente la nación de Israel y de establecer una supremacía militar, que nunca fue seriamente desafiada por los filisteos.

Del norte, la principal amenaza para Israel y su expansión, procedía de Aram.[5] Ya a principios de los tiempos patriarcales, los arameos se habían establecido en el distrito de Khabur en la alta Mesopotamia, conocido como Aram-Naharaim. La zona bajo su control, pudo muy bien haberse extendido hacia el oeste hasta Alepo y al sur hasta Cades sobre el Orontes. Hasta dónde pudieron haberse extendido en la zona de Damasco y hacia el sur, durante la época de los jueces, es algo incierto.

El estado arameo más poderoso fue Soba, situado al norte de Damasco. Hadad-ezer, gobernador de Soba, extendió sus dominios hacia el Eufrates (II Sam. 8:3-9) y posiblemente tomó por la fuerza algunas colonias asirias

---

3.   Merrill F. Unger. *Israel and the Aramaeans of Damascus*, pp. 38-46.
4.   James H. Breasted. *A History of Egypt* (Nueva York, 1912), p. 512.
5.   El nombre común de «Aramea» en el Antiguo Testamento es «Siria». Para un análisis más detallado, ver Unger, *op. cit.*, pp. 38-55.

de Asur-Rabi II, rey de Asiria (1012-975 a. C.). Las dinastías hititas en Hamat y Carquemis, fueron gradualmente reemplazadas por los arameos conforme se expandieron hacia el norte. Otros estados arameos situados hacia el sur de Damasco, fueron Maaca, Gesur y Tob. Al este del Jordán y al sur de monte Hermón yace Maaca, con Gesur directamente hacia el sur.[6] Puesto que su madre procedía de aquella zona, Absalón se apresuró a acudir a Gesur en busca de seguridad después de haber matado a Amnón.[7] Tob (Jue. 3:11) estaba al sudeste del mar de Galilea, pero al norte de Galaad.[8] Estos estados, bajo la jefatura de Hadad-ezer, representaban una formidable coalición para la expansión de Israel en los días de David.

Los fenicios o cananeos ocuparon la costa marítima del Mediterráneo hacia el norte. Mientras los arameos estaban formando un fuerte reino más allá de la cadena del Líbano, los fenicios se concentraban en intereses marítimos. Por el tiempo de David, las ciudades de Tiro y Sidón habían establecido un fuerte estado incluyendo el territorio costero inmediato. Mediante el comercio y los tratados, extendieron su influencia comercialmente por todo el Mediterráneo. Hiram, rey de Tiro, y David, rey de Israel, lo encontraron mutuamente beneficioso para mantener una actitud de amistad sin fricciones militares.

Los edomitas, que habitaban la zona montañosa del sur del mar Muerto, fueron gobernados por reyes antes del resurgimiento de la monarquía de Israel (Gén. 36:31-39). Aunque Saúl luchó contra los edomitas (I Sam. 14:47) fue David quien realmente les sometió a ellos. La declaración de que habían convertido en servidores de David, quien había estacionado guarniciones por todo el país, tiene la mayor importancia (II Sam. 8:14). De las minas de Edom, David obtuvo recursos naturales tales como cobre y hierro que Israel necesitaba desesperadamente para acabar con el monopolio filisteo en la producción de armamentos.

Los amalecitas, también descendientes de Esaú (Gén. 36:12), mantuvieron el territorio al este de Edom hacia la frontera egipcia. Saúl intentó destruir a los amalecitas (I Sam 15) pero fracasó en hacer una completa purga. Más tarde, los amalecitas atacaron a Siclag una ciudad ocupada por David cuando era un fugitivo del territorio filisteo, pero apenas si son mencionados.

Los moabitas, situados al este del mar Muerto, fueron derrotados por Saúl (I Sam. 14:47) y conquistados por David. Por casi dos siglos, permanecieron obedientes a Israel como una nación tributaria.

Los amonitas ocuparon la franja del territorio sobre la frontera oriental de Israel. Saúl les derrotó en Jabes-galaad cuando se estableció por sí mismo como un rey (I Sam. 11:1-11). Cuando los amonitas desafiaron las aperturas a la amistad de David por una alianza con los arameos, no les venció (II Sam. 10) pero conquistó Rabá en Amón, su ciudad capital (II Sam. 12:27). Nunca más desafiaron la superioridad israelita durante el período del reinado.

---

6. Ver Deut. 3:14; Jos. 12:5 y 13:11.
7. Ver II Sam. 3:3, 13:37.
8. Ver II Sam. 10:8-10.

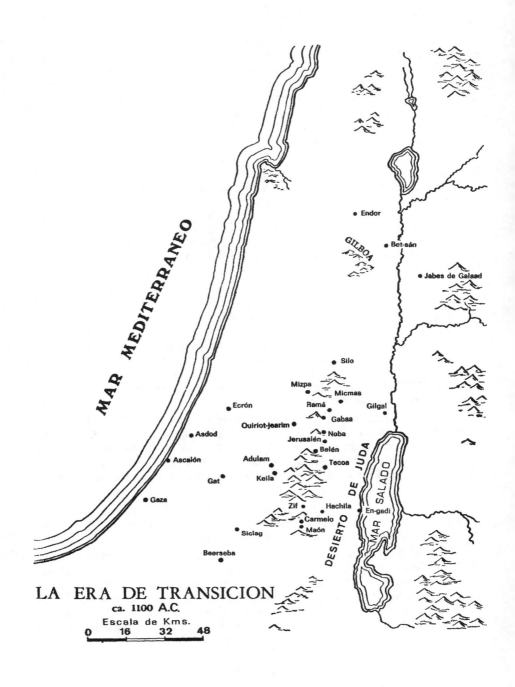

MAR MEDITERRANEO

Endor
GILBOA
Bet-sán
Jabes de Galaad

Silo
Mizpa
Micmas
Ecrón
Ramá
Gilgal
Quiriot-jearim
Gabaa
Asdod
Noba
Jerusalén
Belén
Ascalón
Adulam
Tecoa
Gat
Keila
Zif
Hachila
En-gadi
Carmelo
Gaza
Maón
Siclag

Beerseba

DESIERTO DE JUDA

MAR SALADO

LA ERA DE TRANSICION
ca. 1100 A.C.
Escala de Kms.
0   16   32   48

11-10-2023

Bajo el caudillaje de Elí y Samuel

Los tiempos de Elí y Samuel marcan la era de transición desde el esporádico e intermitente caudillaje de los Jueces hasta la implantación de la monarquía Israelita. Los dos hombres están mencionados en el libro de los Jueces, pero se les considera en los primeros capítulos de I Samuel (1:1-8:22) como una introducción a la narrativa respecto al primer rey de Israel. Esos capítulos pueden ser subdivididos como sigue:

I. Elí como sacerdote y juez	I Sam. 1:1-4:22
Nacimiento de Samuel	1:1-2:11
Servicio del Tabernáculo	2:12-26
Dos advertencias a Elí	2:27-3:21
Juicio sobre Elí	4:1-22
II. Samuel como profeta, sacerdote y juez	5:1-8:22
El arca restituída a Israel	5:1-7:2
Resurgimiento y victoria	7:3-14
Sumario del ministerio de Samuel	7:15-8:3
La petición de un rey	8:4-22
III. Caudillaje transferido a Saúl	9:1-12:25
Samuel unge a Saúl privadamente	9:1-10:16
Saúl elegido por Israel	10:17-27
Victoria sobre los amonitas	11:1-11
La inauguración pública de Saúl	11:12-12:25

La historia de Elí sirve como fondo para el ministerio de Samuel. Como sumo sacerdote, Elí estaba a cargo del culto y sacrificio en el tabernáculo en Silo. Fue a él, a quien los israelitas consideraron y buscaron para guía y jefatura de los asuntos civiles y religiosos.

La religión de Israel se hallaba a un bajo nivel en los días de Elí. El mismo fracasó en enseñar a sus propios hijos en reverenciar a Dios; "no tenían conocimiento del Señor" (I Sam. 2:12) y bajo su jurisdicción asumieron responsabilidades sacerdotales tomando ventaja del pueblo conforme se aproximaba al culto y al sacrificio. No sólo robaban a Dios solicitando la porción sacerdotal antes del sacrificio, sino que se conducían de tal forma que el pueblo aborrecía el llevar sacrificios a Silo. También profanaron el santuario con las acciones paganas propias de la religión cananea. Como era de esperar, rehusaron el escuchar la amonestación y la denuncia de semejante conducta. No es de sorprender que Israel continuase degenerándose al incrementar tales prácticas religiosas corrompidas.

En semejante atmósfera corrompida, Samuel fue llevado desde su niñez y dejado al ciudadano de Elí. Dedicado a Dios y alentado por una santa madre, Samuel creció en el entorno del tabernáculo, incorruptible a la maléfica influencia falta de religiosidad de los hijos de Elí.

Un profeta cuyo nombre se ignora, reprobó a Elí porque honraba a sus hijos más de lo que honraba a Dios (I Sam. 2:27). Su relajación había provocado el juicio de Dios, de ahí que sus hijos perdieran sus vidas inútilmente y un fiel sacerdote ministrase en su lugar. La reiteración de este decreto llegó a Samuel cuando Dios le habló durante la noche (I Sam. 3:1-18).

Pronto y de forma repentina aquellas proféticas palabras recibieron su total cumplimiento. Cuando los asustados israelitas vieron que estaban perdiendo su enfrentamiento con los filisteos, se impusieron sobre los hijos de Elí para llevar el arca del pacto de Dios, el objeto más sagrado de Israel, al campo de batalla. La religión había llegado a un extremo tal, que el arca, que representaba la verdadera potencia de Dios, les salvaría de la derrota. Pero no podían forzar a Dios a que les sirviera. Su derrota fue aplastante. El enemigo capturó el arca, matando a los hijos de Elí. Cuando Elí oyó las sorprendentes noticias de que el arca estaba en manos de los filisteos, sufrió un colapso que le costó la vida.

— Aquello fue un día de catástrofe para Israel. Aunque la Biblia no dice nada respecto a la destrucción de Silo, otra evidencia aboga de que por ese tiempo, los filisteos redujeron a ruínas el santuario central que había sostenido y mantenido unidas a todas las tribus. Cuatro siglos más tarde, Jeremías advirtió a los habitantes de Jerusalén, de no depositar su confianza en el templo (Jer. 7:12-24; 26:6-9). Mientras que los israelitas habían confiado en el arca para su propia seguridad, así, la generación de Jeremías asumió que Jerusalén, como lugar de la residencia de Dios, no podía caer en manos de las naciones gentiles. Jeremías sugirió de que se fijasen en las ruínas de Silo y se aprovecharan de aquel histórico ejemplo. Las excavaciones arqueológicas pusieron al descubierto el aniquilamiento de Silo en el siglo XI. Su destrucción en aquel tiempo cuenta para el hecho de que poco tiempo después los sacerdotes oficiaban en Nob (I Sam. 21:1). Es también digno de notar en relación con esto que Israel, en ninguna ocasión intentase volver el arca a Silo.

— La victoria filistea desmoralizó efectivamente a los israelitas. Cuando la nuera de Elí dio a luz un hijo, ella le puso por nombre "Icabod" porque ella sintió profundamente que las bendiciones de Dios hubiesen sido retiradas de Israel (I Sam. 4:19-22). El nombre del niño significaba "¿Dónde está la gloria?" y al mismo tiempo podía demostrar que la religión cananea había ya penetrado en el pensar de los israelitas, ya que un devoto de Baal, habría sido como una alusión a la muerte del dios de la fertilidad.[9]

El lugar de Samuel en la historia de Israel es único. Siendo el último de los Jueces, ejerció la jurisdicción por toda la tierra de Israel. Además, ganó el reconocimiento como el más grande profeta de Israel desde los tiempos de Moisés. También ofició como sumo sacerdote, aunque él no pertenecía al linaje de Aarón, a quien pertenecían las responsabilidades del sacerdocio.

— La Biblia ha conservado comparativamente poco respecto al ministerio real de este gran caudillo. Cuando Elí murió, y la amenaza de la opresión filistea se hizo más pronunciada, los israelitas se volvieron naturalmente hacia Samuel para que les sirviera de caudillo. Después de haber escapado al despojo y destrucción de Silo, Samuel estableció su hogar en Ramá, donde erigió un altar. No hay indicación, sin embargo, de que aquello se convirtiese en el centro religioso o civil de la nación. El tabernáculo, que de acuerdo con el Salmo 78:60 había sido abandonado por Dios, no se menciona en relación con Samuel. Israel recuperó el arca de manos de los filisteos (I Sam. 5:1-7:2); pero lo guardó en Quiriat-jearim en el hogar

---

9. C. H. Gordon, *Urgaritic Manual* (Roma: Pontificium Institutum Biblicum, 1955). p. 236.

privado de Abinadab hasta los días de David. Aparentemente, no estaba en uso público durante este tiempo. Samuel, no obstante, actuó con sus deberes sacerdotales, al ofrecer sacrificios en Mizpa, Ramá, Gilgal, Belén y dondequiera que se precisasen por todo el país.[10] Y continuó cumpliendo con este deber y esta función incluso tras haber entregado todos los asuntos de estado a Saúl.

— En el curso del tiempo, Samuel reunió a su alrededor un grupo profético, sobre el cual tuvo una enorme influencia (I Sam. 19:18-24). Es muy verosímil que Natán, Gad y otros profetas activos en el tiempo de David, recibiesen sus ímpetus procedentes de Samuel.

Para ejecutar sus responsabilidades judiciales, Samuel iba anualmente a Betel, Gilgal y Mizpa (I Sam. 7:15-17) y puede inferirse de que en los primeros años, antes de que delegase las responsabilidades en sus hijos Joel y Abías (I Sam. 8:1-5) incluyese puntos tan distantes como Beerseba en su circuito por la nación.

— Acredita a Samuel, el hecho de que prevaleciese sobre Israel para purgar el culto cananeo de sus filas (I Sam. 7:3 ss.). En Mizpa, el pueblo se reunía para la oración, el ayuno y el sacrificio. La palabra de la convocación se divulgó hasta los filisteos, quienes por esta causa tomaron la ventaja de la situación para lanzar un salto. En medio del fragor, una terrible tormenta de truenos sembró el miedo en los corazones de los filisteos mercenarios produciendo la confusión y poniéndoles en fuga. Evidentemente, el efecto de los truenos adquirió un carácter portentoso en su significado para los filisteos, ya que nunca más intentaron comprometer a los israelitas en una batalla mientras Samuel estuvo al mando de las tribus.

— Eventualmente, los jefes tribales sintieron que debían formar una resistencia contra la agresión filistea y de acuerdo con ello, clamaron por un rey. Como excusa para el establecimiento de la monarquía, resaltaron que Samuel era ya anciano y sus hijos no estaban moralmente dotados para tomar su lugar. Samuel, astutamente, rechazó la propuesta, implorándoles elocuentemente el "no imponer sobre sí mismo una institución cananea, extraña a su forma de vida".[11] Cuando a despecho de aquello, persistieron en su demanda, Samuel aceptó; pero sólo tras la divina intervención (I Sam. 8).

— Cuando Samuel consintió con cierta repugnancia a la innovación del reinado, no tenía idea de a quien Dios podría elegir. Un día, mientras estaba oficiando en un sacrificio, fue encontrado por un benjaminita que llegó para consultarle algo concerniente a la localización de unos asnos perdidos de su padre. Advertido de su llegada, Samuel comprobó que Saúl era el elegido de Dios para ser el primer rey de Israel. No sólo Samuel atendió a Saúl como huésped de honor en la fiesta sacrifical, sino que privadamente le ungió como "príncipe sobre su pueblo" indicando mediante aquellas palabras que el reinado era una cuestión sagrada de fe. Mientras volvía a Gabaa, Saúl fue testigo del cumplimiento de la predicción hecha por Samuel en sus palabras en confirmación de ser elegido para aquella responsabilidad. En una subsiguiente convocación en Mizpa, Saúl públicamente fue elegido y entusiásticamente apoyado por la mayoría en su aclamación popular de

---

10. Ver I Sam. 7:5-9; 7:17; 13:8; 16:2.
11. Mendelsohn, «Samuel's Denunciation of Kingship in the Light of the Akkadian Documents from Ugarit», Basor, 143 (octubre, 1956), p. 22.

"¡Viva el rey!" (I Sam. 10:17-24). Puesto que Israel no tenía capitalidad, se volvió hacia su ciudad nativa de Gabaa en Benjamín.

La amenaza amonita a Jabes de Galaad proporcionó a Saúl la oportunidad de afirmar su jefatura.[12] En respuesta a su llamada nacional, el pueblo acudió en su apoyo, resultando una impresionante victoria sobre los amonitas. En una asamblea de todo Israel en Gilgal, Samuel públicamente proclama a Saúl como rey. Les recordó que Dios había aprobado su deseo. Sobre la base de la historia de Israel, les aseguró la prosperidad nacional, teniendo en cuenta que el rey y todos los ciudadanos obedecerían la ley de Moisés. Este mensaje de Samuel fue divinamente confirmado a los israelitas con una súbita lluvia, un fenómeno ocurrido durante la cosecha del trigo.[13] El pueblo quedó profundamente impresionado y agradeció a Samuel por aquella continuada intercesión. Aunque los israelitas habían vuelto a un rey para su gobierno, las palabras de seguridad de Samuel, el profeta que había barrido la marea de apostasía e iniciado un efectivo movimiento profético en su enseñanza y ministerio, les volvió conscientes de su sincero interés por su bienestar: "Lejos sea de mi que pequé yo contra el Señor cesando de rogar por vosotros" (I Sam. 12:23).

El primer rey de Israel

Saúl gozó del entusiástico apoyo de su pueblo, tras una inicial victoria sobre los amonitas en Jabes de Galaad. Es cierto que no todos consideraron su acceso al reinado con la misma satisfacción; pero aquellos contrarios no pudieron soportar su extraordinaria popularidad (I Sam. 10:27; 11:12, 13). Y así, mediante una deliberada desobediencia Saúl pronto arruinó sus oportunidades para obtener el éxito deseado. A causa de las sospechas y el odio, sus esfuerzos estuvieron tan mal dirigidos y la fuerza nacional se disgregó de tal forma que su reinado acabó en un completo fracaso.

El relato bíblico del reinado de Saúl que se da en I Sam. 13:1-31:13, puede ser convenientemente subdividido en la forma siguiente:

I. Victorias nacionales y fracasos personales	I Sam. 13:1-15:35
Saúl falla en esperar para Samuel	13:1-15a
Los filisteos derrotados en Micmas	13:15b-14:46
La sumisión de las naciones vecinas	14:47-52
Desobediencia en una victoria amalecita	15:1-35
II. Saúl el rey y David el fugitivo	16:1-26:25
Resurgir de David a la fama nacional	16:1-17:58
Saúl busca insidiar a David	18:1-19:24
Amistad de David y Jonatán	20:1-42
La huída de Davdi y sus consecuencias	21:1-22:23
La persecución de Saúl a David	23:1-26:25

---

12. La brutal humillación de tener un ojo perdido como castigo, había sido atestiguada en Ugarit como una maldición. Ver Gordon, *The World of the Old Testament* (Garden City, N. J.; Doubleday, 1958), p. 158.
13. Normalmente Palestina carecía de la lluvia desde abril a octubre. El recibir una copiosa lluvia durante la cosecha del trigo, aproximadamente del 15 de mayo al 15 de junio, fue considerado como un milagro.

III. El conflicto filisteo-israelita   27:1-31:13
    Los filisteos permiten el refugio de David   27:1-28:2
    Saúl busca ayuda en Endor   28:3-25
    David recobra sus posesiones   29:1-30:31
    La muerte de Saúl   31:1-13

Saúl fue un guerrero que condujo a su nación a numerosas victorias militares. En el lugar estratégico sobre una colina a tres kms. al norte de Jerusalén, Saúl fortificó Gabaa[14] para contraatacar la superioridad militar de los filisteos. Aprovechando el victorioso ataque hecho por sus hijos Jonatán, Saúl puso en fuga a los filisteos en la batalla de Micmas (I Sam. 13-14). Entre otras naciones derrotadas por Saúl (I Sam. 14:47-48) se contaban los amalecitas (I Sam. 15:1-9).

El éxito inicial del primer rey de Israel, no obscureció su debilidad personal. El rey de Israel tenía una posición única entre los gobernantes contemporáneos en lo cual, él fue el responsable en conocer el profeta que representaba a Dios. En este respecto, Saúl falló por dos veces. Esperando impacientemente la llegada de Samuel a Gilgal, Saúl mismo ofició el sacrificio (I Sam. 13:8). En su victoria sobre los amalecitas, se entregó a las presiones del pueblo en lugar de ejecutar las instrucciones de Samuel. El profeta le advirtió solemnemente que a Dios no se le complacía mediante sacrificios, que debían ser sustituídos por la obediencia. Con este amargo reproche Samuel dejó al rey Saúl que siguiera sus propios impulsos y decisiones. Mediante su desobediencia, Saúl había perdido el derecho al trono.

La unción de David por Samuel en una ceremonia privada, fue desconocida para Saúl.[15] Con la muerte de Goliat, David emerge en el escenario nacional. Cuando fue enviado por su padre a llevar suministros a sus hermanos que servían en el ejército israelita acampado contra los filisteos, oyó las blasfemias y las amenazas de Goliat. David razonó que Dios que le había ayudado a él en matar osos y leones, también sería capaz de matar a su enemigo, quien desafiaba a los ejércitos de Israel. Cuando los filisteos comprobaron que Goliat, el gigante de Gat, había sido muerto, huyeron ante Israel. El reconocimiento nacional de David como héroe fue expresado subsiguientemente en el dicho popular, "Saúl hirió a sus miles, y David a sus diez miles" (I Sam. 18:7).

En anteriores ocasiones, David había hecho gala de sus dotes musicales en la corte del rey, para calmar el espíritu turbado de Saúl. Tan grave era el desorden mental del rey, que incluso intentó matar al joven músico. Tras esta heroica hazaña, Saúl no sólo tomó conciencia del reconocimiento de David, posiblemente para premiar a su familia con la exención de tributos, que también le agregó permanentemente a su corte real.

Dejado a sus propios recursos, Saul se hizo sospechoso y extremadamente celoso de David. Con numerosas y sutiles añagazas Saúl intentó suprimir al joven héroe nacional. Expuesto a los tiros de jabalina de Saúl o a los peligros de la batalla, David escapó con éxito de todas las maniobras con-

14. Saúl pudo haber sufrido una grave derrota al principio cuando reconstruyó Gabaa como una plaza fuerte. Ver Wright *Biblical Archaeology*, pp. 121-123.
15. I Sam. 16-18 no está necesariamente en un orden cronológico. Para ulterior estudio de la cuestión, ver E. J. Young *Introduction to the Old Testament* (Grand Rapids: Eerdmans, 1949), p. 179, and *New Bible Commentary*, pp. 271-272.

cebidas para su perdición. Incluso cuando Saúl fue personalmente a Naiot, donde David se había refugiado con Samuel, fue influenciado con el espíritu de los profetas hasta el extremo de que le resultó inútil dañar o capturar a David.[16]

Estando agregado a la corte real, resultó ventajoso para David en varios aspectos. En hazañas militares, se distinguió por sí mismo conduciendo las unidades del ejército de Israel en victoriosos ataques contra los filisteos. En sus relaciones personales con Jonatán, compartió una de las amistades más nobles que se advierten en los tiempos del Antiguo Testamento. Mediante su íntima asociación con el hijo del rey, David estuvo en condiciones de captar los bastardos designios de Saúl más minuciosamente y de esa forma, asegurarse contra cualquier peligro innecesario. Cuando David y Jonatán, comprobaron que había ya llegado el momento para que David huyera, ambos sellaron su amistad mediante una alianza (I Sam. 20:11-23).

David huyó con los filisteos buscando seguridad. Denegado el refugio por Aquis, rey de Gat, fue hacia Adulam donde cuatrocientos compañeros de las tribus se reunieron a su entorno. Estando al cuidado de semejante grupo, procuró hacer los convenientes arreglos para algunas de sus gentes que residían en el país moabita. Entre los consejeros asociados con él, estaba el profeta Gad.

Cuando Saúl oyó que Abimelec, el sacerdote de Nob, había proporcionado suministros a David en ruta hacia los filisteos ordenó su ejecución con ochenta y cinco sacerdotes. Abiatar, el hijo de Abimelec, escapó y se reunió con el bando fugitivo de David.

Hacía ya tiempo que Saúl daba rienda suelta a sus maliciosos sentimientos hacia David mediante una abierta persecución. Varias veces David estuvo seriamente en peligro. Tras socorrer la ciudad de Keila de los ataques filisteos, residió allí hasta que fue desalojado por Saúl. Escapando a Zif, seis kms. al sur del Hebrón, fue traicionado por los zifeos y rodeado por el ejército de Saúl. Un ataque de los filisteos previno a Saúl de capturar esta vez a David. Después, en otra expedición a En-gadi (I Sam. 24) y finalmente en Haquila, Saúl también fue frustrado en sus esfuerzos para matarle.

David tuvo muchas ocasiones de haber podido matar al rey de Israel. En cada ocasión rehusó el hacerlo, teniendo la conciencia y el reconocimiento de que Saúl estaba ungido por Dios. Aunque Saúl solía reconocer temporalmente su aberración, pronto volvía a su abierta hostilidad.

Mientras que David y su grupo se hallaba en los desiertos del Parán, rendían servicios a los residentes de aquella zona protegiendo sus propiedades contra los ataques de bandas de ladrones y bandidos.[17] Nabal, un pastor de Maón que pastoreaba sus ovejas cerca del pueblo de Carmelo, ignoró la demanda de David de "protección monetaria". Para encubrir su propia codicia rehusando compartir su riqueza, Nabal protestaba de que David había huido de su amo. Dándose cuenta de que la situación era grave, Abigail, la esposa de Nabal, juiciosamente conjuró la venganza por su apelación personal a David con regalos. Cuando Nabal se recuperó de su

---

16. Para la discusión de Saúl entre los profetas, ver *New Bible Commentary*, p. 298.
17. Ver Cyrus Gordon, *The World of the Ancient Testament*, p. 163.

11-10-2023

intoxicación y comprendió cuán cerca había estado de la venganza a manos de David, quedó tan impresionado que murió diez días después. Como consecuencia, Abigail se convirtió en la esposa de David.

David temía que cualquier día Saúl podría sorprenderle inesperadamente. Para asegurarse a sí mismo y a su grupo de casi seiscientos hombres, además de mujeres y niños, le fue concedido permiso por Aquis para residir en territorio filisteo y en la ciudad de Siclag. Se quedó allí aproximadamente durante el último año y medio del reinado de Saúl. Cerca del fin de este período, David acompañó a los filisteos a Afec para luchar contra Israel. Pero le fue negada su participación. Entonces volvió a Siclag a tiempo de recobrar sus posesiones perdidas en un ataque por sorpresa por los amalecitas.

Los ejércitos de Israel acampados en el monte de Gilboa para luchar contra los filisteos, a quienes había derrotado otras varias veces, se encontraron con que más que el miedo al enemigo era la turbación del rey de Israel quien complicó las cosas por aquel tiempo. Samuel, hacía tiempo ignorado por Saúl, no estaba disponible para una entrevista. Saúl se volvió a Dios pero no hubo respuesta para él, ni en sueños, ni por Urim o por el profeta. Estaba enfermo de verdadero pánico. En su desesperación se volvió hacia los medios espiritualistas que él mismo había barrido en el pasado.[18] Localizando a la mujer en Endor, que tenía un espíritu similar, Saúl preguntó por Samuel. Fuese cual fuese el poder que tenía esta mujer, se hace aparente en lo que se registra en I Sam. 28:3-25, que la intervención del poder sobrenatural en mostrar al profeta Samuel en forma de espíritu, estaba más allá de su control. A Saúl se le recordó una vez más por Samuel, que a causa de su desobediencia, había perdido el derecho a la legitimidad del reino. En su mensaje a Saúl, el profeta predijo la muerte del rey y de sus tres hijos, lo mismo que la derrota de Israel.

Con el corazón endurecido y el pensamiento de tales trágicos acontecimientos que habían de caer sobre él, Saúl volvió al campamento aquella funesta noche. En el curso de la batalla en la llanura de Jezreel, las fuerzas israelitas fueron derrotadas, retirándose a monte Gilboa. Durante la persecución, los filisteos tomaron la vida de los tres hijos del rey. El propio Saúl fue herido por arqueros enemigos. Para evitar un bestial tratamiento a manos del enemigo, se clavó contra su espada, acabando así su vida. Los filisteos vencieron con una victoria definitiva, ganando el indisputable control del fértil valle desde la costa del río Jordán. Ocuparon también muchas ciudades de donde los israelitas se vieron forzados a huir. Los cuerpos de Saúl y sus hijos fueron mutilados y colgados en la fortaleza filistea de Bet-sán, pero los ciudadanos de Jabes de Galaad los rescataron para su enterramiento. Más tarde, David hizo lo necesario para transferir los restos a la propiedad de la familia de Saúl en Zela, en la tribu de Benjamín (II Sam. 21:14).

---

18. El ocultismo, practicado por las naciones circundantes, era contrario a la Ley de Moisés. Ver Lev. 19:31; 20:6, 27; Deut. 18:10-11. Para más detalles, ver Merrill F. Unger *Biblical Demonology, A study of the Spiritual Forces behind the Present World Unrest.* (Wheaton, Ill.. 1952), pp. 148-152.

Ciertamente trágica fue la terminación del reinado de Saúl como primer rey de Israel.[19] Aunque elegido por Dios y ungido por la oración por el profeta Samuel, fracasó en poner en práctica aquella obediencia que era esencial en el sagrado y único principio de fe que Dios le permitió: el ser "príncipe sobre su pueblo."

BIBLIOGRAFÍA SELECTA

Libros en castellano

FREE, J. P. *Archaeology and Bible History*. Wheaton, IL: Scripture Press, 1956, pp. 146-153.

GROLLENBERG, L. H. *Atlas of the Bible*. Nueva York: Nelson & Sons, 1956, pp. 64-67.

* LANEY, J. C. *Primero y Segundo de Samuel*. Grand Rapids: Editorial Portavoz, 1995.

* PAYNE, D. F. «1 y 2 Samuel», en *Nuevo comentario bíblico*. El Paso: Casa Bautista de Publicaciones, 1978, pp. 220-248.

YOUNG, EDWARD, J. *My Servants the Prophets*. Grand Rapids: Eerdmans Publishing Co., 1955.

Capítulo **VIII**

Unión de Israel
bajo David y Salomón

La edad de oro de David y Salomón, no tuvo repetición en los tiempos del Antiguo Testamento. La expansión territorial y los ideales religiosos, como fueron imaginados por Moisés, fueron realizados en un grado máximo que antes o después de la historia de Israel. En los siglos siguientes, las esperanzas proféticas para la restauración de la fortuna de Israel, repetidamente se refiere al reino de David, como ideal supremo.

La unión davídica y expansión

Los esfuerzos políticos de David fueron marcados con el sello del éxito. En menos de una década tras la muerte de Saúl, todo Israel acudía en apoyo de David, que había comenzado su reinado con sólo el pequeño reino de Judá. Mediante éxitos militares y amistosas alianzas, pronto controló el territorio existente entre el río de Egipto y el golfo de Acaba hasta la costa fenicia y la tierra de Hamat. El respecto internacional y el reconocimiento que David ganó para Israel no fue desafiado por poderes foráneos hasta el final de los últimos años de Salomón.

El nuevo rey también se distinguió como caudillo religioso. Aunque denegado el privilegio de construir el templo, él hizo las más elaboradas provisiones para su erección bajo su hijo Salomón. Con el caudillaje real de David, los sacerdotes y levitas fueron extensamente organizados para la efectiva participación en las actividades religiosas de la totalidad de la nación.[1]

---

1. Indudablemente, muchas de las ciudades entregadas a los levitas o designadas como ciudades de refugio, bajo el mando de Moisés y Josué, no fueron utilizadas hasta el tiempo de David, cuando los ocupantes paganos fueron desalojados de ellas. Ver Merrill F. Unger, *Archaeology and the Old Testament*, pp. 210-211, y W. F. Albright, *Archaeology and the Religion of Israel*, p. 123.

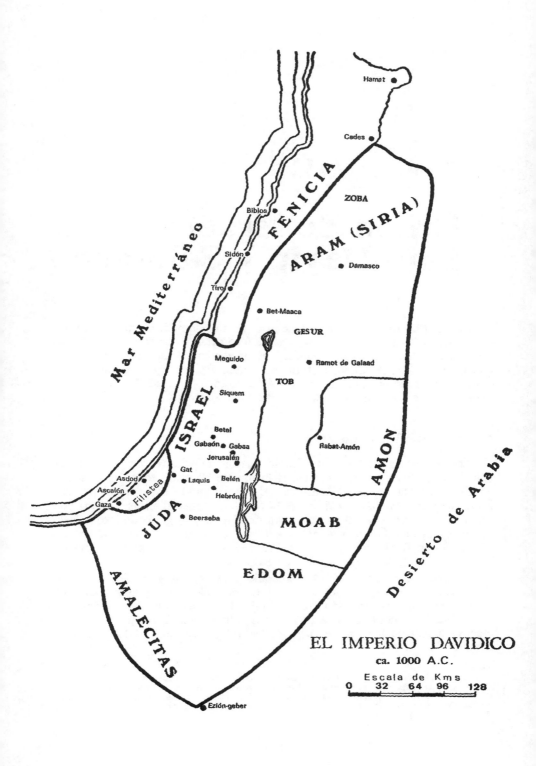

Hamat

Cades

FENICIA

ZOBA

ARAM (SIRIA)

Biblos

Damasco

Sidón

Mar Mediterráneo

Tiro

Bet-Maaca

GESUR

Ramot de Galaad

Meguido

TOB

Siquem

ISRAEL

Betel

Gabaón · Gabaa

AMON

Rabat-Amón

Jerusalén

Asdod

Gat · Belén

Ascalón

Laquis

Filistea

Gaza

Hebrón

JUDA

Beerseba

MOAB

Desierto de Arabia

EDOM

AMALECITAS

EL IMPERIO DAVIDICO

ca. 1000 A.C.

Escala de Kms

0   32   64   96   128

Ezión-geber

El segundo libro de Samuel detalla y explica el reino de David con gran minuciosidad. Una larga sección (11-20) suministra el relato exclusivo del pecado, el crimen y la rebelión en la familia real. La transferencia del reinado a Salomón y la muerte de David, están relatadas en los primeros capítulos del primer libro de Reyes. El primer libro de Crónicas también hace referencia al período davídico y representa una unidad independiente, enfocando la atención sobre David como el primer gobernante en una continuada dinastía. Por vía de introducción al establecimiento del trono de David, el cronista traza el fondo genealógico de las doce tribus sobre las cuales gobernaba David. Saúl no está sino muy brevemente mencionado, tras lo cual David se presentaba como rey de Israel. La organización de Israel políticamente lo mismo que en el aspecto religioso está más elaborada dada la supremacía de David sobre las naciones circundantes y recibe un mayor énfasis. Antes de concluir con la muerte de David, los últimos ocho capítulos en este libro dan una extensa descripción de su preparación para la construcción del templo. En consecuencia I Crónicas es un valioso complemento para lo registrado en II Samuel.

El bosquejo del reinado de David en este capítulo, representa un arreglo cronológico sugerido de los acontecimientos conforme están registrados en II Samuel y I Crónicas:

El rey de Judá

	II Sam.	I Crón.
Fondo genealógico		1:1-9:44
Lamentos de David a la muerte de Saúl	1:1-27	10:1-14
Desintegración de la dinastía de Saúl	2:1-4:12	

Nacido en tiempos turbulentos, David estuvo sujeto a un rudo período de entrenamiento para el reinado de Israel. Fue requerido por el rey para el servicio militar tras haber matado a Goliat y ganado una experiencia inapreciable en hazañas militares contra los filisteos. Tras que fue forzado a dejar la corte, condujo a un grupo fugitivo y se congració a sí mismo con los terratenientes y dueños de grandes rebaños en la parte meridional de Israel, proporcionándoles un efectivo servicio. Al propio tiempo, negoció con éxito diplomático las relaciones con los filisteos y moabitas, mientras que se hallaba considerado en Israel como un individuo al margen de la ley.

David estuvo en la tierra de los filisteos cuando el ejército de Saúl fue decisivamente derrotado en monte Gilboa. Muy poco después de que David rescatase a sus esposas y recobrase el botín que había sido tomado por los asaltantes amalecitas, un mensajero le informó de los desgraciados acontecimientos que habían tenido lugar en Israel. Sobrecogido por el dolor, David dio un inmortal tributo a Saúl y a Jonatán en una de las más grandes elegías que existen en el Antiguo Testamento. No solo Israel había perdido a su rey, sino que David había perdido a su más íntimo amigo de siempre, a Jonatán. Cuando el portador de las noticias, un amalecita, reclamó una recompensa por la muerte de Saúl, David ordenó su ejecución por haber tocado al ungido de Dios.

18-10-2023

Tras de hallarse cierto de la aprobación de Dios, David volvió a la tierra de Israel. En Hebrón, los jefes de su propia tribu (Judá) le ungieron y reconocieron como a su rey. David era bien conocido en todos los clanes de la zona, habiendo protegido los intereses de los propietarios de tierras y compartido con ellos el botín obtenido al atacar a sus enemigos (I Sam. 30:26-31). Como rey de Judá, David envió un mensaje de felicitación a los hombres de Jabes por dar al rey Saúl un respetable enterramiento. No hay duda de que este amistoso y gentil gesto tenía también implicaciones políticas, en lo que David se sentía necesitado para procurarse toda clase de apoyo.

Israel estuvo en muy serias dificultades cuando acabó el reinado de Saúl. La capital en Gabaa, o experimentó la destrucción o gradualmente fue cayendo hasta convertirse en ruinas.[2] Eventualmente, Abner el jefe del ejército israelita estuvo en condiciones de restaurar lo bastante el orden para tener a Is-boset (Isbaal) ungido como rey. La coronación tuvo lugar en Galaad, ya que los filisteos tenían el control sobre la tierra situada al oeste del Jordán.[3] Puesto que el hijo de Saúl reinaba sobre las tribus del norte sólo por dos años (II Sam. 210) durante los siete años y medio que David reinó sobre Hebrón, aparece que el problema de los filisteos demoró el acceso del nuevo rey por aproximadamente cinco años.

Es así como el pueblo de Judá abogó por su alianza con David, mientras que el resto de los israelitas permanecía leal a la dinastía de Saúl, bajo el liderazgo de Abner e Is-boset. El resultado fue que prevaleciese la guerra civil. Tras ser severamente reprobado por Is-boset, Abner apeló a David y le ofreció el apoyo de Israel, en su totalidad. De acuerdo con la petición de David, Mical, la hija de Saúl, le fue devuelta como esposa. Aquello tuvo lugar bajo la supervisión de Abner con el consentimiento de Is-boset. De esto quedó patente públicamente que David no sostenía ninguna animosidad hacia la dinastía de Saúl. El propio Abner fue a Hebrón donde prometió a David la lealtad de su pueblo. Tras esta alianza y una vez completada, Abner fue muerto por Joab en lucha civil. La muerte de Abner dejó a Israel sin un fuerte y poderoso caudillo militar. Hacía tiempo ya que Is-boset había sido asesinado por dos hombres procedentes de la tribu de Benjamín. Cuando los asesinos aparecieron ante David, fueron inmediatamente ejecutados. Desaprobaba así la muerte de una persona justa. Sin malicia ni venganza, David ganó el reconocimiento de todo Israel, mientras que la dinastía de Saúl fue eliminada del poder político.

Jerusalén—la capital nacional

	II Sam.	I Crón.
La conquista de Jerusalén	5:1-9	11:1-9
La fuerza militar de David	23:8-39	11:10-12:40
Reconocimiento de Fenicia y de la tierra de los Filisteos	5:10-25	14:1-17
Jerusalén: centro de la religión	6:1-23	13:1-14
		15:1-16:43
Un trono eterno	7:1-29	17:1-27

---

2. G. L. Wright, *Biblical Archaeology*, pp. 122-123.
3. E. Mould, *Essentials of Bible History* (ed. rev., Nueva York, 1951), p. 188, atribuye esta elección de capital a la ocupación filistea.

18-10-2023

No hay indicación de que los filisteos interfirieran con la ascendencia de David como rey en Hebrón. Es posible que ellos le considerasen como a un vasallo, en tanto que el resto de Israel, revuelto por la guerra civil, no ofrecía resistencia unificada.[4]

Pero se alarmaron seriamente cuando David ganó la aceptación de la totalidad de la nación. Un ataque filisteo (II Sam. 5:17-25 I Crón. 14:8-17) tuvo lugar muy verosímilmente antes de la conquista y ocupación de Sión. David les derrotó por dos veces, previniendo así su interferencia en la unificación de Israel bajo el nuevo rey. Sin duda, la amenaza filistea en sí misma tuvo un efecto unificador sobre Israel.

Buscando un lugar central para la capital del reino unido de Israel, David se volvió hacia Jerusalén. Era un lugar estratégico y menos vulnerable para ser atacado. Como una fortaleza cananea ocupada por los jebuseos, había resistido con éxito la conquista y la ocupación por los israelitas. En los registros egipcios ya por el 1900 a. C. esta ciudad ya se conocía como Jerusalén. Cuando David invitó a sus hombres a conquistar la ciudad y expulsar a los jebuseos, Joab aceptó y fue recompensado con el nombramiento de jefe de los ejércitos de Israel. Con la ocupación de la fortaleza por David, se hizo conocida como "la Ciudad de David" (I Crón. 11:7).

En el período davídico, Jerusalén ocupaba la cima de una colina directamente al sur del área del templo a una elevación aproximada de 762 mts. sobre el nivel del mar.[5] El lugar era conocido más particularmente como Ofel. A lo largo de la orilla oriental estaba el valle de Cedrón, reuniéndose hacia el sur con el valle de Hinom, que se extendía hacia el oeste. Separándolo de una elevación occidental, que en tiempos modernos es llamado monte Sión, estaba el valle Tiropoeon. De acuerdo con Josefo, existía un valle en la parte norte, separando Ofel del lugar ocupado por el templo. Aparentemente esta zona Ofel-Sión era de una elevación mayor que el lugar del templo en la época de la conquista de David. En el siglo II a. C. sin embargo, los macabeos allanaron la colina arrojando los escombros de la ciudad davídica en el valle existente debajo. Como resultado, los arqueólogos han sido incapaces de eslabonar debidamente cualquier objeto procedente del reinado de David.

Cuando David asumió el reinado sobre las doce tribus, eligió a Jerusalén como su capital política. Durante sus días como un fuera de la ley, había estado seguido por cientos de hombres. Tales hombres fueron bien organizados bajo su mando en Siclag y más tarde en Hebrón (I Crón. 11:10-12:22). Aquellos hombres se habían distinguido en hazañas militares de tal forma, que fueron nombrados príncipes y jefes. Cuando Israel apoyó a David, la organización fue agrandada para incluir a la totalidad de la nación, con Jerusalén como centro (I Crón. 12:23-40). Mediante contrato con los fenicios, fue construído un magnífico palacio para David como rey (II Sam. 5:11-22).

Al propio tiempo, Jerusalén se convirtió en el centro religioso de toda la nación (I Crón. 13:1-17:27 y II Sam. 6:1-7:29). Cuando David intentó llevar el arca de Dios desde el hogar de Abinadab en Quiriat-jearim por

---

4. B. W. Anderson, *Understanding the Old Testament*. (Englewood Cliffs, N. J., 1957), p. 134.

5. G. E. Wright, *op. cit.*, p. 126.

1 8-10-2023

medio de un carro en lugar de ser llevada por los sacerdotes (Núm. 4), Uza fue muerto repentinamente. En lugar de llevar el arca a Jerusalén, David la dejó en el hogar de Obed-edom en Gabaa. Cuando sintió que el Señor estaba bendiciendo su casa, David transfirió inmediatamente el objeto sagrado a Jerusalén para ser alojada en una tienda o tabernáculo, y un culto apropiado se restauró entonces para Israel a escala nacional.[6]

Con el renovado interés en la religión de Israel, David se volvió deseoso de construir un local permanente para el culto. Cuando compartió su plan con Natán, el profeta, encontró su inmediata aprobación. A la noche siguiente, sin embargo, Dios comisionó a Natán para informar al rey que la construcción del templo quedaría pospuesta hasta que el hijo de David fuese establecido en su trono. Aquello fue una seguridad divina para David, de que su hijo le sucedería y que él no estaría sujeto a un hado tan fatal como le había sucedido al rey Saúl. La magnitud de esta promesa para David, no obstante, se extiende mucho más allá del tiempo y del alcance del reinado de Salomón. La semilla de David incluía más que a Salomón, puesto que la orden divina claramente establecía que el trono de David quedaba establecido para siempre. Incluso si la iniquidad y el pecado prevaleciese en la posteridad de David, Dios temporalmente juzgaría y castigaría, pero no haría perder el derecho a la promesa ni retiraría su merced indefinidamente.

Ningún reinado terrestre o dinastía ha tenido jamás una duración eterna, tales como el cielo y la tierra. Tampoco la tuvo el reinado terrenal del trono de David, sin eslabonar su linaje con Jesús, quien específicamente está identificado en el Nuevo Testamento como el hijo de David. Esta seguridad, dada a David mediante el profeta Natán, constituye otro eslabón en la serie de promesas mesiánicas dadas en los tiempos del Antiguo Testamento. Dios iba desenvolviendo gradualmente el compromiso inicial de que la última victoria llegaría a través de la semilla de la mujer (Gén. 3:15). Una revelación completa del Mesías y su reinado eterno, se da por los profetas en siglos subsiguientes.

¿Por qué se le negó a David el privilegio de construir el templo? En los años de su reinado, él llegó a la comprobación de que había sido comisionado como un hombre de estado y un caudillo militar para establecer el reino Israel (I Crón. 28:3; 22:8). Mientras que el reinado de David estuvo caracterizado por una situación de estado de guerra, Salomón gozó de un extenso período de paz. Tal vez la paz prevaleciese por el tiempo en que David expresó su intención de construir el templo, pero no hay forma de discernir con certeza en la Escritura cómo las guerras relatadas están relacionadas cronológicamente a este mensaje dado por Natán. Posiblemente, hasta que llegase el fin del reinado de David, se tuviera en cuenta que los días de Salomón eran una mejor oportunidad para la construcción del templo.

Prosperidad y supremacía

	II Sam.	I Crón.
Lista de naciones conquistadas	8:1-13	18:1-13
David comparte la responsabilidad y las bendiciones	8:15-9:13	18:14-17

---

6. Jerusalén no fue el centro exclusivo del culto. El Tabernáculo mosaico y el altar de los sacrificios permanecieron en Gabaón (II Crón. 1:3).

El hambre	21:1-14	
Derrota de los amonitas, sirios	10:1-18	
y filisteos	21:15-22	19:1-20:8
Canto de liberación (Salmo 18)	22:1-51	

La expansión del gobierno de David desde la zona tribal de Judá a un vasto imperio, extendiendo sus dominios desde Egipto a las regiones del Eufrates, recibe escasa atención en la Biblia. Y con todo, este hecho registrado es de básica importancia históricamente, puesto que Israel era la nación de primera fila en Creciente Fértil a comienzos del siglo X a. C. Afortunadamente, las excavaciones arqueológicas han proporcionado informaciones complementarias.

David fue inmediatamente desafiado por los filisteos cuando fue reconocido como rey de todo Israel (II Sam. 5:17-25). Les derrotó dos veces, pero en un largo período de tiempo es completamente verosímil que hubiese frecuentes batallas antes de reducirlos a un estado tributario y sometido. La captura de un jefe de sus ciudades, Gat, y la muerte de los gigantes filisteos (II Sam. 8:1, y 21:15-22), no son más que ejemplos y muestras de encuentros en este período crucial en que Israel ganó su hegemonía.

Bet-sán fue conquistada durante este período.[7] En Debir y Bet-semes, murallas con casamatas sugieren que David construyó una línea de defensa contra los filisteos.[8] Las observaciones de que los filisteos tenían el monopolio del hierro en los días de Samuel (I Sam. 3:19-20) y de que David lo utilizaba libremente cerca del fin de su reinado (I Crón. 22:3), sugieren que pudo haberse escrito un largo capítulo en la revolución económica de Israel. El período de proscripción y la residencia de los filisteos no solo proporcionaron a David la preparación para el caudillaje militar, sino que indudablemente le dieron un conocimiento de primera mano con la fórmula y los métodos utilizados por los filisteos en la producción de armamento. Tal vez muchos de los planes para la expansión económica y militar fueron hechos mientras David estaba en Hebrón pero realmente ejecutados después de que Jerusalén fue convertida en capital. Los filisteos tenían razón en estar alarmados cuando la desolada y derrotada Israel fue unificada bajo la égida de David.

La conquista y la ocupación de Edom tuvo una gran importancia estratégica. Dio a David una valiosa fuente de recursos naturales. El desierto árabe, que se extiende hacia el sur del mar Muerto y hasta el golfo de Acaba, era rico en hierro y cobre necesitado para romper el monopolio filisteo. Para estar seguros de que estos suministros no sufrirían peligro, los israelitas establecieron guarniciones por todo Edom (II Sam. 8:14).

Aparentemente, Israel tuvo poca interferencia procedente de Moab y los amalecitas en aquella época. Estaban incluídos entre los estados tributarios que enviaban plata y oro a David.

Hacia el nordeste, el resurgir del poder de David, expandiendo el estado de Israel, fue desafiado por las tribus amonitas y arameas. Las primeras se habían establecido desde Carquemis sobre el Eufrates hasta los límites

---

7. G. E. Wright, *op. cit.*, p. 124.
8. W. F. Albright, *The Biblical Period.* (Pittsburgh. 1950). pp. 24-25.

orientales de Palestina. Ya eran considerados como enemigos en los días de Saúl (I Sam. 14:47). Cuando David estuvo considerado como un hombre fuera de la ley, al menos uno de aquellos estados arameos tuvo que haber sido amigo de él, puesto que Talmai, el rey de Gesur, le había dado a su hija Maaca como esposa (II Sam. 3:3). Luego que David derrotase a los filisteos y concluído un tratado con los fenicios, los arameos temieron el resurgir del poder de Israel. La expansión de Israel puso en peligro sus riquezas y desafiaba su control de las fértiles llanuras y su gran comercio. Tras la vergonzosa recepción y tratamiento de los mensajeros de buena voluntad enviados por David, los amonitas inmediatamente implicaron a los arameos en su oposición a Israel, pero sus fuerzas combinadas fueron esparcidas por las tropas de David.

Más tarde, la ciudad de Rabá en Amón fue capturada por los israelitas (I Crón. 20:1). Las fuerzas arameas entonces se organizaron bajo Hadad-ezer[9] que empleó y reunió fuerzas desde tan lejos como Aram-Naharaim o Mesopotamia (I Crón. 19:6). Esta vez las fuerzas israelitas avanzaron hacia Elam, derrotando su fuerte coalición. Aquello expandió la condenación para la alianza amonita.

Subsiguiente a esto, David atacó a Hadad-ezer una vez más cuando los sirios[10] se hallaban al alcance del Eufrates para reclamar el territorio bajo control asirio (II Sam. 8:3). Damasco, que estaba tan íntimamente aliada con Haded-ezer (I Crón. 18:3-8), cayó bajo el control de David, añadiendo así otra victoria para los israelitas. Sus guarniciones ocuparon la ciudad, colocándola bajo un fuerte tributo, y Hadad-ezer concedió grandes cantidades de oro y bronce a David. La dominación de los estados arameos de Hamat, sobre el Orontes, añadió grandemente muchos más recursos que enriquecieron a Israel. La administración de Damasco por parte de los israelitas, no fue desafiada hasta los años próximos al reinado de David.

En los días de la expansión nacional, las provisiones hechas por Mefi-boset ilustran la magnánima actitud de David hacia los descendientes de su predecesor (II Sam. 9:1-13). Cuando David supo la desgracia que se había abatido sobre el hijo de Jonatán, Mefi-boset, le concedió una pensión procedente de su tesoro real. Al inválido le fue entregado un hogar en Jerusalén y colocado bajo el cuidado del sirviente Siba.

Mefi-boset recibió especial consideración en una crisis subsiguiente (II Sam. 21:1-14), cuando el hambre se produjo en la tierra de Israel. Dios reveló a David que el hambre era un juicio por el terrible crimen de Saúl de atentar con el exterminio de los gabaonitas con quien Josué había hecho una alianza (Jos. 9:3 ss.). Dándose cuenta de que aquello sólo podía ser expiado (Núm. 35:31), David permitió que los gabaonitas ejecutaran a siete de los descendientes de Saúl. Mefi-boset, sin embargo, fue excluido. Cuando David fue informado del luto de Rizpa, una concubina de Saúl tomó las medidas necesarias para el adecuado enterramiento de los restos de aquellas víctimas en el sepulcro familiar de Benjamín. Los restos de Saúl y Jonatán también fueron trasladados a dicho lugar. Con aquello, el hambre tocó a su fin.

---

9. M. F. Unger, *Israel and the Arameans*, pp. 38-55.
10. G. E. Wright, *op. cit.* Cronológicamente este acontecimiento sigue al ataque que David hizo sobre la alianza siria-amonita en II Sam. 10:1-14.

Como rey del imperio israelita, David no falló en reconocer que Dios había sido el único que garantizó las victorias militares de Israel y el autor de su prosperidad material. En un salmo de acción de gracias (II Sam. 22:1-51), David expresa su alabanza al Dios Omnipotente por la liberación de los enemigos de Israel, al igual que para las naciones paganas. Este Salmo también se cita el capítulo 18 del libro de los Salmos. Ello representa un ejemplo de muchos de los que él compuso en varias ocasiones durante su azarosa carrera de muchacho pastor, sirviente de la corte real, proscrito de Israel, y finalmente como el arquitecto y constructor del gran imperio de Israel.[11]

El pecado en la familia real

	II Sam.
El crimen de David y su arrepentimiento	11:1-12:31
El crimen de Amnón y sus resultados	13:1-36
Derrota de Absalón en la rebelión	13:37-18:33
David recobra el trono	19:1-20:26

Las imperfecciones en el carácter de un miembro de la familia real, no están minimizadas en la Sagrada Escritura. Un rey de Israel que cayó en el pecado no podía escapar a los juicios de Dios. Al mismo tiempo, David, como pecador, arrepentido, reconoció su iniquidad y de esta forma se calificó como un hombre que agradaba a Dios (I Sam. 13:14).

David practicaba la poligamia (II Sam. 3:2-5; 11:27) y aunque esto está definitivamente prohibido en la más amplia revelación del Nuevo Testamento, era tolerado en el Antiguo y en su tiempo, a causa de la dureza de corazón de Israel. La poligamia estaba igualmente practicada por todas las naciones circundantes. Un harén en la corte era una cosa aceptada. Aunque advertido de la multiplicidad de esposas en la ley de Moisés (Deut. 17:17), David se hizo con varias. Algunos de aquellos matrimonios tenían, indudablemente implicaciones de tipo político, tal como por ejemplo el casamiento con Mical, la hija de Saúl y con Maaca, la hija de Talmai, rey de Gesur. Como otros, David tuvo que sufrir las consecuencias de los crímenes de incesto, asesinato y rebelión llevados a cabo en la vida de su familia.

El pecado de asesinato y adulterio de David constituía un crimen perfecto desde el punto de vista humano. Se produjeron en los días de los éxitos militares y la expansión del imperio. Los filisteos ya habían sido derrotados y la coalición aramea-amonita había sido rota el año anterior. Mientras David permaneció en Jerusalén, los ejércitos israelitas, bajo el mando de Joab, fueron enviados a conquistar la ciudad amonita de Rabá. Siendo seducido por Betsabé, David cometió adulterio. El sabía que ella era la esposa de Urías, el heteo; un mercenario leal del ejército de Israel. El rey envió a Urías al frente de batalla y después mandó llamarlo ordenando a Joab su vuelta mediante una carta arreglando las cosas para que fuese muerto por el enemigo. Cuando llegaron a Jerusalén los informes de que Urías había

---

11. Las variaciones en estos dos capítulos son similares al problema sinóptico existente en los Evangelios. C. F. Keil, *The Books of Samuel*, sugiere que esos dos capítulos proceden de una misma fuente.

18-10-2023

muerto en la batalla contra los amonitas, David se casó con Betsabé. Tal vez los hechos que dieron lugar al repugnante crimen de David quedaran en el secreto, ya que una baja en la línea del frente de batalla, era algo común, y corriente. Incluso si ello fue conocido por Joab ¿quién era el que reprobaba o desafiaba al poder del rey?

Aunque David no era responsable ante nadie en su reino, falló en no darse cuenta de que este "crimen perfecto" era conocido por Dios. En una nación pagana, una acción criminal de adulterio y muerte pudo haber pasado ignorada; pero aquello no podía ocurrir en Israel, donde un rey sostenía su posición de realeza mediante una fe sagrada. Cuando Natán describe el crimen de David en la dramática historia del hombre rico que toma ventaja de su pobre sirviente, David se enfureció protestando de que semejante hecho pudiera ocurrir en su reino. Natán claramente declaró que David era el hombre culpable de asesinato y adulterio. Afortunadamente para Natán, el rey se arrepintió. Las crisis espirituales de David encuentran su expresión en la poesía (Salmos 32 y 51). Se le concedió perdón, pero las consecuencias fueron ciertamente graves en lo doméstico (II Sam. 12:11).

La inmoralidad y el crimen dentro de la familia, pronto envolvieron a David en una lucha civil y una rebelión. La falta de disciplina de David y su autolimitación fueron un pobre ejemplo para sus hijos. La conducta inmoral de Amnón con su hermanastra, resultó en su asesinato por Absalón, otro hijo de David. Naturalmente, Absalón incurrió en el disfavor de su padre. Como consecuencia, halló su única salida en salir de Jerusalén, refugiándose con Talmai, su abuelo, en Gesur. Allí permaneció durante tres años.

Entre tanto, estaba buscando una reconciliación entre David y Absalón. Empleando una mujer de Tecoa (II Sam. 14), Joab obtuvo la autorización del rey para que Absalón volviese a Jerusalén, con el bien entendido de que no podría aparecer más por la corte real. Después de dos años, Absalón, finalmente, recibió permiso para ir a la presencia de su padre. Habiendo vuelto a ganar el favor del rey, se aseguró para sí una guardia real de cincuenta hombres con caballos y carros de combate. Durante cuatro años[12], el hermoso Absalón fue activo con exceso en las relaciones públicas a las puertas de Jerusalén, venciendo y ganando el favor y la aprobación de los israelitas. Pretendiendo dar cumplimiento a un voto, se aseguró el obtener permiso del rey para marcharse a Hebrón.

La rebelión que Absalón estableció en Hebrón, fue una completa sorpresa para David. Espías fueron enviados por toda la tierra de Israel para proclamar que Absalón sería rey al son de las trompetas. Muy verosímilmente, muchas de las gentes que habían sido impresionadas por Absalón, llegaron a la conclusión de que, como hijo de David, iba a hacerse dueño del reino. A cualquier precio, eran muchos los que apoyaban a Absalón, incluído Ahitofel, consejero del rey David. Las fuerzas rebeldes, conducidas por Absalón, marcharon sobre Jerusalén y David, que no estaba preparado para resistir, huyó a Mahanaim, más allá del Jordán. Husai, un amigo devoto y consejero, siguió el consejo de David y permaneció en Jerusalén

---

12. La Vulgata siria y otras adoptan «cuatro» en vez de «cuarenta». Absalón nació en Hebrón. El reinado total de David fue de cuarenta años.

para contrarrestar el consejo de Ahitofel. Este último, que pudo haber planeado la totalidad de la rebelión y ofrecido su apoyo a Absalón desde el principio, aconsejó que le permitiese perseguir a David inmediatamente, antes de que se pudiera organizar una oposición. Pero Absalón solicitó consejo de Husai, quien le persuadió de posponer semejante persecución, ganando así un tiempo precioso que necesitaba David para organizar sus fuerzas. Habiéndose convertido en un traidor, y comprobando que David sería restablecido en el trono, Ahitofel se ahorcó.

David fue un brillante militar. Preparó sus fuerzas para la batalla y pronto puso en fuga los ejércitos de Absalón. Joab, contrariamente a las órdenes de David, mató a Absalón mientras perseguía al enemigo. David, habiendo perdido el sentido de la prioridad, llevó a cabo el luto por su hijo en lugar de celebrar la victoria. Este turno en los acontecimientos dieron por resultado que Joab se encarase con el rey por descuidar el bienestar de los israelitas quienes le habían prestado su más leal apoyo.

Con Absalón fuera de combate, el pueblo volvió de nuevo hacia David acatando su jefatura. La tribu de Judá, que había apoyado la rebelión del hijo rebelde de David, fue el último grupo en volver hacia él tras haber hecho una rápida concesión de sustituir Amasa por Joab.

Cuando David volvió a la capital, otra rebelión surgió como consecuencia de la confusión reinante. Seba, un benjaminita, tomando como base de que Judá había traído de nuevo a David a Jerusalén, fustigó la oposición contra él. Amasa fue comisionado para suprimir la rebelión. En subsiguientes acontecimientos, Joab mató a Amasa y después condujo la persecución de Seba, quien, fue decapitado en la frontera asiria por el pueblo de Abel-bet-maaca. Joab hizo sonar la trompeta, retornó a Jerusalén y continuó sirviendo como comandante del ejército bajo David.

A través de casi una década del reinado de David, las solemnes palabras pronunciadas por Natán fueron realmente cumplidas. Comenzando con la inmoralidad de Amnón y continuando con la supresión de la rebelión de Seba, el mal había fermentado en la propia casa de David.

Pasado y futuro

	II Sam.	I Crón.
El pecado de hacer un censo del pueblo	24:1:25	21:1-27
Salomón encargó la construcción del Templo		21:28-22:19
Deberes de los levitas		23:1-26:28
Oficiales civiles		26:29-27:34
Ultimas palabras de David	23:1-7	
Muerte de David		29:22-30

Un proyecto favorito de David, durante los últimos años de su vida, fue el hacer los preparativos para la construcción del Templo. Planes muy elaborados y arreglos dispuestos en sus más mínimos detalles, fueron cuidadosamente llevados a cabo en la adquisición de los materiales de construcción. El reino estaba bien organizado para el eficiente uso del trabajo local y extranjero. David incluso perfiló los detalles para el culto religioso en la estructura propuesta.

La organización militar y civil del reino se desarrolló gradualmente, durante todo el reinado de David, conforme el imperio se expandía. La pauta básica de organización utilizada por David pudo haber sido similar a la practicada por los egipcios.[13] El registrador o cronista estaba al cuidado de los archivos, y como tal, tenía la muy importante posición de ser el hombre de relaciones públicas entre el rey y sus oficiales. El escriba o secretario, era el responsable de la correspondencia propia o extraña, teniendo grandes conocimientos en cuestiones diplomáticas. En un período avanzado del reinado de David (II Sam. 20:23-25), un oficial adicional estaba a cargo de los trabajos forzados. Muy verosímilmente, otros oficiales de alta categoría estaban agregados al gobierno, conforme se multiplicaban las responsabilidades. Las cuestiones de la judicatura parecen ser que eran manejadas por el propio rey (II Sam. 14:4-17; 15:1-6).

El comandante en jefe de las fuerzas militares era Joab. Hombre sobresaliente en capacidad y condiciones de caudillaje, no solamente era responsable de las victorias militares, sino que ejercía considerable influencia sobre el propio David. Una unidad de tropas extranjeras o mercenarias, compuesta por cereteos y peleteos bajo el mando de Benaia, pudo haber sido el ejército de David. El rey también tenía un consejero privado. Ahitofel había servido en este puesto hasta que apoyó a Absalón con motivo de la rebelión de este último. Los hombres poderosos que se habían agregado a David antes de que se convirtiese en rey, estaban entonces conceptuados como formando un Consejo o Legión de honor (I Crón. 11:10-47; II Sam. 23:8-39). Cuando David organizó su reino con Jerusalén como capital se hallaban treinta hombres en este grupo. Con el tiempo, se fue agrandando la cantidad y el rango de los hombres que se distinguieron por hechos heroicos. De este selecto grupo de héroes, fueron elegidos doce hombres para estar a cargo del ejército nacional, consistente en doce unidades (I Crón. 27:1-24). Por todo el reino, David nombró supervisores de las granjas, los cultivos y los ganados (I Crón. 27:25-31).

El censo militar de Israel y las punitivas consecuencias para el rey y su pueblo están detalladamente relatadas en los elaborados planes de David para la construcción del Templo. La razón para el divino castigo sobre David, al igual que para la totalidad de la nación, no se establece explícitamente. El rey ordenó que se hiciera el censo. Joab protestó pero fue ignorado al respecto (II Sam. 24). En menos de diez meses, completó el censo de Israel con la excepción de las tribus de Levi y Benjamín. La fuerza militar de Israel era de aproximadamente de un millón y medio[14] lo que sugiere una población total de cinco o seis millones de personas.[15]

---

13. W. F. Albright, *Archaeology and the Religion of Israel*, p. 120. Para un más detallado análisis, ver Wright, *op. cit.*, pp. 124-125.

14. Esta cifra representa a la gente cualificada para el servicio militar, puesto que el ejército realmente estaba cifrado en 288.000 hombres en I Crón. 27:1-15. Nótese la variación: II Sam. 24:9 cifra 800.000 hombres para Israel y 500.000 para Judá. I Crón. 21:5 cifra 300.000 más para Israel y 30.000 menos para Judá. Puesto que estos datos no están cifrados en los registros oficiales del rey, I Crón. 27:24, ambas fuentes dan aproximadamente números redondos sin exacta razón para la variación de la cuenta. Ver Keil, *op. cit.*, en el comentario sobre II Sam. 24.

15. Albright sugiere que la población total de Israel, bajo Salomón, era solamente de unas 750.000 personas. Considera la cuenta del censo en Núm. 1, y 26 como recesiones del censo de David. Ver *Biblical Period*, pp. 59-60 (fn. 75). A. Edersheim considera una población para Israel de cinco o seis millones como no excesiva. Ver *Bible History of the Old Testament* (Grand Rapids: reeditada en 1949), Vol. II, p. 40.

David se hallaba firmemente consciente del hecho de que había pecado al hacer su censo. Puesto que ambos relatos preceden a este incidente con una lista de héroes militares, el censo pudo haber sido motivado por orgullo y una seguridad y confianza sobre la fuerza militar de Israel en sus logros nacionales.[16] Al mismo tiempo, el estado de la mente de David al imponer este censo, fue considerado como un juicio sobre Israel (II Sam. 24:1; y I Crón. 21:1). Tal vez Israel fuese castigado por las rebeliones bajo Absalón y Seba durante el reinado de David.

David, arrepentido de su pecado, fue informado mediante Gad, el profeta, que podía elegir uno de los siguientes castigos: el hambre por tres años, un período de tres meses de reveses militares o una peste de tres días. David se resignó a sí mismo y a su nación a la misericordia de Dios, eligiendo lo último. La peste duró un día, pero murieron 70.000 personas en todo Israel. Mientras tanto, David y los ancianos, vestidos con ropas de saco, reconocieron al ángel del Señor en el lugar de la era, al norte de Jerusalén sobre el monte Moríah. Reconociendo que era el ángel destructor, David ofreció una plegaria intercesoria por su pueblo. Mediante instrucciones dadas por Gad, David compró a Ornán, el jebuseo, la era. Mientras ofrecía el sacrificio ante Dios, David era consciente de la divina respuesta, cuando cesó la peste, terminando así el juicio sobre su pueblo. El ángel destructor desapareció y Jerusalén fue salvada.

David quedó tan impresionado, que determinó hacer de la era el lugar para el altar de los holocaustos. Allí tenía que ser erigido el templo. Pudo muy bien haber sido el mismo lugar donde Abraham, casi un milenio antes, se prestó a sacrificar a su hijo Isaac, e igualmente tuvo la revelación y la aprobación divinas.

Aunque el monte de Moríah estaba al exterior de la ciudad de Sión (Jerusalén) en tiempo de David, Salomón lo incluyó en la ciudad capital del reino. David había traído previamente el arca a Jerusalén, alojándola dentro de una tienda. El altar del holocausto y el tabernáculo construído bajo la supervisión de Moisés fueron puestos en Gabaón, en un lugar alto a ocho kms. al noroeste de Jerusalén. Puesto que a David le fue denegado el privilegio de construir realmente el templo, es muy verosímil que no se hubieran desarrollado planes previamente, como la colocación del santuario central. Mediante la teofanía de la era, David llegó a la conclusión de que aquel era el lugar donde tendría que ser construída la casa de Dios.

David reflexionó sobre el hecho de que había sido un hombre sangriento y guerrero. Puede que entonces comprobase que de haber intentado construir el templo, todo se habría quedado parado por una guerra civil, que con tanta frecuencia se encendía en su reinado. Los siete años y medio en Hebrón había sido un período de preparación. Durante la próxima década, Jerusalén quedó establecida como la capital nacional, mientras que la nación estaba siendo unificada en la conquista de las naciones circundantes. Es muy posible que Salomón naciese durante aquella época. Tuvo que haber sido hacia el fin de la segunda década del reinado de David, cuando Absalón asesinó a Amnón, puesto que Absalón nació mientras que David se encontraba en Hebrón. Las dificultades domésticas, que acabaron con la rebe-

16. Ver Keil, op. cit., en comentarios sobre II Sam. 24.

lión de Absalón, duraron casi diez años y probablemente coincidieron con la tercera década del reino de David. Cuando David hubo establecido con éxito la supremacía militar de Israel y organizado la nación, parece que había llegado la hora de concentrarse en los preparativos para la construcción del templo.

Con el monte Moríah como lugar de erección, David imaginó la casa del Señor construída bajo Salomón, su hijo. Hizo un censo de los extranjeros en el país e inmediatamente les organizó para trabajar la piedra, el metal y la madera. Anteriormente, y en su reinado, David ya había tratado con el pueblo de Tiro y Sidón para construir su palacio en Jerusalén (II Sam. 5:11). Los cedros para el proyecto del edificio fueron suministrados por Hiram, rey de Tiro. Salomón recibió el encargo de acatar la responsabilidad de obedecer la ley como había sido promulgada a través de Moisés. Como rey de Israel, contaba con Dios y si era obediente, gozaría de sus bendiciones.

En una asamblea pública, David encargó a los príncipes y a los sacerdotes de reconocer a Salomón, como su sucesor. Entonces, procedió a bosquejar cuidadosamente los servicios del templo. Los 38.000 levitas fueron organizados en unidades y asignados al ministerio regular del templo. Pequeñas unidades recibieron la responsabilidad de guardadores de las puertas y los músicos todo lo concerniente a la música vocal e instrumental. Otros levitas fueron asignados como tesoreros para cuidar los lujosos regalos dedicados por los príncipes israelitas, procedentes de toda la nación (I Crón. 26:20 ss). Aquellas donaciones eran esenciales para la ejecución de los planes cuidadosamente hechos para el templo (I Crón. 28:11-29:9). La realización se colocaba así bajo el glorioso reinado de Salomón.

Las últimas palabras de David (II Sam 23:1-7) revelan la grandeza del héroe más honrado de Israel. Otro canto (II Sam. 22), expresando su acción de gracias y alabanza por toda una vida repleta de grandes victorias y liberaciones, pudo haber sido compuesto en el último año de su vida e íntimamente asociado con este poema. Aquí, él habla proféticamente respecto de la eterna duración de su reino. Dios le había hablado, afirmando una alianza eterna. Este testimonio por David habría constituído un apropiado epitafio para su tumba.

La era dorada de Salomón

La paz y la prosperidad caracterizaron el reino de Salomón. David había establecido el reinado; ahora Salomón iba a recoger los beneficios de los trabajos de su padre.

El relato de esta era está brevemente dado en I Reyes 1:1-11:43 y II Crón. 1:1-9:31. El punto focal en ambos libros es la construcción y dedicación del templo, que recibe mucha más consideración que cualquier otro aspecto del reinado de Salomón. Otros proyectos, el comercio y los negocios, el progreso industrial y la sabia administración del reinado, están sólo brevemente mencionados. Muchas de esas actividades, escasamente mencionadas en los registros de la Biblia, han sido iluminados a través de excavaciones arqueológicas durante las pasadas tres décadas. Excepto por lo que respecta a la construcción del templo, que se asigna a la primera década del reinado,

18-10-2023

y la construcción de su palacio, que fue completado trece años más tarde, hay poca información que pudiera utilizarse como base para un análisis cronológico del reinado de Salomón. Consecuentemente, el tratamiento indicado a continuación será puramente tópico, reuniendo datos procedentes de dos fuentes de información, que se hallan entremezcladas en el siguiente bosquejo:

	I Reyes	II Crón.
I. Salomón establecido como rey		
Salomón emerge como gobernante único	1:1-2:46	
Plegaria por la sabiduría en Gabaón	3:1-15	1:1-13
Sabiduría en la administración	3:16-4:34	
Comercio y prosperidad		1:14-17
II. El programa de la construcción		
El templo de Jerusalén	5:1-7:51	2:1-5:1
(Palacio de Salomón, I Reyes 7:1-8)		
Dedicación del templo	8:1-9:9	5:2-8:16
Establecimiento con Hiram de Tiro	9:10-25	
III. Relaciones internacionales		
Aventuras navales en Ezión-geber	9:26-28	8:17-18
La Reina de Saba	10:1-13	9:1-12
Tributos y comercio	10:14-29	9:13-31
IV. Apostasía y muerte		
Las esposas extranjeras y la idolatría	11:1-8	
Juicio y adversarios	11:9-43	

Establecimiento del trono

El acceso de Salomón al trono de su padre, no fue sin oposición. Puesto que Salomón no había sido públicamente coronado, Adonías concibió ambiciones para suceder a David. En cierto sentido, estaba justificado. Amnón y Absalón habían sido muertos. Quileab, el tercer hijo mayor de David, aparentemente había muerto también, ya que no es mencionado, y Adonías se hallaba el próximo en la línea sucesoria. Por otra parte, la debilidad inherente a David en sus problemas domésticos, era evidente en la falta de disciplina de su familia (I Reyes 1:6). Evidentemente, Adonías no había sido enseñado a respetar el hecho divinamente revelado de que Salomón tenía que ser el heredero del trono de David (II Sam. 7:12; I Reyes 1:17). Siguiendo la pauta de Absalón, su hermano, Adonías se apropió de una escolta de cincuenta hombres con caballos y carros de guerra, y pidió el apoyo de Joab invitando a Abiatar, el sacerdote de Jerusalén, para proceder a ser ungido como rey. Este suceso tuvo lugar en los jardines reales de En-rogel, al sur de Jerusalén. Conspicuamente ausentes en aquella reunión de los oficiales gobernantes y la familia real, estaban Natán el profeta, Benaía el comandante del ejército de David, Sadoc el sacerdote oficiante en Gabaa y Salomón con su madre, Betsabé.

Cuando las noticias de aquella reunión de fiesta llegaron a palacio, Natán y Betsabé inmediatamente apelaron a David. Como resultado, Salomón cabalgó sobre la mula del rey David hasta Gihón, escoltado por Benaía y el ejército real. Allí, en la falda oriental de Monte Ofel, Sadoc ungió a Salomón y así públicamente le declaró rey de Israel. El pueblo de Jerusalén se unió en la pública aclamación de: "¡Viva el rey Salomón!". Cuando el ruido de la coronación resonó por el valle de Cedrón, Adonías y sus adictos quedaron grandemente confundidos y consternados. La celebración cesó inmediatamente, el pueblo se dispersó y Adonías buscó seguridad en los cuernos del altar en el tabernáculo de Jerusalén. Sólo después de que Salomón le diera palabra de respetar su vida, sujeta a buena conducta, dejó Adonías el sagrado refugio.

En una reunión subsiguiente, Salomón fue oficialmente coronado y reconocido (I Crón. 28:1 ss.).[17] Con los oficiales y hombres de estado de la totalidad de la nación presente, David hizo entrega de su poder confiando sus responsabilidades a Salomón y explicó al pueblo la realidad de lo sucedido, ya que era Salomón el rey elegido por Dios.

En una charla privada con Salomón (Reyes 2:1-12), David recordó a su hijo su responsabilidad de obedecer la ley de Moisés.[18] En sus últimas palabras en el lecho de muerte, hizo saber a Salomón el hecho de que la sangre inocente había sido derramada por Joab en la muerte de Abner y Amasa, del tratamiento irrespetuoso de Simei cuando tuvo que huir de Jerusalén, y de la hospitalidad que le fue concedida por Barzilai, el galaadita, en los días de la rebelión de Absalón.

Tras la muerte de David, Salomón reforzó su derecho al trono eliminando a cualquier posible conspirador. La petición de Adonías de esposar Abisag, la doncella sunamita,[19] fue interpretada por Salomón como una traición. Adonías fue ejecutado. Abiatar fue suprimido de su lugar de honor que había mantenido bajo el reinado de David y fue desterrado a Anatot. Puesto que era del linaje de Elí (I Sam. 14:3-4) la deposición de Abiatar marcó el cumplimiento de las solemnes palabras dichas por Elí por un profeta innominado que llegó a Silo (I Sam. 2:27-37). Aunque Joab había sido culpable de conducta traicionera en su apoyo a Adonías, fue ejecutado principalmente por los crímenes durante el reino de David. Simei, que estaba en libertad bajo palabra, fracasó por las restricciones que se le impusieron y de igual forma sufrió la pena de muerte.

Salomón asumió el caudillaje de Israel a una temprana edad. Ciertamente tenía menos de treinta años, quizás sólo veinte. Sintiendo la necesidad de la sabiduría divina, reunió a los israelitas en Gabaón, donde estaban situados el tabernáculo y el altar de bronce e hizo un gran sacrificio. Mediante un sueño, recibió la divina seguridad de que su petición para la sabiduría le sería concedida. Además de una mente privilegiada, Dios también le dotó de riquezas, honores y una larga vida, condicionado todo ello a su obediencia (I Reyes 3:14).

La sagacidad de Salomón se convirtió en una fuente de hechos maravillosos. La decisión dada por el rey cuando dos mujeres contendieron por la maternidad de un niño (I Reyes 3:16-28), indudablemente representa

---

17. Edersheim, *op. cit.*, vol. II, p. 55.
18. Para la interpretación de la ley de Moisés, de que fue escrita después de los días de Salomón, ver Anderson, *op. cit.*, pp. 288-324.
19. La enfermera que proporcionó terapia física a David, poco antes de su muerte. Aquello no tenía implicación sexual. Ver Gordon, *The World of the Old Testament*, p. 180.

una muestra de los casos en que demostró su extraordinaria sabiduría. Cuando esta y otras noticias circularon por toda la nación, los israelitas reconocieron que la plegaria del rey en súplica por sabiduría, había sido escuchada y concedida.

Organización del reino

Comparativamente, es muy poca la información que se da respecto a la organización del vasto imperio de Salomón. Aparentemente, fue sencilla en sus principios; pero indudablemente se hizo más compleja con el paso de los años de responsabilidad siempre creciente. El propio rey constituía por sí mismo, el tribunal supremo de apelación, como está ejemplificado en la famosa contienda de las dos mujeres. En I Reyes 4:1-6, los nombramientos están establecidos por los siguientes cargos: tres sacerdotes, dos escribas o secretarios, un canciller, un supervisor de oficiales, un cortesano de la casta sacerdotal, un supervisor de palacio, un oficial al cargo de los trabajos forzados y un comandante del ejército. Esto no representa sino una ligera expansión de los cargos instituídos por David.

Para la cuestión tributaria, la nación fue dividida en doce distritos (I Reyes 4:7-19). El oficial a cargo de cada distrito tenía que suministrar provisiones para el gobierno central, un mes de cada año. Durante los otros once meses, tendría que recolectar y depositar las provisiones en los almacenes situados en cada distrito al efecto. El suministro de un día para el rey y su corte, el ejército y demás personal, consistía en unos 11.100 litros de harina, casi 22.200 de viandas, 10 bueyes gordos, 20 bueyes de pasto y 100 ovejas, además de otros animales y aves (I Reyes 4:22-23). Aquello requería una extensa organización dentro de cada distrito.

Salomón mantuvo un gran ejército (I Reyes 4:24-28). Además de la organización del ejército establecido según David, Salomón también utilizó una fuerza de combate de 1.400 carros de batalla y 12.000 jinetes a quienes instaló en Jerusalén y en otras ciudades por toda la nación (II Crón. 1:14-17). Aquello añadía a la carga de los tributos, un suministro regular de cebada y heno. Una organización eficiente y una sabia administración eran esenciales para mantener un estado de prosperidad y progreso.

Construcción del templo

Lo más importante en el vasto y extenso programa de construcciones del rey Salomón, fue el templo. Mientras que otros edificios apenas si son mencionados, aproximadamente el 50% del relato bíblico del reinado de Salomón, se dedica a la construcción y dedicación de este centro focal en la religión de Israel. Ello marcó el cumplimiento del sincero deseo de David expresado en los principios de su reinado en Jerusalén, el establecer un lugar central para el culto divino.

Los arreglos del tratado que David había hecho con Hiram, el rey de Tiro, fueron continuados por Salomón. Como "rey de los sidonios", Hiram gobernó sobre Tiro y Sidón, que constituían una unidad política procedente de los siglos XII al VII a de C. Hiram era un rico y poderoso gobernante con extensos contactos comerciales por todo el Mediterráneo. Ya que Israel tenía un potente ejército y los fenicios una gran flota, resultaba de mutuo beneficio el mantener relaciones amistosas. Como los fenicios se hallaban muy avanzados en construcciones arquitectónicas y en el manejo de costosos materiales de construcción, que controlaban con su comercio, fue particularmente un acto de sabiduría política el atraerse el favor de Hiram. Arquitectos y técnicos de Fenicia fueron enviados a Jerusalén. El jefe de todos ellos era Hiram (Hiram-abi) cuyo padre procedía de Tiro y cuya madre era una israelita de la tribu de Dan (II Crón. 2:14). Para ayudar a los hábiles trabajadores y abonar la madera del Líbano, Salomón efectuó los pagos en grano, aceite y vino.

La labor para la construcción del templo fue cuidadosamente organizada. Treinta mil israelitas fueron reclutados para preparar los cedros del Líbano, con destino al templo. Bajo Adoniram, que estaba a cargo de aquella leva, sólo 10.000 hombres trabajaban cada mes, volviendo a sus hogares durante dos meses. De los extranjeros residentes en Israel, se utilizaron un total de 150.000 hombres como portadores de carga (70.000) y cortadores de piedra (80.000), además de 3.600 capataces (II Crón. 2:17-18). En el segundo libro de Crónicas 8:10, un grupo de 250 gobernadores son mencionados como siendo israelitas. Sobre la base de I Reyes 5:16 y 9:23, hubo 3.300 encargados de los cuales 550 eran oficiales jefes. Aparentemente 250 de estos últimos, eran israelitas. Ambos relatos tienen un total de 3.850 hombres para supervisar la ingente labor de 150.000 trabajadores.

No quedan restos del templo salomónico conocidos por las modernas excavaciones. Además, y abundando en el problema, ni un simple templo ha sido descubierto en, Palestina que date de las cuatro centurias durante las cuales la dinastía davídica gobernó en Jerusalén (1000-600 a. de C.).[20] La cima del monte Moríah, situada al norte de Jerusalén y ocupada por David fue nivelada suficientemente para el templo de Salomón. Es difícil captar el tamaño de semejante área en aquel tiempo, puesto que el edificio fue destruído en el año 586 a. C, por el rey de Babilonia. Tras haber sido reconstruído en el 520 a. C, el templo fue de nuevo demolido en el año 70 de nuestra era. Desde el siglo VII de la era cristiana, la mezquita mahometana, la Cúpula de la Roca, ha permanecido en ese lugar, que está considerado como el sitio más sagrado de la historia del mundo. Hoy, la zona del templo cubre unos 35 o 40 acres, indicando que la cima del monte Moríah es considerablemente más grande ahora que en los días de Salomón.

El templo era dos veces mayor que el tabernáculo de Moisés en su área básica de emplazamiento. Como estructura permanente era mucho más elaborado y espacioso con apropiadas adiciones y una corte de entorno mucho más grande. El templo daba cara al este, con un porche o entrada de casi cinco mts. de profundidad que se extendía a través de su parte frontal. Una doble puerta de cinco mts. de anchura laminada de oro y decorada con flores, palmeras y querubines daba acceso al santo lugar. Esta habitación de nueve mts. de anchura y catorce de alto, extendiéndose dieciocho mts. en longitud, tenía el suelo de madera de ciprés y apanelada en cedro por encima y alrededor. Chapeada de oro fino con figuras labradas de querubines adornaban los moros. La iluminación natural, estaba realizada mediante ventanas en cada lado de la parte más alta. A lo largo de cada lado, en

---

20. Wright, *op. cit.*, pp. 136-37.

esta habitación había cinco mesas de oro para los panes de la proposición y cinco candeleros de siete brazos, todo ello hecho de oro puro. Al fondo estaba el altar del incienso hecho de madera de cedro y chapeada de oro.

Más allá del altar, existían dos puertas plegables que daban acceso al lugar santísimo, o el lugar más sagrado. Esta habitación también tenía nueve mts. de anchura, pero sólo nueve mts. de profundidad y otros nueve de altura. Incluso con aquellas puertas abiertas un velo de azul, púrpura y carmesí de lino fino, obscurecía la vista del objeto más sagrado. A cada lado se elevaba un enorme querubín con las alas abiertas de 4,5 mts. de forma tal que las cuatro alas se extendiesen por la totalidad de la habitación.

Tres ringleras de cámaras se hallaban adheridas a las paredes del exterior del templo, en los lados norte y sur, lo mismo que al final de la parte oeste. Esas cámaras, indudablemente debieron ser para almacenar objetos y para uso de los oficiales. A cada lado de la entrada del templo, surgía una enorme columna, uno llamado Boaz y el otro Jaquín. De acuerdo con I Reyes 7:15 ss., tenían casi ocho mts. de altura, cinco metros y medio de circunferencia y estaban hechas de bronce y adornadas con granadas.[21] Por encima terminaban con un capital hecho de bronce fundido de poco más de dos mts. de altura.

Extendiéndose hacia la parte oriental, en frente del templo habían dos atrios abiertos (II Crón. 4:9). La primera área, el atrio de los sacerdotes, tenía 46 mts. de anchura y 9 mts. de longitud. Allí se levantaba el atrio de los sacrificios de cara al templo. Hecho de bronce con una base de 9 mts. cuadrados y 5 mts. de altura, aquel altar era aproximadamente cuatro veces más grande que el utilizado por Moisés en sus tiempos. El mar de bronce fundido, levantado al sudeste de la entrada, era igualmente impresionante en aquel atrio. De forma de copa, tenía unos dos metros de altura, cinco metros de diámetro con un perímetro de catorce metros. Estaba hecho de bronce fundido de 7,6 cms. de espesor y descansaba sobre 12 bueyes, tres de los cuales mirando en cada dirección. Una estimación razonable del peso de aquella gigantesca fuente es de aproximadamente 25 toneladas. De acuerdo con I Reyes 7:46, este mar de bronce, los altos pilares y los costosos recipientes y vasijas fueron hechos para el templo y fundidos en tierra arcillosa del valle del Jordán.

Además de esta enorme fuente, que proveía de agua para los sacerdotes y levitas en su servicio del templo, había diez fuentes más pequeñas de bronce, cinco a cada lado del templo (I Reyes 7:38; II Crón. 4:6). Estos eran de casi dos metros de alto y se apoyaban sobre ruedas con objeto de poder transportar donde en el curso del sacrificio, se necesitaban para el lavado de varias partes del animal sacrificado.

También en el atrio de los sacerdotes, se hallaba la plataforma de bronce (II Crón. 6:13), el lugar donde el rey Salomón permanecía durante las ceremonias de dedicación.

Hacia el este, unos escalones conducían hacia abajo, desde el atrio de los sacerdotes al exterior o gran atrio (II Crón. 4:9). Por analogía con las medidas del tabernáculo de Moisés, esta zona tenía 91 mts. de ancho y 182 de largo. Este gran atrio estaba rodeado por una sólida muralla de

---

21. Esta misma medida, 8 metros o 18 codos, es la de la altura de esta columna en II Reyes 25:17 y Jer. 52:21. En II Crón. 3:15 la altura es 35 codos. Keil, *op. cit.*, sugiere que esto es debido a la confusión de dos letras en la transmisión del texto hebreo.

18- 10- 2023

piedra con cuatro puertas macizas, chapadas en bronce, para regular la entrada al lugar del templo (I Crón. 26:13-16). De acuerdo con Ezequiel 11:1, la puerta oriental servía como la entrada principal. Grandes columnadas y cámaras en esta parte proveían de espacio de almacenamiento para los sacerdotes y los levitas, para que pudieran realizar sus respectivos deberes y servicios.

La cuestión de la influencia contemporánea en el templo y su construcción, ha sido reconsiderada en recientes décadas. Los relatos bíblicos han sido cuidadosamente examinados a la luz de los restos arqueológicos con relación a templos y religiones en las civilizaciones contemporáneas, en Egipto, Mesopotamia y Fenicia. Aunque Edersheim[22] escribió (1880) que el plan y designio del templo de Salomón era estrictamente judío, es de general consenso de los arqueólogos de hoy de que el arte y la arquitectura eran básicamente fenicios. Está claramente indicado en la Escritura que David empleó arquitectos y técnicos de Hiram, rey de Tiro. Mientras que Israel suministraba el trabajo, los fenicios suplían el papel de los artesanos y supervisores de la construcción real. Desde la excavación del sirio Tell Tainat (antigua Hattina) en 1936 por la Universidad de Chicago, se ha hecho aparente que el tipo de arte y arquitectura del templo de Jerusalén era común en Fenicia en el siglo X a. C. Por tanto, parece razonable conceder el crédito a los artisanos fenicios y a sus arquitectos por los planos finales del templo, ya que David y Salomón los empleaban para este servicio particular.[23] Con la limitada información disponible, sería difícil marcar una clara línea de distinción entre los planos presentados por los reyes de Israel y la contribución hecha por los fenicios en la construcción del templo.

Dedicación del templo

Puesto que el templo fue completado en el octavo mes del año duodécimo (I Reyes 6:37-38), es completamente verosímil que las ceremonias de la dedicación fueran llevadas a cabo en el séptimo mes del año duodécimo y no un mes antes de que fuese terminado. Esto habría permitido tiempo para el elaborado planeamiento de este gran acontecimiento histórico (I Reyes 8:1-9; II Crón. 5:2-7:22). Para esta ocasión, todo Israel estaba representado por los ancianos y los jefes.

La fiesta de los tabernáculos, que no solamente recordaba a los israelitas que una vez fueron peregrinos en el desierto, sino que también era una ocasión para dar gracias tras el tiempo de la cosecha, que comenzaba en el día 15.º del mes séptimo. Edersheim[24] concluye que las ceremonias de la dedicación tuvieron lugar durante la semana precedente a la fiesta de los tabernáculos. La totalidad de la celebración duró dos semanas (II Crón. 7:4-10), y valía para todo Israel, que acudió por medio de sus representantes desde Hamat hasta la frontera de Egipto. Keil, en su comentario sobre I Reyes 8:63, sugiere que hubo 100.000 padres y 20.000 ancianos presen-

---

22. Ver *ibid.*, p. 72.
23. Ver Wright, *op. cit.*, pp. 136-145 y Unger, *Archaeology and the Old Testament*, pp. 228-234.
24. Edersheim, *op. cit.*, p. 88.

tes. Esto explica el por qué millares de animales fueron llevados hasta allí por esta ocasión que no tenía precedentes.[25]

Salomón era la persona clave en las ceremonias de las dedicaciones. Su posición, como rey de Israel era única. Bajo el pacto, todos los israelitas eran servidores de Dios (Lev. 25:42, 55; Jer. 30:10 y otros pasajes) y considerados como reino de sacerdotes con relación a Dios (Ex. 19:6). Mediante los servicios dedicatorios, Salomón toma el lugar de un siervo de Dios, representando a la nación elegida por Dios para ser su pueblo. Esta relación con Dios era común al profeta, al sacerdote, al laico, al igual que al rey, en verdadero reconocimiento de la dignidad del hombre. En esta capacidad, Salomón ofreció la oración, dio el mensaje dedicatorio, y ofició en las ofrendas de los sacrificios.

En la historia religiosa de Israel, la dedicación del templo fue el acontecimiento más significativo, desde que el pueblo abandonó el Sinaí. La repentina transformación desde la esclavitud en Egipto, a una nación independiente en el desierto, fue una demostración del poder de Dios en nombre de su nación. En aquel tiempo, el tabernáculo fue erigido para ayudarles en su reconocimiento y servicio de Dios. Ahora el templo había sido erigido bajo el poder de Salomón. Esto constituye la confirmación del establecimiento del trono davídico en Israel. Como la presencia de Dios era visible, mediante la columna de humo sobre el tabernáculo, así la gloria de Dios se cernía sobre el templo y significaba la bendición de Dios. Esto confirmaba de forma divina el establecimiento del reino que había sido anticipado por medio de Moisés (Deut. 17:14-20).

Proyectos de construcción extensiva

El palacio de Salomón (la casa del bosque del Líbano) no está sino brevemente mencionado (I Reyes 7:1-12; II Crón. 8:1). Fue completado en trece años, habiendo un período de construcción de veinte años para el templo y el palacio. Muy verosímilmente estaba situado en la falda meridional del monte Moríah entre el templo y Sión, la ciudad de David. Este palacio era complejo y elaborado, conteniendo oficinas de gobierno, habitaciones para la hija de Faraón, y la residencia privada del propio rey Salomón, y cubría un área de 46 por 23 por 14 metros. Incluído en este gran edificio y su programa de construcciones, estaba la extensión de las murallas de Sión (Jerusalén) hacia el norte, de forma que se unieran el palacio y el templo dentro de las murallas de la ciudad capital de Israel.[26]

El poderoso ejército en armas de Salomón, también requería mucha actividad en las construcciones por todo el reino. La construcción de ciudades de almacenamiento para propósitos administrativos y de sistemas de defensa, fueron íntimamente integrados. Una impresionante lista de ciudades, que sugiere el extenso programa de construcciones de Salomón, se da en I Reyes 9:15-22, y II Crón. 8:1-11. Gezer, que había sido una plaza fuerte cananea, fue capturada por el faraón de Egipto y utilizada como fuerte por Salomón, tras haberla recibido como dote. Excavaciones hechas en el lugar de 5,8 hectareas de Meguido, indican que Salomón había adecua-

25. Keil, op. cit., comentario sobre este pasaje.
26. Millo, I Reyes 9:15, 24, fue o bien una fortaleza o una abertura en la muralla de Sión. Ver Davis, Dictionary of the Bible.

18- 10-2023

do allí acomodó para alojar 450 caballos y 150 carros de batalla. Esta fortaleza guardaba la importante Meguido o el valle de Esdraelón a través del cual discurría la calzada más importante entre Egipto y Siria. Desde un punto de vista militar y comercial, este camino era vital para Israel. Igualmente fue excavado Hazor, primero por Garstang y más recientemente bajo la supervisión de Israel. Otras ciudades mencionadas en la Biblia son Bet-horón, Baalat, Tamar, Hamat-zobah y Tadmor. Además de estas, otras ciudades funcionaron como cuarteles o capitales de distritos administrativos (I Reyes 4:7-19). Hallazgos arqueológicos en Bet-semes y Laquis indican que existían edificios con grandes habitaciones en esas ciudades para ser utilizados como almacenes.[27] Es indudable que tuvieron que haberse escrito largas descripciones respecto a los programas de construcciones llevadas a cabo por el rey Salomón, pero los relatos bíblicos sólo sugieren su existencia.

Comercio, negocios y rentas públicas

Ezión-geber y Elot se hallan brevemente anotadas en I Reyes 9:26-28 y II Crón. 8:17-18 como puertos marítimos en el golfo de Acaba. Tell-el-Kheleifeh al extremo norte de este golfo es el único lugar conocido que muestra la historia ocupacional de Elat, Ezión-geber. Tell-el-Kheleifeh, como un centro marítimo industrial, fortificado, de almacenamiento y caravanero para tales ciudades, pudo haber tenido igual importancia con otros distritos fortificados y ciudades con guarniciones de carros de batalla, tales como Hazor, Meguido y Gezer.[28]

Las minas de cobre y hierro eran numerosas por todo el Wadi-Arabah. David ya había establecido fortificaciones por toda la tierra de Edom, cuando instauró su reinado (II Sam. 8:14). Numerosos centros de fundición en el Wadi-Arabah pudieron haber suministrado a Tell-el-Kheleifeh con hierro y cobre o para procesos de refinamiento y la producción de moldes con propósitos comerciales. En el valle del Jordán (I Reyes 7:45-46), y en Wadi-Arabah, Salomón tuvo que haber realizado la comprobación de la verdad de las declaraciones hechas en Deut. 8:9, de que la tierra prometida tenía recursos naturales en cobre.

Al desarrollar y controlar la industria de los metales en Palestina, Salomón estuvo en una posición de comerciar. Los fenicios, bajo Hiram, tenían contactos con refinerías de metal en distantes puntos del Mediterráneo, tales como España, y así estaban en situación de construir, no sólo refinerías para Salomón, sino también para aumentar el comercio. Los barcos de Israel traficaron con el hierro y el cobre tan lejos como el sudoeste de Arabia (el moderno Yemen) y la costa africana de Etiopía.[29] A cambio, ellos llevaron oro, plata, marfil, y asnos a Israel. Aquella extensión naval con sus expediciones llevando oro desde Ofir, duró "tres años" (II

---

27. Wright, *op. cit.*, p. 130.
28. Ver Nelson Glueck, «Ezion-geber» en *Biblical Archaelogist* XXVIII (1965), pp. 69-87.
29. La palabra «Tarsis» parece que significa «refinería». Ver Albright *Archaelogy and the Religion of Israel*, p. 136 Desde que los fenicios controlaban el Mediterráneo, y con ello su comercio, las empresas navales de Salomón quedaron limitadas al Mar Rojo. Sus barcos de «Tarsis» significan que el punto de origen era la «refinería» de Ezión-geber. Ver también, Unger, *op. cit.*, p. 225.

Crón. 9:21), o un año completo y parte de dos años más. Proporcionó a Salomón tales riquezas, que fue clasificado como el más rico de todos los reyes (II Crón. 9:20-22; I Reyes 10:11-22).

Los israelitas obtuvieron caballos y carros de combate de los gobernantes heteos en Cilicia y su vecino Egipto.[30] Los corredores y agentes representantes de los caballos y carros guerreros entre Asia Menor e Israel, fueron los arameos (I Reyes 10:25-29; II Crón. 1:14-17). Aunque David lisiaba o dejaba inútiles todos los caballos que capturaba con la excepción de un centenar (II Sam. 8:4) es obvio que Salomón acumuló una fuerza considerable. Aquello resultaba importante para la protección, al igual que como control de todo el comercio que cruzaba el territorio de Israel. Las rentas y tributos de Salomón fueron incrementadas por las vastas caravanas de camellos empleadas en el comercio de las especias procedente del sur de Arabia y hacia Siria y Palestina, al igual que con Egipto.

El rey Salomón ganó tal respeto internacional y reconocimiento, que sus riquezas fueron grandemente incrementadas por los regalos que recibía de lugares próximos y lejanos. En respuesta a su petición inicial, había sido divinamente dotado con la sabiduría de tal forma que las gentes de otras tierras iban a oír sus proverbios, sus cantos, y sus discursos sobre varios aspectos (I Reyes 4:29-34). Si el relato de la visita de la reina de Sabá no es sino una muestra de lo que ocurría frecuentemente durante el reinado de Salomón, puede apreciarse del por qué el oro no cesaba de llegar a la capital de Israel.[31] El hecho de que la reina atravesara diversos territorios y viajase 1.931 kms. en camello pudo también haber estado motivado por intereses comerciales. Las expediciones navales desde Ezión-geber pudo haber estimulado las negociaciones para acuerdos favorables de intercambio comercial. Su misión tuvo éxito (I Reyes 10:13). Aunque Salomón, además de garantizar las peticiones de la reina, le devolvió todo lo que le había llevado, resulta dudoso de que hiciese lo mismo con todos los reyes y gobernantes de Arabia, quienes le enviaban presentes (II Crón. 9:12-14). Aunque resulta difícil valorar el importe de las riquezas que se describen, no hay duda de que Salomón representó el epítome en riqueza y sabiduría de todos los reyes que gobernaron en Jerusalén.

Apostasía y sus consecuencias

El capítulo final del reino de Salomón es trágico (I Reyes 11). El por qué el rey de Israel, que alcanzó el cénit de los éxitos en sabiduría, riqueza, fama y prestigio internacional bajo la bendición divina, terminase sus 40 años de reinado bajo augurios de fracaso, es de lo más sorprendente. A tenor de esta consideración, algunos han considerado el relato como no fiable y contradictorio y han buscado otras explicaciones.[32] La verdad de la cuestión es que Salomón, que jugó el papel más destacado en la dedicación del templo, se apartase de la devoción que con todo corazón había dedicado a Dios; una experiencia paralela a la de Israel en el desierto tras

---

30. Se refiere a una provincia cercana a Cilicia, que pudo haber recibido su nombre como puesto militar por Tutmosis III.
31. Mould, *op. cit.*, p. 199.
32. Ver Keil, *op. cit.* como referencia.

18-10-2023

la construcción del tabernáculo. Salomón rompió el mismísimo primer mandamiento por su política de permitir la adoración de los ídolos y su culto en la propia Jerusalén.

La mezcla de alianzas matrimoniales entre las familias reales, era una práctica común en el Cercano Oriente. A principios de su reinado, Salomón hizo una alianza con Faraón, aceptando a una hija de este último en matrimonio. Aunque se la llevó a Jerusalén, no existe indicación de que se le permitiese a ella el llevar consigo la idolatría (I Reyes 3:1).[33] En la cúspide de sus triunfos, Salomón tomó esposas de los moabitas, amonitas, edomitas, sidonios e heteos. Además de todo ello, se hizo con un harén de 700 esposas y 300 concubinas. Tanto si esto fue motivado por causas diplomáticas y políticas para asegurar la paz y la seguridad, o por un intento de superar a los demás soberanos de otras naciones, es algo que no está indicado. Sin embargo, era contrario a lo expresado en los mandamientos de Dios (Deut. 17:17). Salomón permitió la multiplicidad de esposas y que fuese su ruina, al apartar su corazón de Dios.[34]

Salomón no solamente toleró la idolatría, sino que él mismo prestó reconocimiento a Astoret, la diosa de la fertilidad de los fenicios, conocida como Astarté entre los griegos y Ishtar para los babilonios. Para el culto de Milcom o Moloc, el dios de los amonitas y para Quemos, el dios de los moabitas, Salomón erigió un lugar sobresaliente en una montaña al este de Jerusalén, que no fueron suprimidos como tales lugares de culto durante tres siglos y medio, sino que permanecieron como una abominación en las proximidades del templo, hasta los días de Josías (II Reyes 23:13). Además, construyó altares para otros dioses extraños no mencionados por su nombre (I Reyes 11:8).

La idolatría, que era una violación de las palabras de apertura del Decálogo (Ex. 20), no podía ser tolerada. La repulsa de Dios (I Reyes 11:9-13) fue probablemente entregada a Salomón mediante el profeta Ahías, que aparece más tarde en el capítulo. A causa de su desobediencia, el reinado de Israel tenía que ser dividido. La dinastía de David continuaría gobernando parte del reino en gracia a David, con quien Dios había hecho una alianza, y porque Jerusalén había sido escogida por Dios. Dios no rompería su promesa, incluso aunque Salomón hubiese perdido sus derechos y sus bendiciones. También, por amor a David, el reino no sería dividido mientras viviese Salomón, aunque surgirían adversarios y enemigos que amenazasen la paz y la seguridad, antes de la terminación del reinado.

Hadad, el edomita, fue un caudillo que se opuso a Salomón. En la conquista de Edom por Joab, Hadad, que era un miembro de la familia real, había sido rescatado por servidores y llevado a Egipto cuando era un niño. Allí se casó con una hermana de la reina de Egipto y gozó del favor y los privilegios de la corte real. Después de la muerte de Joab y David, volvió a Edom y con el tiempo se hizo lo suficientemente fuerte como para ser una amenaza para Salomón en sus últimos años (I Reyes 11:14-23). La

---

33. Este matrimonio pudo haber estado relacionado con posteriores acontecimientos. Jeroboam encontró refugio en Egipto. Casi inmediatamente después de la muerte de Salomón, el rey de Egipto se llevó varios tesoros de Jerusalén.

34. El comercio exterior también pudo haber tenido que ver en esto. Al proveer de lugares para extranjeros y facilidades para sus cultos, ello promovía su interés en ir hasta Jerusalén.

posición de Salomón como "rey del cobre" quedó en precario, al igual que el lucrativo negocio de Arabia y el comercio sobre el Mar Rojo.

Rezón[35] de Damasco significó tal vez una amenaza mayor (I Reyes 11: 23-25). La formación de un reino independiente arameo o sirio, constituyó una seria amenaza política que implicaba consecuencias comerciales. Aunque David había conquistado Hamat, cuando el poder de Hadad-ezer fue roto, Salomón lo encontró necesario para suprimir una rebelión allí y construir ciudades de almacenamiento (II Crón. 8:3-4). Incluso controló Tifsa sobre el Eufrates (I Reyes 4:24) que era extremadamente importante para el dominio de las rutas del comercio. En el curso del reinado de Salomón, Rezón estuvo en condiciones de establecerse por sí mismo en Damasco, donde llegó a ser el mayor de los constantes peligros para la paz y la prosperidad de Israel en los últimos años del reinado de Salomón.

Conforme cambiaban las cosas, uno de los hombres del propio Salomón, Jeroboam, hijo de Nabat, demostró ser el factor real devastador en Israel. Siendo un hombre verdaderamente capaz, había sido colocado al mando de los trabajos forzados que reparaba las murallas de Jerusalén y construyó Milo. Utilizó aquella oportunidad para su propia ventaja política y ganarse seguidores. Un día Ahías, el profeta, le encontró y rompió la capa nueva en doce pedazos, dándole diez de ellos. Mediante aquel acto simbólico, informó a Jeroboam que el reino de Salomón sería dividido, no dejando sino dos tribus a la dinastía davídica, mientras que las otras diez constituiría el nuevo reino. Bajo la condición de su obediencia de todo corazón, Jeroboam recibió la seguridad de que su reino quedaría permanentemente establecido como el de David.

Aparentemente, Jeroboam no quiso esperar los acontecimientos, lo que implicaba abiertamente su oposición al rey. Por todos conceptos, Salomón sospechó una insurrección y buscó a Jeroboam para matarle. En consecuencia, Jeroboam huyó a Egipto donde encontró asilo con Sisac hasta la muerte de Salomón.

Incluso aunque el reino se sostuvo y no fue dividido hasta después de su muerte, Salomón estuvo sujeto a la angustia de una rebelión interna y de la secesión de varias partes de su reino. Como resultado de su fallo personal en obedecer y servir a Dios de todo corazón, el bienestar general y la prosperidad pacífica del reino quedaron seriamente amenazadas y en constante peligro.

BIBLIOGRAFÍA SELECTA

Libros en castellano

CARLSON, R. A. *David, the Chosen King: A Tradition-Historical Approach to the Second Book of Samuel.* Stockholm: Almquist and Wiksell, 1964.

* McNEELY, R. I. *Primero y Segundo de Reyes.* Grand Rapids: Editorial Portavoz, 1994.

* SAILHAMER, JOHN. *Primero y Segundo de Crónicas.* Grand Rapids: Editorial Portavoz, 1996.

PARROT, ANDRI. *The Temple of Jerusalem.* Nueva York: Philosophical Library, 1955.

---

35. Unger, *Israel and the Arameans,* pp. 51-55.

Esquema IV REYES Y PROFETAS—REINO DIVIDIDO, 931-586

Fecha	Reino Norte	Profetas	Reino Sur	Asiria	Siria
931	Din. Jeroboam Jeroboam	Ahías Semaías Iddo	Roboam Abiam (Abías)		Rezón
909	Nadab Din. Baasa	Azarías Hanani Jehú	Asa		
885	Ela (Zimri) Dinastía Omri Omri (Tibni) Acab	Elías Micaías Eliezer	Josafat	Asur-nasir-pal II	Ben-Adad
	Ocozías Joram	Eliseo Joiada	Joram Ocozías (Joacaz)	Salmanasar III	
841	Dinastía Jehú Jehú	Zacarías	Atalía Joás		Hazael
	Joacaz Joás Jeroboam II	Jonás Oseas Amós	Amasías Azarías (Uzías)		Ben-Adad
752	Zacarías Ultimos reyes Salum Manahem Pekaía Peka Oseas	Isaías Oded	Jotam Acaz	Tiglat-pileser III Salmanasar V Sargon II	Rezín
722	Caída de Samaria	Miqueas	Ezequías Manasés	Senaquerib Esar-hadón Asurbanipal	
640		Jeremías Hulda	Amón Josías	Babilonia Nabopolasar	
		(Ezequiel) (Daniel)	Joacaz Joacim Joaquín Sedequías	Nabucodonosor	
586			Caída de Jerusalén		

Capítulo IX

El reino dividido

Los dos reinos que surgieron tras la muerte de Salomón, son comúnmente conocidos y diferenciados por los apelativos de "Norte" y "Sur". Este último designa el estado más pequeño gobernado por la dinastía de David desde su capital en Jerusalén hasta el 586 a. C. Consistía en las tribus de Judá y Benjamín, quienes apoyaron a Roboam con un ejército cuando el resto de las tribus se levantaron en rebelión contra las opresivas medidas de Salomón y su hijo (I Reyes 12:21). El Reino del Norte designa las tribus disidentes, que hicieron a Jeroboam su rey. Este reino duró hasta 722 a. C, con su capital sucesivamente en Siquem, Tirsa y Samaria.

Las designaciones bíblicas comunes para estos dos reinos, son "Israel" y "Judá". La primera está restringida usualmente en su uso al Reino del Norte, mientras que la segunda se refiere al Reino del Sur. Originalmente el nombre de "Israel" fue dado a Jacob (Gén. 32:22-32). Durante toda su vida fue ya aplicado a sus hijos (Gén. 44:7), y siempre desde entonces cualquier descendiente de Jacob ha sido referido como un "israelita". Desde los tiempos patriarcales a la ocupación de Canaán, "Israel" ha especificado la totalidad de la nación hebrea. Esta designación prevaleció durante la monarquía de David y Salomón, incluso aunque estaba dividida a principios del reinado de David.

La tribu de Judá, que se hallaba estratégicamente situada y excepcionalmente fuerte, llegó a su prominencia durante el tiempo de Saúl (ver I Sam. 11:8, etc). Después de la división en 931 a. C. el nombre de Judá identificaba el Reino del Sur, que continuó su alianza con la dinastía davídica. A menos que no se indique otra cosa, los nombres de "Israel" y "Judá" en este volumen representan respectivamente a los reinos del Norte y del Sur.[1]

---

1. «Israel» se usa también en la Biblia como un término para identificar con él al remanente del pueblo fiel a Dios. Consecuentemente, su uso en la Escritura debe ser interpretado en el contexto, de esa forma.

Otro apelativo para el Reino del Norte es "Efraín". Aunque este nombre es originalmente dado a uno de los hijos de José (Gén. 41:52), designa específicamente a la tribu que condujo la secesión. Estando situada al norte de Benjamín y Judá, "Efraín" representaba la oposición a Judá y con frecuencia incluía la totalidad del Reino del Norte (ver Isaías y Oseas).

Cronología

Este es el primer período en la historia del Antiguo Testamento en que algunas fechas pueden ser fijadas con virtual certeza. La historia secular, descubierta mediante la investigación arqueológica, proporciona una lista epónima que cuenta para cada año en la historia de Asiria desde 891 a 648 a. C.[2] Tolomeo, un brillante erudito que vivió aproximadamente en 70-161 a. C, compuso un canon, relacionando a los gobernantes babilonios y persas, desde el tiempo de Nabonassar, 747 a. C. hasta Darío III, 332 a. de C.[3]. Además de esto, también da una lista los gobernantes griegos, Alejandro y Filipo de Macedonia, los gobernantes tolomeicos de Egipto y los gobernantes romanos que llegan hasta el año de nuestra era, 161. Como astrónomo, geógrafo, historiador y cronologista, Tolomeo proporciona una vital información. Lo más valioso para los historiadores modernos es el material astronómico que ha hecho posible comprobar la precisión de sus datos en numerosos puntos, de tal forma, que "el canon de Tolomeo puede ser utilizado como guía histórica con la mayor confianza".[4]

Dos hechos significativos suministran el eslabón entre la historia asiria y el relato bíblico de los reyes hebreos durante el período del reino dividido. Las inscripciones asirias indican que Acab, rey de Israel, participó en la batalla de Karkar (853 a. C.), contra Salmanasar III, y que Jehú, otro rey de Israel, pagó tributo al mismo rey asirio en 841 a. C. Al equiparar los datos bíblicos concernientes a los reyes hebreos Ocozías y Joram a este período de doce años de la historia asiria, Thiele ha sugerido una pista para la adecuada interpretación de la cronología.[5] Con estas dos fechas definitivamente establecidas en el sincronismo entre la historia hebrea y asiria, propone un esquema de absoluta cronología para el período que va desde la disgregación a la caída de Jerusalén. Esto sirve como una clave práctica para las interpretaciones de las numerosas referencias cronológicas en los relatos de Reyes y Crónicas.

Permitiendo un año como factor variable, las fechas terminales para Israel (la caída de Samaria) y para Judá (la caída de Jerusalén) están fijadas respectivamente como 722 y 586 a. C. Lo mismo puede decirse para la batalla de Karkar en 853 a. C. La fecha para el comienzo de los dos reinos está sujeta a mayor variación.

---

2. Para una lista completa, ver E. R. Thiele, *The Mysterious Numbers of the Hebrew Kings*. (University of Chicago Press, 1951), pp. 287-292. También ver D. D. Luckenbill. *Ancient Records of Assyria and Babylonia II* (University of Chicago Press, 1927), pp. 430, ss.
3. Ver Thiele, *op. cit.*, p. 293.
4. *Ibíd.*, p. 47.
5. Ver *ibíd.*, pp. 53-54. Admitiendo para los reinos de Ocozías y Joram durante este período, parece necesario considerar 853 como el último año de Acab y 841 como el del acceso de Jehú.

Una simple adición de todos los años admitidos para los reyes hebreos totalizan casi cuatro siglos. Sobre la base de esta tabulación, muchos eruditos, tales como Hales, Oppert, Graetz y Mahler, han fechado la disgregación del reino salomónico dentro del período de 990-953 a. C. La fecha más popularizada es la dada por Ussher, adoptada por Edersheim, e incorporada al margen de muchas Biblias durante el pasado siglo. Los recientes descubrimientos arqueológicos relacionados a la historia contemporánea del Próximo Oriente, han iluminado muchos pasajes bíblicos que necesitaban una reinterpretación de los datos bíblicos.

El período del reino dividido está adecuado a un período aproximado de tres siglos y medio. Sobre la base de la cronología asiria y la historia contemporánea del Cercano Oriente, Olmstead, Kittel, Albright y otros fechan el comienzo de este período dentro de los años 937-922 a. C. La fecha más popularizada en la literatura corriente del Antiguo Testamento es el año 922 a. C.[6]

El más amplio estudio de la cronología para el período del Reino Dividido está publicado en el libro de E. R. Thiele, *The Mysterious Numbers of the Hebrew Kings*. Mediante un detallado análisis de ambos datos estadísticos, en el relato bíblico y en la historia contemporánea, concluye que el 931 a. C. es la más razonable fecha para el comienzo de este período. Mientras que muchas cronologías se han construído bajo la presunción de que existen numerosos errores en el presente texto de Reyes y Crónicas, Thiele comienza con el supuesto de que el texto presente es fiable. Con ello en mente, el número de referencias cronológicas que permanecen problemáticas a la luz de nuestro entendimiento de tal período, es mucho menor que los problemas textuales que implica el resultado a priori de la presunción de que el texto hebreo está en el error.[7] Aunque permanecen aún sin resolver problemas en la cronología de Thiele, parece ser la más razonable y completa interpretación de las fechas escriturísticas y los hechos históricos contemporáneos que nos son conocidos hasta el presente. De ser la fecha del año 959 a. C. para el comienzo del templo de Salomón, confirmada como correcta, podría apelar a una reinterpretación de parte de esta cronología. En el presente, esta fecha está aceptada con un alto grado de probabilidad.[8] A través de todo este análisis del reino dividido, la cronología del período del reino dividido de Thiele está adoptada como patrón. Cualquier desviación de la misma se indica oportunamente.

Algunos de los factores básicos que tengan una relación sobre el análisis de las fechas cronológicas de este período, merecen una breve consideración.[9] En Judá, el sistema del año de accesión y su cuenta, fue utilizado desde el principio de los tiempos de Joram (850 a. C.), quien adoptó el sistema de la no accesión que ha utilizado en Israel desde los días de Jeroboam

6. Ver W. F. Albright, «The Chronology of the Divided Monarchy of Israel», *Bulletin of the American Schools of Oriental Research*, n.º 100 (diciembre 1945), pp. 16-22.

7. Ver la discusión de Thiele de esto en el capítulo XI de «Sistemas Cronológicos Modernos». Nótese particularmente su análisis de la cronología de Albright, pp. 244-252.

8. Ver Wright, *Biblical Archaelogy*, p. 146.

9. Para un estudio más profundo, leer el cap. II, «Fundamental Principles of Hebrew Chronology» de Thiele, *op. cit.*, pp. 14-41.

I.[10] Durante los reinados de Joás y Amasías (800 a. C.), ambos reinados cambiaron al sistema del año de accesión.[11]

La cuestión de la corregencia tiene que ser considerada estableciendo una cronología para este período. A veces, los años durante los cuales un padre y un hijo gobernaron juntos fueron acreditados a ambos reyes, calculando la duración de su reinado.

Fechas importantes

Un cierto número de fechas son de importancia para una adecuada comprensión de cualquier período histórico. Los tres acontecimientos más importantes de esta era del reino dividido, son como sigue:

931—La división del reino
722—La caída de Samaria
586—La caída de Jerusalén

Sin tener que acudir a listas tabulares para estos reinos, con fechas para cada rey, resulta apropiado sugerir un índice cronológico para esos siglos. El desarrollo ocurrido en el Reino del Norte conduce por sí mismo a un esquema simple en el orden cronológico, como sigue:

931—Dinastía de Jeroboam I
909—Dinastía de Baasä
885—Dinastía de Omri
841—Dinastía de Jehú
752—Ultimos reyes
722—Caída de Samaria

Todos los reyes, los profetas e importantes acontecimientos pueden ser aproximadamente fechados utilizando esta estructura cronológica.[12]

Los acontecimientos contemporáneos en el Reino del Sur, pueden ser convenientemente relacionados a esta estructura de referencia. Colocando los cuatro importantes reyes de Judá en su propia secuencia, y añadiendo una fecha, se convierte en una cuestión sencilla para desarrollar una cronología que sirva en forma simplificada. Las fechas aproximadas se hacen pronto aparentes sobre la base de la siguiente perspectiva:

931—Dinastía de Jeroboam I　　　Roboam
909—Dinastía de Baasa
885—Dinastía de Omri　　　　　　Josafat
841—Dinastía de Jehú

---

10. En el sistema del año de la no accesión, un año inicial del rey —tanto si tiene o no doce meses— se cuenta como un año.
11. El método de la no accesión era común a Egipto. Thiele atribuye este cambio a la influencia asiria, p. 41.
12. Los acontecimientos históricos durante el reino dividido y su era son vitalmente importantes para una conveniente comprensión de los libros proféticos del Antiguo Testamento. Además, muchos otros profetas tienen una parte activa en la historia de Israel.

752—Ultimos reyes	Uzías
722—Caída de Samaría	
	Ezequías
640—	Josías
586—	Caída de Jerusalén

Utilizando estas fechas sugeridas como un esquema útil, la cuestión de las fechas cronológicas en el relato bíblico puede ser reducida a un mínimo. Aunque las fechas individuales para cada rey se dan subsiguientemente, no son necesarias para una comprensión del desarrollo general. Para propósitos de examen las fechas arriba citadas son suficientes, mientras que las individuales se hacen de mayor importancia para un estudio detallado.

El relato bíblico

La primera fuente literaria de la era del reino dividido es I Reyes 11:1 hasta II Reyes 25:30 y II Crón. 10:1-36:23. Puede encontrarse material suplementario en Isaías, Jeremías y otros profetas que reflejan la cultura contemporánea.

La única fuente que presenta un relato histórico continuo del Reino del Norte es I Reyes 12:1 - II Reyes 17:41. Integrado en este registro se hallan los acontecimientos contemporáneos del Reino del Sur. Con la terminación del Reino del Norte en el año 722 a. C., el autor del libro de los Reyes continúa el relato del Reino del Sur en II Reyes 18:1-25:30, hasta la caída de Jerusalén en el 586 a. C. Un registro paralelo para el Reino del Sur, desde 931 a 586 a. C. se da en II Crón. 10:1-36:23, donde el autor concluye con una referencia final al cese del cautiverio bajo Ciro (538 a. C.). El relato en Crónicas suplementa la historia registrada en el Reino del Norte, y en los libros de los Reyes, donde tiene una relación directa sobre los acontecimientos del Reino del Sur.

Puesto que cada reino tuvo aproximadamente una lista de veinte gobernantes, es esencial un simple análisis para evitar la confusión. La memorización de dos listas de reyes con frecuencia impide un cuidadoso análisis de este período como fondo esencial en el estudio de los mensajes proféticos del Antiguo Testamento. Puesto que todo un número de familias gobernaron el Reino del Norte, en contraste con una sola dinastía en Judá, sugiere un simple bosquejo basado en las dinastías reinantes en Israel. Esto puede ser utilizado como una conveniente estructura para la asociación de otros nombres y sucesos. Nótese la siguiente:

Israel	Bosquejo en Reyes	Judá
Dinastía de Jeroboam	I Reyes 12-15	Roboam
		Abías
Dinastía de Baasa	I Reyes 15-16	Asa
Dinastía de Omri	I Reyes 16-22	Josafat
	II Reyes 1-9	Joram
		Ocozías
Dinastía de Jehú	II Reyes 10-15	Atalía
		Joás

		Amasías
		Uzías
Ultimos Reyes	II Reyes 15-17	Jotam
		Acaz
	II Reyes 18-25	Ezequías a
		Zedequías

Puesto que Israel cesó de existir como gobierno independiente, la última parte de Reyes se dedica al relato del Reino del Sur. Israel quedó reducida a una provincia asiria.

Para un detallado bosquejo del relato bíblico para el período del Reino Dividido, como se da en Reyes y Crónicas, ver la siguiente relación:

Jeroboam
I Reyes 12-25-14:20

Nadab
I Reyes 15:25-31

Baasa
I Reyes 15:32-16:7
Ela
I Reyes 16:8-14
Zimri
I Reyes 16:15-20
Omri
I Reyes 16:21-28
Acab
I Reyes 16:29-22:40

Ocozías
I Reyes 22:51-53
II Reyes 1:1-18
Joram (hijo de Acab)
II Reyes 1:17-8:15

II Reyes 9:1-37
Jehú
II Reyes 10:1-36

Joacaz
II Reyes 13:1-9

Joás (hijo de Joacaz)
II Reyes 13:10-24

Roboam
I Reyes 12:1-24
II Crón. 10:1-12:16
Abiam (Abías)
I Reyes 15:1-8
II Crón. 13:1-22
Asa
I Reyes 15:9-24
II Crón. 14:1-16:14

Josafat
I Reyes 22:41-50
II Crón. 17:1-20:37

Joram (hijo de Josafat)
II Reyes 8:16-24
II Crón. 21:1-20
Ocozías
II Reyes 8:25-29
II Crón. 22:1-9
Atalía
II Reyes 11:1-21
II Crón. 22:10-23:21
Joás (hijo de Ocozías)
II Reyes 12:1-21
II Crón. 24:1-27
Amasías
II Reyes 14:1-22

II Crón. 25:1-28

Jeroboam II
II Reyes 14:23-29

Zacarías
II Reyes 15:8-12
Salum
II Reyes 15:13-15
Manahem
II Reyes 15:16-22
Pekaía
II Reyes 15:23-26
Peka
II Reyes 15:27-31

Oseas
II Reyes 17:1-41

Uzías (Azarías)
II Reyes 15:1-7
II Crón. 26:1-23

Jotam
II Reyes 15:32-38
II Crón. 27:1-9
Acaz
II Reyes 16:1-20
II Crón. 28:1-27
Ezequías
II Reyes 18:1-20:21
II Crón. 29:1-32:33
Manasés
II Reyes 21:1-18
II Crón. 33:1-20
Amón
II Reyes 21:19-26
II Crón. 33:21-25
Josías
II Reyes 22:1-23:30
II Crón. 34:1-35:27
Joacaz (Salum)
II Reyes 23:31-34
II Crón. 36:1-4
Joacim (Eliaquim)
II Reyes 23:35-24:7
II Crón. 36:5-8
Joaquín (Jeconías)
II Reyes 24:8-17
II Crón. 36:9-10
Sedequías (Matanías)
II Reyes 24:18-25:7
II Crón. 36:11-21
El exilio y retorno
II Reyes 25:8-30
II Crón. 36:22-23

Acontecimientos concurrentes

Las relaciones internacionales son vitalmente significativas durante esos siglos, cuando el imperio salomónico se dividió en dos reinos, y que finalmente sucumbió a fuerzas y poderes extranjeros. Estando estratégicamente situado en el Creciente Fértil, entre Egipto y Mesopotamia, no podían escapar a la presión de varias naciones que surgían con gran poder durante ese período. Consecuentemente, para una adecuada comprensión de la historia bíblica, esas naciones merecen consideración.

El reino de Siria[13]

El reino de Aramea, con Damasco como capital, es mejor conocido como Siria. Durante dos siglos gozó de poder y prosperidad a expensas de Israel. Cuando expandió su reino, derrotó a Hadad-ezer, gobernante de Soba, y estableció amistad con Toi, rey de Hamat. Salomón extendió la frontera de su reino a 160 kms. más allá de Damasco y Soba, conquistando Hamat sobre el Orontes y estableciendo ciudades de aprovisionamiento en aquella zona. Durante la última parte de su reinado, Rezón, que había sido un joven oficial militar bajo las órdenes de Hadad-ezer en Soba con anterioridad a su derrota por David, se apoderó de Damasco y puso los cimientos para el resurgir del reino arameo de Siria. La rebelión surgida bajo Roboam sirvió de pretexto a esta oportunidad. Durante dos siglos, Siria llegó a ser un serio contendiente por el poder en la zona Sirio-Palestina.

La guerra entre Judá y el Reino del Norte, con Asa y Baasa como respectivos gobernantes, permitió a Siria, bajo Ben-Adad, la oportunidad de emerger como la nación más fuerte en Canaán, cerca del final del siglo IX a. C. Cuando Baasa comenzó a fortificar la ciudad fronteriza de Ramá, a solo ocho kms. al norte de Jerusalén, Asa envió los tesoros del templo a Ben-Adad como un soborno, haciendo una alianza con él y contra el Reino del Norte. Aunque esto hizo que se cumpliese el inmediato propósito de Asa y fuese relevado de la presión militar procedente de Baasa, en realidad dio a Siria la superioridad, de tal forma que los dos reinos israelitas fueron con el tiempo amenazados de invasión desde el norte. Tomando posesión de una parte del reino de Israel en el norte, Ben-Adad estuvo en condiciones de controlar las rutas de las caravanas a Fenicia, que proporcionó una inmensa riqueza a Damasco, reforzando así el reino de Siria.

La supremacía de Siria como poder militar y comercial fue atemperada por el Reino del Norte, cuando la dinastía de Omri comenzó a gobernar en el 885 a. C. Omri quebrantó el monopolio comercial con Fenicia, al establecer relaciones amistosas con Etbaal, rey de Sidón. Esto resultó en el matrimonio de Jezabel y Acab. El creciente poder de Asiria en el este sirvió como otra prueba para Siria en los días de Acab. Durante los años que Assurnasirpal, rey de Asiria, estuvo contento de no pasar por Siria hacia el norte, extendiendo sus contactos en el Mediterráneo, Acab y Ben-Adad frecuentemente se opusieron el uno al otro. En el curso del tiempo Acab ganó el equilibrio del poder. En el 853 a. C., sin embargo, Acab y

---

13. Para una historia de Siria, ver Merrill F. Unger, *Israel and the Arameans of Damascus.*

Ben-Adad unieron sus fuerzas en la famosa batalla de Qarqar en el valle de Orontes, al norte de Hamat.[14] Aunque Salmanasar III afirmó haber obtenido una gran victoria es dudoso de que esto fuese efectivo, puesto que no avanzó a Hamat ni a Damasco hasta varios años más tarde. Inmediatamente tras esto, la hostilidad sirio-efraimítica continuó, siendo muerto Acab en una batalla. Como Asiria renovó sus ataques contra Siria, Ben-Adad no pudo tener el apoyo de Joram. Cuando murió Ben-Adad, aproximadamente por el 843 a. C., Siria fue fuertemente presionada por los invasores asirios, al igual que sufrió la falta de apoyo del Reino del Norte.

Hazael, el siguiente gobernante, usurpó el trono y se convirtió en uno de los reyes más poderosos, extendiendo el dominio de Siria hasta Palestina. Aunque Jehú, el nuevo rey en Israel, se sometió a Salmanasar III pagando impuestos (841 a. C.), Hazael resistió la invasión de este rey asirio con sus solas fuerzas. En pocos años, Hazael estuvo en condiciones de agrandar su reino cuando los asirios retrocedieron. Se anexionó un extenso territorio del Reino del Norte a expensas de Jehú. Tras el año 841 a. C. Joacaz, rey de Israel, se hallaba tan debilitado que los ejércitos de Hazael pasaron a través de su territorio y tomaron posesión de la llanura filistea, destruyendo a Gat, exigiendo tributo del rey de Judá en Jerusalén.

Ben-Adad (*ca.* 801 a. C.) fracasó en mantener el reino establecido por su padre Hazael. Durante los últimos años de su reinado, Adad-Nirari III de Asiria sometió a Damasco lo bastante como para exigirle un fuerte tributo. Además de todo esto, Ben-Adad tuvo que enfrentarse con una hostil oposición procedente de los estados sirios del norte. Esto dejó a Damasco en una condición tan débil que cuando la presión asiria continuó, Joás reclamó para Israel mucho del territorio tomado por Hazael. En los días de Jeroboam II (793-753), Siria incluso perdió Damasco y "los accesos a Hamat", restaurando la frontera norte sostenida por David y Salomón (II Sam. 8:5-11).

Damasco tuvo una vez más una oportunidad para afirmarse cuando el poderoso Jeroboam murió en 753 a. C. Rezín (750-732 a. C.), el último de los reyes arameos en Damasco, volvió a ganar la independencia siria. Con la accesión al trono asirio de Tiglat-pileser III (745 a. C.) tanto Siria como Israel estuvieron sujetas a la invasión y a un pesado tributo. Mientras Tiglat-pileser (Pul) estaba luchando en Armenia (737-735 a. C.), Rezín y Peka organizaron una alianza para evitar el pago del tributo. Aunque Edom y los filisteos se unieron a Siria y a Israel en una especie de pacto anti-asirio, Acaz, rey de Judá, envió tributo a Pul, rogándole una alianza. En respuesta a esta invitación, Pul llevó a cabo una campaña contra los filisteos estableciendo contacto con Acaz, y por el 732 había conquistado Damasco. Samaria fue salvada en esta época cuando Peka fue reemplazado por Oseas, quien voluntariamente pagó tributo como un rey marioneta. Con la muerte de Rezín y la caída de Damasco, el reino de Siria llegó a su fin, para no levantarse de nuevo jamás.

---

14. El rey de Siria identificado como Ben-Adad en los registros bíblicos desde 900-843 a. C., puede referirse a dos diferentes gobernantes con el mismo nombre. De ser así, es verosímil que el segundo Ben-Adad comenzase a gobernar aproximadamente en el 860 a. C. Para el punto de vista de que deberían asignarse 57 años a un rey, ver M. F. Unger, *Archaeology and the Old Testament,* pp. 240-41.

El gran imperio Asirio

En el rincón nordeste del Creciente Fértil, extendiéndose en unos 563 kms. a lo largo del río Tigris y con una anchura aproximada de 322 kms. se encontraba el país de Asiria. El nombre probablemente se debe al dios nacional, Asur, una de cuyas ciudades fue llamada así. La importancia de Asiria durante el período del reino dividido se hace aparente inmediatamente por el hecho de que en la cima de su poder absorbió los reinos de Siria, Israel y Judá, e incluso Egipto hasta Tebas. Por aproximadamente dos siglos y medio ejerció una tremenda influencia sobre los acontecimientos de la tierra de Canaán y de aquí que con tanta frecuencia aparezca en los registros bíblicos.

Aunque algunos eruditos trazan los comienzos de Asiria al principio del tercer milenio, se conoce poco anterior al siglo XIX, cuando los agresivos establecimientos comerciales de esta zona extendieron sus intereses comerciales en el Asia Menor. En los días de Samsi-Adad I (1748-1716), Asiria gozó de un período de prosperidad con Asur como ciudad más importante. Por varios siglos a partir de entonces, Asiria fue obscurecida por el reino heteo en Asia Menor y el reino mitanni que dominaba la zona superior del Tigris-Eufrates.

La verdadera historia de Asiria tiene sus comienzos aproximadamente en el 1100 a. C. con el reinado de Tiglat-pileser I (1114-1076 a. C.). De acuerdo con los anales propios, extendió el poder de su nación hacia el oeste en el mar Mediterráneo, dominando las naciones más pequeñas y débiles existentes en aquella zona. Sin embargo, durante los siguientes dos siglos el poder asirio retrocede mientras que Israel, bajo David y Salomón, surge como un poder dominante en el Creciente Fértil.

Comenzando con el siglo IX, Asiria emerge como un poder creciente. Las listas epónimas asirias desde aproximadamente el 892 a. C. al 648 a. C. hacen posible correlacionar e integrar la historia de Asiria con el desarrollo de Israel, como se registra en el relato bíblico. Asur-nasir-pal II (883-859 a. C.) estableció Cala como su capital. Tras haber desarrollado un fuerte poder militar, comenzó a presionar hacia el oeste, aterrorizando las naciones que se le oponían con dureza y crueldad cruzando el Eufrates y estableciendo contactos comerciales sobre el Mediterráneo. Frecuentes contactos con los sirios hacia el sur, tuvieron como resultado la batalla de Qarqar sobre el río Orontes en el 853 a. C. en los días de su hijo Salmanasar III (858-824 a. C.). En la coalición encabezada por Ben-Adad de Damasco, y Acab, rey de Israel, se unieron 2.000 carros de batalla y 10.000 soldados constituyendo la mayor unidad en este grupo. Aunque el rey asirio afirmó su victoria, resulta dudoso que así fuera, ya que Salmanasar III evitó el contacto con los sirios por varios años después de la batalla. En 848 y de nuevo en 845 a. C., Ben-Adad resistió dos invasiones asirias más, pero no se hace mención de cualquier fuerza israelita que ayudara a los sirios en aquel tiempo, Jehú, que usurpó el trono en Samaria (841 a. C), hizo proposiciones de subordinación a Salmanasar III enviándole tributo. Esto dejó a Hazael, el nuevo rey de Damasco, con el problema de resistir la agresión asiria. Aunque Salmanasar acosó a Siria durante unos pocos años en los días de Hazael, volvió su atención hacia las conquistas de zonas en el norte tras el año 837 a. C., proporcionando a Canaán un respiro de la presión asiria durante varias décadas.

Por casi un siglo, el poder asirio se pierde en las neblinas del fondo histórico. Samsi-Adad V (823-811 a. C.) se mantuvo muy ocupado suprimiendo revueltas en varias partes de su reino. Adad-Nirari III (810-783 a. C.) atacó Damasco antes de terminarse el siglo, capacitando a los israelitas para obtener un respiro de la presión siria. Salmanasar IV (782-773 a. C.), Asurdán III (772-755), y Asur-Nirari (754-745) mantuvieron con éxito la importancia de Asiria como nación poderosa pero no eran lo suficientemente fuertes como para ensanchar sus dominios como había hecho el precedente gobernante.

Tilgat-pileser III (745-727 a. C.) fue un guerrero sobresaliente que condujo a su nación a ulteriores conquistas. En Babilonia, donde era reconocido como rey, era conocido como Pulu. I Reyes 15:19 se refiere a él como Pul. En la conquista de territorios adicionales hacia el oeste, adoptó la política de dividir la zona en provincias sometidas para un más seguro control. Aunque esta práctica ya había sido utilizada anteriormente, él fue efectivo en aterrorizar a las naciones al cambiar grandes grupos de personas en una ciudad conquistada con cautivos de una zona distante. Esto definitivamente comprobó la posibilidad de una rebelión. También sirvió como un proceso de nivelación lingüística, de tal manera, que el idioma arameo desplazó a otros en el gran territorio del reino. Al principio de su reinado, Pul exigió tributo de Manahem, rey de Israel, y Rezín, rey de Damasco. Puesto que Judá era la nación más fuerte en Canaán en aquella época, es posible que Azarías pudiese haber organizado una coalición de fuerzas para oponerse a los asirios. Parece que sus sucesores, Jotam y Acaz, resistieron la presión procedente de Israel y Siria uniéndose a ellas al igual que los filisteos y Edom al oponerse a Pul. En su lugar, Acaz inició amistosas relaciones hacia Pul, en respuesta a lo cual las fuerzas asirias avanzaron hasta el país de los filisteos en el 733 a. C., poseyendo territorios a expensas de esas naciones opuestas. Tras un terrible asedio, cayó la gran ciudad de Damasco, Rezín fue muerto y el reino sirio capituló. Samaria conjuró la conquista reemplazando a Peka con Oseas.

Salmanasar V (727-722 a. C.) siguió con los procedimientos y la política de su padre. En los días de Oseas los israelitas estaban ansiosos de terminar con su servidumbre a Asiria. Salmanasar respondió con una invasión del país y por tres años sitió a Samaria. En el 722 a. C. Sargón II, que servía como general en el ejército, usurpó el trono y fundó una nueva dinastía en Asiria. En los registros se afirma que capturó a Samaria, aunque algunos creen que Salmanasar V fue quien realmente tomó la ciudad y Sargón se adjudicó el éxito. Gobernando desde 721-705 a. C. utilizó a Asur, Cala, y Nínive como capitales, pero finalmente construyó la gran ciudad de Korsabad, por la cual se le recuerda mejor. Su campaña contra Asdod en el 711 puede ser la que se menciona en Is. 20:1. El reino de Sargón terminó abruptamente por su muerte en una batalla.

Senaquerib (704-681 a. C.) hizo famosa la ciudad de Nínive como su gran capital, construyendo una muralla de 12 a 15 mts. en su entorno y de cuatro kms. de longitud, a lo largo del río Tigris. En sus anales, él anota la conquista de Sidón, Jope, cuarenta y seis ciudades amuralladas en Judá, y su asalto a Jerusalén en los días de Ezequías. En 681 fue muerto por dos de sus hijos.

Aunque Senaquerib se había detenido en las fronteras de Egipto, su hijo Esar-hadón (681-668 a. C.) avanzó hacia Egipto y derrotó a Tirhaca. Su interés en Babilonia está evidenciado por la reconstrucción de la ciudad de Babilonia, posiblemente porque su esposa pertenecía a la nobleza de Babilonia. Senequerib nombró a Samasumukin como gobernante de Babilonia; pero este último se rebeló, tras un período de gobierno de diez y seis años, contra su hermano Asurbanipal y pereció en la quema de Babilonia (648 a. C.).[15] Durante el reinado de Esar-hadón, Manasés, rey de Judá, fue tomado cautivo en Babilonia (II Crón. 33:10-13). La muerte le llegó a Esar-hadón cuando dirigía sus ejércitos contra Egipto.

Durante el reinado de Asurbanipal (668-630 a. C.), el Imperio Asirio alcanzó su cénit en riqueza y prestigio. En Egipto llevó sus ejércitos hasta algo así como 800 kms. por el río Nilo capturando Tebas en el 663 a. C. La guerra civil (652 a. C.) con su hermano, que estaba a cargo de Babilonia, resultó con la captura de dicha ciudad en el 648. Aunque era cruel y rudo como general y militar, Asurbanipal es mejor recordado por su profundo interés en la religión, en lo científico y en obras literarias. Enviando escribas por toda Asiria y Babilonia para copiar registros de creación, diluvios y la antigua historia del país, obtuvo una gran cantidad de material en la gran biblioteca real de Nínive.

En menos de tres décadas tras la muerte de Asurbanipal, el reino asirio, que había ejercido tan tremenda influencia por todo el Creciente Fértil, se desvaneció, para no volver a levantarse jamás. Los tres gobernantes que le sucedieron, fueron incapaces de enfrentarse con los reinos que surgían en Media[16] y Babilonia. Nínive cayó en 612 a. C. Con las batallas de Harán (609) y Carquemis (605) desapareció el último vestigio de la oposición asiria. Expandiéndose hacia el oeste, el reino babilonio[17] absorbió al Reino del Sur y destruyó a Jerusalén en el año 586 (a. C.).

BIBLIOGRAFÍA SELECTA

BARAMKI, DIMITRI. *Phoenicia and the Phoenicians.* Beirut: Khayats, 1961.

BOWMAN, R. "Arameans, Aramaic and the Bible," *JNE Studies,* 7 (1948), pp. 71-73.

BRONNER, LEAH. *The Stories of Elijah and Elisha: As Polemics against Baal Worship.* Leiden, Holanda: E. J. Brill, 1968.

FEDDEN, ROBIN. *Syria.* Londres: Robert Hale Limited, 1946.

FINEGAN, JACK. *Light From the Ancient Past.* Princeton: University Press, 1959.

HALLO, WILLIAM. "From Qarqar to Carchemish: Assyria and Israel in the Light of New Discoveries," *Biblical Archaeologist,* XXIII (1962), 34-61.

HARDEN, DONALD. *The Phoenicians.* Nueva York: Frederick A. Praeger, 1962.

---

15. D. J. Wiseman, *Chronicles of Chaldean Kings* (626-556 a. C.) *en el Museo Británico* (Londres, 1956), p. 5.

16. Cyaxares estableció el reino Media en 633 y más tarde selló una alianza con Babilonia por el matrimonio de Amytis, su nieta por línea paterna, con Nabucodonosor, el hijo de Nabopolasar.

17. Para un detallado estudio de la expansión babilónica, ver el capítulo XV de este volumen.

HEATHCOTE, A. W. *From the Death of Solomon to the Captivity of Judah.* J. Clark, 1959.

HITTI, PHILIP K. *History of Syria.* Londres: Macmillan & Co., Ltd., 1951.

_____ . *Lebanon in History.* Londres: Macmillan & Co., Ltd., 1957.

_____ . *The East in the History.* Princeton: D. Van Norstrand Co., 1961.

JONES, TOM. *Ancient Civilization.* Chicago: Rand McNally & Co., 1960.

MAZAR, BENJAMIN. "The Aramean Empire and Its Relation with Israel." *Biblical Archaeologist,* xxv (1962), pp. 98-120.

OLMSTEAD, A. T. *History of Palestine and Syria.* Nueva York: Scribner's, 1931.

PFEIFFER, C. *Ras Shamra and the Bible.* Grand Rapids: Baker Book House, 1962.

_____ . *The Divided Kingdom.* Grand Rapids: Baker Book House, 1962.

RAINEY, A. "The Kingdom of Ugarit," *Biblical Archaeologist,* xxviii (1965), pp. 102-125.

SCHMOKEL, H. *Ur, Assur, and Babylon.* Stuttgart: G. Kilpper Verlag, 1955.

SIMONS, J. *Jerusalem in the Old Testament.* Leiden: Brill, 1952.

_____ . *The Geographical and Topographical Texts in the Old Testament.* Leiden: Brill, 1959.

THIELE, E. R. *The Mysterious Numbers of the Hebrew Kings.* Grand Rapids: Kregel Publications, 1994.

UNGER, M. *Israel and the Arameans of Damascus.* Londres: James Clarke & Co., Ltd., 1957.

VAN ZYL, H. A. *The Moabites.* Leiden: Brill, 1960.

Capítulo **X**

La secesión septentrional

La unión de Israel establecida por David, terminó con la muerte de Salomón. Lo primero entre la división resultante, fue el Reino del Norte, localizado entre Judá y Siria. En menos de un siglo (931-841 a. C.) habían surgido y caído tres dinastías para dar paso al nuevo reino.

La familia real de Jeroboam

Jeroboam I se distinguió como un administrador bajo el reinado de Salomón, supervisando la construcción de la muralla de Jerusalén conocida como Milo (I Reyes 11:26-29). Cuando el profeta Ahías impartió dramáticamente un mensaje divino al desgarrar su manto en doce trozos y le dio diez a Jeroboam, ello significaba que iba a gobernar sobre diez tribus de Israel. A desemejanza de David, quien también había sido elegido rey antes de acceder al trono, Jeroboam mostró signos de rebelión e incurrió en el disfavor de Salomón. Consecuentemente, huyó a Egipto, donde encontró refugio hasta la muerte de Salomón.

Cuando Roboam, hijo de Salomón, hizo un llamamiento para una asamblea nacional en Siquem, Jeroboam fue invitado como campeón de los ancianos que solicitaban una reducción en los impuestos. Ignorándolo, Roboam se enfrentó con una rebelión y huyó a Jerusalén. Mientras Judá y Benjamín corrieron en su apoyo, las tribus separadas hicieron rey a Jeroboam. La guerra civil y el derramamiento de sangre quedaron conjurados cuando Roboam escuchó la advertencia del profeta Semaías para retener sus fuerzas. Esto dio a Jeroboam la oportunidad para establecerse como rey de Israel.

La guerra civil prevaleció durante 22 años del reinado de Jeroboam, aunque la Escritura no indica la extensión de dicha guerra. Indudablemente la agresividad de Roboam fue atemperada por la amenaza de la invasión

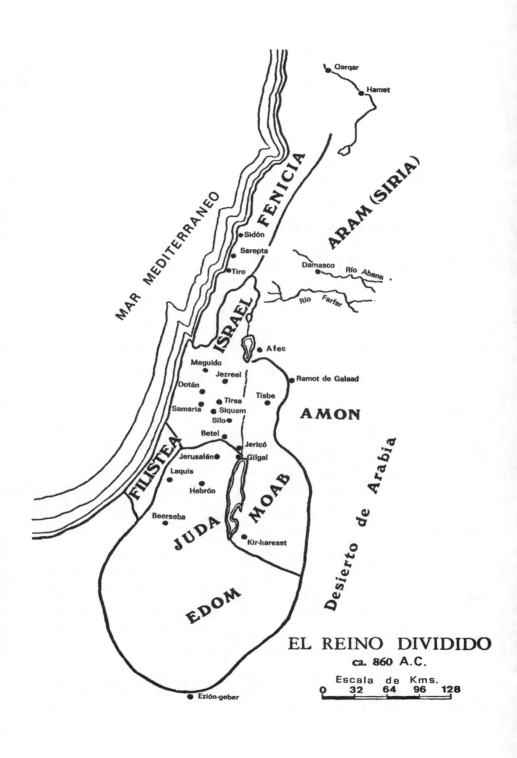

EL REINO DIVIDIDO
ca. 860 A.C.

Escala de Kms.
0   32   64   96   128

egipcia, pero II Crón. 12:15 informa de una constante situación de guerra. Incluso ciudades en el Reino del Norte fueron atacadas por Sisac.[1] Tras la muerte de Roboam, Jeroboam atacó Judá, cuyo nuevo rey, Abíam, había rechazado a Israel hasta el extremo de tomar el control de Betel y otras ciudades israelitas (II Crón. 13:13-20). Esto pudo haber tenido algún efecto sobre la elección de Jeroboam de una capital. Al principio, Siquem fue fortificada como la ciudad capital. Si la fortificación de Penuel, al este del Jordán, tuvo la misma implicación, es algo que no parece cierto.[2] Jeroboam residió en la bella ciudad de Tirsa, que fue utilizada como la capital bajo la próxima dinastía (I Reyes 14:17).[3] Aparentemente Jeroboam encontró interesante el retener la pauta gubernamental del reino como había prevalecido en tiempos de Salomón.

Jeroboam tomó la iniciativa en cuestiones religiosas. Naturalmente no quiso que su pueblo acudiese a las sagradas festividades de Jerusalén, por si acaso volviesen a una alianza con Roboam. Erigiendo becerros de oro en Dan y en Betel, instituyó la idolatría en Israel (II Crón. 11:13-15). Nombró sacerdotes libremente ignorando las restricciones de Moisés y permitiendo a los israelitas ofrecer sacrificios en varios lugares altos por todo el país. Como sacerdote, no solamente oficiaba ante el altar sino que también cambió un día de fiesta desde el mes séptimo al octavo (I Reyes 12:25-13:34).

La agresividad de Jeroboam en religión fue atemperada cuando fue advertido por un profeta innominado de Judá. Este hombre de Dios, intrépidamente advirtió al rey, mientras se hallaba de pie y quemaba incienso ante el altar en Betel. El rey inmediatamente ordenó su arresto. El mensaje del profeta, sin embargo, recibió confirmación divina en el destrozo del altar y la incapacidad que tuvo el rey de retirar la mano con la que apuntaba hacia el hombre de Dios. Repentinamente, el mandato desafiante del rey se cambió en súplica por su intercesión. La mano de Jeroboam fue restaurada conforme el profeta oraba a Dios. El rey deseó recompensar al profeta, pero este último no quiso ni siquiera aceptar su hospitalidad. El hombre de Dios estaba bajo órdenes divinas de marcharse inmediatamente.

La consecuencia para el fiel ministerio de este hombre de Dios es digna de notarse. Siendo engañado por un viejo profeta de Betel, el profeta de Judá aceptó su hospitalidad y así precipitó el juicio divino. De vuelta a su hogar, fue muerto por un león y llevado a Betel para su entierro. Tal vez la tumba de este profeta sirvió como recordatorio para las sucesivas generaciones de que la obediencia a Dios era esencial. Ciertamente que tuvo que haber tenido una gran significación para Jeroboam.

Otro aviso le llegó a Jeroboam por mediación del profeta Ahías. Cuando su hijo, Abías, cayó gravemente enfermo, Jeroboam envió a su esposa a consultar al anciano profeta a Silo. Aunque ella iba disfrazada, el profeta ciego la reconoció inmediatamente. Fue enviada de vuelta a Tirsa con el sombrío mensaje de que su hijo no se recobraría. Además, el profeta la ad-

---

1. Albright, *Biblical Period*, p. 30.
2. E. Mould, *Essensials of Bible History*, en pág. 223, sugiere que Jeroboam cambió su capital a Penuel como resultado de la presión militar procedente de Judá.
3. La moderna Tell-el-Farah, a 11 kilómetros al nordeste de Siquem sobre el camino que conduce a Beth-shan, se cree que es Tirsa. No es cierta la identificación. Las excavaciones del padre R. de Vaux en 1947, favorecen esta tesis. Ver Wright *Biblical Archaeology*, p. 151. Ver Jos. 12:24 y el Cantar de los Cantares 6:4.

25-10-2023

virtió que el fallo en guardar los mandamientos de Dios precipitaría el juicio divino, el exterminio de la dinastía de Jeroboam y la cautividad para los israelitas. Antes de que ella llegara al palacio, el niño murió.

A despecho de todas las advertencias proféticas, Jeroboam continuó practicando la idolatría. La lucha civil indudablemente debilitó tanto a Israel, que Jeroboam incluso perdió la ciudad de Betel en los días de Abiam, el hijo de Roboam.

Al paso de pocos años, el terrible aviso del profeta fue cumplido en su totalidad. Nadab, el hijo de Jeroboam, reinó menos de dos años. Mientras ponía sitio a la ciudad filistea de Gibetón, fue asesinado por Baasa.

La dinastía de Baasa

Baasa, de la tribu de Isacar, se estableció como rey sobre Israel en Tirsa. Aunque la ya crónica guerra prevalecía con Judá por la totalidad del reino, una notable crisis ocurrió cuando intentó fortificar Ramá. Aparentemente, muchos israelitas desertaron hacia Judá en el año 896-895 a. C. (II Crón. 15:9).[4] Para contrarrestar esto, Baasa avanzó su frontera a Ramá, ocho kms. al norte de Jerusalén. Al ocupar esta importante ciudad, pudo controlar las principales rutas procedentes del norte, que convergían en Ramá y que conducían a Jerusalén. A cambio de su acto agresivo, Asa, rey de Judá, consiguió una importante victoria diplomática renovando su alianza con Ben-Adad I de Damasco. Como resultado, Ben-Adad anuló su alianza con Israel e invadió el territorio norte de Baasa tomando el control de ciudades tales como Cedes, Hazor, Merom y Sefat. También adquirió el rico y fértil terreno al oeste del mar de Galilea lo mismo que las llanuras que había al oeste del monte Hebrón. Esto también proporcionó a Siria el dominio del lucrativo comercio de las rutas de las caravanas para Aco, en la costa fenicia. En vista de la presión procedente del norte, Baasa abandonó la fortificación de Ramá, aliviando así la amenaza de Jerusalén.

En los días de Baasa, el profeta Jehú, hijo de Hanani, estuvo activamente proclamando el mensaje del Señor. Amonestó a Baasa para que sirviera a Dios, quien le había exaltado hasta el trono. Desafortunadamente, Baasa ignoró al profeta y continuó en el mismo camino pecaminoso en que había estado Jeroboam.

Ela sucedió a su padre, Baasa, y reinó menos de dos años (886-885). Habiendo sido hallado borracho en casa de su mayordomo jefe, Ela fue asesinado por Zimri, que se hallaba al mando de los carros reales de combate. En pocos días, la palabra de Jehú halló su cumplimiento, al perecer asesinados por Zimri todos los parientes y amigos de la familia de Baasa y Ela.

El reinado de Zimri como rey de Israel, fue establecido con premura y acabado rápidamente, todo en siete días. Indudablemente, había fallado en aclarar sus planes con Omri, que estaba al frente del mando de las tropas israelitas acampadas contra Gibetón. Resulta obvio considerar que Zimri no contaba con el apoyo de Omri, puesto que este último hizo marchar sus

4. E. R. Thiele, *The Mysterious Numbers of the Hebrew Kings*, pp. 57-60. Ver M. Unger, *Israel and the Arameans of Damascus*, p. 59, que sigue a Albright y fecha esto en 879 a. C. aproximadamente.

25-10-2023

tropas contra Tirsa. En su desesperación Zimri se recluyó en el palacio real, mientras que iba siendo reducido a cenizas. Puesto que sólo estuvo como rey siete días, Zimri apenas merece mención como dinastía gobernante.

Los gobernantes omridas

Omri fue el fundador de la más notoria dinastía del Reino del Norte. Aunque el relato escriturístico de su reinado de doce años está confirmado en ocho versículos (I Reyes 16:21-28), Omri estableció el prestigio internacional del Reino del Norte.

Mientras mandaba el ejército bajo Ela (quizás también bajo Baasa), Omri ganó una experiencia militar de gran valor. Con apoyo militar, se hizo cargo del reino dentro de los siete días después de ocurrido el asesinato de Ela. Aparentemente contaba con la oposición de Tibni, que murió seis años más tarde, y dejó a Omri como el único gobernante de Israel.

Samaria fue el nuevo lugar elegido como capital. Bajo sus órdenes, se convirtió en la ciudad mejor fortificada de todo Israel. Estratégicamente situada a once kms. al noroeste de Siquem sobre el camino que conducía a Fenicia, Galilea y Esdraelón, Samaria estaba asegurada como la inexpugnable capital de Israel y así lo fue durante siglo y medio hasta que fue conquistada por los asirios en el 722 a. C.

Las excavaciones en Samaria dieron comienzo en 1908 por dos grandes arqueólogos americanos, George A. Reisner y Clarence S. Fisher, quien supervisó la expedición de Harvard que fue continuada por otros en años sucesivos.[5] Parece ser que Omri y Acab construyeron una fuerte muralla alrededor del palacio y terreno circundante. Con otra muralla sobre una terraza más baja y una muralla adicional al fondo de la colina, la ciudad estaba bien asegurada contra los invasores. El trabajo de construcción y los materiales empleados de esas murallas era tan superior, que no ha sido encontrada otra igual en ninguna otra parte de Palestina. Marfiles utilizados como trabajos de taracea encontrados en las ruinas, fechan los trabajos en los tiempos de la dinastía Omri, indicando la importación y el comercio con Fenicia y Damasco.

Omri estableció con éxito una favorable política exterior. De acuerdo con la piedra moabita, que fue descubierta en 1868 en la capital, Dibón, por Clemont-Ganneau, y que se encuentra ahora conservada en el Museo del Louvre de París, fue Omri quien sojuzgó a los moabitas para Israel.[6] Obteniendo tributos y controlando el comercio, Israel obtuvo una gran riqueza. Omri estableció amistosas relaciones con Fenicia que quedo sellada con el matrimonio de Acab, su hijo, y Jezabel, la hija de Etbaal, rey de los sidonios (I Reyes 16:31).[7] Aquello fue de importancia vital para la expansión comercial de Israel e indudablemente inició una política de sincretismo religioso que floreció en los días de Acab y Jezabel. Esta última parece implicada en I Reyes 16:25, donde Omri es acusado de haber hecho más maldad que todos los que habían existido antes que él.

---

5. Ver Wright *op. cit.*, 151-155 y J. P. Free, *Archaeology and Bible History*, pp. 181-183.
6. Ver J. B. Pritchard, ed. *Ancient Near East Texts*, pp. 320-321.
7. Si Ocozías, el hijo de Atalía, la hija de Acab y Jezabel, tenía 22 años en el 842 a. C., entonces el matrimonio de Acab-Jezabel tuvo lugar durante el reinado de Omri. Ver Unger, para discusión de la cuestión, *op. cit.*, p. 63.

Las relaciones sirio-israelitas en los días de Omri, son en cierta forma algo ambiguo (I Reyes 20:34). Parece improbable que Omri, que fue tan astuto y tuvo tanto éxito como militar y diplomático, hubiese concedido ciudades a Siria y garantizado derechos de comercio en su ciudad capital. Durante los días de Baasa, los sirios, bajo Ben-Adad, obtuvieron el control de las valiosas rutas de las caravanas hacia el oeste y a Aco pero indudablemente Omri se opuso a este monopolio por su tratado con los fenicios y la construcción de Samaria con sus fuertes fortificaciones. Interpretando la palabra "padre" como "predecesor", en el texto arriba citado, y aplicando la palabra "Samaria" al Reino del Norte, las concesiones que Israel hizo a Siria tienen referencia a los días de Jeroboam.[8] Sin conclusiva evidencia para lo contrario, parece razonable concluir que Israel no fue invadida por Siria y no fue tributaria para Ben-Adad en los días de Omri. Es posible que Omri pudo haber tenido algún contacto con Asiria y que ciertamente hubiese atemperado la actitud siria hacia Israel.

Aunque la guerra civil había prevalecido entre Israel y Judá en los días de Baasa, no hay indicación en la Escritura de que esto continuase en el reinado de Omri. Muy verosímilmente, el estado de guerra fuese reemplazado por amistosas aperturas hacia el Reino del Sur, que culminaron con el matrimonio entre las familias reales de Israel y Judá.

Cuando murió Omri en el 874 a. C. la ciudad de Samaria se convirtió en un monumento permanente de su gobierno. Incluso habiendo establecido el reino de Israel, sus pecados excedieron a los de todos sus predecesores.

Acab (874-853) fue el más sobresaliente rey de la dinastía Omri. Heredero de un reino que disponía de política favorable respecto a las naciones circundantes, Acab expansionó con éxito los intereses políticos y comerciales de Israel durante los veintidos años de su reinado.

Estando casado con Jezabel de Sidón, Acab alimentó las favorables relaciones con los fenicios. Incrementando el comercio entre aquellos dos países, representaba una seria amenaza al lucrativo comercio de Siria. Y pudo ser muy bien que Ben-Adad tuviese en cuenta esta afinidad fenicio-israelita con una maniobra diplomática que resultase o bien con un matrimonio real o en devoción religiosa hacia el dios tiro, Melcarth.[9] En tanto que su competencia con Siria no dio lugar a que se abriese un estado de guerra, Acab astutamente tomó ventaja de la oportunidad de asegurar el bienestar de su nación.

Por todo Israel, Acab construyó y fortificó muchas ciudades incluyendo a Jericó (I Reyes 16:34; 22:39). Además de esto, impuso pesados tributos en ganados de Moab (II Reyes 3:4) que le proporcionó un favorable equilibrio en el comercio con Fenicia y Siria. Respecto a Judá, aseguró una política de amistad por el matrimonio de su hija Atalía con Joram, hijo de Josafat (865 a. C.).[10] El apoyo de Judá fortaleció a Israel contra Siria. Manteniendo la paz y desarrollando un lucrativo comercio, Acab estuvo en condiciones de continuar el programa de construcciones en Samaria. La riqueza que codiciaba para sí mismo, está indicada en I Reyes 22:39 donde se hace

---

8. *Ibid.*, pp. 61-64.
9. Ver, *Ibid.*, p. 65.
10. Nótese que Albright considera a Atalía la hermana más bien que la hija de Jezabel. Ver la discusión de Unger, *op. cit.*, p. 63, s. 2. Sin embargo, la cronología de Thiele permite suficiente tiempo para que Atalía sea la hija de Acab y Jezabel.

referencia a una "casa de marfil". El marfil descubierto por los arqueólogos en las ruinas de Samaria puede muy bien ser del tiempo de Acab.

Mientras Omri pudo haber introducido a Baal, el dios de Tiro, en Israel, Acab promocionó el culto a este ídolo. En su gran ciudad capital, Samaria, construyó un templo a Baal (I Reyes 16:30-33). Cientos de profetas fueron llevados a Israel para hacer del baalismo la religión del pueblo de Acab. En vista de esto, Acab ganó la reputación de ser el más pecador de todos los reyes que habían gobernado a Israel.

Elías fue el mensajero de Dios en esta época de franca y abierta apostasía. Sin ninguna información concerniente a su llamada o a su pasado, emergió súbitamente de Galaad y anunció una sequía[11] en Israel que terminó solamente por su palabra. Por tres años y medio (Sant. 5:17) Elías estuvo en reclusión. Mientras que faltaba el agua en el riachuelo de Querit, Elías fue alimentado por cuervos. El resto de este período fue cuidado por una viuda en Sarepta[12] cuyas provisiones fueron milagrosamente multiplicadas diariamente. Otro gran milagro llevado a cabo fue la curación del hijo de la viuda.

Mientras que persistió el hambre en Israel, ocurrieron drásticas repercusiones. Incapaz de localizar a Elías, Jezabel mató a algunos de los profetas del Señor, pero Abdías, un sirviente de Acab, protegió a un centenar escondiéndoles en cuevas y ocupándose de su bienestar. Por todo Israel y en las ciudades circundantes, se produjo una intensiva busca de Elías pero no pudo ser encontrado. Entonces el profeta retornó a Israel y demandó a Abdías el emplazar a Acab.

Cuando el rey cargó a Elías la culpa de lo que apesadumbraba a Israel, el profeta valiente reprendió a Acab y a su familia por descuidar los mandamientos de Dios y el culto a Baal. Con Elías dando órdenes, Acab amonestó a los 450 profetas de Baal y a los otros 400 de Asera que estaban apoyados por Jezebel. Como el hambre asolaba a Israel y prevalecía sobre toda la nación, hubo que tomar una acción decisiva. Con todo Israel y los profetas reunidos ante el monte Carmelo, Elías valerosamente confrontó al pueblo con el hecho de que no podía servir al Señor y a Baal al mismo tiempo. Los profetas de Baal fueron desafiados para que consiguiesen de su dios, el quemar las ofrendas preparadas. Desde la mañana hasta bien tarde, cumplieron en vano rituales mientras que Elías ridiculizaba sus esfuerzos inútiles. Elías, entonces, reparó el altar de Dios, preparó el sacrificio, lo roció con agua e imploró a Dios para una divina confirmación. La ofrenda fue consumida, y todo Israel reconoció a Dios. Inmediatamente, los falsos profetas fueron ejecutados en el arroyo de Cisón. Tras que Elías hubo permanecido en oración en la cúspide de la montaña, advirtió a Acab que la lluvia tan largamente esperada comenzaría pronto. A toda prisa, Acab hizo el viaje en carro de 24 kms. a Jezreel, pero Elías le precedió.

Acab suministró a Jezebel un informe de primera mano de los acontecimientos de monte Carmelo. Inmediatamente, ella amenazó a Elías. Afortunadamente él recibió la noticia con 24 horas de anticipación. Aunque él había desafiado valerosamente a los cientos de falsos profetas el día anterior, se dirigió hacia la frontera más próxima en un esfuerzo de abandonar a Is-

---

11. Para la comprobación de esta sequía en la historia de Fenicia, ver Gordon, *The World of the Old Testament*, p. 198.
12. Es interesante notar que Dios no necesitaba alejar a Elías del punto de peligro: Sarepta estaba situada entre Tiro y Sidón, que era frecuentemente visitada por Jezabel.

rael. Yendo hacia el sur dejó a su sirviente en Beerseba y continuó una jornada de un día de duración más lejos, donde descansó bajo un enebro y oró para que pudiese morir. Un mensajero angélico le proveyó de refrescos y el desalentado profeta recibió instrucciones de continuar hacia el monte Horeb. Allí tuvo una divina revelación, le fue dada la seguridad de que había 7.000 en Israel que no habían aceptado el baalismo, y le dio una triple comisión: ungir Hazael como rey de Siria, Jehú como rey sobre Israel y nombrar a Eliseo como su propio sucesor. Cuando Elías retornó a Israel, impartió la llamada de Dios a Eliseo mediante la transferencia de su manto. Eliseo, entonces, se convirtió en su colaborador.

Mediante una diplomacia efectiva y favorables tratados Acab estuvo en condiciones de mantener pacíficas relaciones con los paises del entorno hasta la última parte de su reinado. No se menciona la razón del ataque de Siria contra el reino resurgido de Israel (I Reyes 20:1-43). Tal vez el rey sirio tomó ventaja de Israel tras que el país hubo padecido el hambre.[13] También puede ser posible que la amenaza asiria motivase una acción agresiva de Ben-Adad en aquel tiempo.[14] Apoyado por treinta y dos reyes vasallos, los sirios pusieron sitio a Samaria. Avisado por un profeta, Acab empleó sus gobernadores de distrito en montar una fuerza de 7.000 hombres para un ataque por sorpresa. Con el apoyo de tropas regulares, los israelitas deshicieron a los sirios, quienes tuvieron grandes pérdidas en hombres, caballos y carros de batalla. Ben-Adad apenas sí pudo escapar con vida.

Los sirios volvieron a luchar contra Israel nuevamente en la siguiente primavera, de acuerdo con el aviso del profeta hecho a Acab. Con una brillante estrategia, Acab derrotó una vez más a Ben-Adad. Aunque se hallaba grandemente superado en número, Acab acampó en las colinas, cargó con repentina furia y ganó una decisiva victoria en la captura de Afec, cinco kms. al este del mar de Galilea.[15] Ben-Adad fue capturado, pero Acab le dejó en libertad e incluso le permitió establecer sus propios términos y condiciones de paz, mediante las cuales algunas ciudades fueron devueltas a Israel y los derechos del comercio fueron dados a los victoriosos en Damasco. Este generoso y benévolo tratamiento de Israel a su peor enemigo, era parte de la política exterior de Acab de establecer alianzas amistosas con las naciones circundantes. Acab pudo haber anticipado la agresión asiria, y así el tratado de Afec representaba su plan para retener a Siria como estado tapón amistoso.

Acab falló en reconocer ante Dios esta grandiosa victoria militar (I Reyes 20:26-43). En ruta a Samaria, un profeta le recordó de forma dramática que un soldado ordinario pierde el derecho a su vida a causa de la desobediencia. Por tanto, cuánto más el rey de Israel que no había cumplido su comisión cuando Dios le aseguró la victoria. La ominosa advertencia del profeta estropeó la celebración de la victoria de Acab.

El encuentro final entre Elías y Acab tuvo lugar en la viña de Nabot (I Reyes 21:1-29). Frustrado en su intento de comprar aquella viña, la

13.   Ver E. Meyer, *Geschichte des Altertums* II, 2 (1931), 332.
14.   Ver E. Kraeling, *Aram and Israel*. Columbia University Oriental Studies, Vol. 13 (1918), p. 51.
15.   Para la localización de Afec, ver F. M. Abel, *Geographie de Palestine* (París, 1938), Vol. II, p. 246.

decepción de Acab se hizo pronto aparente para su esposa Jezabel. Esta no sentía el menor respeto por la ley israelita y desoyó el rechazo consciente de Nabot en vender su propiedad heredada, ni siquiera a un rey. Acusado por falsos testigos, Nabot fue condenado por los ancianos y apedreado. Acab tuvo poca oportunidad de disfrutar su codiciada propiedad. Valientemente, el portavoz de Dios inculpó a Acab por haber derramado sangre inocente. Por aquella tremenda injusticia, la dinastía Omrida fue condenada a la destrucción. Incluso aunque Acab se hubo arrepentido, el juicio sólo fue atemperado y pospuesto para que sucediera tras la muerte de Acab.

Aunque no se menciona en la Escritura, la batalla de Qarqar (853 a. C.) tuvo una gran significación, lo bastante para ser narrada en los anales asirios, ocurriendo durante la tregua de tres años entre Siria e Israel (I Reyes 22:1). Los asirios, bajo Asur-nasir-pal II (883-859 a. C.), habían establecido contactos con el Mediterráneo pero evitado cualquier agresión hacia Siria e Israel. Salmanasar III (859-824 a. C.), no obstante, encontró oposición. Tras tomar numerosas ciudades al norte de Qarqar, los asirios fueron detenidos en su avance por una fuerte coalición, la cual Salmanasar registró en una monolítica inscripción, como sigue: Hadad-ezer (Ben-adad) de Damasco tenía 1.200 carros de combate, 1.200 jinetes de caballería y 20.000 hombres de infantería; el rey Irhuleni de Hamet contribuyó con 700 carros, 700 jinetes y 10.000 soldados de infantería; Acab el israelita suministró 2.000 carros y 10.000 infantes.[16] Aunque a Acab no se le atribuye haber poseído ninguna caballería, es recordado por haber hecho la gran contribución con los carros de combate utilizados en Israel, la mayor conocida desde los tiempos de David. Salmanasar alardeó de una gran victoria. Cuan decisiva fue, es algo discutible, puesto que los asirios no avanzaron hacia Hamat ni renovaron su ataque durante los siguientes cinco o seis años.

Con el inmediato peligro de una invasión asiria conjurada, la tregua de tres años entre Israel y Siria terminó cuando Acab intentó recobrar Ramot de Galaad (I Reyes 22:1-40). Thiele sugiere que la batalla de Qarqar tuvo lugar en julio o a principios de agosto, de tal forma que esta batalla siro-israelita ocurrió más tarde en el mismo año, antes de que Acab hubiese licenciado sus tropas.[17] La afinidad entre las familias reales de Israel y Judá implicaba a Josafat en este intento de desalojar a los sirios de Ramot de Galaad. Por tres años el fracaso de Ben-Adad de recuperar la ciudad, de acuerdo con el pacto de Afec, tuvo indudablemente que haber sido descuidado por Acab mientras se enfrentaban a la común amenaza asiria.

Josafat apoyó a Aacab en esta aventura, pero su interés genuino estuvo en la dirección divina. Los 400 profetas de Acab, unánimemente aseguraron a los reyes de la victoria con Sedequías incluso usando un par de cuernos de hierro para demostrar cómo Acab corneaba a los sirios. Pero el rey Josafat tuvo una incómoda intuición. Aunque Micaías sarcásticamente envalentonaba a los reyes para aventurarse contra Siria, afirmó sinceramente que Acab sería muerto en aquella batalla. Como resultado, Micaías fue puesto en prisión con órdenes reales de dejarle en libertad, si Acab retornaba en paz.

---

16. Pritchard, *op. cit.*, pp. 276-281.
17. Ver Thiele, *op. cit.*, pp. 62-63.

25-10-2023

Sabiendo esto, Acab se enmascaró mientras Israel y Judá se lanzaban con su ataque sobre Ramot de Galaad. Reconociendo la capacidad de Acab como líder triunfador de Israel, el rey de Siria dio órdenes de matarle. Cuando los sirios perseguían al carro real, y se dieron cuenta que su ocupante era Josafat, se aplacaron. Sin que los sirios lo supieran, una flecha perdida atravesó a Acab que le hirió mortalmente. No solamente quedó Israel sin un pastor, como Micaías había predicho, sino que las palabras de Elías el profeta quedaron literalmente cumplidas a la muerte de Acab (I Reyes 21:19).

Acab fue sucedido por Ocozías, quien reinó aproximadamente un año (853-852 a. C.). Dos cosas hay que recordar de sus asuntos con el extranjero. No solamente no tuvo éxito Ocozías al reclamar Moab para la dinastía omrida (II Reyes 3:5) sino que su expedición naval conjunta con Josafat en el golfo de Acaba también terminó con el fracaso (II Crón. 20:35). Cuando Ocozías propuso otra aventura, Josafat, habiendo sido amonestado por esta alianza por el profeta Eliezer, rehusó cooperar (I Reyes 22:47-49).

Con ocasión de una grave caída, ignoró al profeta Elías y envió mensajeros a Baalzebub en Ecrón.[18] Elías interceptó a tales mensajeros con la solemne advertencia de que Ocozías no se recobraría. Tras varios intentos de capturar a Elías, fue llevado directamente hasta el rey. Como con Acab, su padre, Elías advirtió personalmente a Ocozías que el juicio de Dios le aguardaba porque había reconocido dioses paganos e ignorado al Dios de Israel. Esta pudo haber sido la última aparición de Elías ante un rey (852 a. C.),[19] puesto que no se hace ninguna mención de cualquier acción con Joram, rey de Israel.

Elías y Eliseo habían cooperado estableciendo escuelas para profetas. Cuando Eliseo comprobó que su ministerio conjunto tocaba a su fin, pidió una doble porción del espíritu que había quedado sobre Elías. Unos caballos de fuego y un carro separaron a los compañeros y Elías fue llevado a los cielos por un torbellino. Cuando Eliseo vio a su maestro desaparecer, recogió el manto de Elías y volvió a cruzar el Jordán con la consciencia de que su solicitud había sido atendida. En Jericó, el pueblo reconoció en masa a Eliseo como al profeta de Dios. En respuesta a su petición, él endulzó milagrosamente sus aguas amargas. Yendo a Betel fue ridiculizado por un grupo de muchachos que fueron devorados por los osos, por juicio divino. Desde allí, Eliseo fue a monte Carmelo y a Samaria, habiendo sido públicamente establecido como el profeta del Señor en Israel.

Joram, otro hijo de Acab y Jezabel, se convirtió en rey de Israel, tras la muerte de Ocozías en el 852 a. C. Durante los doce años de este último rey omrida en Israel, Eliseo estuvo frecuentemente asociado con Joram. Consecuentemente, el relato que se dedica a este período (II Reyes 3:1-9:26) está extensamente dedicado al valioso ministerio de este gran profeta.

La rebelión de Moab fue uno de los primeros problemas con que tuvo que encararse Joram cuando llegó a ser rey de Israel. Yendo en apoyo de Josafat, Joram condujo las unidades armadas de Israel y Judá en una mar-

18. Bajo este nombre el dios del sol Baal fue reconocido como el dios que producía y controlaba las moscas.
19. La carta que Elías escribió a Joram, rey de Judá, II Crón. 21:12-15, pudo tener posiblemente una fecha más tardía. Este es el único mensaje acreditado a Elías.

25-10-2023

cha de siete días alrededor de la parte del sur del mar Muerto, donde Edom se juntó a la alianza formada. Aunque Israel controlaba la tierra moabita del norte del río Arnón, Joram planeó su ataque desde el sur. Mientras se hallaba acampado en la zona del desierto a lo largo de la frontera edomita-moabita, los ejércitos aliados se enfrentaron con una escasez de agua. Cuando Eliseo fue localizado, aseguró a los tres reyes el suministro milagroso de agua a causa de la presencia de Josafat. A la mañana siguiente, atacaron los moabitas, pero fueron rechazados. Retirándose de los invasores que avanzaban, el rey de Moab tomó refugio en Kirareset (la moderna Kerak) que fue construída sobre una elevación de 1.134 mts. sobre el nivel del Mediterráneo. En su desesperación, Mesa ofreció su hijo mayor en un holocausto como una ofrenda de fuego al dios moabita, Quemos. Aterrorizados, los invasores aliados dejaron a Moab sin que pudiera subyugar a Israel dicha ciudad.

Eliseo había tenido un muy efectivo ministerio por todo Israel. Un día, una viuda, cuyo marido había sido uno de los profetas, apeló a Eliseo en ayuda de rescate para sus hermanos de un acreedor que estaba dispuesto a llevarlos como esclavos. Mediante una milagrosa multiplicación del aceite, ella estuvo en condiciones de tener el suficiente dinero para pagar su deuda (II Reyes 4:1-7).

Mientras viajaba con su sirviente Giezi, Eliseo gozó de la hospitalidad de una rica anfitriona en Sunem, a pocos kms. al norte de Jezreel. Por esta buena acción, Eliseo le aseguró a ella que a su debido tiempo tendría un hijo. El hijo prometido tendría que nacer en la próxima primavera. Cuando su hijo murió de una insolación la sunamita fue a la casa de Eliseo en monte Carmelo en demanda de ayuda. Y a su hijo le fue devuelta la vida (II Reyes 4:8-37). Algún tiempo más tarde, cuando amenazaba el hambre, Eliseo avisó a la sunamita que se trasladase a una comunidad más próspera. Tras una permanencia de siete años en tierra de los filisteos, ella volvió y fue ayudado por Giezi en recobrar sus propiedades (II Reyes 8:1-6).

Cuando los profetas de Gilgal se enfrentaron con el hambre, Eliseo proporcionó un antídoto para las plantas venenosas que estaban preparando para comer. Además, multiplicó veinte panes de cebada y unas cuantas espigas de trigo de tal forma que fueron alimentados cien hombres y aún sobró alimento (II Reyes 4:38-44).

El relato de Naamán (II Reyes 5:1-27) implica a Eliseo con los líderes políticos tanto de Siria como de Israel. Mediante una doncella cautiva israelita que tenía en su hogar, Naamán, el capitán leproso del ejército sirio, oyó hablar del sagrado ministerio curativo del profeta Eliseo. Llevando cartas escritas por Ben-Adad, Naamán llegó a Samaria y suplicó a Joram que le curase de la lepra que padecía. Joram, aterrado, desgarró sus ropas, porque temía que el rey sirio buscase complicaciones. Eliseo salvó el problema recordándole que Joram era profeta en Israel.

Apareciendo en el hogar de Eliseo, Naamán recibió unas simples instrucciones de lavarse en el Jordán siete veces. Tras de obtener de sus sirvientes la persuasión de que el capitán llevase a efecto lo que había dicho, Naamán fue curado. Volvió para otorgar una recompensa a Eliseo, que el profeta declinó. Con una orden de rendir culto al Señor quien le había curado por medio de Eliseo, el capitán sirio salió para Damasco. El triste colorido de la curación de Naamán es el hecho de que Giezi, el sirviente de Eliseo, fue tocado por la lepra como castigo por haber intentado apropiarse la recompensa que el profeta Eliseo había declinado aceptar.

Cuando Eliseo visitó una de las escuelas de los profetas, los estudiantes del seminario propusieron edificar otro edificio porque su vivienda actual resultaba demasiado pequeña. Acompañados por Eliseo, fueron al Jordán para cortar árboles con tal propósito. Cuando uno de ellos perdió la cabeza de su hacha en el agua, Eliseo realizó un milagro haciendo que flotara en el agua (II Reyes 6:1-7).[20]

El estado de guerra entre Israel y Siria continuó intermitentemente durante el reinado de Joram (II Reyes 6:8-17:20). Cuando Ben-Adad comprobó que sus movimientos militares en Israel eran conocidos por Joram, sospechó que cierto sirio se había convertido en un traidor. No era tal el caso, sino Eliseo, quien en su ministerio profético había avisado al rey de Israel. En consecuencia, los sirios enviaron a la captura de Eliseo. Cuando el sirviente del profeta, vio al poderoso ejército de Siria rodeando Dotán, se llenó de miedo; pero Eliseo le recordó la presencia de los terribles carros de guerra y la caballería que se encontraba en su entorno. En respuesta a la oración de Eliseo, las huestes sirias quedaron cegadas de tal forma, que el profeta pudo llevarles desde Dotán hasta Samaria. En presencia del rey de Israel, la ceguera quedó suprimida en el acto. Joram recibió instrucciones de prepararles una gran fiesta y después les despidió.

Más tarde, Ben-Adad acampó su ejército alrededor de Samaria sitiando a la ciudad por hambre. Cuando la escasez de alimentos se hizo insoportable y tan desesperada que las madres tuvieron que comerse a sus propios hijos, Eliseo anunció que se produciría una abundancia de alimentos dentro de las veinticuatro horas siguientes. Mientras tanto, cuatro leprosos en la vecindad de Samaria, decidieron aprovechar la oportunidad de acercarse al campamento sirio. Estaban desesperados hasta el punto de morirse literalmente de hambre. Al entrar en los cuarteles sirios, hallaron que los invasores habían quedado aterrados cuando oyeron el sonido de las trompetas, el ruido de los carros de batalla y el producido por un gran ejército. Cuando los leprosos compartieron las buenas noticias de abundantes provisiones con los samaritanos, se abrieron las puertas y el pueblo de Samaria tuvo abundancia de alimentos, de acuerdo con las palabras proféticas de Eliseo. El capitán que había rehusado creer en Eliseo, vio los suministros pero nunca los disfrutó, pues fue atropellado por la multitud hasta morir en las puertas de Samaria.

El ministerio de Eliseo fue conocido no sólo por todo Israel, sino en Siria al igual que en Judá y en Edom. Mediante la curación milagrosa de Naamán y el peculiar encuentro de los ejércitos sirios con este profeta, Eliseo fue reconocido como "el hombre de Dios" incluso en Damasco, la capital de Siria. Hacia el fin del reinado de Joram (843 o 842 a. C.). Eliseo hizo una vista a Damasco (II Reyes 8:7-15). Cuando Ben-Adad lo oyó, envió a su sirviente, Hazael, a Eliseo. Con impresionantes regalos y presentes, distribuídos en una caravana de cuarenta camellos, de acuerdo con la costumbre oriental, Hazael preguntó al profeta si Ben-Adad, rey de Siria, se

---

20.   Edersheim llama la atención al hecho de que la palabra hebrea utilizada por «flotar» está usada en sólo dos otros lugares, Deut. 11:4, y Lam. 3:54, en el Antiguo Testamento. Ver *Bible History, Vol.* VI, p. 161.

25-10-2023

recobraría o no de su enfermedad. Eliseo describió dramáticamente a Hazael la devastación y el sufrimiento que esperaba a sus amigos los israelitas. Entonces el profeta cumplió parte de la comisión dada a Elías en el monte Horeb (I Reyes 19:15) informando a Hazael que él sería el próximo rey de Siria. Cuando Hazael retornó a Ben-Adad, entregó el mensaje de Eliseo, asfixiando con un paño mojado al rey enfermo, al día siguiente. Hazael, entonces se hizo cargo del trono de Siria, en Damasco.[21]

Con el cambio de rey en el trono de Siria, Joram hizo un intento de recobrar Ramot de Galaad durante el último año de su reinado (II Reyes 8:28-29). En esta tentativa fue apoyado por su sobrino, Ocozías, que había estado gobernando en Jerusalén aproximadamente un año (II Crón. 22:5). Aunque Joram capturó sus fortalezas estratégicas, fue herido en la batalla. Mientras que estaba recuperándose en Jezreel, Ocozías, rey de Judá, fue a visitarle. Jehú fue dejado al cuidado del ejército israelita estacionado en Ramot de Galaad, al este del Jordán.

Eliseo vuelve a convertirse en el foco de la escena nacional, nuevamente, al dar cumplimiento a las otras misiones no cumplidas aún dadas a Elías en el monte Horeb (I Reyes 19:15-16). Esta vez, no fue él en persona, sino que envió a uno de los estudiantes del seminario a Ramot de Galaad, para ungir a Jehú como rey de Israel (II Reyes 9:1ss.). Jehú estuvo encargado con la responsabilidad de vengar la sangre de los profetas y servidores del Señor. La familia de Acab y Jezabel tenía que ser exterminada como las dinastías de Jeroboam y Baasa lo habían sido ante Omri.

Con el sonido de la trompeta, Jehú fue proclamado rey de Israel. En un rápido asalto a Jezreel, Joram fue fatalmente herido y arrojado al mismo terreno que Acab había tomado a expensas de la sangre de Nabot. Ocozías intentó escapar, pero también fue mortalmente herido. En esto fue cumplida la palabra de Elías (I Reyes 21). Escapó a Meguido donde murió y fue llevado a Jerusalén para ser enterrado. Aunque Jezabel hizo un llamamiento a Jehú, ella fue brutalmente arrojada por una ventana hasta morir. Su cuerpo fue comido por los perros. El juicio cayó así sobre la dinastía de los Omri, cumpliéndose literalmente las palabras del profeta Elías.

---

21. Para confirmación de esta sucesión en Siria. en fuentes seculares, ver Unger, *op. cit.*, p. 75.

Capítulo **XI**

Los realistas del sur

El quebrantamiento del reino salomónico, dejó a la dinastía davídica con un pequeño fragmento de su antiguo imperio. Con Jerusalén como capital, la línea real de David mantuvo una ininterrumpida sucesión, gobernando el pequeño reino de Judá durante casi un siglo. Sólo seis reyes reinaron durante esas nueve décadas (931-841 a. C.).

El reino de Roboam

Reuniéndose los israelitas en el 931 a. C., bajo el liderazgo de Jeroboam, apelaron a Roboam, heredero del trono de Salomón, para reducir los tributos. Tres días esperaron para el veredicto. Mientras que los ancianos aconsejaron a Roboam el aligerar los grandes tributos existentes, los hombres más jóvenes sugirieron que los impuestos tenían que ser incrementados. Cuando Roboam anunció que seguiría la política sugerida por los últimos, se enfrentó con una rebelión abierta. Escapando a Jerusalén, apeló a la milicia para suprimir el levantamiento, pero solamente los hombres de Judá y Benjamín respondieron a su llamada. Tomando el consejo de Semaías, Roboam no suprimió la rebelión.

Aunque la política tributaria de Roboam fue la causa inmediata de la disgregación del reino, son dignos de tener en cuenta un cierto número de otros hechos. La envidia había existido durante algún tiempo entre las tribus de Judá y las de Efraín (ver Jueces 8:1-3; 12:1-6; II Sam. 2:9; 19:42-43). Aunque David había unificado todo Israel en un gran reino, la pesada contribución en tributos y la labor hecha por las otras tribus para Jerusalén, precipitó la rebelión. La muerte de Salomón dio la oportunidad para que esas y otras tribus se rebelaran contra Judá.

Egipto pudo haber tenido una parte vital en la disgregación del reino salomónico. Allí fue donde Jeroboam encontró refugio durante los últimos días de Salomón. Hadad, el edomita, encontró asilo en Egipto durante los primeros años, pero retornó a Edom, incluso durante el tiempo del rey Salomón (I Reyes 11:14-22). Aunque no se dan detalles, pudo muy bien haber ocurrido que Egipto apoyase a Jeroboam en rebelión contra la dinastía davídica.[1]

Otro factor que contribuyó a la división del reino, está explícitamente mencionada en el relato bíblico —la apostasía de Salomón y la idolatría— (I Reyes 11:9-13). Por consideración a David, el juicio fue pospuesto hasta la muerte de Salomón. Roboam tuvo que sufrir las consecuencias.

Como la división actual del reino llegó a ser una realidad, los sacerdotes y los levitas procedentes de varias partes de la nación, vinieron al Reino del Sur. Jeroboam sustituyó la idolatría por la verdadera religión de Israel. Despachó y apartó a quienes habían estado al servicio religioso, por lo que muchos tuvieron que abandonar sus propiedades y establecerse en Judá. Aquello promovió un real y fervoroso sentimiento religioso por todo el Reino del Sur durante los tres primeros años del reino de Roboam (II Crón. 11:13-17).

Durante los primeros años de su reinado, Roboam fue muy activo en la construcción y en la fortificación de muchas ciudades por toda Judá y Benjamín. En cada una, situaba comandantes, estableciendo y reforzando así su reinado. Tales ciudades tenían, además, como motivación el establecimiento de sus familias y su distribución, puesto que Roboam, siguiendo el ejemplo de su padre, practicó la poligamia.

Roboam comenzó su reinado con una sincera y religiosa devoción. Cuando el reino estuvo bien establecido, él y su pueblo cometieron apostasía (II Crón. 12:1). Como resultado, Sisac, rey de Egipto, invadió Judá en el año quinto del reinado de Roboam y tomó muchas de las ciudades fortificadas, llegando incluso a Jerusalén. Cuando Semaías anunció que esto era un juicio de Dios caído sobre ellos, el rey y los príncipes se humillaron. En respuesta, el profeta les aseguró que la invasión egipcia sería atemperada y que Judá no sería destruída. De acuerdo con la lista de Karnak, Sisac el Egipcio, apoyado por bárbaros procedentes de Libia y Etiopía, sometió unas 150 plazas en Edom, Filistea, Judá e incluso Israel, incluyendo Meguido.[2] Además de su devastación en Judá, Sisac atacó Jerusalén, asolándola, y apropiándose de los tesoros del templo. La espléndida visión de los escudos de oro puro dio paso a otros hechos de bronce en los días de Roboam.

A despecho de su inicial fervor religioso, Roboam sucumbió a la idolatría. Iddo, el profeta que escribió una historia del reino de Roboam, pudo haber sido el mensajero de Dios para avisar al rey. Por añadidura a la idolatría y a la invasión por Egipto, una intermitente situación de guerra entre el Reino del Norte y el Reino del Sur hicieron los días de Roboam tiempos de desazón constante. El Reino del Sur declinó rápidamente bajo su mandato real.

Abiam, continuador de la idolatría

Durante su reinado de tres años, Abiam (913-910 a. C.) apenas sí persistió en las líneas de conducta de su padre, tan de córtos alcances (I Reyes

---

1. Albright, W. F., *The Biblical Period*, pp. 29-31.
2. *Ibíd.*, p. 30.

15:1-8; II Crón. 13:1-22). Activó la crónica situación de estado de guerra entre Israel y Judá, desafiando agresivamente a Jeroboam dentro del territorio efraimita. Un movimiento envolvente llevó las tropas de Israel a una ventajosa posición, pero en el conflicto que siguió, las fuerzas, superadas en número de Abiam, derrotaron a los israelitas. Al tomar Betel, Efraín, Jesana, con los pueblos de los alrededores, debilitó Abiam el Reino del Norte.

Abiam continuó en la tradición del inclusivismo religioso comenzando por Salomón y promovido por Roboam. No abolió el servicio religioso en el templo; pero simultáneamente permitía el culto de dioses extraños. La extensión de esta acción se encuentra mejor reflejada en las reformas de su sucesor. De esta forma, la idolatría se hizo más fuerte y se extendió con más amplitud por todo el reino de Judá en los días de Abiam. Esta política idolátrica habría tenido como resultado la supresión y cambio de la familia real en Jerusalén, de no haber sido por la promesa que en la Alianza se le prometió a David (I Reyes 15:4-5).

Asa inicia la reforma

Asa gobernó en Jerusalén durante cuarenta y un años (910-869 a. C.). Unas condiciones de paz prevalecieron, por lo menos, los primeros diez años de su largo reinado. Consideraciones de tipo cronológico implican que era muy joven cuando murió Abiam. En esto, puede que tenga que ver el hecho de que Maaca continuó como reina madre durante los primeros catorce o quince años del reinado de Asa. A despecho de su influencia, adoptó un programa de reforma en los cuales los altares extranjeros y los lugares altos fueron suprimidos y los pilares y los asherim destruidos. El pueblo fue amonestado para que guardase celosamente la Ley de Moisés y los mandamientos. Políticamente, este tiempo de paz fue utilizado ventajosamente por el joven rey para fortificar las ciudades de Judá y reforzar el ejército.

En el décimo cuarto año de su reinado (897-896 a. C.), Judá fue atacada por el sur con un potente ejército de los etíopes. Puede que Zera, su caudillo, hiciese esto bajo la presión de Osorkón I, sucesor de Sisac en el trono de Egipto.[3] Con la ayuda divina Asa y su ejército rechazaron a los invasores, persiguiéndoles hasta más allá de Gerar, y volvieron a Jerusalén con abundante botín de guerra, especialmente ganado vacuno, ovejas y camellos.

Exhortado por el profeta Azarías tras de tan gran victoria, Asa activó valerosamente su reforma por todo su reino, suprimiendo ídolos en varias ciudades. En el tercer mes del décimo quinto año, hizo una gran asamblea con su propio pueblo así como con mucha gente procedente del Reino del Norte que había desertado, cuando reconocieron que Dios estaba con él. Se hicieron abundantes sacrificios durante aquellas fiestas, tras la reparación del altar del Señor. Alentado por el profeta y el rey, el pueblo se avino a una alianza de servir a Dios de todo corazón. Indudablemente, fue con este apoyo público con el que quitó de su puesto a Maaca, como reina madre. La imagen de Asera, la diosa cananea de la fertilidad, fue aplastada, destruída y quemada en el valle de Cedrón. Debido al apoyo po-

---

3. *Ibid.*, p. 32.

pular, estas festividades religiosas fueron las más grandes que cualquiera de las habidas en Jerusalén desde la erección del templo de Salomón.

Tales celebraciones religiosas en Judá, indudablemente perturbaron a Baasa. Israel había sido derrotada por Abiam poco antes de que Asa se convirtiera en rey. Desde entonces, había sido aún más debilitado por la revolución, cuando la dinastía de Jeroboam fue suprimida. Contemporáneamente, Asa estableció su reinado durante una era de paz. La deserción de su pueblo hacia Jerusalén, en el décimo quinto año de Asa (896-895 a. C.) indujo con presteza a Baasa a fortificar Ramá (II Crónicas 16:1).[4] Puesto que los caminos que procedían desde el Reino del Norte convergían en Ramá, a ocho kms. al norte de Jerusalén, Asa consideró la cuestión como un acto agresivo estratégico. Enviando a Ben-Adad, el rey de Siria, un presente de oro y plata tomado del templo, Asa contrarrestó la agresión israelita. Ben-Adad entonces se apoderó de territorio y ciudades en el Norte de Israel. Cuando Baasa se retiró de Ramá, Asa utilizó la piedra y la madera recogida allí para construir y fortificar con ellas Geba y Mizpa.

Aunque la alianza de Asa con Ben-Adad parece que tuvo éxito, Hanani, el profeta, amonestó severamente al rey por su afiliación impía. Valientemente recordó a Asa que había confiado en Dios al oponer satisfactoriamente y con éxito a libios y a etíopes bajo Zera. Cuando se encaró con este problema había ignorado a Dios. En consecuencia, se vería sujeto a guerras a partir de entonces. Oyendo aquello, Asa se enfureció de tal modo que metió a Hanani en prisión. Otras personas igualmente sufrieron a causa de su antagonismo.

No hay registros respecto a las guerras o actividades durante el reinado de Asa, que fue largo y dilatado. Dos años antes de su muerte, cayó enfermo de gravedad fatal. Ni incluso en esta situación y este período de sufrimiento buscó al Señor. Aunque Asa era un piadoso y justiciero gobernante durante los primeros quince años de su reinado, no hay indicación en los relatos bíblicos de que jamás se recobrase de su actitud de desafío ante las palabras del profeta. Aparentemente, el resto de su reinado de 41 años no estuvo caracterizado por una positiva y justa actividad que marcó su comienzo. El encarcelamiento de Hanani, el profeta, parece implicar que no tenía temor del Señor ni de su mensajero (II Crón. 17:3).

Josafat —un administrador piadoso

El reino de 25 años de Josafat (872-848 a. C.) fue uno de los más alentadores y marcó una era de esperanza en la historia religiosa de Judá. En los primeros años de su reinado, Josafat hizo revivir la política de reforma religiosa que había sido tan efectiva en la primera parte del reinado de Asa. Puesto que Josafat tenía treinta y cinco años de edad cuando comenzó a gobernar, debió haber permanecido, muy probablemente, bajo la influencia de los grandes líderes religiosos de Judá, en su infancia y juventud. Su programa estuvo bien organizado. Cinco príncipes, que estaban acompañados por nueve levitas principales y dos sacerdotes, fueron enviados por todo

---

4. Ver la discusión de Thiele en *The Mysterious Numbers of the Hebrew Kings*, pp. 57-60. El trigesimosexto año fecha desde el comienzo del Reino del Sur.

Judá para enseñar la ley. Además de esto, suprimió los lugares altos y los asherim paganos, para que el pueblo no estuviera influenciado por ellos. En lugar de buscar a Baal, como el pueblo probablemente había hecho durante las últimas dos décadas del reinado de Asa, este rey y su pueblo se volvieron hacia Dios.

Este nuevo interés hacia Dios tuvo un amplio efecto sobre las naciones circundantes, al igual que sobre Judá. Conforme Josafat fortificaba sus ciudades, los filisteos y los árabes no declararon la guerra a Judá, sino que reconocieron la superioridad del Reino del Sur, llevando presentes y tributos al rey. Este providencial favor y apoyo le animaron a construir ciudades para almacenes y fortalezas por todo el país, estableciendo en ellas unidades militares. Además, contaba con cinco comandantes de ejército en Jerusalén, ligados y responsables directamente hacia su persona (II Crón. 17:1-19). Como natural consecuencia, bajo el mandato de Josafat, el Reino del Sur prosperó política y religiosamente.

Existían relaciones amistosas entre Israel y Judá. La alianza matrimonial entre la dinastía de David y Omri, debió realizarse versosímilmente en la primera década del reinado de Josafat (ca. 865 a. C.), puesto que Ocozías, el hijo de esta unión, tenía veintidos años cuando ascendió al trono de Judá en el 841 a. C. (II Reyes 8:26).[5] Este nexo de unión con la dinastía gobernante del Reino del Norte, aseguró a Josafat del ataque y la invasión procedente del Norte.

Aparentemente, transcurrió más de una década del reinado de Josafat sin noticias entre los primeros dos versículos de II Crón. 18. El año era el 853 a. C. Después de la batalla de Qarqar, en la cual Acab había participado en la alianza siria, para oponerse a la fuerza expansiva de los asirios, Acab agasajó a Josafat de lo más suntuosamente en Samaria. Mientras Acab consideró la recuperación de Ramot de Galaad, que Ben-Adad el rey sirio no le había devuelto de acuerdo con el tratado de Afec, invitó a Josafat a unirse a él en la batalla. El rey de Judá respondió favorablemente; pero insistió en asegurarse de los servicios y del consejo de un verdadero profeta. Micaías predijo que Acab sería muerto en la batalla. Al tener conocimiento de aquello, Acab se disfrazó. Al ser herido mortalmente por una flecha perdida, Josafat consiguió escapar volviendo en paz a Jerusalén.

Jehú confrontó a Josafat valientemente con la palabra del Señor. Su fraternización con la familia real de Israel, estaba disgustando al Señor. El juicio divino vendría seguidamente, sin duda. Para Jehú esto fue un gran acto de valor desde que su padre, Hanani, fue llevado a prisión por Asa por haber amonestado al rey. Concluyendo su mensaje, Jehú felicitó a Josafat por quitar de en medio los asherim y el someterse y buscar a Dios.

En contraste con Asa, su padre, Josafat respondió favorablemente a esta amonestación. Personalmente fue por toda Judá desde Beerseba hasta Efraín para alentar al pueblo a volverse hacia Dios. Completó esta reforma, nombrando jueces en todas las ciudades fortificadas, amonestándoles a que juzgasen con el temor de Dios, más bien que a tenor de juicios particulares o aceptando sobornos. Los casos en disputa debían apelarse a Jerusalén, donde los levitas, los sacerdotes y los cabeza de familia importantes, tenían

---

5. Nótese que II Crón. 22:2 da su edad como de 42 años, pero a la luz de II Crón. 21:20 y II Reyes 8:17, el número 42 es un error de transcripción.

1-11-2023

a su cargo el rendir justas decisiones.[6] Amarías, el jefe de los sacerdotes, era en última instancia responsable de todos los casos religiosos. Las cuestiones civiles y criminales, estaban a cargo de Zebadías, el gobernador de la casa de Judá.

Poco después de todo esto, Josafat se vio enfrentado a una terrorífica invasión procedente del sudeste. Un mensajero informó que una gran multitud de amonitas y moabitas se dirigían hacia Judá procedentes de la tierra de Edom, al sur del mar Muerto. Si aquello era el castigo implicado en la predicción de Jehú sobre la pendiente ira de Dios, entonces es que Josafat había preparado sabiamente a su pueblo.[7] Cuando proclamó el ayuno, el pueblo de todas las ciudades de Judá respondió inmediatamente. En la nueva corte del templo, el propio rey condujo la oración, reconociendo que Dios les había otorgado la tierra prometida, manifestado su presencia en el templo dedicado en los días de Salomón y prometido la liberación, si se postraban humildemente ante El. En las simples palabras: "ni sabemos qué hacer, y a ti volvemos nuestros ojos", Josafat expresó su fe en Dios, cuando concluyó su oración (II Crón. 20:12). Mediante Jahaziel, un levita de los hijos de Asa, la asamblea recibió la seguridad divina de que incluso sin tener que luchar ellos verían una gran victoria. En respuesta, Josafat y su pueblo se inclinaron y adoraron a Dios, mientras que los levitas audiblemente alabaron al Señor.

A la mañana siguiente, el rey condujo a su pueblo al desierto de Tecoa y les alentó a ejercitar su fe en Dios y en los profetas. Cantando alabanzas a Dios, el pueblo marchaba contra el enemigo. Las fuerzas enemigas fueron lanzadas en una terrible confusión y se masacraron unos a otros. El pueblo de Judá empleó tres días en recoger el botín y los despojos de la guerra. Al cuarto día, Josafat reunió a su pueblo en el valle de Beraca para una reunión de acción de gracias, reconociendo que sólo Dios les había dado la victoria.[8] En una marcha triunfante, el rey les condujo a todos de vuelta a Jerusalén. El temor de Dios cayó sobre las naciones de los alrededores cuando supieron de esta milagrosa victoria. Josafat de nuevo volvió a gozar de paz y quietud.

Con un nuevo rey, Ocozías, sobre el trono omrida de Israel, Josafat entró una vez más en íntima afinidad con esta malvada familia. En un esfuerzo conjunto, intentaron fletar barcos en Ezión-geber para propósitos comerciales. De acuerdo con la predicción del profeta Eliezer, los barcos naufragaron (II Crón. 20:35-37). Cuando Ocozías le propuso otra nueva aventura, Josafat declinó la proposición (I Reyes 22:47-49).

Antes del fin de su reinado, Josafat de nuevo entró en alianza con un rey de Israel. Esta vez fue con Joram, otro de los hijos de Acab. Cuando Acab murió, Moab cesó de pagar tributos a Israel. Aparentemente, Ocozías, en su corto reinado, no dijo nada al respecto. Cuando Joram se convirtió en rey, invitó a Josafat a unir sus fuerzas con él en una marcha a través de Edom para someter a Moab (II Reyes 3:1-27).[9] Josafat de nuevo tuvo

---

6. Para el fondo histórico de esta cuestión, ver Ex. 18:21, 22; Deut. 1:13-17; 16:18-20.
7. Edersheim interpreta esto como el juicio anunciado por Jehú. Ver *Bible History*, Vol. VI, pp. 78.
8. Desde la partición de Palestina, el Dr. Lambie ha erigido el Hospital Beraca, en este mismo valle.
9. Para mayor detalle y discusión, ver capítulo X.

1-11-2023

conciencia del hecho de que estaba aliado con reyes impíos, cuando el profeta Eliseo salvó a los tres ejércitos de la destrucción.

Josafat murió en el año 848 a. C. En agudo contraste con la dinastía omrida, condujo a su pueblo en la lucha contra la idolatría en todos sus aspectos. Por su íntima asociación con los reyes malvados e impíos de Israel, sin embargo, fue severamente amonestado por varios profetas. Esta política de alianza matrimonial no afectó seriamente a su nación, mientras él vivió, pero fue causa de que quedase casi eliminada la dinastía davídica de Judá, menos de una década después de su muerte. Esta complacencia de su política inclusivista, anuló con mucho, los esfuerzos de toda una vida, en el bueno y piadoso rey Josafat.

Joram vuelve a la idolatría

Joram, el hijo de Josafat, gobernó sobre Judá durante ocho años (848-841 a. C.). Aunque era corregente con su padre, no asumió mucha responsabilidad hasta después de morir Josafat. En el relato escriturístico (II Crón. 21:1-20; II Reyes 8:16-24) se dan ciertas fechas sobre la base de su acceso al trono en el 853, mientras que otros se refieren al 848 a. C. cuando asumió el completo dominio del reino.[10]

La muerte de Josafat precipitó rápidos cambios en Judá. El pacífico gobierno que había prevalecido bajo Josafat, fue pronto reemplazado por el derramamiento de sangre y una gran idolatría. Tan pronto como Joram estuvo seguro en el trono, asesinó a seis de sus hermanos, a quienes Josafat había asignado el mando de sendas ciudades fortificadas. Muchos de los príncipes siguieron la misma suerte. El hecho de que adoptase los mismos caminos pecaminosos de Acab y Jezabel parece razonable atribuirlo a la influencia de su esposa, Atalía. Restauró los lugares altos y la idolatría, que su padre había suprimido y destrozado. También se produjeron cambios en otras cuestiones y aspectos. De acuerdo con Thiele, Joram, en este tiempo, incluso adoptó para Judá el sistema del año de no accesión, y su numeración, utilizado en el Reino del Norte.[11]

Elías el profeta reprochó severamente a Joram por escrito (II Crón. 21:11-15). Mediante aquella comunicación escrita, Joram fue advertido de estar pendiente de juicio por su crimen al matar a sus hermanos y conducir a Judá por los perversos caminos del Reino del Norte. El tenebroso futuro suponía una plaga para Judá y una enfermedad incurable para el propio rey.

Edom se revolvió contra Joram. Aunque él y su ejército estaban rodeados por los edomitas, Joram huyó y Edom ganó así su independencia. Los filisteos y los árabes que habían reconocido a Josafat pagándole tributos, no solamente se revolvieron, sino que avanzaron hacia Jerusalén, llegando a atacar y a destrozar el propio palacio del rey. Se llevaron con ellos un enorme tesoro y tomaron como cautivos a los miembros de la familia de Joram, con la excepción de Atalía y un hijo, Joacaz o Ocozías.

---

10. Nótese que la discusión de Thiele acerca de esto, clarifica aparentes contradicciones tales como II Reyes 1:17 y 8:16. Ver *Mysterious Numbers of the Hebrew Kings*, pp. 61-65. Joram fue hecho quizá corregente antes de que Josafat venciese a Acab en batalla contra Siria en 853 a. C.

11. Thiele, *op. cit.*, p. 62. Este sistema era usado en Israel mientras que por su parte Judá utilizaba el sistema del año de accesión.

Dos años antes de su muerte, Joram fue tocado con una terrible e incurable enfermedad. Tras un período de terribles sufrimientos, murió en el 841 a. C. Los trágicos y sorprendentes efectos de este corto reinado, están reflejados en el hecho de que nadie lamentó su muerte. Ni siquiera se acordó darle el honor usual de ser enterrado en la tumba destinada a los reyes.

Ocozías promueve el baalismo

Ocozías tuvo el más corto de los reinados durante este período, siendo rey de Judá menos de un año (841 a. C.).[12] Mientras que Joram había asesinado a todos sus hermanos cuando llegó al trono, los hijos de Joram fueron todos muertos por los árabes con la excepción de Ocozías. Consecuentemente, el pueblo de Judá no tuvo otra alternativa que coronar rey a Ocozías. Bajo el consejo personal de su madre, la maldad de Acab y Jezabel encontró completa expresión cuando Ocozías se convirtió en rey de Judá. Bajo la dominación de aquella mujer y la influencia de su tío, Joram, que gobernaba Samaria, Ocozías tuvo poco que elegir. La pauta ya había sido establecida por su padre.

Siguiendo el consejo de su tío, el nuevo rey se unió a los israelitas en la batalla contra Siria. Puesto que Hazael acababa de reemplazar a Ben-Adad como rey de Damasco, Joram decidió que aquella era la oportunidad de recuperar Ramot de Galaad de los sirios. En el conflicto que siguió, Joram fue herido. Ocozías, estaba con Joram en Jezreel, el palacio de verano de la dinastía omrida, cuando la revolución estalló en Israel. Mientras Jehú marchaba contra Jezreel, Joram fue mortalmente herido, mientras que Ococías buscó refugio en Samaria. En otra persecución posterior, fue fatalmente herido y moría en Meguido. Como muestra de respeto por Josafat, su nieto, Ocozías fue enterrado con los honores de rey en Jerusalén.

Sin un heredero calificado para hacerse cargo del reino de Judá, Atalía ocupó el trono en Jerusalén. Para asegurar su posición comenzó con la ejecución de la familia real (II Crón. 22:10-12). Lo que Jezabel, su madre, había hecho con los profetas en Israel, Atalía hizo con la familia de David en Judá. A través de una alianza matrimonial arreglada por Josafat con el malvado Acab, esta nieta de Etbaal, rey de Tiro, se convertía en la esposa del heredero del trono de David. Indudablemente, ella no se mantuvo todo el tiempo que vivió Josafat. Lo que ella hizo en Judá, tras su muerte, es trágicamente aparente en los acontecimientos que se desarrollaron en los días de su marido, Joram, y de su hijo, Ocozías. A esto, siguió un período de terror que duró seis años (841-835 a. C.).

---

12. Nótese que a él le llama también Ocozías en II Crón. 22:1, 6, mientras en II Crón. 21:17, Joacaz.

Capítulo **XII**

Revolución, recuperación y ruina

La línea de Jehú ocupó el trono por casi un siglo, más tiempo que cualquier otra dinastía en el Reino del Norte (841-753 a. C.). Cuando Jehú fue entronizado mediante una revolución, Israel estaba debilitada y reducida a su más pequeña área geográfica, cediendo terreno a sus agresivos vecinos. Bajo el cuarto rey de esta familia, el Reino del Norte alcanzó su cima en cuestión de prestigio internacional. Esta efímera prosperidad se diluyó en el olvido en menos de tres décadas, bajo el creciente poder de los asirios.

La dinastía de Jehú

Una sangrienta revolución tuvo lugar en Israel, cuando Jehú, un capitán del ejército, desalojó a la dinastía omrida. En su ocupación de Jezreel, dispuso de Joram, el rey israelita, Ocozías, el rey de Judá y Jezabel, la única responsable de hacer del baalismo parte tan efectiva de la religión de Israel.

Marchando a Samaria, Jehú mató a setenta hijos de la familia de Acab y dirigió la ejecución de todos los entusiastas de Baal que habían sido engatusados en celebraciones masivas en el templo erigido por Acab. Puesto que la religión y la política habían estado tan íntimamente fusionadas en la dinastía omrida, la brutal destrucción del baalismo fue una cuestión de utilidad y conveniencia para Jehú.

Jehú tuvo problemas por todas partes. Al exterminar la dinastía omrida, perdió el favor de Judá y de Fenicia, cuyas familias reales estaban íntimamente aliadas con Jezabel. Ni tampoco se unió al nuevo rey sirio, Hazael, oponiéndose al avance asirio hacia el oeste.

En el famoso Obelisco Negro descubierto por Layard en 1846, Salmanasar III informa que percibía tributos de Jehú. Tras cinco ataques sin resultado sobre Damasco, el rey asirio condujo sus ejércitos hacia la costa

189

del Mediterráneo, norte de Beirut, y obtuvo tributos de Tiro y Sidón, al igual que del rey de Israel.[1] Por esta acción conciliatoria, Jehú contuvo la invasión asiria de Israel, pero incurrió en el antagonismo de Hazael, por haber aplacado a Salmanasar III. Durante los primeros años de este período (841-837 a. C.) Hazael resistió la agresión asiria por sí solo. Mientras fueron conquistadas algunas de las ciudades del norte, Damasco se sostuvo con éxito en aquella crisis. Los asirios no renovaron sus ataques por casi dos décadas. Esto permitió a Hazael el dirigir a su poderío militar bien curtido hacia el sur, en una renovación de su guerra contra Israel. A expensas de Jehú los sirios ocuparon la tierra de Galaad y Basán, al este del Jordán (II Reyes 10:32-33). Habiendo llegado al trono de Israel valiéndose de medios sangrientos, Jehú aparentemente nunca fue capaz de unificar su nación lo suficientemente como para hacer frente al poderío de Hazael. Es dudoso que Hazael redujese a Jehú al vasallaje sirio, pero por el resto de los días de Jehú, Israel fue acosado y perturbado por el citado y agresivo rey sirio.

Aunque Jehú suprimió el baalismo, no conformó la cuestión religiosa a la ley de Dios. La idolatría todavía prevaleció desde Dan a Betel, y de ahí el aviso divino de que sus hijos reinarían tras él sólo hasta la cuarta generación.

Joacaz

Joacaz, el hijo de Jehú, tuvo el mismo rey sirio con quien enfrentarse por todo su reinado (814-798 a. C.). Hazael tomó ventaja del nuevo gobernante de Israel, extendiendo el dominio sirio hasta la tierra de las colinas de Efraín. El ejército de Israel quedó reducido a 50 jinetes, 10 carros de combate, y 10.000 soldados de infantería. En tiempos de Acab, Israel había proporcionado 2.000 carros de combate en la batalla de Qarqar. Hazael incluso avanzó más allá de Israel para capturar Gat y amenazó con la conquista de Jerusalén, durante el reinado de Joacaz (II Reyes 12:17).

La gradual absorción de Israel por Siria, debilitó el reino del Norte hasta el extremo de que Joacaz fue incapaz de resistir a otros invasores. Las naciones circundantes, tales como los edomitas, los amonitas, los filisteos y los tirios, también adquirieron ventaja de los apuros de Israel. Esto se refleja por Amos (1:6-15) e Isaías (9:12).

Bajo la tremenda presión extranjera, Joacaz se volvió hacia Dios, y de esta forma Israel no fue completamente subyugado por los sirios. A pesar de este alivio, no se apartó del todo de la idolatría de Jeroboam ni destruyó los asherim en Samaria (II Reyes 13:1-9).

Joás

Joás, el tercer rey de la dinastía de Jehú, gobernó Israel durante diez y seis años (798-782 a. C.). Con la muerte de Hazael, cerca y con anterioridad al cambio del siglo, fue posible comenzar la restauración de Israel y sus riquezas bajo el liderazgo de Joás.

---

1. El retrato de esta transacción puede verse todavía sobre el acantilado que hay en la boca del río Dog, cerca de Beirut en el Líbano. (Ver G. E. Wright, *Biblical Archaeology,* pp. 156-157.)

Eliseo, el profeta, todavía vivía cuando Joás ascendió al trono. El silencio de las Escrituras garantiza la conclusión de que ni Jehú ni Joacaz tuvieron mucho que hacer con Eliseo. Cuando el profeta se hallaba próximo a la muerte, Joás fue a verle. Llorando en su presencia, el rey expresó su temor por la seguridad de Israel. En su lecho de muerte, Eliseo instruyó dramáticamente al rey de que disparase su flecha, asegurándole que esto significaba la victoria israelita sobre Siria. El milagro final asociado con el profeta Eliseo, ocurrió tras su muerte. Un hombre muerto, arrojado a la tumba de Eliseo durante un ataque moabita, fue devuelto a la vida.

Con el cambio de reyes en Siria, Joás estuvo en condiciones de reconstruir una gran fuerza combatiente. Ben-Adad II fue definitivamente colocado en una posición defensiva, mientras que Joás volvió a reconquistar mucho del territorio ocupado por los sirios bajo Hazael. La recuperación de la zona este del Jordán pudo no haber sido llevada a cabo hasta la época de su sucesor; pero esta fue un período de preparación en el cual Israel comenzó a levantarse en poder y en prestigio.

Durante el reinado de Joás, Amasías, rey de Judá, tomó un ejército mercenario israelita para ayudar a subyugar a los edomitas (II Crón. 25:6); sin embargo, tomando el consejo de un profeta, lo despidió antes de ir a la batalla. Al retornar a Israel, rapiñaron las ciudades en ruta desde Bet-horón a Samaria, matando a 3.000 personas (II Crón. 25:13). Retornando en triunfo de la victoria edomita, Amasías desafió a Joás a la batalla. Este último respondió con una advertencia respecto a la suerte que corría un cardo que hizo una petición de un cedro del Líbano. Evidentemente, Amasías no captó el significado de tales palabras. En el encuentro militar que tuvo lugar a continuación, Joás no sólo derrotó a Amasías sino que invadió Judá, destruyó parte de la muralla de Jerusalén, hundió el palacio y el templo y tomó rehenes con los que volvió a Samaria. Sobre la base de la sincronización de la cronología de este período, Thiele ha llegado a la conclusión de que esta batalla tuvo lugar en el 791-790 a. C.[2]

Aunque Joás se sintió turbado por la pérdida de Eliseo, no estuvo sinceramente interesado en servir a Dios, sino que continuó en sus idolátricos pasos. Su corto reinado marca el punto de cambio en la fortuna de Israel, como Eliseo había predicho.

Jeroboam II

Jeroboam, el cuarto gobernante de la dinastía de Jehú, fue el rey más sobresaliente del Reino del Norte. Reinó cuarenta y un años (793-753 a. C.) incluyendo doce años de corregencia con su padre. Por la época en que tomó las riendas del poder absoluto del reino (781 a. C.), se encontró en una posición de tomar completa ventaja de las oportunidades para la expansión.

Como Omri, el rey más fuerte que existió antes que él, la historiografía de Jeroboam II es muy breve en la Escritura (II Reyes 14:23-29). La vasta expansión política y comercial ocurrida bajo este rey, está sumarizada en la profecía de Jonás, el hijo de Amitai, que pudo haber sido el profeta de tal nombre que fue enviado con una misión a Nínive (Jonás 1:1). Jonás

---

2. Thiele, *The Mysterious Numbers of the Hebrew Kings*, pp. 68-72.

predijo que Jeroboam restauraría Israel desde el mar Muerto hasta las fronteras de Hamat.

Fuentes seculares confirman las referencias bíblicas de que Ben-Adad II no fue capaz de retener el reino establecido por su padre, Hazael.[3] Dos ataques sobre Siria llevados a cabo por Adad-Nirari III (805-802 a. C.) y Salmanasar IV, la debilitaron considerablemente a expensas de Asiria. Además de esto, Zakir de Hamat formó una coalición que derrotó a Ben-adad II y afirmó la independencia de Siria durante este período. Esto dio a Jeroboam la oportunidad de recobrar el territorio al este del Jordán que los sirios habían controlado por casi una centuria. Después del año 773 a. C. los reyes asirios estuvieron tan ocupados con problemas locales y nacionales, que no intentaron hacer ningún avance hacia Palestina, hasta después de la época de Jeroboam. En consecuencia, el reino israelita gozó de una pacífica prosperidad inigualada desde los días de Salomón y David.

Samaria, que había sido fundada por Omri, fue entonces fortificada por Jeroboam. La muralla protectora de la ciudad fue ensanchada hasta diez metros en algunos lugares estratégicos. Las fortificaciones estaban tan bien construídas, que casi medio siglo más tarde, los asirios emplearon tres años en conquistar la ciudad.

Amós y Oseas, cuyos libros aparecen en la lista de los profetas menores, reflejan la prosperidad de aquellos días. El éxito militar y comercial de Jeroboam, llevó a Israel a una abundancia de riqueza. Con este lujo, llegó también un declive moral y una indiferencia religiosa, todo ello denunciado valientemente por los profetas. Jeroboam II había hecho lo malo a la vista del Señor y motivado que Israel cayese en el pecado, como lo hizo el primer rey de Israel.

Zacarías

Cuando Jeroboam II murió en el año 753 a. C. fue sucedido por su hijo Zacarías, cuyo reinado solamente duró seis meses. Fue asesinado por Salum (II Reyes 15:8-12). Con esto acabó bruscamente la dinastía de Jehú.

Los últimos reyes

El pueblo que oyó a Amós y a Oseas, comprobó cuan pronto el juicio que amenazaba a Israel caería sobre el país. En un período de sólo tres décadas (752-722 a. C.) el poderoso Reino del Norte cesó de existir como nación independiente. Bajo la expansión del imperio de Asiria, capituló para ya no volver jamás a ser un reino israelita.

Salum (752 a. C.)

Salum tuvo el más corto reinado en el Reino del Norte exceptuando al gobierno de siete días de Zimri. Tras haber matado a Zacarías y ocupado el trono, gobernó durante un mes. Fue asesinado.

---

3. Ver Unger, *Israel and the Arameans of Damascus*, pp. 83-95.

Manahem (752-741 a. C.)

Manahem tuvo mejores propósitos. Estuvo en condiciones de establecerse en el trono, con éxito, por aproximadamente una década. Se conoce muy poco de su política doméstica, excepto que continuó en la pauta idolátrica de Jeroboam I.

El más serio problema de Manahem fue la agresión asiria. En el 745 a. C., Tiglat-pileser o Pul comenzó a gobernar en Asiria como uno de los más poderosos reyes de la nación.[4] Aterrorizó a las naciones, introduciendo el sistema de apoderarse de personas de territorios conquistados, cambiándolas de lugar en grandes distancias. Ciudadanos eminentes, directivos y oficiales políticos, eran reemplazados por extranjeros con objeto de prevenir cualquier ulterior rebelión tras la conquista. En los años 743-738, Tiglat-pileser III emprendió una campaña hacia el noroeste que implicaba a las naciones de Palestina. La evidencia arqueológica favorece la teoría de que Uzías, rey de Judá, condujo las fuerzas de Asia Occidental contra el poderoso avance asirio.[5] En las crónicas asirias, Manahem está citado como habiendo sido repuesto en el trono sobre la condición de que pagase tributos.[6] Aunque el tiempo exacto para este pago no puede ser establecido, Thiele avanza la idea en favor de que los principios de la campaña noroccidental coincidiesen con el fin del año del reinado de Manahem.[7] Pacificado por estas concesiones, Pul volvió a Asiria y Manahem murió en paz, con su hijo ostentando el liderazgo del Reino del Norte.

Pekaía (741-739 a. C.)

Pekaía siguió la política de su padre. Continuando en la recogida de tributos como vasallo de Asiria, Pekaía tuvo que haber encontrado una fuerte resistencia de su propio pueblo. Muy verosímilmente, Peka se irguió como campeón en favor de un movimiento para rebelarse contra Asiria y fue el responsable del asesinato de Pekaía.

Peka (739-731 a. C.)

El reinado de ocho años de Peka, marcó un período tanto de crisis nacional como internacional. Aunque Siria, con su capital en Damasco, pudo haber sido sometida a Israel en los días de Jeroboam II, se aseguró a sí misma, bajo el mando de un nuevo rey, Rezín, durante este período de declive de Israel. Teniendo como enemigo común a los asirios, Peka se encontró reforzado en su política antiasiria por Rezín. Mientras que los asirios se hallaban principalmente ocupados con una campaña militar en Urartu (737-735 a. C.), estos dos reyes se propusieron intentar una sólida alianza occidental, para hacer frente a los asirios.

---

4. Ver I Crón. 5:26. Ver la discusión de Thiele al respecto, *op. cit.*, pp. 76-77. Aparentemente «Pul» era el nombre tomado por Tiglat-pileser cuando accedió al trono de Babilonia.
5. Ver Wright, *op. cit.*, p. 161.
6. Ver Winton Thomas, *Documents from Old Testament Times* (Nueva York: Nelson & Sons), 1958, pp. 53-58.
7. Thiele, *op. cit.*, pp. 75-98.

En Judá, la corriente pro-asiria tuvo éxito aparentemente (735 a. C.), poniendo a Acaz al frente del gobierno incluso aunque Jotam vivía todavía. Consecuentemente, resistió presiones de Israel y de Siria para cooperar con ellos contra Asiria. En el 734, Tiglat-pileser III invadió a los filisteos. Acaz pudo haber apelado a los asirios para aliviarle de la presión filistea (II Crón. 28:16-21) o tal vez fuese ya tributario de Tiglat-pileser. Unger sugiere que fue durante esta invasión filistea cuando los asirios tomaron ciudades en el Reino del Norte (II Reyes 15:29).[8]

La presión sirio-israelita sobre Judá terminó en lucha verdadera conocida como la Guerra Sirio-Efrainita (II Reyes 16:5-9; II Crón. 28:5-15; Is. 7:1-8:8). Los ejércitos sirios marcharon contra Elat para recuperar tal puerto de mar de Judá para los edomitas, quienes indudablemente apoyaron la coalición contra Asiria. Aunque Jerusalén estaba asediada y los cautivos procedentes de Judá eran llevados a Samaria y a Damasco, el Reino del Sur no estaba subyugado ni obligado en esta alianza anti-asiria.

Dos importantes acontecimientos afectaron la retirada de las fuerzas invasoras procedentes de Judá. Cuando los cautivos eran llevados a Samaria, un profeta, llamado Oded, declaró que aquello era un juicio divino sobre Judá y advirtió a los israelitas de la ira de Dios. Gracias a la presión de los príncipes y de una asamblea israelita, los cautivos fueron puestos en libertad por los oficiales del ejército.

Otro hecho importante fue que Acaz rehusó ceder a las demandas sirio-efraimitas, apelando directamente a Tiglat-pileser en demanda de auxilio. El rey asirio había formulado indudablemente sus planes para subyugar la tierra del Oeste. Tal invitación le estimuló seguidamente para entrar en acción. Damasco se convirtió en el punto focal de ataque en las campañas de 733 y 732 a. C., y Tiglat-pileser blasona de haber tomado 591 ciudades en esta zona siria, seguido por la capitulación de Damasco, en el 732. Siria quedó impotente para poder intervenir ni obstaculizar el avance hacia el oeste de Asiria. Durante el siglo siguiente, Damasco y sus provincias que por doscientos años habían constituído el reino influyente de Siria quedaron sometidas al control de Asiria.

La caída de Damasco tuvo las subsiguientes repercusiones en Samaria. Peka que había llegado al poder como el campeón de la política anti-asiria, quedó humillado. Con Siria postrada ante el poder asirio, las oportunidades de supervivencia de Israel eran casi nulas y carentes de toda esperanza. Peka se convirtió en la víctima de una conspiración llevada a cabo por Oseas, el siguiente rey. Indudablemente, fue la supresión de Peka lo que salvó a Samaria de la conquista en aquella ocasión.

Oseas (731-722 a. C.)

Al convertirse en rey del Reino del Norte en el 731 a. C., Oseas tenía poco que elegir en su política inicial. Fue simplemente un vasallo de Tiglat-pileser quien blasonaba de haberle colocado sobre el trono de Samaria.

El dominio de Oseas fue confinado al territorio de las colinas de Efraín. Galilea y el territorio al este del Jordán, habían estado bajo el control asirio desde la campaña del año 734. Tiglat-pileser III pudo haber conquistado Me-

---

8. Unger, *op. cit.*, p. 100.

guido durante esta serie de invasiones desde el oeste y utilizándola como la capital administrativa para las provincias galileas.[9]

En el año 727 a. C. Tiglat-pileser III, el gran rey de Asiria, murió. Esperando que Salmanasar V no estaría en condiciones de mantener el control de su extenso territorio, Oseas dependió del apoyo de Egipto, al interrumpir sus pagos tributarios a Asiria. Sin embargo, no fue así el caso. Salmanasar V puso en marcha sus ejércitos contra Israel, poniendo sitio a la ciudad más fuertemente fortificada de Samaria en el 725 a. C. Durante tres años, Oseas fue capaz de soportar la tremenda presión del poderoso ejército asirio, pero finalmente se rindió en el 722.[10]

Con aquello se terminó el Reino del Norte. Bajo la política asiria de deportación, los israelitas fueron llevados a regiones de Persia. De acuerdo con los anales asirios, Sargón, sucesor de Salmanasar, afirmaba haber hecho 28.000 víctimas.[11] Por contra, los colonos de Babilonia fueron establecidos en Samaria, y el Reino del Norte quedó reducido a la situación de una provincia asiria.

Durante dos siglos los israelitas habían seguido la pauta establecida por Jeroboam I, fundador del Reino del Norte. Incluso con el cambio de dinastía, Israel nunca se divorció de la idolatría que era diametralmente opuesta a la ley de Dios, como estaba prescrito en el Decálogo. A lo largo de todo este período, los fieles profetas proclamaron el mensaje de Dios, advirtiendo a los reyes al igual que al pueblo del juicio divino que pendía sobre ellos. Por su gran idolatría y el fracaso en servir a Dios, los israelitas quedaron sujetos a la cautividad en manos de los gobernantes asirios.

9. Ver Wright, *op. cit.*, p. 161.
10. Aunque Sargón II cobró fama por la conquista de Samaria, Salmanasar V era todavía rey de Asiria. Es posible que Sargón fuese general del ejército y estuviese a cargo del asedio. Para más detalles en la discusión del particular y fechas, ver Thiele, *op. cit.*, pp. 121-128.
11. Thomas, *op. cit.*, pp. 58-62.

Capítulo **XIII**

Judá sobrevive al imperialismo asirio

El gobierno de noventa años de la dinastía davídica en Jerusalén, fue bruscamente terminado con la accesión al poder de Atalía en el año 841 a. C. La fruición de la política practicada de forma impía por Josafat llevó a la malvada hija de Acab y Jezabel al trono de Judá, menos de una década después de la muerte de Josafat. De acuerdo con la divina promesa hecha a David, el linaje real fue restaurado tras un interludio de siete años.

Durante este período, cuando ocho reyes de la dinastía davídica gobernaron sobre Judá, la etapa religiosa más significativa fue la del reino de Ezequías. El relato histórico de esos dos siglos se halla registrado en II Reyes 11:1-21:26 y II Crón. 22:10-33:25. Contemporáneo de Ezequías fue el gran profeta Isaías, que también proporciona una información suplementaria.

Atalía —un reinado de terror

Con el entierro de su hijo Ocozías, Atalía se hizo cargo del trono en el Reino del Sur en el 841 a. C. Para asegurar su posición como gobernante, ordenó la ejecución de todos los descendientes reales, iniciando así un reinado de terror. Aparentemente no escapó ninguno de los herederos al trono, excepto Joás, el infante hijo de Ocozías. Durante el reinado de siete años de Atalía, Josaba, hermana de Ocozías, escondió al heredero real en el templo.

Un drástico cambio en el clima religioso siguió a la muerte de Josafat. Siendo una fanática seguidora de Baal, como lo fue su madre Jezabel, Atalía promovió este culto idolátrico para ser practicado en Jerusalén y por todo Judá. Los tesoros y objetos del templo fueron tomados y aplicados al culto de Baal. Matán sirvió como sumo sacerdote en Jerusalén. Indudablemente el derramamiento de sangre y la persecución del baalismo en el Reino del

197

Norte, bajo Jehú, hizo que Atalía emprendiese con más ardor el establecimiento del culto a la fertilidad en aquella época en Judá.

Joiada, un sacerdote que había sido testigo del resurgimiento religioso en la época de Asa y Josafat, fue el instrumento en la restauración del linaje real. A su debido tiempo, aseguró el apoyo de la guardia real y Joás fue coronado rey en la corte del templo. Cuando Atalía oyó las aclamaciones, intentó entrar, pero fue detenida, arrestada y ejecutada en el interior del palacio.

Joás --reforma y reincidencia

Joás no era sino un muchacho de siete años cuando comenzó su largo reinado (835-796 a. C.). Puesto que Joiada instigó la coronación de Joás, la política del estado fue formulada y dirigida por él mientras vivió.

Con la ejecución de Atalía el culto de Baal también quedó destruído. Los altares de Baal fueron destrozados y Matán el sacerdote, muerto. Joiada inició una alianza en la que el pueblo prometió servir a Dios. Mientras vivió, el interés general prevaleció en el verdadero culto a Dios, aunque algunos de los lugares altos todavía quedaron en uso.

El templo y sus servicios habían quedado grandemente abandonados durante el reinado del terror, y Joás, de acuerdo con el consejo de Joiada, apoyó la restauración de los holocaustos. Como el templo tenía que ser vuelto a utilizar, y de forma oficial, se hizo obvio que debía ser reparado. Para tal propósito, tales sacerdotes fueron instruídos en recolectar fondos por toda la nación, pero sus esfuerzos fueron infructuosos. En el vigésimo tercer año del reinado de Joás (ca. 812 a. C.) se adoptó un nuevo método para obtener fondos. Se colocó una caja en el atrio, al lado derecho del altar. En respuesta a una proclamación pública, el pueblo daba con entusiasmo al principio, como lo había hecho cuando Moisés pidió donativos para construir el tabernáculo. Artesanos y artistas pusieron manos a la obra reparando y embelleciendo los lugares elegidos. Del oro y la plata que quedaba aún, hicieron los ornamentos apropiados. La liberalidad del pueblo para este propósito, no disminuyó las contribuciones regulares en favor de los sacerdotes. El apoyo popular a la verdadera religión alcanzó una nueva cima bajo la influencia de Joiada, con la restauración del templo.

Poco tiempo después, el juicio divino cayó de nuevo sobre Judá. Tras la muerte de Joiada, la apostasía surgió nuevamente, conforme los príncipes de Judá persuadían a Joás de volver a los ídolos y al asherim. Aunque los fieles profetas advirtieron al pueblo, éste ignoró las admoniciones de los santos varones. Cuando Zacarías, el hijo de Joiada, advirtió al pueblo que no prosperarían si continuaban desobedeciendo los mandamientos del Señor, fue lapidado en el atrio del templo. Joás ni siquiera recordó la bondad de Joiada, pudiendo haber salvado la vida de Zacarías.

Hazael ya había extendido su reino sirio-palestino hacia el sur, a expensas del Reino del Norte. Tras de la conquista de Gat, en la llanura filistea, se encaró con Jerusalén, a solo 53 kms. tierra adentro (II Reyes 12:17-18). Para evitar una invasión de este rey guerrero, Joás despojó al templo de los tesoros que habían sido dedicados desde los tiempos de Josafat, y los envió a Hazael juntamente con el oro del tesoro de palacio. A causa de este

15 - 11-2023

signo de servidumbre, Jerusalén quedó libre de la humillación de haber sido sitiada y conquistada. Presumiblemente debió ser el fallo en pagar el tributo lo que empujó al rey arameo a enviar un contingente de tropas contra Jerusalén, algún tiempo más tarde (II Crón. 24:23-24).[1] Puesto que el "rey de Damasco" no está identificado por el nombre, es altamente probable que Ben-adad II ya había sido reemplazado por Hazael sobre el trono de Siria. Esta vez, el ejército sirio entró en Jerusalén.[2] Tras matar a algunos de los príncipes, y dejando a Joás herido, volvieron a Damasco con el botín. Los servidores de palacio se aprovecharon de la situación para vengar la sangre de Zacarías, asesinando a su rey. Joás fue enterrado en la ciudad de David, pero no en la tumba de los reyes.

Mientras tanto Asa había derrotado a un gran contingente armado con su pequeño ejército, porque se colocó al servicio de Dios poniendo en El toda su fe, Joás había sido destruído por una pequeña unidad armada enemiga. Aquello fue un claro juicio de Dios. Tras de la muerte de Joiada, Joás permitió la apostasía que se infiltró en Judá e incluso toleró el derramamiento de sangre inocente.

Amasías —victoria y derrota

Con la brusca terminación del reino de Joás, Amasías fue inmediatamente coronado rey de Judá. Aunque reinó un total de veintinueve años (796-767 a. C.) fue el único gobernante por sólo un corto período. Tras el 791 a. C. Uzías, su hijo, comenzó a reinar como corregente sobre el trono de David.

Tanto Judá como Israel habían sufrido muy seriamente bajo el agresivo poder de Hazael, rey de Siria. Su muerte a la vuelta del siglo, marcó el punto crucial en la fortuna de los reinos hebreos. Joás, que ascendió al trono en Samaria en el 798 a. C. organizó un fuerte ejército que en su momento desafió al poder sirio. Amasías adoptó una política similar para Judá capacitando a su nación para recuperarse de la invasión y de la sangre real vertida.

Uno de los actos primeros de agresividad de Amasías fue recobrar Edom. Joram había derrotado a los edomitas, pero había fallado en someterlos a Judá. Aunque Amasías disponía de un ejército de 300.000 hombres, se hizo con una tropa mercenaria de otros 100.000 hombres procedentes de Joás rey de Israel. Un hombre de Dios vino a advertirle que si utilizaba a tales soldados israelitas, Judá sería derrotado en la batalla. En consecuencia, Amasías desechó los contingentes del Reino del Norte, aunque había pagado por sus servicios. Con su propio ejército, derrotó a los edomitas y capturó Seir, la capital. Al volver a Jerusalén, Amasías introdujo a los dioses edomitas en su pueblo y les prestó culto. Su idolatría no quedó impune, ya que un profeta anunció que Amasías sufriría la derrota por su extravío en el reconocimiento de Dios (II Crón. 25:1-16).

---

1. Mientras que E. L. Curtis, *International Critical Commentary* «in loc.» interpreta este pasaje como una diferente versión del acontecimiento mencionado en el citado pasaje, Unger, en *Israel and the Arameans of Damascus*, pp. 79-80, aboga por dos diferentes acontecimientos en secuencia.
2. La fecha de la muerte de Hazael y la accesión al trono de Ben-Adad II no está definitivamente determinada, más allá de 800 a. C.

Amasías, con una victoria sobre Edom en su haber, se confió tanto en su poder militar que desafió a Joás a la batalla. Las tropas israelitas, que habían sido despachadas sin hacer el servicio militar, fueron tan provocadas que rapiñaron las ciudades de Judá desde Bet-horón a Samaria (II Crón. 25:10,13). Esto pudo haber sido la causa de la deliberada decisión tomada por Amasías de romper la paz que había existido entre Israel y Judá por casi un siglo. Joás acusó bruscamente a Amasías de ser demasiado arrogante y le advirtió de que el cardo, que había hecho una presuntuosa demanda al cedro del Líbano, sería aplastada por una bestia salvaje. Amasías no prestó atención y persistió en confrontar su ejército contra el del Reino del Norte. En la batalla de Bet-semes, Judá fue completamente derrotado. Los vencedores derribaron parte de la muralla de Jerusalén, rapiñaron la ciudad, y tomaron a Amasías cautivo (II Reyes 14:11-14). Con rehenes reales y un gran botín Joás retornó jubiloso a Samaria. Cuán desastrosa pudo ser esta derrota para Amasías, es algo que no se detalla en la Sagrada Escritura. El acto de abrir una brecha en la muralla, significa una total sumisión en el lenguaje del mundo antiguo.[3]

Thiele fecha la invasión de Israel en Jerusalén en el 791-790 a. C.[4] Esto coincide con el tiempo en que Uzías con diecisiete años de edad, comenzó a reinar. Con la captura de Amasías, que había realizado tal fanfarronada en su estúpido desafío a Israel, los líderes de Judá hicieron a Uzías corregente. El hecho de que Amasías viviese quince años después de la muerte de Joás (II Reyes 14:17), sugiere que posiblemente el rey de Judá fue retenido como prisionero tanto tiempo como vivió Joás. En el 782-781 a. C. fue dejado en libertad y restaurado en el trono de Judá, mientras Uzías continuaba como corregente. En aquel tiempo, Jeroboam II, que ya había sido corregente con su padre desde el 793, asumió el mando total de la expansión del Reino del Norte. La liberación de Amasías pudo haber sido parte de su política de buena voluntad hacia Judá, conforme dirigía sus esfuerzos a recuperar el territorio que había sido perdido a Siria.

La íntima asociación de Israel y Judá en los días de Joás y Amasías, verosímilmente cuenta por el cambio en el sistema de fechas. El sistema del año de no accesión había sido usado en Israel desde los tiempos de Jeroboam I y en Judá desde el reinado de Jorán. Entonces ambos adoptaron el sistema del año de accesión. Si Judá fue tributaria de Israel, se sigue lógicamente que ambas adoptasen el sistema de calcular lo que se hizo común en Asia Occidental bajo la creciente influencia de Asiria.[5]

Aunque a principios de su reinado, Amasías había abrigado esperanzas para mejorar la fortuna de Judá, sus propósitos para el éxito de la empresa quedaron deshechos con su captura por Joás. Cuando fue restaurado en el trono de David en Jerusalén, bien fuese en el 790 ó 781, tuvo que haber sido completamente ineficaz en conducir la nación hacia un lugar de supremacía como anteriormente lo había sido. Por todo el resto de su reino, Judá fue ensombrecida por la expansión israelita. Amasías finalmente se escapó a Laquis, donde fue víctima de asesinos que le persiguieron.

---

3. Ver Max Vogelstein, *Jeroboam II, The Rise and Fall of His Empire* (Cincinnati, 1945), p. 9.
4. Thiele, *The Mysterious Numbers of Hebrew Kings*, pp. 68-72.
5. *Ibid.*, p. 41.

Uzías o Azarías —prosperidad

Sobresaliente en la historia de Judá, figura el reino de Uzías (791-740 a. C.). Incluso aunque ocurrieron diversos acontecimientos durante su gobierno de 52 años, el relato bíblico es relativamente muy breve (II Crón. 26:1-23; II Reyes 14:21-22; 15:1-7). Es notable el hecho de que durante este largo período, Uzías fue único gobernante sólo por diecisiete años. Tan efectivo fue en levantar a Judá del vasallaje hasta convertirla en un poder nacional fuerte, que es reconocido como el más capaz de los soberanos del Reino del Sur que se había conocido desde Salomón.[6]

El orden de los acontecimientos durante esta parte del siglo VIII, puede apreciarse por la siguiente tabla:

798	Joás comienza su reinado en Israel
797-96	Amasías sucede a Joás en Judá
793-92	Jeroboam II hace de corregente con Joás
791-90	Uzías comienza la corregencia con Amasías (Judá es derrotada y Amasías hecho cautivo)
782-81	Joás muere. Jeroboam II se queda de gobernante solo. (Probablemente Amasías fue puesto en libertad en este momento)
768-67	Amasías es asesinado. Uzías asume el gobierno
753	Fin del reino de Jeroboam. Zacarías gobierna seis meses.
752	Salum (un mes de gobierno) es reemplazado por Manahem
750	Uzías es atacado por la lepra. Jotán hace de corregente
742-41	Pekaía se convierte en rey de Israel
740-39	Fin del reinado de Uzías

Cuando Uzías fue súbitamente elevado al trono, las esperanzas nacionales de Judá estaban hundidas en su punto más bajo desde la división del reinado salomónico. La derrota a manos de Israel no fue más que una enorme calamidad. Es dudoso que Uzías fuese capaz de hacer más que retener una semblanza de gobierno organizado durante los días de Joás. Pudo haber reconstruído las murallas de Jerusalén, pero si Amasías permaneció en prisión durante el resto del reinado de Joás, hubiera sido una cosa futil para Judá afirmar su fuerza militar en ese momento. Aunque Amasías ganó su libertad en el 782 a. C. cuando murió Joás, es también dudoso que tuviese el respeto de su pueblo cuando la totalidad de la nación estaba sufriendo las consecuencias de su desastrosa política. Muy verosímilmente Uzías continuó usando con plena autoridad una considerable influencia en los asuntos de estado, puesto que Amasías huyó finalmente a Laquis.

El silencio de la Escritura concerniente a la relación entre Israel y Judá en los días de Jeroboam II y Uzías, parece garantizar la conclusión de que prevaleció la amistad y la cooperación. El vasallaje de Israel a Judá tuvo que haber terminado, a lo sumo a la muerte de Amasías o tal vez con su puesta en libertad quince años antes. Además de restaurar las

---

6. Mould, *Essentials of Bible History*, p. 243.

murallas de Jerusalén, Uzías mejoró las fortificaciones que rodeaban la ciudad capital. El ejército fue bien organizado y equipado con las mejores armas.

Una buena preparación militar conduce a la expansión. Hacia el sudoeste, las murallas de Gat fueron atacadas y destruidas. Jabnía y Asdod también capitularon a Judá conforme Uzías presionaba hasta derrotar a los filisteos y los árabes. Mientras Amasías había subyugado Edom, Uzías estaba entonces en condiciones de extender las fronteras de Judá tan al sur como Elat en el golfo de Acaba. El reciente descubrimiento del sello de Jotam, hijo de Uzías, atestigua la actividad judaica en Elat durante este período.[7] Hacia el este, Judá impuso su poder sobre los amonitas, que tuvieron que pagar tributo a Uzías. Por otra parte, las dificultades internas de Israel, tras la muerte de Jeroboam, pudo haber permitido a Uzías el tener las manos más libres en la zona transjordana.[8]

Económicamente, Judá marchó bien bajo Uzías. El rey estaba vitalmente interesado en la agricultura y en el crecimiento ganadero. Grandes rebaños en zonas del desierto necesitaban el cavar pozos y la erección de torres de protección. Los cultivadores de viñedos expandieron su producción. Si Uzías promovió esos intereses al comienzo de su largo reinado, tuvo que haber tenido un efecto muy favorable sobre el estado económico de toda la nación.

La expansión territorial colocó a Judá en el control de ciudades comercialmente importantes y en las rutas que conducían a Arabia, Egipto y otros países. En Elat, sobre el mar Rojo, las industrias y las minas de cobre y hierro que tanto florecieron bajo el reinado de David y en el de Salomón, fueron reclamadas para el Reino del Sur. Aunque Judá se quedó atrás respecto del Reino del Norte en su expansión económica y militar, gozó de un sólido crecimiento bajo el caudillaje de Uzías y continuó su prosperidad incluso cuando Israel comenzó a declinar tras la muerte de Jeroboam. El crecimiento de Judá y su influencia durante este período, sólo fueron inferiores a los experimentados en los días de David y Salomón.[9]

La prosperidad de Uzías estuvo directamente relacionada con su dependencia de Dios (II Crón. 26:5, 7). Zacarías, un profeta, por cierto desconocido, efectivamente instruyó al rey, quien aproximadamente en el 750 a. C. tenía una actitud totalmente saludable y humilde hacia el Señor. A la altura de su éxito, sin embargo, Uzías asumió que podía entrar en el templo y quemar el incienso. Con el apoyo de ochenta sacerdotes, el sumo sacerdote cuyo nombre era también el de Azarías, hizo frente a Uzías resaltando que el hecho era prerrogativa de aquellos que estaban consagrados para tal propósito (Ex. 30:7 y Núm. 18:1-7). Irritado, el rey desafió a los sacerdotes. Como resultado del juicio divino, Uzías se enfermó de la lepra. Por el resto de su reinado, quedó reducido al ostracismo fuera de su palacio y le fueron denegados sus privilegios sociales. No pudo ni siquiera entrar en el templo. Jotam fue elevado a la categoría de corregente y asumió las responsabilidades reales por el resto de la vida de su padre.

La ominosa amenaza de la agresión asiria, también hundieron las esperanzas nacionales de Judá durante la última década del largo y prove-

---

7. Albright, *The Biblical Period*, p. 39.
8. *Ibid.*, pp. 39-40.
9. Anderson, *Understanding the Old Testament*, p. 254.

choso reinado de Uzías. Si había acariciado las esperanzas de haber restaurado la totalidad del imperio salomónico para Judá, tras la muerte de Jeroboam II, Uzías las vio deshechas por el resurgir del poder asirio En el 745 a. C. Tiglat-pileser III comenzó a desmoronar su imperio. En su ataque inicial, sometió a Babilonia. Entonces, se volvió hacia el oeste para derrotar a Sarduris III, rey de Urartu. Durante esta campaña noroccidental (743-738 a. C.) encontró oposición cuando se dirigió hacia Siria. En sus anales, menciona combatiendo en Arpal contra Azarías, rey de Judá.[10] Esta batalla está fechada por Thiele al comienzo de la campaña noroccidental, preferiblemente en el 743. Aunque Tiglat-pileser aplastó la oposición conducida por Azarías (Uzías), no afirma haber tomado tributos procedentes de Judá. Puesto que Manahem había pagado una enorme suma para evitar una sangrienta invasión de los feroces asirios, Tiglat-pileser no hizo avanzar a sus ejércitos hacia el sur, hacia Judá, en esta época. Uzías estuvo, por consiguiente, en condiciones de mantener una política anti-asiria con un Israel pro-asirio como estado tapón hacia el norte.

Jotam ––política anti-asiria

Jotam estuvo íntimamente asociado con su padre desde el 750 al 740 a. C. Puesto que Uzías era un gobernante fuerte y decidido, Jotam tuvo una posición secundaria como regente de Judá. Cuando asumió plenas funciones de gobierno en el 740-39, continuó la política de su padre.

Las empresas del interior del país de Jotam, proporcionaron la erección de ciudadelas y torres para alentar el cultivo de la tierra por toda Judá. Se construyeron ciudades en lugares estratégicos. En Jerusalén, promovió el interés religioso construyendo una puerta superior en el templo, pero no se interfirió con los "lugares altos" en donde el pueblo rendía culto a los ídolos.

Los amonitas, con toda probabilidad, se habían rebelado contra Judá a la muerte de Uzías. Jotam, por consiguiente, sofocó la revuelta y exigió tributos. El hecho de que el pago esté anotado en el segundo y tercer año de Jotam (II Crón. 27:5), puede implicar que los problemas con Asiria se hicieron tan graves que Judá fue incapaz de insistir sobre la leva.[11]

Con una temible invasión asiria pendiente, Jotam encontró problemas en mantener su política anti-asiria. Cuando los ejércitos asirios se pusieron en actividad en las regiones de monte Nal y Urartu en el 736-735, un grupo pro-asirio en Jerusalén elevó a Acaz al trono de David como corregente con Jotam. Los registros asirios confirman el 753 como la fecha de la accesión de Acaz.

Jotam murió en el 732 a. C. El total de su reinado se calcula en veinte años, pero había reinado sólo por tres o cuatro. Como corregente con su padre, tuvo pocas oportunidades de afirmarse por sí mismo. Más tarde,

---

10. Para una completa discusión del tema, ver Thiele, *op. cit.*, pp. 75-98. Aunque A. T. Olmstead en *History of Assyria* sugiere que esto se refiere a una nación en Siria, la identificación bíblica está apoyada por Haydn, Luckenbill, C. R. Hall, Albright, y el más reciente nombrado por Wright, *Biblical Archaeology*, p. 161.
11. Ver Thiele, *op. cit.*, p. 117.

la amenaza asiria precipitó la crisis que le colocó en el retiro mientras que Acaz hizo de campeón de buena amistad con la capital sobre el Tigris.

Acaz —administración pro-asiria

El reinado de veinte años de Acaz (II Crón. 28:1-27; II Reyes 16:1-20) estuvo acosado por las dificultades. Los reyes asirios avanzaban en su propósito de conquistar y hacerse con el control del Creciente Fértil y Acaz estuvo continuamente sujeto a presión internacional.

El Reino del Norte ya había suscrito la política de la resistencia de Peka. A la edad de veinte años, Acaz tuvo que encararse con el formidable problema de la paz entre Siria e Israel, y de mantenerla. En el 734 Tiglat-pileser III marchó con sus ejércitos contra los filisteos. Es perfectamente posible que Acaz pudo haber apelado al rey asirio, cuando los filisteos atacaron en gran extensión los distritos fronterizos de Judá. Su alineamiento con Tiglat-pileser pronto llevó a Acaz a serios apuros. Más tarde y en aquel año, tras que los invasores asirios se hubieran retirado, Peka y Rezín declararon la guerra a Judá.

Al mismo tiempo y en esta tremenda crisis, Isaías había permanecido activo en su ministerio profético aproximadamente seis años. Con un mensaje de Dios, encaró a Acaz con la solución de su problema. La fe en Dios era la clave de la victoria sobre Israel y Siria. Peka y Rezín intentaron colocar un gobernante marioneta en el trono de David en Jerusalén; pero Dios anularía el proyecto sirio-efrainita en respuesta a la fe (Is. 7:1 ss.). El malvado y testarudo Acaz ignoró a Isaías. Como desafío, encontró una salida en sus dificultades haciendo un desesperado llamamiento a Tiglat-pileser III.

Cuando los ejércitos de Siria e Israel invadieron Judá, pusieron sitio, aunque no capturaron a Jerusalén, que había sido tan recientemente refortificado por Uzías. Sin embargo, Judá sufrió grandes pérdidas, mientras que mataron a miles y otros fueron llevados como cautivos a Samaria y a Damasco. Pero afortunadamente existía alguien en el Reino del Norte, que no había repudiado a Dios. Cuando un profeta reprochó su conducta al clan de los líderes, estos respondieron efectuando el acto de dejar en libertad a los prisioneros de Judá.

Aunque fuertemente presionado, Acaz sobrevivió al ataque sirio-efraimita. Su súplica a Tiglat-pileser tuvo inmediatos resultados. En dos campañas sucesivas (733 y 732) los asirios sometieron a Siria e Israel. En Samaria Peka fue reemplazado por Oseas, quien rindió acto de sometimiento y lealtad al rey asirio.

Acaz se encontró con Tiglat-pileser en Damasco y le dio seguridades del vasallaje de Judá. Tan impresionado se hallaba Acaz que ordenó a Urías, el sacerdote, duplicar el altar de Damasco en el templo de Jerusalén. A su retorno el propio rey tomó la decisión de conducir el culto pagano, atrayendo hacia sí la condenación en su propia cabeza.

En todo su reinado, Acaz mantuvo una política pro-asiria. Conforme cambiaban los gobernantes en Asiria y el Reino del Norte se encaminaba hacia su fin con la rebelión de Oseas, Acaz condujo a su nación con éxito a través de las crisis internacionales. Incluso aunque Judá había perdido el derecho de su libertad y pagaba pesados tributos a Asiria, la prosperidad económica prevaleció como había sido establecida bajo la sana política de Uzías. La riqueza estaba menos concentrada que en el Reino del Norte, donde había sido de exclusivo uso de la aristocracia. Mientras que los devastadores ejércitos no turbaron el statu quo, Judá pudo permitirse el pagar una considerable leva a Asiria.

Incluso con el gran profeta Isaías como contemporáneo, Acaz promovió el más aborrecible de los usos y prácticas idolátricos. De acuerdo con las costumbres paganas, hizo que su hijo caminase sobre el fuego. No sólo tomó mucho del tesoro del templo para hacer frente a las demandas del rey asirio, sino que además introdujo cultos extraños en el mismísimo lugar en donde sólo Dios tenía que ser adorado. Por eso, no era de maravilla que incurriese en la ira de Dios.

Ezequías[12] —un rey justo

Ezequías comenzó su reinado en el 716 a. C. Su gobierno de veintinueve años marca una era sobresaliente en materia religiosa de Judá. Aunque bloqueado por los asirios, Ezequías sobrevivió al crucial ataque sobre Jerusalén, llevado a cabo en el 701 a. C. Durante la última década de su reinado, Manasés estuvo asociado con Ezequías como corregente. En adición a lo que relata II Reyes 18-20 y II Crón. 29-32, existe una pertinente información en Is. 36-39, respecto a la vida de Ezequías.

— En una drástica reacción a la deliberada idolatría de su padre, Ezequías comenzó su reinado con la mayor y más extensa reforma de la historia del Reino del Sur. Como un joven de veinticinco años había sido testigo de la gradual desintegración del Reino del Norte y la conquista asiria de Samaria, sólo a unos 64 kms. aproximadamente al norte de Jerusalén. Con la certera constatación de que la cautividad de Israel era la consecuencia de una alianza rota y de la desobediencia a Dios (II Reyes 18:9-12), Ezequías colocó toda su confianza en el Dios de Israel. Durante los primeros años de su gobierno, llevó a efecto una efectiva reforma, no solamente en Judá sino en partes de Israel. Puesto que Judá ya era un vasallo de Asiria, Ezequías reconoció la soberanía de Sargón II (721-705 a. C.). Aunque las tropas asirias fueron despachadas para Asdod en el 711 a. C., el rey de Judá no tuvo serias interferencias de parte de Asiria.

Ezequías inmediatamente volvió a abrir las puertas del templo. Los levitas fueron llamados para reparar y limpiar el lugar del culto. Lo que había sido utilizado para los ídolos fue suprimido y arrojado al río Cedrón, mientras que los vasos sagrados que habían sido profanados por Acaz, fueron santificados. En dieciseis días el templo estuvo dispuesto para el culto.

Ezequías y los oficiales de Jerusalén iniciaron los sacrificios en el templo. Grupos musicales con sus arpas, címbalos y liras participaron, como había sido la costumbre en tiempos de David. Los cantos litúrgicos fueron

---

12. Adoptando la fecha del 716-715 a. C. como el comienzo del reinado de Ezequías, la cronología bíblica sincroniza con la cronología de Siria, Asiria, Babilonia y Egipto. Thiele discute el problema relacionado con este período realmente difícil, en *op. cit.*, pp. 99-152. II Reyes 17:1 y 18:1, 9 y 10, representan un ajustado sincronismo. Aunque ésta no sea la solución final, parece ser la más satisfactoria.

acompañados a la presentación de los holocaustos. Los cantores alababan a Dios en las palabras de David y Asaf mientras el pueblo rendía culto.

En un intento de cicatrizar la brecha que había separado a Judá e Israel, desde la muerte de Salomón, el rey envió cartas por todo el país invitando a todos a venir a Jerusalén para celebrar la pascua judía. Aunque algunos ignoraron el llamamiento de Ezequías, muchos, en cambio, acudieron desde Aser, Manasés, Efraín e Isacar, al igual que en Judá, para celebrar las fiestas sagradas. Reunido en consejo con aquellos que iniciaron el culto en el templo, Ezequías anunció la celebración de la pascua un mes más tarde de lo que estaba prescrito, para dar tiempo para una adecuada celebración. Por otra parte, la observancia fue llevada a cabo de acuerdo con la ley de Moisés. El haber propuesto la fecha fue más bien una medida conciliatoria para ganar la participación de las tribus del norte que habían seguido la observancia de la fecha instituida por Jeroboam (I Reyes 12:32). Cuando algunos sacerdotes llegaron sin la adecuada santificación, Ezequías oró por su limpieza. Una gran congregación se reunió en asamblea en Jerusalén para participar en la reforma llevada a cabo. Los altares de toda la capital fueron arrancados y lanzados al valle de Cedrón, para su destrucción. Conducido por sacerdotes y levitas, el pueblo ofreció sacrificios, cantando jubilosamente, alegrándose ante el Señor. En ninguna época desde la dedicación del Templo, había visto Jerusalén tal gozosa celebración.

Desde Jerusalén, la reforma se extendió por todo Judá, Benjamín, Efraín y Manasés. Ezequías incluso había roto la serpiente de bronce que Moisés había hecho (Núm. 21:4-9), porque el pueblo estaba utilizándola como objeto de culto. Inspirado por el ejemplo del rey y de su caudillaje, el pueblo se dedicó a demoler los "lugares altos", los pilares, los asherim y los altares paganos existentes en todo Israel.

En Jerusalén, Ezequías organizó los sacerdotes y levitas para los servicios regulares. El diezmo fue restituido para ayudar a los que dedicaban su vida a la ley del Señor. Se hicieron planes para la observancia regular de las fiestas y las estaciones según estaba prescrito en la ley escrita (II Crón. 31:2 ss.). El pueblo respondió tan generosamente a Ezequías que sus contribuciones fueron suficientes para mantener a los sacerdotes y levitas dedicados al servicio del Señor. La reforma llevada a cabo bajo Ezequías, tuvo un éxito rotundo y definitivo respondiendo así a su intento de conformar las prácticas religiosas de su pueblo a la ley y a los mandamientos de Dios.

En todo este sistema de reforma religiosa no se hace mención de Isaías. Tampoco el profeta se refiere a la reforma de Ezequías en su libro. Aunque Acaz había desafiado a Israel, es razonable asumir que Ezequías e Isaías cooperaron por completo en restaurar el culto de Dios. La sola referencia a Sargón, rey de Asiria (Is. 20:1), muestra la actividad de Israel en esta época. Además, la conquista de Asdod por los asirios es la ocasión para Isaías de pronunciar su advertencia profética de que era inútil para Judá depender de Egipto para su liberación. Afortunadamente, Ezequías no llegó a verse envuelto en la rebelión de Asdod y así evitó el ataque a Jerusalén.

Con la muerte de Sargón II (705) la revolución estalló en muchos lugares del imperio asirio. Por el 702, Merodac-baladán fue subyugado, destronado de la corona de Babilonia, y reemplazado por Bel-Ibni, un nativo

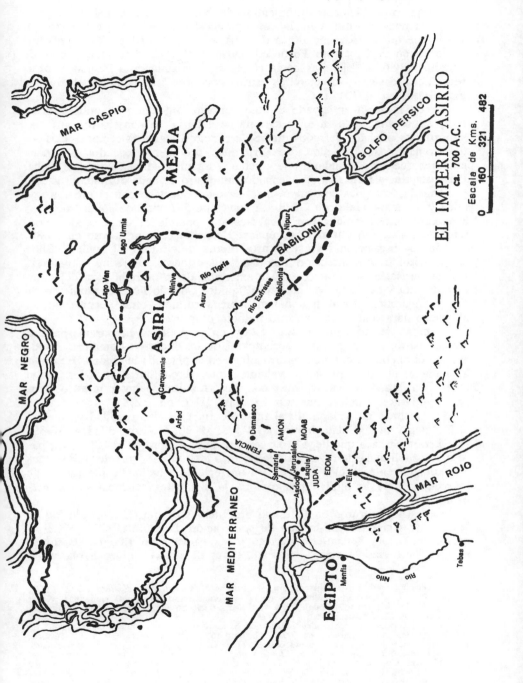

EL IMPERIO ASIRIO
ca. 700 A.C.

Escala de Kms.
0   160   321   482

MAR CASPIO

MEDIA

GOLFO PERSICO

Lago Urmia

Nipur

BABILONIA

Rio Tigris

Lago Van

Ninive

Babilonia

Asur

ASIRIA

Rio Eufrates

MAR NEGRO

Carquemis

Ariad

Damasco

AMON

FENICIA

MOAB

Samaria

Jerusalén

EDOM

Asdod

Laquis

JUDA

Elat

MAR ROJO

MAR MEDITERRANEO

EGIPTO

Menfis

Rio NILO

Tebas

caldeo que probablemente era miembro de la misma familia real. En Egipto, surgió el nacionalismo, bajo la enérgica acción gobernante de Sabako, un rey etíope que había fundado la dinastía XXV (*ca.* 710 a. C.). Con otras naciones en el Creciente Fértil rebeladas contra él, Senaquerib, hijo de Sargón, volvió sus ejércitos hacia el oeste. Tras someter a Fenicia y otras resistencias costeras, los ejércitos asirios ocuparon triunfalmente el área de los filisteos en el 701 a. C.

Ezequías había anticipado el ataque asirio. Siguiendo su gran reforma religiosa, se concentró en un programa de defensa, en consejo con sus más importantes oficiales del gobierno. Se reforzaron las fortificaciones existentes alrededor de Jerusalén. Los artesanos produjeron escudos y armas, mientras que los comandantes de combate, organizaban las fuerzas de lucha. Para asegurar a Jerusalén un adecuado suministro de agua durante un asedio prolongado, Ezequías construyó un túnel que conectaba con el estanque de Siloé y los manantiales de Gihón. A través de 542 mts. de sólida roca, los ingenieros judíos canalizaron agua fresca y potable al embalse de Siloé, también construído durante esta época. Desde su descubrimiento en 1.880, cuando las inscripciones en sus muros fueron descifradas, el túnel de Siloé ha constituído una atracción turística.[13] El estanque de Siloé, situado al sur de Jerusalén, se protegió con la extensión de la muralla para dejar encerrada esta vital fuente de elemento líquido. Cuando llegó el momento de que los ejércitos asirios marchaban sobre Jerusalén, otras fuentes fueron ahogadas para que el enemigo no pudiera utilizarlas.

Aunque Ezequías hizo cuanto estaba en su poder al prepararse para el ataque asirio, no dependió por completo de los recursos humanos. Antes, cuando el pueblo se congregó en asamblea en la plaza de la ciudad, Ezequías le había alentado, expresando valientemente su confianza en Dios. "Con él está el brazo de carne, mas con nosotros está Jehová nuestro Dios para ayudarnos y pelear nuestras batallas" (II Crón. 32:8).

La amenaza de Senaquerib al reino de Judá se hizo realidad en el 701 a. C. Puesto que el relato bíblico (II Reyes 18-20; II Crón. 32; Isa. 36-39) se refiere a Tirhaca que llegó a ser corregente de Egipto en el 689 a. C., parece verosímil que este rey asirio hiciese otro intento para someter a Ezequías aproximadamente en el 688 a. C. En un reciente estudio, la integración de lo secular y de lo bíblico proporciona la siguiente secuencia de acontecimiento.[14]

Los asirios entraron en Palestina procedentes del norte, tomando Sidón, Jope y otras ciudades de la ruta de penetración. Durante el sitio y la conquista de Ecrón, Senaquerib derrotó a los egipcios en Elteque. Ezequías no solo fue forzado a abandonar Padi, el rey de Ecrón a quien había hecho

---

13. Por lo relativo a esta inscripción, ver Pritchard, *Ancient Near Eastern Texts*, p. 321.
14. Para una detallada delineación de la interpretación de estas dos campañas, ver el libro de Stanley M. Horton, *Isaiah's Greatest Years* (tesis no publicada, Central Baptist Seminary, Kansas City, Kansas), mayo de 1959.
Recién información cronológica indica que Sabako empezó su reinado cerca 708 a. C. Shebitko, asociado con Sabako en 699 a. C., empezó su reinado cerca 697 a. C. Tirhaca, nacido alrededor de 709, fue asociado con Shebitko en 689 y empezó a reinar en 684 a. C. Comparar M. F. Laming Macadam, *The Temple of Kawa*, Vol. I: *The Inscriptions* (Londres: Geofrey Comberlege on behalf of the Griffith Institute Ashmolean Museum, Oxford University Press), 1949. Ver también W. A. Albright, «New Light from Egypt on the Chronology and History of Israel and Judah», en *Bulletin of the American Schools of Oriental Research*, núm. 130, abril, 1853, pp. 4-11, y «Further Light on Syncronisms Between Egypt and Asia in the Period 935-685 a. C.», BASOR, núm. 141, febrero, 1856, pp. 23-27.

cautivo, sino también a pagar un fuerte tributo despojando al templo de grandes cantidades de oro y plata (II Reyes 18:14).

Con toda probabilidad fue durante este período de la presión asiria (701 a. C.) que Ezequías cayó gravemente enfermo. Aunque Isaías advirtió al rey de que se preparase para la muerte, Dios intervino. Doble fue la divina promesa dada al rey de Judá —la prolongación de su vida por quince años más y la liberación de Jerusalén de la amenaza asiria (Isa. 38:4-6).

Mientras tanto, Senaquerib estaba sitiando a Laquis. Tal vez fuese el conocimiento de que Ezequías puso toda su fe en Dios para su liberación, lo que hizo que el rey asirio enviase a sus oficiales al camino de la heredad del Lavador, cerca de la muralla de Jerusalén, para incitar al pueblo a la rendición. Senaquerib incluso afirmó que él era el comisionado de Dios en demandar su capitulación y citó una impresionante lista de conquistas de otras naciones cuyos dioses no habían podido liberarlas. Isaías, sin embargo, aseguró al rey y al pueblo de su seguridad.

Mientras que estaba sitiando a Libna, Senaquerib oyó rumores de una revuelta babilónica. Los asirios partieron inmediatamente. Incluso habiendo conquistado cuarenta y seis ciudades fortificadas pertenecientes a Ezequías, no citó entre ellas a Jerusalén. Se jactó de haber hecho 200.000 prisioneros de Judá e informó de que Ezequías estaba encerrado en Jerusalén como un pájaro en una jaula.

La aclamación y el reconocimiento de los países circundantes fue expresado con abundantes obsequios y regalos al rey de Judá (II Crón. 32:23). Merodac-baladán, el poderoso caudillo babilonio que estaba todavía excitando rebeliones, extendió su felicitación a Ezequías por su recuperación, tal vez como reconocimiento de la feliz recuperación del rey de la ominosa opresión de la ocupación asiria (II Crón. 32:31) así como al propio tiempo el haberse mejorado de su estado de salud.[15] La embajada babilonia muy probablemente quedó impresionada por el despliegue de riqueza existente en Jerusalén. El triunfo de Ezequías, no obstante, fue atemperado por el subsiguiente aviso de Isaías de que las sucesivas generaciones estarían sujetas a la cautividad babilonia. A pesar de todo, esta triunfal liberación pudo haber dado a la forma religiosa un nuevo ímpetu, mientras que la paz y la prosperidad prevalecía durante el largo reinado de Ezequías.

Sabiendo que sólo le quedaban quince años hasta el final de su reinado, hubiera parecido natural que hubiese asociado a su hijo Manasés con él en el trono a la primera oportunidad. En 696-695, Manasés se convirtió en "el hijo de la ley" a la edad de doce años, al mismo tiempo que comenzaba su corregencia.[16]

En la zona del Tigris y el Eufrates, el rey asirio suprimió las rebeliones y en 689 a. C. destruyó la ciudad de Babilonia. Prosiguiendo con éxito en Arabia, Senaquerib oyó el avance de Tirhaca. Puesto que Egipto había sido el objetivo real de la campaña asiria del 701, pudo muy bien haber sucedido que Senaquerib esperase evitar la interferencia de Judá, despachando cartas a Ezequías con un ultimátum para someterse. Mientras que los oficiales asirios habían estado amenazando al pueblo, aquella comunicación estaba dirigida a Ezequías personalmente. Esta vez el rey se dirigió al templo para orar. A través de Isaías, recibió la seguridad de que el rey asirio volvería

---

15. Ver Thiele, *op. cit.*, p. 156.
16. *Op. cit.*, pp. 155-156.

15-11-2023

por el camino que había venido. Precisamente dónde el ejército estuvo acampado, cuando incurrió en la pérdida de 180.000 combatientes, y no se consta en el relato bíblico, pero lo que sí es cierto es que nunca llegó a Jerusalén. El reinado de Ezequías continuó en paz.

A desemejanza de un buen número de sus antecesores, Ezequías fue enterrado con los honores reales, con sincera devoción por la tarea que había puesto en llevar a su pueblo a la gran reforma en la historia de Judá. Desde que el Reino del Norte había cesado en mantener un gobierno independiente, esta reforma religiosa se extendió a dicho territorio. Excepto por la amenaza asiria, Ezequías gozó de su reinado pacífico.

Manasés —idolatría y reforma

A Manasés se le acredita del más largo reinado de la historia de Judá (II Reyes 21:1-17; II Crón. 33:1-20); incluyendo la década de la corregencia con Ezequías, fue rey por un dilatado período de cincuenta y cinco años (696-642 a. C.). Pero el gobierno fue la antítesis del de su padre. Desde el pináculo del fervor religioso, el Reino del Sur fue catapultado a la más negra era de idolatría que se conoció bajo el mando de Manasés. En carácter y en la práctica, se parecía a su abuelo, Acaz aunque este último murió antes del nacimiento de Manasés. Muy probablemente Manasés no comenzó a trastocar la política de su padre hasta después de su muerte. Volviendo a reconstruir los "lugares altos", erigiendo altares a Baal y construyendo asherim, Manasés sumió a Judá en una tremenda idolatría tal y como Acab y Jezabel habían prometido en el Reino del Norte. Mediante ritos religiosos y ceremonias, se instituyó el culto a las estrellas y a los planetas. Incluso la deidad amonita Moloc fue reconocida por el rey hebreo en el sacrificio de niños en el valle de Hinom, a las afueras de Jerusalén. Los sacrificios humanos eran uno de los más abominables ritos de la práctica del paganismo cananeo y que fue asociada por el Salmista con el culto al demonio (Salmos 106:36-37). La astrología, la adivinación, y el ocultismo fueron oficialmente sancionados como prácticas comunes. En abierto desafío al verdadero Dios, los altares para el culto de las huestes celestiales fueron colocados en los atrios del templo, con imágenes talladas de Asera, la esposa de Baal, y también introducidos en el templo. Además, Manasés derramó mucha sangre inocente. Parece razonable inferir que muchas de las voces de protesta ante semejante monstruosa idolatría, fuesen ahogadas en sangre (II Reyes 21:16). Puesto que la última mención del gran profeta Isaías está asociada con Ezequías en el relato bíblico, es correcto suponer que sea cierto el martirio de Isaías por el malvado rey Manasés. La moral y las condiciones religiosas en Judá fueron peores que la de aquellas naciones que habían sido exterminadas o expulsadas de Canaán. Manasés, de esta forma, representa el punto más bajo de perversidad en la larga lista de los reyes de la dinastía de David. Los juicios predichos por Isaías eran cosa segura por llegar.

Los relatos históricos no indican la extensión de lo que Manasés pudo haber estado influenciado por Asiria en su conducta y política idolátrica. Asiria alcanzó el pináculo de la riqueza y prestigio bajo Esar-hadón y Asurbanipal. Sin discusión, Manasés obtuvo el favor político de Asiria mediante el vasallaje, mietras que Esar-hadón (681-669 a. C.) extendió su control hasta Egipto. En contraste con Senaquerib, Esar-hadón adoptó una política conciliatoria y reconstruyó Babilonia. En el 678 subyugó a Tiro, aunque el populacho escapó a las fortalezas próximas a las islas. Menfis fue ocupada en el 673 y pocos años más tarde Tirhaca, el último rey de la XXV dinastía, fue capturado. En su lista de veintidos reyes desde la nación hetea, Esar-hadón menciona a Manasés, rey de Judá, entre aquellos que hicieron una obligada visita a Nínive en el 678 a. C. Aunque Babilonia había sido reconstruída por aquel tiempo, ni resulta cierto en absoluto, que fuese tomada por Esar-hadón.[17]

Con la destrucción de Tebas en el 663 a. C. Asurbanipal extendió el poder asirio a 805 kms. a lo largo del Nilo hasta el Alto Egipto. Una sangrienta guerra civil estremeció todo el imperio asirio (652) en la rebelión de Samasumukin. Con el tiempo, la insurrección llegó a su clímax con la conquista de Babilonia en el 648, y otras rebeliones habían estallado en Siria y Palestina. Judá pudo haber participado uniéndose a Edom y Moab, que están mencionadas en las inscripciones asirias.[18] La autonomía de Moab terminó en aquel tiempo y el rey de Judá, Manasés, fue hecho cautivo y llevado a Babilonia, y después puesto en libertad (II Crón. 33:10-13). →

Aunque no tengamos una definitiva información cronológica para fechar el tiempo exacto del cautiverio de Manasés y su puesta en libertad, el relato bíblico está en favor de la última década de su reinado. Si fue capturado en el 648 e incluso vuelto a Jerusalén como rey vasallo en el mismo año, tuvo relativamente poco tiempo para deshacer las prácticas religiosas que había sostenido y favorecido durante tantos años. Sin embargo, se arrepintió en el cautiverio y entonces reconoció a Dios. En una reforma que comenzó en Jerusalén, dio ejemplo del temor de Dios y ordenó al pueblo de Judá servir al Señor Dios de Israel. Resulta dudoso que esta reforma fuese efectiva, puesto que aquellos que habían servido bajo Ezequías y rendido el verdadero culto, habían sido anteriormente expulsados o ejecutados.

Amón —apostasía

Amón sucedió a su padre, Manasés, como rey de Judá en el 642. Sin dudarlo, volvió a las prácticas idolátricas que habían sido iniciadas y promovidas por Manasés durante la mayor parte de su reinado. El temprano entrenamiento de Amón había producido sobre él un mayor impacto que el corto período de la reforma.

En el 640, los esclavos de palacio mataron a Amón. Aunque su reinado fue breve, el impío ejemplo dado durante aquellos dos años proporcionó la oportunidad a Judá para revertir un terrible estado de apostasía.

Durante el curso de los últimos dos siglos pasados, la situación y la fortuna del Reino del Sur, había sufrido grandes alternativas. Los reinados de Atalía, Acaz y Manasés habían sido testigos de una desenfrenada idolatría. La reforma religiosa comenzó con Joás, aumentada con Uzías y alcanzado un nivel sin precedentes bajo el gobierno de Ezequías. Políticamente, Judá alcanzó su punto más bajo en los días de Amasías, cuando Joás, procedente del Reino del Norte, invadió Jerusalén. A lo largo de esos dos siglos, la prosperidad y el gobierno autónomo de Judá fueron obscurecidos por los intereses en expansión de los reyes asirios.

---

17. Ver Unger, *Archaeology and the Old Testament*. pp. 280-281. El identifica esta cautividad con II Crón. 33:11.
18. Ver Albright, *op. cit.*, p. 44.

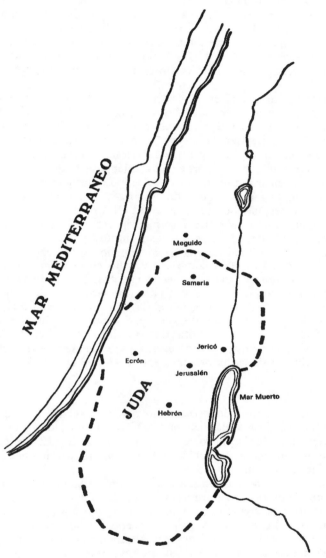

MAR MEDITERRANEO

Meguido

Samaria

Jericó

Ecrón

Jerusalén

JUDA

Hebrón

Mar Muerto

EL REINO DE JOSIAS
ca. 625 A.C.

Escala de Kms.

0   32   64   96

Capítulo XIV

El desvanecimiento de las esperanzas de los reyes davídicos

Durante un siglo Judá había sobrevivido a la expansión premiada con el éxito del Imperio Asirio. Desde que Acaz había perdido el derecho a la libertad de Judá por un tratado llevado a cabo con Tiglat-pileser III, este pequeño reino soportó crisis tras crisis como vasallo de cinco gobernantes más de Asiria. Tratados, maniobras diplomáticas, resistencia, y la intervención sobrenatural tuvieron una vital influencia en la continuación de la existencia de un gobierno semiautónomo cuando los reyes, tanto malvados, como justos, ocuparon el trono davídico. Entonces, cuando Asiria estaba aflojando su garra sobre las esperanzas nacionalistas de Judá, dichas esperanzas surgieron una vez más durante las tres décadas del reinado de Josías. La brusca terminación de su liderazgo marcó el comienzo del fin para el Reino del Sur. Antes de que hubieran pasado 25 años, estas esperanzas empezaron a desvanecerse bajo el poder creciente del Imperio de Babilonia. En 586, a. C., las ruinas de Jerusalén fueron un recuerdo realista de la predicción de Isaías de que la dinastía davídica sucumbiría ante Babilonia.

Josías —Epoca de optimismo

A la temprana edad de ocho años, Josías fue repentinamente coronado rey, sucediendo a su padre, Amón. Tras un reinado de treinta y un años (640-609 a. C.) fue muerto en la batalla de Meguido. Las actividades de Josías (resumidas en II Reyes 22:1-23:30 y II Crón. 34:1-35:27), están principalmente limitadas a su reforma religiosa.

La declinación de la influencia de Asiria en los últimos años de Asurbanipal, que murió aproximadamente por el 630 a. C., permitió a Judá tener la oportunidad de extender su influencia sobre el territorio del norte. Es verosímil que los líderes políticos anticipasen la posibilidad de incluir las tribus

213

del norte e incluso las fronteras del reino salomónico en el Reino del Sur. Con la caída de la ciudad asiria de Asur en manos de los medos en el 614 y la destrucción de Nínive en el 612 por las fuerzas aliadas de Media y Babilonia, los proyectos de Judá fueron así más favorables. Durante este período, lleno de intranquilidad política y de rebeliones en el Este, Judá ganó la completa libertad del vasallaje asirio, lo cual, naturalmente, causó el resurgir del nacionalismo.

Con la idolatría infiltrada en el reino, los proyectos religiosos para el rey-niño, no fueron otra cosa que esperanzadores. Es dudoso si la reforma de Manasés había penetrado en la masa del pueblo, especialmente si su cautiverio y penitente retorno ocurrió durante la última década de su reinado. Amón fue decididamente un malvado. Su reinado de dos años proporcionó el tiempo suficiente para que el pueblo revirtiese a la idolatría en la política y en la administración del reino. Es más probable que continuaron cuando su hijo de ocho años fue súbitamente elevado al trono. En este discurrir de franca apostasía, Judá no podía esperar otra cosa que el juicio divino, de acuerdo con las advertencias hechas por Isaías y otros profetas.

Conforme Josías creía y se hacía hombre, reaccionó ante las pecadoras condiciones de su tiempo. A la edad de dieciseis años, se aferró a la idea de Dios tomándolo en cuenta más bien que conformarse con las prácticas idolátricas. En cuatro años, su devoción a Dios cristalizó hasta el punto de que comenzó una reforma religiosa (628 a. C.). En el año décimo octavo de su reinado (622 a. C.), mientras que el templo estaba siendo reparado, fue recobrado el libro de la ley. Impulsado por la lectura de este "libro de la ley del Señor dada por Moisés" y advertido del juicio divino que pendía sobre él, hecho por Hulda, la profetisa, Josías y su pueblo observaron la pascua en una forma sin precedentes en la historia de Judá. Aunque la Escritura guarda silencio respecto a las actividades específicas durante el resto de los trece años de su reinado, Josías continuó su piadosa regencia con la seguridad de que la paz prevalecería durante el resto de su vida (II Crón. 34:28).

La reforma comenzó en el 628 y alcanzó su clímax con la observancia de la pascua en el 622 a. C. Puesto que ni el Libro de los Reyes ni el de las Crónicas proporcionan un detallado orden cronológico de los acontecimientos, muy bien puede ser que los sucesos sumarizados en dichos libros sagrados cuenten y puedan ser aplicados por la totalidad de este período.[1] Por esa época, era políticamente seguro para Josías el suprimir cualquier práctica religiosa que estuviese asociada con el vasallaje de Judá a Asiria.

Se necesitaron drásticas medidas para suprimir la idolatría del país. Tras una estimación de doce años de las condiciones reinantes, Josías afirmó con valentía su real autoridad y abolió las prácticas paganas por todo Judá lo mismo que en las tribus del norte. Los altares de Baal fueron derribados, los asherim destruídos y los vasos sagrados aplicados al culto del ídolo, retirados. En el templo, donde las mujeres tejían colgaduras para Asera, se renovaron también los lugares del culto a la prostitución. Los caballos, que fueron dedicados al Sol, fueron quitados de la entrada del templo y los carros destruídos por el fuego. La horrible práctica del sacrificio de los niños fue bruscamente abolida de raíz. Los altares erigidos por Manasés

---

1. Ver C. F. Keil, en su comentario sobre II Crón. 34.

EL DESVANECIMIENTO DE LAS ESPERANZAS DE LOS REYES DAVÍDICOS   **215**

en el atrio del templo fueron aplastados y los restos esparcidos por el valle del Cedrón. Incluso algunos de los "lugares altos" erigidos por Salomón y que tuvieron un uso corriente, fueron deshechos por Josías y borrados de su emplazamiento.

Los sacerdotes dedicados al culto del ídolo fueron suprimidos de su oficio por real decreto, puesto que habían venido actuando por nombramiento de reyes anteriores. Al deponerlos, la quema de incienso a Baal, al sol, a la luna y a las estrellas cesó por completo. Josías aprovechó el valor de todo aquello en beneficio de los ingresos del templo.

En Betel el altar que había sido erigido por Jeroboam I también fue destruído por Josías. Por casi trescientos años éste había sido el "lugar alto" público para las prácticas idolátricas introducidas por el primer gobernante del Reino del Norte. Este altar fue pulverizado y la imagen de Asera, que probablemente había reemplazado al becerro de oro, fue quemada.[2] Cuando los huesos del adjunto cementerio fueron recogidos para la pública purificación de aquel "lugar alto", Josías compró la existencia del monumento al profeta de Judá que tan valientemente había denunciado a Jeroboam (I Reyes 13). Siendo informado que el hombre de Dios estaba enterrado allí, Josías ordenó que aquella tumba no fuese abierta.

Por todas las ciudades de Samaria (en el Reino del Norte) la reforma estuvo a la orden del día. Los "lugares altos" fueron suprimidos y los sacerdotes fueron arrestados por su idolátrico ministerio.

El constructivo aspecto de esta reforma llegó a su cima en la reparación del templo de Jerusalén. Con las contribuciones de Judá y de las tribus del norte, los levitas fueron encargados de la supervisión de tal proyecto. Desde los tiempos de Joás —dos siglos atrás— el templo había estado sujeto a largos períodos de descuido, especialmente durante el reinado de Manasés. Cuando Hilcías, el sumo secerdote, comenzó a reunir fondos para la distribución a los trabajadores, encontró el libro de la ley. Hilcías lo entregó a Safán, secretario del rey. Lo examinó e inmediatamente lo leyó a Josías. El rey quedó terriblemente turbado cuando comprobó que el pueblo de Judá no había observado la ley. Inmediatamente, Hilcías y los oficiales del gobierno recibieron órdenes de comunicarlo a todos. Hulda, la profetisa residente en Jerusalén, tuvo un oportuno mensaje, claro y simple para todos ellos: los castigos y juicios por la idolatría eran inevitables. Jerusalén no escaparía a la ira de Dios. Josías, sin embargo, quedaría absuelto de la angustia de la destrucción de Jerusalén, puesto que había respondido con arrepentimiento al libro de la ley.

Bajo el liderazgo del rey, los ancianos de Judá, sacerdotes, levitas y el pueblo de Jerusalén, se reunieron para la pública lectura del libro nuevamente encontrado. En un solemne pacto, el rey Josías, apoyado por el pueblo, prometió que se dedicaría por completo a la total obediencia de la ley.

Inmediatamente, se realizaron planes para la fiel observancia de la pascua. Se nombraron sacerdotes para el servicio del templo, que fue restablecido seguidamente. Se dio una cuidadosa atención a la pauta de organización para los levitas, como estaba ordenado por David y Salomón. En el ritual de la pascua, se puso en práctica un gran cuidado para conformarlo

---

2. Nótese el cumplimiento de la predicción hecha por el profeta innominado de Judá, en I Reyes 13:1-3.

todo con lo que estaba "escrito en el libro de Moisés" (II Crón. 35:12). En su conformidad con la ley y la extensa participación de la pascua, su observancia sobrepasó a todas las festividades similares desde los días de Samuel (II Crón. 35:18).[3]

El contenido del libro de la ley encontrado en el templo, no está específicamente indicado. Numerosas referencias, en el relato bíblico asocian su origen con el propio Moisés. Sobre la base de tan simple hecho, el libro de la ley puede tener incluído todo el Pentateuco o contener sólo una copia del Deuteronomio.[4] Aquellos que consideran el Pentateuco como una producción literaria compuesta que alcanza su forma final en el siglo V, a. C., limitan el libro de la ley a lo que contiene el Deuteronomio, o menos.[5] Puesto que la reforma ya había tenido lugar en su proceso hacía seis años, cuando el libro fue encontrado, Josías tenía previamente el conocimiento de la verdadera religión. Cuando el libro fue leído ante él, quedó aterrorizado a causa del fallo de Judá en obedecer la ley. Nada en los registros bíblicos indica que este libro fuese publicado en aquel tiempo o ratificado por el pueblo. Fue considerado como autoritativo y Josías temió las consecuencias de la desobediencia. Habiendo sido dado por Moisés, el libro de la ley había sido el timón de las prácticas religiosas desde entonces. Josué, los jueces y los reyes, junto con la totalidad de la nación, habían estado obligados a conformar su conducta con sus requerimientos para la obediencia. Lo que alarmó a Josías, cuando preguntó y solicitó consejo profético, fue el hecho de que "nuestros padres no han guardado la palabra del Señor" (II Crón. 34:21). La ignorancia de la ley no era excusa incluso aunque el libro de la ley hubiese estado perdido por algún tiempo.

Una gran idolatría había prevalecido por medio siglo antes de que Josías comenzase a gobernar. De hecho, Manasés y Amón habían perseguido a aquellos que abogaban por la conformidad con la verdadera religión. Puesto que Manasés había derramado sangre inocente, era razonable cargarle con la destrucción de todas las copias de la ley en circulación en Judá. En ausencia de las copias escritas, Josías muy verosímilmente se asoció con los ancianos y los sacerdotes, quienes tenían suficiente conocimiento de la ley para proporcionarle una instrucción oral. De esto provino la firma convicción durante los primeros doce años de su reinado, de que era necesaria una reforma a escala nacional. Cuando el libro de la ley fue leído ante él, comprobó vívidamente que los castigos y juicios eran debidos al pueblo idólatra. Conociendo demasiado bien las prácticas malvadas comunes a sus padres, todavía estaba sorprendido de que la destrucción pudiese llegar en su día.

¿Había sido perdido realmente el libro de la ley? Es muy probable que durante el reinado de Manasés hubiera quienes hubiesen tenido el suficiente interés en guardar algunas copias del mismo. Puesto que las copias estaban escritas a mano, había relativamente muy pocas en circulación. Después de que las voces de Isaías y otras habían sido silenciadas, el número de personas justas decreció rápidamente bajo la persecución. Si Joás, el he-

---

3. Ver Keil en su comentario a II Reyes 23:20, y Edersheim, *The Bible History*, Volumen VI, p. 190.
4. Ver John Davis, *A Dictionary of the Bible*, 4.ª ed. rev., 1954, en su artículo «Josías».
5. Para una elaborada discusión del tema, ver G. E. Wright, *Interpreter's Bible*, Vol. II, pp. 311-330. También B. W. Anderson, *Understanding the Old Testament*, pp. 288-324.

redero real, pudo estar escondido de la malvada Atalía durante seis años, es razonable llegar a la conclusión de que un libro de la ley pudo haber sido escondido del odioso y malvado Manasés por medio siglo.

Otra posibilidad concerniente a la preservación de este libro de la ley, es la sugerencia aportada por la arqueología.[6] Ya que informes valiosos y documentos se han escondido siempre en las piedras angulares de los edificios, tanto en tiempos antiguos como en los modernos, este libro de la ley pudo muy bien haber quedado preservado en la piedra angular del templo.[7] Allí fue donde los hombres dedicados a la reparación del templo debieron encontrarlo. Antes de la muerte de David, encargó a Salomón, como rey de Israel, el conformar todo a lo "que está escrito en la ley de Moisés" (I Reyes 2:3). En la edificación del templo, habría sido apropiado colocar todo el Pentateuco, o al menos las leyes de Moisés, en la piedra angular. Tal vez esta fue la providencial provisión para la segura custodia del Pentateuco por tres siglos cuando Judá, a veces, estuvo sujeta a gobernantes que desafiaban el pacto hecho con Israel por el Señor. Sacado del templo en los días de la reforma de Josías, se convirtió en la "palabra viva" una vez más en una generación que llevó el libro de la ley con ella al cautiverio de Babilonia.

Si la reforma llevada a cabo por Josías representó una genuina avivamiento entre el pueblo corriente, es algo dudoso. Puesto que fue iniciada y ejecutada por órdenes reales, la oposición quedó refrenada mientras que vivió Josías.[8] Inmediatamente tras su muerte, el pueblo volvió a la idolatría bajo Joacim.

Jeremías fue llamado al ministerio profético en el décimo tercer año de Josías, en el 672 a. C. Puesto que Josías ya había comenzado su reforma, es razonable concluir que el profeta y el rey trabajasen en estrecha colaboración.[9] Las predicaciones de Jeremías (capítulos 2-4) reflejan la forzada relación entre Dios e Israel. Como una esposa infiel que rompe los votos del matrimonio, Israel habíase separado de Dios. Jeremías, de forma realista, les advirtió que Jerusalén podía esperar la misma suerte que había destruído a Samaria un siglo antes. Cuanto se relaciona Jeremías (1-20) con los tiempos de Josías es difícil de asegurar. Aunque pueda parecer extraño que la palabra profética procede de Hulda en lugar de Jeremías, cuando fue leído el libro de la ley, la urgencia para una inmediata solución, al problema del rey, pudo haber implicado a Hulda, que residía en Jerusalén. Jeremías vivía en Anatot, al nordeste de la ciudad y a cinco kilómetros de distancia.

Cuando circularon por Jerusalén las noticias de la caída de Asur (614) y la destrucción de Nínive (612), Josías indudablemente volvió su atención a los asuntos internacionales. En un estado de falta de preparación militar, cometió un error fatal. En el 609 los asirios estaban luchando una batalla perdida con su gobierno en exilio en Harán. Necao, rey de Egipto, hizo marchar a sus ejércitos a través de Palestina para ayudar a los asirios. Ya que

---

6. Ver Dr. J. P. Free, *Archaeology and Bible History*, pp. 215-216.
7. Ver Deut. 31:25-26. Moisés hizo la provisión de guardarlo en seguridad con el Arca. En un edificio permanente como el templo, las piedras angulares hubieran sido el lugar más lógico.
8. Ver Edersheim, *op. cit.*, p. 181.
9. El ministerio de Jeremías durante el reinado de Josías no está registrado en Reyes ni en Crónicas. Sus experiencias durante el reinado de Joacim sugiere que el despertamiento no fue genuino.

Josías tenía poco interés por los asirios, llevó a sus ejércitos hasta Meguido en un esfuerzo para detener a los egipcios.[10] Josías fue mortalmente herido cuando sus ejércitos quedaron dispersos. Las esperanzas nacionales y religiosas de Judá, se desvanecieron cuando el rey de 39 años fue enterrado en la ciudad de David. Tras dieciocho años de íntima asociación con Josías, el gran profeta queda recordado por el párrafo que dice: "y Jeremías endechó en memoria de Josías" (II Crón. 35:25).

Supremacía de Babilonia

El pueblo de Judá entronizó a Joacaz en Jerusalén (II Crón. 36:1-4). Y el nuevo rey tuvo que sufrir las consecuencias de la intervención de Josías en los asuntos egipcios. Gobernó solo por tres meses, en el año 609 a. C. (II Reyes 23:31-34).

Habiendo derrotado a Judá en Meguido, los egipcios marcharon hacia el norte hacia Carquemis, deteniendo temporalmente el avance hacia el oeste de los babilonios. El faraón Necao estableció su cuartel general en Ribla (II Reyes 23:31-34). Joacaz fue depuesto como rey de Judá y llevado prisionero a Egipto via Ribla. Allí, Joacaz, también conocido por Salum, murió como había predicho el profeta Jeremías (22:11-12).

Joacim 609-598 a. C.

Joacim, otro hijo de Josías, comenzó su reinado por elección de Necao. No solamente el faraón egipcio cambió su nombre de Eliaquim a Joacim, sino que también exigió un fuerte tributo de Judá (II Reyes 23:35), y por once años continuó siendo el rey de Judá. Hasta que los babilonios desalojaron a los egipcios de Carquemis (605 a. C.), Joacim permaneció sujeto a Necao.

Jeremías se enfrentó con una severa oposición mientras que reinó Joacim. Hallándose en el atrio del templo, Jeremías predijo el cautiverio de Babilonia para los habitantes de Jerusalén. Cuando el pueblo oyó que el templo iba a ser destruído[11], apeló a los líderes políticos para matar a Jeremías (Jer. 26); no obstante, algunos de los ancianos salieron en su defensa, citando la experiencia de Miqueas un siglo antes. Aquel profeta también había anunciado la destrucción de Jerusalén, pero Ezequías no le hizo ningún daño. Aunque Urías, un profeta contemporáneo, fue martirizado por Joacim por predicar el mismo mensaje, la vida de Jeremías fue salvada. Ahicam, una figura política prominente, apoyó a Jeremías en aquella época de peligro.

Durante el cuarto año del reinado de Joacim, el rollo de Jeremías fue leído ante el rey. Mientras Joacim escuchaba el mensaje del juicio, rompió el rollo en pedazos y lo lanzó al fuego. En contraste con Josías —que se arrepintió y se volvió hacia Dios— Joacim ignoró y desafió despectivamente las proféticas advertencias (Jer. 36:1-32).

---

10.   Nótese la traducción de II Reyes 23:39, que a la luz de la arqueología, preferiblemente debe decir: «... el rey de Egipto fue *hacia* el rey de Asiria». Ver C. J. Gadd, *The Fall of Niniveh* (Londres, 1923), p. 41. También Merrill F. Unger, *Archaeology and the Old Testament,* p. 282.
11.   Esta pudo no ser la primera vez que Jeremías dejó oír tan ominoso mensaje (Jer. 7-10). Mientras que vivió Josías el profeta no tuvo nada que temer.

Jeremías demostró de forma impresionante el portentoso mensaje ante el pueblo, y anunció que estando bajo órdenes divinas, escondería su cinto nuevo de lino en una hendidura del río Eufrates. Cuando quedó podrido por la acción de las aguas y ya no servía para nada, lo mostró al pueblo diciéndole que de la misma forma Jehová aniquilaría el orgullo de Judá (Jer. 13:1-11).

En otra ocasión, Jeremías condujo a los sacerdotes y ancianos al valle del hijo de Hinom, donde se ofrecían sacrificios humanos. Destrozando una vasija sacrificial ante la multitud, Jeremías, valientemente, advirtió que Jerusalén sería roto en fragmentos por el propio Dios. Tan grande sería la destrucción que incluso aquel valle maldito sería utilizado como lugar de enterramiento. No es de extrañar que el sacerdote Pasur detuviese a Jeremías y lo tuviese encerrado por una noche (Jer. 19:1-20:18). Aunque desalentado, Jeremías fue advertido de la lección aprendida en la alfarería, de que Dios tendría que exponer a Judá a la cautividad con objeto de moldear la vasija deseada.

El cuarto año de Joacim (605) fue un momento crucial para Jerusalén. En la decisiva batalla de Carquemis, a principios del verano, los egipcios fueron dispersados por los babilonios. Nabucodonosor había avanzado lo bastante lejos dentro de la Palestina del sur para reclamar tesoros y rehenes en Jerusalén, Daniel y sus amigos siendo los más notables entre los cautivos de Judá (Dan. 1:1). Aunque Joacim retuvo su trono, la vuelta de los babilonios a Siria en el 604, y a Asquelón en el 603, y un choque con Necao en las fronteras de Egipto, en el 601, frustraron cualquier intento de terminar con el vasallaje babilónico. Ya que este encuentro egipcio no fue decisivo, con ambos ejércitos en retirada con fuertes pérdidas, Joacim pudo haber tenido la oportunidad de retener el tributo.[12] Aunque Nabucodonosor no envió su ejército conquistador a Jerusalén durante varios años, incitó ataques sobre Judá por bandas de pillaje de caldeos apoyados por los moabitas, ammonitas y sirios. En el curso de este estado de guerra, el reinado de Joacim terminó bruscamente por la muerte, dejando una precaria política anti-babilónica a su joven hijo Joaquín.

La forma en que Joacim encontró la muerte, no está registrada ni en el Libro de los Reyes ni en el de las Crónicas. El haber quemado los trozos del rollo de Jeremías precipitó el juicio divino contra Joacim, y su cuerpo quedó expuesto al calor del sol durante el día y a la escarcha durante la noche, indicando que no tendría un enterramiento real (Jer. 36:27-32). En otra ocasión, Jeremías predijo que Joacim tendría el enterramiento de un asno y que su cuerpo sería arrojado más allá de las puertas de Jerusalén (Jer. 22:18-19). Ya que no hay relato histórico de las circunstancias de la muerte de Joacim, ni siquiera se menciona su entierro, la conclusión es que este rey soberbio y desafiante de la ley de Dios, fue muerto en la batalla. En tiempo de guerra, resultaba imposible el proporcionarle un enterramiento honorable.

Joacim, también conocido por Conías o Jeconías, permaneció solo por tres meses como rey de Jerusalén. En el 597 los ejércitos de Babilonia rodearon la ciudad. Dándose cuenta de que sería inútil toda resistencia, Joacim se rindió a Nabucodonosor. Esta vez, el rey babilonio no se limitó a tomar

---

12. D. J. Wiseman, *Chronicles of Chaldean Kings (626-556 a. C.) in the British Museum*, pp. 26-28.

unos cuantos prisioneros y exigir una seguridad verbal del tributo mediante la correspondiente alianza. Los babilonios despojaron el templo y los tesoros reales. Joacim y la reina madre fueron tomados también como prisioneros. Acompañándoles a su cautiverio de Babilonia, se encontraban los oficiales de palacio, los grandes cargos de la corte, artesanos y todos los líderes de la comunidad. Ni siquiera entre aquellos miles, estaba Ezequiel. Matanías, cuyo nombre cambió Nabucodonosor por el de Sedequías, quedó a cargo del pueblo que permaneció en Jerusalén.

Sedequías 597-586 a. C.

Sedequías era el hijo más joven de Josías. Puesto que Joacim fue considerado con el heredero legítimo al trono de David, Sedequías fue considerado como un rey marioneta, sujeto a la soberanía babilónica. Tras una década de política débil y vacilante, Sedequías perdió el derecho al gobierno nacional de Judá. Jerusalén fue destruido en el 586.

Jeremías continuó su fiel ministerio a través de los angustiosos años de aquel estado de guerra, de hambre y de destrucción. Habiendo sido dejado con los estamentos más bajos del pueblo en Jerusalén, Jeremías tuvo un apropiado mensaje para su auditorio basado en una visión de dos cestas de higos (Jer. 24). Los buenos higos representaban a los cautivos que habían sido llevados al destierro. Los malos, que ni siquiera podían ser comidos, eran las gentes que quedaron en Jerusalén. El cautiverio también les aguardaba a su debido tiempo. Carecían del suficiente orgullo para haber escapado.

Jeremías escribió cartas a los exiliados de Babilonia, alentándoles a adaptarse a las condiciones del exilio. No podían esperar el retorno a Judá en setenta años (Jer. 25:11-12; 29:10).

Sedequías estuvo bajo la presión constantemente para unirse a los egipcios en una rebelión contra Babilonia. Cuando Samético II sucedió a Necao (594), Edom, Moab, Amón, y Fenicia se unieron a Egipto en una coalición anti-babilónica, creando una crisis en Judá. Con un yugo de madera alrededor del cuello, Jeremías anunció dramáticamente que Nabucodonosor era el siervo de Dios a quien las naciones deberían someterse de buena voluntad. Sedequías recibió la seguridad de que la sumisión al rey de Babilonia evitaría la destrucción de Jerusalén (Jer. 27)[18].

La oposición a Jeremías crecía conforme los falsos profetas aconsejaban una rebelión. Incluso confundían a los cautivos diciéndoles que los tesoros del templo pronto serían devueltos. Contrariamente al consejo de Jeremías, aseguraban a los exiliados la pronta vuelta al hogar patrio. Un día, Hananías tomó el yugo de Jeremías, lo rompió y anunció públicamente que de la misma forma el yugo de Babilonia sería roto dentro de pasados dos años. Asombrado, Jeremías continuó su camino. Pronto volvió portador de un mensaje de Dios. Mostró un nuevo yugo, pero de hierro, en vez de madera, anunciando que las naciones caerían en las garras de Nabudoconosor donde no habría escape. Por lo que respecta a Hananías, Jeremías anunció que moriría antes de que finalizase aquel año, lo cual se cumplió. El funeral de

---

13. Nótese que al leer «Joacim» en el versículo 1, está considerado como un error de transcripción o del escriba. Los versículos 3 y 12 confirman la lectura de «Sedequías».

Hananías fue la pública confirmación de que Jeremías era el verdadero mensajero de Dios.

Aunque Sedequías sobrevivió a la primera crisis, ayudó a los planes agresivos para la rebelión en el 588, cuando el nuevo faraón de Egipto organizó una expedición hacia Asia. Con Amón y Judá en rebelión, Nabucodonosor rápidamente se estableció en Ribla, en Siria. Inmediatamente su ejército puso sitio a Jerusalén. Aunque Sedequías no quiso rendirse, como Jeremías le había aconsejado, intentó hacer lo mejor en busca de una solución favorable. Anunció la libertad de los esclavos, que en tiempo del hambre, eran ventajoso a sus dueños, al no tener que darle sus raciones. Cuando el asedio a Jerusalén fue súbitamente levantado, al dirigirse las fuerzas de Babilonia hacia Egipto, los dueños de los esclavos les reclamaron inmediatamente (Jer. 37). Jeremías entonces advirtió que los babilonios pronto reanudarían su asedio.

Un día, mientras se dirigía a Anatot, Jeremías fue arrestado, apaleado y hecho prisionero con los cargos de que era partidario de Babilonia. Sedequías mandó llamarle y en una entrevista secreta, Sedequías recibió una vez más el aviso de que no oyese a aquellos que favorecían la resistencia contra Babilonia, y a Nabucodonosor. Por su propia petición, Jeremías fue devuelto a la prisión, pero colocado en el cuerpo de guardia. Cuando objetaron en contra los oficiales de palacio, Sedequías dio su consentimiento de que matasen a Jeremías. Como resultado, los príncipes sumergieron al fiel profeta en una cisterna, con la esperanza de que perecería en el fango. La promesa de Dios de liberar a Jeremías fue cumplida cuando un eunuco etíope le sacó y volvió a llevarle al patio de guardia. Pronto el ejército de Babilonia volvió a poner sitio a Jerusalén. Indudablemente muchos de los ciudadanos aceptaron al hecho de que la capitulación frente a Nabucodonosor era inevitable. En ese momento, Jeremías recibió un nuevo mensaje. Dada la opción de comprar un campo de Anatot, Jeremías, incluso estando encarcelado, compró inmediatamente la propiedad y tomó especial cuidado en ejecutar la venta legalmente. Esto representaba la devolución de los exiliados a la tierra prometida (Jer. 32).

En una entrevista secreta final, Sedequías escuchó una vez más la voz suplicante de Jeremías. La obediencia y la sumisión era preferible a cualquier otra cosa. La resistencia solo traería el desastre. Temiendo a los líderes que estuviesen determinados a aguantar hasta el amargo fin, Sedequías falló en dar su consentimiento.

En el verano del año 586 los babilonios entraron en la ciudad de Jerusalén a través de una brecha abierta en sus murallas. Sedequías intentó escapar pero fue capturado y llevado a Ribla. Tras la ejecución de sus hijos, Sedequías el último rey de Judá, fue cegado y atado con cadenas para llevarlo a Babilonia. El gran templo Salomónico, que había sido el orgullo y la gloria de Israel por casi cuatro siglos, fue reducido a cenizas y la ciudad de Jerusalén quedó hecha un montón de ruinas.

Capítulo XV

Los judíos entre las naciones

Desde los tiempos de David, Jerusalén había englobado las esperanzas nacionales de Israel. El templo representaba el punto focal de la devoción religiosa, mientras que el trono de David sobre monte Sión proporcionaba, al menos para el reino de Judá, el optimismo político para la supervivencia nacional. Aunque Jerusalén había sido reducida desde su prominente posición de respeto y prestigio internacional en la era de la gloria salomónica, al estado de vasallaje en los días fatídicos del triunfo asirio, todavía se ergía como la capital de Judá cuando Nínive fue destruído en el 612 a. C. Por cuatro siglos, había continuado como la sede del gobierno del trono de David, mientras que Damasco, Samaria, y Nínive con sus respectivos gobiernos se habían levantado y hundido.

Jerusalén fue destruída en el 586 a. C. El templo fue reducido a cenizas y los judíos hechos cautivos. El territorio conocido como reino de Judá, fue absorbido por los edomitas en el sur y la provincia babilónica de Samaria en el norte. Demolida y desolada, Jerusalén se convirtió en el objeto de burla de las naciones.

Mientras que el gobierno de Jerusalén permaneció intacto, los anales fueron guardados. El Libro de los Reyes y el de las Crónicas, representan la historia continuada del gobierno davídico en Jerusalén. Con la terminación de una existencia nacionalmente organizada, es improbable que los anales pudieran guardarse, al menos no hay ninguno disponible hasta la fecha. En consecuencia, se conoce poco respecto al bienestar general del pueblo diseminado por Babilonia. Sólo algunas referencias limitadas de fuentes escriturísticas y extrabíblicas aportan alguna información concerniente a la fortuna de los judíos en el exilio.

El nuevo hogar de los judíos fue Babilonia. El reinado neo-babilónico que reemplazó al control asirio en el oeste, fue el responsable de la caída de Jerusalén. Los judíos permanecieron en el exilio tanto tiempo como los

Esquema V   TIEMPOS DEL EXILIO

	JUDA	BABILONIA	MEDO-PERSA	EGIPTO
639	Josías			
626		Nabopolasar		
609	Joacaz Joacim			Necao
605		Nabucodonosor		
597	Joaquín Sedequías			Samético
594				
588				Apries
586	Destrucción de Jerusalén			
568				Amasis
562		Awel-Marduc		
560		Neriglisar		
559			Ciro	
556		Nabónido (Belsasar)		

539	Edicto—
	  retorno de
	  los judíos
		Caída de
		  Babilonia		

530			Cambises	
522	Zorobabel Hageo Zacarías		Darío	
515	Templo completado			
485			Jerjes	
479			(Ester)	
464			Artajerjes	
457	Esdras			
444	Nehemías			
423			Darío II	
404			Artajerjes II	

gobernantes babilonios mantuvieron una supremacía internacional. Cuando Babilonia fue conquistada por los medo-persas en el 539 a. C., a los judíos se les garantizó el privilegio de reestablecerse en Palestina. Aunque algunos de ellos comenzaron a reconstruir el templo y rehabilitar la ciudad de Jerusalén, el estado judío nunca volvió a ganar su completa independencia, sino que permaneció como una provincia del Imperio Persa. Muchos judíos se mantuvieron en el destierro, sin retornar jamás a su patria natal.

Babilonia —626-539 a. C.

Bajo la dominación asiria, Babilonia había constituído una provincia muy importante. Aunque se hicieron repetidos intentos por los gobernantes babilonios para declarar su independencia, no lo consiguieron hasta la muerte de Asurbanipal aproximadamente en el 633 a. C.[1] Samasumukin llegó a ser gobernador de Babilonia de acuerdo con un tratado hecho por Esarhadón.[2] Tras un gobierno de dieciseis años, Samasumukin se rebeló contra su hermano Asurbanipal y pareció en el asedio e incendio de Babilonia (648 a. C.). El sucesor nombrado por Asurbanipal fue Kandalanu cuyo gobierno terminó muy probablemente en una fracasada rebelión (627 a. C.). La rebelión continuó en Babilonia bajo la incertidumbre del gobierno asirio tras la muerte de Asurbanipal.[3] Nabopolasar surgió como el líder político que continuó como campeón de la causa de la independencia de Babilonia.

Nabopolasar 626 - 605 a. C.[4]

La oposición de Nabopolasar a las fuerzas asirias que marchaban contra Nipur, a 97 kms. al sudeste de Babilonia, precipitó el asalto asirio. La triunfante resistencia de Babilonia a este ataque, resultó en el reconocimiento de Nabopolasar como rey de Babilonia en noviembre 22-23, del 626 a. C.[5] Por el año 622, aparentemente era lo suficiente fuerte como para conquistar Nipur, que era estratégicamente importante para el control del tráfico sobre los ríos Tigris y Eufrates.[6]

En el 616 a. C. Nabopolasar derrotó a los asirios hacia el norte a lo largo del Eufrates, empujándoles hasta Harán, volviendo con un lucrativo botín producto del saqueo y la rapiña antes de que el ejército asirio pudiese lanzar un contrataque.[7] Esto fue la causa de que Asiria se aliase con Egipto, que había sido liberado de la dominación asiria por Samético I, en el 654 a. C.[8]

1. D. J. Wiseman, *Chronicles of Chaldean Kings (626-556 a. C.) in the British Museum* (Londres: Trustees of the British Museum, 1956). Wiseman fecha la accesión de Sinsariskun al trono de Asiria en 629 a. C. Referencias de este problema en pp. 90-93.
2. *Ibid.*, p. 5 refiere a la tabla del tratado de Nimrod (s.f. 4327) encontrado en 1955.
3. Ver Sidney Smith, *Babylonian Historical Texts* (Londres, 1924), p. 24. Está basado en la Crónica Babilónica B. M. 86379 primeramente publicada por L. W. King en 1907.
4. Las primeras fuentes de Nabopolasar son las tabletas del Museo Británico, números 25127 (626-623 a. C.), 21901 (616-609), 22047 (608-606), publicadas por los Síndicos del Museo Británico, y por D. J. Wiseman en 1956 bajo el título de *Chronicles of Chaldean Kings* (626-556 a. C.). La tableta B. M. 21901 ha sido publicada por C. J. Gadd, *The Fall of Nineveh* (Londres, 1923).
5. Ver Wiseman, *op. cit.*, p. 7.
6. *Ibid.*, p. 11.
7. Las tabletas o crónicas para los años 622-617 se han perdido, pero aparentemente Nabopolasar continuó con éxito.
8. Wiseman, *op. cit.*, p. 12.

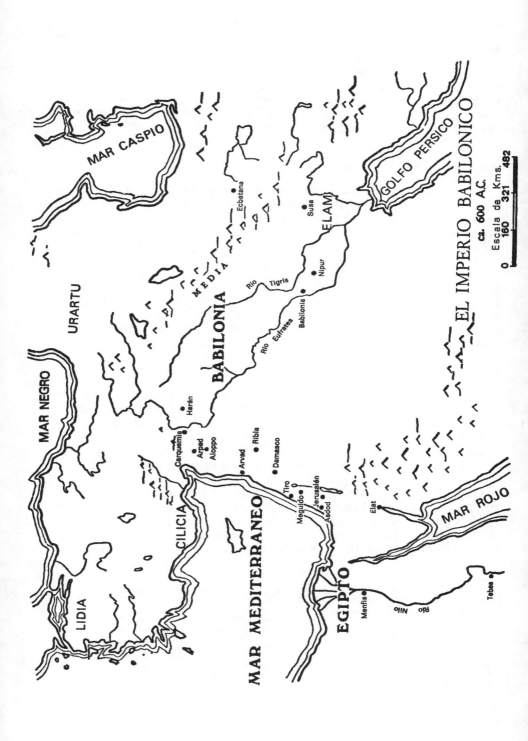

EL IMPERIO BABILONICO

ca. 600 A.C.

Escala de Kms.

0   160   321   482

Tras repetidos ataques sobre Asiria, la ciudad de Asur cayó en manos de los medos bajo Cyáxares en el 614 a. C. El resultado de los esfuerzos de Babilonia para ayudar a los medos en la conquista fue un pacto medo-babilónico confirmado por el matrimonio.[9] En el 612 a. C. los medos y los babilonios convergieron sobre Nínive, devastando la gran capital asiria y dividiendo el botín.[10] Pudo muy bien haber sido que Sinsariskun, el rey asirio, pereciese en la destrucción de Nínive.

Los asirios que se las arreglaron para escapar, se retiraron hacia el oeste a Harán. Durante varios años los babilonios hicieron ataques por sorpresa y realizaron conquistas en varios puntos a lo largo del Eufrates, pero evitaron cualquier conflicto directo con Assur-Uballit, el rey asirio de Harán. En el 609 a. C., con el apoyo de Umman-manda, y sus fuerzas, Nabopolasar marchó hacia Harán. Los asirios, que por aquel tiempo se habían unido a las fuerzas egipcias abandonaron Harán y se retiraron a las riberas occidentales del Eufrates. Consecuentemente, Nabopolasar ocupó Harán sin lucha, dejando una guarnición allí, cuando volvió a Babilonia. El ejército babilonio volvió a Harán cuando Assur-Uballit intentó recapturar la ciudad. En esta ocasión, Assur-Uballit aparentemente escapó con sus fuerzas asirias hacia el norte, hacia Urartu ya que Nabopolasar dirigía su campaña en aquella zona, sin que haya ulterior mención en las crónicas de los asirios ni de Assur-Uballit.[11]

Después de haber dirigido sus expediciones hacia el nordeste durante unos cuantos años, Nabopolasar renovó sus esfuerzos para rivalizar con las tropas egipcias a lo largo del Alto Eufrates. A finales del 607 y continuando en el año siguiente, los babilonios tuvieron varios encuentros con los egipcios y volvieron a su origen a principios del 605. Esta fue la última vez que Nabopolasar condujo su ejército a la batalla.

Nabucodonosor[12] 605 - 562 a. C.

En la primavera del 605 a. C., Nabopolasar envió a Nabucodonosor, el príncipe coronado, y el ejército babilonio para resolver la amenaza egipcia sobre el Alto Eufrates.[13] Con determinación, marchó directamente a Carquemis, que los egipcios tenían en sus manos desde el 609, en ocasión que Necao fue para ayudar a las fuerzas asirias. Los egipcios fueron decisivamente derrotados en Carquemis a principios de aquel verano. En persecución de sus enemigos, los babilonios entablaron otra batalla en Hamat. Nabucodonosor tenía el control de Siria y Palestina y los egipcios se retiraron a su propio país. Wiseman observa correctamente que esto tuvo un decisivo efec-

---

9. El matrimonio del hijo de Nabopolasar, Nebuchadnezzar y Amytis, hija del hijo de Cyázares. Ver C. J. Gadd, *The Fall of Nineveh*, pp. 10-11.
10. ¿Quiénes eran los Umman-manda mencionados en esta campaña como aliados con Babilonia? Algunos eruditos los equiparan con los medas, mientras que otros los identifican con los iscitias. Aunque Wiseman, *op. cit.*, pp. 15-16, está en favor de los primeros, hay que tomar nota de su discusión relacionando las fuentes históricas procedentes de ambos puntos de vista.
11. *Ibid.*, p. 19.
12. Las crónicas de Babilonia para los primeros diez años de Nabucodonosor y su reinado, están publicadas en un volumen por Wiseman, *op. cit.*, bajo B. M. 21946 (605-095 a. C.), pp. 66 y ss.
13. Wiseman sugiere que Nabopolasar permaneció en su país por razones políticas, o estado de salud.

to sobre Judá.[14] Aunque Nabucodonosor pudo haberse establecido en Ribla, que más tarde se convirtió en su cuartel general, él, sin duda, envió su ejército lo bastante al sur para expulsar a los egipcios de Palestina. Joacim, que era un vasallo de Necao, se convirtió entonces en súbdito de Nabucodonosor. Los tesoros del templo de Jerusalén y los rehenes, incluyendo a Daniel, fueron tomados y llevados a Babilonia (Dan. 1:1).

En agosto, el 15 ó 16 del 605 a. C. Nabopolasar murió.[15] El príncipe coronado inmediatamente corrió hacia Babilonia. El día de su llegada, el 6 ó 7 de septiembre, Nabucodonosor fue coronado rey de Babilonia. Habiendo asegurado el trono, volvió con su ejército al oeste para asegurar la posición de Babilonia y la recaudación de tributos. Al año siguiente (604) marchó con su ejército a Siria una vez más. Esta vez requirió de los reyes de varias ciudades que se presentasen ante él con tributos. Junto con los gobernantes de Damasco, Tiro y Sidón, Joacim, rey de Jerusalén, también se sometió permaneciendo sujeto a los babilonios durante tres años (II Reyes 24:1).[16] Ascalón resistió la esperanza irreal de Babilonia de que Egipto viniese en su ayuda.[17] Nabucodonosor dejó esta ciudad en ruínas cuando volvió a Babilonia en febrero del 603.

Durante los años siguientes, el control de Nabucodonosor sobre Siria y Palestina no fue seriamente desafiado. En el 601, el ejército babilonio desplegó una vez más su poder marchando victoriosamente en Siria y ayudando a los gobernantes locales en la recolección de los tributos. Aquel año, más tarde, Nabucodonosor tomó el mando personal del ejército y marchó a Egipto.[18] Necao II mandaba las fuerzas reales para hacer frente a la agresión babilónica. La crónica babilonia declara francamente que por ambas partes se sufrió tremendas pérdidas en el conflicto.[19] Es muy verosímil que este contratiempo contase para la retirada de Nabucodonosor y su concentración durante el año siguiente, en reunir caballos y carros de combate para reequipar sus ejércitos. Esto pudo también haber desalentado al monarca babilonio de invadir a Egipto en muchos años por venir.[20] En el 599, los babilonios volvieron a Siria para extender su control del Desierto Sirio del oeste y para fortificar Ribla y Hamat como bases fuertes para la agresión contra Egipto.[21]

En diciembre del 598 a. C., Nabucodonosor una vez más marchó con su ejército hacia el oeste. Aunque el relato de la crónica es breve, identifica definitivamente a Jerusalén como objetivo.[22] Aparentemente Joacim había denegado el tributo de Nabucodonosor en dependencia sobre Egipto, incluso aunque Jeremías le había advertido constantemente contra tal política. De

---

14. Wiseman, *op. cit.*, p. 26.
15. *Ibid.*, p. 26.
16. *Ibid.*, p. 28.
17. *Ibid.*, p. 28, identifica el papiro de Saqqara n.º 86984 del Museo de El Cairo, con una carta aramea que apela al faraón pidiendo ayuda, en este asedio de Ascalón. Ver nota 5 de la misma página para confrontar las variadas opiniones.
18. *Ibid.*, en p. 30, sugiere que la referencia dada por Josefo, *Antiquities of the Jews*. X, 6 (87), se aplica aquí con anterioridad a esta batalla. En el cuarto año de Nabucodonosor, y el 8.º de Joacim, este último de nuevo pagó tributo al primero en respuesta a una amenaza de guerra. Aunque Necao se había retirado a Egipto tras la decisiva batalla de Carquemis, era lo bastante fuerte para influenciar en Joacim el que mantuviese el tributo de Nabucodonosor. El rey de Babilonia, indudablemente aseguró el apoyo de Joacim antes de que avanzase para luchar contra Egipto.
19. La tableta del Museo Británico 21946, líneas 4-5, ver Wiseman, *op. cit.*, p. 71.
20. La única invasión de Egipto por Nabucodonosor conocida en las fuentes seculares, ocurrió en el 568-67 a. C. Ver Wiseman, *op. cit.*, p. 30.
21. *Ibid.*, p. 32.
22. B. M. 21946, Wiseman, *op. cit.*, pp. 66-74 y 32-33.

acuerdo con Josefo, Joacim fue sorprendido cuando la marcha de los babilonios estaba dirigida contra él en lugar de Egipto.[23] Tras un corto asedio Jerusalén se rindió a los babilonios en marzo, los días 15 y 16 del año 597 a. C.[24] Puesto que Joacim había muerto el 6-7 diciembre del 598, su hijo Joaquín, fue el rey de Judá que realmente hizo la concesión.[25] Con otros miembros de la real familia y unos 10.000 ciudadanos sobresalientes de Jerusalén, Joaquín fue llevado cautivo a Babilonia. Además los vastos tesoros de Judá fueron confiscados para Babilonia. Sedequías, como tío de Joaquín, fue nombrado rey marioneta en Jerusalén.

Para los años 596-594, a. C., las crónicas de Babilonia informan que Nabucodonosor continuó su control en el oeste, encontrando alguna oposición en el este y suprimió una rebelión en Babilonia. Las últimas líneas de las crónicas existentes, establecen que en diciembre del 594 a. C., Nabucodonosor reunió sus tropas y marchó contra Siria y Palestina.[26] Por los restantes treinta y tres años del reinado de Nabucodonosor, no se tiene registros oficiales, tales como esas crónicas, ni hay disponibles ningunos otros documentos históricos.

Las actividades de Nabucodonosor en Judá en la siguiente década, están bien atestiguadas en los registros bíblicos de los Libros de los Reyes, Crónicas y Jeremías. Como resultado de la rebelión de Sedequías, el asedio de Jerusalén comenzó en enero del 588. Aunque el sitio fue temporalmente levantado, conforme los babilonios dirigían sus esfuerzos contra Egipto, el reino de Judá finalmente capituló. Sedequías trató de escapar, pero fue capturado en Jericó y llevado a Ribla, donde sus hijos fueron muertos a su vista. Tras haber sido cegado, fue llevado a Babilonia donde murió. El 15 de agosto del 586 a. C., comenzó la destrucción final de Jerusalén en los tiempos del Antiguo Testamento.[27] Desierta de su población mediante el exilio, la capital de Judá fue abandonada convertida en un. montón de ruínas. Así acabó el gobierno davídico de Judá en los días de Nabucodonosor.

Otra tablilla del Museo Británico que aparece ser un texto religioso y no una parte de la serie de las Crónicas Babilónicas, informa de una campaña de Nabucodonosor en su trigésimo séptimo año de su reinado (568-67) contra el faraón Amasis.[28] Parece que Apries, el rey de Egipto, había sido derrotado por Nabucodonosor en el 572 y reemplazado en el trono por Amasis. Cuando el último se rebeló en el 568-67, Nabucodonosor marchó con su ejército contra Egipto.

El extenso programa de construcciones de Nabucodonosor es bien conocido por las incripciones procedentes del propio rey.[29] Habiendo heredado un reino firmemente establecido, Nabucodonosor durante su largo reinado,

23. Josefo, *Antiquities of the Jews*, X, 6 (88-89).
24. Wiseman, *op. cit.*, p. 72. B. M. 21946, línea 12. Este era el segundo día de Adar.
25. Wiseman, *op. cit.*, pp. 33-35. Sugiere que Joacim pudo haber sido muerto en una anterior aproximación babilónica a Jerusalén, puesto que murió antes de que las fuerzas principales dejasen Babilonia en diciembre el 598.
26. B. M. 21946. Wiseman, *op. cit.*, pp. 74-75.
27. E. R. Thiele, *The Mysterious Numbers of the Hebrew Kings*, p. 165.
28. Esas tabletas del Museo Británico números 33041 y 33053, fueron primeramente publicadas por T. G. Pinches, en 1878. Están reproducidas por Wiseman en *op. cit.*, sobre las planchas XX-XXI. Nótese su discusión y bibliografía en p. 94.
29. Comenzando en 1899 la Deutsch Orientgesellschaft bajo la dirección de Robert Koldewey, se excavó completamente la ciudad de Babilonia. Ver Koldewey, *Das wieder erstehende Babylon* (4.ª edic., Leipzig, 1925).

dedicó intensos esfuerzos hacia la construcción de diversos proyectos en Babilonia. La belleza y majestad de la real ciudad de Babilonia, no fue sobrepasada en los tiempos antiguos. La arrogante afirmación de Nabucodonosor de que él construyó aquella gran ciudad por su poder y para su gloria, está reconocido como históricamente precisa (Dan. 4:30).[30]

Babilonia estaba defensivamente fortificada por un foso y una doble muralla. Por la ciudad, un vasto sistema de calles y canales fue construído para facilitar el transporte. Junto con la amplia calle procesional, y en el palacio, había leones, toros y dragones hechos de ladrillos de colores esmaltados. La puerta de Istar marcaba la impresionante entrada a la calle. Los ladrillos utilizados en construcciones ordinarias, llevaban la marca impresa con el nombre de Nabucodonosor. A este famoso rey se le acredita la existencia de casi veinte templos en Babilonia y Borsippa.[31] La más sobresaliente empresa en el área del templo fue la reconstrucción del ziggurat. Los jardines colgantes construídos por Nabucodonosor para complacer a su reina meda, fueron considerados por los griegos como una de las siete maravillas del mundo.

El estudio de unas trescientas tablillas cuneiformes encontradas en un edificio embovedado cerca de la puerta de Istar, ha dado como resultado la identificación de los judíos en la tierra del exilio durante el reinado de Nabucodonosor.[32] En estas tablillas, fechadas en 595-570 a. C., están anotadas las raciones asignadas a los cautivos procedentes de Egipto, Filistia, Fenicia, Asia Menor, Persia y Judá. Lo más significativo es la mención de Joacim con sus cinco hijos o príncipes. Resulta claro de tales documentos que los babilonios, lo mismo que los judíos, reconocieron a Joaquín como heredero al trono judío.

La gloria del reino babilónico comenzó a desvanecerse con la muerte de Nabucodonosor en el 562 a. C. Sus triunfos habían agrandado el pequeño reino de Babilonia extendiéndolo desde el Próximo Oriente, de Susa hasta el Mediterráneo, desde el Golfo Pérsico hasta el alto Tigris y desde las Montañas de Taurus hasta la primera catarata en Egipto. Como constructor aventurero, hizo de la ciudad de Babilonia la más potente fortaleza conocida en el mundo, adornada con un esplendor y una belleza inigualados. El poder y el genio que caracterizaron su reinado de 43 años, nunca fueron igualados por ninguno de sus sucesores.

Awel-Marduc 562-560 a. C.

Awel-Marduc, también conocido como Evil-merodac, gobernó sólo dos años sobre el imperio que había heredado de su padre. Aunque Josefo[33] le estima como un gobernante rudo, la Escritura indica su generosidad hacia Joaquín.[34] Este rey de Judá que había sido conducido al exilio en el 597 a. C., fue entonces dejado en libertad a la edad de cincuenta y cinco años. El

---

30. Jack Finegan, *Light from the Ancient Past* (Princeton, 1959), p. 224.
31. R. Koldewey, *Das Ishtar-Tor in Babylon* (1918).
32. Ernst F. Weidmer, en *Mélanges Suriens à Monsieur Renè Dussaud II* (1939), pp. 923-927. La referencia de p. 935 a los prisioneros de Pirindi y Hume retenidos en Babilonia, puede indicar que Nabucodonosor había conquisado Cilicia entre el 595 y 570 a. C.
33. Ver *Against Apion* i. 20 (147).
34. Ver Jer. 52:31-34 y II Reyes 25:27-30.

reinado de Awel-Marduc terminó bruscamente al ser asesinado por Neriglisar que fue entronizado el 13 de agosto del año 560 a. C.[35]

Neriglisar 560-556 a. C.

Neriglisar llegó al trono o bien con el apoyo de una revolución apoyada por los sacerdotes y el ejército, o como heredero por virtud de su matrimonio con la hija de Nabucodonosor.[36] Es muy posible que Neriglisar esté correctamente identificado con Nergal-sarezer[37] el "Rabmag" u oficial jefe que dejó en libertad a Jeremías en el 586 tras la conquista de Jerusalén (Jer. 39:3, 13). Popularmente conocido por Nereglisar es mencionado en contratos en Babilonia y en Opis como el hijo de un rico propietario de tierras.[38] De acuerdo con otro texto que ha sido fechado en el reinado de Nabucodonosor, Neriglisar fue nombrado para controlar los asuntos de templo del Sol en Sippar.[39] Si Neriglisar es el individuo mencionado por tal nombre en contratos allá por el año 595 a. C., entonces tuvo que haber sido un hombre de edad madura o ya viejo cuando se apoderó del trono de Babilonia.

Hasta recientemente, Neriglisar fue primeramente conocido por sus actividades en la restauración del templo Esagila de Marduc en Babilonia y el de Ezida de Nebo en Borsippa. Además volvió a construir la capilla del destino (punto focal del festival del Año Nuevo en Babilonia), reparó un viejo palacio y construyó canales como se esperaba de cualquier rey. La crónica de una nueva tablilla recientemente publicada, retrata a Neriglisar como agresivo y vigoroso en mantener el orden y el control por todo el imperio.[40]

En el tercer año del reinado de Nereglisar, Appuasu, rey de Pirindu en el oeste de Cilicia, avanzó a través de la llanura costera hasta el de Cilicia este para atacar y rapiñar Hume. Nereglisar inmediatamente puso en movimiento su ejército para rechazar al invasor y perseguirle hasta Ura, más allá del río Lamos. Appuasu escapó pero su ejército quedó disperso. En lugar de avanzar hacia Lidia, Neriglisar marchó hacia la costa para conquistar la isla rocosa de Pitusu con una guarnición de 6.000 hombres, exhibiendo su capacidad en el uso de las fuerzas de mar y tierra. Volvió a Babilonia en febrero-marzo del 556 a. C.

Cilicia había sido controlado anteriormente por los reyes asirios, pero volvió a ganar su independencia tras la muerte de Asurbanipal, *ca.* 631 a. C. Aunque no hay crónicas babilónicas disponibles concernientes al reino de Nabucodonosor tras su décimo año de reinado (594 a. C.), se ha sugerido que conquistó Cilicia entre el 595 y 570.[41] En la lista de prisioneros retenidos en cautividad en Babilonia durante este período, aparecen referencias del exilio de Pirindu y Hume.[42]

35. Richard A. Parker y Waldo H. Dubberstein, *Babylonian Chronology, 626 a. C. 45 d. C.* (1942), p. 10.
36. Ver L. W. King, *History of Babylon* (Londres: Chatto & Windus, 1919), p. 280.
37. Ver el artículo «Nergal-Sharezar», p. 485, en *Harper's Bible Dictionary* (Nueva York: Harper & Brothers, 1952).
38. Tablillas del Museo Británico números 33117, 30414 y 33142 publicadas por Strasmaier como números 369, 411 y 419.
39. De acuerdo con otro texto, B. M. 55920. Ver Wiseman, *op. cit.,* p. 39.
40. Ver Wiseman, discusión y mapa, en *op. cit.,* pp. 39 y ss.
41. *Ibid.,* p. 39.
42. E. F. Weidner, «Jojachin, Konig von Juda in babylonischen Keilschriften», Melanges Syriens, II (1938), 935.

Tras Neriglisar muerto en el 556 a. C., su joven hijo, Labassi-Marduc gobernó por unos cuantos meses. Entre los cortesanos que depusieron y mataron el joven rey, se hallaba Nabónido que se hizo cargo del trono.

Nabónido 556-539 a. C.

Cuando Nabónido comenzó a reinar, afirmó que era el verdadero sucesor del trono de Babilonia.[43] Marduc fue sólo debidamente reconocido en el festival del Nuevo Año el 31 de marzo del 555 a. C., con Nabónido no solo participando como rey, sino también proporcionando elaborados regalos para el templo de Esagila.[44]

El interés religioso del nuevo rey no tuvo raíces en Babilonia, sino en Harán, donde sus padres devotamente prestaban culto al dios-luna Sin. Desde la destrucción del templo de Sin en Harán en el 610 a. C., que fue cuidadosamente atribuido a Medes, este culto no volvió a ser restaurado. Nabónido hizo convenientemente un tratado con Ciro, quien se rebeló contra los medos, de tal forma que el gobernante de Babilonia pudo restaurar el culto de Sin en Harán. Se concentró en su interés religioso con tal devoción, que por varios años suspendió las celebraciones del Año Nuevo en Babilonia, fallando en aparecer en la procesión de Marduc.[45] Este anual culto ritual, siempre había llevado un lucrativo aporte de negocios y comercio para los hombres de negocios de Babilonia. Así la suspensión durante varios años ofendió no solo a los sacerdotes, sino a los grandes comerciantes en aquella gran ciudad. El resultado fue que en el 548 a. C., Nabónido se vio obligado a delegar su autoridad en Belsasar y retirarse a la ciudad de Tema en Arabia. Allí Nabónido manifestó un interés en el negocio de las caravanas al igual que en la promoción del culto del dios-luna.[46]

Aunque Nabónido descartó a la ciudad de Babilonia, intentó mantener el imperio. En el 554 envió ejércitos a Hume y a las montañas de Amanus y hacia el sur a través de Siria, y por el fin del año 553 había matado al rey de Edom. Desde allí avanzó hacia Tema, donde construyó un palacio. Algún tiempo más tarde, Belsasar recibió el control de Babilonia, puesto que la crónica para cada año desde el 549 al 545 a. C., comienza con la declaración de que el rey estaba en Tema[47]

Mientras tanto, Ciro había avanzado hacia Media. Por el 550 había ganado la partida y conquistado Ecbatana, reclamando el gobierno de Media sobre Asiria y más allá del Creciente Fértil. Tres años más tarde, marchó

---

43. S. Langton, *Die neubabylonischen Königsinchirften* (1912), Nabonid, n.° 8.
44. A. T. Olmstead, *History of the Persian Empire* (University of Chicago Press, 1948), p. 35.
45. De acuerdo con la crónica de Nabónido, el rey estaba en Tema durante el séptimo y el undécimo años, y así no pudo observarse el culto y el festival. Esta crónica fue publicada primero por T. G. Pinches, *Transactions of the Biblical Society of Archaeology* VII (London, 1882), pp. 139 y ss., por Sidney Smith, *Babylonian Historical Texts Relating to the Downfall of Babylon* (Londres, 1924), pp. 110 y ss., y por A. Leo Oppenheim en *Ancient Near Eastern Texts*, ed. por P. Pritchard (Princeton, 1950), pp. 305 y ss.
46. El tráfico de las caravanas está mencionado en Job 6:19 e Is. 21:4. Nótese también la referencia a Tema, en Gén. 25:15.
47. R. P. Dougherty, *Nabonidus and Belshazzar* (Londres: H. Milford, Oxford University Press, 1929), pp. 114 y ss.

con su ejército a través de las puertas de Cilicia a Capadocia, donde se enfrentó con Creso de Lidia en una batalla indecisa. Aunque el equilibrio de poder había sido suficientemente perturbado cuando Ciro venció a los medos que Nabónido de Babilonia, Amasis de Egipto, y Creso habían formado una alianza, ninguno de estos últimos aliados estaba allí para ayudar.[48] Creso se retiró a Sardis esperando que en la próxima primavera recibiría suficiente apoyo para arrollar al enemigo. Aún en pleno invierno, Ciro avanzó al oeste hacia Sardis en un movimiento de sorpresa y capturó a Creso en la caída del 547 a. C. Con el mayor enemigo del oeste derrotado, Ciro volvió a Persia.

Indudablemente, estos acontecimientos perturbaron gravemente a Nabónido y retornó a Babilonia. Por el 546 a. C. el festival anual del Año Nuevo no había tenido lugar durante un buen número de años debido a la ausencia del rey; había prevalecido la falta de gobierno y los desfalcos y el pueblo estaba sometido a injusticias económicas.[49] En los años siguientes, conforme Ciro iba extendiendo su imperio en territorio del Irán, ciudades tales como Susa, bajo el liderazgo de Gobrías, se rebelaron contra el pacto babilónico con Ciro. En su desesperación, Nabónido rescató a algunos dioses en tales ciudades y los llevó a Babilonia.

En el día de Año Nuevo, en abril del 539, Nabónido realizó el intento de celebrar el festival adecuadamente.[50] Aunque muchos dioses de las ciudades circundantes fueron traídos, los sacerdotes de Marduc y Nebo no se unieron con entusiasmo en apoyo del rey. El 11 de octubre del 539, la ciudad de Sippar temió tanto a Ciro que se rindió sin presentar batalla. Dos días más tarde Gobrías tomó Babilonia con las tropas de Ciro. Mientras Belsasar era muerto, Nabónido pudo haber escapado; pero fue capturado y aparentemente recibió un favorable trato después de puesto en libertad. Antes del fin del mes de octubre, Ciro entró en Babilonia como vencedor y conquistador.[51]

Persia —539-400 a. C.

Al principio del primer milenio a. C., olas sucesivas de tribus arias invadieron y se establecieron sobre la planicie persa.[52] Dos grupos surgieron eventualmente como históricamene importantes: los medos y los persas.

Bajo el dinámico gobierno y mandato de Cyáxares, Media se afirmó como una amenaza de la supremacía asiria durante la última mitad del siglo VII. En el 612 a. C., las fuerzas combinadas de Media y Babilonia destruyeron a Nínive. El matrimonio de Nabucodonosor con la nieta de Cyáxares selló esta alianza estableciéndose un delicado equilibrio de poder a través de todo el período de la expansión babilónica y su supremacía.

---

48. A. T. Olmstead, *History of the Persian Empire* (Chicago, 1948), pp. 34 y ss.
49. Dougherty, *Records from Erech, Time of Nabonidus* (Yale Oriental Series Babylonian Texts, Vol. 6, 1930, Yale University Press), n.º 154.
50. Ver Nabonidus-Chronicle, referencia citada.
51. Para cuestiones de cronología, ver Parker and Dubberstein, *op. cit.*, p. 11
52. Ernst Herzfeld, *Archaeological History of Iran* (1935), p. 8. Ver también R. Ghirhman, *Iran from the Earliest Times to the Islamic Conquest*, trad. del francés. (Baltimore: Harmondsworth, Penguin Books, 1954.)

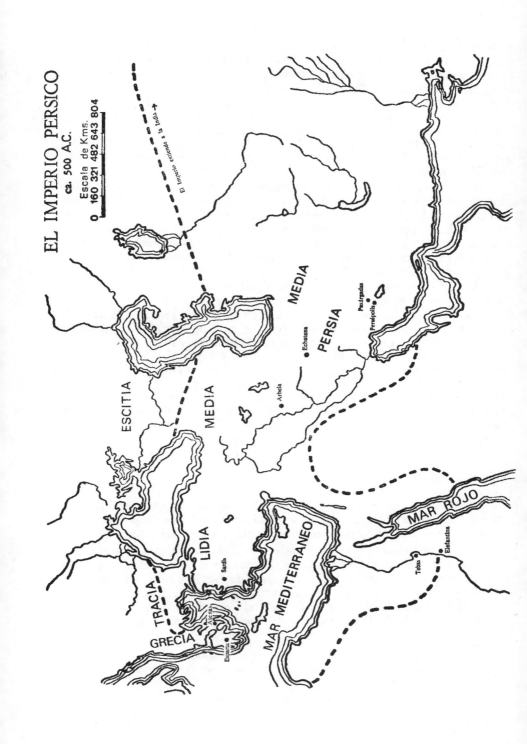

EL IMPERIO PERSICO

ca. 500 A.C.

Escala de Kms.

0   160 321 482 643 804

El Imperio extiende a la India →

ESCITIA

MEDIA

MEDIA

PERSIA

Ecbatana

Arbela

Pasárgadas

Persépolis

TRACIA

LIDIA

Sardis

GRECIA

Atenas

Esparta

MAR MEDITERRANEO

MAR ROJO

Tebas

Elefantina

Ciro el Grande 559-530 a. C.

Persia se convirtió en un poder internacional de primer rango bajo Ciro el Grande.[53] Llegó al trono en el 559 como vasallo de Media, teniendo bajo su control solamente a Persia y algún territorio elamita conocido por Anshan. Para él, existían muchos territorios que conquistar. Astiages (585-550) ejercitó un débil gobierno sobre el Imperio Medo. Babilonia era todavía muy poderosa bajo Neriglisar, pero comenzó a mostrar signos de debilidad conforme Nabónido descuidó los asuntos del estado para dedicar su tiempo a la restauración del culto a la luna en Harán. Lidia, en el lejano oeste, se había aliado con Media, mientras que Amasis de Egipto, estaba nominalmente bajo el control de Babilonia.

Ya en época temprana de su reinado, Ciro consolidó a las tribus persas bajo su mandato. Después hizo un pacto con Babilonia contra Media. Cuando Astiages, el gobernante de los medos trató de suprimir la revuelta, su propio ejército se rebeló e hizo que su rey se volviese hacia Ciro. En su resultante subyugación a Persia, los medos continuaron jugando un importante papel (ver Ester 1:19; Dan. 5:28, etc.).

Desde el oeste, Creso, el famoso rey colmado de riquezas de Lidia, cruzó el río Halys para desafiar el poderío persa. Atravesando Babilonia en la primavera del 547, Ciro avanzó a lo largo del Tigris y cruzó el Eufrates en Capadocia. Cuando Creso declinó las ofertas conciliatorias de Ciro, los dos ejércitos se enfrentaron en una batalla decisiva. Aproximándose el invierno, Creso retiró a su ejército y se marchó a su capital en Sardis con una fuerza protectora mínima. Anticipando que Ciro le atacaría en la siguiente primavera, solicitó ayuda de Babilonia, Egipto y Grecia. En un movimiento de sorpresa, Ciro se dirigió inmediatamente sobre Sardis. Creso disponía de una caballería superior, pero le faltaba infantería para resistir el ataque. Ciro, astutamente, colocó camellos al frente de sus tropas. En cuando los caballos lidios olieron el hedor de los camellos, se sintieron atacados por el terror y se hicieron ingobernables. Por esta causa, los persas ganaron la ventaja de la sorpresa y dispersaron al enemigo. Asegurándose Sardis y Mileto, Ciro resolvió su encuentro con los griegos en la frontera occidental y se volvió hacia el este para conquistar otras tierras.[54]

En el este, Ciro marchó victoriosamente con sus ejércitos por los ríos Oxus y Jaxartes, reclamando el territorio Sogdiano y extendiendo la soberanía persa hasta las fronteras de la India.[55] Antes de volver a Persia, había duplicado la extensión de su imperio.

La próxima empresa de Ciro fue el dirigirse hacia las ricas y fértiles llanuras de Babilonia, donde una población insatisfecha con las reformas de Nabónido estaba dispuesta a darle la bienvenida al conquistador. Ciro presintió que el momento estaba maduro para la invasión y no perdió el tiempo en conducir sus tropas a través de las montañas, aprovechando sus pasos, y evitando los aluviones. Conforme varias importantes ciudades

53. Persia fue el verdadero primer imperio mundial. A desemejanza de !os precedentes imperios, Persia incluyó muchas y diversas razas, varios grupos semíticos, medos, armenios, griegos, egipcios, indios y los propios persas. Los factores que capacitaron a los persas para sostener esta diversidad en una semblanza de unidad, por casi 200 años, son: 1) una organización efectiva, 2) un fuerte ejército, 3) la tolerancia persa, y 4) un excelente sistema de vías de comunicación.

54. Olmstead, *op. cit.*, p. 41. Ver también Herodoto i. 71 y ss.

55. Olmstead, *op. cit.*, pp. 46-49.

tales como Ur, Larsa, Erec, y Kish apoyaban a la conquista persa, Nabónido rescató a los dioses locales y se los llevó para salvaguardarlos a la gran ciudad de Babilonia, que se suponía era inexpugnable. Pero los babilonios se retiraron ante el avance del invasor. Al poco tiempo, Ciro se establecía como el rey de Babilonia.

En Babilonia Ciro fue aclamado como el gran liberador. Los dioses que habían sido tomados de las ciudades circundantes fueron devueltos a sus templos locales. No solo reconoció Ciro a Marduc como el dios que le había entronizado como rey de Babilonia, sino que permaneció allí durante varios meses para celebrar el festival del Año Nuevo.[56] Aquello fue un excelente comportamiento político para asegurarse el apoyo popular, conforme asumía el control del vasto Imperio Babilónico, extendiéndose al oeste a través de Siria y Palestina hasta las fronteras de Egipto.

Los asirios y babilonios fueron notorios por su política en llevar pueblos conquistados a territorios extranjeros. La consecuencia de semejante política distinguió a Ciro como un conquistador al que se le daba la bienvenida. Alentó a pueblos desarraigados a que volviesen a sus países de origen y a que restaurasen a los dioses en sus templos.[57] Los judíos, cuya ciudad capital y cuyo templo todavía yacían en ruinas, se encontraron entre aquellos a quienes benefició la benevolencia de Ciro.

En el 530 Ciro condujo su ejército hasta la frontera del norte. Mientras invadía el país existente más allá del río Araxes al oeste del Mar Caspio, fue mortalmente herido en la batalla. Cambises llevó el cuerpo de su padre a Pasargade, la capital de Persia, para darle un adecuado enterramiento.

La tumba que Ciro había construido para sí mismo, se hallaba sobre una plataforma de una elevación de cinco mts. con seis escalones que conducían a un pavimento rectangular de 13 por 15 mts.[58] Allí fue depositado en un sarcófago de oro descansando en una mortaja de oro labrado. Ornamentos adecuadamente elaborados, joyas costosas, una espada persa y tapices de Babilonia y otros lujosos adornos fueron cuidadosamente colocados en el lugar del eterno descanso del que había sido el creador de tan gran imperio. Rodeando el pavimento, existía un canal y más allá unos bellísimos jardines. Una guardia real montaba vigilancia cerca de su tumba. Cada mes se le sacrificaba un caballo al distinguido héroe. Dos siglos más tarde, cuando Alejandro Magno descubrió que los vándalos habían rapiñado la tumba, ordenó la restauración del cuerpo al igual que los demás tesoros.[59] Todavía hoy, la tumba vacía es testigo de la grandeza de Ciro, que ganó para Persia su imperio, aunque eventualmente fue saqueado el lugar de eterno descanso que el gran Ciro había preparado tan elaboradamente.

---

56. Pritchard, op. cit., pp. 315-316.

57. El cilindro de Ciro, en ibid., pp. 315-316. Aparentemente, Astiages de Persia, Creso de Lidia y Nabonidus de Babilonia, fueron bien tratados por Ciro. De acuerdo con Robert William Rogers, History of Ancient Persia (New York, 1929), p. 49, Creso fue asignado a Barene en Media, donde le fue concedido un tributo y una asignación real en un estado semiregio con una guardia de 5.000 hombres de caballería y una infantería de 10.000 hombres.

58. Ver ibid., p. 69, para una bibliografía sobre la tumba de Ciro. La mejor discusión, de acuerdo con Rogers, está en Persia, Past and Present, por A. V. Williams Jackson, pp. 278-293.

59. Arrian, Anabasis 6, 29, traducida por E. I. Robson, en Loeb Classical Library (1929-1933), II, 197.

Cambises 530-522 a. C.

Cuando Ciro abandonó Babilonia en el 538 a. C., nombró a su hijo Cambises para representar al rey persa en las reales procesiones del día del Año Nuevo. Debidamente reconocido por Marduc, Nebo y Bel y reteniendo a los oficiales y dignatarios de Babilonia, Cambises quedó bien establecido en Babilonia con su cuartel general en Sippar.

Con la súbita muerte de Ciro en el 530, Cambises se confirmó a sí mismo rey de Persia. Tras haber recibido el reconocimiento de varias provincias que su padre había sometido al poder del trono, Cambises volvió su atención a la conquista de Egipto, que todavía quedaba más allá de los lazos del imperio.

Amasis hacía años que se había anticipado a los sueños imperialistas de Persia. En el 547 pudo haber tenido una alianza con Creso. El también hizo amistades y buscó una coalición con los griegos.

En su camino hacia Egipto, Cambises acampó en Gaza, donde adquirió camellos de los nabateanos[60] para la marcha de 88 kms. a través del desierto. Dos hombres que traicionaron a Amasis, se unieron al grupo del conquistador. Fanes, un jefe mercenario griego, desertó del faraón y proporcionó a Cambises una importante información militar. Polícrates de Samos rompió su alianza con Amasís para ayudar a Cambises con tropas griegas y con barcos.

Al llegar al Delta del Nilo, supo que el viejo Amasis había muerto. El nuevo faraón, Samtik III, hijo de Amasis, hizo frente a los invasores con mercenarios griegos y soldados egipcios. En la batalla de Pelusium (525 a. C.) los egipcios fueron definitivamente derrotados por los persas. Aunque Samtik III intentó ponerse a cubierto en la ciudad de Menfis, fue incapaz de escapar de sus perseguidores. Cambises concedió un trato favorable al rey, pero más tarde Samtik intentó una rebelión y fue ejecutado. El invasor victorioso se apropió de los títulos del reinado egipcio e hizo que se inscribiese su nombre en los monumentos dedicados al faraón.

Por los próximos años, Cambises cultivó la amistad con los griegos con objeto de promover el lucrativo comercio que tenían con Egipto. Esta acción extendió la dominación persa sobre lo más avanzado y lo más rico del mundo griego.[61] Cambises también trató de expander su dominio por el oeste hasta Cartago y al sur de Nubia y Etiopía a base de fuerzas militares, pero en este propósito fracasó por completo.

Dejando a Egipto bajo el mando de Ariandes como sátrapa, Cambises emprendió la vuelta a Persia. Cerca de monte Carmelo le llegaron las noticias de que un usurpador, Gaumata de nombre, se había apoderado del trono de Persia. La afirmación de Gaumata de ser Esmerdis, otro hijo de Ciro a quien Cambises había previamente ejecutado,[62] perturbó tan grandemente a Cambises que se suicidó. Por ocho meses Gaumata sostuvo las riendas del reino, y del gobierno. El fin de su corto reinado precipitó las revueltas en varias provincias.

---

60. De acuerdo con Olmstead, *op. cit.*, p. 88, ésta es la primera mención de los nabateanos. Ver Herodoto, iii, 4 y ss.
61. Olmstead, *op. cit.*, p. 88.
62. Rogers, *op. cit.*, p. 71.

Darío I 522-486 a. C.

Darío I, también conocido como Darío el Grande, salvó al Imperio Persa en aquel tiempo de crisis. Habiendo servido en el ejército bajo el mando de Ciro, se convirtió en el brazo derecho de Cambises en Egipto. Cuando el reinado de este último terminó bruscamente en ruta desde Egipto hasta Persia, Darío se precipitó hacia el este. Ejecutó a Gaumata en septiembre del 522 a. C. y se hizo cargo del trono. Tres meses más tarde, la Babilonia rebelada quedó bajo su dominio.[63] Tras dos años de dura lucha, disipó toda oposición en Armenia y en Media.

Darío volvió a Egipto como rey en el 519-18.[64] No es conocido el contacto que tuvo con los judíos establecidos en Jerusalén. Al principio de su reinado, garantizó el permiso para la construcción del templo (Esdras 6:1; Hageo 1:1). Puesto que fue completado en el 515 a. C. parece razonable asumir que el avance persa a través de Palestina no afectó a la situación de los asuntos de Jerusalén.[65] En Egipto, Darío ocupó Menfis sin mucha oposición y reinstaló a Ariandes como sátrapa.

En el 513 Darío personalmente marchó con sus ejércitos hacia el oeste a través del Bósforo y el Danubio para encontrarse con los escitas que venían de las estepas de Rusia.[66] Esta aventura no tuvo éxito; pero retornó para añadir Tracia a su imperio, quedándose un año en Sardis. Esto inició una serie de compromisos con los griegos. El control persa de las colonias griegas dio lugar a un conflicto que últimamente se convirtió en un desastre para los persas. El avance hacia el oeste de los persas fue bruscamente detenido en una crucial derrota en Maratón, en el 490 a. C.

Darío había logrado éxitos suprimiendo rebeliones, pero donde fue un genio fue en la administración. Lo demostró organizando su vasto imperio en veinte satrapías.[67] Para reforzar el imperio interiormente, promulgó leyes en el nombre de Ahuramazda, el dios zoroástrico simbolizado por el disco alado. Darío tituló su libro de leyes *"La Ordenanza de las Buenas Regulaciones"*. Sus estatutos muestran la dependencia de la anterior codificación mesopotámica, especialmente la de Hamurabi.[68]

Para la distribución a su pueblo las leyes fueron escritas en arameo y en pergamino. Pasado un siglo, Platón reconoció a Darío como el más grande legislador de Persia.

Un excepcional talento para la arquitectura impulsó a Darío a emprender la construcción de grandes y suntuosos edificios en las ciudades capitales y otras partes. Ecbatana, que había sido la capital media en tiempos pasados, se convirtió entonces en el lugar favorito real de verano, mientras que Susa sirvió por elección como residencia de invierno.

Persépolis, a cuarenta kms. al sudoeste de Pasárgadas, fue convertida en la ciudad más importante de todo el Imperio Persa. Darío preparó una

---

63. Para otros datos, ver Parker y Dubberstein, *op. cit.*, p. 13.
64. Ver R. A. Parker «Darius and His Egyptian Campaign», *American Journal of Semitic Language and Literature.* LVIII (1941), 373 ff.
65. Olmstead, *op. cit.*, p. 142, utiliza el argumento del silencio para asumir que Zerubabel se rebeló y fue ejecutado, puesto que no está subsiguientemente mencionado en ningún registro. Albright, *The Biblical Period,* p. 50, afirma que puesto que no hay razón para suponer que fuese desleal a Darío.
66. Ver Rogers, *op. cit.*, p. 118.
67. Para ulterior discusión, ver *Cambridge Ancient History,* IV, 194 y ss.
68. Para una comparación de las leyes de Darío y el código de Hamurabi, ver Olmstead, *op. cit.*, pp. 119-134.

tumba en la roca, elaboradamente construída para sí mismo, en un acantilado cerca de Persépolis. En la distante tierra de Egipto, promovió la construcción de un canal entre el mar Rojo y el río Nilo.[69]
Susa, a 97 kms. hacia el norte de la desembocadura del Tigris, fue cen-
tralizada para propósitos administrativos. La llanura entre Coaspes y Ulai,
ríos del imperio, se convirtió en una rica y productiva zona de producción
de frutas por medio de un eficiente sistema de canales. El elaborado palacio
real, comenzando por Darío, y embellecido por sus sucesores, fue el más
grande monumento persa en aquella ciudad. De acuerdo con una inscripción
hecha por Darío, este palacio fue adornado con cedros del Líbano, marfil
de la India, y plata de Egipto.[70] Aún quedan hoy remanentes de esta estructura, aunque es poco más que algunos bosquejos de patios y pavimentos.
A causa del excesivo calor del verano, Susa no era el lugar ideal para una
capitalidad permanente.

Persépolis, la primera ciudad del Imperio Persa, era la más impresionante de las capitales. El palacio de Darío, el Tachara, fue comenzado por
él, aunque engrandecido y completado por sus sucesores. Las columnas de
esta tremenda estructura, todavía nos proporcionan el testimonio del arte y
de la construcción de los persas.[71] Persépolis estaba estratégicamente fortificada con una triple defensa. En la cresta de la " montaña de la Misericordia" sobre la cual fue construída esta gran capital, había una hilera de
murallas y de torres. Más allá, estaba la inmensa llanura conocida actualmente como Marv Dasht.

La más notable entre las inscripciones persas, es el monumento de roca
labrada cerca de Bisitún. El gran relieve, representando la victoria de Darío
sobre los rebeldes, está suplementado por tres inscripciones cuneiformes
en persa antiguo, acadio o babilonio y elamita. Puesto que el panel de la
victoria fue tallado sobre la superficie de un acantilado de 152 mts. por
encima de la llanura, con sólo un estrecho borde bajo él, la inscripción ha
permanecido sin leerse por más de dos milenios. En 1835, sir Henry C.
Rawlinson copió y descifró este registro, asegurando a los modernos eruditos la clave para descifrar el lenguaje babilónico e incrementando la comprensión de lo persa.[72] Usa copia aramea de esta inscripción entre los papiros descubiertos en Elefantina en Egipto, indica que fue ampliamente di-
fundida entre el Imperio Persa.

Jerjes I 486-465 a. C.

Jerjes fue el heredero electo para el trono persa cuando murió Darío en
el 486 a. C. Durante doce años había servido como virrey en Babilonia bajo
el gobierno de su padre. Cuando se hizo cargo del Imperio, se encontró con
proyectos de edificios sin terminar, reformas religiosas y rebeliones en varias partes del dominio, que esperaban su atención.

---

69. Ver R. G. Kent, en *Journal of Near Eastern Studies*, pp. 415-421.
70. Ver J. M. Unvala, *A Survey of Persian Art*, Vol. I., p. 339.
71. Persépolis fue excavado por el Oriental Institute of the University of Chicago en
1931-34 y en 1935-39. Para un informe sobre la primera expedición ver Ernst Herzfeld, *op.
cit.*, y para la última, ver Erich F. Schdmit, *The Treasury of Persepolis and Other Discoveries
in the Homeland of the Achæmenians*, en el *Oriental Institute Communications*, 21. (1939),
14 y ss.
72. Ver H. C. Rawlinson, *The Persian Cuneiform Inscription at Behistun* (1846). Más
recientemente, George Cameron hizo nuevas fotografías. Ver *Journal of Near Eastern Studies*
2 (1943), 115 y ss.

Entre las ciudades en rebelión que recibieron un severo castigo, bajo el mando de Jerjes, estaba Babilonia. Allí, en el 482 a. C., las fortificaciones erigidas por Nabucodonosor fueron destruídas, el templo de Esagila fue deshecho y la estatua maciza de oro de Marduc de 363 kilos de peso, fue quitada de su lugar y fundida en lingotes. Babilonia perdió su identificación al ser incorporada con Asiria.[73]

Aunque vitalmente interesado en continuar el programa de construcciones de Persépolis, Jerjes condescendió a los insistentes consejos de sus asesores y contra su gusto dirigió sus esfuerzos y energías hacia la expansión de la frontera noroeste. A la cabeza de aquel enorme ejército persa, avanzó hacia Grecia con el apoyo de su armada naval compuesta por unidades fenicias, griegas y egipcias. El ejército sufrió reveses en las Termópilas, la flota fue derrotada en Salamis y finalmente los persas fueron decisivamente disgregados en Platea y en el cabo Micale. En el 479, Jerjes se retiró a Persia, abandonando la conquista de Grecia.

En su país, Jerjes acabó su programa de construcciones. En Persépolis completó el Apadana, donde trece de los 72 pilares que sostenían el techo de aquella espacioso auditorio, todavía siguen en pie. En la escultura, Jerjes desarrolló lo mejor del arte persa. Esto quedó patente al adornar la escalinata del Apadana con figuras esculpidas de los guardias de Susia y Persia.

Aunque Jerjes fue inferior como caudillo militar y será siempre recordado por su derrota en Grecia, superó a sus antecesores como constructor. Hay que concederle el crédito de que Persépolis se convirtiese en la más sobresaliente ciudad de los reyes persas, especialmente por la escultura y la arquitectura.

En el 465 a. C., Jerjes fue asesinado por Artabano, el jefe de la guardia del palacio. Fue enterrado en la tumba tallada en la roca que había excavado cerca de la de Darío el Grande.

Artajerjes I 464-425 a. C.

Con el apoyo del asesino Artabano, Artajerjes Longimano se hizo cargo del trono de su padre. Tras hacer desaparecer a otros aspirantes al trono, suprimió con éxito diversas rebeliones en Egipto (460 a. C.) y una revuelta en Siria (448). Los atenienses negociaron un tratado con él mediante el cual, ambas partes convinieron en mantener un status quo. Durante su reinado, Esdras y Nehemías marcharon a Jerusalén con la aprobación del rey para ayudar a los judíos.

La dinastía cayó en declive bajo los reyes siguientes: Darío II (423-404 a. C.) y Artajerjes II (404-359). Artajerjes III (359-338) dio lugar a un resurgir de la unidad y la fuerza del imperio, pero el fin estaba próximo a llegar. Durante el gobierno de Darío III, Alejandro Magno, con tácticas militares superiores, deshizo el poderío del ejército persa (331) e incorporó el Cercano Oriente a su reino.

Condiciones del exilio y esperanzas proféticas

Los últimos dos siglos de los tiempos del Antiguo Testamento, representan una era de condiciones de exilio para la mayor parte de Israel. Du-

---

73. Ver Olmstead, *op. cit.*, pp. 236-237.

rante la conquista por Nabucodonosor muchos israelitas cautivos fueron llevados a Babilonia. Tras la destrucción de Jerusalén, otros judíos emigraron a Egipto. Aunque algunos de los exiliados volvieron de Babilonia tras el año 539 a. C., para reestablecer un estado judío, en Jerusalén, nunca volvieron a ganar la posición de independencia y de reconocimiento internacional que Israel tuvo una vez bajo el gobierno de David.

La transición desde un estado nacional al exilio de Babilonia, fue gradual para el pueblo de Judá. Por lo menos, cuatro veces durante los días de Nabucodonosor hubo cautivos de Jerusalén que fueron llevados a Babilonia.

De acuerdo con Beroso, el rey babilonio Nabopolasar envió a su hijo Nabucodonosor, en el 605 a. C., para suprimir la rebelión en el oeste.[74] Durante esta campaña, el último recibió noticias de la muerte de su padre. Dejando a los cautivos de Judá, Fenicia y Siria con su ejército, Nabucodonosor se dio prisa en volver para establecerse en el trono de Babilonia. La evidencia bíblica (Dan. 1:1) fecha lo sucedido en, el tercer año de Joacim, que continuó como gobernante en Jerusalén por ocho años más tras la crisis.[75] La extensión de su cautiverio no está indicada, pero Daniel y sus amigos están entre la familia real y la nobleza, tomada en cautividad y llevada al exilio en aquel tiempo. De aquellos cautivos israelitas, jóvenes procedentes de Israel fueron llevados a la corte para ser entrenados en el servicio del rey. Algunas de las experiencias de Daniel y sus colegas en la corte de Babilonia, son bien conocidas en los relatos del libro de Daniel 1-5.

La segunda invasión babilonia de Judá ocurrió en el 597 a. C. Esta fue más crucial para el Reino del Sur. Al retener el tributo de Babilonia, Joacim invocó un estado de calamidad. Puesto que Nabucodonosor estaba ocupado en otros lugares, incitó a los estados circundantes a atacar a Jerusalén. Aparentemente Joacim fue muerto durante uno de esos ataques, dejando el trono de David al joven de dieciocho años, hijo suyo, Joaquín. El reinado de este último de tres meses fue bruscamente terminado cuando se rindió a los ejércitos de Babilonia (II Reyes 24:10-17). Fuentes babilónicas confirman que esta invasión tuvo lugar en el mes de marzo del 597 a. C.[76] Las cartas de Laquis igualmente indican una invasión judea por aquel tiempo.[77] No solo el rey fue tomado cautivo, sino que con él fueron miles de personas importantes de Jerusalén, tales como artesanos, herreros, oficiales jefes, príncipes y hombres de guerra. Sedequías, un tío de Joaquín, fue dejado para gobernar las clases más pobres de lo que quedaba en el país.

El cautiverio del rey Joaquín no impidió a los ciudadanos de Judá lo mismo que a los exiliados, de considerarle como su legítimo rey. Cerámica estampada excavada en la antigua Debir y Bet-semes en 1928-1930, indican que el pueblo conservaba sus propiedades en el nombre de Joaquín, incluso durante el reino de Sedequías.[78] Textos cuneiformes descubiertos en Babi-

---

74. Josefo, *Against Apion*, i. 132-139; *Antiquities*, x. 219-223. Más recientemente confirmado.

75. Los eruditos que datan el libro de Daniel en el siglo II a. C., no consideran a Daniel como personaje histórico ni aceptan esta referencia como históricamente fiable. Ver Anderson, *Understanding the Old Testament*, pp. 515-530. También *Interpreter's Bible*, VI, «Daniel», pp. 355 y ss.

76. Wiseman, *op. cit.*, p. 33.

77. Ver C. F. Whitley, *The Exile Age* (Londres: Westminster Press, 1957), p. 61.

78. W. F. Albright, «The Seal of Eliakim and the Latest Pre-Exilic History of Judah», *Journal of Biblical Literature*, 51 (1932).

lonia, se refieren a Joaquín como el rey de Judá.[79] Cuando Jerusalén fue destruída más tarde, los hijos de Joaquín, tuvieron raciones asignadas bajo supervisión real, y con todo, los hijos de Sedequías fueron todos muertos. Aunque Jerusalén retuvo una semblanza de gobierno por otros once años, la cautividad del 597 tuvo un devastador efecto sobre Judá.

En el 586 el país sufrió el brote de otra nueva invasión, con más drásticos resultados. Jerusalén con su templo fue destruída. Judá dejó de existir como estado nacional. Con Jerusalén en ruínas, la capital fue abandonada por las gentes que permanecieron en el país. Bajo el liderazgo de Gedalías, que había sido nombrado gobernador de Judá por Nabucodonosor, el remanente regresó a Mizpa (II Reyes 24:2; Jer. 40:14). A los pocos meses, Gedalías fue asesinado por Ismael y el desalentado grupo de los que quedaban, emigró a Egipto. Por aquel camino polvoriento caminó con ellos Jeremías, el profeta.

Una cuarta deportación se menciona en Jeremías 52:30. Josefo[80] informa que fueron tomados cautivos más judíos y llevados a Babilonia en el 582 a. C., cuando Nabucodonosor subyugó a Egipto.

De acuerdo con Beroso, las colonias judías recibieron adecuado establecimiento por toda Babilonia, según lo prescrito por Nabucodonosor. El río Quebar, cerca del cual el profeta Ezequiel tuvo su primera visión y su llamada profética (Ezeq. 1:1) ha sido identificado como el Nari Kabari, el canal existente cerca de Babilonia.[81] Tel-abib (Ezeq. 3:15), otro centro de cautividad, presumiblemente estaba en la misma vecindad.

Nabucodonosor dedicó su interés a embellecer la ciudad de Babilonia, hasta tal extremo, que los griegos reconocieron en ella una de las maravillas del mundo antiguo. No hay razón para dudar que los judíos cautivos fueron asignados a los trabajos de la gran capital.[82] Los textos Weidner mencionan nombres judíos junto a aquellos diestros trabajadores procedentes de otros estados que fueron utilizados por Nabucodonosor en una empresa de éxito al intentar hacer de su capital la más impresionante que cualquiera de que las que se habían visto en Asiria.[83] En esta forma, el rey babilonio hizo un inteligente uso de los artesanos, especialistas y trabajadores hábiles y diestros, capturados en Jerusalén.

Los alrededores de Babilonia pudieron, al principio, haber sido el centro de los establecimientos judíos; pero los cautivos se extendieron por todo el imperio, al concedérseles más libertad por los babilonios y, más tarde, por los persas.

Las excavaciones en Nipur mostraron tablillas conteniendo nombres comunes al registro de Esdras y Nehemías, indicando que una colonia judía existía allí en el exilio.[84] Nipur, a 97 kms. al sudeste de Babilonia, continuó como una comunidad judía hasta su destrucción aproximadamente sobre el 900 a. C.[85] Otros lugares citados como comunidades judías son Tel-mela y

79. E. F. Weidner, «Jejachin-König von Juda in babylonischen Keilschriftexten», Mélanges Syriens offerts à Monsieur Renè Dussaud, II (1939), 923-935. Ver también D. Winton Thomas, op. cit., pp. 84-86.
80. Antiquities, x, 9, 7.
81. H. V. Hilprecht, Explorations of Bible Lands (Edimburgh, 1903), p. 412.
82. Whitley, op. cit., pp. 66 y ss.
83. Pritchard, op. cit. (2.ª ed., Princeton, 1955), p. 308.
84. H. V. Hilprecht y A. T. Clay, Babylonian Expedition of the University of Pennsylvania, Serie A., Vols. 9-10 (1898-1904).
85. Whitley, op. cit., p. 70. Ver James A. Montgomery, Aramaic Incantation Texts from Nippur (Filadelfia), (1913).

Dominio Persa

Tel-harsa (Neh. 7:61), Ahava y Casifia (Esdras 8:15,17). Además, Josefo menciona Neerda y Nisibis situadas en algún lugar en el curso del Eufrates (*Antiquities* 18:9).

La ansiedad por volver al hogar patrio invadió a los exiliados, siendo una realidad mientras que el gobierno de Jerusalén permaneció intacto. Falsos profetas sembraron un espíritu de revuelta en Babilonia, con el resultado de que dos rebeldes perecieron a manos de los satélites de Nabucodonosor (Jer. 29). Poco después de la cautividad, en el 597, Hananías predijo que dentro de dos años los judíos romperían el yugo de Babilonia (Jer. 28). Ezequiel en esta época también encontró incitadores a la insurgencia (Ezeq. 13). Jeremías, que era bien conocido para los cautivos a causa de su largo ministerio en Jerusalén, escribió cartas avisándoles que se establecieran en Babilonia, construyeran casas y plantaran viñas e hiciesen planes para permanecer 70 años en período de cautiverio (Jer. 29).

Cuando las esperanzas de un inmediato retorno se desvanecieron con la caída y destrucción de Jerusalén en el 586, los judíos en el exilio se resignaron a la larga cautividad que Jeremías había predicho. Nombres babilonios tales como Imer y Querub (Neh. 7:61) sugirieron a Albright que los judíos adoptaron una vida pastoral y de trabajos en la agricultura en las fértiles llanuras del curso del Eufrates.[86] Los judíos también se mezclaron en empresas comerciales por todo el imperio. Informes del siglo V indican que se habían hecho muy activos en los negocios y en el comercio, centrado todo ello en Nipur.[87]

Lingüísticamente el término medio de los judíos tuvo que encararse con un nuevo problema. Incluso con anterioridad a la época de Senaquerib las tribus arameas se habían infiltrado en Babilonia y eventualmente se convirtieron en el elemento predominante en la población, por lo que el arameo llegó a ser el lenguaje de uso corriente.[88] A principios del siglo VII era el lenguaje de la diplomacia internacional de los asirios (II Reyes 18: 17-27).[89] Aunque esta transición a una nueva lengua creó un problema lingüístico para la mayor parte de los judíos, es muy verosímil que muchos hablaran el arameo; de hecho, algunos tal vez habían estudiado el arameo en Jerusalén. Además, los israelitas procedentes del Reino del Norte, que ya estaban en Babilonia, indudablemente se expresaban tan fácilmente en hebreo al igual que en arameo.

Aunque las referencias son limitadas, la evidencia disponible revela que los cautivos recibieron un tratamiento favorable. Jeremías dirigió su correspondencia a los "ancianos de la cautividad" (Jer. 29:1). Ezequiel se reunía con los "ancianos de Judá" (8:1), indicando que estaban en libertad para organizarse en cuestiones religiosas. En otras ocasiones, los "ancianos de

---

86. «The Seal of Jehoiakim», *Journal of Bible Literature* 51 (1932), 100.

87. A. T. Clay, *Business Documents of Murashu Sons of Nippur*, University of Pennsylvania Publications of the Babylonian Section, Vol. 2, n.º I (1912), 1-54.

88. La concluyente evidencia de que el arameo reemplazó al acadio como lenguaje internacional de la diplomacia, se hace aparente en una carta aramea descubierta en Saqqara, Egipto, en 1942, en la cual, un rey palestino pide ayuda a Egipto. Ver John Bright «A New Letter in Aramaic written to a Pharaon in Egypt», *Biblical Arqueologist*, XII, n.º 2 (mayo, 1949), pp. 46 y ss.

89. R. A. Bowman, «Arameans, Aramaic and the Bible», *Journal of Near Eastern Studies*, 7 (1948), pp. 71-73.

Israel" iban a ver a Ezequiel (14:1 y 20:1).⁹⁰ Ezequiel aparentemente gozaba de libertad para llevar a cabo un amplio ministerio entre los cautivos. Estaba casado y vivía en su propio hogar y discutía libremente materias religiosas con los ancianos, cuando les encontraba o iban a visitarle a su casa. Mediante actos simbólicos en público, Ezequiel discutía el estado político y la condenación del Reino del Sur, hasta que Jerusalén fue destruído en el 586. Tras de aquellos, continuó alentando a su pueblo con las esperanzas y proyectos de restaurar el trono de David.

La experiencia de Daniel y de sus colegas, igualmente evidencia el tratamiento acordado a los cautivos procedentes de Judá. De los primeros cautivos tomados en el 605 a. C., los jóvenes fueron seleccionados entre la nobleza y la familia real de Judá, para la educación y el entrenamiento de la corte de Babilonia (Dan. 1:1-7). Mediante la oportunidad de interpretar el sueño de Nabucodonosor, Daniel fue a la posición de jefe entre los hombres sabios de Babilonia. A su demanda, sus tres amigos fueron también ascendidos a importantes posiciones en la provincia de Babilonia. A lo largo de todo el reinado de Nabucodonosor, Daniel y sus amigos ganaron más y más prestigio a través de las crisis registradas en el Libro de Daniel. Es razonable asumir que otros cautivos, de la misma manera, fueron premiados y se les confiaron puestos de responsabilidad en la corte de Babilonia. Daniel fue nombrado segundo en el mando, durante la corregencia de Belsasar y Nabónido.⁹¹ Tras la caída de Babilonia, en el 539 a. C., Daniel continuó con su distinguido servicio de gobierno bajo el mando de Darío el medo, y Ciro, el persa.

El tratamiento que les fue dado a Joaquín y a sus hijos habla igualmente del cuidado benefactor previsto para algunos judíos cautivos.⁹² Joaquín tuvo sus propios criados con adecuadas provisiones suministradas para toda su familia, incluso mientras no fue oficialmente puesto en libertad de la prisión hasta el 562, a la muerte de Nabucodonosor (II Reyes 25:27-30). La lista de otros hombres de Judá en esas tablas indica que el buen tratamiento y el otorgamiento de tales provisiones no quedaron limitados a los miembros de la familia real.

La suerte de Ester en la corte persa de Jerjes I, tipifica el tratamiento acordado a los judíos por sus nuevos señores. Nehemías fue otro que sirvió en la corte real. Mediante su contacto personal con Atajerjes tuvo la oportunidad de aumentar el bienestar de aquellos que habían retornado a reconstruir Jerusalén.

Whitley justificantemente pone en duda las descripciones de algunos escritores que mencionan a los judíos cautivos en Babilonia como sujetos al sufrimiento y a la cautividad.⁹³ Ewald basó sus conclusiones tomando como base trozos seleccionados de Isaías, los Salmos, y las Lamentaciones, afirmando que las condiciones se hicieron gradualmente peores para los judíos cautivos.⁹⁴ La evidencia histórica parece estar falta de apoyo en la idea de que los judíos cautivos fueron maltratados físicamente o supri-

---

90. Oesterly sugiere que los israelitas que habían estado residiendo en Babilonia durante casi un siglo, fueron reconocidos como ciudadanos nacionales con todos los privilegios de la ciudadanía. Oesterly y Robinson, *Hebrew Religion* (2.ª ed., 1937), pp. 283-284.
91. Dougherty, *Nabonidus and Belshazzar*, pp. 105-200.
92. Pritchard, *op. cit.*, p. 308.
93. Whitley, *op. cit.*, p. 79.
94. Ewald, *History of the Jews*, Vol. 5, p. 7.

midos en sus actividades cívicas o religiosas durante la época de la supremacía babilónica.[95] La limitada evidencia que se extrae de las fuentes bíblicas o arqueológicas, apoyan la afirmación de George Adam Smith de que la condición de los judíos fue honorable y sin excesivos sufrimientos.[96]

Los exiliados de Jerusalén, que fueron conscientes de las razones para la cautividad, tuvieron que haber experimentado un hondo sentido de la humillación y de angustia de espíritu. Durante cuarenta años, Jeremías había advertido fielmente a sus conciudadanos del juicio pendiente de Dios: Jerusalén sería devastada de tal forma, que cualquier transeúnte se horrorizaría de su vista (Jer. 19:8). A despecho de sus advertencias, ellos habían confiado que Dios no permitiría que su templo fuese destruído. Como custodios de la ley, aquel pueblo no creyó nunca que tendrían que ir a la cautividad. Entonces, en comparación con la gloria de Salomón y su fama y gloria internacional, del gran rey de Jerusalén, y ante sus ruínas, muchos dieron rienda suelta a su vergüenza y a su tristeza. El libro de las Lamentaciones deplora vívidamente el hecho de que Jerusalén, se hubiese convertido en un espectáculo internacional. Daniel reconoció en su oración que su pueblo se había convertido en un reproche y en un objeto de burla entre las naciones (Dan. 9:16). Tal sufrimiento fue más pesado para los cautivos a quienes importaba el futuro de Israel, que cualquier sufrimiento físico que tuviesen que soportar en la tierra del exilio.

Tanto Jeremías como Ezequiel predijeron que Dios restauraría a los judíos en su propia tierra. Otra fuente de consuelo y de esperanza para los exiliados, fue el mensaje de Isaías. En sus escritos, había predicho el exilio de Babilonia (Is. 39:6), y también aseguró que volverían bajo el mandato de Ciro (Is. 44:28). Comenzando con el capítulo 40, el profeta elabora un mensaje alentador que ya había declarado en capítulos anteriores. Dios era omnipotente. Todas las naciones se hallaban bajo su control. Dios utilizaba a las naciones y a sus reyes para llevar el juicio sobre Israel y de igual manera podría utilizarlos para restaurar la suerte de su pueblo. La aparición de Ciro, como rey de Persia, tuvo que haber hecho surgir las esperanzas de los exiliados que ejercitaron su fe en el predictivo mensaje de los profetas.

Nehemías sirvió en la corte real de Atajerjes he

---

95. Whitley duda de que la evidencia presentada por J. M. Wilkie en su artículo «Nabodinus and the Later Jewish Exiles», en el «*Journal of Theological Studies*», abril, 1951, pp. 33-34, justifique el caso de una persecución religiosa bajo Nabónido.
96. G. A. Smith, *Book of Isaiah XL-LXVI* (nueva edic., 1927), p. 59.

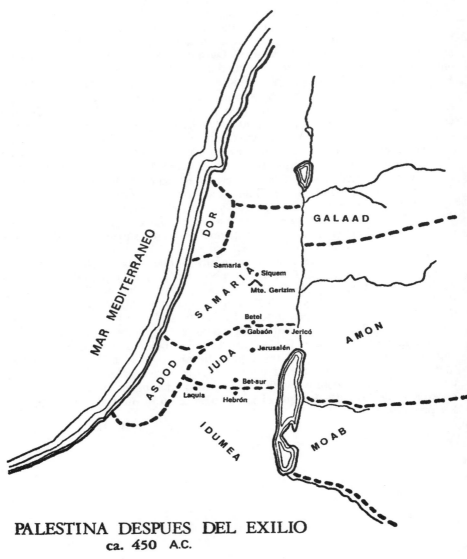

PALESTINA DESPUES DEL EXILIO
ca. 450 A.C.

Escala de Kms
0   32   64   96

Capítulo XVI

La buena mano de Dios

Con la crisis internacional del 539 a. C., mediante la cual Persia ganó la supremacía sobre Babilonia, dio la oportunidad a los judíos para volver a establecerse en Jerusalén. Pero por la época, muchos de los exiliados estaban tan confortablemente situados junto a las aguas de Babilonia, que ignoraron el decreto que les permitía retornar a Palestina. Consecuentemente, la tierra del exilio continuó siendo el hogar de los judíos para las generaciones que habían de venir.

Las fuentes bíblicas tratan en primer lugar con los exiliados que retornaron a su hogar patrio. Las memorias de Esdras y Nehemías, aunque breves y selectivas, prestan los hechos esenciales que conciernen al bienestar del restaurado estado judío en Jerusalén. Ester, el único libro del Antiguo Testamento dedicado en exclusividad a los que no volvieron, también pertenece a este período. Con objeto de mantener una secuencia histórica, el presente estudio trata la historia de Ester junto con Esdras y Nehemías. Cronológicamente, esta materia se divide en cuatro períodos:. (1) Jerusalén restablecido, Esdras 1-6 (*ca.* 539-515 a. C.); (2) Ester la Reina, Ester 1-10 (*ca.* 483); (3) Esdras el reformador, Esdras 7-10 (*ca.* 457); (4) Nehemías el Gobernador, Neh. 1:13 (*ca.* 444).

Jerusalén restablecido

De cara a la oposición y a los sufrimientos de Judea, los judíos que habían vuelto no estuvieron en condiciones inmediatamente de completar la construcción del templo. Transcurrieron aproximadamente veintitrés años antes de que lograran su primer objetivo. El relato, según está dado por Esdras, puede ser convenientemente subdividido como sigue:

El retorno de Babilonia

Cuando Ciro entró en la ciudad de Babilonia en el 539, afirmó que había sido enviado por Marduc, el jefe de los dioses babilónicos, quien buscaba un príncipe justo.[1] Consecuentemente, la ocupación de Babilonia ocurrió sin ninguna batalla, ni la destrucción de la ciudad. Inmediatamente, Ciro anunció una política que era el reverso exacto de la práctica brutal de desplazar a los pueblos conquistados. Comenzando con Tiglat-pileser III (745) los reyes asirios habían aterrorizado a las naciones subyugadas, trasladando a sus gentes a distantes tierras. Por tanto, los babilonios habían seguido el ejemplo asirio. Ciro, por otra parte, proclamó públicamente que el pueblo desplazado podía volver a su hogar patrio y rendir culto a sus dioses en sus propios santuarios.[2]

Hay dos copias de la proclamación de Ciro para los judíos que están preservadas en el libro de Esdras. El primer relato (1:2-4) está en hebreo, mientras que el segundo (6:3-5) está redactado en arameo. Un estudio reciente revela que el último representa un "dikrona", un término oficial arameo que denota un decreto oral dado por un gobernante.[3] Esto no se hacía con la intención de ser publicado, sino que servía como un memorandum para que el oficial apropiado iniciara una acción legal. Esdras 6:2 indica que la copia aramea estuvo situada en los archivos del gobierno en Ecbatana, la residencia de verano de Ciro en el 538 a. C.

El documento hebreo fue preparado para su publicación en destino a los israelitas en el exilio. En las comunidades judías por todo el imperio, fue verbalmente anunciado en idioma hebreo. Adaptándolo a su religión, el rey persa afirmó que él estaba comisionado por el Señor Dios de los cielos para construir un templo en Jerusalén. De acuerdo con esto, permitió a los judíos

1. Parker y Dubberstein, *Babylonian Chronology*, 626 a. C.. a 45 d. C., p. 11, Robert W. Rogers, *Cuneiform Parallels to the Old Testament* (New York), 1912, p. 381.
2. Para una copia de esta proclamación general, ver Pritchard *Ancient Near Eastern Texts*, p. 316.
3. Elias J. Bickerman «The Edict of Cyrus in Erza I» JBL, LXV (1946), 249-275. Cf. E. Meyer, *Enstehung des Judenthums* (Halle: Niemeyer, 1896), pp. 8 y ss.

que volviesen al país de Judá. Alentó a aquellos que permanecieron para ayudar a los emigrantes con ofrendas de oro, plata, bestias y otros suministros para el restablecimiento del templo de Jerusalén. Incluso Ciro, lo mismo que había prestado reconocimiento a Marduc cuando entró en Babilonia, en aquella ocasión quiso prestar reconocimiento al Dios de los judíos. Aunque esto pudo haber sido solamente una cuestión de maniobra política por su parte, con todo, cumplió la predicción de Isaías de que después de su exilio, Dios utilizaría a Ciro para que los judíos volviesen a su hogar patrio (Is. 45:1-4).

En respuesta a esta proclamación, miles de exiliados prepararon el retorno. Ciro ordenó a su tesorero que devolviese a los judíos todo lo que Nabucodonosor había tomado de Jerusalén.[4] El tesoro, especialmente consistente en los vasos sagrados de Jerusalén, fue confiado a Sesbasar, un príncipe de Judá, para transportarlo.[5] Unicos entre todas las naciones, los judíos no tenían ninguna estatua de su Dios que ser restaurada, aunque esta provisión queda incluída en el decreto dado por Ciro, al efecto.[6] El arca del pacto, que era el objeto más sagrado de Israel, entre sus pertenencias, tuvo indudablemente que haberse perdido en la destrucción de Jerusalén. Con la aprobación y el apoyo del rey de Persia, los exiliados hicieron con éxito el largo y azaroso camino hacia Jerusalén, siempre con la idea de reconstruir el templo que había estado en ruinas por casi cincuenta años. Aunque no se sabe exactamente la fecha de este retorno, debió ocurrir muy verosímilmente en el 538 a. C., o posiblemente al año siguiente.

De acuerdo con lo registrado por Esdras, 50.000 exiliados aproximadamente retornaron a Jerusalén.[7] De los once jefes mencionados, Zorobabel y Josué aparecen como los más activos en guiar al pueblo en su intento en restaurar el orden, en aquellas caóticas condiciones. El primero, siendo el nieto de Joaquín, representaba a la casa de David en el liderazgo político. El último sirvió como sumo sacerdote oficiando en cuestiones religiosas.

El establecimiento en Jerusalén

Por el séptimo mes del año de su retorno el pueblo se hallaba suficientemente bien asentado en los alrededores de Jerusalén, para reunirse en masa y construir el altar del Dios de Israel y restablecer los sacrificios del fuego como estaba prescrito por Moisés (Ex. 29:38 ss.). En el décimo quinto día de ese mes, observaron la Fiesta de los Tabernáculos de acuerdo con los requerimientos escritos (Lev. 23:34 ss.). Con aquellas impresionantes festividades, se restauró el culto en Jerusalén, de tal forma que la luna nueva

---

4. Para una discusión de los problemas textuales que existen en relación con el número de vasos sagrados restaurados. Esdras 1:9-11, ver *Commentary* por C. F. Keil como referencia.

5. Sesbasar es identificado por Wright, en *Biblical Archaeology*, p. 202, como «Senazar», mencionado en I Crón. 3:18, y como un hijo de Joaquín. Keil, en *Commentary* sobre Esdras 1:8, sugiere que Sesbasar es el nombre caldeo de Zorababel. *Harper's Bible Dictionary* equipara ambos nombres, sugiriendo que el primero es un criptograma para el segundo. En Esdras 5:14, es identificado como gobernador y en 5:16 se le acredita como instalando los cimientos del templo.

6. Nótese la jactancia por Ciro, de que él restauraría los dioses extranjeros en sus santuarios. J. B. Pritchard, *op. cit.*, pp. 315-316.

7. Albright, *The Biblical Period*, p. 62, nota 122, interpreta esta figura como cifra de la población total en Judá en el tiempo de Nehemías en el 444 a. C. Esdras, 2, representa esto, como el total de los que volvieron de la cautividad de Babilonia. Nehemías encontró esta lista cuando volvió (Neh. 7:5).

y otras fiestas siguieron a su debido tiempo y en la época propicia. Con la restauración del culto, el pueblo proporcionó dinero y alimento para los albañiles y carpinteros quienes negociaron con los fenicios, para obtener materiales de construcción de acuerdo con el permiso otorgado por Ciro.

La construcción del templo comenzó en el segundo mes del próximo año, bajo la supervisión de Zorobabel y Josué. Los levitas de veinte años y mayores, sirvieron como capataces. Los cimientos del templo se pusieron durante una apropiada ceremonia con los sacerdotes vestidos con adecuados ornamentos y tocando las trompetas. Según las directrices dadas por David, rey de Israel, los hijos de Asaf ofrecieron alabanzas acompañadas por címbalos. Aparentemente hubo un canto de antífonas, en donde un coro cantaba "Alabad a Dios porque es bueno" mientras que otro respondía con "Y su misericordia permanece para siempre".[8] A partir de ahí la multitud reunida en asamblea se unió en una alabanza de triunfo. Pero no todos gritaban con alegría, la gente anciana que todavía podía recordar la gloria y la belleza del templo de Salomón, lloraba amargamente dolorida.

Cuando los oficiales de Samaria oyeron decir que se estaba reconstruyendo el templo, intentaron interferir, ya que aparentemente consideraban a Judá como parte de la provincia. Reclamando que ellos habían rendido culto al mismo Dios siempre, desde los tiempos de Esar-hadon (681-668 a. C.) que los había situado en Palestina, solicitaron de Zorobabel y de otros jefes que les permitiesen tomar parte en la construcción del templo. Cuando su solicitud fue denegada, se volvieron abiertamente hostiles y adoptaron una política de frustración y de desaliento a la colonia que luchaba entre sí. Y obstaculizaron el trabajo en el templo por todo el resto del reinado de Ciro y el de Cambises, incluso hasta el segundo año del reinado de Darío (520 a. C.).

Inserto en la narrativa de Esdras, en esta cuestión, está el informe de la subsiguiente oposición. Esdras 4:6-23 es el relato de la interferencia enemiga durante los días de Asuero o Jerjes (485-465 a. C.) y el reinado de Artajerjes (464-424). Los forasteros, asentados en las ciudades de Samaria, apelaron a Artajerjes para investigar los registros históricos concernientes a las rebeliones que habían tenido lugar en Jerusalén en tiempos pasados. Como resultado, se produjo un edicto real dando poderes a los samaritanos para detener a los judíos en sus esfuerzos para reconstruir la ciudad de Jerusalén. Puesto que Nehemías llegó a Jerusalén en el 444 a. C., autorizado por Artajerjes para reconstruir las murallas, es verosímil que este decreto que favorecía a los de Samaria fuese emitido en los primeros años de su reinado, presumiblemente con anterioridad a la llegada de Esdras en el 475 a. C.[9]

El nuevo templo

En el año segundo de Darío (520 a. C.) los judíos acabaron el trabajo en el templo. Hageo, con el mensaje de Dios para la ocasión, conmovió a la gente y a los jefes recordándoles que habían estado tan absortos en re-

---

8. Aunque Keil en *Commentary* sobre Esdras 3:11, mantiene que el texto no requiere esta interpretación, anota a Clericus y a otros que la favorecen.
9. Para una completa discusión con respecto a la fecha de esta oposición, ver la publicación de H. H. Rowley titulada «La misión de Nehemías y su fondo», aparecida en el *Bulletin of the John Rylands Library*, n.° 2 (marzo, 1955), 528-561. El data esta oposición poco antes del retorno de Nehemías en el 444 y el subsiguiente retorno de Esdras a la llegada de Nehemías.

construir sus propias casas que habían descuidado el lugar del culto.[10] En menos de un mes, Zorobabel y Josué llevaron al pueblo en un renovado esfuerzo para reconstruir el templo (Hageo 1:1-15). Poco después, el profeta Zacarías colaboró con Hageo en estimular el programa de construcción (Zac. 1:1).

La reanudación de las actividades constructoras en Jerusalén captó inmediatamente la atención de Tatnai, el sátrapa de Siria, y de sus colegas, quienes representaban los intereses de Persia en aquella zona. Aunque habían ido a Jerusalén para hacer una completa investigación, propusieron la acción, mientras aguardaron el veredicto de Darío. En una carta dirigida al rey persa, informaron de sus hallazgos concernientes al pasado y a los acontecimientos del presente, respecto a la erección del templo. Se ocuparon primeramente de la afirmación judía de que Ciro había garantizado el permiso para construir el templo.

Siguiendo esta advertencia, Darío ordenó una investigación en los archivos de Babilonia en Ecbatana, capital de la Media. En esta última, se encontró un dikrona, anotándose en arameo el edicto de Ciro. Además de verificar este decreto, Darío emitió órdenes estrictas para que Tatnai y sus asociados se abstuvieran de interferir de ningún modo. También ordenó que el tributo real de la provincia de Siria fuese entregado a los judíos para su programa de construcciones. También dio instrucciones para proporcionar un adecuado suministro que permitiesen sacrificios diarios de tal forma que los sacerdotes en Jerusalén pudiesen interceder por el bienestar del rey de Persia. Consecuentemente, la investigación de Tatnai que tenía intenciones injuriosas, providencialmente resultó no sólo en favor del apoyo político de Darío, sino también en la ayuda material de los distritos inmediatos oficiales, para el proyecto.

El templo fue completado en cinco años, 520-515 a. C. Aunque erigido en el mismo lugar, no podía tener la misma belleza ni el precioso acabado artesano que la estructura construída por David y Salomón, con la elaborada preparación que hizo el primero con sus infinitos recursos, Basándose en Macb. 1:21, y 4:49-51, se hace aparente que el resultado fue inferior. En el sagrado lugar del altar de los inciensos, se hallaban los sagrados ornamentos y el candelabro de los siete brazos (Salomón en su época había provisto generalmente al altar con diez candelabros). El arca del pacto se había perdido en el lugar más sagrado del templo. Josefo indica que cada año, en el Día de la Expiación, el sumo sacerdote colocaba su incensario en la losa de piedra que marcaba la antigua posición del Arca.[11]

Parrot, en sus estudios sobre el templo, concluye que los planes de Salomón y del santuario, fueron seguidos probablemente por Zorobabel.[12] Referencias sueltas en Esdras y en los libros de los Macabeos, pueden servir solo como sugerencias. De acuerdo con Esdras 5:8, y 6:3-4, se emplearon grandes piedras con vigas de madera en la construcción de los muros. Las

---

10. Albright considera a Haggeo y a Zacarías como oportunistas que tomaron ventaja de la rebelión por todo el Imperio Persa que siguió a la accesión de Darío Histapes en el 522. Dos meses antes al mensaje inicial de Hageo, un hombre llamado Nabucodonosor condujo a una rebelión en Babilonia, que todavía aparece como teniendo éxito cuando Hageo entregó su cuarto mensaje dos meses más tarde. *The Biblical Period* (Pittsburgh, 1950), pp. 49-50.

11. *Jewish Wars*, v. 5, 5.

12. Andrè Parrot, *The Temple of Jerusalem*, traducido por B. E. Hooke, del francés. (Londres: SMC Press, 1957), pp. 68-75.

medidas dadas son incompletas en el presente texto. Una reciente interpretación de un decreto de Antíoco III de Siria (223-187) indica la existencia de un atrio interior y otro exterior.[13] Todos eran admitidos al último, pero sólo los judíos que se habían conformado a la pureza de las leyes levíticas tenían permiso para entrar al atrio interior.[14] Se hicieron también provisiones de habitaciones adecuadas donde almacenar los utensilios utilizados en el templo. Una de tales habitaciones fue apropiada por el amonita Tobías por un corto período, durante la época de Nehemías (Neh. 13:4-9).

Las ceremonias de dedicación para este templo tuvieron que haber sido algo impresionante.[15] Complicadas ofertas consistentes en 100 toros, 200 carneros, 400 corderos y una ofrenda de 12 machos cabríos, representando las doce tribus de Israel. La última ofrenda significaba que este culto representaba a la nación entera con quien se había hecho el pacto. Con este servicio de dedicación los sacerdotes y los levitas iniciaron sus servicios regulares en el santuario, según estaba prescrito para ellos, en la Ley de Moisés.

Al mes siguiente, los judíos observaron la pascua. Con las adecuadas ceremonias de purificación, los sacerdotes y los levitas fueron preparados para oficiar en la celebración de esta histórica observancia. Los sacerdotes fueron así calificados para rociar la sangre mientras que los levitas mataban los corderos para la totalidad de la congregación. Aunque, originalmente, el cabeza de cada familia mata el cordero de pascua (Ex. 12:6), los levitas habían sido asignados a esta obligación para toda la comunidad desde los días de Josías (II Crón. 30:17) cuando la mayor parte del laicado no estaba calificado para hacerlo. En esta forma, los levitas también aligeraban las extenuantes obligaciones de los sacerdotes, al ofrecer los sacrificios y rociaban la sangre (II Crón. 35:11-14).

Los israelitas que todavía estaban viviendo en Palestina, se unieron a los exiliados que volvían en esta alegre celebración. Separándose de las prácticas paganas a las cuales habían sucumbido, los israelitas renovaron su pacto con Dios a quien daban culto en el templo.

La dedicación del templo y la observancia de la pascua en la primavera del 515 a. C. marcaron una crisis histórica en Jerusalén. Las esperanzas de los desterrados se habían realizado al restablecer el templo como un lugar de culto divino. Al mismo tiempo, se les recordaba por la pascua la redención de la esclavitud de Egipto. También gozaron con la realidad de volver a la patria procedentes del exilio en Babilonia.

La historia de Ester

El relato bíblico es casi completamente silencioso por lo que concierne al estado judío en Jerusalén desde el tiempo de la terminación del templo en el año sexto de Darío (515 a. C.) hasta el reinado de Artajerjes I, que

13. Ver *Ibid.*, p. 73, donde se refiere al estudio hecho por E. Bickerman «Une proclamation seleucide relative au Temple de Jerusalem», en *Syria* XXV (1946-48), 67-85.
14. Nótese también la vaga referencia a los atrios del templo en I Mac. 4:38, 48; 7:33, 9:54 y II Mac. 6:4.
15. El templo fue completado en el tercer día del mes de Adar, que comienza en mitad de febrero. Este era el último mes del año religioso hebreo. El primer mes del año era Nisán, que comenzaba a mediados de marzo. El decimocuarto día de este mes, era la fecha para la Pascua. Más antiguamente este mes era conocido como Abib (Ex. 13:3).

comenzó en el 464 a. C. La historia de Ester constituye la principal fuente bíblica para este período. Históricamente está identificado con el reinado de Asuero o Jerjes (485-465 a. C.) y está restringido al bienestar de los exiliados que no volvieron a Jerusalén.[16]

Aunque el nombre de Dios no se menciona en el libro de Ester, la divina providencia y el cuidado sobrenatural aparecen por doquier. El ayuno está reconocido como una práctica religiosa. La fiesta del Purim conmemorando la liberación de los judíos, encuentra una razonable explicación, cuando los acontecimientos en el libro de Ester están reconocidos como el fondo histórico. La referencia a esta fiesta en II Macab. 15:36, como el día de Mardoqueo, indica que era observada en el siglo II a. C. En los días de Josefo, el Purim era celebrado durante toda una semana (*Antiquities,* xi, 6:13).

El libro de Ester puede ser proyectado de la siguiente forma:

I. Los judíos en la corte Persa	Ester 1:1-2:23
Vasti suprimida por Asuero	1:1-22
Ester elegida como reina	2:1-18
Mardoqueo salva la vida del rey	2:19-23
II. La amenaza al pueblo judío	3:1-5:14
El plan de Amán para destruir a los judíos	3:1-15
Los judíos temen la aniquilación	4:1-3
Mardoqueo alerta a Ester	4:4-17
Ester arriesga su vida	5:1-14
III. El triunfo de los judíos	6:1-10:3
Mardoqueo recibe honores reales	6:1-11
Ester intercede: Amán es ahorcado	6:12-7:10
Mardoqueo promovido	8:1-17
Venganza por los judíos	9:1-15
La fiesta del Purim	9:16-32
Mardoqueo continúa en altos honores	10:1-3

Susa, la capital de Persia, es el punto geográfico de interés en el libro de Ester. Desde los días de Ciro, había compartido la distinción de ser una ciudad real, como Babilonia y Ecbatana. El magnífico palacio de Jerjes ocupaba dos acres y medio de la acrópolis de esta gran ciudad elamita. Cronológicamente, los sucesos de Ester están fechados en el año tercero al duodécimo de Jerjes (*ca.* 483-471 a. C.).

Los judíos en la corte persa

De todo este vasto imperio que se extendía desde la India a Etiopía, Jerjes reunió a los gobernadores y oficiales en Susa por un período de seis meses, durante el tercer año de su reinado. En una celebración de siete días, el rey les atendió con banquetes y fiestas, mientras que la reina Vasti era la anfitriona en el banquete para las mujeres. Al séptimo día, Jerjes, intoxicado, solicitó la aparición de Vasti para mostrar su corona y belleza ante su

---

16. Para un breve tratamiento de la historia de Ester, como «ficción histórica», ver el artículo titulado «Esther» en *Harper's Bible Dictionary,* 9-174. Ira M. Price, *The Dramatic Story of Old Testament* (Nueva York: Fleming H. Revell Company, 1929), pp. 385-388, reconoce esta historicidad.

festivo auditorio y los dignatarios del gobierno. Ella ignoró las órdenes del rey, rehusando con ello poner en peligro su real prestigio. Jerjes se puso furioso. Conferenció con los sabios, quienes le aconsejaron que depusiera a la reina. El rey actuó de acuerdo con este consejo y suprimió a Vasti de la corte real. Las mujeres de todo el imperio recibieron el aviso de honrar y obedecer a sus maridos a menos que quisieran seguir el ejemplo de Vasti.

Cuando Jerjes comprobó que Vasti había quedado relegada al olvido por su edicto real, dispuso la elección de una nueva reina. Se eligieron doncellas por toda Persia y fueron llevadas a la corte del rey en Susa. Entre ellas, estaba Ester, una huérfana judía que había sido adoptada por su primo Mardoqueo. A su debido tiempo, cuando las doncellas aparecieron ante el rey, Ester, que había escondido su identidad racial, fue favorecida por encima de todas las demás y coronada reina de Persia. En el séptimo año del reinado de Jerjes, ella recibió público reconocimiento y se celebró un banquete ante los príncipes.[17]

El rey mostró su placer por el reconocimiento de Ester, como reina, al anunciar la reducción de tributos, al par que liberalmente distribuyó regalos.

Con anterioridad a la elevación de Ester, Mardoqueo expresó su profunda preocupación respecto al bienestar de su prima merodeando constantemente por la corte real. De la misma forma, mantuvo estrecho contacto con Ester tras que hubo sido proclamada reina. Así es, como Mardoqueo, mientras que se hallaba cerca de las puertas de palacio, supo que dos guardias conspiraban para matar al rey. A través de Ester, el complot fue comunicado a las autoridades competentes y los dos criminales fueron ahorcados. En la crónica oficial, Mardoqueo gozó del crédito de haber salvado la vida del rey.

Amenaza al pueblo judío

Amán, un miembro influyente de la corte de Jerjes, gozaba de un elevado puesto sobre todos los demás favoritos de la corte. De conformidad con la orden del rey, fue debidamente honrado por todos, excepto por Mardoqueo, que como judío rehusó prestar obediencia.[18] Sabiéndolo, Amán no tomó ninguna medida para castigar a Mardoqueo. Sin embargo, Amán sabía que Mardoqueo era judío y en consecuencia desarrolló un plan para la ejecución de todos los judíos. No solamente extendió el rumor y la sospecha sobre de que eran peligrosos para el imperio, sino que aseguró al rey de las enormes ganancias que se obtendrían de confiscar todos sus bienes y propiedades. El rey dio oídos a la sugerencia de Amán y prestó su sello real para dar la correspondiente orden. En consecuencia, en el décimo tercero día de Nisan (el primer mes) se publicó un edicto para la aniquilación de todos los judíos

---

17. El intervalo entre el apartamiento de Vasti en el año tercero y el reconocimiento de Ester como reina en el año séptimo, está explicado por el hecho de que Jerjes estaba comprometido en luchar con los griegos. En el 480 a. C., su armada fue derrotada en Salamis. Al año próximo su ejército encontró reveses en Platea.
18. Ver Keil, *Commentary* sobre Est. 3:3-4. Como devoto judío, Mardoqueo no dio su conformidad. De acuerdo con II Sam. 14:4; 18:28 y otros pasajes, los israelitas solían reconocer a los reyes inclinándose ante ellos. En Persia tal acto pudo haber implicado un reconocimiento del gobernante como hecho divino. Los espartanos, de acuerdo con Herodoto, rehusaron honrar a Jerjes en esta forma.

por todo el Imperio Persa. Amán designó el día décimo tercero de Adar (el mes duodécimo) como la fecha de la ejecución.[19]

Por todas partes, este decreto al ser hecho público, hizo que los judíos respondiesen con ayunos y luto. Cuando el propio Mardoqueo apareció en las puertas del palacio vestido de saco y cubierto de cenizas, Ester le envió un traje nuevo. Mardoqueo rehusó la oferta y alertó a Ester de lo que concernía a la suerte de los judíos. Cuando Ester habló del peligro personal que implicaba el aproximarse al rey sin una invitación, Mardoqueo sugirió que ella había sido dignificada con la posición de reina para una oportunidad precisamente como aquella. Por lo tanto, Ester resolvió arriesgar su vida por su pueblo y solicitó que éste tuviera un ayuno de tres días.

Al tercer día, Ester apareció ante el rey. Ella invitó al rey y a Amán a cenar. En aquella ocasión no dio a conocer su preocupación verdadera, sino simplemente solicitó que el rey y Amán aceptasen la invitación para cenar al próximo día. En su camino a casa, Amán se enfureció de nuevo cuando Mardoqueo rehusó inclinarse ante él. Ante su esposa y a un grupo de amigos reunidos, se jactó de todos los honores reales que se le habían concedido, pero indicó que todas las alegrías se habían disipado por la actitud de Mardoqueo. Recibiendo el consejo de colgar a Mardoqueo, Amán inmediatamente ordenó la erección de un cadalso para la ejecución.

Triunfo de los judíos

Aquella misma noche, Jerjes no pudo conciliar el sueño. Su insomnio pudo haber evocado en él el hecho de que algo había quedado sin hacer. No se le habían leído las crónicas reales. Inmediatamente, tras que supo para su sorpresa que Mardoqueo nunca había sido recompensado por descubrir el complot de palacio, hecho por los guardias, Amán llegó a la corte esperando tener la seguridad de la aprobación del rey para la ejecución de Mardoqueo. El rey preguntó en el acto a Amán qué debería hacerse por un hombre a quien el rey deseaba honrar. Amán, con la segura confianza de que se trataba de él, recomendó que tal hombre debería ser vestido con ropajes reales y escoltado por un noble príncipe a través de la plaza principal de la ciudad, montando el caballo del rey y proclamando como un alto oficial, como decisión del rey por tal alto honor. La sorpresa que recibió Amán fue indescriptible cuando supo que era Mardoqueo quien iba a recibir semejantes honores reales y que él mismo había sugerido.

Las cosas se precipitaron. En el segundo banquete, Ester no vaciló más. Valientemente y en presencia de Amán, la reina imploró al rey el que la salvara a ella y a su pueblo de la aniquilación. Cuando el rey inquirió quién había podido hacer tales proyectos para el pueblo de Ester, ella sin vacilar, señaló a Amán como el criminal instigador. Furioso el rey salió de la habitación real. Dándose cuenta de la seriedad de la situación, Amán rogó por su vida ante la reina. Cuando el rey volvió, encontró a Amán postrado en el diván real mientras que la reina permanecía sentada. Equivocando las intenciones de Amán, Jerjes ordenó la ejecución de Amán. Irónica-

19. La explicación en Est. 3:7, equipara el echar suerte «Pur» para un acto que para todo en general. Para la significactión arqueológica de Pur o «morir» encontrada en Susa por M. Dieulafoy, ver Ira M. Price, *The Monuments and the Old Testament* (Filadelfia), 1925, p. 408.

mente, Amán fue colgado en la misma horca que él había preparado para Mardoqueo (Ester 7:10).

Tras la deshonrosa muerte de Amán, Mardoqueo se convirtió en un personaje influyente en la corte de Jerjes. El último edicto de matar a todos los judíos fue anulado inmediatamente. Además, con la aprobación del rey, Mardoqueo emitió un nuevo edicto estableciendo que los judíos pudieran vengarse por sí mismos de cualquier ofensa que se les hiciese. Los judíos se pusieron tan alegres con este anuncio, que muchos comenzaron a temer las consecuencias. No pocos adoptaron las formas exteriores de la religión judía con objeto de evitar la violencia.[20]

La fecha crucial fue el décimo tercer día de Adar, que Amán había designado para la aniquilación de los judíos y la confiscación de sus propiedades. En la lucha que siguió, miles de no judíos fueron muertos. Sin embargo, la paz fue pronto restaurada y los judíos instituyeron una celebración anual para conmemorar su liberación. Purim fue el nombre que se dio a este día de fiesta porque Amán había determinado aquella fecha echándolo a suertes, o Pur.[21]

Esdras el reformador

Cincuenta y ocho años pasaron en silencio entre Esdras 6 y 7. Se conoce muy poco respecto a los acontecimientos en Jerusalén desde la dedicación del templo (515 a. C.) hasta el retorno de Esdras (457) en el año séptimo de Artajerjes, rey de Persia.[22]

Un breve informe de las actividades de Esdras en Jerusalén y en el retorno de los exiliados bajo su caudillaje, se da en Esdras 7:1-10:44. Para un análisis de este pasaje, nótese lo siguiente:

I. Retorno de Esdras	Esdras 7:1-8:36
Preparación	7:1-10
Decreto de Artajerjes	7:11-28
Organización para la vuelta	8:1-30
Viaje y llegada	8:31-36
II. La reforma en Jerusalén	9:1-10:44
Problema de matrimonio mixto	9:1-5
La oración de Esdras	9:6-15

---

20. El disimulo es aún practicado en el Irán. Ver C. H. Gordon *The World of the Old Testament*, pp. 283-284.

21. Desde su principio, el Purim ha sido una de las observancias más populares. Tras ayunar el día 13 de Adar, los judíos se reunían en la sinagoga en la tarde al comenzar el día 14, empezando por la lectura pública del libro de Ester. Al mencionar a Amán, respondían al unísono «Que su nombre sea borrado». A la mañana siguiente, se reunían para intercambiarse regalos. Ver Davis, *Dictionary of the Bible* (4.ª ed. rev.; Grand Rapids, 1954), p. 639.

22. Corrientemente, hay un considerable desacuerdo respecto a la fecha de Esdras. Van Hoonacker en el «Journal of Biblical Literature» (1921), pp. 104-124, equipara el «año séptimo de Artajerjes» con el año 938 a. C., en el reinado de Artajerjes II. Albright siguió este punto de vista en «*From Stone Age to Christianity*» (1940), p. 248. En su segunda edición (1946, p. 366) data a Esdras en el año 37 de Artajerjes o aproximadamente el 428 a. C. Ver también *The Biblical Period* (1950), p. 53 y nota 133. Para un estudio exhaustivo de la historia de este problema, y una excelente bibliografía, ver H. H. Rowley «The Chronological Order of Ezra and Nehemiah» en *The Servant of the Lord and Other Essays on the Old Testament* (Londres: Lutterworth Press, 1952), pp. 131-159. Aunque favorece una fecha más tardía para Esdras, admite que la mayoría de los eruditos todavía fechan a Esdras antes que a Nehemías, p. 132.

| Asamblea pública | 10:1-15 |
| Castigo del culpable | 10:16-44 |

Cronológicamente, las fechas dadas en estos capítulos no cubren necesariamente más de un año. El siguiente parece ser el orden de los acontecimientos:

Nisán (primer mes)
1-3 acampamento junto al río Ahava.
4-11 preparación para la jornada.
12 comienzo de la jornada hasta Jerusalén.

Ab (mes quinto)
El primer día de este mes llegan a Jerusalén.

Kislev (mes noveno)
Asamblea pública convocada en Jerusalén tras de que Esdras es informado respecto a los matrimonios mixtos.

Tabeth (mes décimo)
Comienzo de la investigación sobre la culpabilidad de los grupos y final del primer día de Nisán.

El retorno de Esdras

Entre los exiliados de Babilonia, Esdras, un levita piadoso de la familia de Aarón, se dedicó al estudio de la Torá. Su interés en dominar la ley de Moisés, encontró expresión en un ministerio de enseñanza a su pueblo. Siempre dispuesto a volver a Palestina, Esdras apeló a Artajerjes para la aprobación de su movimiento de retorno a la patria. Para alentar a los exiliados a retornar a Jerusalén bajo el mando de Esdras, el rey persa emitió un decreto importante (Esdras 7:11-26), comisionando a Esdras para nombrar magistrados y jueces en la provincia judía. Además, Esdras recibió poderes para confiscar las propiedades y encarcelar o ejecutar a cualquiera de los que no estuviesen conformes.

Artajerjes hizo un generoso apoyo financiero aprovisionando la misión de Esdras. Generosas contribuciones reales, ofrendas hechas por libre voluntad de los propios exiliados y vasos sagrados para uso del templo, fueron dados a Esdras para el templo de Jerusalén. Artajerjes tenía tal confianza en Esdras que le entregó un cheque en blanco contra el tesoro real para cualquier cosa que estimara necesaria en el servicio del templo. Los gobernadores provinciales situados más allá del Eufrates, recibieron la orden de suministrar a Esdras en dinero y alimentos, bajo apercibimiento de que la familia real caería en el castigo de la ira del Dios de Israel. Para mayor ventaja todavía, todos aquellos que estuviesen dedicados al servicio del templo, cantores, sirvientes, porteros, guardianes y sacerdotes, quedaron exentos de tributos.

Reconociendo el favor de Dios y alentado por el cordial y generoso apoyo de Artajerjes, Esdras reunió a los jefes de Israel sobre las orillas del río Ahava en el primer día de Nisán.[23] Cuando Esdras notó que los levitas es-

---

23. Ahava era, o bien un río o un canal en Babilonia, indudablemente cerca del Eufrates, que nunca ha sido específicamente identificado en los tiempos modernos.

taban ausentes nombró una delegación para llamar a Iddo en Casifia.[24] En respuesta, 40 levitas y 220 sirvientes del templo se unieron a la emigración. Ante el grupo expedicionario de 1.800 hombres y sus familias, Esdras confesó cándidamente que estaba avergonzado de pedir al rey protección de la policía. Ayunando y orando, apeló a Dios para su divina protección, al empezar el largo y traicionero viaje de casi 160 kms. hasta Jerusalén.

La marcha comenzó en el duodécimo día de Nisán. Tres meses y medio más tarde, en el primer día de Ab, llegaron a Jerusalén. Tras de que los sacerdotes y levitas comprobaran los tesoros y los vasos sagrados procedentes de Babilonia en el templo, los exiliados que habían retornado al hogar patrio ofrecieron elaboradas ofrendas en el atrio. A su debido tiempo, los sátrapas y gobernadores de toda Siria y Palestina aseguraron a Esdras el aporte de su ayuda y apoyo para el estado judío.

La reforma en Jerusalén

Un comité local de oficiales informó a Esdras de que los israelitas eran culpables de haberse casado con habitantes paganos. Entre los participantes, incluso se hallaban jefes religiosos y civiles. Esdras no sólo se desgarró las vestiduras en señal de su profundo disgusto, sino que se arrancó los cabellos para expresar su indignación moral y su ira. Sorprendido y aturdido se sentó en el atrio del templo, mientras que el pueblo temía las consecuencias que se amontonaban en su entorno. Al tiempo del sacrificio del atardecer, Esdras se levantó de su ayuno y con los vestidos rotos, se arrodilló en oración, confesando audiblemente el pecado de Israel.

Una gran multitud se unió a Esdras mientras que oraba y lloraba públicamente. Secanías, hablando por el pueblo, sugirió que existía la esperanza para ellos en una nueva alianza y aseguró a Esdras todo su apoyo para suprimir todos los males sociales. Inmediatamente, Esdras emitió un juramento de conformidad de los jefes del pueblo.

Retirándose a la cámara de Johanán por la noche,[25] Esdras continuó ayunando, orando y llevando luto por los pecados de su pueblo. Mediante una proclamación por todo el país, el pueblo fue citado con urgencia, bajo pena de excomunión y pérdida de los derechos de sus propiedades, a reunirse en Jerusalén en el término de tres días. En el vigésimo día del mes de Kislev, se reunieron en la plaza cuadrada ante el templo.

Esdras se dirigió a la temblorosa congregación y le hizo saber la gravedad de su ofensa. Cuando el pueblo le expresó su buena voluntad a aceptar lo que ordenase, Esdras estuvo conforme en dejar a los oficiales que representaban al pueblo que la congregación se disolviera, puesto que ya era la estación de las lluvias. Asistido por un grupo selecto de hombres y ayudado por representantes de varias partes del Estado judío, Esdras llevó a cabo un examen de culpabilidad de los grupos durante tres meses.

---

24. Casifia muy probablemente era un centro de judíos exilados, posiblemente en la vecindad de Babilonia; pero sin poderse identificar en el presente.
25. Keil, en su *Commentary* sobre Esdras 10:6, concuerda con Ewald de que nada ulterior es conocido respecto a Johanán, el hijo de Eliasib, puesto que ambos nombres eran completamente comunes. Esta cámara puede haber sido citada tras de que Eliasib la mencionó en I Crón. 24:12. Aquellos que datan a Esdras en un período más tardío, identifican esta referencia con Eliasib, que sirvió como sumo sacerdote en el 432, cuando Nehemías volvió por segunda vez a Jerusalén y a Johanán, que sucedió a su padre como sacerdote. Ver Albright, *The Biblical Period*, p. 64, nota 133.

Una lista impresionante de sacerdotes, levitas y laicado, totalizando 114 personas, era culpable de haber contraído matrimonios mixtos. Entre los dieciocho sacerdotes culpables, había parientes próximos de Josué, el sumo sacerdote, que había retornado con Zorobabel. De hecho, una comparación de Esdras 10:18-22, con 2:36-39, indica que ninguno de los sacerdotes que habían vuelto estaba libre de haber contraído un matrimonio mixto. Sacrificando un carnero por cada ofrenda de culpabilidad, los grupos culpables hicieron un solemne juramento de anular sus respectivos matrimonios.

Nehemías el gobernador

La historicidad de Nehemías no ha sido nunca puesta en duda por ningún erudito competente.[26] Emergiendo como una de las figuras más destacadas en la era post-exílica, sirvió a su pueblo efectivamente desde el año 444 a. C. Perdió sus derechos a la posición que disfrutaba en la corte persa para servir a su propia nación en la reconstrucción de Jerusalén. Su desventaja física como eunuco, se convirtió en un mérito en su devoto servicio y distinguido liderazgo durante los años que fue un activo gobernador del Estado judío.[27]

Esdras había estado en Jerusalén trece años cuando llegó Nehemías. Mientras que el primero era un escriba instruído y un maestro, el último demostró una fuerte y agresiva capacidad de conducción política en los asuntos públicos. El éxito de la reconstrucción de las murallas a despecho de la posición del enemigo,[28] proporcionó seguridad para los exiliados que retornaron, de tal forma, que podían dedicarse por sí mismos, bajo la jefatura de Esdras, a las responsabilidades religiosas que estaban prescritas por la ley. En esta forma, el gobierno de Nehemías procuró las más favorables condiciones para el engrandecido ministerio de Esdras.

Las fechas cronológicas dadas en Nehemías, suponen doce años para el primer término de Nehemías como gobernador, comenzando en el vigésimo año de Artajerjes (444 a. C.). En el duodécimo año de su término (Neh. 13: 6), Nehemías volvió a Persia (432). No se indica qué pronto volvió a Jerusalén o cuánto tiempo continuó como gobernador.

Los sucesos relatados en Neh. 1-12, pudieron todos haber ocurrido durante el primer año de su mandato.[29] En el primer día del primer mes, Nisán, (444 a. C.), Nehemías recibió seguridad para su vuelta a Jerusalén (Neh. 2: 1). Siendo un hombre de acciones decisivas, indudablemente debió salir sin pérdida de tiempo. La reparación de las murallas fue completada en Elul, el mes sexto (Neh. 6:15). Puesto que este proyecto fue comenzado unos pocos días después de su llegada y completado en cincuenta y dos días, el tiempo permitido para su preparación y viaje es de aproximadamente de

26. Albright, *The Biblical Period*, p. 51.
27. R. Kittel, *Geschichte des Volkis Israel*, Vol. III, pp. 614 y ss.
28. En el 408 a. C., los judíos procedentes de Elefantina apelaron a Bagoas como gobernador persa de Judá. Cuándo comenzó o a quién precedió, es algo desconocido. Ver Cowley, *Aramaic Papyri*, p. 108, o Pritchard, *Ancient Eastern Texts*, pp. 491-492.
29. Albright perfila la cronología para Nehemías brevemente como sigue: Visita de Hanani en diciembre del 445; llegada de Nehemías a Jerusalén, 440, la reparación de las murallas comenzó en el 439 y terminó en el 437. Ver *The Biblical Period*, pp. 51-52, notas 126 y 127. Albright sigue a Mowinckel, *Stattholderen Nehemia* (Kristiania, 1916), prefiriendo los datos cronológicos de Josefo a los dados en el texto hebreo.

cuatro meses. Durante el mes séptimo (Tishri) Nehemías cooperó totalmente con Esdras en las observancias religiosas (Neh. 7-10), continuó su empadronamiento y muy verosímilmente dedicó las murallas en el período inmediatamente siguiente (Neh. 11-12). Excepto por unas pocas declaraciones que resumen la política de Nehemías, el lector queda con la impresión de que todos esos acontecimientos ocurrieron dentro del primer año después de su retorno.

Comisionado por Artajerjes

Entre los miles de judíos exiliados que no habían retornado a Judá, estaba Nehemías. En su busca del éxito, había sido especialmente afortunado en ocupar un alto cargo entre los oficiales de la corte persa, siendo copero de Artajerjes Longimano. Viviendo en la ciudad de Susa, aproximadamente a 160 kms. al nordeste del Golfo Pérsico, se hallaba confortablemente situado en la capital de Persia. Cuando le llegó el informe de que las murallas de Jerusalén estaban todavía en ruínas, Nehemías se sintió dolorosamente sorprendido. Durante días y días ayunó y llevó luto, lloró y rogó por su pueblo en Jerusalén.

La oración registrada en Neh. 1:5-11, representa la esencia de la intercesión de Nehemías durante este período de luto y de llanto. Refleja su familiaridad con la historia de Israel, el pacto del monte Sinaí, la ley dada a Moisés que había sido rota por Israel y la promesa de la restauración por los migrantes arrepentidos. Nehemías reconoció al Dios del pacto como al Dios de Israel y de los cielos, apelando a El para que fuese misericordioso con Israel. En conclusión, pidió que Dios pudiera concederle a él el favor del rey de Persia, su dueño.

Tras tres meses de oración constante, Nehemías se hallaba encarado con una dorada oportunidad. Mientras esperaba, el rey se dio cuenta de la enorme tristeza de Nehemías. A la pregunta de su rey, Nehemías con miedo y temblando expresó su dolor por la caótica condición de Jerusalén. Cuando Artajerjes, graciosamente, le pidió que declarase sus deseos, Nehemías se apresuró a orar en silencio y pidió, valientemente, al rey que le enviase a reconstruir Jerusalén la ciudad de los sepulcros de sus padres. El rey de Persia, no sólo autorizó debidamente a Nehemías para llevar a cabo tal misión, sino que envió cartas en su nombre a todos los gobernadores de más allá del Éufrates para que le suministrasen materiales de construcción para las murallas y las puertas de la ciudad, lo mismo que para su casa particular.

La misión en Jerusalén

La llegada de Nehemías a Jerusalén, completada con oficiales del ejército y con caballería, alarmó a los gobernadores circundantes. Acompañado por un pequeño comité, Nehemías pronto hizo un plan para recorrer la ciudad de noche inspeccionando la condición de las murallas. Una vez allí, reunió al pueblo y lo enfrentó con el propósito de reconstruirlas. Entusiásticamente encontró el más caluroso apoyo por parte de todos. Como eficiente organizador, Nehemías asignó al pueblo las diferentes puertas y secciones de las murallas de Jerusalén (3:1-32).

Tal súbita e intensa actividad, hizo surgir la oposición de las provincias circundantes. Jefes influyentes, tales como Sanbalat el horonita, Tobías el amonita, y Gesem el árabe, culparon a los judíos con la rebelión, tan pronto como comenzó el trabajo.[30] Cuando comprobaron que el proyecto de reparación iba desarrollándose con gran rapidez, se enfurecieron hasta el punto de organizar una resistencia. Sanbalat y Tobías, ayudados por los árabes, los amonitas y los asdoditas, hicieron planes para atacar a Jerusalén.

Por aquel tiempo, la muralla se hallaba completada hasta la mitad de su altura. Nehemías no solo oró, sino que nombró guardias, día y noche. A todo lo largo de la parte más baja de la muralla, el deber de la guardia fue confiado a varias familias. Con la comprobación de que los enemigos estaban fracasados en su proyecto, por este eficiente y efectivo sistema de la guardia, los judíos reunieron sus esfuerzos para la construcción. Una mitad del pueblo continuó con las reparaciones con la espada dispuesta, mientras que la otra mitad permanecía en guardia permanente. Además de todo esto, al toque de la trompeta, todos los que estaban bajo órdenes se apresuraban

---

30. Sanbalat es mencionado en los *Aramaic Papyri* escritos por los judíos en Elefantina, quienes apelaron al hijo de Sanbalat en demanda de ayuda en el 407 a. C. Esto hace a Sanbalat contemporáneo de Nehemías. Ver Cowley, *op. cit.* El nombre de Tobías, esculpido en una roca en escritura aramea cerca de Amán, Jordania, sitúa la fecha con anterioridad sobre el 400 a. C. Esto puede referirse realmente a Tobías, el enemigo de Nehemías. Ver Albright, *Archaeology of Palestine and the Bible*, pp. 171-22.

a acudir inmediatamente al punto de peligro para resistir el ataque enemigo. No se permitió a ninguno de los trabajadores salir de Jerusalén. Trabajaron desde el amanecer hasta el crepúsculo y permanecían de guardia durante la noche.

El esfuerzo intensivo para completar la reparación de las murallas, fue especialmente difícil para las clases más pobres del pueblo. Económicamente encontraron demasiado duro pagar tributos e impuestos, intereses, y socorrer a las familias mientras ayudaban a reconstruir las murallas. Algunos incluso se encararon con el propósito de hacer esclavos a sus hijos en lugar de aumentar sus deudas. Inmediatamente, Nehemías convocó una asamblea pública y exigió una promesa de los agresores de devolver al pueblo necesitado lo que les había sido tomado. Los pagos con intereses fueron cancelados. Como administrador el propio Nehemías dio el ejemplo. Dejó de percibir del pueblo sus derechos de gobierno en alimentos y en dinero durante los doce años de su primer período, como habían hecho sus antecesores. Además, 150 judíos y oficiales que visitaban Jerusalén fueron huéspedes de la mesa de Nehemías gratuitamente. Ni él ni sus sirvientes adquirieron hipotecas sobre la tierra por préstamos de dinero y grano, al ayudar al necesitado. En esta forma, Nehemías resolvió efectivamente la crisis económica durante los días cruciales de la reparación.

Cuando los enemigos de los judíos oyeron que las murallas se hallaban casi completas a despecho de la oposición que habían ofrecido, esbozaron planes para embaucar a Nehemías. Cuatro veces, Sanbalat y Gesem le invitaron a encontrarse con ellos en uno de los poblados del valle del Ono. Sospechando sus malas intenciones, Nehemías declinó la invitación, dando la razonable excusa de que estaba demasiado ocupado. La quinta tentativa fue una carta abierta de Sanbalat, acusando a Nehemías con planes para la rebelión y de tener la personal ambición de ser rey. Con la advertencia de que esto podría ser informado al rey de Persia, Sanbalat urgió a Nehemías, para que se reuniera con ellos y discutir la cuestión. Nehemías valientemente replicó a tal amenaza acusando a Sanbalat de utilizar su imaginación. Al mismo tiempo, elevó una oración a Dios para que reforzase su responsabilidad.

El próximo paso de sus enemigos, fue reprochar a Nehemías ante su propio pueblo. Astutamente, Sanbalat y Tobías se valieron de un falso profeta, Semaías, para intimidar y engañar al gobernador judío. Cuando Nehemías tuvo ocasión de hablar con Semaías, que se había confinado en su residencia, el falso profeta sugirió que buscasen refugio en el templo,[31] y advirtió a Nehemías del complot que se había urdido para matarle. Enfáticamente Nehemías contestó: ¡No! En primer lugar, él no quería huir a ninguna parte. Por lo demás, no quería refugiarse en el templo.[32] Indudablemente, Nehemías previó que tal acto le expondría a una severa crítica de parte de su propio pueblo y tal vez al juicio de Dios por entrar en el templo, puesto que él no era sacerdote. Se dio cuenta de que Semaías era un

---

31. «El estaba encerrado» — Keil, *Commentary,* sobre Nehemías, 6:10 sugiere que Semaías se confinó a sí mismo en su casa, llamado por Nehemías, para inculcarle que se encontraba en tan grave peligro que no podía abandonar su hogar. De aquí su consejo de que ambos se refugiasen en el templo.

32. La cuestión que Nehemías plantea en 6:11, es ambigua. ¿Iría realmente a salvar su vida yéndose al templo. o sería castigado con la pena de muerte, de acuerdo con Núm. 18:7? Ver Keil, *Commentary* sobre Nehemías 6:11.

LA BUENA MANO DE DIOS   263

falso profeta que había sido alquilado por Sanbalat y Tobías. Puesto en oración, Nehemías expresó su deseo de que Dios, no solamente recordase a los
dos enemigos suyos, sino también la falsa profetisa Nodías y otros falsos
profetas que trataban de intimidarle.

Añadido a todos esos problemas, estaba el hecho de que Tobías y su
hijo Johanán estaban relacionados con familias prominentes en Judá. El
suegro de Tobías, Secanías, era el hijo de Ara, quien retornó con Zorobabel
(Esdras 2:5) y el suegro de Johanán, Mesulam, era un activo participante
en la reconstrucción de las murallas (Neh. 3:4, 30). Incluso el sumo
sacerdote Eliasib estaba aliado con Tobías aunque esta relación no esté
establecida. En consecuencia, había una frecuente correspondencia entre
Tobías y aquellas familias de Judá. Este efectivo canal de comunicación
hizo las cosas más difíciles a Nehemías, ya que sus acciones y planes eran
constantemente puestas en conocimiento de Tobías. Aunque los parientes
de Tobías dieron informes complementarios respecto a sus buenas acciones,
Nehemías tenía la certeza de que Tobías sólo albergaba malas intenciones
hacia el pueblo de Jerusalén.

A pesar de estas oposiciones y dificultades, la muralla de Jerusalén fue
completada en cincuenta y dos días.[33] Los enemigos quedaron frustrados e
impresionadas las naciones circundantes, comprobando que de nuevo, Dios
había favorecido a Nehemías. El éxito de la terminación del proyecto de
reparación de Nehemías de cara a la oposición puesta por sus enemigos,
estableció el respeto y el prestigio del estado judío entre las provincias al
oeste del Eufrates.

La reforma bajo Esdras

Con Jerusalén segura dentro de sus murallas, Nehemías volvió su atención a otros problemas. Un sistema de guardia esencial para prevenir ataques
enemigos, fue confiado a Hanani, el hermano de Nehemías, y a Hananías,
que ya estaba a cargo de la ciudad anexa a la zona del templo por el norte.
Además de los guardianes de las puertas que eran responsables del atrio, Nehemías reclutó cantores y levitas, asignándoles a puestos en las puertas
y murallas de la totalidad de Jerusalén.

El personal civil que vivía dentro de Jerusalén, fue encargado de montar guardia durante la noche en las partes respectivas próximas a sus casas.
Aunque habían pasado noventa años desde que la ciudad fue reedificada,
existían zonas pobladas a grandes trechos que la defensa resultaba inadecuada. Encarándose con este problema, Nehemías hizo un llamamiento a los
jefes para registrar a todo el pueblo en la provincia con objeto de reclutar
alguna parte de sus habitantes para establecerla en Jerusalén. Mientras contemplaba la ejecución de su plan, encontró el registro genealógico del pueblo que había retornado del exilio en los días de Zorobabel. Con excepción

---

33. Josefo, *Antiquities*, XI 5:7, concede dos años y cuatro meses para la reparación de
las murallas. Keil, *Commentary* sobre Nehemías, da las siguientes razones en favor del texto
hebreo, que concede solamente cincuenta y dos días: 1) la urgencia para completar la tarea
inmediatamente, 2) el celo intensivo y el gran número de constructores procedentes de Tecoa,
Jericó, Gabaón, Mizpa, etc., 3) tal esfuerzo concentrado en el trabajo y el deber de la guardia, difícilmente pudo haber continuado durante dos años, 4) las murallas fueron reparadas
donde era preciso, grandes trozos de las mismas y la puerta de Efraín, no habían sido destruidas. Albright y otros siguen a Josefo en vez de a los hebreos. Ver Albright, *Biblical Period*, p. 52.

de pequeñas variaciones, que podían ser atribuídas a errores cometidos por los escribas o a la transcripción, este registro en Neh. 7:6-73 es idéntico a la lista registrada en Esdras 2:3-67.

Antes de que Nehemías tuviera la oportunidad de ejecutar sus planes, el pueblo comenzó a reunirse para las actividades religiosas del séptimo mes. Tishri, durante el cual se observaban la fiesta de las Trompetas, el día de la Expiación y la fiesta de los Tabernáculos (Lev. 23:23-43).[34] Nehemías apoyó completamente al pueblo en su devoción religiosa, su nombre aparece el primero en la lista de aquellos que firmaron el pacto (Neh. 10:1). Indudablemente, su programa administrativo dio precedencia a las actividades religiosas durante este mes y fue resumido con renovado esfuerzo en el subsiguiente período. Nehemías, que no era sacerdote, queda relegado durante las actividades religiosas, siendo solamente mencionado dos veces, en Neh. 8-10.

Esdras, el sacerdote y escriba, emerge como el líder más sobresaliente. Habiendo llegado antes como un maestro de fama en la enseñanza de la ley, sin duda alguna, era bien conocido por la gente en toda la provincia. Aunque no está registrado en Esdras o en Nehemías, es de lo más razonable asumir que Esdras había en años anteriores reunido al pueblo para la observancia de las fiestas y las estaciones. Aquel año el pueblo tenía una poderosa razón para hacer una celebración más importante que nunca. Tras las cerradas murallas de Jerusalén, pudo reunirse en paz y seguridad, sin temor a ningún ataque enemigo. Indudablemente, la moral del pueblo tuvo que haberse reforzado mediante el liderazgo que con tanto éxito había obstentado Nehemías.

La fiesta de las Trompetas distinguía el primer día del séptimo mes, de todas las otras nuevas lunas. Conforme el pueblo se reunía aquel año en la puerta de las Aguas al sur del atrio del templo, unánimemente solicitaba de Esdras que leyese la ley de Moisés. Situado sobre una plataforma de madera, leyó la ley a la congregación que permaneció de pie desde el amanecer hasta el mediodía. Para ayudar al pueblo, a su comprensión, los levitas exponían la ley intermitentemente mientras que Esdras leía. Cuando la lectura arrancó lágrimas de los ojos del pueblo, Nehemías, ayudado por Esdras y los maestros levitas, les amonestó a regocijarse y a hacer de aquella festiva ocasión, una oportunidad para compartir los alimentos preparados en una común camaradería.

El segundo día, los representantes de las familias, los sacerdotes y los levitas, se reunieron con Esdras para un cuidadoso estudio de la ley. Cuando comprobaron que Dios había revelado mediante Moisés que los israelitas tenían que habitar en casetas para la observancia de la fiesta de los Tabernáculos (Lev. 23:39-43), instruyeron al pueblo mediante una pública proclamación. Con entusiasmo, el pueblo salió a las colinas y trajeron ramas de olivo, mirtos, y hojas de palmera en abundancia, erigiendo casetas por todas partes, sobre los tejados de las casas, en privado y en público, en los patios, y en las plazas públicas. Tan amplia fue la participación que resultó la más importante y festejada observancia de la fiesta de los Tabernáculos

---

34. No hay base razonable para asumir que Nehemías nos dé un detallado relato de todas las actividades. Muy verosímilmente, el día de la Expiación, era observado el día décimo de Tishri. La fiesta de las Trompetas y la fiesta de los Tabernáculos eran aquel año de especial interés.

desde los días de Josué, que había conducido a Israel a la conquista de Canaán.[35]

La ley fue leída públicamente cada día durante los siete días de esta fiesta (Tishri 15-21). En el octavo día hubo una sagrada convocatoria y se ofrecieron los sacrificios prescritos.

Tras dos días de tregua, el pueblo volvió a reunirse para la oración y el ayuno. Esdras y los levitas asistentes dirigieron los servicios públicos, conduciendo al pueblo en la lectura de la ley, la confesión del pecado y la ofrenda de gracias a Dios. En una larga y significativa plegaria (9:6-37) la justicia y la misericordia de Dios fueron debidamente reconocidas.[36]

En un pacto escrito, firmado por Nehemías y otros representantes de la congregación, el pueblo se ligó mediante un juramento obligándose a mantener la ley de Dios que había sido dada mediante Moisés. Dos leyes fueron escritas con especial énfasis: los matrimonios mixtos con paganos y la observancia del sábado. Esta última, no sólo impedía toda actividad comercial en el sábado, sino que incluía la observancia de otras fiestas y la promesa de barbechar las tierras cada siete años.

La implicación de este compromiso era realista y práctico. Cada individuo estaba obligado a pagar anualmente un tercio de un siclo para la ayuda del ministerio del templo[37] lo que aseguraba la constante provisión de los panes ácimos, y las ofrendas especiales diarias y las de los días festivos. La madera para las ofrendas se recaudaba en conjunto. El pueblo reconocía su obligación de dar el diezmo, los primeros frutos, el primogénito y otras contribuciones prescritas por la ley. Mientras que el primogénito y los primeros frutos eran llevados a los sacerdotes al templo, el diezmo podía ser recaudado por los levitas en toda la provincia y traído por ellos para ser depositado en las cámaras del templo. En esta forma, el pueblo hacía un compromiso público para no descuidar la casa de Dios.

El programa de Nehemías y su política

Nehemías concluyó la ejecución de su plan, para incrementar la población de Jerusalén, asegurando así la defensa civil. El estaba convencido de que aquello era una orden divina (Neh. 7:5). Indudablemente, puso el empadronamiento al día utilizando el registro genealógico de la época de Zorobabel. Se consiguió que una décima parte de la población cambiase de residencia y fuese a vivir a Jerusalén. De este modo, las zonas escasamente habitadas dentro de la ciudad estuvieran suficientemente ocupadas para proporcionar una adecuada defensa de la ciudad.

El registro de que aquellos que vivían en Jerusalén y poblaciones circundantes (Neh. 11:3-36) representa la población como estaba en los días de Esdras y Nehemías. Los residentes en Jerusalén fueron catalogados por ca-

---

35. Keil, *Commentary*, Neh. 8:17, sugiere que esto pudo simplemente significar que nunca antes había participado la totalidad de la congregación tan completamente o que la construcción de las casas nunca se había hecho con tanto entusiasmo ni se había demostrado en anteriores celebraciones. Ver I Reyes 8:65 y Esdras 3:4.

36. El texto hebreo en Nehemías 9:6, no identifica a los individuos que ofrecieron esta plegaria. La LXX es específica en nombrar a Esdras. el cual tiene razonable confirmación del texto.

37. El valor de un siclo es aproximadamente de 65 centavos. De acuerdo con Ex. 30:13. cada hombre de 20 años de edad y en adelante. tenía que pagar un medio siclo anualmente. Keil, *Commentary*, en Neh. 10:33, sugiere que esta contribución fue reducida a causa de la extrema pobreza de los que volvieron del exilio.

bezas de familia, mientras que los habitantes de toda la provincia, lo eran simplemente anotados por poblaciones. El registro de sacerdotes y levitas (Neh. 12:1-26) en parte procede del tiempo de Zorobabel y se extiende al tiempo de Nehemías.[38]

La dedicación de las murallas de Jerusalén implicó a la totalidad de la provincia. Los jefes civiles y religiosos y otros participantes fueron organizados en dos procesiones. Encabezados por Esdras y Nehemías, una procedía hacia la derecha y la otra hacia la izquierda, al marchar sobre las murallas de Jerusalén. Cuando los dos grupos se encontraron en el templo, se hizo un gran servicio de acción de gracias con música proporcionada por orquesta y coros. Se presentaron abundantes sacrificios como expresión de alegría y acción de gracias. Incluso las mujeres y los niños compartieron el gozo de aquella festiva ocasión al participar en las fiestas que acompañaban a las ofrendas. Tan extensas y alegre fue la celebración, que el triunfante ruído fue oído desde muy lejos.

Como un eficiente administrador, Nehemías organizó a los sacerdotes y levitas para cuidarse de los diezmos y otros contribuciones hechas por el pueblo (Neh. 12:44 ss.). Desde varias poblaciones de la provincia, aquellos obsequios fueron apropiadamente canalizados hacia Jerusalén mediante levitas responsables, de tal forma que los sacerdotes y levitas pudieron efectivamente llevar a cabo sus deberes.[39]

Los cantores y los guardianes de las puertas de la ciudad, también recibieron su regular apoyo, para que pudieran prestar sus servicios como estaba prescrito por David y Salomón (II Crón. 8:14). El pueblo se gozaba con el ministerio de los sacerdotes y levitas, y los apoyaba, de todo corazón, en la ministración del templo.

La lectura del libro de Moisés les hizo conscientes del hecho de que los amonitas y moabitas no deberían ser bienvenidos en la asamblea judía.[40] Se hizo lo preciso para conformar todo aquello con la ley.

Durante su duodécimo año de gobernador de Judá (ca. 432 a. C.), Nehemías hizo un viaje de vuelta a Persia. La duración de su estancia no está indicada, pero tras algún tiempo Artajerjes de nuevo le dio permiso para volver a Jerusalén.

Durante el tiempo de la ausencia de Nehemías, prevaleció la laxitud religiosa. Eliasib, el sumo sacerdote, había concedido a Tobías el amonita, una cámara en el atrio del templo. No se habían pagado las retribuciones a los levitas y los cantores del templo. Y desde que el pueblo había descuidado en llevar las ofrendas diarias, para lo cual se había acordado el diezmo y los primeros frutos a los levitas, éstos salieron al campo a hacer su vida.

Nehemías se indignó cuando descubrió que la cámara dedicada a almacenar las provisiones levíticas, había sido ocupada por Tobías el amonita. Inmediatamente, arrojó fuera el mobiliario y los adornos, ordenó la renovación de las cámaras, restauró los utensilios sagrados y restituyó las ofrendas y el incienso.

---

38. Para una comparación y discusión de esta lista de sacerdotes con la lista de aquellos que firmaron el pacto, ver Neh. 10:3-9, y los que volvieron de Babilonia, Esdras 2:36-39, y Neh. 7:39-42, ver Keil, *Commentary* sobre Neh. 12:1-26.
39. Esos acontecimientos narrados en Neh. 12:44-13:3, pudieron haber ocurrido pronto, tras la dedicación y el pacto o en los años siguientes. Son representativos de las condiciones y costumbres que prevalecieron durante la época de Nehemías.
40. Los pasajes particulares que tratan este problema, son Núm. 22:2 y ss. y Deut. 23:4-6.

El siguiente paso fue llamar a los oficiales a que dieran cuenta de sus actos. Valientemente, Nehemías les acusó de haber descuidado el templo fallando en recaudar el diezmo. Los hombres a quienes consideró dignos de confianza, fueron nombrados tesoreros de los almacenes. Los levitas volvieron a recibir sus asignaciones. Nehemías nuevamente expresó mediante una plegaria su deseo de que Dios recordase las buenas acciones hechas anteriormente respecto del templo y su personal.

La observancia del sábado fue el paso siguiente. No solamente los judíos habían trabajado en el sábado, sino que habían permitido a los tirios residentes en Jerusalén, el que promovieran negocios en ese día. Advirtió a los nobles de Judá que aquel había sido el pecado que precipitó a Judá en el cautiverio y la destrucción de Jerusalén. En consecuencia, Nehemías ordenó que las puertas de Jerusalén fuesen cerradas en el sábado. Ordenó a sus servidores y a los guardias que detuvieran el tráfico comercial. Una advertencia personal de Nehemías terminó con la llegada en el sábado de mercaderes y comerciantes que tuvieron que esperar a que se abrieran las puertas de la ciudad, al final del día sagrado.

Los matrimonios mixtos fueron el mayor problema con que Nehemías tuvo que enfrentarse. Algunos judíos se habían casado con mujeres de Asdod, Moab, y Amón. Puesto que los niños hablaban la misma lengua que sus madres, es muy probable que aquella gente viviese en los extremos del estado judío. De aquellos hombres que se habían casado con mujeres paganas, Nehemías obtuvo el juramento para desistir de tales relaciones recordándoles que incluso Salomón había sido conducido al pecado por sus esposas extranjeras.

Con el nieto de Eliasib, el sumo sacerdote, Nehemías tomó drásticas medidas. Se había casado con la hija de Sanbalat, gobernador de Samaria, quien había causado problemas sin fin a Nehemías durante el año en que los judíos restauraban las murallas de Jerusalén. Nehemías lo expulsó inmediatamente de Judá.[41]

Con un breve sumario de las reformas religiosas y provisiones para el adecuado servicio del templo, Nehemías concluye el relato de sus actividades. Celoso y entusiasmado siempre por la causa de Dios, pronuncia una oración final: "Acuérdate de mí, Dios mío, para bien".

BIBLIOGRAFÍA SELECTA

Libros en castellano

ARBERRY, A. (ed). *The Legacy of Persia*. Oxford: Clarendon Press, 1953.

FRYE, R. *The Heritage of Persia*. Nueva York: World Publishing Company, 1963.

GADD, C. J. *The Fall of Niniveh*. Londres: The British Museum, 1923.

41. La expulsión del yerno de Sanbalat de Jerusalén pudo haber sido el comienzo del culto rival establecido en Samaria. Puesto que era nieto de Eliasib, el sumo sacerdote de Judá pudo haber sido el instrumento para la erección de un templo sobre el monte Gerizim. Aunque Josefo, en *Antiquities of the Jews*, VIII, e, sitúa esto un siglo más tarde, es muy probable que estos acontecimientos tuviesen lugar en la época de Nehemías.

GIRSHMAN, R. *Iran*. Baltimore: Penguin Books, Inc., 1954.

HERZFELD, E. *Archaeological History of Iran*. Londres: Oxford University Press, 1935.

HOOKE, S. H. *Babylonian and Assyrian Religions*. Londres: Hutchinsons University Library, 1953.

* IRONSIDE, H. A. *Estudios sobre el libro de Esdras*. Terrassa, España: Editorial CLIE, 1987.

MACQUEEN, J. G. *Babylon*. Nueva York: Frederick A. Praeger, 1965.

MARGUERÓN, JEAN-CLAUDE. *Mesopotamia*. Cleveland: Word Publishing Co., 1965.

MYERS, J. M. *Ezra-Nehemiah*. The Anchor Bible. Garden City: Doubleday, 1965.

NORTH, R. *Guide to Biblical Iran*. Rome: Pontifical Biblical Inst., 1956.

NOTH, M. *The History of Israel*. Nueva York: Harper & Row, 1958.

OLMSTEAD, A. *The History of the Persian Empire*. Chicago: University of Chicago Press, 1948.

PALLIS, S. A. *The Antiquity of Iraq*. Copenhagen: Munksgaard, 1956.

PARKER, R. A. y DUBBERSTEIN, W. H. *Babylonian Chronology, 626 a.C.—45 d.C.* Chicago: University of Chicago Press, 1942.

PFEIFFER, C. *Exile and Return*. Grand Rapids: Baker Book House, 1961.

ROGERS, R. A. *History of Ancient Persia*. Nueva York: Scribners, 1929.

ROUX, GEORGES. *Ancient Iraq*. Pelican Book, A828, 1966.

SAGGS, H. *The Greatness That Was Babylon*, Londres, Sidgwick, 1962.

_____. *Everyday Life in Babylonia and Assyria*. Nueva York: C. P. Putnam's Sons, 1965.

* WHITCOMB, JOHN C. *Ester: El triunfo de la soberanía de Dios*. Grand Rapids: Editorial Portavoz, 1982.

WHITLEY, C. *The Exilic Age*. Londres: Westminster Press, 1957.

WISEMAN, D. J. *Chronicles of Chaldean Kings (626-556 a.C.) in the British Museum*. Londres, 1956.

WRIGHT, J. S. *The Date of Ezra's Coming to Jerusalem*. Londres: The Tyndale Press, 1946.

_____. *The Building of the Second Temple*. Londres: The Tyndale Press, 1958.

* _____. «Esdras» y «Nehemías», en *Nuevo comentario bíblico*. El Paso: Casa Bautista de Publicaciones, 1978.

Capítulo **XVII**

Interpretación
de la vida

Cinco unidades literarias conocidas como los libros poéticos son: Job, Salmos, Proverbios, Eclesiastés y el Cantar de los Cantares. Ninguno de ellos puede ser clasificado debidamente como libros de carácter histórico o profético. Como parte del canon del Antiguo Testamento, proporcionan una adicional perspectiva de la vida de los israelitas.[1]

Los libros poéticos no pueden ser fechados con certidumbre. Las alusiones a sus fechas históricas están tan limitadas en esta literatura, que el tiempo de composición es relativamente insignificante. Tampoco tienen primordial importancia el autor. Reyes, profetas, filósofos, poetas, el pueblo común, todos están representados entre los que contribuyeron a su confección, muchos de los cuales son anónimos.

En esta literatura se hallan reflejados los problemas, las experiencias, las creencias, la filosofía y la actitud de los israelitas. Tal amplia variedad de intereses, está expresada como un llamamiento universal. El uso frecuente por el pueblo común por todo el mundo de la voluminosa literatura escrita desde el Antiguo Testamento y sus tiempos, indica que los libros poéticos tratan con problemas y verdades familiares a todo el género humano. Sin embargo, las diferencias en tiempo, cultura y civilización, las ideas básicas expresadas por los escritores israelitas en su interpretación de la vida, son todavía vitalmente importantes para el hombre en todas partes.

Job —el problema del sufrimiento

El sufrimiento humano es el gran problema, antiguo como el tiempo, discutido en el libro de Job. Esta cuestión ha continuado siendo uno de los problemas insolubles del hombre. Tampoco el libro de Job proporciona

---

1. Para discusión de la poesía hebrea y literatura de la sabiduría, ver R. K. Harrison. *Introduction to the Old Testament* (Grand Rapids: Eerdmans, 1969), pp. 965-1.046.

una solución final a la cuestión. Sin embargo, verdades de verdadera significación se encuentran proyectadas en esta extensa discusión.

Considerado como una unidad, el libro de Job es en su presente forma, lo que podría calificarse de un drama épico. Aunque la mayor parte de la composición es poética, su estructura general es en prosa. En esta última forma, la narrativa proporciona base para su total discusión. Ni la fecha de su fondo histórico, ni el tiempo de su composición, puede ser localizado en este libro con seguridad, y el autor es anónimo.

El libro de Job ha sido reconocido como una de las producciones poéticas de todos los tiempos. Entre los escritores hebreos el autor de este libro, despliega el más extenso vocabulario; a veces se le ha considerado como el Shakespeare de los tiempos del Antiguo Testamento. En este libro se exhibe un vasto tesoro de conocimientos, un soberbio estilo de vigorosa expresión, profundidad de pensamiento, excelente dominio del lenguaje, nobles ideales, y un alto nivel ético, además de un genuino amor por la naturaleza. Las ideas religiosas y filosóficas han merecido la consideración de los más grandes teólogos y filósofos hasta el presente.

No sólo tiene una multiplicidad de interpretaciones —demasiado numerosas para ser consideradas en este volumen— sino que el texto en sí mismo ha sufrido considerablemente de extensas enmiendas, conjeturas, fantásticas correcciones y reconstrucciones.[2] Numerosos han sido las opiniones y las especulaciones concernientes a su origen.

El lector que se enfrenta con él, debería considerar este libro como una unidad.[3] Las variadas interpretaciones y las numerosas teorías de su origen, merecen la oportuna investigación para los estudiosos avanzados pero la simple verdad contenida en este libro como una unidad, es una significativa faceta de la revelación del Antiguo Testamento. Para guiar al lector en su comprensión del mensaje, este libro puede ser subdividido de la forma siguiente:

I. Introducción o situación histórica	Job 1:1-3:26
II. El diálogo con los tres amigos	4:1-31:40
A. Ciclo primero	4:1-14:22
Elifaz	4:1-5:27
Job	6:1-7:21
Bildad	8:1-22
Job	9:1-10:22
Zofar	11:1-20
Job	12:1-14:22
B. Ciclo segundo	15:1-21:34
Elifaz	15:1-35
Job	16:1-17:16
Bildad	18:1-21

---

2. E. J. Kissane, *The Book of Job* (Nueva York, 1946), p. XII, resalta que la indulgencia de críticos como H. Torcziner, *Das Buch Hiob* (Wien, 1920), que considera Job como meramente una colección de fragmentos, conduce a una falsa impresión del estado del texto hebreo de Job. La poesía del más alto grado, el extenso vocabulario, la gran proporción de *harpax legomena*, los sutiles y oscuros argumentos y la repetición de las mismas opiniones en palabras diferentes, todo ello conduce a errores de transcripción y tradición supuesto que los escribas no comprendían completamente el lenguaje.

3. Ver Aage Bentzen, *Introduction to the Old Testament*, Vol. II, pp. 174-179, quien considera la prosa y la mayor parte de la sección poética como una unidad.

El hogar patrio de Job era el país de Uz.[4] Aunque falta la correlación cronológica específica, los tiempos en que vivió Job encajan mejor en la era patriarcal.[5] Los infortunios de este hombre justo, dan pie a la base para el diálogo que constituye la mayor parte de este libro.

Vívidamente, la personalidad de Job aparece retratada en tres situaciones diferentes: en tiempos de una prosperidad sin precedentes, la extrema pobreza, y su inconmensurable sufrimiento personal. La fe de Job va más allá de lo mundano y apunta siempre a una esperanza eterna. Incluso aunque lo último no está claramente definido, Job no llega a la completa desesperación durante el tiempo crucial de sus sufrimientos.

Job es descrito como una persona temerosa de Dios, que no ha tenido parigual jamás en toda la raza humana (1:1,8; 2:3; 42:7-8). El alto nivel ético por el que vivió está más allá de la realización de la mayor parte de los hombres (29-31). Incluso después de que sus amigos han analizado la pauta completa de su conducta, la moral de Job y su conducta permanece más allá de todo reproche.

Para comenzar con el relato, Job era el hombre más rico del Este. Las posesiones materiales, sin embargo, no obscurecen su devoción hacia Dios. En tiempos felices de continuas fiestas, hace sucesivos sacrificios para el bienestar de toda su familia (1:1-5). El uso de su riqueza en ayudar al necesitado, se refleja a todo lo largo del libro.

Repentinamente, Job queda reducido a una extrema pobreza. En cuatro catastróficos acontecimientos, pierde todas sus posesiones materiales. Dos de esas grandes desgracias, aparentemente, provienen de causas naturales, los ataques de los sabeos y caldeos. Las otras dos, un terrible fuego que lo consume todo y un gran viento huracanado, estaban fuera del control humano. Job no solamente queda reducido a una total bancarrota sino que pierde a todos sus hijos.

Job fue sumido en una terrible confusión, se desgarra las vestiduras y se afeita la cabeza. Entonces, se vuelve hacia Dios en adoración. Reconociendo que todo lo que había poseído había provenido de Dios, él también reconoce que en la providencia de Dios lo había perdido todo. Y por esto le bendice, no acusándolo de ninguna culpa.

---

4. Probablemente el nordeste de Arabia o Edom. Ver *Harper's Bible Dictionary*, p. 792, para discusión del tema.
5. Razones aducidas para esta correlación: 1) condiciones de la familia, 2) no referencia a la Ley o condiciones religiosas de tiempos posteriores, 3) no referencia a la enseñanza de los profetas, 4) la simplicidad de vida es similar a la de los patriarcas. Ver S. C. Yoder, *Poetry of the Old Testament* (Scottdale, Pa.: Herald Press, 1948), p. 83.

Atacado de terrible sarna (2:7-8), Job se sienta en un muladar lleno de cenizas y desesperadamente busca alivio rascándose con un trozo de teja sus heridas y pústulas. En ese momento, su esposa le aconseja que maldiga a Dios y que muera. De nuevo, este hombre justo surge por encima de toda circunstancia y reconoce a Dios como dueño y señor de todas las vicisitudes de la vida.

Tres amigos, Elifaz, Bildad y Zofar, llegan a visitarle con el propósito de confortarle. Ellos apenas sí le reconocen sumido en un estado de agudo sufrimiento. Tan sorprendido estaban, que se sientan en silencio durante siete días. Job finalmente rompe con su actitud pasiva y maldice el día de su nacimiento, la no existencia habría sido mejor que soportar tales sufrimientos. Con la angustia en el alma y el tormento físico en el cuerpo, sopesa el enigma de la existencia en la pregunta: ¿Por qué habré nacido?[6]

El problema que sirve de base en la totalidad de la discusión, era el hecho de que ni Job ni sus amigos, conocían la razón para aquellas evidentes desgracias e infortunios. Para ellos, la razón de todo es desconocida. Satanás aparece ante Dios para poner a prueba la devoción de Job y su fe. Y hace la acusación de que Job simplemente sirvió a Dos por las recompensas materiales y se le concede permiso para destrozar todas posesiones del hombre más rico del Este, aunque para hacerle daño al propio Job. Cuando la filosofía resultante de Job respecto a la vida, resiste a la de Satanás, Dios concede al acusador la libertad de elegir a Job, pero con la específica restricción de no atentar contra su vida. Aunque Job había maldecido el día en que vino al mundo, nunca maldijo contra Dios. Consciente por completo de sus sufrimientos y no encontrando ninguna explicación, Job propone la pregunta "¿por qué?" mientras que ahonda en el misterio de su peculiar suerte en la vida.

Con cierta repugnancia, sus amigos intentan consolarle, ya que él lo había hecho con muchos otros en tiempos pasados (4:1 ss.). Elifaz, precavidamente, resalta que ningún mortal con sabiduría limitada puede aparecer perfectamente justo ante un Dios omnipotente. Fallando en reconocer la genuína devoción de Job hacia Dios, Elifaz llega a la conclusión de que está sufriendo a causa del pecado (4-5).

En respuesta, Job describe la intensidad de su miseria, que incluso sus propios amigos no comprenden. Para él, parece como si Dios le hubiese abandonado a un continuo sufrimiento. En vano desea con vehemencia que llegue una crisis en la cual pueda encontrar alivio, o bien, la muerte para su pecado (6-7).

Bildad, inmediatamente, le replica que Dios no trastocaría la justicia. Apelando a la tradición y afirmando que Dios no rechazaría a un hombre sin tacha, Bildad implica que Job está sufriendo precisamente por sus propios pecados (8).

¿Cómo un hombre puede ser justo ante Dios? es la siguiente pregunta de Job. Nadie es igual a Dios, Dios es omnipotente y actúa siguiendo su voluntad sin tener que dar cuentas a nadie. Sin árbitro ni juez que intervenga o explique la causa de sus sufrimientos, Job apela directamente al Todopoderoso. Hastiado de la vida en tan insoportable estado, Job espera el alivio con la muerte (9-10).

---

6. Nótese que también Jeremías maldijo el día de su nacimiento. Jer. 20.

Zofar, decididamente, increpa a Job por plantear tales cuestiones. Dios podría revelar su pecado; pero la sabiduría divina y el poder de Dios están fuera del alcance de la comprensión del hombre. Aconseja a Job que se arrepienta y confiese su culpabilidad, concluyendo que la sola esperanza para el malvado es la muerte (11).

Job, valientemente, afirma que la sabiduría no está limitada a sus amigos. Toda la vida, lo mismo que la humana que la de las bestias, está en las manos de Dios. De acuerdo con sus oponentes reafirma que Dios es omnipotente, omnisciente, y justo. Con una intensa vehemencia hacia Dios, pero no comprobando el recibir ningún alivio temporal, Job se hunde en las profundidades de la desesperación. En un período de duda, se pregunta si habrá vida después de la muerte (12-14).

Elifaz acusa a Job de hablar cosas sin sentido, faltando así el respeto debido a Dios. Afirmando que es demasiado arrogante, Elifaz insiste que la tradición tenía la respuesta: el sufrimiento es el resultado del pecado. El conocimiento común enseña que el malvado tiene que sufrir (15).

Recordando a sus oyentes que aquello no era nada nuevo, Job concluye rectamente que sus amigos son unos miserables consoladores. Aunque su espíritu está roto, sus planes deshechos y su vida tocando a su fin, mantiene que su testimonio en el cielo abogará por él (16-17).

Bildad tiene poco que añadir. Simplemente reafirmar la aserción de sus colegas, de que el malvado tiene que sufrir. Todo el que sufre forzosamente tiene que ser impío (18).

Olvidado por sus amigos, alejado y abandonado por su familia, aborrecido por su esposa, e ignorado por sus sirvientes, Job describe su solitaria condición de estar sufriendo por la mano de Dios. Solamente la fe lleva más allá de sus presentes circunstancias. Y anticipa la futura vindicación sobre la base de su conducta (19).

La esencia de la réplica de Zofar, es de que la prosperidad del malvado es muy corta y breve. Vuelve obstinadamente a repetir que el sufrimiento es la parte que toca al hombre malvado (20).

Job termina el segundo ciclo de discursos, rechazando las conclusiones básicas de sus amigos. Mucha gente malvada goza plenamente de las cosas buenas de la vida, recibe un honorable enterramiento y son respetadas por sus éxitos. Esto siempre fue constatado por los que observan y por aquellos que tienen un amplio conocimiento de los hombres y los asuntos del mundo (21).

En el tercer ciclo de sus discursos, continúa el problema de encontrar la solución para Job. Creyendo firmemente que aquel sufrimiento es el resultado del pecado, los amigos de Job llegan a la conclusión de que Job había sido un pecador. Puesto que la causa del sufrimiento no puede ser atribuída a un Dios justo, omnipotente, tiene que encontrarse en el sufrimiento individual. Elifaz, por tanto, culpa a Job con pecados secretos. Acusa a Job de que ha asumido que Dios en su lejanía infinita no se da cuenta de su tiránico tratamiento con los pobres y los oprimidos. Puesto que los pecados de Job son la causa de su miseria, Elifaz le aconseja de que se vuelva hacia Dios y se arrepienta (22).

Job aparece confuso. Su sufrimiento continúa y los cielos permanecen silenciosos. Una sensación de urgencia y de impaciencia le sobrecoge al ver que Dios no actúa en su nombre. Todo lo que él había hecho era totalmente conocido por el Dios a quien había servido fielmente con fe y obediencia. Al mismo tiempo, la injusticia, la violencia, y la iniquidad continuan y Dios sostiene la vida de los perversos y malvados (23-24). Bildad habla brevemente. Ignorando los argumentos, intenta que Job caiga de rodillas ante Dios. Y en esto, no tuvo éxito (25).

Job está de acuerdo con sus amigos, de que el hombre era inferior a Dios (26). Afirmando de que él era inocente, y que no tenía razón en sus cargos, él es el vivo retrato del malvado. Sus amigos no tenían ninguna garantía de perder su prosperidad. Aunque el hombre ha explorado y buscado los recursos de la naturaleza, él todavía estaba confuso en su busca por la sabiduría. Esta no podía ser comprada, aunque Dios ha mostrado su sabiduría por todo el Universo. ¿Podría el hombre hallarla? Sólo el temeroso de Dios, el hombre moral, tiene acceso a tal sabiduría y a su comprensión (28).

Job concluye su tercer ciclo de discursos, revisando todo su caso. Contrasta los días dorados de extrema felicidad, prosperidad y prestigio con su presente estado de sufrimiento, humillación, y angustia del alma en la conciencia, de que lo que a él le está sucediendo estaba ordenado por Dios. Con considerables detalles, Job hace un recuento de su nivel ético e integridad tratando con todos los hombres. No manchado por la inmoralidad, la vanidad, la avaricia, la idolatría, la amargura y la insinceridad, Job reafirma su inocencia. Ni el hombre ni Dios podrían sostener los cargos que sus amigos han levantado contra él (29-31).

Aparentemente, Eliú ha escuchado pacientemente los debates entre Job y sus tres amigos. Siendo más joven, se retrae de hablar hasta que es compelido a ello para intentar discernir lo que era verdad de Dios. Tras denunciar a Job por su actitud hacia el sufrimiento, refuta sus quejas. Con una tierna sensibilidad hacia el pecado y una genuína reverencia hacia Dios, Eliú sugiere la sublimidad de Dios como maestro que busca disciplinar al hombre. La grandeza de Dios, desplegada en las obras de la creación de la naturaleza, es sobrecogedora. La comprensión del hombre hacia Dios y sus caminos, está condicionada por la limitación de su mente. ¿Cómo podría el hombre conocer rectamente a Dios? Por lo tanto, no sería prudente hacerlo con su fatuidad, sino practicar el temor de Dios que es grande en poder, justicia y rectitud (32-37).

En una multitud de palabras, ni Job ni sus amigos, han resuelto el problema de la retribución, el misterio del sufrimiento, o los disciplinarios designios en lo que toca a la vida de Job. Tampoco los discursos sobre el Altísimo presentan un razonado argumento que permita una detallada y lógica explicación (38-41). La respuesta de Dios desde un torbellino reside en la grandeza de su propia majestad. Las maravillas del universo físico, y las del reino animal, muestran la sabiduría de Dios, más allá de cualquier concepción o entendimiento. Incluso Job, que ha respondido a sus amigos repetidamente, reconoce humildemente que él no podría responder a Dios. Pero Dios continúa hablando. ¿Acaso no ha creado El los monstruos del mar lo mismo que a Job? ¿Es que Job tendría el poder de controlar al behemot (hipopótamo) y al leviatán? (cocodrilo). Si el hombre no puede enfrentarse con esas criaturas, ¿cómo podría esperar hacer frente a su creador, el Uno que los ha creado a ellos?

Job está sobrecogido con la sabiduría y el poder de Dios. Ciertamente, los propósitos y designios de Aquel que tiene tal sabiduría y poder, no pueden ser cuestionados por mentes finitas. ¿Quién pone en duda la propiedad de los caminos de Dios en el sufrimiento de los justos o en la prosperidad del malvado? Los secretos y motivaciones de Dios en su justicia hacia el género humano, están más allá de todo alcance humano. En el polvo y en la ceniza, Job se inclina humildemente en adoración, confesando su insignificancia. En una nueva perspectiva de Dios, al igual que por sí mismo, comprueba que ha hablado más allá de su limitado conocimiento y comprensión. Por la fe y la confianza en Dios, él se sobrepone a las limitaciones de la razón humana en la solución de los problemas, que tan audazmente ha planteado ante el silencio de los cielos y antes de que éste se rompa (42:1-6).[7]

Identificado por Dios como "mi siervo", Job se convierte en el sacerdote oficiante e intercesor para sus tres amigos que tan estúpidamente habían hablado. Su fortuna fue restaurada en doble medida. En la camaradería de sus parientes y amigos, Job vuelve a experimentar el bienestar y las bendiciones de Dios, tras el tiempo de su severa prueba.

Los Salmos —himnología de Israel

Por más de dos milenios, el libro de los Salmos ha sido la más popular colección de escritos del canon del Antiguo Testamento.

Los Salmos fueron utilizados en servicios del culto religioso por los israelitas, comenzando en los tiempos de David. La Iglesia cristiana ha incorporado los Salmos a la liturgia y a su ritual a lo largo de los siglos. En todos los tiempos, el libro de los Salmos ha merecido más interés personal y mayor uso en público y en el culto que cualquier otro libro del Antiguo Testamento, superando todas las limitaciones geográficas o raciales.[7]

La popularidad de los Salmos descansa en el hecho de que reflejan la experiencia común de la raza humana. Compuestos por numerosos autores, los varios Salmos expresan las emociones, sentimientos personales, la gratitud, actitudes diversas, e intereses del promedio individual de las personas. Las personas de todo el mundo han identificado su participación en la vida con la de los Salmistas.[8]

Aproximadamente, dos tercios de los 150 Salmos, están asignados a varios autores por su título. El resto, es anónimo. En la identificación hecha hasta ahora 73 se adscriben a David, 12 a Asaf, 10 a los hijos de Coré, 2 a Salomón, uno a Moisés y uno a cada de los esdraítas Hemán y Etán.[9] Los tí-

7. Sobre la base de los textos hebreo y griego y otras fuentes, el uso litúrgico de los siguientes Salmos, ha sido sugerido en la forma siguiente: 30 — Fiesta de la Dedicación; 7 — Purím; 29 — Pentecostés; 83 o 135 — Pascua; 137 — Conmemoración de la destrucción del templo; 29 — los últimos días de la Fiesta de los Tabernáculos; y los que siguen eran cantados durante la diaria ofrenda del fuego; 24 — domingo; 38 — lunes; 82 — martes; 94 — miércoles; 81 — jueves; 93 — viernes; 38 y 92 — sábado. Ver R. H. Pfeifer, *The Books of the Old Testament* (Nueva York: Harper & Brothers, 1957), pp. 195-196.
8. La presente división de los Salmos no aparece en los primeros manuscritos hebreos que todavía existen. El número total varía en diferentes arreglos. El Talmud de Jerusalén tiene un total de 147. La LXX combina el Salmo 9 y 10, y también 114 y 115, pero divide el 116 y el 147 en dos cada uno, y añade un Salmo apócrifo, haciendo un total de 150.
9. La frase hebrea «dedhavidh» puede a veces significar «pertenecientes a David», pero el contenido de Salmos tales como el 3, 18, 34, 51-54, 56-57, 59-60, y otros, establecen el hecho de que David es el autor. En consecuencia, muchos otros han podido ser escritos por él. Ver J. Young, *Introduction to the Old Testament* (Grand Rapids: Eerdmans, 1949), pp. 87-300. Ver también la tesis no publicada de Elaine Nordstrom, «A Chronological Arrangement of the Psalms of David», Wheaton College Library, Wheaton, Ill.

tulos también pueden proporcionar información concerniente a la ocasión en que fueron compuestos los Salmos por las instrucciones musicales y su adecuado uso en el culto.[10]

Cómo y cuándo fueron coleccionados los Salmos, es asunto sujeto a variada y múltiple discusión. Puesto que David tenía tan genuino interés en establecer el culto y comenzó con el uso litúrgico de algunos de ellos, es razonable asociar la primera colección con él, como rey de Israel (I Crón. 15-16). El cantar de los salmos en la casa del Señor también fue un uso introducido por David (I Crón. 6:31). Con toda probabilidad, Salomón, Josafat, Ezequías, Josías y otros, construyeron al arreglo y extensión del uso de los Salmos en subsiguientes centurias. Esdras en la era post-exílica, pudo haber sido el editor final del libro.

Con pocas excepciones, cada Salmo es una unidad simple, sin relación con el precedente o el que le sigue. Consecuentemente, la longitud del libro con 150 capítulos, es muy difícil de reseñar. Una división quíntuple preservada en el texto hebreo y en las más antiguas versiones, es como sigue: I (Salmos 1-41), II (42-72), III (73-89), IV (90-106), V (107-150). Cada una de esas unidades termina con una doxología. En la última división, el Salmo final sirve como la doxología concluyente. Aunque se han hecho numerosas sugerencias para este arreglo, aún permanece en pie la cuestión que concierne a la historia o al propósito de tales divisiones.

El sujeto de la cuestión parece proporcionar la mejor base para un estudio sistemático de los Salmos. Varios tipos pueden ser clasificados en ciertos grupos, puesto que representan una similaridad de experiencia como fondo, y tienen un tema común. Considerando que el Salterio entero no puede ser debidamente tratado en este breve estudio del problema, la siguiente clasificación, con ejemplos para cada categoría, puede ser utilizada para ser usada como sugerencia para un ulterior estudio:

I. Oraciones de los justos 17, 20, 25, 28, 40, 42, 55, etc.
II. Salmos penitenciales 6, 32, 38, 51, 102, etc.
III. Salmos de alabanza 65, 95-100, 111-118, 146-150.
IV. Salmos de los peregrinos, 120-134.
V. Salmos históricos 78, 105, 106, etc.
VI. Salmos mesiánicos 22, 110, etc.
VII. Salmos alfabéticos 25, 34, 111-112, 119, etc.

La necesidad de la salvación del hombre es universal. Esto está expresado en muchos Salmos en los cuales la voz del justo apela a Dios en busca de auxilio. Agobiado por la ansiedad, el peligro inmediato, un sentimiento de vindicación o una necesidad para la resurrección, hacen que el alma se vuelva hacia Dios.

Los más intensamente expresados, son los anhelos del individuo penitente. Con pocas excepciones, esos Salmos están adscritos a David. Libremente, él expresa sus sentimientos de la sincera confesión del pecado. Más ejemplarmente es el Salmo 51, cuyo fondo histórico se encuentra en II Sam. 12:1-13. Totalmente consciente de su terrible culpabilidad, que se expresa con un triple énfasis —el pecado, la iniquidad y la transgresión—

---

10. El hecho de que algunos de los términos usados en los títulos de los Salmos no fuesen comprendidos por los traductores de los LXX, favorece su antigüedad.

David no busca el evadirse de su personal responsabilidad. Sobrecogido y totalmente humillado, se vuelve hacia Dios con la fe, dándose cuenta de que un espíritu roto y humillado es aceptado a Dios. Los sacrificios y servicios de un individuo arrepentido, son la delicia del Dios de la misericordia. El Salmo 32 está relacionado con la misma experiencia, e indica la guía divina y alabanza que se convierte en realidad en la vida de uno que haya confesado con arrepentimiento su pecado.

Los Salmos de alabanza son numerosos. Estas expresiones de exultación y gratitud son a menudo la consecuencia natural de una gran liberación. La alabanza a Dios, con frecuencia, se expresa por el individuo que comprueba las obras de la creación en la naturaleza del Todopoderoso (Salmos 8, 19, etc.). La acción de gracias por las cosechas (65), la alegría en la adoración (95-100), la celebración de las fiestas (111-118), y los "Grandes Aleluyas" (146-150) se hacen partes importantes de la salmodia de Israel.

Los Salmos de los peregrinos (120-134) están etiquetados como "Cantos de los Antepasados" o "Cánticos graduales". El fondo histórico para esta designación es desconocido. Se han emitido varias teorías asumiéndose ahora generalmente, que esos Salmos estaban asociados con los peregrinajes anuales de los israelitas a Sión para los tres grandes festivales.[11] Este grupo distintivo ha sido reconocido como un salterio en miniatura, puesto que su contenido representa una amplia variedad de emociones y experiencias.

En los Salmos históricos, los salmistas reflejan las relaciones de Dios con Israel en tiempos pasados. Israel tuvo una historia de variadas experiencias que proporcionó un rico fondo que inspiró a sus poetas y escritores de cantos. En toda la extensión de esos Salmos, hay numerosas referencias a los hechos milagrosos y divinos favores que se le concedieron a Israel en tiempos pasados.

Los Salmos mesiánicos indicaban proféticamente algunos aspectos del Mesías como fue revelado en el Nuevo Testamento. Sobresaliendo en esta clasificación, está el Salmo 22, que tiene varias referencias y que establecen un paralelo con la pasión de Jesús, retratadas en los cuatro Evangelios. Aunque este grupo refleja la experiencia emocional de sus autores, sus expresiones, bajo inspiración divina, tiene importancia profética. Interrelacionado con la vida y el mensaje de Jesús, este elemento en los Salmos es vitalmente significativo como está interpretado en el Nuevo Testamento. Vagamente expresado en los Salmos de culto, las referencias mesiánicas se hacen más aparentes al ser cumplidas en Jesús, el Mesías.[12]

Otro grupo de Salmos puede ser clasificado por el uso del acróstico en su arreglo. El más familiar en su categoría, es el Salmo 119. Por cada serie de ocho versos, se utiliza sucesivamente una letra del alfabeto hebreo. En otros Salmos sólo se asignan una simple línea para cada letra. Naturalmente, el uso de este dispositivo no puede ser efectivamente transmitido a las versiones en otros idiomas.

Con este análisis ante él, el lector principiante reconocerá que el libro de los Salmos es tan diverso como un himnario de iglesia. La clasificación extendida de los Salmos, incrementa necesariamente la duplicación en las

---

11. Ver Leslie S. M. Caw, «The Psalms» en *The New Bible Commentary*, p. 498.
12. Comparar las referencias mesiánicas en los siguientes Salmos: 2-7 - Heb. 1:5 y Hechos 13:33; 16:9-10 - Hechos 2:31-32; 40:6-7 - Heb. 10:9; 41:9 - Juan 13:18; 45:6 - Heb. 1:8; 68:18 - Ef. 4:8; 110:1 - Mat. 22:43-46; 110:4 - Heb. 7:17; 118:22 - Mat. 21:42.

diversas categorías. Que esta consideración no sea sino un principio para el ulterior estudio de cada Salmo individual.

Los Proverbios —una antología de Israel

El libro de los Proverbios es una soberbia antología de expresiones sabias.[13] Provocativo en estimular el pensamiento, un proverbio resalta una simple verdad, evidente por sí misma. En el uso popular, tuvo con frecuencia una desfavorable connotación.[14] La literatura de los Proverbios, sin embargo, representa la sabiduría del sentido común expresada en una forma breve y aguada. En el transcurso del tiempo, un proverbio —*mashal* en hebreo— no solamente se convirtió en un instrumento de instrucción sino que ganó un uso extensivo como tipo de discurso didáctico.

La colección de proverbios preservada en el libro, por tal nombre, contiene repetidas rúbricas de origen en sus diversas partes. Indicativos de sus numerosas divisiones en este libro, son estos encabezamientos:

1. Los proverbios de Salomón   Proverbios 1:1
2. Los proverbios de Salomón   10:1
3. Las palabras del sabio   22:17
4. Proverbios de Salomón copiados por los hombres
   de Ezequías   25:1
5. Las palabras de Agur   30:1
6. Las palabras del rey Lemuel   31:1

Una breve consideración de estas anotaciones, hace aparente que el libro de los Proverbios es, en su forma presente, un resumen que cubre siglos de tiempo transcurrido. Incluso aunque la mayor parte de esta colección está asociada con Salomón, es obvio que se añadieron ciertas partes durante o posteriormente al tiempo de Ezequías (700 a. C.).

La asociación de la sabiduría con Salomón está bien atestiguada en Reyes y Crónicas. Los relatos históricos de este gran rey, le retratan como el compendio de la sabiduría en la gloria de Israel en su período más próspero. En humilde dependencia con Dios, comenzó su reinado con una oración, en solicitud de la sabiduría. En su amor por Dios, su preocupación por hacer siempre el juicio justo, y la sabia administración de sus problemas domésticos y extranjeros, Salomón representa la esencia de la sabiduría práctica (I Reyes 3:3-28; 4:29-30; 5:12). Sobresaliendo por encima de todos los hombres sabios ganó tal fama internacional, que gobernantes extranjeros, entre la más notable, la Reina de Saba, fueron para expresar su admiración y buscar su sabiduría (II Crón. 9:1-24).

Versátil en sus trabajos literarios, Salomón hizo discursos sobre materias de común interés, tales como las plantas y la vida animal. Con el crédito de haber compuesto tres mil proverbios y cinco cantos, las partes del libro de los Proverbios que se le adscriben no son sino una muestra de sus palabras de sabiduría.[15]

---

13. Un total de 915 proverbios. Ver Julius H. Greenstone, *Proverbs* (Filadelfia: Jewish Publication Society of America, 1950), p. XII.
14. Ver Núm. 21:27; I Sam. 10:12; Is. 14:4; Jer. 24:9; Job 17:6, etc.
15. Los 374 proverbios en Prov. 10:1-22:16 pueden representar solamente una colección hecha en los días de Salomón.

La relación entre el libro de los Proverbios y la sabiduría de Amen-en-opet, ha quedado como problema de ulterior estudio. Puesto que la fama de Salomón en sabiduría prevaleció por todo el Creciente Fértil, parece razonable el considerar seriamente que la sabiduría egipcia estuviese influenciada por los israelitas.[16] La deuda de Amen-en-opet a los Proverbios parece más verosímil, si Griffith está en lo cierto al fechar al anterior en aproximadamente el 600 a. C., cuando los sabios habían ya sido activos en Israel por varios siglos.

Puede muy bien ser que los Proverbios 1-24 vengan seguramente de los tiempos salomónicos y proporcionen una base para la adicción de otros Proverbios por los hombres de Ezequías (25-29).[17] Aquellos hombres, probablemente, editaron la colección entera en los capítulos precedentes. La identidad de Agur y Lemuel y la fecha para la adición de los dos capítulos finales, permanecen aún desconocida hasta nuestros días.

Una variedad de formas poéticas y dichos llenos de sapiencia se hacen aparentes en los Proverbios. Los primeros nueve y los dos últimos capítulos son extensos discursos, mientras que las secciones restantes contienen cortas coplas, constituyendo cada una, una unidad.

El paralelismo, tan característico en la poesía hebrea, se usa efectivamente en estos proverbios.[18] En paralelismo "sinónimo" el pensamiento es repetido en la segunda línea del dístico, ejemplificado en 20:13:

No ames el sueño, para que no te empobrezcas;
Abre tus ojos, y te saciarás de pan.

Frecuentemente, la segunda línea será "antitética" expresando un contraste. Nótese el ejemplo en 15:1:

La blanda respuesta quita la ira;
Mas la palabra áspera hace subir el furor.

En un paralelismo "sintético" o "ascendiente" la idea expresada en la primera línea, está completada en la segunda. Esta progresión del pensamiento está aptamente ilustrada en 10:22:

La bendición de Jehová es la que enriquece,
Y no añade tristeza con ella.

Mientras que muchas partes de los Proverbios están completas en sí mismas, el libro como unidad, merece una seria consideración para el lector principiante. Ello conduce por sí a la perspectiva siguiente:

---

16. Ver R. O. Kevin, *The Wisdom of Amenemopt and its Possible Dependence upon the Hebrew Book of Proverbs* (Filadelfia, 1931). Amen-en-opet está fechado durante el período do 1000-600 a. C. Para ulterior estudio, ver Pritchard *Ancient Near Eastern Texts*, pp. 421-424 y D. Winton Thomas, *Documents from Old Testament Times*, pp. 172-186.
17. Ver E. J. Young, *op. cit.*, pp. 301-302.
18. *Ibid.*, pp. 281-286.

El título de este libro en su mayor parte se aplica en forma de cortos aforismos en 10:1-22:16, que están caracterizados como proverbios. La introducción en 1:1-7, sin embargo, incluye la entera colección en su declaración de propósitos. Aunque proyectado como guía para la juventud, tales proverbios ofrecen la sabiduría para todos. Su nota predominante es "el temor de Dios" y la sabiduría tiene como clave una recta relación con Dios. El conocimiento personal de Dios es el fundamento para un vivir recto. Una reverencia para Dios en el diario vivir es la verdadera aplicación de la sabiduría.

Se resume un concepto de discusión entre la sabiduría y la insensatez en 1:8-9:18. Se dispone en la relación entre maestro y alumno o padre e hijo con el que escucha al que frecuentemente se dirige como "mi hijo". De la escuela de la experiencia proceden palabras de instrucción a la juventud, que se adentra en los misteriosos y desconocidos caminos de la vida. La sabiduría está personificada. Y habla con una lógica irrefutable. Discute con la juventud para considerar todas las ventajas que ofrece la sabiduría y advierte a la gente joven contra los senderos de la estulticia, resaltando realísticamente los peligros de los crímenes sexuales, malas compañías, y otras malas tentaciones. En una llamada final, la sabiduría se extiende e invita a la mesa del banquete. La ignorancia conduce a la ruína y la muerte; pero los que se deciden por la sabiduría tienen asegurado el favor de Dios.

Los proverbios de Salomón preservados en 10:1-22:16 consisten en 375 versos, cada uno de los cuales normalmente constituye un dístico. La inmensa mayoría son antitéticos, mientras que otros son comparaciones o declaraciones complementarias. Varios aspectos de la pauta de la conducta del sabio y el ignorante, se sitúan en primer término. La riqueza, la integridad, la observancia de la ley, el discurso, la honestidad, la arrogancia, el castigo, las recompensas, la política, el soborno, la sociedad, la familia y la vida en ella, la reputación, el carácter; casi todas las fases de la vida son situadas en su adecuada perspectiva.

Las palabras de la sabiduría en 22:17-24:34, contienen aforismos instructivos, la mayor parte de los cuales son mayores que los dísticos de la sección precedente. Los peligros de la opresión, la etiqueta a la mesa real, la insensatez de enseñar a los tontos, el temor de Dios, las mujeres, la borrachera y los beneficios de la sabiduría reciben consideración en este discurso entre maestro-discípulo.

Los proverbios coleccionados por los hombres de Ezequías, están agrupados juntos en 25-29. Probablemente la derrota de Senaquerib y la reavivación religiosa en los días de Ezequías estimuló el interés en este propósito literario.[19] No es descabellado suponer que Isaías y Miqueas estuviesen entre ese grupo de hombres. Estos proverbios proporcionan consejo para los reyes y súbditos con especial atención a la pauta de conducta de los estultos. En las oportunidades que ofrece la vida, el estulto exhibe su estulticia, mientras que el hombre sabio demuestra las formas de la sabiduría.

Los dos últimos capítulos son unidades independientes. Agur, un autor desconocido, habla de las limitaciones del hombre y de la necesidad de guía por parte de Dios, con Su palabra. Como cosa característica de las antiguas formas de literatura, plantea cuestiones retóricas, hablando en ellas de diversos problemas de la vida, concluyendo con consejos prácticos.

El capítulo final abre con las instrucciones de Lemuel, lo correspondiente a los reyes. En un acróstico alfabético alaba la inteligente e industriosa ama de casa —la madre consagrada a su hogar y a sus hijos es digna de la mayor alabanza.

Eclesiastés —la investigación de la vida

La filosofía de su autor y fascinantes experiencias, son la base profunda del libro del Eclesiastés. Hablando como "Cohelet" o como "Predicador" establece en prosa y en verso sus investigaciones y conclusiones.

Aunque este libro está asociado con Salomón, la cuestión del autor del mismo, continúa siendo un enigma. ¿Escribió Salomón el Eclesiastés, o lo hizo el rey israelita anónimo que representó el epítome de la sabiduría?[20] Tampoco está establecida la fecha de su escritura. Quienquiera que fuese

19. Greenstone, *op. cit.*, p. 262.
20. La congruencia de Salomón para tal experiencia e investigación, está basada en referencias tales como: I Reyes 2:9; 3:12; 5:9-13; 10:1; Ecl. 1:16; 2:7. Parece ser ficcionalmente autobiográfico.

el autor, utiliza pasajes clásicos de otros libros del Antiguo Testamento.[21] Se trata de un profundo tratado, que junto con Job y los Proverbios, está clasificado como la literatura de la sabiduría de los judíos. Era leído públicamente en la fiesta de los Tabernáculos, e incluído por los judíos en los "Megilloth" o libros utilizados en los días festivos. El énfasis del autor sobre el goce de la vida, hacía de ellos una lectura apropiada en la estación anual de las diversiones.[22]

El Eclesiastés representa una expresión de las vicisitudes del hombre, sus venturas y sus fracasos. El autor no presenta una filosofía sistemática como Aristóteles, Espinoza, Hegel o Kant, con su desarrollo, sino que hace una cuidadosa investigación y examen sobre la base de las observaciones y experiencias, de las que obtiene sus conclusiones. Como un todo, limita sus investigaciones a las cosas hechas "bajo el sol", una frase a la que recurre con frecuencia. Otra expresión, "todo es vanidad" (todo es vapor o aliento) que expresa en veinticinco ocasiones, da la evaluación del autor de las cosas mundanas que él considera. En su fiel deliberación, se vuelve hacia Dios.

Para un análisis y para ayuda de la lectura del Eclesiastés, considérese lo que sigue:

De forma escéptica, el autor propone esta cuestión: ¿qué es lo más valioso como objeto de la vida? Como en la naturaleza, así en la vida del hombre existe un repetido ciclo sin fin (1:4-11). En este mundo no existe

---

21. Comparar Gén. 3:19 con Ecl. 12:7; Deut. 4:2 y 12:1 con Ecl. 3:14; Deut. 23:22-25 con Ecl. 5:3; I Sam. 15:22 con Ecl. 4:13; y I Reyes 8:46 con Ecl. 7:20.
22. Ver Robert Gordis, *Koheleth - The Man and his World* (Nueva York: Block Publishing Co., 1955), p. 121.

nada nuevo. Con esta introducción, el autor afirma la futilidad de cualquier cosa que haya bajo el sol.

Explorando los valores de la vida, *Cohelet* busca la sabiduría; pero esto incrementa la tristeza y el dolor (1:12-18). Buscando la satisfacción en una vida variada y equilibrada, continúa con su investigación. Como un hombre culto, busca el mezclar el placer, la risa, el goce de los jardines, las mansiones, el vino y la música en una armoniosa pauta de la vida, pero también, todo es fútil (2:1-11). En un sentido, es paradójico buscar la sabiduría, puesto que el hombre sabio intenta actuar a la vista de un futuro que le es desconocido. ¿Por qué no vivir como el ignorante que vive al día? (2:12-23). Pero Dios ha creado y diseñado todas las cosas para el goce del hombre. En el ciclo sin fin de la vida, hay un propósito para todas las cosas que El ha hecho (2:24-3:15) y en última instancia, es responsable ante Dios (3:16-22).

¿Qué finalidad tiene la situación económica del hombre en la vida? ¿Quién goza más de la vida —el que cumple con las responsabilidades que se le han asignado como un sirviente ordinario (4:1-3) o el industrioso, agresivo individuo que busca sólo el ganar riquezas y popularidad (4:4:16)? El practicar la religión como una cuestión de rutina o el hacerlo hipócritamente, no es ventajoso. Las ganancias de la vida pueden traer la ruína incluso a un rey, puesto que todo está sujeto a lo que Dios haya previsto para la naturaleza (5:1-17). La capacidad de gozar las abundantes provisiones de Dios, procede precisamente del propio Dios (5:18-6:12). El aplicar la sabiduría y la temperancia en todas las cosas, es prudente. Desgraciadamente, ninguna criatura finita logra una pauta equilibrada del vivir, aunque Dios creó al hombre bueno en el principio (7:1-29).

Ningún hombre alcanza la perfecta sabiduría en esta vida. No conociendo el futuro, el análisis de la vida del hombre está definitivamente limitado. Cuando la muerte le destruye, sea justo o malvado, no tiene remedio ni ayuda (8:1-11). A pesar del hecho de que la muerte llega a todos por igual y que el universo se muestra indiferente a las normas de moral, es, sin embargo, cuestión de sabiduría el temer a Dios (8:12-17). El hombre no puede comprender la vida —y la muerte es inevitable— pero esto no debería impedir que goce de la vida en toda su plenitud (9:1-12). La sabiduría, sin embargo, debería ser aplicada en todas las cosas. Valioso y ejemplar es el caso del hombre pobre cuya sabiduría salvó a toda una ciudad (9:13-18). La temperancia en todas las cosas debería regular el goce del hombre por la vida. Una pequeña locura puede acarrear mucho dolor y privar a uno de numerosos beneficios (10:1-20).

Ciertos principios y prácticas deben. guardarse en la mente. Compartir los dones de la vida con otros, incluso aunque ignoremos el futuro (11:1-6). La filosofía epicúrea del vivir sólo por el presente queda planteada así. Permitir que la juventud goce de la vida hasta el máximo, pero recordar que al final se encuentra Dios (11:7-10). Con una prudente alegoría a la edad madura, la juventud queda advertida de recordar a su Creador en los años tempranos de su vida. La deterioración de sus órganos corporales o facultades mentales, puede anular y hacerle incapaz de tomar a Dios en consideración (12:1-7).[23]

---

23. *Ibíd.*, pp. 328-339.

La admonición final al hombre está expresada en los dos últimos versos. El deber del hombre es temer a Dios y guardar sus mandamientos, la base para su responsabilidad hacia Dios (12:8-14).

El Cantar de los Cantares

La inclusión del Cantar de los Cantares en los libros poéticos, permanece enigmático. Esto resulta evidente por la amplia variedad de interpretaciones. Aunque es imposible asegurar si este libro fue escrito por o para Salomón, el título asocia su composición con el rey literario de Israel. El contenido sugiere que este libro pertenece a Salomón, cuyo nombre se cita cinco veces tras su verso de apertura.

Hay numerosas interpretaciones de esta composición poética. La visión alegórica de judíos y cristianos, la teoría dramática, la teoría del ciclo de las bodas, la teoría de la literatura del Adonis-Tammuz, y otros puntos de vista, han tenido ardientes defensores a través de los siglos.[24] En una reciente publicación, el Cantar de los Cantares representa una soberbia antología lírica con cantos de amor, de la naturaleza, del cortejo amoroso y matrimonio, que va desde la era salomónica hasta el período persa.[25] Al presente, no hay interpretación que goce de una amplia aceptación entre los eruditos del Antiguo Testamento.

El consenso de los eruditos aprueba que esta composición tiene una alta calidad poética como expresión de las cálidas emociones del amor humano. Incorporado como una unidad en el canon judío, merece consideración como un simple poema más bien que una colección de cantos. Partes componentes del libro son los monólogos, soliloquios y apóstrofes. Una variedad de escena —la corte real de Jerusalén, un jardín, un lugar en el campo, o un entorno pastoral— encaja los componentes de las diferentes partes de este poema, con los personajes presentados en una acción casi dramática. Puesto que se han perdido tantos detalles en este canto de amor, el intérprete se encara a numerosos problemas.

La interpretación literal parece la más natural al lector. La figura principal parece ser una doncella sulamita que es llevada desde un entorno pastoral al palacio real de Salomón. Conforme el rey galantea a esta atractiva doncella, sus intentos son rechazados. El esplendor del palacio y la llamada coral de las mujeres de la corte, fracasan en impresionarla.

Ella anhela apasionadamente su antiguo amor. Finalmente, su conflicto queda resuelto, al declinar las ofertas del rey y vuelve hacia su pastor héroe.

Para una interpretación de este libro poético, en esta manera, el siguiente análisis puede ser utilizado como guía:

I. La doncella sulamita en la corte real   Cantar de
                                              los Cantares 1:1-2:7
        Bienvenida por las damas de la corte   1:2-4

---

24. Para discusión, ver H. H. Rowley, *The Servant of the Lord and Other Essays on the Old Testament*, pp. 187-234. Rowley lo considera como una colección de canciones de enamorados. Para una discusión reciente abogando por una interpretación «natural». ver Meredith Kline. «The Song of Songs», *Christianity Today*, tomo III, n.º 15, 27 abril, 1959, pp. 22 y ss.
25. Ver Robert Gordis, *The Song of the Songs* (Nueva York: Jewish Theological Seminary, 1954), p. X.

Aunque la interpretación literal habla de amor humano, la providencial inclusión de este libro en el canon judío, indudablemente, tiene una significación espiritual. Lo más verosímil es que los judíos reconocieran esto al leer el Cantar de los Cantares anualmente en la pascua, que recordaba a los israelitas el amor de Dios por ellos en su liberación del cautiverio egipcio. Para los judíos, el amor material representa el amor de Dios por Israel como está indicado por Isaías (50:1; 54:4-5), Jeremías (3:1-20), Ezequiel (16 y 23) y Oseas (1-3). El vínculo entre Israel (la doncella sulamita) y su pastor amante (Dios), era tan fuerte que ninguna apelación de palabra (el rey) podía alinear a Israel de su Dios. En el Nuevo Testamento, esta relación tiene un paralelo entre Cristo y su Iglesia.[26] Basado en la interpretación literal, el Cantar de los Cantares ha sido así la base de una espiritual aplicación, tanto en el Antiguo como en el Nuevo Testamento.

BIBLIOGRAFÍA SELECTA

Libros en castellano

* ALDEN, ROBERT. *Los Salmos*. Grand Rapids: Editorial Portavoz, 1995.

ALEXANDER, J. A. *Commentary on the Psalms*. Grand Rapids: Kregel Publications, 1991.

BLACKWOOD, A. W. JR. *A Devotional Introduction to Job*. Grand Rapids: Baker Book House, 1959.

BURROWES, G. A. *Commentary on the Song of Solomon*. Londres: The Banner of Truth Trust, 1958.

---

26. En el Nuevo Testamento esta misma relación se anota en Mat. 9:15; Juan 3:29; II Cor. 11:2; Efe. 5:23-32; Apoc. 19:7; 21:2, 9; 22:17.

CARYL, JOSEPH. *Exposition of Job*. Evansville: Sovereign Grace Publishers, 1959.

DAHOOD, M. *Psalms I:1-50*, 1966. *Psalms II:50-100*, 1968. The Anchor Bible. Garden City, NY: Doubleday.

DHORME, E. A. *A Commentary on the Book of Job*. Nueva York: Thomas Nelson & Sons, 1967.

ELLISON, H. L. *From Tragedy to Triumph, Studies in the Book of Job*. Londres: Paternoster Press, 1959.

GREENSTONE, JULIUS H. *Proverbs*. Filadelfia: Jewish Publication Society, 1950.

HENGSTENBERG, E. W. *Commentary on Psalms*. Londres: T. & T. Clark, 1876.

* JENSEN, IRVING L. *Proverbios*. Grand Rapids: Editorial Portvoz, 1995.

* KAISER, W. C. *Eclesiastés: La vida total*. Grand Rapids: Editorial Portavoz, 1994.

KENT, H. H. *Job: Our Contemporary*. Grand Rapids: Wm. B. Eerdmans Publishing Co., 1967.

* KIDNER, D. *Proverbios*. Buenos Aires: Ediciones Certeza, 1990.

* ____ . *Salmos*. Buenos Aires: Ediciones Certeza, 2 tomos (1-72 y 73-150), 1991.

LEUPOLD, HERBERT C. *Exposition of the Psalms*. Columbus; Wartburg Press, 1959.

——. *Exposition of Ecclesiastes*. Grand Rapids: Baker Book House, 1966.

MARTIN, C. "The Imprecations of the Psalms." *Princeton Theological Review*, 1903, pp. 537-553.

OESTERLY, W. O. E. *The Book of Proverbs*. Londres: Methuen and Co., Ltd., 1929.

PEROWNE, J. J. *Commentary on the Psalms*. Grand Rapids: Kregel Publications, 1989.

POPE, MARVIN, H. *Job*. The Anchor Bible. Garden City, NY: Doubleday, 1965.

SCOTT, R. B. Y. *Proverbs and Ecclesiastes*. The Anchor Bible. Garden City, NY: Doubleday, 1965.

* SPURGEON, C. H. *El tesoro de David*. Terrassa, España: Editorial CLIE, 1989.

* TRENCHARD, ERNESTO. *Introducción a los libros de sabiduría y Job*. Grand Rapids: Editorial Portavoz, 1992.

VOS, JOHANNES. "The Ethical Problems of the Imprecatory Psalm." *Westminster Theological Journal*, IV, 123-238.

WHYBRAY, R. N. *Wisdom in Proverbs: The Concept of Wisdom in Proverbs 1-9*. Studies in Biblical Theology. n.° 45. Londres: SMC Press, 1965.

YODER, SANFORD, C. *Poetry of the Old Testament*. Scottdale, Pa.: Herald Press, 1948.

* ZUCK, ROY. *Job*. Grand Rapids: Editorial Portavoz, 1981.

787-81.	Amasías probablemente puesto en libertad de su prisión, cuando Jeroboam II asume solo el gobierno de Israel tras la muerte de Joás.
768.	Uzías asume solo el gobierno en Judá. Muerte de Amasías.
760.	Fecha aproximada del nacimiento de Isaías.
753.	Fin del reinado de Jeroboam en Israel.
750.	Uzías enfermo de la lepra.
745.	Tiglat-pileser III comienza su gobierno en Asiria.
743.	Los asirios derrotan a Sarduris III, rey de Urartu. Uzías y sus aliados derrotados por los asirios en la batalla de Arpad.
740.	Jotam asume solo el gobierno. Muerte de Uzías.
736-35.	Los ejércitos asirios en Nal y Urartu. Comienzo del gobierno de Peka en Israel.
735.	Acaz hecho rey por un grupo pro-sirio en Judá.
734.	Los ejércitos asirios invaden a los filisteos. Guerra siro-efraimítica tras la retirada de los asirios.
733.	La invasión asiria de Siria.
732.	Damasco conquistado por .los asirios, terminando el gobierno sirio. Peka reemplazado por Oseas en Samaria.
727.	Salmanasar V comienza a gobernar en Asiria.
722.	Caída de Samaria. Acceso de Sargón II al trono de Asiria.
716-15.	Ezequías comienza a reinar en judá. Reforma religiosa. Purificación del Templo.
711.	Tropas asirias en Asdod.
709-8.	Nacimiento de Manasés.
705.	Senaquerib comienza a gobernar en Asiria.
702.	Bel-Ibni reemplaza a Merodac-baladán en el trono de Babilonia.
702-1.	La enfermedad de Ezequías. Amenaza de Senaquerib. Isaías afirma la seguridad. La embajada babilónica de Merodac-baladán en el exilio visita Jerusalén.
697-6.	Manasés hecho corregente.
688.	La segunda amenaza de Senaquerib a Ezequías.
687-6.	Ezequías muere. Manasés gobierna solo.
680.	Isaías pudo haber sido martirizado por Manasés.

Capítulo **XVIII**

Isaías y su mensaje

Para comprender el mensaje de este libro, es necesario estar familiarizado con la situación histórica del profeta y del pueblo a quien entregó su mensaje. Muchas de las alusiones, referencias y advertencias pueden malinterpretarse a menos que los acontecimientos políticos en Judá, sean cuidadosamente considerados, en relación con las naciones circundantes.

Con el profeta en Jerusalén

Se conoce muy poco respecto al linaje de Isaías, su nacimiento, juventud o educación, más allá del hecho de que fue hijo de Amós. Aparentemente, nació y se educó en Jerusalén. Puesto que su llamada al ministerio profético está definitivamente fechado en el año que murió Uzías (740 a. C.), es razonable fechar su nacimiento entre el 765 y 760 a. C.

Isaías nació en días de prosperidad. Judá estaba volviendo a ganar su fuerza militar y económica bajo el competente liderazgo de Uzías. Previamente, la absurda política llevada a cabo por Amasías, había llevado a Judá a la invasión y a la opresión por Israel y posiblemente el reproche del encarcelamiento de Amasías. Este último acontecimiento pudo haber promovido el reconocimiento de Uzías como corregente allá por el año 792-91 a. C. Con el cambio de reyes en Israel, Amasías fue restaurado en el trono (782-81) sólo para ser asesinado (768). Esto dio a Uzías el control único de Judá y la oportunidad de afirmar su efectivo caudillaje.

Ominosos acontecimientos pronto sembraron amenazantes sombras a través de las futuras esperanzas de Judá. En Samaria, Jeroboam al morir en el 753, siguió la revolución y la efusión de sangre hasta que Manahem se apoderó del trono. En Judá, Uzías fue tocado por la lepra como un juicio divino por asumir responsabilidades sacerdotales. Aunque Jotán fue hecho corregente en aquel tiempo (*ca.* 750 a. C.), Uzías continuó en el gobierno activo. La prosperidad económica prevaleció en Judá conforme se extendía hacia el sur con sus fronteras, incluyendo a Elat en el golfo de Acaba. Hacia el este, los amonitas eran tributarios de Judá. Más portentosa fue el acceso al trono de Tiglat-pileser III, o Pul, en Asiria, en el 745 a. C. La subsiguiente conquista de Babilonia por los asirios, precipitó una preparación unificada de los gobernantes palestinos para la agresión asiria. En el 743-738, esta expectación se convirtió en realidad, cuando el ejército asirio avanzó hacia el oeste en diversas campañas. El rey asirio informa en sus anales que derrotó a la fuerza palestina bajo el mandato de Azarías o Uzías de Judá. Thiele fecha este hecho en el primer año de este período.[1] Manahem, el rey de Israel, también tuvo que realizar un fuerte tributo al rey de Asiria (II Reyes 15:19).

Bajo la amenaza pendiente de la agresión asiria, ocurrieron rápidos cambios en Israel y los mismos tuvieron sus repercusiones en Judá. Cuando murió Manahem, fue sucedido por su hijo Pekaía, que fue asesinado por Peka tras dos años de gobierno. El último tomó el trono de Samaria en el 740-39 y comenzó una agresiva política anti-asiria. La muerte de Uzías, el notable rey de Judá y el más sobresaliente desde los días de David y Salomón, ocurrió el mismo año.

Durante este año de tensión en el país y en el exterior, el joven Isaías recibió su llamada profética. Es verosímil que hubiese observado los desarrollos internacionales con profundo interés cuando las esperanzas de Judá por la supervivencia nacional se desvanecieron ante los avances de los ejércitos de Asiria. No está indicado cual fue la actitud religiosa de Isaías en aquel tiempo. Pudo haber estado familiarizado con Amós y Oseas, que se mostraban activos en el Reino del Norte. Como hombre joven, pudo haber estado en contacto con Zacarías, el profeta que tuvo tan favorable influencia sobre Uzías. En este año crucial, el joven fue llamado a ser el portavoz de la palabra de Dios, para entregar el mensaje de Dios a una generación encarada con acontecimientos históricos sin precedentes.

Mientras que Peka resistía firmemente a los asirios, un grupo pro-asirio fue ganando poder en Judá. Aparentemente, este movimiento fue el responsable de la elevación de Acaz al trono en el 736-35 a. C., cuando los ejércitos asirios se hallaban activos en Nal y Urartu. Acaz pudo haber precipitado la invasión asiria de los filisteos en el 734. Al menos, tras de su retirada, Peka de Samaria y Rezín de Damasco, lanzaron un ultimatum a Acaz para unirse a ellos en oposición a Asiria. En este momento, Isaías quedó implicado en la marcha de los acontecimientos. Fue específicamente comisionado para avisar al rey de confiar en Dios (Is. 7:1ss.). Ignorando el aviso del profeta, Acaz hizo un tratado con Tiglat-pileser III. Aunque Judá fue invadida por los ejércitos sirio-efraimíticos y perdió a Edom como tributaria, Acaz sobrevivió con el avance del ejército asirio. Las sucesivas campañas asirias dieron por resultado la conquista y capitulación de Siria en el 732 a. C. Simultáneamente, Peka fue ejecutado y substituído por Oseas, que aseguró el tributo de Israel al rey de Asiria. Acaz se en-

---

1. Para la defensa de esta fecha, ver Thiele, *The Mysterious Numbers of the Hebrew Kings*, pp. 75-98.

contró con Tiglat-pileser en Damasco y selló su pacto introduciendo el culto de adoración asirio en el templo de Jerusalén.

La actividad de Isaías durante el resto del reinado de Acaz es obscura. Tuvo que haber compartido el profundo interés y ansiedad de los ciudadanos de Judá concernientes a las luchas de Samaria, a unos sesenta kms. al norte de Jerusalén. Cuando Salmanasar sucedió a Tiglat-pileser sobre el trono de Asiria, Oseas terminó su servidumbre. Siguiendo un asedio de tres años por los asirios, Oseas fue muerto, y Samaria conquistada por el invasor en el 722. Aparentemente, Acaz fue capaz de mantener favorables relaciones diplomáticas con Asiria, evitando así la invasión de Judá en aquel tiempo. No hay indicación de que Acaz pudiese haber conocido a Isaías como un verdadero profeta.

Amaneció un nuevo día para Isaías con el acceso al trono de Ezequías (716-15 a. C.). Acaz había desafiado al profeta soportando el culto idolátrico en el templo, pero Ezequías persiguió un radical y diferente curso de acción. Con todo entusiasmo introdujo reformas, reparaciones y purificación del templo, enviando invitaciones a los israelitas desde Beerseba hasta Dan para unirse a las religiosas actividades de Jerusalén. Mientras que Isaías no hace mención a estas reformas en su libro, la celebración nacional de la pascua y la conformidad con la ley de Moisés, tuvieron que haberle alentado por lo que concernía al futuro de Judá.

El conocimiento que se tiene hoy de las relaciones judo-asirias durante el reinado de Sargón II (722-705 a. C.) es muy limitado. En el relato bíblico, Sargón sólo se menciona una sola vez (Is. 20:1). Se conoce que Asdod fue conquistado por los asirios en el 711 a. C. Isaías finalmente advirtió a su pueblo que no deberían buscar en Egipto ningún apoyo, incluso aunque Sabako, el etíope, había establecido con éxito la XXV dinastía el año anterior. Durante tres años, Isaías caminó con los pies desnudos y vestido como un esclavo, explicando su acción como simbólica del hado de Egipto y Etiopía. ¡Qué estúpido era su pueblo buscando ayuda egipcia rebelándose contra Asiria! Aparentemente, Ezequías mantuvo favorables relaciones con Asiria durante este período, pagando tributos. De acuerdo con un prisma fragmentario, Sargón se jactó de recibir "regalos" procedentes de Judá.[2] De acuerdo con esto, Jerusalén estuvo segura de un ataque durante aquel tiempo.

Mientras tanto, Ezequías estaba construyendo sus defensas. El túnel de Siloé fue construído de forma que Jerusalén estuviese asegurada de un adecuado suministro de agua en caso de sufrir un prolongado asedio. Mucho tiempo antes de esto, en los días de Acaz, Isaías había declarado valientemente que Asiria extendería sus conquistas y su control sobre el reino de Judá.

En los acontecimientos cruciales que siguieron a la subida al poder de Senaquerib en Asiria (705 a. C.), Isaías había advertido de forma vital y anticipada lo que sucedería a Ezequías. El nacionalismo emergió en rebeliones por todo el Imperio Asirio. El éxito de Senaquerib en suprimir tales

---

2. Para la traducción de este registro asirio, ver Pritchard *Ancient Near Eastern Texts*. p. 287. Esta revuelta, probablemente comenzó en el 713 cuando Azuri, el rey de Asdod, intentó desprenderse de la dominación asiria. Sargón le depuso y nombró a Ahimiti. Rechazando el nombramiento de Sargón, el pueblo eligió a Jamani como rey. Este último condujo a una revuelta con Judá, Edom y Moab como aliados y la promesa de apoyo de parte de Egipto. Cuando el ejército asirio se aproximaba, la rebelión fracasó, Jamani huyó a Egipto, pero más tarde se rindió a Sargón. Pagando tributos, los aliados impidieron consecuencias más graves. Asdod se convirtió en la capital de Asiria en la ocupación de aquella zona.

levantamientos fue el reemplazo de Merodac-baladán por Bel-Ibni sobre el trono de Babilonia en el 702. Al año siguiente, los asirios dirigían su avance hacia el oeste. Mediante una milagrosa intervención, Ezequías sobrevivió.[3]

Cual fue la duración de la vida de Isaías, es algo desconocido de los registros existentes. Aparte de su asociación con Ezequías por el 700 a. C., hay poca evidencia disponible concerniente a sus últimos años. Sin ninguna evidencia escriturística en contra, es razonable concluir con las sugerencias indicadas, que Isaías continuó su ministerio en el reino de Manasés. Si el registro de la muerte de Senaquerib es conocido como de Isaías en origen, entonces el profeta todavía vivía en el 680 a. C., para indicar lo que finalmente ocurrió al rey asirio quien habló tan despectivamente y con desdoro del Dios en quien Ezequías había puesto su fe. La tradición acredita a Manasés con el martirio de Isaías; el profeta fue serrado en dos cuando fue descubierto escondido en el hueco del tronco de un árbol. Desde el punto de vista de su longevidad, es válido proyectar su ministerio hasta los días de Manasés. El hecho de que Isaías tuviese unos veinte años cuando recibió su llamada profética en el 740 a. C. es una lógica suposición. Su edad en el momento de su muerte, tras el 680 a. C. no debería sobrepasar los ochenta años aproximadamente.

Los escritos de Isaías

¿Escribió Isaías el libro que lleva su nombre? Ningún erudito competente duda de la historicidad de Isaías ni el hecho de que parte del libro fuese escrito por él. Algunos limitan la construcción de Isaías a porciones escogidas desde 1 al 32, mientras que otros le acreditan con 66 capítulos completos.

El análisis más popular de este libro es su división tripartita. Aunque existe falta de unanimidad entre los expertos en detalles, el siguiente análisis representa un acuerdo general entre aquellos que no apoyan la unidad de Isaías.[4]

El Primer Isaías consiste del 1 al 39. Dentro de esta división, solo selecciones limitadas desde el 1 al 11, 13 al 23 y 28 al 32, son realmente adscritas al profeta del siglo VIII. La mayor parte de esta sección tiene su origen en subsiguientes períodos. El Segundo Isaías, o Deutero-isaías, 40-55, es atribuído a un autor anónimo que vivió después del 580 a. C. Este escritor vivió entre los cautivos de Babilonia y refleja las condiciones del exilio en sus escritos.[5] A pesar del hecho de que numerosos eruditos le reputan como uno de los más notables profetas del Antiguo Testamento, ni su nombre real ni cualquier clase de hechos atestiguan su existencia. El Tercer Isaías, o Trito-isaías, 56-66, es atribuído a un escritor que describe las condiciones existentes en Judá durante el siglo V; los eruditos fechan a su autor con anterioridad al retorno de Nehemías en el 444 a. C.[6] La mayor

---

3. Ver capítulo XIII.
4. Para ejemplos representativos, ver Anderson, *Understanding the Old Testament*, pp. 256 y ss., y el artículo titulado «Isaiah», en *Harper's Bible Dictionary*, p. 284, e *Interpreter's Bible*, Vol. V, pp. 149 y ss.
5. Anderson, *op. cit.*, p. 395.
6. Ver *Harper's Bible Dictionary*, en el artículo «Isaiah».

parte de aquellos que apoyan este análisis no limitan el libro de Isaías a tres autores. Numerosos escritores, muchos de los cuales vivieron después del exilio, ya tarde en el siglo II a. C., hicieron contribuciones fragmentarias. La opinión de que Isaías escribió la totalidad del libro con su nombre, data con anterioridad de al menos el siglo II a. C. Aunque escritores modernos[7] puedan afirmar que hay "un acuerdo universal entre los eruditos" por una diversidad de autores, la unidad de Isaías ha sido capazmente defendida. La popularidad de la moderna teoría ha tendido a eclipsar los argumentos de aquellos que han estado convencidos de que Isaías, el profeta del siglo VIII, fue el responsable de la totalidad del libro.

Defendiendo la unidad de Isaías, un escritor ha resaltado que la moderna teoría no puede ser considerada como completamente satisfactoria en tanto en que no explica la tradición del origen de Isaías.[8] Las declaraciones de los judíos en el segundo siglo II a. C., atribuyen a Isaías la totalidad del libro. El reciente descubrimiento de los rollos del mar Muerto, fechándolos en el mismo período anterior, verifica el hecho de que el libro entero fue considerado como una unidad en aquel tiempo.[9]

Análisis de este libro

El libro de Isaías es uno de los más comprensivos de todos los libros del Antiguo Testamento. En el texto hebreo, Isaías se coloca en quinto lugar en extensión tras del de Jeremías, Salmos, Génesis y Ezequiel. En el Nuevo Testamento, Isaías es citado por su nombre veinte veces, que excede del número total de referencias de todos los otros profetas en los libros del Nuevo Testamento.

Varios temas pueden ser rastreados a todo lo largo del libro. Los atributos y características de Dios, el remanente, el Mesías, el reino mesiánico, las esperanzas de la restauración, el uso de Dios de las naciones extranjeras y muchas otras ideas se encuentran frecuentemente en los mensajes del profeta.

La siguiente perspectiva abarca el contenido de Isaías:

I. El mensaje y el mensajero	Isaías	1:1-6:13
II. Los proyectos del reino: contemporáneos y futuros		7:1-12:6
III. Panorama de las naciones		13:1-23:18
IV. Israel en un mundo de creación		24:1-27:13
V. Esperanzas verdaderas y falsas en Sión		28:1-35:10
VI. El juicio de Jerusalén demorado		36:1-39:8
VII. La promesa de la divina liberación		40:1-56:8
VIII. El reinado universal de Dios establecido		56:9-66:24

Con esta perspectiva como guía, el libro de Isaías puede ser analizado más completamente considerando cada división por separado.

I. El mensaje y el mensajero	1:1-6:13
Introducción	1:1
La nación pecadora condenada	1:2-31

---

7. Anderson, *op. cit.*, p. 399.
8. E. J. Kissane, *The Book of Isaiah*, Vol. II., p. LVIII. Ver también la excelente discusión en *Introduction to the Old Testament* (Grand Rapids, 1969), pp. 764-800.
9. Ver R. K. Harrison, *op. cit.*, pp. 786 y ss.

Promesa de paz absoluta	2:1-5
La vanidad de confiar en los ídolos	2:6-3:26
La salvación para lo remanente	4:1-6
La parábola de la viña	5:1-30
La llamada al servicio	6:1-13

Este pasaje puede ser considerado muy bien como una introducción. Casi todos los temas de mayor importancia, desarrollados más tarde, están inicialmente mencionados aquí. Una lectura cuidadosa y el análisis de estos capítulos introductorios proporcionan una base para la mejor comprensión del resto del libro.

¿Recibió Isaías su llamada al servicio profético tras haber entregado el mensaje en 1-5?[10] ¿Por qué registra esa llamada en cap. 6 en vez de 1 como es el caso en Jeremías y Ezequiel? Tal vez él quisiera retratar la gravedad pecadora de su generación y así proporcionar al lector una mejor comprensión de la reserva en aceptar la responsabilidad recaída sobre él en este ministerio profético.

Isaías 1 revela y expone las condiciones extremadamente graves en el pecado y en la moral. Israel ha olvidado a su Dios y es peor que el buey que, por lo menos, vuelve a su dueño para que le alimente con el pienso. Las gentes son peores que las de Sodoma y Gomorra en su formalidad religiosa. Los sacrificios que fielmente se hacían de conformidad con la ley, desagradan al Señor mientras prevalece la injusticia social. El sacrificio y la oración son una abominación para Dios si no se ofrecen en un espíritu de contrición, humildad y obediencia. La condenación pesa sobre el pecador pueblo de Judá. Sión, que representa la colina del capitolio, está para ser "redimida por la justicia" significando que el juicio vendrá sobre todo pecador (Is. 1:27-31). La sola esperanza expresada en este capítulo de apertura, se otorga al obediente (vss. 18-21).

En directo contraste a esta condenación de Jerusalén, Isaías anuncia y sostiene la más grande esperanza de restauración. Sin ninguna incertidumbre, anuncia que en el futuro Sión será destruído y arado como un campo, pero en un subsiguiente período será restaurado como el centro que gobierne todas las naciones.[11] La paz y la justicia saldrán de Sión para todos los pueblos. Prevalecerá la paz universal cuando Sión haya sido restablecida como el gobierno central de todas las naciones.

Amonestando a su pueblo para que se vuelva a Dios en la obediencia (2:5), Isaías atrae la atención a los problemas contemporáneos. Mientras que tengan fe en los ídolos y vivan en el pecado, esta esperanza no les será aplicada. Les espera el juicio, pero se promete la salvación a aquellos que pongan su confianza en Dios (2:6-4:1). A través del proceso de purificación y juicio, todos gozarán de la protección de Dios y de sus bendiciones. Ellos compartirán la gloria de la restaurada Sión (4:2-6).

Isaías ilustra vívidamente su mensaje en el cap. 5. La parábola de la

---

10. La Vulgata traduce la respuesta de Isaías en 6:5 como «quia tacui» o «porque tengo que estar callado». Esto sigue la opinión rabínica de que Isaías había sido desprovisto de su misión por no llamar la atención de Uzías en asumir deberes sacerdotales, y entonces fue vuelto a llamar para el servicio. Kissane correctamente resalta que esta opinión estaba basada en la confusión de dos palabras hebreas «damah» (perecer) y «damem» (estar callado). Ver Kissane, op. cit., Vol. I, en el verso de referencia.
11. Ver Miq. 4:1-4 que es paralelo a este pasaje de Isaías. Nótese el contexto en Miqueas.

viña ha sido considerada como una de las más perfectas en su clase, en la Biblia.[12] Israel es la viña del Señor. Tras agotar todas las posibilidades de hacerla productiva, el propietario decide destruir esta viña. Consecuentemente, los votos y juicios pronunciados sobre Judá son justos y razonables, puesto que Dios ha ejercido su amor y misericordia sin percibir los frutos de un vivir recto en su pueblo elegido. Para esta generación pecadora, Isaías es llamado a ser un portavoz de Dios. No es de extrañar que se halle temeroso y tiemble cuando se hace consciente de la gloria de un Dios santo cuya justicia requiere el juicio sobre el pecado. Asegurado de la limpieza y el perdón de su pecado, Isaías en voluntaria obediencia está de acuerdo en ser el mensajero de Dios. No tiene la respuesta de toda la ciudad a su ministerio. El hecho de que tiene que advertir al pueblo hasta que las ciudades queden destruidas y sin habitantes, le habría sugerido que pocos, relativamente, habrían escuchado su advertencia; sin embargo, no desespera. Se le proporciona un rayo de esperanza, que cuando el bosque sea destruido, aún quedará un tronco, significando con ello un remanente en la destrucción de Judá.

La llamada de Isaías representa un clímax que encaja con esta sección introductoria. Aunque la mayor parte de este pasaje recarga el énfasis sobre la situación pecadora contemporánea del pueblo y de que el juicio les espera, la llamada de un profeta indica la preocupación de Dios por su pueblo. En el ministerio de Isaías, la misericordia de Dios está expresada a Judá antes de que el juicio sea ejecutado.

II. Los proyectos del reino—lo contemporáneo y el
   futuro   7:1-12:6
   Inmediata liberación de Rezín y Peka   7:1-16
   La invasión asiria pendiente   7:17-8:8
   Promesas de la completa liberación   8:9-9:7
   Juicio de Efraín, Siria y Asiria   9:8-10:34
   Condiciones de paz y bendición   11:1-12:6

La crisis que hizo surgir la cuestión de los proyectos del reino, era la guerra siro-efraimítica del 734. Siguiendo a la invasión asiria de los filisteos, a principios de aquel año, Peka y Rezín formaron un pacto para detener a los asirios. Cuando Acaz rehusó unirse a ellos, Israel y Siria declararon la guerra en Judá.

En el preciso momento, cuando Acaz y su pueblo están aterrados por los propósitos de invasión, Isaías llega con un mensaje de Dios. Acaz está inspeccionando su suministro de agua al exterior de Jerusalén en preparación por el ataque que se avecina, y el posible asedio. La simple advertencia de Isaías en este momento crucial, es que Acaz no debería tomar acción alguna, los dos reyes a quien él teme no son sino dos estacas humeantes prontas a ser extinguidas.[13] Asiria es la amenaza real para Judá (5:26). Consecentemente, Isaías advierte a Acaz de confiar en Dios para la liberación.[14]

---

12. Ver Kissane, *op. cit.*, en el comentario al capítulo 5.
13. Isaías 7:8, comentario sobre la referencia, Kissane, sigue a Procksh Grotius, Michaelis y Guthe al leer «seis o cinco» en vez de «sesenta y cinco» e interpreta esto como una referencia general al tiempo de la desintegración del Reino del Norte, que se rebeló contra Asiria y capituló en el 722. Allis, *The Unity of Isaiah*, pp. 11-12, resalta que 65 años después de esta predicción Esar-hadón murió, en el 669 a. C. Durante su reinado, repobló Samaria con extranjeros. II Reyes, 17:24.
14. Ver II Crón. 28 y II Reyes 16:5 y ss.

Asiria se convierte en el punto focal del mensaje de Isaías conforme discute los proyectos del reino de Judá. Las consecuencias de la alianza de Acaz con Pul será peor que cualquiera de las que hayan ocurrido en Judá desde la muerte de Salomón y la división del reino. Como un hombre, cuyos cabellos son completamente separados de su cabeza al ser afeitados con una navaja, así Judá será esquilado por Asiria (7:20). En el cap. 8, Asiria tiene la similitud de un río que pasa rugiendo sobre Palestina y absorbiendo a Judá hasta el cuello. Es notable y digno de mención que Isaías no predice la terminación de la existencia nacional de Judá, una suerte nefasta que seguramente se abatirá para Israel y Siria.

El avance y éxito de Asiria como una nación pagana, indudablemente plantea serios problemas para el pueblo de Judá. ¿Permitirá Dios que su pueblo elegido sea absorbido por un poder pagano? Isaías indica claramente que Dios toma en alquiler la navaja de afeitar y causa el hecho de que las aguas de Asiria pudiesen ahogar a Judá. Puesto que el pueblo ignora al profeta y vuelve a sus espíritus familiares (Is. 8:19), una práctica que fue prohibida por la ley (Deut. 18:14-22), Dios tiene que castigarle.

Asiria es como una vara en la mano de Dios (Is. 10:5): ¿Serían los asirios tan poderosos que pudieran destruir a Jerusalén? ¿Encontrará Jerusalén la misma suerte, ante el avance enemigo de los ejércitos de Asiria, que Calno, Carquemis, Hamat, Arpad, Damasco y Samaria? El profeta presenta claramente la verdad básica de un Dios omnipotente que utiliza a Asiria como una vara en su mano. Tras de que haya cumplido su propósito de llevar el juicio sobre su pueblo en el monte Sión y Jerusalén, Dios tratará con Asiria. Así como el hacha o la sierra que es manejada por el artesano, así Asiria está sujeta a Dios y a su control. La vara no puede utilizar a su dueño, ni tampoco Asiria a Dios. Isaías, valientemente, asegura al pueblo de Sión (10:24) que no deberían temer la invasión de Asiria. El juicio de Dios sobre Jerusalén será cumplido. Asiria asestará su puño a Jerusalén pero Dios detendrá al rey en sus planes para destruir la ciudad. La seguridad de que la nación pagana está bajo el control de Dios, proporciona la base de esperanza y tranquilidad para aquellos que depositan su confianza en el Dios de los ejércitos.

Los proyectos del futuro reino ofrecen la contrapartida al desaliento y desmoralización temporal en el tiempo de Isaías. Su generación tiene que encararse con días difíciles y obscuros. Con un rey impío sobre el trono de David y el culto religioso asirio prevaleciendo en Jerusalén, los impíos que quedan tienen que haber sido descorazonados al anticipar la amenazante invasión asiria. Con la seguridad de la liberación de este enemigo, Isaías ofrece una renovada confianza en el futuro.

Las esperanzas para el futuro reino previamente mencionado (2:1-5), se clarifican en este pasaje. En él se entremezclan con problemas contemporáneos. En contraste con gobernantes impíos, Isaías manifiesta los proyectos de un reinado piadoso y un rey creyente sobre el trono de David. En contraste con el reino temporal de Judá, elabora la promesa de un reino universal que durará siempre.

El gobernante justo es presentado en 7:14 como Emanuel, que significa "Dios con nosotros".[15] Ciertamente, el malvado Acaz, que rehusó preguntar

---

15. Para una discusión representativa de este texto, identificándolo con el Mesías, ver Burnes y Kissane en sus comentarios a la referencia. Ver también Allis, *op. cit.*, p. 12, y E. J. Young, *Studies in Isaiah* (Londres: Tyndale Press, 1954), pp. 143-198.

por un signo, no comprende el completo significado de esta promesa, el cumplimiento de la cual no tiene fecha. Indudablemente esta simple promesa es vaga y ambigua para aquellos que oyen a Isaías darla en un tiempo de crisis nacional; ellos pudieron fácilmente haberla confundido con el nacimiento del hijo de Isaías, llamado Maher-salal-hasbaz. Aunque el país de Emanuel (8:5-10) tiene que ser dominado por los asirios y pronto liberado, la promesa de un futuro de grandeza y liberación, queda asegurada en 9:1-7. Esto se cumplirá con el nacimiento de un hijo que es identificado como "Dios fuerte" que establecerá un gobierno y la paz sin fin. En 11, su origen davídico queda indicado, pero sus características van más allá de lo humano. El es divino en el ejercicio del juicio justo mediante su omnipotencia.

El reinado será universal. El conocimiento del Señor prevalecerá por todo el mundo. Los malvados serán destruídos por la palabra hablada del gobernante justo, mientras que una absoluta justicia quedará asentada entre el género humano. Incluso el reino animal será afectado en el establecimiento de este reinado. Sión, ya no será más objeto de ataque y conquista, sino que será el centro del gobierno universal y de la paz, ya indicado en 2. El capítulo 12 expresa la alabanza y la gratitud de los ciudadanos del futuro reino. Dios —no el hombre— ha establecido su morada en Sión, la sede del Santo de Israel.

III. Panorama de las naciones   13:1-23:18
    Condenación de Babilonia y su poder   13:1-14:27
    Caída de los filisteos — ninguna esperanza de
    recuperación   14:28-32
    Moab castigado por el orgullo   15:1-16:14
    Suerte de Siria e Israel   17:1-18:7
    Egipto conocerá al Señor de los Ejércitos   19:1-25
    Asdod y aliados derrotados por Asiria   20:1-6
    Caída de Babilonia   21:1-10
    La desgracia de Edom   21:11-12
    La suerte de Arabia   21:13-17
    La destrucción pendiente sobre Judá   22:1-14
    Juicio de Sebna el mayordomo   22:15-25
    Tiro juzgado y restaurado   23:1-18

La visión panorámica de las naciones, es vitalmente relacionada al reino y sus proyectos en los precedentes capítulos. Durante el último siglo y la mitad de la existencia nacional de Judá, desde el tiempo de Isaías hasta la caída de Jerusalén, reyes y reinos caen y surgen. Para el pueblo de Judá y Jerusalén, que tuvo la conciencia de que eran el pueblo elegido por Dios, mediante el cual Sión sería definitivamente restablecido, al final, esas profecías que implicaban a otras naciones eran vitalmente significativas.

Varios temas básicos se hacen aparentes en los mensajes concernientes a las naciones. Aunque presentados en los precedentes doce capítulos, están más totalmente desarrollados e interrelacionados en este pasaje. Asiria, que fue el problema número uno para Judá, en Isaías y subsiguientes períodos recibe poca consideración en este pasaje. La atención queda enfocada sobre otras naciones prominentes.

La soberanía y la supremacía de Dios son básicas a través de la totalidad de este pasaje. El título de "Dios de los Ejércitos" se da por lo menos 23 veces en estos 11 capítulos. Isaías reconoce a Dios como tal cuando vio al "Rey, Jehová de los Ejércitos" al tiempo de su llamada para el ministerio profético (6:5).[16] En el Señor de los ejércitos, que utiliza a Asiria como una vara para el juicio, descansa la seguridad del establecimiento de un reino que durará para siempre (9:7).

Los propósitos y planes de este Señor están frecuentemente expresados en todos los mensajes que conciernen a las naciones. El juicio procedente de Dios, no caerá sobre las naciones por accidente, sino de acuerdo con un plan divino.

El orgullo y la arrogancia son castigados cuando Dios es olvidado, sin importar que ello ocurra en naciones paganas, en Israel, en Judá o en cualquier individuo como Sebna el mayordomo (22:15-25). Ninguna persona altanera ni orgullosa, ni ninguna nación con este pecado podrá escapar al juicio divino.

El ejemplo más gráfico está en los capítulos iniciales de este pasaje (13:1-14:27). Babilonia, con su rey será también enjuiciada. Aunque el apogeo de su fuerza en Babilonia estaba todavía en el futuro, Isaías predijo en los días de Ezequías (39) que Babilonia sería responsable del cautiverio de Judá. Para la gente que sobreviviese a la destrucción de Jerusalén, bajo el poder de Babilonia, esos capítulos tuvieron que haber tenido una vital y especial importancia. El juicio aguardaba a este reino que fue temporalmente utilizado en el plan de Dios para purgar a Judá de sus pecados. Por aquel tiempo, el pueblo ya había sido testigo de la caída de Asiria y este pasaje les aseguraba de que Babilonia sería igualmente juzgada.

Aunque Babilonia está específicamente mencionada, el rey de Babilonia no está identificado. Los comentarios difieren ampliamente en relacionar esto, a varios reinos y numerosos reyes de Babilonia o Asiria. El principio básico, no obstante, es que cualquier nación o individuo que se exalte a sí mismo por encima de Dios, será destronado más pronto o más tarde por el Señor de los Ejércitos. Las dificultades de relacionar los detalles de este pasaje a Babilonia históricamente, y la falta de acuerdo en identificar este rey en la historia, puede sugerir que lo que se implica es mucho más que un poder temporal o un gobernante determinado. Este rey arrogante puede representar las fuerzas del mal que se oponen a Dios, aparentes en la raza humana desde la caída del hombre (Gén. 3.). Este poder del mal implicará a individuos o naciones en oposición al Omnipotente hasta el juicio final, cuando Dios actúe de una vez por todas. La destrucción de la nación del mal, representada por Babilonia, es igualada a la suerte corrida por Sodoma y Gomorra, que nunca volvieron a ser repobladas. La deposición del tirano o del malo, representado por el rey de Babilonia, indica que todos aquellos que están asociados con él serán destruidos, suprimiendo así toda oposición. La finalidad de la destrucción es significativa.

Por contraste, el tema de la restauración de Israel y las esperanzas de su reino, aparece por todo este pasaje. La seguridad de que Israel tendrá un reino universal con Sión como capital, presentado en 2, era el tema prin-

---

16. En cuatro de las referencias el título aparece como «Señor, Jehová de los ejércitos». Cuando David desafió a Goliat, fue en «el nombre de Jehová de los ejércitos, el Dios de los escuadrones de Israel», I Sam. 17:45.

cipal en 7-12, donde un énfasis especial se enfoca sobre el gobernante justo. En esos capítulos el tema de las últimas esperanzas de Israel, no se olvidan. Es el Señor de los ejércitos quien decretó la caída de Babilonia (21:10). Israel es todavía la herencia de Dios (19:25) aunque tenga que ser temporalmente juzgada. No solamente será restaurada la nación de Israel (14:1-2) sino que permitirá a los extranjeros que se refugien en ella. Sión fue fundado por el Señor (14:32) y será el recipiente de ofrendas (18:7). Mientras otras naciones y reyes son juzgados, un gobernante justo será establecido sobre el trono de David (16:5). Tales fueron las promesas sin paralelo de restauración repetidamente dadas a Israel para tranquilidad y esperanza en los períodos en que los israelitas fueron sometidos a los juicios de Dios.

IV.	Israel en un puesto mundial	24:1-27:13
	La destrucción de Jerusalén	24:1-13a
	El remanente justo y el malvado informe al Señor	
	de los ejércitos en Sión	24:13b-23
	Canto de alabanza por los redimidos	25:1-26:6
	Oración del remanente en la tribulación	26:7-19
	Seguridad de liberación y retorno a	
	monte Sión	26:20-27:13

En esos capítulos, el remanente se convierte en el punto focal de interés. Por toda la extensión de los períodos de juicio un remanente justo recibe la seguridad de supervivencia y se promete la restauración; podrá una vez más gozar de las bendiciones de Dios bajo el gobernante justo sobre monte Sión.

Los mensajes de Isaías fueron con frecuencia relacionados con acontecimientos contemporáneos. La condenación de Jerusalén había sido claramente anunciada en su capítulo de apertura y repetida enfáticamente en subsiguientes mensajes. En 24:1-13a, Isaías dibuja la ruína que espera a la amada ciudad de Judá. Jerusalén será desolada y sus puertas reducidas a ruínas. Esto se convirtió en una vívida realidad en el 586 a. C.

El remanente, sin embargo, es reunido desde distantes tierras de la costa y de los fines de la tierra (24:13ss.), mientras que el malvado es castigado por el Señor de los ejércitos. Las maravillas del cielo que contienen al sol y a la luna se hallan asociadas aquí al igual que en otros pasajes, con este gran juicio así que el Señor reine en Sión.[17] El contexto de este pasaje parece indicar un alcance a escala mundial. Lo que ocurra a aquellos que se opongan a Dios y el establecimiento del remanente en Sión, en un reino universal que no tiene fin, difícilmente puede quedar limitado a una local o nacional situación.

Es muy apropiado el canto de los redimidos que sigue en 25:1-26:6, en que ellos responden con acción de gracias y alabanza mientras que se gozan en su salvación y disfrutan de las bendiciones del Señor. El reproche, el sufrimiento y la vergüenza desaparecerán conforme Dios haga desaparecer todas las lágrimas y elimine la muerte.

La oración en 26:7-19, expresa el vehemente deseo del pueblo en tiempos de gran tribulación y sufrimiento antes de que sean vueltos a reunir.

---

17. Comparar Is. 13:10; 34:4; Joel 2:10-11; Mat. 24:29-30; Hechos 2:19-20, y numerosos otros pasajes.

Israel anhela la esperanza mientras está presa de la angustia y espera su liberación. Bajo gobierno de los malvados como víctimas de injusticias prevalecientes, ellos expresan su fe en Dios y su esperanza, apelando a El para Su divina intervención. La liberación está prometida en la réplica (26:20-27:13). Israel, la viña del Señor, será una vez más fructífera. Purgada de sus pecados, la gente será reunida, uno por uno, como el remanente para rendir culto al Señor en Jerusalén.

Las alianzas con extranjeros eran un constante problema en Jerusalén durante los días del ministerio de Isaías. Por intrigas políticas y la diplomacia, los jefes de Judá esperaban asegurar su supervivencia como nación al aliniarse con los victoriosos. Acaz reemplaza a su padre Jotam sobre el trono de David cuando el grupo pro-asirio gana el control sobre Judá en el 735. Desafía las advertencias de Isaías y hace una alianza con Tiglat-pileser en los primeros años de su reinado. Ezequías, el próximo rey, se une en alianza con Edom, Moab y Asdod para resistir a Asiria. Esta coalición anticipa el apoyo de Egipto; pero Asdod cae en el 711, mientras que las otras naciones ofrecen tributo a Asiria para impedir la invasión.

Isaías advierte constantemente contra la locura estúpida de confiar en otras naciones. El profeta denomina a esas alianzas un "acuerdo para la muerte". Por contraste, su consejo es que deberían colocar su fe en Dios, el verdadero Rey de Israel. Tanto si es Acaz, el rey impío, o Ezequías el gobernante creyente, quien responde con amistosas promesas a la embajada babilónica, el profeta Isaías no deja de llamar la atención a los jefes de Judá por depender de otras naciones en lugar de buscar a Dios para su liberación.

Ninguno de estos capítulos en esta sección, está específicamente fechado. Puesto que la alianza con Egipto recibe tan prominente consideración en 30-31, este pasaje entero puede estar fechado en los días de Ezequías cuando Judá tenía esperanzas de liberarse a sí mismo de la dominación asiria.[18] En los primeros años de Senaquerib este interés en la ayuda egipcia indudablemente planteó un grave problema en Jerusalén.

¿Refleja 28-29 el mismo fondo histórico? ¿Se refiere el "pacto con la muerte" en 28:15 a una alianza con Egipto en los días de Ezequías o podía referirse posiblemente a la hecha por Acaz con Tiglat-pileser en el 734 a. C.? La última opinión merece alguna consideración. Acaz, en vez de colocar su fe en Dios, ignora a Isaías haciendo una alianza con los asirios. El paso de la crisis de la guerra siroefraimítica y la suerte aparentemente venturosa de una unión judo-asiria en el 732, cuando Acaz, personalmente, se encuentra con Tiglat-pileser en Damasco, puede haber sido la ocasión de una excesiva celebración en Jerusalén. Acaz y sus impíos asociados, que

---

18. Ver Kissane, *op. cit.*, en discusión sobre los capítulos 28-29.

están apoyados por sacerdotes y profetas en la introducción del culto asirio en Jerusalén, probablemente constituye el auditorio de Isaías a quienes dirige las severas palabras de advertencia y de reproche en 28-29. Acaz y los que le apoyan, indudablemente, llegan a la conclusión de que el sobrecogedor azote de la invasión asiria (28:15) no afectará a Judá porque ha hecho un tratado con aquella poderosa nación.

Tanto si los primeros capítulos de este pasaje reflejan una alianza con Asiria o con Egipto, la advertencia es clara, de que tales propósitos acabarán en el fracaso. Donde Egipto está específicamente identificado (30:2), la advertencia explícitamente establece que la dependencia de la ayuda egipcia no está en los planes de Dios. La humillación y la vergüenza serán su destino. En 31:1-3, se hace un vívido contraste entre los egipcios, con sus caballos y carros de combate y el Señor, a quien Judá debería consultar. Cuando el Señor extienda su mano contra ellos, tanto los egipcios como aquellos a quienes ayuden, perecerán. Asiria, igualmente, será sacudida por el terror (30:31) y aplastada (31:8-9). Esto no se cumplirá por los esfuerzos del hombre, ni por la espada, sino por el decreto del Señor de Sión. Los fieros asirios serán destruídos y se convertirán en las víctimas de la traición (33: 1). Por último, la ira y la venganza de Dios se ejecutará sobre todas las naciones del mundo (34:1 ss.). En consecuencia, la confianza en cualquier nación mediante una alianza no puede nunca servir como adecuado substituto de una simple fe en Dios.

La antítesis a esta advertencia contra las alianzas políticas, es la admonición para confiar en Dios. La provisión está hecha en Sión y la promesa relacionada con su establecimiento de tal forma, que aquellos que ejerciten la fe, no tienen necesidad de estar ansiosos (28:16)[19] El plan de Dios para Sión, como está desarrollado en esos capítulos, permite una base razonable para la fe de los demás, quienes desean poner su fe en el Señor.

Dos simples ilustraciones sugieren que Dios tenía un propósito eterno en sus acciones con su pueblo (28:23-39). Un granjero no debe arar su campo repetidamente sin tener un propósito. Lo labra con objeto de sembrar, para que a su debido tiempo pueda recoger la cosecha. Tampoco el grano es trillado ni batido en una acción sin fin. El propósito del trillado es separar el grano de la paja. El propósito de Dios no es destruir Israel, sino evitar el juicio para la purificación de su pueblo, separando a las personas justas de las malvadas. Jerusalén, llamada Ariel, estará sujeta a juicio, pero el Señor de los ejércitos intervendrá y proporcionará su pronta liberación (29:1-8).

Aunque Israel sólo tiene una religión formal, honrando a Dios con los labios más bien que con el corazón (29:9-24), Dios traerá una transformación. Como un alfarero, Dios cumplirá su propósito. Israel será una vez más bendecido, volviendo a ganar prestigio, prosperando y multiplicándose, entre todas las naciones. Aunque es un pueblo rebelde (30:8-14), tiene la seguridad de la restauración de la fe en Dios (30:15-26).

La justicia prevalecerá bajo el justo rey de Sión (32:1-8) y esta futura esperanza no ofrece excusa para la complacencia. El pueblo de Jerusalén, está advertido de que el juicio y la destrucción precederán a esas bendiciones

---

19. «Precipitarse» es el significado usual de este verbo. Los griegos lo leen como «no será avergonzado» y así está anotado en Rom. 9:33. Un nombre substantivo de la misma raíz utilizado en Job 20:2, significa «ansiedad». Ver Kissane, *op. cit.*, como referencia.

hasta que el Espíritu se manifieste desde lo Alto (32:9-20). La oración del sufrimiento y la de los afligidos (33:2-9) no quedará sin recompensa. Los pecadores serán juzgados, mientras que el remanente justo gozará de las bendiciones del Señor (33:10-24).

A su debido tiempo se producirá la reunión de todas las naciones para un juicio del mundo y la restauración de Sión (34-35). Previamente ya fue indicado que Dios cernería las naciones en el cedazo de la destrucción (30: 27-28). Incluso los ejércitos de los cielos responderán cuando el juicio sea ejecutado. Edom, que representaba una avanzada civilización desde el siglo XIII al VI a. C.[20], y era extremadamente rica en los tiempos de Isaías[21], es presentada tras todas las naciones del mundo que están sujetas al juicio. Sión y Edom representan respectivamente el lugar geográfico para las bendiciones de Dios y sus juicios. Puesto que el día de la venganza es un tiempo de recompensa para la causa de Sión, este juicio podría ser difícilmente restringido a Edom. Muchas otras naciones fueron y han sido culpables de ofender a Sión.

La gloria de Sión, como está dibujada en 35, permite un esperanzador contraste a los horribles juicios de Dios sobre las naciones pecadoras. Los que queden volverán a la tierra prometida, que ha sido transformada de un desierto en un país de abundancia. Dios ha redimido a sus justos de las garras de los opresores y los retornará a Sión para gozar de una felicidad imperecedera. Sión triunfará sobre todas las naciones.

VI. El juicio de Jerusalén demorado   36:1-39:8
     Milagrosa liberación de Asiria   36:1-37:38
     La recuperación de Ezequías y salmo
     de alabanza   38:1-22
     Predicción del cautiverio de Babilonia   39:1-8

Estos capítulos[22] han sido varias veces etiquetados con el nombre de "El libro de Ezequías". El rey de Judá es confrontado con el ultimatum de rendir Jerusalén a los asirios. Oralmente al igual que por escrito, Senaquerib intenta desconcertar a Ezequías y a su pueblo, acosándolos respecto a confiar en Egipto o confiar en Dios para su liberación. Sarcásticamente, el rey asirio incluso ofrece a Ezequías dos mil caballos si él tiene jinetes para montarlos. Haciendo una lista con la serie de ciudades conquistadas cuyos dioses no han ayudado en nada, Senaquerib afirma que él está enviado por Dios y que la oración por el remanente de Judá es ridícula. Ezequías se refugia en la oración, extendiendo literalmente la carta ante él, conforme apela a Dios para su liberación.[23]

Isaías anuncia decididamente y con valentía la seguridad de Jerusalén. Incluso aunque la presencia de los asirios haya entorpecido la siega de

---

20. Ver Nelson Glueck, *The Other Side of the Jordan* (New Haven, Conn.: 1940), pp. 145 y ss.
21. Ver Pritchard, *op. cit.*, pp. 291-292.
22. Aunque Kissane, *op. cit.*, Vol. I, p. 395, mantiene la unidad de Isaías, sugiere que los capítulos 35-39 fueron originalmente compilados por el autor de Reyes. El anota a J. Knabenbauer, *Commentarius in Isaiam Prophetam*, ed. F. Zorrell, 1922 y N. Schlogl, *Das Buch des Propheten Jesaia* (Viena, 1915) como los eruditos que apoyan el origen de estos capítulos como de Isaías, que son sobre Ezequías más tarde incorporados en II Reyes.
23. Para una probable secuencia cronológica de los acontecimientos registrados aquí, ver páginas 208-210.

las cosechas para la próxima recolección, los invasores serán expulsados a tiempo para segar lo que haya crecido de la siembra. La grave enfermedad de Ezequías ocurre, aparentemente, durante este período de presión internacional. Cuando Isaías le advierte de que se prepare para la muerte, Ezequías ora seriamente, recibiendo la seguridad de parte de Isaías de que su vida será extendida a quince años más. La liberación de la amenaza asiria llega simultáneamente. La señal confirmatoria es el milagroso retorno de la sombra sobre el reloj de sol que Acaz había obtenido probablemente de Asiria mediante sus contactos personales con Tiglat-pileser.[24] En señal de gratitud por su liberación personal y la recuperación de la salud, Ezequías responde con un salmo de alabanza. Las felicitaciones por su restablecimiento, le llegan desde su embajada en Babilonia, enviadas por Merodac-baladán. La cordial recepción de Ezequías de los babilonios, es la ocasión para una significativa predicción. La indagación de Isaías implica esperanzas de que los babilonios ayudarían a Judá a desprenderse de la supremacía asiria. En simples aunque firmes palabras, el profeta advierte a Ezequías que los tesoros serán llevados a Babilonia y que sus hijos servirán como eunucos en el palacio babilónicos. Incluso en el apogeo del poder de Asiria, Isaías predice el cautiverio de Babilonia para Judá, 75 años antes de los días de la supremacía de Babilonia. Aunque la situación internacional (ca. 700 a. C.) pudo haber garantizado un pronóstico de la capitulación de Judá al poder de Asiria, Isaías específicamente predice el exilio de Judá en Babilonia. Su cumplimiento no está fechado más allá de la declaración de que ocurriría subsiguientemente al reinado de Ezequías.

VII. La promesa de la liberación divina · · · · · · 40:1-56:8
 Tranquilidad mediante la fe en Dios · · · · 40:1-31
 Israel como siervo elegido de Dios · · · · 40:1-29
 El ideal contra el sirviente pecador · · · · 42:1-25
 Israel recobrado del cautiverio de Babilonia · · · · 43:1-45:25
 Babilonia demolida con sus ídolos · · · · 46:1-47:15
 Llamada de Dios al Israel pecador · · · · 48:1-50:11
 Israel alertada en la esperanza · · · · 51:1-52:12
 Liberación mediante un siervo que sufre · · · · 52:13-53:12
 Salvación para Israel y los extranjeros · · · · 54:1-56:8

La promesa de la liberación divina en 40-56 no está necesariamente relacionada a cualquier particular incidente del tiempo de Ezequías. La perspectiva de este pasaje es el exilio de Israel en Babilonia[25] En los últimos años de su ministerio, Isaías pudo muy bien haber estado preocupado con las necesidades del pueblo que iba a ser llevado al exilio cuando Jerusalén fuese dejado en ruinas y la existencia nacional de Judá terminada, a manos de los babilonios. La ascendencia del malvado Manasés al trono de

24. Ver Kissane, op. cit., y como referencia Is. 38:7-8.
25. Ver Dr. Moritz Drechsler, Der Prophet Jesaja Ubersetz und Erklärt, Zweiter Theil, Zweit Hälfte (ed. por Franz Delitzsch y August Hahn). Puesto que Drechsler no completó su trabajo sobre Isaías, el comentario en los capítulos 40-66 es ampliamente el trabajo de Hahn. En un apéndice a este comentario, Delitzsch desarrolla el punto de vista de que Isaías 40-66 no reflejan los días de Ezequías incluso aunque está escrito por Isaías; sino que está escrito desde la situación del exilio en Babilonia. E. J. Young, op. cit., p. 20, considera este apéndice como una «característica especialmente valedera» del comentario de Drechsler.

David, indudablemente, obscurece los proyectos inmediatos de los justos que quedan en el pueblo. Seguramente con Isaías ellos anticiparon la inminencia de la condenación de Judá al ser testigos del derramamiento de sangre inocente en Jerusalén. Para Isaías, el exilio que ha de producirse es cierto. Que Babilonia sea el destino de su exilio final es igualmente cierto, puesto que él, específicamente indica esto en su mensaje a Ezequías (39). Las condiciones del exilio son bien conocidas para Isaías y su pueblo en Jerusalén. Los asirios no solamente se llevan el pueblo de Samaria al exilio en el 722, sino en las conquistas de las ciudades en Judá por Senaquerib en el 701, e indudablemente, muchos de los conocidos por Isaías fueron llevados cautivos. Cartas e informes procedentes de aquellos exiliados retratan las condiciones prevalecientes entre ellos.

Con hechos históricos y las predicciones de 1-39 como fondo, Isaías tiene un mensaje más apropiado de esperanza y tranquilidad para aquellos que anticiparon el exilio de Babilonia. Muchos detalles se hacen significativos como algunas predicciones se convierten en históricas en subsiguientes períodos. En todas las ocasiones, no obstante, es un mensaje de seguridad y esperanza para aquellos que han puesto su confianza y su fe en Dios.

Varios temas se entremezclan a todo lo largo de este magnífico pasaje. Con la liberación como tema básico, no solamente están la seguridad y la esperanza dadas, sino la provisión para el cumplimiento de estas promesas, que se encuentran vívidamente descritas. En alcance y magnitud, lo mismo que en excelencia literaria, este gran mensaje es insuperable. Sin duda, fue una fuente de tranquilidad y bendición para el auditorio inmediato de Isaías al igual que para aquellos que fueron al exilio de Babilonia.

La liberación y restauración se desarrollan en tres aspectos: el retorno de Israel del cautiverio bajo Ciro, la liberación del pecado, y el definitivo establecimiento de la justicia cuando Israel y los extranjeros gozarán para siempre de las bendiciones de Dios. El alcance del cumplimiento cubre un largo período de tiempo. El cumplimiento inicial llena en parte con el retorno de la cautividad bajo Zorobabel, Esdras y Nehemías; la expiación por el pecado se produjo históricamente en tiempos del Nuevo Testamento, y el establecimiento del reino universal está todavía pendiente.

La garantía de esta gran liberación, descansa en Dios que puede realizar todas las cosas. Como cautivos buscando socorro y ayuda, el pueblo no necesitó un mensaje de condenación. Aquellos que estuvieron sujetos a la realidad del exilio, fueron conscientes de su pasado pecado por el que estaban sufriendo de acuerdo con las advertencias del profeta Isaías. Para inspirar la fe y asegurar la tranquilidad Isaías, recarga el énfasis sobre los atributos y características de Dios.

El capítulo de apertura presenta esta promesa de liberación con un magnífico estilo. Mientras que sufre en el exilio, Israel recibe la seguridad de la paz y el perdón por su iniquidad en preparación para la revelación de la gloria de Dios que será revelada ante todo el género humano, según Dios establece su gobierno en Sión. Omnipotente, eterno, e infinito en sabiduría, Dios creó todas las cosas, dirige y controla todas las naciones y tiene un perfecto conocimiento y comprensión de Israel en sus sufrimientos. Aquellos que esperan en Dios, prosperarán. La fe en el Omnipotente, que no puede ser comparado a los ídolos, proporciona paz y esperanza.

Este gráfico retrato de los infinitos recursos de Dios, es un apropiado preludio al majestuoso desarrollo del tema de la liberación. Las frecuentes referencias a Dios a todo lo largo de los siguientes capítulos, están basadas en la realización de que El no tiene limitaciones en el cumplimiento de sus promesas hechas a su pueblo. A todo lo largo del pasaje, los planes y propósitos de Dios están entremezclados con la seguridad de la liberación. Las palabras de tranquilidad tienen un seguro fundamento. El Señor Dios de Israel es único, incomparablemente grande, y trasciende en todas las obras de sus manos. Con frecuencia, se presentan contrastes entre Dios y los paganos, dibujados vívidamente. El confiar en un dios hecho por el hombre (46:5-13) se hace irónicamente ridículo en contraste con la fe en el único Dios de Israel, el Señor de los ejércitos.[26]

El tema del sirviente es fascinante e intrigantemente interesante. Se repite veinte veces la palabra "siervo", presentado en 41:8 y mencionado finalmente en 53:11. La identidad del siervo puede ser ambigua en algunos aspectos. En un número de usos, el siervo es identificado en el contexto. Para una introductoria consideración de este pasaje, nótese que el siervo puede referirse a Israel o al siervo ideal que tiene un papel significativo en la liberación prometida.

El uso inicial de la palabra "siervo" está específicamente identificada con Israel (41:8-9). Dios eligió a Israel cuando llamó a Abraham y aseguró a su pueblo que serían restaurados y exaltados a la categoría de nación, por encima de todas las demás naciones. Sin embargo, Israel como siervo de Dios se muestra ciego, sordo y desobediente (42:19). Esto ya estaba indicado para Isaías en su llamada, de tal forma que el juicio fue anunciado sobre Judá pecador (1-6). Puesto que Dios creó y eligió esta nación, no la abandonará (44:1-2,21). Se asegura la liberación del exilio. Jerusalén será restaurada en los días de Ciro. Israel será devuelto del cautiverio de Babilonia (48:20).

Al principio de este pasaje el siervo ideal está identificado como un individuo mediante el cual Dios traerá la justicia a las naciones (42:1-4). Este siervo, también elegido por Dios, será dotado por el Señor con el Espíritu de tal forma que no fallará en cumplir el propósito de establecer la justicia en la tierra y extender Su ley en tierras distantes (Is. 2:1-5 y 11: 1-16). En contraste con la nación que fue elegida, pero que falló, el siervo ideal cumplirá el propósito de Dios.

Israel, en su fracaso, se encuentra en la necesidad de la salvación. Se ha de proveer la expiación por el pecado de Israel, el cual Dios prometió borrar. Para lograr esto, el siervo ideal (49:1-6) ha sido elegido, no sólo para llevar la salvación a Israel sino para ser la luz de los gentiles. Por último, este siervo tendrá todas las naciones postradas ante él (49:7 y 9:2-7). Antes de que esto se cumpla, no obstante, hay que hacer un sacrificio por el pecado. Este sirviente que tiene que ser exaltado (52:13) tiene primeramente que hacer expiación por el pecado, mediante el sufrimiento y la muerte. Así, el siervo ideal está identificado con el siervo del sufrimiento.

---

26. El nombre «Jehová» o «Señor» se da 421 veces en Isaías, 228 veces en 1-39 y 193 en 40-66. Para discusión sobre el particular, ver R. D. Wilson «The Names of God in the Old Testament», *Princeton Theological Review*, XVIII, 461 y ss. El título de «Señor de los ejércitos» se da 40 veces en 1-39. Mientras que este título es mencionado sólo seis veces en este pasaje, el «Señor de los ejércitos» está claramente identificado como el Dios de Israel que se cuida de ellos.

El siervo del sufrimiento está dramáticamente retratado en 52:13-53:12. Básicamente significativo es el hecho de que este siervo es inocente y justo. En contraste con Israel, que sufrió por su pecado en doble medida (40:2), este sirviente sufre solamente por el pecado de los demás. Mediante este sufrimiento, se proporciona la expiación.

El especial uso de la palabra "siervo" en 53:11, provee la imputación de justicia a aquellos cuyas iniquidades y pecados son perdonados mediante el sacrificio. Este siervo no vacilará ni fallará en el propósito para el que ha sido elegido. La redención está prometida con su muerte.

La inmediata preocupación de los exiliados en Babilonia es el proyecto de hacerlos volver a Jerusalén. Esto estaba prometido para el tiempo de Ciro, a quien Dios designó como un pastor. Mientras que Dios se sirvió de Asiria como de una vara en su mano para hacer el juicio (7-12), el gobernante Ciro será usado para llevar a los cautivos de vuelta a Jerusalén. Se promete una gran restauración mediante este siervo en la final exaltación de Sión por encima de todas las naciones (49:1-26). Esto ya había sido frecuentemente mencionado en precedentes capítulos. La sobresaliente y significativa liberación, sin embargo, es la provisión para la expiación por el pecado, hecha posible solamente mediante la muerte del siervo que sufre.

Esta salvación es tan única y diferente que Israel es alertada, en un magnífico lenguaje, de tomar nota del sufrimiento y la muerte del siervo ideal. Por tres veces Israel es amonestado a escuchar, en preparación para la liberación que va a llegar (51:1-8). Como Dios eligió a Abraham y le multiplicó para convertirle en una gran nación, así Sión será confortada con bendiciones universales y un triunfo imperecedero. En tres cantos siguientes, Israel es llamado a salir del sueño en que está inmersa (51:9-52:6). Los mensajeros son alertados para proclamar la paz y el bien en anticipación del retorno del Señor a Sión (52:7-12). Pero el mensaje de paz presentado en el siguiente pasaje, no es la liberación del exilio, sino la provisión para la liberación del pecado mediante el siervo que sufre (52:13-53:12).

Cuando el siervo retorna a Sión en triunfo, las naciones y reyes quedarán asombrados de que el exaltado siervo es el que no reconocieron en su sufrimiento. Como una raíz en tierra seca, ha prosperado. Despreciado y desechado, este hombre de dolores fue tratado con iniquidad y llevado como un cordero a la muerte. Desprovisto de justicia y de juicio fue condenado a la muerte por su misma generación. Pero Dios aceptó a este siervo en su muerte como sacrificio por el pecado, mediante el cual muchos obtuvieron la justicia. Por llevar sobre sí los pecados de muchos, a este siervo se le asegura una herencia y un despojo con el grande y el fuerte.

De una nación árida y sin frutos, Dios obtendrá un pueblo próspero (54:1-17). Israel es temporalmente juzgado y abandonado. De la misma forma que Dios permitió al destructor que llevase la destrucción y el juicio, así asegura también la prosperidad a su pueblo, personas que están identificadas como sus siervos. Ellos no serán puestos en la vergüenza y no serán derrotados, sino que poseerán las naciones y será establecida la justicia y la rectitud.

El mensaje de perdón y de esperanza, se expresa para uno y para todos en 55:1-56:8. La respuesta a esta gratuita invitación trae vida y bendiciones. Como el malvado abandona su camino y el hombre injusto sus pensamientos, puede gozar de la misericordia del Señor y obtener el perdón de Dios, ya que la explicación está provista en la muerte del siervo que sufre. La salvación es ofrecida al que se vuelve hacia Dios, al abandonar sus caminos del pecado. La disposición universal es aparente en el hecho de que los extranjeros y los eunucos se conformarán a los caminos del Señor. Las naciones extrañas y el pueblo lejano se asociarán por sí mismo con el Señor. El templo será la casa de oración para todos los pueblos. Los sufrimientos del alma serán satisfechos por la acción del hombre de dolores, y muchos individuos procedentes de todas las naciones se convertirán en justos servidores del Señor.

VIII. El reino universal de Dios establecido   56:9-66:24
      La justicia propia frente a las normas de Dios   56:9-59:21
      El redentor trae bendiciones a Sión   60:1-63:6
      Dios discierne al genuíno   63:7-65:16
      El nuevo cielo y la nueva tierra   65:17-66:24

Habiendo desarrollado el tema de la liberación tan adecuadamente, Isaías revierte a las condiciones contemporáneas de su pueblo. La gloria de Sión en su último estado, tiene significación solo como el individuo tiene la seguridad de la participación, de aquí la comparación entre lo justo y lo injusto.

En los capítulos de apertura, se ponen de manifiesto de forma aguda, las distinciones (56:9-59:21) entre las prácticas religiosas como las observaba Isaías y los requerimientos de Dios. La resquebrajadura entre lo dispuesto por Dios y lo que hacen los hombres son tan obvias, que este pasaje representa un llamamiento al individuo para que se aparte de la práctica corriente y se conforme a los requerimientos de la verdadera religión.

La idolatría y la opresión del pobre prevalecen entre el laicado al igual que entre los jefes, quienes están considerados como guardianes ciegos (56:9-57:13). Simultáneamente, oran y ayunan esperando que Dios les favorezca con juicios justos (58:1-5). El pecado y la iniquidad en la forma de injusticia social, opresión, actos de violencia y derramamiento de sangre continua en abierta práctica (59:1-8). Dios está disgustado con tales acciones — el juicio y la condenación esperan al culpable (ver también capítulos 1-5).

Por contraste, Dios se deleita en la persona que es contrita y humilde de corazón (57:15). Los ayunos verdaderos que placen al Señor implican la práctica del evangelio social: apartarse de los malvados, alimentar al hambriento, y aliviar al oprimido (58:6 ss. Ver también cap. 1). Esas personas tienen la seguridad de recibir respuesta de sus oraciones, de guía y abundantes bendiciones (v. 11). Aquellos que substituyen el placer y los negocios en el día santo de Dios con una genuina y sincera complacencia en Dios, tienen asegurada la promesa de Su favor (vss. 13-14). La conformidad y la práctica ritualística no reunen los requerimientos de Dios para la verdadera religión.

Puesto que los pecados nacionales e iniquidades separaron al hombre de Dios (59:1-15a), El asegura al pueblo justo la divina intervención y la liberación enviando un redentor a Sión. Cuando El no encuentra a ninguno en la raza humana que pueda intervenir adecuadamente, envía al redentor vestido con ropas de venganza, portanto el peto de la justicia y el yelmo de la salvación. Este vindicará al justo (59:15b-21).

La gloriosa perspectiva de Sión, está dibujada una vez más con la venida del redentor para establecer a Israel como el centro y el deleite de todas las naciones (60:1-22). Esta capital será conocida como la cuidad del Señor y el Sión del Santo de Israel. La gloria de Dios se extenderá tan universalmente que el sol y la luna no serán precisos ya más. Este reinado continuará para siempre, como está previamente indicado por Isaías 9:2-7 y otros pasajes similares. La fecha del cumplimiento de todo ello, no está indicada más allá de la simple y conclusiva promesa de que Dios la aportará a su debido tiempo.

En preparación por la gloria venidera que será revelada, Dios envía a Su mensajero a Sión, ungido por el Espíritu del Señor (61:1-11). Este mensajero vendrá con buenas nuevas para proclamar el tiempo del favor de Dios, cuando el desgraciado sea aliviado, los cautivos pueden ser dejados en libertad, los doloridos sean confortados y la desesperación se convierta en alabanza. El pueblo de Dios será conocido como los sacerdotes del Señor mientras que otros conocerán las bendiciones divinas con su ministerio. La justicia y la alabanza se elevarán desde todas las naciones.

La vindicación y restauración de Sión sigue en orden natural (62:1-63:6). Sión, que ha sido olvidado y desolado, se convertirá en la delicia de Dios al gozar en su pueblo, como un novio lo hace con su novia. Los que aguardan, son alentados a apelar a Dios día y noche hasta que Jerusalén sea establecida como la alabanza de las naciones.

Una vez más, las líneas de demarcación están claramente establecidas en los capítulos siguientes (63:7-65:16) entre los que recibirán las bendiciones del Señor y los ofensores que estarán sujetos a la maldición de Dios. El pasaje inicial (63:7-64:12), representa un llamamiento a Dios en solicitud de ayuda y socorro. Sobre la base del favor de Dios, para Israel en el pasado, la oración expresa una demanda para la divina intervención. Dios es vituperado por ser la causa de los errores del pueblo y del endurecimiento de su corazón (63:17), entregándoles al poder de la iniquidad (64:7), y haciendo de ellos lo que son. La respuesta de Dios a su oración (65:1-7) refleja su actitud hacia el que es justo por sí mismo quien le ha ignorado durante el tiempo que estuvo disponible. Ellos han menospreciado sus llamamientos y fracasaron en volver a él en el día de la misericordia — su apelación de justicia propia llega demasiado tarde.

El día del juicio está sobre ellos (65:8-16). Aquellos que no respondieron al llamamiento de Dios ni escucharon cuando El habló de que estaban condenados, ignoraron la misericordia de Dios que antecede al juicio. Por contraste, los siervos de Dios, mencionados siete veces en estos nueve versos, son los receptores de sus eternas bendiciones.

Finalmente, Isaías describe las últimas bendiciones para los justos en Sión en términos de un nuevo cielo y una nueva tierra (65:17-66:24). Jerusalén de nuevo es el punto focal desde donde tales bendiciones se extenderán universalmente. Las condiciones de paz prevalecerán incluso entre los animales. Incluso aunque el cielo es trono de Dios y la tierra su escabel, El se deleita en los hombres que han sido humildes y contritos en espíritu. Aunque hayan estado sujetos al desprecio y el ridículo, triunfarán en el establecimiento de Sión, mientras que los ofensores estarán todos sujetos a la condenación. Conforme sean juzgados los enemigos, se hará aparente que Dios tiene sus manos extendidas sobre sus siervos.. Los redimidos procedentes de todas las naciones, compartirán las bendiciones de Sión, mientras aquellos que se rebelaron estarán sujetos a un castigo que no tendrá fin (66:24).

BIBLIOGRAFÍA SELECTA

Libros en castellano

ALEXANDER, J. A. *Commentary on Isaiah*. Grand Rapids: Kregel Publications, 1992.

BEECHER, WILLIS A. *The Prophet and the Promise*. Nueva York: Thomas Y. Crowell Co., 1905.

FREEMAN, H. E. *An Introduction to the Old Testament Prophets*. Chicago: Moody Press, 1968.

GOTTWALD, N. *All the Kingdoms of the Earth*. Nueva York: Harper & Row, 1964.

* IRONSIDE, H. A. *Estudios sobre el libro de Isaías*. Terrassa, España: Editorial CLIE.

KISSANE, ED. J. *The Book of Isaiah*. Dublin: Browne and Nolan, Vol. I, 1941, The Richview Press, Vol. II, 1943.

LEUPOLD, H. C. *Exposition of Isaiah* (1-39). Grand Rapids: Baker Book House, 1968.

* MARTIN, ALFRED. *Isaías: La salvación del Señor*. Grand Rapids: Editorial Portavoz, 1990.

SCHULTZ, S. J. *The Prophets Speak*. Nueva York: Harper & Row, 1968.

* TRENCHARD, ERNESTO. *Introducción a los libros proféticos e Isaías*. Grand Rapids: Editorial Portavoz, 1972.

WALVOORD, J. *The Nations in Prophecy*. Grand Rapids: Zondervan Publishing House, 1967.

WINWARD, S. *A Guide to the Prophets*. Richmond: John Knox Press, 1969.

* YATES, K. *Los profetas del Antiguo Testamento*. El Paso: Casa Bautista de Publicaciones, 1954.

YODER, S. C. *He Gave Some Prophets*. Scottdale, Pa.: Herald Press, 1964.

YOUNG, E. J. *The Book of Isaiah*, I (1966), II (1968), III (1969), Grand Rapids: Wm. B. Eerdmans Publishing Co., 1952.

_____. *My Servants the Prophets*. Grand Rapids: Wm. B. Eerdmans Publishing Co., 1952.

_____. *Who Wrote Isaiah?* Grand Rapids: Wm. B. Eerdmans Publishing Co., 1958.

650. Nacimiento de Jeremías—fecha aproximada.
648. Nacimiento de Josías.
641. Acceso de Amón al trono de David.
640. Acceso de Josías.
632. Josías comienza su búsqueda de Dios—II Crón. 34:3.
628. Josías comienza las reformas.
627. La llamada de Jeremías al ministerio profético.
626. El acceso de Nabopolasar al trono de Babilonia.
622. El libro de la ley encontrado en el templo. La observancia de la Pascua.
612. Caída de Nínive.
610. Harán capturado por los babilonios.
609. Josías es asesinado. Joacaz reina por tres meses. El ejército asirio-egipcio abandona el sitio de Harán y se retira a Carquemis.
      Joacim substituye a Joacaz en Judá.
605. Los egipcios de Carquemis derrotan a los babilonios en Quramati. Los babilonios derrotan decisivamente a los egipcios en Carquemis. Primera cautividad de Judá. Joacim busca alianzas con Babilonia. Nabucodonosor accede al trono de Babilonia.
601. Batalla inconclusa entre babilonios y egipcios.
598. Muere Joacim. Sitio de Jerusalén.
597. Joaquín hecho cautivo tras los tres meses de su reinado. Segunda cautividad. Sedequías llega a ser rey.
588. El asedio a Jerusalén comienza el 15 de enero. Acceso de Hofra al trono egipcio.
586. 19 de Julio. Los babilonios entran en Jerusalén.
      15 de Agosto. Quema del templo.
      Gedalías muere. Emigración a Egipto.

Capítulo **XIX**

Jeremías—un hombre de fortaleza

Vivir con Jeremías, es comprender a su pueblo, su mensaje, y sus problemas. El tiene mucho que decir a su propia generación conforme les advierte de la condenación que se cierne sobre ella. Pero comparado con Isaías dedica relativamente poco espacio a las futuras esperanzas de restauración. El juicio es inminente en este tiempo, especialmente tras la muerte de Josías. Se concentra en los problemas corrientes en un esfuerzo para hacer volver hacia Dios a su generación. Un hombre con un vital mensaje durante los últimos cuarenta años de la existencia nacional de Judá como reino, Jeremías relata más de sus experiencias personales, que lo que hace cualquier otro profeta en tiempos del Antiguo Testamento.

Un ministerio de cuarenta años[1]

Por el tiempo en que Manasés anunció el nacimiento del príncipe heredero de la corona, Josías, el nacimiento de Jeremías en Anatot seguramente recibió poca atención.[2] Habiendo crecido en este poblado a sólo cinco kilómetros al nordeste de la capital, Jeremías se hizo versado en las gentes corrientes que circulaban por toda Jerusalén.

Josías llegó al trono a la edad de ocho años, cuando Amón fue muerto (640 a. C.). Ocho años más tarde, se hizo evidente que el rey de dieciseis años ya estaba preocupado con la obediencia hacia Dios. Tras cuatro años

---

1. Ver cap. XIV para un panorama de los acontecimientos políticos durante la vida de Jeremías.
2. S. L. Caiger, *Lives of the Prophet* (Londres, 1949), p. 174, sugiere que Jeremías tenía doce años en el 640 a. C., fechando su nacimiento en el 652 y haciéndole cuatro años mayor que Josías. E. A. Leslie, *Jeremiah*, p. 22, y J. Skinner, *Prophecy and Religion*, p. 24, sugiere que Jeremías tenía unos 20 años cuando sucedió su llamada. Esto podría fechar su nacimiento después del 648 a. C.

más, Josías tomó medidas positivas para purgar a su nación de la idolatría. Santuarios y altares de dioses extraños fueron destruídos en Jerusalén y otras ciudades desde Simeón, al sur de la capital, hasta Neftalí, en el norte. Durante sus primeros años, Jeremías tuvo que haber oído frecuentes discusiones en su hogar respecto a la devoción religiosa del nuevo rey.

Durante el período de esta reforma a escala nacional Jeremías fue llamado al ministerio profético, alrededor del 627 a. C. Donde estaba o cuando lo recibió, no se halla registrado en el capítulo 1. Por contraste con la majestuosa visión de Isaías o la elaborada revelación de Ezequiel, la llamada de Jeremías es única en su simplicidad. No obstante, él se vio definitivamente llamado por la divina Potestad para ser un profeta. En dos simples visiones, esta llamada fue confirmada. La vara de almendro significa la certidumbre del cumplimiento de la palabra profética, mientras que la olla hirviente indica la naturaleza de su mensaje. Conforme se hizo consciente de que encontraría mucha oposición, también recibió la divina seguridad de que Dios le fortificaría y le haría capaz de soportar los ataques y que le liberaría en tiempos de dificultades.

Poco es lo que se indica en los registros escriturísticos que conciernan a las actividades de Jeremías durante los primeros dieciocho años de su ministerio (627-609). Tanto si participó o no en las reformas de Josías públicamente, que comenzaron en el 628 y culminaron con la observancia de la pascua en el 622, no está registrado por los historiadores contemporáneos ni por el propio profeta. Cuando fue descubierto en el templo "El libro de la ley", era la profetisa Hulda y no Jeremías quien explicaba su contenido al rey. Sin embargo, la simple declaración de que Jeremías lloró la muerte de Josías en el 609 (II Crón. 35:25) y el común religioso de ambos, tanto el profeta como el rey, garantizan la conclusión de que él apoyó activamente la reforma de Josías.

Es difícil de determinar cuantos mensajes de Jeremías registrados en su libro, reflejan los tiempos de Josías. El cargo de que Israel era apóstata (2:6) está generalmente fechado en los primeros años de su ministerio.[3] Incluso aunque el renacimiento nacional no había llegado a la masa, es muy verosímil que una abierta oposición a Jeremías, se sucediera en su mínima expresión en los tiempos de Josías y su reinado.

Aunque el problema nacional de la interferencia asiria había disminuído, de forma que Judá gozaba de una considerable independencia bajo Josías, los acontecimientos internacionales en la zona Tigris-Eufrates llegaron hasta Jerusalén y se observaron con el mayor interés. Indudablemente, cualquier temor de que el resurgir del poder babilonio en el este hubiera tenido serias implicaciones para Jerusalén, estaba atemperado por el optimismo de la reforma de Josías. Las noticias de la caída de Nínive en el 612, seguramente fue muy bien recibida en Judá como la seguridad de no sufrir más interferencias por parte de Asiria. El temor de la reavivación del poder asirio, hizo que Josías se aprestara con prontitud a bloquear a los egipcios en Meguido (609 a. C.), evitando una ayuda de los asirios que se estaban retirando ante el avance de las fuerzas de Babilonia.

---

3. Para un arreglo cronológico del libro de Jeremías, ver Elmer A. Leslie, *Jeremiah* (Nueva York: Abingdon Press, 1954). En este arreglo, él asume (p. 113) que Jeremías permaneció silencioso desde el 621 al 609 a. C.

La súbita muerte de Josías fue crucial para Judá, al igual que para Jeremías personalmente. Mientras que el profeta lamentaba la pérdida de su piadoso rey, su nación estaba arrojada a un torbellino de conflictos internacionales. Joacaz no reinó sino tres meses antes de que Necao de Egipto, le tomara prisionero y colocase a Joacim sobre el trono de David en Jerusalén. No solamente hizo este súbito cambio de los acontecimientos que Jeremías se quedase sin el apoyo político piadoso de su pueblo, sino que incluso quedó abandonado a las fechorías de los jefes apóstatas que gozaban del favor de Joacim.

Los años 609-586 fueron los más difíciles, sin paralelo en todo el Antiguo Testamento. Políticamente, el sol se ponía para la existencia nacional de Judá, mientras que toda serie de conflictos internacionales arrojaban sus sombras de extinción, que por último, dejaron a Jerusalén reducido a ruínas. En cuestiones religiosas, la mayor parte de los viejos malvados eliminados por Josías, retornaron bajo el gobierno de Joacaz. Los ídolos cananeos, egipcios y asirios fueron abiertamente instaurados, tras el funeral de Josías.[4] Jeremías, sin temor y persistentemente, advertía a su pueblo del desastre que se avecinaba. Puesto que ministraba a una nación apóstata con un gobierno impío, estaba sujeto a la persecución de sus mismos conciudadanos. Una muerte por el martirio, indudablemente habría sido un alivio comparado con el constante sufrimiento y la angustia que soportaba Jeremías, mientras continuaba su ministerio entre un pueblo cuya vida nacional se hallaba en el proceso de desintegración. En lugar de obedecer al mensaje de Dios, entregado por el profeta, perseguían al mensajero.

Crisis tras crisis llevaron a Judá a una más próxima destrucción mientras que las advertencias de Jeremías continuaban ignoradas. El año 605 a. C., marcó el comienzo del cautiverio de Babilonia para algunos de los ciudadanos de Jerusalén, mientras que Joacim solicitaba una alianza con los invasores babilonios.[5] En la lucha de Egipto y Babilonia durante el resto de su reinado, Joacim cometió el fatal error de rebelarse contra Nabucodonosor, precipitando la crisis del 598-7. No solamente la muerte acabó bruscamente con el reinado de Joacim, sino que su hijo Joaquín y aproximadamente diez mil ciudadanos destacados de Jerusalén fueron llevados al exilio. Esto dejó a la ciudad con una débil semblanza de existencia nacional, mientras que las clases remanentes más pobres, controlaban el gobierno bajo el mando del rey marioneta Sedequías.

La lucha política y religiosa continuó por otra década conforme las esperanzas nacionales de Judá iban esfumándose. A veces, Sedequías se preocupaba respecto al consejo de Jeremías; pero con más frecuencia cedía a la presión del grupo pro-egipcio en Jerusalén que favorecía la rebelión contra Nabucodonosor. En consecuencia, Jeremías sufría con su pueblo mientras que aguantaban el asedio final de Jerusalén. Con sus propios ojos, el fiel profeta vio el cumplimiento de las predicciones que los profetas anteriores a él habían pregonado tan frecuentemente. Tras cuarenta años de pacientes advertencias y avisos, Jeremías fue testigo del horrible resultado: Jerusalén fue reducido a un humeante montón de ruínas y el templo destruído por completo.

---

4. Ver Caiger, *op. cit.*, p. 194.
5. D. J. Wiseman, *Chronicles of Chaldean Kings*, p. 26.

Jeremías se encaró con mayor oposición y encontró más enemigos que cualquier otro profeta del Antiguo Testamento. Sufrió constantemente por el mensaje que proclamaba. Cuando rompió el cacharro de arcilla ante la pública asamblea de los sacerdotes y los ancianos en el valle de Hinom, fue arrestado en el atrio del templo. Pasur, el sacerdote, le golpeó y lo puso amarrado a las vallas durante toda la noche (19-20). En otra ocasión, proclamó en el atrio del templo que el santuario sería destruido. Los sacerdotes y los profetas se levantaron contra él en masa y pidieron su ejecución. Mientras Ahicam y otros príncipes se unieron en la defensa de Jeremías, salvando su vida, Joacim derramó la sangre de Urías, otro profeta que había proclamado el mismo mensaje (26).

Un encuentro personal con un falso profeta llega en la persona de Hananías (28). Jeremías aparece públicamente describiendo el cautiverio de Babilonia, llevando un yugo de madera. Hananías se lo quitó, lo rompió y niega el mensaje. Tras una breve reclusión, Jeremías aparece una vez más como portavoz de Dios. De acuerdo con su predicción, Hananías muere antes de que se acabase aquel año.

Otros falsos profetas se mostraron activos en Jerusalén, lo mismo que entre los cautivos en Babilonia, oponiéndose a Jeremías y a su mensaje (29). Entre estos, están Acab y Sedequías, quienes excitan a los cautivos a contrarrestar el aviso de Jeremías de que tendrían que permanecer 75 años en cautiverio. Semaías, uno de los cautivos, incluso escribió a Jerusalén para incitar a Sofonías y a sus sacerdotes colegas a enfrentarse con Jeremías y a meterle en prisión. Otros pasajes reflejan la oposición procedente de otros profetas cuyos nombres no se citan.

Incluso la gente de la misma ciudad se levanta contra Jeremías. Esto queda reflejado en las breves referencias de 11:21-23. Los ciudadanos de Anatot amenazaron con matarle si no cesaba de profetizar en el nombre del Señor.

Sus enemigos se encontraban igualmente entre los gobernantes. Bien recordado entre las experiencias de Jeremías, es su encuentro con Joacim. Un día, Jeremías envió a su escriba Baruc al templo a leer públicamente el mensaje de juicio, del Señor, con la admonición de arrepentirse. Alarmados, algunos de los jefes políticos informaron de aquello a Joacim; aunque avisaron a Jeremías y a Baruc de que se escondiesen. Cuando el rollo fue leído ante Joacim, éste despreció y desafió el mensaje, quemando el rollo en el brasero y ordenando en vano el arresto del profeta y su escriba.

Jeremías sufrió las consecuencias de una vacilante política bajo el gobierno débil de Sedequías. Esto llegó a hacerse especialmente crucial para el profeta, durante los años finales del reinado de Sedequías. Cuando el asedio de los babilonios fue levantado temporalmente, Jeremías fue arrestado a su salida de Jerusalén, con el cargo de simpatía hacia Babilonia y fue golpeado y encarcelado. Cuando terminó el asedio, Sedequías buscó el consejo del profeta. En respuesta a la repulsa de Jeremías, el rey le condenó a estar preso en el patio de guardia. Bajo presión, Sedequías de nuevo abandonó al profeta a la merced de sus colegas políticos, quienes arrojaron al profeta en una cisterna donde le dejaron que se ahogara en el cieno. Ebedmelec, un eunuco etíope, rescató a Jeremías y lo devolvió al cuerpo de guardia, donde Sedequías tuvo otra entrevista con él antes de la caída de Jerusalén.

Incluso después de la destrucción de Jerusalén, Jeremías es frustrado con frecuencia, en su intento de ayudar a su pueblo (42:1-43:7). Cuando los jefes desalentados y apátridas apelan finalmente a él para asegurar la voluntad de Dios sobre ellos, él espera en la guía del Señor. Pero cuando les informa de que deberían quedarse en Palestina con objeto de gozar de las bendiciones de Dios, el pueblo, deliberadamente, desobedece, emigra a Egipto, llevándose al anciano profeta con ellos.

Jeremías tuvo relativamente pocos amigos durante los días de Joacim y de Sedequías. El más leal y devoto fue Baruc que sirvió al profeta como secretario. Baruc registró por escrito los mensajes del profeta, y los leyó en el atrio del templo (36:6). Le sirvió también como administrador, mientras que Jeremías estuvo en prisión (32:9-14) y finalmente acompañó a su maestro a Egipto.

Entre los jefes de la comunidad que salvaron a Jeremías de la ejecución a las demandas de los sacerdotes y los profetas (26:16-24), estaban los príncipes conducidos por Ahicam. Durante el asedio a Jerusalén, cuando Jeremías fue abandonado a morir en el pozo, Ebedmelec demostró ser un verdadero amigo en la necesidad. Sedequías respondió con bastante interés personal para asegurar al profeta seguridad en el patio de guardia durante lo que quedó del asedio a Jerusalén.

Pasando a través de tiempos de oposición y de sufrimientos Jeremías experimentó un profundo conflicto interior. Un dolor penetrante hirió su alma al comprobar que su pueblo, endurecido de corazón, era indiferente a sus advertencias y avisos y sería sujeto a los severos juicios de Dios. Esta fue la causa de su llorar día y noche, no el sufrimiento personal que tuvo que soportar (9:1). Consecuentemente, el apelativo de "profeta llorón" para Jeremías denota fuerza y valor y la férrea voluntad de encararse con las amargas realidades del juicio que se cernía sobre su pueblo.

A lo largo de todo su ministerio, Jeremías no pudo escapar a la convicción, recibida de Dios, de que era Su mensajero. Fiel a la experiencia humana, se hundió en las profundidades de la desesperación en tiempos de persecución, maldiciendo el día en que había nacido (20). Cuando permanecía silencioso para evitar las consecuencias, la palabra de Dios se convertía en un fuego que le consumía impulsándole a continuar en su ministerio profético. Continuamente experimentó el divino sostén que le fue prometido en el capítulo uno. Amenazado con frecuencia y al borde de la muerte en las circunstancias de su vida, Jeremías estuvo providencialmente sostenido como un testigo viviente para Dios en los tiempos de completa decadencia para la vida nacional de Judá.

Cuánto vivió Jeremías tras sus cuarenta años de ministerio en Jerusalén, es algo desconocido. En Tafnes, la moderna Tel Defene en el delta del Nilo oriental, Jeremías pronunció su último mensaje fechado documentalmente (43-44).[6] Probablemente, Jeremías murió en Egipto.

El libro de Jeremías

Las divisiones del libro de Jeremías para un propósito de perspectiva, son menos aparentes que en muchos otros libros proféticos. Para un breve resumen de su contenido, pueden anotarse las siguientes unidades:

---

6. Sir Flinders Petrie excavó y verificó este lugar en 1883-1884. Ver G. A. Barton, *Archaeology and the Bible*, p. 28.

El moderno lector de Jeremías puede sentirse confuso por el hecho de que los acontecimientos fechados y los mensajes no se hallan en orden cronológico. Existen, por lo demás, muchos pasajes que no están fechados en absoluto. Por tanto, es difícil arreglar con absoluta certidumbre el contenido de este libro en cronológica secuencia.[7]

El capítulo 1, que registra la llamada a Jeremías, está fechado en el año décimo tercero de Josías (627 a. C.). Los capítulos 2-6 son generalmente reconocidos como el mensaje de Jeremías a su pueblo durante los primeros años de su ministerio (ver 3:6). En qué medida puede estar relacionado del 7 al 20 con el reino de Josías o el de Joacim, resulta verdaderamente difícil de determinar. Pasajes específicamente fechados en el reino de Joacim, son 25-26, 35-36, y 45-46. Los acontecimientos ocurridos durante el reinado de Sedequías están registrados en 21, 24, 27-29, 32-34, y 37-39. Los capítulos 40-44 reflejan los acontecimientos subsiguientes a la caída de Jerusalén en el 586 a. C., mientras que otros son difíciles de fechar.

En su ministerio, Jeremías estuvo asociado con los últimos cinco reyes de Judá. Cuando fue llamado a su ministerio profético, Jeremías tenía aproximadamente la misma edad que Josías, unos 21 años, quien estaba gobernando el reino desde que tenía ocho años.

Respondiendo a la divina llamada, Jeremías se dio perfecta cuenta del hecho de que Dios tenía un plan y un propósito para él, incluso antes del tiempo de su nacimiento. Estaba comisionado por Dios y divinamente fortalecido contra el temor y la oposición. Estaba también bien equipado: el mensaje no era suyo, él era solamente el instrumento humano a quien Dios confió Su mensaje para su pueblo.

---

7. Comentario por Leslie, *op. cit.*, que representa el más reciente intento de arreglar el libro de Jeremías de forma cronológica. Nótese también a Caiger, *op. cit.*, p. 222, y Davis, *Dictionary of the Bible*, en «Jeremiah».

Dos visiones suplementan su llamada. El almendro es el primero en mostrar signos de vida en Palestina con la llegada de la primavera. Tan cierto como el florecer de los almendros en enero, era la seguridad de que la palabra de Dios sería mostrada. La olla hirviente indica la naturaleza del mensaje, el juicio estallaría en el norte.

En su llamada, Jeremías es claramente informado de que tendrá que dar cara a la oposición. La esencia de su mensaje es el juicio de Dios sobre la Israel apóstata. En consecuencia, tiene que esperar la oposición procedente de reyes, príncipes, sacerdotes y del laicado. Con esta sobria advertencia, le llega la seguridad del apoyo de Dios.

La condición apóstata de Israel es impresionante (2-6). Los israelitas son culpables de haber desertado de Dios, la fuente de las aguas vivas y el hontanar de todas sus bendiciones. Como substituto, Israel ha buscado y elegido dioses extraños que Jeremías compara a cisternas rotas que no pueden contener agua. El rendir culto a dioses extraños es comparable al adulterio en las relaciones materiales. Como una esposa infiel abandona a su esposo, así Israel ha abandonado a Dios. El ejemplo histórico del juicio de Dios sobre Israel en el 722 a. C., debería ser suficiente aviso. Como un león rugiente en su cueva, Dios levanta a las naciones para que lleven el juicio sobre Judá. Israel ha despreciado la misericordia divina. El tiempo de la ira de Dios ha llegado y el mal que estalla sobre Judá es el fruto de sus propias culpas (6:19).

El auditorio de Jeremías se muestra escéptico respecto de la llegada del juicio divino (7-10).[8] Ignora sus valientes afirmaciones de que el templo será destruido, creyendo complacientemente que Dios ha elegido su santuario como su lugar de permanencia y en la confianza también de que Dios no permitirá que gobernantes paganos destrocen el lugar que estuvo saturado con su gloria en los días de Salomón (II Crón. 5-7). Jeremías señala a las ruínas que hay al norte de Jerusalén como evidencia de que el tabernáculo no salvó a Silo de la destrucción en tiempos pasados.[9] Y tampoco el templo asegurará a Jerusalén contra el día del juicio.

La obediencia es la clave para una recta relación con Dios. Por sus males sociales y la idolatría, el pueblo ha hecho del templo un refugio de ladrones incluso aunque continúen haciendo los sacrificios prescritos. La religión formal y ritual no puede servir como substituto para la obediencia hacia Dios.

Jeremías se siente amargado por el dolor y el sufrimiento al ver la indiferencia de su pueblo. Desea orar por su nación pero Dios prohibe la intercesión (7:16). En las ciudades de Judá y en las calles de Jerusalén, están rindiendo culto a otros dioses.[10] Es demasiado tarde para él, el querer interceder en su nombre. Mientras tanto, el pueblo encuentra su tranquilidad en

---

8. Leslie, op. cit., p. 114, y Anderson, Understanding the Old Testament, p. 331, identifican los capítulos 7 y 26 como el mismo incidente. T. Laetsch, Jeremiah (St. Louis, 1952), pp. 93 y ss., fecha el capítulo 7 en los días de Josías. Nótese en este análisis las razones avanzadas para la última fecha. Concluye que el capítulo 7 encaja dentro de las reformas josianas.

9. Aunque el relato escriturístico permanece en silencio, los eruditos generalmente reconocen la probabilidad de que Silo fue destruida en los días de Elí y Samuel. Ver W. F. Albright, Archaeology and the Religion of Israel, p. 104. Ver Jer. 7:12-14 y 26:6-9.

10. Para una discusión sobre la idolatría durante el tiempo de Manasés, la cual Josías trató de eliminar, pero que retornó tras su muerte, ver W. L. Reed, The Asherah in the Old Testament (Ft. Worth, Texas: Texas Christian University Press, 1949). También los comentarios por Laetsch y por Leslie a referencias de la Escritura.

el hecho de que son los custodios de la ley (8:8), y esperan que esto les salvará de la condenación predicha. Pero al profeta se le recuerda que el terrible juicio es cosa cierta.

Sintiéndose aplastado en su propia alma, Jeremías comprueba que la cosecha ha pasado, el verano ha terminado y su pueblo no será salvado. Quejumbrosamente demanda si es que no hay algún bálsamo en Galaad para curar a su pueblo. Y entonces, llora día y noche por ellos. Incluso aunque el juicio viene sobre la nación, Dios le da la seguridad de que el individuo que no se gloría en su poder, en sus riquezas o en su sabiduría sino que conoce y comprende al Señor en la hermosa práctica de la bondad, la justicia y la rectitud en la tierra, es el que está conforme con el aviso de Dios. Dios, como rey de las naciones, tiene que ser temido (10).

De nuevo, Jeremías es comisionado para anunciar la maldición de Dios sobre el desobediente (11). La obediencia es la clave para su relación en la alianza con Dios desde el principio de su nacionalidad (Ex. 19:5). La alianza en sí misma, es inefectiva e inútil sin obediencia. Con ídolos y altares tan numerosos como las ciudades de Israel y las calles de Jerusalén, el pueblo se ha merecido el juicio. Jeremías, nuevamente, conoce la prohibición de que ruegue por su pueblo (11:14). Amenazado y advertido por sus propios conciudadanos en Anatot, se siente totalmente desmoralizado a medida que ve la prosperidad de la maldad. Y ora rogando siempre a Dios (12:1-4). En respuesta, Dios le requiere para que sobrepase más grandes dificultades y le asegura que la ira de Dios que consume, está a punto de desatarse y mostrarse por todo Israel.

Dos símbolos dibujan el juicio que se cierne de Dios sobre Judá (13:1-14): Jeremías aparece en público con un nuevo cinto de lino. Con el mandato de Dios, lo lleva al Eufrates para esconderlo en la grieta de una roca.[11] Tras un cierto tiempo, vuelve a tomar la prenda, que en el Oriente está considerada como el ornamento más íntimo y preciado de un hombre. Está podrido y totalmente inservible. De la misma manera, Dios está planeando exponer a su pueblo escogido a juicio en las manos de las naciones.

Los recipientes, bien sean vasijas de arcilla o de pieles de animales, llenos con vino, también son simbólicos. Los reyes, profetas, sacerdotes y ciudadanos estarán también llenos de vino y de borrachera que la sabiduría se desvanecerá en estupefacción y desamparo en tiempos de crisis. El obvio resultado será la ruina del reino.[12]

Conforme el profeta ve aproximarse la condenación que pende sobre Judá, comprueba que su pueblo está indiferente y sigue desobediente y rebelde (13:15-27). El ve su tristeza, expresada en amargas lágrimas, cuando su pueblo vaya al cautiverio. Se le recuerda que el pueblo sufrirá por

---

11. P. Volz, *Jeremías*, p. 149, interpreta esto como una parábola. H. Schmidt, *Die Grossen Propheten*, 2.ª ed., pp. 219-220, sugiere una identificación local, mientras que W. Rudolph, *Jeremias* (Tübingen, 1947) como referencia, interpreta esto como una visión. Otros incluyen a Peake, *Jeremiah*, II, p. 193, Leslie, *op. cit.*, p. 86 y Laetsch, *op. cit.*, pp. 136-137, consideran esto como una experiencia real en la cual el profeta fue dos veces al Eufrates cerca de Carquemis. Caiger, *op. cit.*, pp. 192-193, considera a Jeremías como a un hombre de medios que tenía propiedades y dinero como recursos y que incluso pudo haber visitado la corte de Babilonia, en la época de Nabopolasar.

12. Aunque Leslie, *op. cit.*, p. 228, fecha esto cerca del fin del reinado de Sedequías, la actitud del pueblo en ignorarlo pudo ser más apropiada en tiempos de Josías, puesto que parecía más ridículo pensar en un gobernante borracho en los días de Josías que en años subsiguientes.

sus propios pecados. Se han olvidado de Dios. Como un leopardo es incapaz de cambiar los lunares de su piel, así Israel no puede cambiar sus malvados caminos.

Una grave sequía trae el sufrimiento a su pueblo al igual que a los animales (14:1ss.). Jeremías se encuentra profundamente conmovido. De nuevo intercede por Judá, confesando sus pecados. Una vez más, Dios le recuerda que no interceda, ya que ni con ayunos y con ofrendas, evitará el juicio que se les avecina. Jeremías apela entonces a Dios para que salve al pueblo, ya que son los falsos profetas quienes son los responsables por equivocarlo. Cuando eleva a Dios la quejumbrosa cuestión, respecto a la total repulsión de Judá, esperando que Dios escuche su ruego, recibe la más soberana réplica: incluso si Moisés y Samuel intercediesen por Judá, Dios no se enternecerá. Dios manda la espada para matar, los perros para destrozar las carnes, los pájaros y las bestias para devorar a Judá por sus pecados, porque su pueblo le ha rechazado a El, y despreciado sus bendiciones. Desolado y sobrecogido por la pena, Jeremías intenta una vez más tomar la tranquilidad en la palabra de Dios, siendo asegurado de la divina restauración y fortaleza para prevalecer contra toda oposición.

El tiempo es raramente indicado en los mensajes proféticos. La inminencia del juicio sobre Judá, sin embargo, está más bien claramente revelada (16:1 ss.). A Jeremías se le prohibe que se case. Si lo hiciera, expondría a su esposa y a sus hijos, de tenerlos, a las terribles condiciones de la invasión, el asedio, el hambre, la conquista y el cautiverio. La condenación de Judá está próxima y cierta. Dios ha retirado su paz, porque ellos le han desterrado de sus corazones, servido y adorado a ídolos y rehusado el obedecer Su ley. En consecuencia, Dios enviará cazadores y pescadores para buscar a todos los que sean culpables de forma que Judá conozca Su poder. Los pecados de Judá están inscritos con una punta de diamante y son públicamente visibles sobre los cuernos del altar de tal forma que no hay oportunidad de escapar a la tremenda irritación del Omnipotente. Una vez más, se perfilan los caminos de las bendiciones y de las maldiciones (17:5 ss.).

En la alfarería, Jeremías aprende la lección de que Israel al igual que otras naciones, es como la arcilla en manos del alfarero (18). Como el alfarero puede descartar, remoldear o acabar con una vasija fallida, así Dios puede hacer lo mismo con Israel. La aplicación es pertinente; Dios aporta su juicio por la desobediencia. Incitado por esta advertencia, el auditorio se confabula para librarse del mensajero.

En una dramática demostración ante una asamblea de ancianos y sacerdotes en el valle de Hinom, Jeremías afirma valientemente que Jerusalén será destruída (19:1 ss.).[13] Rompiendo una vasija de barro, muestra el destino que aguarda a Judá. En consecuencia, Pasur, el sacerdote, golpea a Jeremías, y le confina a estar sujeto en el cepo de la puerta de Benjamín durante la noche. En una grave, pero normal reacción, Jeremías maldice el día en que nació (20) pero al fin resuelve su conflicto, comprobando que la palabra de Dios no puede ser confinada.

La ocasión para el cambio de mensajes entre Sedequías y Jeremías (21) es el sitio de Jerusalén, que comenzó el 15 de enero del 588 a. C.[14] Con el ejército babilónico rodeando la ciudad, el rey se preocupa respecto a los proyectos de liberación. El está familiarizado con la historia de su nación, y sabe que en tiempos pasados Dios ha derrotado milagrosamente a los ejércitos invasores (ver Is. 37-38). En respuesta a la arrogante petición de Sedequías, Jeremías predice específicamente la capitulación de Judá. Dios está luchando contra ella y hará que el enemigo llegue a la ciudad y la queme con el fuego. Sólo rindiéndose, Sedequías podrá salvar su vida.

En un mensaje general, tal vez durante el reinado de Joacim, el profeta Jeremías denuncia a los gobernantes malvados que son responsables de la injusticia y la opresión (22). Concretamente, predice que Joacaz no volverá del cautiverio egipcio, sino que morirá en aquella tierra Joacim (22:13-23), precipitando la maldición de Dios en el juicio por sus malos caminos, tendrá el enterramiento de un asno, sin que nadie lamente su muerte. Por contraste (23) Israel recibe la seguridad de que volverá a agruparse en el futuro de tal forma que el pueblo pueda gozar de la seguridad y de la rectitud bajo un gobernante davídico que será conocido por el nombre de "Jehová, justicia nuestra". En consecuencia, los sacerdotes contemporáneos y profetas son denunciados en voz alta como falsos pastores que llevan al pueblo descarriado.

Tras de que Joaquín y algunos importantes ciudadanos de Judá fueron llevados al cautiverio de Babilonia en el 597 a. C., Jeremías tiene un mensaje apropiado para el pueblo restante (24). Aparentemente tienen el orgullo del hecho de que escaparon del cautiverio y se consideran a sí mismos favorecidos por Dios. En una visión, Jeremías ve dos cestos de higos. Los higos buenos representan a los exiliados que volverán. El pueblo que se queda en Jerusalén, será descartado como lo son los higos malos. Dios ha rechazado a su pueblo y los hará un objeto de burla y una maldición donde quiera que sean llevados y esparcidos.

En el crucial año cuarto del reinado de Joacim (605 a. C.), Jeremías de nuevo continúa con una palabra apropiada del Señor (25).[15] Les recuerda con atención que por veintitres años han estado ignorando sus advertencias y consejos. En consecuencia, por su desobediencia a Dios trae a su siervo Nabucodonosor a Palestina y los sujetará a un cautiverio de setenta años. Con el vaso de vino de la ira como figura, Jeremías declara a sus gentes que el juicio comenzará en Jerusalén, se extenderá a numerosas naciones de los alrededores y finalmente visitará la propia Babilonia.

---

13. Este incidente está mejor fechado en los días de Joacim. Es dudoso que cualquier sacerdote hubiese encarcelado a Jeremías en los días de Josías. Ver comentarios por Laetsch y por Leslie como referencias.

14. Aunque separan al menos 17 años los acontecimientos de los capítulos 20 y 21, Leslie sugiere que el relato en 21 alivia el duro tratamiento recibido por Jeremías en 20. Ver también Rudolph, *op. cit.*, p. 116.

15. Ver cap. XV.

Próximo al comienzo del reinado de Joacim, Jeremías se dirige al pueblo que va a rendir culto en el templo (26), advirtiéndole que Jerusalén será reducida a ruínas.[16] Y cita el ejemplo histórico de la destrucción de Silo, cuyas ruínas pueden aún verse al norte de Jerusalén. Incitado por los sacerdotes y profetas, el pueblo reacciona violentamente. Se apoderan de Jeremías. Tras de que el príncipe escucha el cargo que se la hace de que merece la pena de muerte, escuchan todos la apelación del profeta. Y él les recuerda que ellos derramarán sangre inocente con su ejecución, puesto que Dios le ha enviado. Como los jefes comprueban que Ezequías en tiempos pasados no mató a Miqueas por predicar la destrucción de Jerusalén, razonan que, igualmente, Jeremías no se merece la pena de muerte. Aunque Ahicam y los príncipes salven la vida de Jeremías, el rey impío, Joacim, es responsable del arresto y martirio de Urías que proclamó el mismo mensaje.

Uno de los actos más impresionantes de Jeremías en el terreno profético, ocurrió en el año 594 a. C. (27). Aunque Sedequías era un vasallo de Nabucodonosor, existía una constante revuelta para una rebelión. Emisarios procedentes de Edom, Moab, Amón, Tiro y Sidón, se reunen en Jerusalén para unirse a Egipto y Judá en una conspiración contra Babilonia. Ante tales representantes, aparece Jeremías llevando un yugo y anuncia que Dios ha dado todas esas tierras en manos de Nabucodonosor. Por lo tanto, es prudente someterse a Babilonia. Para Sedequías, tiene una palabra especial de aviso de que no escuche a los falsos profetas. Jeremías también advierte a los sacerdotes y al pueblo de que los vasos que quedan en el templo y demás ornamentos, serán llevados lejos por los conquistadores. Los delegados forasteros son alertados de que no se dejen engañar por los falsos profetas. La sumisión a Nabucodonosor es la divina orden. La rebelión sólo traerá la destrucción y el exilio.

Poco después de esto, el falso profeta Hananías se opone decididamente a Jeremías. Procedente de Gabaón, Hananías anuncia en el templo que dentro de dos años Nabucodonosor devolverá los vasos sagrados y los exiliados llevados a Babilonia en el 597. Ante todo el pueblo, toma el yugo de madera que Jeremías lleva puesto, lo reduce a pedazos y quiere demostrar así lo que el pueblo hará con el yugo de Babilonia. Jeremías va temporalmente a reclusión, pero más tarde vuelve con un nuevo mensaje de Dios. Hananías ha roto las barras de madera del yugo, pero Dios las ha reemplazado con barras de hierro que será la servidumbre de todas las naciones. Hananías es advertido que por su falsa profecía morirá antes de que acabe el año. En el séptimo mes de aquel mismo año, el funeral de Hananías indudablemente fue la pública confirmación de la veracidad del mensaje de Jeremías.

Incluso los jefes que están entre los exiliados, causan a Jeremías problemas sin fin. Su preocupación por los cautivos de Babilonia está expresada en una carta enviada con Elasa y Gemarías.[17] Esos prominentes ciudadanos de Jerusalén fueron enviados por Sedequías a Nabucodonosor, indudablemente, para asegurar la lealtad de Judá, incluso mientras la rebelión está

---

16. Si Jeremías dio este mensaje en los días de Josías (capítulo 7) y lo repitió durante el reinado de Joacim (capítulo 26), la reacción de la masa es debido al cambio del clima religioso y a las actitudes de los dos reyes.

17. Ver Leslie, *op. cit.*, p. 209. Elasa era el hijo de Safán, secretario de Josías en el Estado. El hermano de Elasa, Gemarías, estaba a cargo de la cámara del atrio de arriba del templo donde Baruc leyó el mensaje de Jeremías públicamente, 36:10. El otro representante enviado por Sedequías, fue Gemarías, el hijo de Hilcías, el sacerdote del reinado de Josías.

siendo planeada en Jerusalén. En su carta, Jeremías advierte a los exiliados que no crean en los falsos profetas que predicen un pronto retorno. Les recuerda que la cautividad durará setenta años. Incluso predice que Sedequías y Acab, dos de los falsos profetas, serán arrestados y ejecutados por Nabucodonosor.

La carta de Jeremías inicia una ulterior correspondencia (29:24-32). Semaías, uno de los cabecillas en Babilonia que está planeando un pronto retorno a Jerusalén, escribe a Sofonías el sacerdote, administrador del templo. Reprende a Sofonías por no reprochar a Jeremías y le advierte que confine al profeta en el cepo por escribir a los exiliados. Cuando Jeremías oye aquella carta leída, denuncia a Semaías e indica que ninguno de sus descendientes participará en las bendiciones de la restauración.

III. La promesa de la restauración	30:1-33:26
El remanente es restaurado. Un nuevo pacto	30:1-31:40
La compra de propiedades por Jeremías	32:1-44
Cumplimiento del pacto davídico	33:1-26

Jeremías, específicamente, asegura a Israel su restauración. Los exiliados serán devueltos a su propia tierra para servir a Dios bajo un gobernante designado como "David su rey" (30:9). Cuando Dios destruye todas las naciones, Israel será restaurada tras un período de castigo. Dios, que ha esparcido a Israel, volverá a Sión tanto a Judá como a Israel en un nuevo pacto (31:31). En esta nueva relación, la ley será inscrita en sus corazones y todos conocerán a Dios con la seguridad de que sus pecados han sido perdonados. Tan cierto como las luminarias de los cielos están en sus órdenes fijados, así de cierta es la promesa de la restauración de Dios para su nación, Israel.

Las futuras esperanzas de restauración, están más realistamente impresas sobre Jeremías (32) durante el asedio de Babilonia a Jerusalén en el 587 a. C. Mientras que está confinado al cuerpo de guardia, él es divinamente instruído para que adquiera una parcela de propiedad en Anatot, procedente de su primo Hanameel. Cuando este último aparece con la oferta, Jeremías compra el campo inmediatamente. Con meticuloso cuidado, el dinero es pesado, el documento de la compra se hace en duplicado, es firmado y sellado con testigos. Baruc, entonces, recibe instrucciones de colocar el original y la copia en vasijas de barro para mayor seguridad.[18]

A los testigos y a los observadores, esta transacción tuvo que haberles parecido la cosa más ridícula. ¿Quién podría ser tan iluso como para comprar una propiedad cuando la ciudad estaba a punto de ser destruída? Más sorprendente es el hecho de que Jeremías, que por cuarenta años había predicho la capitulación del gobierno de Judá, adquiera entonces el título de propiedad de una parcela de terreno. Este acto profético tenía una gran significación; está de acuerdo con la simple promesa de Dios de que en aquella tierra las cosas y los campos serían nuevamente adquiridos. La inversión de Jeremías representaba sencillamente la futura prosperidad de Judá.

---

18. Para una detallada descripción de la costumbre de escribir en duplicado los convenios en el siglo IV a. C., de acuerdo con los papiros de Elefantina, ver Volz, *op. cit.*, y a E. Sellin, *Kommentar zum Alten Testament,* pp. 306 y ss. También está citado en Laetsch, *op. cit.*, p. 261.

Tras haber completado su transacción, Jeremías se pone en oración (32:16-25). La espada, el hambre y la peste son una terrible realidad conforme continúa la fútil resistencia contra el asedio de Babilonia. Jeremías mismo está perplejo por la compra que ha hecho en un tiempo en que la misericordia de Dios ha abandonado a Israel que está siendo destruída y llevada al cautiverio. El fiel profeta es advertido de que Jerusalén levantó la ira de Dios por la idolatría y la desobediencia (32:26-35). Sin embargo, Dios que los esparce, les traerá de regreso y restaurará su fortuna (32:36-44).

Mientras que la ruína nacional se aproxima rápidamente, Jeremías recibe un plan de promesa de restauración. Con una admonición de apelar a Dios, el Creador, el pueblo, mediante Jeremías, es alentado a esperar cosas desconocidas.

En aquella tierra que está entones en las fauces de la destrucción, surgirá una rama justa que brotará del pueblo de David para que prevalezca de nuevo la justicia y la rectitud. El gobierno davídico y el servicio levítico serán restablecidos. Jerusalén y Judá serán una vez más la delicia de Dios. Este pacto será tan seguro como los períodos alternantes fijos del día y la noche. Conforme el gran juicio que Jeremías ha venido anunciando por cuarenta años antes, está a punto de llegar a su culminación, en la destrucción de Jerusalén, las promesas y las bendiciones para el futuro están vívidamente impresas sobre el fiel profeta.

IV. Desintegración del reino   34:1-39:18
    Los jefes infieles en contraste con los recabitas   34:1-22
    Aviso a los jefes y al laicado   35:1-36:32
    La caída de Jerusalén   37:1-39:18

Los años más obscuros de la existencia nacional de Judá están brevemente resumidos en esos capítulos. La destrucción de Jerusalén es el mayor de todos los juicios en la historia de Israel y en el Antiguo Testamento. Los acontecimientos registrados en 35-36, que vienen desde el reinado de Joacim, sugieren una razonable base para juicio que se convierte en realidad en los días de Sedequías.

El rey Sedequías ha sido frecuentemente advertido del juicio que se avecina. Entonces, cuando los ejércitos de Babilonia están realmente poniendo sitio a Jerusalén (588), Sedequías conoce de una forma específica que la capital de Judá será quemada mediante el fuego. La única esperanza para él es rendirse a Nabucodonosor (34). Rehusando conformarse a la obediencia del aviso de Jeremías, Sedequías aparentemente busca la forma de encontrar un compromiso que lo substituya. De acuerdo con una alianza entre el rey y su pueblo, todos los hebreos esclavos son libertados en Jerusalén.[19] La motivación para este acto dramático, no está indicada. Tal vez los esclavos se hayan convertido en una responsabilidad o posiblemente, podrían luchar en el asedio como hombres libres. Con toda certidumbre, aquello no fue motivado en su totalidad por una cuestión religiosa con el deseo de conformarse a la ley, puesto revocaron su pacto tan pronto como el sitio fue temporalmente levantado, mientras los babilonios perseguían a los egipcios (37:5). En términos que no dejan lugar a duda, Jeremías anun-

---

19. Ver. Ex. 21:2-11 y Deut. 15:12-18.

cia que el temible juicio de Dios sobre Sedequías y todos los hombres que rompieron los términos del pacto se producirá inevitablemente (34:17-22). Los babilonios retornarán para quemar la ciudad de Jerusalén.

En los capítulos 35-36, están registrados los incidentes históricos del tiempo de Joacim, indicando claramente que tal actitud de religiosa indiferencia ha prevalecido demasiado tiempo en Judá. En una ocasión, Jeremías conduce a algunos recabitas, que habían tomado refugio en Jerusalén, mientras que los babilonios ocupaban la Palestina, al templo.[20] Jeremías les ofreció vino, pero ellos rehusaron en obediencia al mandato de su antecesor Jonadab, que vivió en los días de Jehú, rey de Israel. Por 250 años, ellos han sido fieles a una legislación hecha por hombres, sin beber vino, sin plantar viñas, ni construyendo casas, sino viviendo en tiendas. Si los recabitas se conformaban a un juicio humano, ¿cuánto más debería el pueblo de Judá obedecer a Dios quien repetidamente envió a sus profetas para advertirles contra la servidumbre a los ídolos? En contraste con la maldición de Dios que estaba siendo enviada contra Jerusalén, los recabitas serían bendecidos.

Joacim, el hijo del piadoso Josías, no solo es desobediente, sino que desafía a Jeremías y a su mensaje. En el cuarto año de su reinado, Jeremías instruye a Baruc para registrar los mensajes que él ha dado previamente. Al siguiente año, mientras que el pueblo se reúne en Jerusalén para observar un ayuno, Baruc públicamente lee el mensaje de Jeremías en el atrio del templo, advirtiendo al pueblo que se aparte de sus malvados caminos. Algunos de los príncipes se asustan y dan cuenta al rey, que ordena que el rollo sea llevado a su presencia. Mientras Jeremías y Baruc se esconden, el rollo leído ante Joacim es destrozado en pedazos y quemado en el brasero. Aunque el rey ordena su arresto, ellos no son encontrados por ninguna parte. Al mandato de Dios, el profeta una vez más dicta su mensaje a su escriba. Esta vez, se anuncia un juicio especial pronunciado contra Joacim por haber quemado el rollo (36:27-31). Las condiciones serán tales al tiempo de su muerte, que no tendrá un enterramiento real, sino que su cuerpo será expuesto al calor del día y al frío de la noche.

Algunos de los acontecimientos ocurridos durante el sitio de Jerusalén, están registrados en 37-39. Con el fin de alcanzar claridad, el orden de los acontecimientos puede ser tabulado en la forma siguiente:[21]

Comienza el asedio el 15 de enero del 588	39:1; 52:4
Aviso a Sedequías	34:1-7
Encuesta de Sedequías—réplica de Jeremías	21:1-14
Convenio para libertar a los esclavos	34:8-10
Se levanta temporalmente el sitio	37:5
Los esclavos reclamados—repulsa de Jeremías	34:11-22
Jeremías arrestado, golpeado y encarcelado	37:11-16
La continuación del asedio	
Encuesta de Sedequías—Jeremías transferido	37:17-21
Adquisición de la propiedad por Jeremías	32:1-33:26

---

20. Los recabitas, llamados así por Recab, cuyo hijo Jonadab se mostró activo en ayudar a Jehú en la expulsión de Baal y su culto en el Reino del Norte en el 841 a. C. Su origen proviene de Hamat, un ceneo en los días de Moisés. Ver I Crón. 2:55; Núm. 10:29-32; Jueces 1:16; 4:11, 17; I Samuel 15:6; 27:10; 30:29.

21. Para fechar acontecimintos durante este período, ver Thiele, *The Mysterious Numbers of the Hebrew Kings* pp. 153-166.

Jeremías lanzado a la cisterna	38:1-6
Ebed-melec rescata a Jeremías	38:7-13
Las últimas entrevistas de Sedequías y Jeremías	38:14-28
Jerusalén conquistada el 19 de julio del 586	39:1-18
Jerusalén destruida el 15 de agosto del 586	II Reyes 25:8-10

Durante el asedio de dos años y medio, Jeremías avisa constantemente al rey de que rendirse a los babilonios sería lo mejor para él. A lo largo de todo ese período, Sedequías parece frustrado al volverse hacia Jeremías en busca de consejo o ceder al grupo de presión pro-asirio para continuar la resistencia contra los babilonios. En vano espera mejores noticias de Jeremías. Finalmente, los babilonios irrumpen en Jerusalén. Sedequías escapa y logra llegar hasta Jericó; pero es capturado y llevado ante Nabucodonosor en Ribla. Tras ser obligado a presenciar la muerte de sus hijos y la de numerosos nobles, Sedequías es cegado y llevado cautivo a la tierra del exilio. Así se cumple la profecía, aparentemente contradictoria de que Sedequías no vería nunca la tierra a la que sería llevado como cautivo.[22]

V. La emigración a Egipto	40:1-45:5
Establecimiento en Mizpa bajo Gedalías	40:1-12
Derramamiento de sangre y desunión	40:13-41:18
En ruta hacia Egipto	42:1-43:7
Mensajes de Jeremías en Egipto	43:8-44:30
La promesa a Baruc	45:1-5

Jeremías recibe el más cordial tratamiento de manos de los conquistadores babilonios. Aunque maniatado y llevado a Ramá es dejado en libertad por Naburzaradán el capitán de la guardia de Nabucodonosor. Puesto a elegir, Jeremías escoge el quedarse con los que permanecen en Palestina, incluso aunque recibe la seguridad de un tratamiento favorable si se va a Babilonia.

Con Jerusalén hecho un montón de ruinas humeantes, los que se quedan en Palestina, se establecen en Mizpa, probablemente el actual Nebi Samwil. Situada aproximadamente a unos 16 kms. al norte de Jerusalén, la ciudad de Mizpa se convierte en la capital de la provincia babilónica de Judá, bajo el mando de Gedalías, gobernador al servicio de Nabucodonosor. Esparcidas por todo el territorio hay muchas guerrillas dispersas por el ejército de Babilonia. Al principio buscan el apoyo de Gedalías, pero unas cuantas semanas más tarde, Ismael, uno de aquellos capitanes, es utilizado por Baalis, caudillo de los beduínos amonitas, en un complot para matar a Gedalías. En pocos días, Ismael mata brutalmente setenta de los ochenta peregrinos en ruta hacia Jerusalén procedentes del norte y fuerza a los ciudadanos de Mizpa a marchar hacia el sur, esperando atraparlos en Amón a través del Jordán. En ruta, son rescatados por Johanán en Gabaón y llevados a Quimam, una estación de caravanas, cerca de Belén, mientras Ismael escapa.

Cambios repentinos encuentran a los que quedan, sin hogar y totalmente desalentados. En pocos meses no solamente han visto a Jerusalén reducido

---

22. Ver Ezeq. 12:13; 17:16; Jer. 32:4-5; 34:3-5.

a cenizas, sino que habían sido desalojados de su asentamiento en Mizpa. En desesperada necesidad de una guía, se vuelven hacia Jeremías.

Aunque intentan marcharse a Egipto por miedo a los babilonios, el pueblo está con Jeremías para inquirir del Señor el futuro que les aguardaba. Tras un período de diez días, que pone a prueba su paciencia, Jeremías tiene una respuesta. Tienen que permanecer en Palestina (42:10). La emigración a Egipto supone la guerra, el hambre y la muerte. Con deliberada desobediencia y cargando sobre Jeremías el no haberles entregado el mensaje completo de Dios, Johanán y sus compinches llevan a los que quedan hacia Egipto (43:1-7). Mientras que el pueblo se mueve en masa, Jeremías y su escriba Baruc, sin duda, carente de alternativa, se van con ellos.

Mientras en Tafnes, en Egipto, Jeremías advierte a su pueblo por un mensaje simbólico, que Dios también enviará a su siervo Nabucodonosor a Egipto para ejecutar el juicio (43:8-13). En el próximo capítulo, Jeremías bosqueja los recientes acontecimientos en un mensaje final. Jerusalén está en ruinas porque los israelitas han ignorado los avisos de Dios enviados mediante los profetas. El mal que ha caído sobre ellos es justo y recto en vista de su desobediencia. Israel se ha convertido en una maldición y un vituperio entre todas las naciones porque ha provocado la ira de Dios. Entonces el pueblo es apóstata y así desafía a Jeremías cuyas palabras son inútiles para moverles al arrepentimiento. Claramente le dicen que no obedecerán y afirman que el mal ha caído sobre ellos porque han cesado en adorar a la reina de los cielos. Las palabras finales de Jeremías claramente indican que el juicio de Dios les espera y cuando llegue, comprobarán que Dios está cumpliendo su palabra.

Aunque el capítulo 45 registra un acontecimiento que ocurrió cosa de dos décadas antes, en este punto tiene una singular significación en el libro de Jeremías. Poco después del primer cautiverio en el 605 a. C., Baruc recibió instrucciones para poner escrito el mensaje de Jeremías. Evidentemente Baruc lamenta y se siente desesperado al anticipar la terrible condenación y juicio que espera Judá. Personalmente, él no ve nada por delante que no sea la penuria, la pobreza, el hambre, la guerra y la desolación. Baruc es amonestado para no buscar grandes cosas sino comprobar que la vida en sí misma es un don de Dios. Dios le asegura que su vida será salvada como precio de la guerra. Tras la destrucción de Jerusalén, Baruc está todavía con Jeremías, indicando que Dios ha cumplido su promesa.

VI. Profecías concernientes a las naciones y ciudades | 46:1-51:64
Egipto | 46:1-28
Filistea | 47:1-7
Moab | 48:1-47
Amón | 49:1-6
Edom | 49:7-22
Damasco | 49:23-27
Cedar y Hazor | 49:28-33
Elam | 49:34-39
Babilonia | 50:1-51:64

El cuarto año de Joacim, fue un momento crucial en la historia política de Judá. En la decisiva batalla de Carquemis, los babilonios deshicieron a los egipcios, y así, subsiguientemente, los ejércitos triunfantes de Nabucodonosor ocuparon Palestina. Con el desarrollo de los problemas internacionales tan gravemente para Judá, el profeta Jeremías emite un número de adecuados mensajes fechados en el cuarto año de Joacim. Significativas entre ellas, están las profecías que conciernen a las naciones.[23]

No sólo Egipto sufre la derrota en Carquemis, sino que por último, Nabucodonosor avanza 800 kms. Nilo arriba para castigar a Amón de Tebas (46). Por contraste, Israel será tranquilizado. Filistea será arruinada por una invasión procedente del norte (47). La vida nacional de Moab será destruída bruscamente y su gloria convertida en vergüenza. A causa de su orgullo, no puede escapar a la destrucción, pero se le asegura su retorno del cautiverio al final (48). Amón estará sujeta a juicio, poseída por Israel, y esparcida sin promesa de restauración (49:1-6). Edom también es condenada. Repentinamente, será reducida desde su exaltada posición de tal forma que los transeúntes silbarán ante ella (49:7-22). Damasco, Cedar, Hazor y Elam, de igual forma, esperan su juicio correspondiente (49:23-39).

Babilonia recibe la más extensa consideración en las profecías contra las naciones (50:1-51:64). Esta que es la más grande y la más poderosa de todas las naciones durante las dos últimas décadas de la vida nacional de Judá, será humillada por su orgullo. El Señor de los ejércitos enviará a los medos contra ella. Ante el Dios Omnipotente y gran Creador, la poderosa nación de Babilonia con sus ídolos se encara a la destrucción. Con esas palabras de denuncia, Jeremías envía a Seraías, un hermano de Baruc, a Babilonia (51:59-64). Tras leer este mensaje de juicio sobre Babilonia, Seraías ata el rollo a una piedra y lo lanza al Eufrates. En una forma similar, Babilonia está condenada a la perdición para no volver a levantarse jamás.

VII. Apéndice o conclusión   52:1-34
     Conquista y saqueo de Jerusalén   52:1-23
     Condenación de los oficiales   52:24-27
     Deportaciones   52:28-34

Este breve sumario del reinado de Sedequías, la caída de Jerusalén y las deportaciones, concluye adecuadamente el libro de Jeremías. Tras cuarenta años de predicar, Jeremías es testigo del mensaje que él ha proclamado con toda fidelidad. Sedequías y los suyos sufren las consecuencias de su desobediencia. Los vasos sagrados y los ornamentos del templo y su atrio están enumerados en los versículos 17-23 como llevados a Babilonia antes de que el templo fuese destruído, de acuerdo con las predicciones de Jeremías. Joaquín, quien se entrega, recibe generosa acogida y tratamiento y finalmente puesto en libertad al final del reinado de Nabucodonosor.

Lamentaciones

El tema del libro de las Lamentaciones, es la destrucción y la desolación que caen sobre Jerusalén en el 586 a. C. Dios es reconocido como justo al castigar a su nación elegida por su desobediencia. Puesto que Dios es

---

23. Leslie, *op. cit.*, p. 161. sugiere que la leyenda en 46:1, fecha la sección entera 46: 3-49:33, en el año 605.

fiel, existe la esperanza en la confesión del pecado y una implícita fe en El. Descriptivas del contenido de este libro, son las palabras hebreas "qinoth" o "dirges" en el Talmud, la palabra griega "threnoi" o "elégies" en la Septuaginta y "threni" o "lamentaciones" en las versiones latinas. Los judíos leen este libro en el día noveno de Ab en conmemoración de la destrucción de Jerusalén. Los ancianos rabinos atribuyen este libro a Jeremías, agrupándolo con el Ketubim, o cinco rollos, que eran leídos en varias ceremonias públicas.

En un arreglo, los primeros cuatro capítulos son acrósticos alfabéticos. Cada capítulo tiene 22 versículos o un múltiplo de ese número. Las 22 letras del alfabeto hebreo están utilizadas con éxito para que cada versículo comience en 1 y 2. Los capítulos 3 y 4 asignan tres y dos versículos respectivamente a cada letra hebrea. Aunque el 5 tienen 22 versículos, no representan ningún acróstico alfabético. Esta pauta alfabética, también utilizada en numerosos Salmos, escapa al lector de las versiones.

El libro de las Lamentaciones fue atribuído a Jeremías hasta hace pocos siglos.[24] El Talmud, la Septuaginta, los padres de la iglesia antigua y los líderes religiosos del siglo XVIII también consideran que el profeta fue el autor. Desde entonces, numerosas sugerencias adscriben las Lamentaciones a varios autores desconocidos y no identificados durante los siglos VI y III a. C.[25]

La más razonable y natural interpretación, sugiere que este libro expresa los sentimientos y las reacciones de un testigo ocular. Entre esos conocidos procedentes de tal período, Jeremías parece ser el mejor cualificado. Por cuatro décadas él había predicho la destrucción de Jerusalén. Atravesando la ciudad en su camino hacia Egipto, tuvo que haber dirigido una última mirada a las ruínas de su amada ciudad que por cuatro siglos había representado la gloria y el orgullo de su nación, Israel. ¿Quién pudo haber dispuesto de mejores elementos para escribir las Lamentaciones que el profeta Jeremías?

El libro de las Lamentaciones puede ser subdividido en la forma siguiente:

I. Pasado y presente de Jerusalén	Lam. 1:1-22
Condiciones desoladoras	1:1-6
Memorias del pasado	1:7-11
El sufrimiento enviado por Dios	1:12-17
La justicia de Dios reconocida	1:18-22
II. Las relaciones de Dios con Sión	2:1-22
La ira de Dios al descubierto	2:1-10
La busca de la tranquilidad	2:11-22
III. Se analiza el sufrimiento	3:1-66
La realidad del sufrimiento	3:1-18
La fe de Dios para el contrito	3:19-30
Dios es el autor del bien y del mal	3:31-39

24. En 1712, Herman von der Hardt en una publicación en Helmstaedt adscribe los cinco capítulos de las Lamentaciones a Daniel, Sadrac, Mesaca, Abednego y Joaquín. Ver Laetsh, *op. cit.,* p. 375.

25. Para discusiones representativas de no ser Jeremías el autor de las Lamentaciones, ver R. H. Pfeiffer, *Introduction to the Old Testament,* pp. 722-723.

De forma realista, el autor ve a Jerusalén en ruínas. Una vez fue como una princesa, entonces está reducida al vasallaje. En contraste a su pasada gloria, ella está entonces en un estado de sufrimiento y desesperación. Aquellos que la ven al pasar no pueden concebir su tristeza. No hay nadie que la consuele.

La ira de Dios se ha mostrado en Sión (2). El Señor ha terminado con la ley y todas las observancias religiosas, ha suprimido a los sacerdotes, profetas y reyes, y ha permitido que el enemigo aniquile sus palacios y su santuario. Expuesta a que silben al verla y a irrisión de los enemigos que la rodean, quejumbrosamente busca consuelo.

El sufrimiento es una amarga realidad. El propio Jeremías pudo haber experimentado tal tratamiento a manos de su propio pueblo, como está descrito en 3:1-18. La gloria de Jerusalén ha desaparecido; no hay esperanza para ella, aparte de una divina intervención. Para aquellos que buscan a Dios, —los contritos— el sufrimiento está atemperado por las misericordias eternas del Todopoderoso. Como autor del bien y del mal, Dios lleva el juicio sobre los malvados (vss. 19-39). Por la confesión del pecado y la fe en El, existe la esperanza de que El los vengará (vss. 40-66).

El destino de Sión parece ser peor que el de Sodoma. La brusca destrucción aparece como preferible a un continuo sufrimiento por el pecado. Conducida por falsos profetas y sacerdotes, Jerusalén ha derramado la sangre inocente de los justos. Consecuentemente, ella ha sido sometida a su presente situación, mientras se esperan mejores días (4:22).

El capítulo final expresa una oración para la misericordia de Dios. El autor describe vívidamente el apuro del pueblo de Dios como exilados en tierras extrañas. ¿Podrá el Señor olvidar a su pueblo? Sión está en ruínas e Israel parece estar abandonada. Con el corazón doliente y aplastado y sobrecogido por la pena, el autor hace su dolorosa llamada al Dios que reina para siempre, implorándole que restaure a los suyos. En la confesión del pecado y una implícita fe en Dios descansa la apelación final para la restauración.

BIBLIOGRAFÍA SELECTA
Libros en castellano
* HONEYCUT, R. L. *Jeremías: Testigo audaz.* El Paso: Casa Bautista de Publicaciones, 1981.
* JENSEN, I. L. *Jeremías y Lamentaciones.* Grand Rapids: Editorial Portavoz, 1990.
LAETSCH, T. *Jeremiah.* St. Louis: Concordia Publishing House, 1952.
* MEYER, F. B. *Jeremías: Sacerdote y profeta.* Terrassa, España: Editorial CLIE.

621. Nacimiento de Ezequiel.
     Reformas de Josías—Ministerio de Jeremías.
612. Caída de Nínive.
609. Muerte de Josías.
     Joacaz gobierna tres meses—Joacim hecho rey.
605. Batalla de Carquemis.
     Rehenes tomados de Jerusalén a Babilonia.
601. Batalla egipcio-babilónica en las fronteras de Egipto.
598. Joacim se rebela contra Babilonia.
597. Joaquín y cerca de 10.000 personas incluído Ezequiel hechos cautivos.
594. Embajada enviada por Sedequías a Babilonia—Jer. 29:3.
     Sedequías aparece en Babilonia—Jer. 51:59.
593. Llamamiento de Ezequiel—1:1 y 3:16.
592. Tableta asignando raciones para Joaquín.
     Los ancianos conferencian con Ezequiel—8:1-11:25.
591. Los ancianos conferencian con Ezequiel—20:1
588. El asedio a Jerusalén comienza en enero.
     Mensaje de Ezequiel—24:1.
587. Profecías de Ezequiel—29:1, 30:20; 31:1.
586. Los babilonios entran en Jerusalén—Sedequías huye—19 de julio.
     El templo es incendiado: 15 de agosto.
     Profecía contra Tiro—26:1.
585. Llegan los fugitivos—8 de enero—Ezeq. 33:21.
     Lamentación sobre Egipto—32:1 y 17.
573. Visión de Ezequiel—40:1.
571. La última profecía fechada de Ezequiel—29:17.
561. Joaquín liberado de la prisión, 26 marzo del 561 a. C.—II Reyes 25:
     27. (De acuerdo con Thiele, un cálculo de Nisan a Nisan es utilizado
     en Ezequiel, mientras Reyes utiliza Tishri a Tishri; el primero co-
     mienza en abril y el segundo en octubre).

Capítulo XX

Ezequiel–el atalaya de Israel

Ezequiel estuvo profundamente implicado en los problemas de su generación. Comenzando su ministerio como profeta en la víspera de la capitulación de Judá, seis años antes de la destrucción de Jerusalén, no pudo escapar al desastre nacional. Estuvo asimismo viviendo con la aguda conciencia de la gravedad de la situación de su nación, conforme se aproximaba la crisis del terrible juicio de Dios. Su mensaje es específico, pertinente, y se concentró en, las circunstancias con las que tuvieron que enfrentarse sus conciudadanos en el exilio. Cuando la destrucción de Jerusalén se hubo convertido en historia, volvió su atención a las futuras esperanzas de Israel como nación.

Un profeta entre los exiliados

Por la época del nacimiento de Ezequiel (622/21 a. C.)[1], Jerusalén estaba en movimiento con la más grande celebración de la pascua en siglos, conforme el reinado de Josías respondía temporalmente a sus reformas de ámbito nacional. No sólo las esperanzas religiosas prevalecieron de forma optimista, sino que la decadencia influencia de la dominación asiria en Palestina dio lugar al resurgir de proyectos más brillantes en el aspecto político. Asurbanipal, cuyo reinado como gobernante de Asiria acabó en el 630 a. C., no había sido sucedido por reyes poderosos lo suficiente como para resistir a los agresores medas y a los avances de los babilonios. Las noticias de la caída de Nínive en el 612, indudablemente, aliviaron a Judá de los temores de que los ejércitos asirios se propusieran de nuevo amenazar su independencia.

---

1. Para un reciente estudio sobre la fecha de Ezequiel, ver Carl Gordon Howie, *The Date and Composition of Ezequiel*, Journal of Biblical Literature Monograph Series, Voi. IV, (Filadelfia, 1950). De acuerdo con el capítulo II, «The Date of the Prophecy», pp. 27-46, él fecha el ministerio de Ezequiel desde el 593 (1:2) hasta el 571 (29:17) a. C. sobre la base de los hechos y la tradición.

Con las actividades religiosas floreciendo en el templo, con el apoyo real, Ezequiel, un miembro de una familia sacerdotal, tuvo que haber disfrutado de agradables relaciones con el devoto pueblo de Judá. Su hogar debió haber estado situado en la muralla oriental de Jerusalén, de tal forma que los atrios exteriores fueran su campo de juego y los adjuntos recintos del templo constituídos en clases para su entrenamiento formal y su educación.[2] Aquellos años juveniles bajo la sombra de Salomón en el templo, le familiarizaron con todos los detalles del magnífico edificio lo mismo que con la diaria ministración ritual. Además, Ezequiel pudo muy bien haber asistido a su padre y a otros sacerdotes, durante los años de su adolescencia. En consecuencia, cuando fue llevado a Babilonia, tuvo que haber conservado vívidos recuerdos del templo y de lo que significó en la vida de su pueblo.

Aunque Ezequiel, como un muchacho de nueve años, pudo no haberse impresionado con las noticias de la caída de Nínive, los acontecimientos que siguieron, no pudieron evitar el causarle una indeleble impresión en sus años de formación juvenil. Tras la súbita marcha de Josías y su ejército para Meguido, para que el avance egipcio hacia el norte quedase bloqueado, y ayudar a los asirios que se retiraban, Josías es muerto (609 a. C.). Todos los ciudadanos de Jerusalén, tuvieron que haberse sorprendido ante tan rápidos cambios. El funeral de Josías, la coronación de Joacaz, la subsiguiente cautividad de este último y la coronación de Joacim como un vasallo egipcio sobre el trono de David,—todo sucedió en un lapso de tres meses. Lo más perturbador de la totalidad del reino, tuvieron que haber sido las noticias de la decisiva batalla de Carquemis en el 605, conforme los babilonios tomaron ventaja de su victoria para perseguir a los egipcios en retirada al mando de Necao, hasta las fronteras de Egipto. Tal vez Ezequiel como un joven de dieciseis o diecisiete años se considerase afortunado con haber escapado, siendo incluido con Daniel y otros que fueron tomados como rehenes para Babilonia en el 605 a. C.

Aunque él nunca menciona o se refiere a Jeremías, es poco probable que no estuviese enterado del mensaje de este profeta que era tan bien conocido en Jerusalén. Seguramente Ezequiel tuvo que haber sido testigo de la reacción de la masa en el sermón de Jeremías en el templo (Jer. 26), cuando los príncipes rehusaron permitir la ejecución de Jeremías por el pueblo y sus líderes religiosos. Quizás quedase confuso por el hecho de que Joacim pudo haber derramado la sangre de Urías el profeta y haber quemado con tanta decisión el rollo de Jeremías, sin haber sido sometido a un inmediato juicio.

Cuando Ezequel rayaba en sus recientes veinte años, los ciudadanos de Jerusalén se hallaban turbados por la política extranjera de Joacim. En el 605, cuando los egipcios se retiraron a sus fronteras, Joacim se convirtió en un vasallo de Nabucodonosor, mientras que tomaba rehenes para ser llevados al exilio.[3] Al año siguiente, Joacim y otros reyes reconocieron a Nabucodonosor como soberano, mientras los ejércitos babilonios marchaban sin encontrar resistencia por toda Sirio-Palestina. Tras tres años de supervivencia, Joacim se rebeló y Nabucodonosor retornó a Palestina en el 601.[4]

---

2. Ver Stephen L. Caiger, «*Lives of the Prophets*», p. 223.
3. Para discusión de estos acontecimientos, ver Dr. J. Wiseman, *Chronicles of the Chaldean Kings*, pp. 23-32, y su traducción de la tablilla B. M. 21946, pp. 67-74. Ver también Dan. 1:1.
4. Ver II Reyes 24:1.

Aparentemente, Joacim resolvió su problema mediante la diplomacia y continuó como gobernante en el trono davídico mientras que babilonios y egipcios se comprometían en una batalla decisiva. Vacilando en su lealtad, Joacim, al final, precipitó el advenimiento de graves problemas. Quizás tendría esperanzas de que Egipto le salvaría cuando se rebelase una vez más. Antes de que las fuerzas más importantes de Babilonia llegaran, sin embargo, la muerte de Joacim llevó al trono a Joaquín. Cuando los babilonios pusieron sitio a Jerusalén, la ciudad fue salvada de la destrucción por la rendición de Joaquín. Aproximadamente diez mil de los ciudadanos más destacados de Judá, acompañaron a su joven rey a la tierra de exilio.

Esta vez, Ezequiel no estaba presente meramente para observar lo que les sucedía a los demás. El exilio se convirtió en parte de su personal experiencia. A la edad de 25 años, fue repentinamente transferido de Jerusalén y del templo, que era su centro de interés como sacerdote, al campo de los exiliados junto a las aguas de Babilonia. Aunque el templo no fue destruído, muchos de sus vasos sagrados fueron deshechos por la rudeza y la barbarie de los invasores que los tomaron como botín de guerra y utilizados después en sus templos paganos.[5]

En este nuevo entorno, Ezequiel y sus compañeros de cautiverio, se establecieron en Tel-abib en las orillas del río Quebar, no lejos de Babilonia. A los exiliados se les entregó parcelas de tierra y aparentemente vivieron bajo ciertas favorables condiciones. Se les permitió la organización de las cuestiones civiles y religiosas, de tal forma que los ancianos estuvieron en condiciones de hallar la tranquilidad y en el curso del tiempo, desarrollar intereses comerciales. Así los exiliados tuvieron una considerable libertad y oportunidades para establecer un respetable nivel de vida.[6]

Al parecer, lo peor de todo en el aspecto de su cautiverio, fue el hecho de que no pudiesen volver a Palestina. Aunque aquello era una imposibilidad política, conforme Nabucodonosor incrementaba su poder y dominio, ellos permanecían optimistas. Los falsos profetas entre los exiliados, les aseguraron un pronto retorno a su tierra nativa.[7] Informes de Jerusalén, donde Hananías predice que el yugo babilonio será destruído en dos años (Jer. 28:1 ss.), alientan a los exiliados con la esperanza de una pronta vuelta al hogar patrio. Cuando Jeremías avisa por carta que tendrán que establecer y permanecer setenta años en el cautiverio, los falsos profetas se hicieron más activos (Jer. 29). Semaías escribe a Jerusalén cargando a Jeremías con la responsabilidad de su cautiverio y pide que le pongan en el cepo. En una carta pública a los exiliados, Jeremías, a su vez, identifica a Semaías como un falso profeta. Aparentemente, la actividad del falso profeta y de otros iguales a él, llega a ser tan grave que dos de sus líderes son ejecutados.

En el cuarto año de su reinado (594 a. C.) Sedequías hace un viaje a Babilonia. Tanto si se les permite a los exiliados que se agrupen en Babilonia para ver a Sedequías conduciendo un carro o no, es cosa dudosa, ya que más allá de su excitación, la aparición de Sedequías en persona para pagar tributo, levantó las esperanzas para un rápido retorno. Más verosímil es que ello ahogase sus propósitos de liberación, y se hubiera impuesto la predicción de Jeremías, de que Jerusalén sería destruída durante el curso de sus vidas.

5.   Ver Dan. 5:1-4.
6.   Ver C. F. Whitley, *The Exilie Age* (Londres, 1957). También ver los precedentes capítulos sobre Esdras, Nehemías y Esther en este volumen.
7.   Comparar Jer. 29:21 y Ezequiel 13:3, 16

Al año siguiente, Ezequiel recibe ·la llamada al ministerio profético. No se indica hasta qué extremo él compartió las falsas esperanzas de sus compañeros de exilio. Es comisionado para ser como un atalaya de sus camaradas de exilio. Su mensaje es esencialmente el mismo que Jeremías había proclamado con tanta insistencia; es decir, la destrucción de Jerusalén. En oposición a los falsos profetas, Ezequiel es llamado para advertir al pueblo de que su bien amada ciudad será destruída. No podrán volver a su país natal en un próximo futuro.

En su presentación, Ezequiel es un maestro de la alegoría. El simbolismo, las experiencias personales dramatizadas, y las visiones están más íntimamente entrelazadas en su vida y su enseñanza que en cualquier otro profeta de los tiempos del Antiguo Testamento. Desde el tiempo de su llamada, en el 593, hasta las noticias de la destrucción de Jerusalén, está informado ·y Ezequiel dirige sus esfuerzos hacia el convencimiento del pueblo de que Jerusalén está esperando el juicio de Dios. En vista de las condiciones del pecado y la idolatría que prevalecen en la tierra de Judá, es razonable esperar la caída de Jerusalén. En su ministerio público al igual que en su respuesta a la demanda hecha por la delegación de los ancianos, Ezequiel afirma valientemente que Jerusalén no puede escapar al día que se avecina de la retribución.

Tras la caída de Jerusalén, Ezequiel vuelve su atención a las esperanzas para el futuro. Los proyectos de la restauración constituyen el tema de su nuevo mensaje. Con la destrucción de Jerusalén y el templo como una realidad, los exiliados tal vez fueron condicionados a escuchar el mensaje de la esperanza. Se conoce poco respecto a los años subsiguientes al exilio de Ezequiel. La última referencia fechada en su libro extiende su ministerio hasta el año 571 a. C. (29:17). Aparte del hecho de saberse que está casado, no se conoce nada tampoco con relación a su familia. Puesto que tenía treinta años en el tiempo de su llamada, no pudo haber vivido para ver la caída de Babilonia y el retorno de los exiliados, bajo el reinado de Ciro, el rey de Persia.

El libro de Ezequiel

Desde un punto de vista literario, el libro de Ezequiel resalta en distinción con Hageo y Zacarías como los mejores fechados entre los libros proféticos.[8] Los datos del libro y sus fechas a lo largo de todo el libro, están cronológicamente en orden, con la excepción de 29:17, 32:1, y 17. Ello ocurre en las profecías contra las naciones fechadas en el 589 y 571 respectivamente. El resto de las fechas están en cronológica secuencia, desde el 593 a. C., en 1:1, hasta el 585 a. C. en 33:21, cuando las noticias de Jerusalén y su destino trágico, llegan hasta él. La fecha final está anotada en 40:1, situando la visión del estado restaurado de Israel para el año 573 a. C.

El libro de Ezequiel está lógicamente dividido en tres partes principales. Los capítulos 1-24 describen la condenación pendiente de Jerusalén. La sección inmediata (25-32) está dedicada a las profecías contra las naciones

---

8. Howie, op. cit., p. 46, reconoce las fechas individuales por todo el libro como correctas aunque no todos los materiales dados entre dos fechas tengan necesariamente que pertenecer en él, cronológicamente.

EZEQUIEL—EL ATALAYA DE ISRAEL

extranjeras. Los restantes capítulos (33-48) marcan un cambio completo en énfasis, puesto que la crisis anticipada en la primera sección ocurrió con la destrucción de Jerusalén. El nuevo tema es el avivamiento y la restauración de los israelitas a su propia tierra. Para un análisis más detallado de este libro, puede ser usada la siguiente subdivisión:

El contenido de este libro, tal y como está considerado aquí, es considerado como la composición literaria de Ezequiel.[9] El establecimiento para su ministerio en Babilonia entre sus conciudadanos, está allí. Aunque Jerusalén es el punto focal de la discusión en 1-24, el contexto no requiere que el autor esté en Palestina, tras la llamada de Ezequiel al ministerio profético.[10] Es significativo anotar que él discute el destino de Jerusalén con los exiliados, y en ningún momento indica que se está dirigiendo a los residentes en Jerusalén en persona como hizo el profeta Jeremías.

La fecha es en el 593 a. C. En su quinto año en Babilonia, los cautivos no tienen más brillantes perspectivas de un pronto retorno a la patria. Están confusos y desasosegados al oír a los falsos profetas contrarrestar la advertencia de Jeremías. La ejecución de dos falsos profetas, Acab y Sedequías, por Nabucodonosor evidentemente no obscureció sus esperanzas de retornar a Jerusalén en un próximo futuro. En medio de su confusión, Ezequiel es llamado para el ministerio profético.

La llamada de Ezequiel es de lo más impresionante. Comparado con la visión de Isaías y la simple comunicación a Jeremías, la llamada de Ezequiel al servicio profético puede ser descrita como fantástica. Tiene lugar junto al río Quebar en los alrededores de Babilonia. No hay ningún templo a la vista con el que pudiera haber asociado la presencia de Dios. Es grande la distancia entre él y Jerusalén, de tal forma que él apenas si tiene recuerdos del santuario donde Dios había manifestado su presencia en los días de Salomón. Si Babilonia se hallaba a la vista, Ezequiel pudo haber visto los grandes templos de Marduc y otros dioses babilonios, que ya habían sido

---

9. Para un sumario de varias teorías del autor, ver Whitley, *op. cit.*, pp. 82 y ss.
10. Ver Howie, *op. cit.*, capítulo I, «The Residence of Ezequiel», pp. 5-26, para una discusión de las variadas teorías sobre el lugar del ministerio de Ezequiel. Howie concluye que todo el ministerio de Ezequiel se produjo en Babilonia. Whitley, *op. cit.*, pp. 54 y ss., también acepta esta opinión tradicional.

reconocidos por el triunfante conquistador Nabucodonosor. Y allí, en aquel entorno pagano, Ezequiel recibe una llamada para ser un portavoz de Dios. Ezequiel se hace consciente de la presencia de Dios mediante una visión (1:4-28). Inicialmente su atención queda presa por una gran nube brillante con fuego. Cuatro criaturas elaboradamente descritas hacen su apariencia, yendo de un lado al otro como el relámpago en una tempestad. Esas criaturas parecen tener características tanto naturales como sobrenaturales. Intimamente relacionadas con cada criatura, hay una rueda que se mueve en todo momento. Con el espíritu de las criaturas en las ruedas la conducta es espectacular pero ordenada. Por medio de alas para cada criatura, se mueven bajo el firmamento. Ezequiel también ve un trono sobre el cual está sentada una persona que tiene parecido con un ser humano, con su forma rodeada por el brillo de un arco iris. Sin explicar o interpretar todas esas cosas, Ezequiel dice que todas esas manifestaciones en apariencia, tienen parecido con la gloria de Dios. Allí, en un país pagano lejos del templo de Jerusalén, Ezequiel toma conciencia de la presencia de Dios.[11]

Aunque él cae postrado ante aquella divina manifestación, Dios le ordena que se levante mientras que el Espíritu le llena y le capacita para obedecer. Dirigiéndose a él como un "hijo del hombre", él es comisionado para ser un mensajero para su propio pueblo que es desobediente, testarudo y rebelde.[12] El mensaje le es dado en forma simbólica. Se le ordena que se coma un rollo de lamentaciones, angustias y penas que se convierte en su boca en la dulzura de la miel. Avisado por anticipado de que el pueblo no le escuchará, ni aceptará su mensaje, a Ezequiel se le ordena que no les tenga ningún temor. Al desaparecer la gloria de Dios, el Espíritu hace consciente a Ezequiel de la realidad literal de que se encuentra entre los exiliados del Tel-abib cerca del río Quebar. Sobrecogido por cuanto ha visto, se pasa reflexionando sobre todas aquellas cosas, siete días.

Tras una semana de silencio, Ezequiel es comisionado para que sea como un atalaya para la casa de Israel (3:16-21). Viviendo entre su pueblo, se hace consciente de su propia responsabilidad para lo que tiene que advertirles. Si ellos perecen a pesar de su aviso, él no será culpable. Sin embargo, si falla en advertirles y ellos perecen, él será cargado con el peso de la sangre derramada. Siendo un guardián fiel, es una cuestión de vida o muerte.

II. La condenación de Jerusalén	3:22-7:27
La destrucción descrita	3:22-5:17
La idolatría trae juicio	6:1-7:27

Mediante una simbólica acción, Ezequiel no sólo detiene la atención de los exiliados, sino que vívidamente describe el destino que pende sobre Jerusalén. Bajo estrictas órdenes de ser sordo y hablar solamente a su auditorio como el Señor le ha ordenado, Ezequiel graba un bosquejo de Jerusalén

---

11. La presencia de Dios con su pueblo estaba vívidamente manifestada en una nube, siempre, desde su liberación de Egipto. Ver Ex. 14:19, 20, 24; Núm. 10:11-12, 34, etc. Cuando Salomón dedicó el templo, la visible presencia de Dios en una nube fue identificada como la gloria de Dios. Ver II Crón. 5:14 y 7:3. Puesto que Ezequiel era un sacerdote, pudo haberle sorprendido encontrar estas manifestaciones en un entorno pagano tan lejos del templo.
12. Esta designación está exclusivamente utilizada por Ezequiel en el Antiguo Testamento con la excepción de Dan. 7:13. Ello recarga el énfasis de que en presencia de Dios el profeta es humano y meramente un «hijo del hombre».

en un ladrillo de arcilla. Colocando los elementos precisos de guerra a su alrededor, el profeta demuestra el inmediato futuro de la ciudad, tan bien conocida y tan amada por los que le escuchan. Ellos no necesitan explicación verbal, puesto que están totalmente familiarizados con cada calle de la ciudad de la cual han sido tan recientemente sacados por los conquistadores babilonios.

Por un período de 390 días, Ezequiel yace sobre su lado izquierdo, representando así el castigo de Israel, el Reino del Norte. Por otros 40, yace sobre el lado derecho, significando el juicio que aguarda a Judá, el Reino del Sur. Durante este tiempo, las reacciones prescritas para Ezequiel, normal a las consideraciones de un asedio, quedan limitadas a un suministro de unos 340 gramos de pan y menos de un litro de agua. Para cocer su pan, Ezequiel recibe instrucciones de utilizar excrementos humanos como combustible, describiendo de esta forma la inmundicia de Israel. Esto resulta tan aborrecible para Ezequiel, que Dios le permite que lo substituya por excrementos de vaca. Una razonable interpretación sugiere que el profeta normalmente duerme cada noche, pero durante el día representa el sino de Jerusalén, al yacer de lado. Rehusa comprometerse en conversaciones ordinarias y habla solo como dirigido por Dios. Indudablemente por la pauta de su conducta, la totalidad de la comunidad de exiliados va de vez en cuando a la casa de Ezequiel para ver por sí mismos lo que el profeta está demostrando.[13]

Al final de este período (5:1 ss.), cuando la peculiar conducta de Ezequiel es conocida por toda la colonia de exilados, el pueblo tuvo que haberse sentido sorprendida al verle afeitarse la cabeza y la barba dividiendo cuidadosamente sus cabellos en tres partes iguales, pesándolas. Al quemar un tercio, cortando otro en trozos pequeñísimos con la espada y esparciendo el último tercio al viento, Ezequiel, de forma realista, demuestra y anuncia lo que Dios hará con Jerusalén en Su juicio.

Un tercio de su población morirá de hambre y de peste, otro tercio caerá por la espada, y el tercio restante, será esparcido por el viento. Dios no tendrá compasión de ellos. Los cargos contra ellos —ellos han escarnecido el santuario de Dios con abominaciones y cosas detestables (5:11).

Los detalles del juicio pendiente están claramente delineados en 6-7. Dondequiera que los israelitas han rendido culto a los ídolos, las víctimas del hambre y la peste y por la espada, yacerán esparcidas por toda la tierra. Los cuerpos muertos ante sus altares serán el silencioso testimonio de que los dioses que han adorado, no podrán salvarles. Para reforzar el énfasis Ezequiel recibe la orden de patear el suelo y hacer sonar las palmas de sus manos. Por este severo juicio, Dios hará que le reconozcan como al Señor.[14]

---

13. Ver H. L. Ellison, Ezekiel: *The Man and His Message* (Grand Rapids: Eerdmans, 1956), pp. 31-35, para una lógica interpretación. En vista de los datos dados en 1:1 y 8:1, que permiten un intervalo de 413 días, parece razonable asumir que los últimos 40 días del período de los 390 para Israel y los 40 días para Judá fueron coincidentes, puesto que ambos están compartidos en el exilio. Para Israel, los 390 días se extenderían desde la división del reino en el 931 hasta aproximadamente el 539 a. C., cuando cayó Babilonia. Los LXX lee 190 en lugar de 390 en 4:5, 9.

14. La expresión «Sabe que yo soy el Señor» se da en esta simple forma 54 veces y en extendidas variaciones, otras 18 veces más. Dios se hace conocer a Sí mismo en gracia o en juicio, para que ellos comprueben que Dios estaba actuando. Para discusión de este tema, ver Ellison, *op. cit.*, pp. 37-39.

338 HABLA EL ANTIGUO TESTAMENTO

La terrible destrucción está próxima. La sentencia de Dios en todos sus temibles aspectos, está a punto de ser ejecutada sobre Judá y Jerusalén. La injusticia, la violencia, y el orgullo están sujetos a la ira de Dios. El asunto está terminado. Nadie responde a los sonidos de la trompeta que les llama a la guerra. La espada les rodea mientras que el hambre prevalece dentro de la capital. Dios está volviendo su rostro para que puedan profanar su santuario y permitir que todos los ladrones hagan su rapiña. A causa de sus crímenes sangrientos El trae lo peor de las naciones contra ellos. Los profetas, ancianos, sacerdotes y el rey, todos fracasarán mientras que el desastre se hace una realidad en Judá. El Todopoderoso está realmente juzgándoles sobre la base de sus terribles pecados.

III. El templo abandonado por Dios   8:1-11:25
     El sitio de la visión   8:1-4
     La idolatría en Jerusalén   8:5-18
     El juicio ejecutado   9:1-10:22
     La misericordia de Dios en el juicio 11:1-25

En el tiempo de catorce meses, el espectacular ministerio de Ezequiel resurge el interés popular y la reacción entre los exiliados. El oportuno tema del sino de Jerusalén es de preocupación corriente para un pueblo que tiene un interés y un intenso deseo de volver a su país natal a la primera y más rápida oportunidad. Tienen la noción de que Dios no destruirá a su pueblo, que es el custodio de la ley, ni su templo que representa su gloria y presencia con ellos (Jer. 7-12). A su debido tiempo (592 a. C.) una delegación de ancianos llega a conferenciar con el profeta. Con los ancianos aparentemente esperando ante él, Ezequiel tiene una visión de las condiciones y de los acontecimientos que sobrevendrán en el templo (8:1-11:25). El relata este mensaje como está indicado en la declaración concluyente del pasaje.[15]

¿Qué es el análisis de las condiciones en Jerusalén desde el punto de vista de Dios según está revelado por Ezequiel? Las condiciones religiosas son un lejano grito de la conformidad a la ley y a los principios de Dios. Aunque la gloria del Señor está todavía en Jerusalén, Ezequiel ve cuatro horribles escenas de prácticas idolátricas en las sombras del templo. Una razonable interpretación, es reconocer con Keil, que no todas esas prácticas prevalecieran realmente en el propio templo sino que la visión representa las condiciones idolátricas existentes por todo Judá.[16]

Más conspicua es la imagen de los celos. Tal vez esto es una representación hecha por el hombre del Dios de Israel, una explícita violación del primer mandamiento. Sea cual sea lo que signifique, la imagen de los celos es una temible provocación al santo Dios de Israel.[17] Como representantes de Israel, los setenta ancianos adoran a los ídolos en el templo. Aparentemente ellos tienen concepciones humanísticas de un Dios omnisciente. A la entrada de la puerta norte del templo, las mujeres están llorando por Tamuz, el dios de la vegetación que murió en el verano y volvió a la vida al

---

15. Ellison, *op. cit.*, p. 40, sugiere que Ezequiel habló intermitentemente a los ancianos que tenía ante sí.

16. Ver C. F. Keil, *Commentary on Ezekiel* en referencia sobre 8:1-4.

17. De acuerdo con G. E. Wright, *The Old Testament against its Environment*, pp. 24 y ss., ninguna imagen de Jehovah ha sido jamás encontrada por los arqueólogos.

llegar la estación de las lluvias.[18] En el atrio interior, entre el porche y el altar, veinticinco hombres están de cara hacia el este adorando al sol, cosa que estaba explícitamente prohibida (Deut. 4:19; 17:3).[19] Esta provocación es la causa de que Dios deje libre su ira en el juicio. Los culpables están advertidos. La gloria de Dios se mueve desde el querubín hasta el umbral del templo. La misericordia, sin embargo, precede al juicio conforme un hombre vestido con ornamentos de lino, marca a todos los individuos que deploran la idolatría en el templo. Comenzando con los ancianos en el templo, los seis ejecutores van por toda Jerusalén matando a todos aquellos que no tengan la marca sobre la frente. Sobrecogido por la pena, Ezequiel apela a Dios en Su misericordia, pero se le recuerda que Jerusalén está llena con sangre e injusticia. Este es el tiempo de la ira—Dios ha olvidado al país.

Cuando el hombre vestido de lino informa que ha identificado y marcado a todos los justos por toda la ciudad, Ezequiel ve la manifestación de la gloria de Dios que él había visto en el momento de su llamada. En esta aparición, las criaturas vivientes, en la parte sur del templo, son identificadas como querubines. El hombre vestido de lino recibe entonces el divino mandato de ir y colocarse entre las ruedas que giran y el querubín para obtener carbones ardientes y esparcirlos sobre la ciudad de Jerusalén. La divina gloria se transfiere entonces desde el atrio hasta la puerta oriental del templo.

Ezequiel es llevado por el Espíritu a la puerta oriental donde veinticinco hombres responsables del bienestar de Jerusalén se hallan reunidos (11:1-13). Bajo el liderazgo de Jaazanías y Pelatías, dos príncipes cuya identidad es incierta, aquellos hombres malinterpretan las advertencias y se quedan complacientemente en la esperanza de que Jerusalén les protegerá de los juicios de Dios.[20] La falacia de esto es evidente para Ezequiel, con la muerte de Pelatías. Jerusalén no será un caldero para protegerles de la condenación pendiente, ellos serán juzgados en los límites de Israel. El pueblo de Dios ha desobedecido sus mandamientos y conformado su conducta siguiendo la pauta de las naciones circundantes.

Aplastado por la pena, Ezequiel cae sobre su rostro ante Dios, implorándole que salve a los que quedan. En réplica, se le asegura que Dios, que ha esparcido a su pueblo, lo volverá a reunir trayéndoles de nuevo al hogar patrio. En la tierra del exilio, Dios será un santuario para ellos. Cuando ellos sean traídos de vuelta a la tierra de Israel, El impartirá un nuevo espíritu sobre ellos y un nuevo corazón condicionándoles para la obediencia.

En conclusión, Ezequiel ve en esta visión la partida de la presencia de Dios. La gloria de Dios que se cernió sobre Jerusalén, ahora se dirige a la montaña oriental de la ciudad. Jerusalén con su templo es abandonada

18. Por una mayor descripción, ver G. A. Cooke, *Ezekiel I*, pp. 96-97. Esto representa un antiguo rito religioso que procede de aproximadamente el año 3000 a. C., en Babilonia. En forma popular este mito fue común durante la época del Antiguo Testamento y en los tiempos de Canaán a Babilonia.
19. La posición de estos hombres parece justificar la inferencia de que ellos representan el sacerdocio. Ellison, *op. cit.*, p. 43, y otros, identifican esto con el culto de Shamash, el dios-sol de Babilonia, cargando a esos 25 líderes con el reconocimiento de que los dioses de Babilonia estaban derrotando a Jehová, Dios de Israel.
20. Ellison, *op. cit.*, pp. 45-47, interpreta esto como una predicción de las condiciones que existían durante el asedio unos cuantos años más tarde. Los jefes pro-egipcios ignoraron los avisos de Jeremías y se hallaban en la confianza de que Jerusalén resistiría, como su fe fanática en el templo, indicado por Jer. 7:4. Sin embargo, aquellos jefes fueron ejecutados en Ribla, II Reyes 25:18-21.

para el juicio. La destrucción que pende sobre ella, es sólo una cuestión de tiempo.

La visión (8:11) revela a Ezequiel las condiciones en Jerusalén como vistas por Dios. Como un antiguo ciudadano de Jerusalén, Ezequiel estaba familiarizado con la prevaleciente idolatría, pero entonces, como un guardián comisionado para la casa de Israel, él comparte la divina perspectiva. La copa de la iniquidad de Judá está casi llena a rebosar. Esta divina revelación, la comparte con los exiliados (11:25).

IV. Los líderes condenados   12:1-15:8
      Demostración del exilio   12:1-20
      Los falsos líderes   12:21-14:11
      La condición sin esperanza   14:12-15:8

Por una acción simbólica, Ezequiel manifiesta ante su auditorio israelita en Babilonia las amargas experiencias en abastecer para los residentes que permanecen en Jerusalén. Lo más patético es la última partida, de un ciudadano que es forzado a marchar de su hogar, conociendo que su ciudad está condenada y que se encamina hacia el exilio. Ezequiel demostró esto al salir de su hogar a través de un agujero de la muralla, llevando sobre sus hombros un fardo conteniendo algunas cosas necesarias. En forma similar, el príncipe de Jerusalén hará su salida final de la capital de Judá (12:1-16). Describiendo las condiciones en los últimos días del asedio, Ezequiel come ansiosamente su pan y bebe su agua con temor y temblor (12:17-20).

Los jefes religiosos son responsables por engañar al pueblo, asegurándoles la paz, cuando la ira de Dios les está aguardando. Las mujeres, de igual forma, han sido culpables de causar en el pueblo el que crea en las mentiras.[21] Todos los que profetizan falsamente están condenados por el mal que han causado hablando. Ezequiel, con valentía, culpa a los ancianos, que concurren ante él para inquirir del Señor, teniendo ídolos en sus corazones. El profeta les urge a que se arrepientan, no sea que la ira de Dios caiga también sobre ellos.

Jerusalén es tan pecadora, que no habrá nadie que pueda salvarla de su destrucción (14:12-15:8). Muy verosímilmente, el pueblo cree que a causa del grupo de justos que hay en la ciudad, Dios pospondrá sus juicios, como había hecho en el pasado. En una final y solemne advertencia, Ezequiel dice a su auditorio que incluso si Noé, Daniel o Job estuviesen en Jerusalén, Dios no salvaría a la ciudad. Ellos sólo pueden salvarse a sí mismos. Como una viña en el bosque dispuesta para ser quemada, así los habitantes de Jerusalén esperan el juicio de Dios.

V. El pueblo elegido de Dios condenado   16:1-19:14
      La historia espiritual de Israel   16:1-63
      El rey infiel   17:1-24
      La responsabilidad individual   18:1-32
      Lamentación por los príncipes de Israel   19:1-14

---

21. «Hechicera» sería un mejor término moderno que «profetisa» para las mujeres descritas en 13:17-23, de acuerdo con Ellison, *op. cit.*, pp. 56-57. Las únicas otras «profetizas» mencionadas en las Escrituras son Miriam, Débora, Julda y Noadías.

En lenguaje alegórico, Ezequiel describe la corrupción de la religión israelita. Cuando Israel era como un niño recién nacido, inerme y desamparado, ellos fueron elegidos por Dios y tiernamente nutridos como el pueblo de su elección. Gozando de esas divinas bendiciones, Israel cometió deliberadamente la idolatría en su apostasía, como una ramera en sus pasos pecaminosos. En lugar de ser devotos de Dios, ha malgastado las cosas materiales que tan abundantemente se le habían suministrado. Los padres incluso llegaron a ofrecer a sus hijos en sacrificio a los ídolos. En el curso del tiempo, acariciaron el favor de las naciones paganas, tales como Egipto, Asiria y Caldea. La caída de Samaria debería haber sido interpretada como un aviso dado a tiempo.[22] La sentencia conra Judá concluye con una promesa de restauración (16:53-63). Dios recordará su pacto con ellos en reconciliación tras de que hayan sido debidamente castigados por sus pecados.

En otra alegoría o adivinanza (17:1-24), Ezequiel presenta la condenación política de Judá, ilustrando específicamente el precedente capítulo. El rey de Babilonia, como un águila o un buitre que se cierne sobre la copa de de un cedro, ha interrumpido la dinastía davídica. El rey substituto, obviamente Sedequías, romperá su convenido con Babilonia y volverá a Egipto en busca de ayuda, en lugar de depositar su fe en Dios. En consecuencia, será tomado y llevado cautivo para morir en la tierra del exilio.

Aparentemente, los exiliados han llegado a la conclusión de que se hallan sufriendo a causa de los pecados de sus padres (18:1 ss.). Seguramente, el exilio era un lugar de sufrimiento colectivo (11:14-21) pero en claros y definidos términos Ezequiel traza una línea de demarcación entre los justos y los infieles. Incluso aunque todos tengan que sufrir al presente, la última distinción entre ellos es una cuestión de vida o muerte. Los injustos perecen, los justos tendrán que vivir. Como las leyes básicas del Pentateuco están dirigidas al individuo, así Ezequiel en ello, resalta la responsabilidad de cada israelita.

Habiendo tratado con el problema del individuo, Ezequiel revierte al tema de la máxima importancia: el destino de Jerusalén. En una lamentación (19:1-14), expresa el patético desarrollo que tendrán los acontecimientos, mostrando al príncipe de Judá como a un león capturado con cepos y enjaulado para su deportación a Babilonia. El lamenta que la destrucción del reino sea tan completa, y que no quede un retoño ni siquiera un cetro para un gobernante.[23]

VI. La última medida completa   20:1-24:27
    El fracaso de Israel   20:1-44
    El juicio en proceso   20:45-22:31
    Consecuencias de la infidelidad   23:1-49
    Ezequiel atemperado para el juicio 24:1-27

Durante dos años, el profeta, como un atalaya, ha advertido fielmente al pueblo. Una vez más en el 591 una delegación de ancianos toma asiento ante él, para inquirir la voluntad del Señor. Sedequías está todavía en el trono de Jerusalén.

22. Ver. Jer. 3:6-13.
23. Ver Is. 6:13.

Ezequiel revisa una vez más la historia de Israel. Esta vez resalta que Dios eligió a Israel en Egipto, le dio su ley, y les llevó a la tierra de Canaán, pero ellos no han hecho otra cosa que provocarle con sus ídolos, ritos paganos, y sacrificios. En su ira, Dios le ha esparcido y finalmente los volverá a traer purificados en gracia a su propio nombre (21:1-44). La pronunciación de esta revisión recarga el énfasis del juicio que sigue como secuencia natural. Dios está encendiendo un fuego para consumir el Neguev (20:45-49). Está afilando su espada, llevando al rey de Babilonia a Jerusalén en un acto de juicio (21-22). Los príncipes han derramado sangre inocente, el pueblo es culpable de los males sociales, quebrantando la ley y olvidando a Dios. Jerusalén se convertirá en un horno para purificar al pueblo, mientras que derrama su ira.

El pecado de los pactos con los extranjeros, está desarrollado en el capítulo 23, según Samaria, llamada Ahola y Jerusalén, llamada Aholiba, llevan sobre sí el cargo de la prostitución. Las alianzas con naciones extrañas, que frecuentemente implican el reconocimiento de dioses paganos, constituyen una grave ofensa hacia el Señor.[24] Infortunadamente, Judá falló en ver la caída de Samaria como un aviso. En vista de sus pecados Jerusalén está advertida de que los caldeos vendrán a ejercitar su juicio sobre ellos.[25] La copa de la ira de Dios está a la mano.

En el mismo día, 15 de enero del 588, en que los ejércitos babilónicos rodearon a Jerusalén, Ezequiel recibió otro mensaje (24).[26] No se indica si Ezequiel dramatizó esto en una acción sombólica o la produjo verbalmente en forma de alegoría. Teniendo ante él un cordero escogido en la sartén, que representa a Jerusalén, Ezequiel saca la consecuencia de la destrucción. La sartén con manchas de orín, figurando manchas de sangre, es colocada sobre el fuego hasta que se funde. En el proceso de su fundición, las manchas sangrientas son quitadas, ilustrando claramente con ello que las manchas de sangre de Jerusalén serán quitadas sólo por la completa destrucción. En el curso de esta representación gráfica, muere la esposa de Ezequiel. Como una señal significativa para su auditorio, se le ordena a Ezequiel no llevar luto públicamente. Tampoco el pueblo lo llevará cuando reciba las noticias de que el templo de Jerusalén ha sido destruido. El Dios soberano hace esto para que ellos sepan que El es el Señor. En conclusión, Dios asegura a Ezequiel que cuando las noticias del sino de Jerusalén le lleguen, su sordera terminará.

VII. Naciones extranjeras   25:1-32:32
    Amón, Moab, Edom y Filistea   25:1-17
    Fenicia   26:1-28:26
    Egipto   29:1-32:32

24. La demanda de un rey en los días de Samuel (I Sam. 8:5) refleja el hecho de que el pueblo estaba impresionado con los reyes paganos. Salomón hizo un pacto con Egipto, I Reyes 3:1. En el Reino del Norte, Jehú pagó tributo al rey asirio Salmanasar III, como está representado en el Obelisco Negro, ver Pritchard, *Ancient Near Eastern Texts*, p. 280. El Reino de Judá estuvo más seriamente implicado con Asiria, por Acaz, II Reyes 16:7 e Is. 7:1-17, quienes desafiaron a Isaías al hacer un tratado con Tiglat-pileser III. Nótese también Ezequías y los babilonios en Is. 39:6.
25. Nótese la advertencia de la condenación de Jerusalén anunciada por Isaías. Ver Is. 39:6 y II Reyes, 20:17.
26. El año 9.° y en el mes 10.°, día 10.° —15 de enero del 588 a. C.—. Ver Parker y Dubberstein, *Babylonian Chronology*, p. 26 y Thiele, *The Mysterious Numbers of the Hebrew Kings*, p. 164. Nótese también Jer. 39:1, y II, Reyes 25:1.

Las profecías fechadas en estos capítulos, con la excepción del 29:17-21, ocurren durante el décimo o duodécimo año del cautiverio de Ezequiel. Esto aproxima el período del asedio y sitio de Nabucodonosor en Jerusalén, al 588-586. Con la capitulación de Jerusalén pendiente, surge indudablemente la cuestión de a qué nación, entre las otras, tendrá Dios planeado llevarse a Judá. ¿Tendrán ellos que ir allí para juicio?

En el capítulo que abre este pasaje, los amonitas, moabitas, edomitas y filisteos son denunciados por su orgullo y gozosa actitud ante el sino de Judá. Aunque aliados a Judá para conjurarse en una rebelión contra Babilonia (Jer. 27:3), ellos la abandonaron para oír el fragor del combate de la invasión de Nabucodonosor. Por su arrogancia y su odio hacia la religión de Israel, serán castigados. La ejecución contra ellos comienza en el subsiguiente período; pero el completo cumplimiento de esta predicción espera al último establecimiento de la supremacía de Israel en su propio suelo. A través de Israel, Dios llevará su venganza contra Edom (25:14).

Los más largos pasajes están dirigidos contra los fenicios y sus ciudades de Tiro y Sidón y contra Egipto. Con los ejércitos de Babilonia concentrados sobre Jerusalén, los exiliados pueden haber imaginado por qué Fenicia y Egipto escaparon al vengativo empuje de Nabucodonosor.

En un análisis de mayor extensión, Ezequiel trata del destino de Tiro y su príncipe con una adecuada lamentación para cada uno de ellos (26:1-28:19). Sidón, que era de menor importancia, recibe sólo una breve consideración (28:20-23). Por contraste, Israel será restaurada (28:24-26). La condenación de Tiro es cierta, puesto que Dios está llevando a Nabucodonosor contra ella.[27] La lamentación de Tiro describe la pérdida de la gloria y la supremacía que había gozado en su estratégica situación, en su belleza arquitectónica, su fuerza militar y sobre todo, en su fabulosa riqueza comercial.[28] Tampoco Sidón escapará a la destrucción (28:24-26).

Para hacer un paralelo de la caída de Tiro, Ezequiel habla del destino del príncipe que gobierna la ciudad y el reino de Tiro (28:1-10). Aunque bueno a sus propios ojos, el rey de Tiro es solamente un hombre por lo que a Dios concierne. Por sus vanas aspiraciones, será castigado.

Egipto, que usualmente juega una parte vital en las relaciones internacionales de Judá, recibe una extensa consideración en estas profecías (29-32). En su asociación con Israel, la nación de Egipto ha sido como una caña, que se abandona al enemigo cuando llega la conquista. Egipto y sus gobernantes también están inculpados con orgullo—el faraón se jacta de que el río Nilo, del cual depende la existencia de Egipto, estaba hecho por él.

La conquista y la rapiña aguardan a Egipto. Aunque sea restaurada tras un período de cuarenta años de desolación, Egipto nunca llegará a adquirir su antigua posición. Nunca proporcionará de nuevo una falsa seguridad para Israel. Dios enviará a Nabucodonosor a Egipto para que despoje su riqueza, ya que los malos hombres poseen la tierra. Los divinos actos del juicio serán evidentes en la destrucción de los ídolos en Menfis y la derrota de las multitudes en Tebas.

---

27. El sitio de Tiro, 586-573 a. C. finalizó cuando Etbaal, rey de Tiro, reconoció la supremacía de Babilonia. La ciudad isla no fue conquistada hasta Alejandro Magno, construyendo un estribón o muelle en el 332 a. C. para forzar la completa sumisión.

28. Para un breve tratamiento de esta profecía, ver Ellison, *op. cit.*, pp. 99-116.

HABLA EL ANTIGUO TESTAMENTO

En forma de advertencia, Egipto es comparado a Asiria, que sobresalía como un cedro del Líbano por encima de todos los demás árboles (31:1-18).[29] Como el poderoso reino de Asiria, Egipto caerá. Ezequiel compara la destrucción a su descenso en el Hades. Un año y dos meses más tarde, tras haber sabido la caída de Jerusalén, se lamenta una vez más de la humillación que pende sobre Egipto (32:1-16). El canto fúnebre del funeral (32:17-32), tal vez fechado en el mismo mes[30], expande la lamentación, situando ya en la lista seis naciones para ir al Hades. Egipto, en su destino, se unirá a poderes tan grandes como Asiria, Elam, Mesec y Tubal, y las naciones vecinas tales como Edom, los sidonios y los príncipes del norte—indudablemente, una referencia a los gobernantes sirios. Todos esos darán la bienvenida a Egipto en el Hades, en el día de la calamidad.

VIII. Esperanzas para la restauración	33:1-39:29
El atalaya con una nueva comisión	33:1-33
Los pastores de Israel	34:1-31
Contraste entre Edom e Israel	35:1-36:38
Promesa de restauración y triunfo	37:1-39:29

El mensaje de Ezequiel está ligado a los tiempos en que él vive. Desde el tiempo de su llamada, en el 593 a. C., ha conducido, por la palabra y por la acción simbólica, el destino de Jerusalén. Durante el sitio de Jerusalén, se le dio un mensaje concerniente al lugar de las naciones extranjeras en la economía del Dios de Israel. Con la destrucción de Jerusalén cumplida, Ezequiel, una vez más, dirige su atención a las esperanzas nacionales de Israel.

Un fugitivo procedente de Jerusalén informa a Ezequiel y a los exiliados en enero del 585 a. C. que la ciudad ha capitulado realmente ante el ejército de Babilonia. Indudablemente, los informes oficiales en Babilonia habían anunciado previamente la conquista de Judá. Probablemente, la fecha dada (33:21-22) está íntimamente relacionada a la totalidad del contenido de este capítulo.[31] Dios, que había previamente revelado a Ezequiel el hecho de la caída de Jerusalén, en la víspera de la llegada de este mensajero, entonces invita al mensajero a que hable de nuevo. Esta terminación de su período de sordera, es un signo de la divina confirmación (24:27). Dios ya había condicionado a Ezequiel, al recordarle que él es un atalaya de la casa de

---

29. Este mensaje está fechado en mayo-junio del 587 a. C. Los exilados estaban esperando que Egipto hubiera salvado a Jerusalén de la destrucción por los babilonios, quienes habían comenzado el asedio en enero del 588. Sobre el uso de «Asirio» como sucede en el texto hebreo en Ezequiel 31:3, comparar las versiones del Rey Jaime, American Standard y la Revised Standard.

30. Keil, *op. cit.*, como referencia, sugiere que esto fue compuesto 14 días más tarde en el mes 12.º (32:1). Debido a un error del copista el mes fue omitido aquí. La Biblia de Jerusalén sigue a la griega e inserta el «primer mes». Puesto que 32:1 está fechado en el mes 12.º, parece razonable fechar esto en el mismo mes, permitiendo la secuencia cronológica.

31. Ellison, *op. cit.*, p. 118, escribe «11.º» en 33:21 sobre la base de Hebreos 8 MSS, algunos manuscritos de los LXX y la siriaca, identificando esta fecha con agosto, del 586 a. C. Ver también Doederlein y Hitzig en sus comentarios a la referencia. G. A. Cooke, en *ICC ad. loc* asume un doble sistema de fechas. De acuerdo con Thiele en su completo estudio de la cronología, *The Mysterious Numbers of the Hebrew Kings*, p. 161-166, y la carta de la pág. 74-75, Sedequías huyó de Jerusalén en el 19 de julio del 586, y la final destrucción de Jerusalén comenzó el 15 de agosto del 586. Aunque normalmente era una jornada de tres meses de duración, este fugitivo particular llegó al exilio en enero del 585 a. C.

Israel (33:1-20). Dirigiéndose de nuevo como "hijo del hombre", él es el responsable para advertir a su propio pueblo.

Tras de la llegada del fugitivo, Ezequiel es preparado para el mensaje transicional (33:24-33). El remanente no arrepentido que hay en Palestina, transfiere entonces su confianza desde el templo arruinado al hecho de que ellos son la semilla de Abraham.[32] Con Jerusalén en ruínas, seguramente ninguno de los que se encuentran entre el auditorio de Ezequiel es lo bastante estúpido para pensar que puede intentar una rebelión con éxito frente a Nabucodonosor. Ezequiel es advertido de que el pueblo será lo bastante curioso para escuchar su mensaje; pero no lo obedecerá.

El tema de la esperanza comienza con una discusión de los pastores de Israel (34-1:31). En contraste con los falsos pastores, que están condenados por su egoísmo, Dios aparece descrito como el verdadero Pastor de Israel.[33] Mirando en el futuro lejano de los israelitas, se les asegura su restauración nacional. Haciendo un pacto de paz con ellos, Dios les establecerá en su propia tierra para gozar de bendiciones sin límites bajo el pastor, identificado como "mi siervo David".[34] Puesto que la historia no tiene datos del cumplimiento de esta promesa para Israel, parece razonable anticipar esta realización en el futuro.

La tesis de la restauración de Israel está desarrollada en 35:1-36:38, en contraste a la antítesis de la destrucción de Edom. Edom o monte de Seir está cargado con los delitos de enemistad, odio sangriento, avidez y codicia de la tierra de Israel e incluso de blasfemia contra Dios.[35] Edom, incluyendo a todas las naciones (36:5), está ya marcada para su devastación. Por contraste, los israelitas serán reunidos desde todas las naciones y una vez más gozarán del favor de Dios en su propia tierra. Israel ha profanado el nombre de Dios entre las naciones; pero El actuará trayéndoles de nuevo en gracia a Su nombre. Por una transformación, Dios les impartirá un nuevo corazón y un nuevo espíritu, purificándoles en la preparación para que sean Su pueblo.

Sin duda, tanto Ezequiel como su auditorio tuvieron que haberse preguntado cómo sucedería tal cosa. Con Jerusalén en ruínas y el pueblo en el exilio, las perspectivas no podían ser más obscuras y sombrías. En 37:1-39:29, la restauración de Israel en triunfo sobre todas las naciones, queda desarrollada y dibujada. Por divina revelación, Ezequiel llega a la seguridad de que todo esto tendrá su cumplimiento.

El Espíritu del Señor conduce a Ezequiel en medio de un valle lleno con huesos secos. Dios invita al profeta a que hable a aquellos huesos. Ante su asombro total, Ezequiel ve cómo los huesos se animan con la vida. Esta resurrección de los huesos muertos, significa la reavivación y la restauración de la totalidad de la casa de Israel, incluyendo tanto al Reino del Norte como al del Sur. Serán reunidos como los israelitas serán reagrupados pro-

---

32. Ver Jer. 40-43 sobre la actitud del resto en no querer seguir la advertencia de Jeremías.

33. «Pastor», aquí es utilizado metafóricamente con el significado de «rey» de acuerdo con Ellison *op. cit.*, p. 121. Ver Salmo 23, para el perfecto pastor. También Juan 10.

34. Ver Ellison, *op. cit.*, pp. 119-122, para un sumario de los gobernantes de Israel pasados y presentes, indicando que bajo el gobierno de Persia, Grecia y Roma, ninguno perteneciente al linaje de David fue jamás reconocido como rey.

35. Esaú y sus descendientes, conocidos como edomitas, se establecieron en Monte de Seir, al sur del Mar Muerto. Gén. 36. Nótese la continua animosidad en el Antiguo Testamento entre Israel y Edom. Ver Núm. 21, etc.

cedentes de entre las naciones con la específica promesa de que un rey gobernará sobre ellos. El gobernante o "pastor", de nuevo identificado como "mi siervo David", deberá ser el príncipe para siempre en tanto el pueblo se conforma a los estatutos y ordenanzas de Dios. En la tierra de Israel, Dios establecerá una vez más su santuario de forma tal, que todas las naciones conocerán que El ha santificado y purificado a su nación de Israel.

El establecimiento de Israel no permanecerá oculto ni sin desafío. Naciones procedentes de las partes del norte, especialmente Gog y Magog, reunirán en masa sus ejércitos para luchar contra Israel en los postreros días. Viviendo en ciudades sin vallar y gozando de una prosperidad sin precedentes, Israel se convertirá en el objeto codiciado de los enemigos invasores procedentes del norte. Esto, sin embargo, será un día de divina vindicación. Las fuerzas de la naturaleza en forma de terremotos, lluvia granizo, fuego y azufre serán dejadas sueltas contra el feroz invasor. La confusión, el derramamiento de sangre y la pestilencia prevalecerán mientras luchan el uno con el otro. Ave de presa y bestias salvajes devorarán los ejércitos de Gog y Magog y el enemigo quedará sin ayuda, permitiendo así que Israel tome todos sus despojos de guerra. Durante siete meses, enterrarán a los muertos y purificarán la tierra.

Con todas las naciones conscientes de los juicios de Dios, a Israel se le asegura la restauración de su buena fortuna. Ellos vivirán con seguridad en la tierra donde nadie tendrá miedo. No quedará nadie entre las naciones, cuando Dios vierta su Espíritu sobre ellas.

El tiempo de la pascua durante el mes de Nisan (573), indudablemente, recuerda a los exiliados el más grande milagro que Dios hubo llevado a cabo en nombre de Israel a quien liberó del cautiverio de Egipto. Durante los catorce años que habían transcurrido desde la destrucción de Jerusalén, los exilados, probablemente, adaptados a su nuevo entorno, no hubieron tenido ninguna esperanza de un inmediato retorno. Como mucho, si creyeron en la predicción de Jeremías concerniente a un período de exilio de setenta años, sólo unos pocos de los que habían sido tomados en Jerusalén, podrían haber retornado. Sin duda, la promesa de Ezequiel de la definitiva restauración les aseguró del amor de Dios y de Su cuidado por la nación de Israel.

Ezequiel tuvo otra visión. Similar a la revelación de los capítulos 8 a 11, el profeta ve la realidad de la restauración. De nuevo, el punto focal es el templo de Jerusalén, que simboliza la presencia real de Dios con su pueblo. Un hombre inominado, lo más probable un angel del Señor, toma a Ezequiel para hacer una visita del templo, sus alrededores y la tierra de Palestina. La gloria de Dios, que primeramente abandonó al templo a su condenación, entonces retorna a su sagrado santuario. Una vez más, Dios habita allí entre su pueblo. A Ezequiel se le instruye para que observe bien aquel viaje de la restaurada Israel. Todo lo que ve y oye, lo comparte con sus compañeros en el exilio (40:4).

Desde el ventajoso punto de la cima de una alta montaña, Ezequiel ve una estructura parecida a una ciudad representando el templo y su entorno.[36] El guía, con una vara de medir en la mano, inspecciona cuidadosamente las murallas del área del templo y la de varios edificios, mientras que conduce a Ezequiel en aquel espectacular viaje. Lo más extraordinario del viaje por el templo es la reparación de la gloria de Dios, que Ezequiel identifica con la revelación que tuvo en el canal de Quebar (ver 1 y 8-11). A Ezequiel se le asegura entonces que aquel es el nuevo templo que Dios establecerá para su eterno habitar con su pueblo. Nunca más se despreciará el nombre de Dios con la idolatría. A los penitentes y contritos, que hay entre el auditorio de Ezequiel, este mensaje del templo restaurado les ofrece la esperanza. Y son alentados a conformar sus vidas en obediencia a los requerimientos de Dios (43:10-13).

Las nuevas regulaciones para un culto aceptable están cuidadosamente prescritas (43:13-46:24). Ezequiel ve el altar y toma nota de las ofrendas y sacrificios que proporcionan al pueblo una base aceptable para su aproximación a Dios. Al entrar en el templo, se postra en reconocimiento de la gloria de Dios que llena todo aquel santuario. Una vez más, recibe instrucciones para marcar bien las ordenanzas y detalles para aquellos a quienes se les permita oficiar en el nuevo templo. Por romper la alianza y profanar el templo con la idolatría, el sacerdote está sujeto a grave castigo. Dios bendecirá a Israel con una clase sacerdotal restaurada y un príncipe que enseñará al pueblo, establecerá la justicia y observará las fiestas y las estaciones.

La visión culmina en los viajes de Ezequiel por la tierra de Israel (47:1-48:35). Comenzando en las puertas del templo, el profeta ve un río que sale hacia el sur desde debajo del umbral hasta Arabia, suministrando agua fresca para la abundante vida del mar y para la irrigación de la tierra en la producción de frutos. La totalidad de la zona, resurge con una nueva vida y la industria de la pesca florece, abundando la vida en las granjas en toda la tierra. La tierra de Canaán está cuidadosamente dividida en parcelas para cada tribu, desde la entrada de Hamat en el norte hasta el río de Egipto, en el sur. El príncipe y los levitas recibirán una parcela próxima a la ciudad en donde el templo está situado.[37] Esta ciudad, en la cual se manifiesta la divina presencia de Dios, es identificada como "El Señor está allí".

Israel restaurado a la tierra prometida—esta es la esperanza que Ezequiel tiene para su generación en la tierra del exilio. Dios reagrupará a su pueblo en triunfo y lo bendecirá una vez más.

---

36.   Para un diagrama del templo y sus edificios como están descritos aquí, ver F. Davidson, *The New Bible Commentary*, bajo el artículo titulado «Ezequiel», pp. 664-665.

37.   El tema básico de Ezequiel 33-48, de que Israel será restaurado a su propia tierra como hecho supremo, bajo el mandato de un príncipe, concuerda con el tema Isaías, que asegura que Israel gozará de un período absoluto de paz universal, cuando Sión sea el punto focal de todas las naciones bajo el control de su gobernante ideal, que deberá ejecutar la perfecta justicia. Ver Is. 2, 4, 11, 35 y 65-66.

BIBLIOGRAFÍA SELECTA

Libros en castellano

* ALEXANDER, RALPH. *Ezequiel.* Grand Rapids: Editorial Portavoz, 1979.

BLACKWOOD, A. W., JR. *Ezekiel.* Grand Rapids: Baker Book House, 1965.

COOKE, G. A. *Ezekiel* (ICC). Nueva York: Scribner's, 1937.

ELLISON, H. L. *Ezekiel: The Man and His Message.* Grand Rapids: Wm. B. Eerdmans Publishing Co., 1955.

FAIRBAIRN, P. *An Exposition of Ezekiel.* Grand Rapids: Zondervan Publishing House, 1960.

* FAUSSET, A. R. «Ezequiel», en Jamieson, Robert, Fausset, A. R., y Brown, David, eds., *Comentario exegético y explicativo de la Biblia*, tomo 1. El Paso: Casa Bautista de Publicaciones, 1958.

GAEBELEIN, A. C. *The Prophet Ezekiel.* Nueva York: Our Hope Press, 1921.

HOWIE, C. G. *The Date and Composition of Ezekiel.* Filadelfia: Journal of Biblical Literature Monograph Series, Vol. IV, 1950.

IRONSIDE, H. A. *Ezekiel.* Nueva York: Loizeaux Brothers, Inc., 1953.

WHITLEY, C. F. *The Exilic Age.* Londres; Westminster Press, 1957.

Capítulo XXI

Daniel—hombre de estado y profeta

Eminente entre los judíos exiliados en Babilonia, Daniel como hombre, ganó la dual distinción de ser un político y un profeta. Elevándose de la servidumbre a la situación de hombre de Estado, prosperó en el liderazgo político, bajo los gobernantes medo-persas por más de seis décadas. Entremezcladas en el libro que lleva su nombre, están las experiencias personales de Daniel al igual que sus revelaciones proféticas concernientes a futuros acontecimientos.[1]

Daniel nació en el reino de Judá, durante el reinado de Josías y fue, probablemente, en sus primeros años cuando fue llevado cautivo, en el 605 a. C. En los comienzos del capítulo que abre su libro, refleja las convicciones religiosas de Josías y Jeremías que, ciertamente, tuvieron que haberle influenciado a él y a otro joven judío de su tiempo.

Aunque las esperanzas de Judá para que continuase su independencia pudieron haber resurgido con la caída de Nínive, ellas fueron bruscamente deshechas cuando Josías fue muerto en Meguido (609). Judá se convirtió en súbdito de Egipto poco después, y el faraón Necoa colocó a Joacim en el trono. Con la batalla de Carquemis (605) la denominación egipcia cedió al control de Babilonia. Los intentos de Joacim de sumisión a Nabucodonosor

---

1. Dos puntos de vista prevalecen corrientemente respecto a la unidad y al autor de este libro. (1) Para el punto de vista de que fue escrito por Daniel y de su propia mano, en el siglo VI a. C., o fue compilado poco después, ver la extensa discusión por R. K. Harrison, *Introduction to the Old Testament* (Grand Rapids, 1969.), pp. 1.105-1.134. (2) Para la perspectiva de que este libro representa una literatura apocalíptica, escrito o compilado durante la era macabea en el siglo II a. C., ver G. A. Larue, *Old Testament Life and Literature* (Boston: Allyn and Bacon, 1968), pp. 402-409. El primer punto de vista es la base para la interpretación ofrecido en este análisis.

tuvo que haber sido una sorpresa para Daniel y sus compañeros, que fueron tomados como rehenes a la capital de Babilonia.[2]

La familiaridad de Daniel con las lenguas hebrea y aramea se hace aparente en sus escritos.[3] Peculiar de este libro es el tener el más extenso pasaje en lengua aramea de todo el canon del Antiguo Testamento.

Una popular característica de Daniel es la doble división mediante la cual se designan los primeros seis capítulos como históricos y los seis finales como proféticos. Es digno de notar que en los primeros, Daniel se refiere a sí mismo en tercera persona, y actúa como el agente de la revelación. En los últimos capítulos escribe en primera persona, registrando mensajes proféticos revelados a él de forma sobrenatural.

Dando énfasis a los aspectos proféticos, el libro de Daniel conduce por sí mismo al análisis siguiente:[4]

A. Introducción histórica	1:1-21
B. Los reinos gentiles	2:1-7:28
C. La nación de Israel	8:1-12:13

Este bosquejo tiene en cuenta su composición bilingüe. El pasaje arameo (2:4b—7:28) tiene un mensaje de especial interés para las naciones paganas, indicando su orden de sucesión, carácter y destino. Los capítulos escritos en hebreo, enfocan la atención sobre el papel particular de Israel en los acontecimientos internacionales.

Para un estudio inicial del libro de Daniel, la perspectiva histórica es esencial. Las variadas revelaciones que proceden de Daniel, son consecutivas a la luz de los acontecimientos contemporáneos. Para situar el libro en su dispositivo histórico, puede ser útil el siguiente análisis *cronológico:*

I. El reino de Nabucodonosor	
Los judíos cautivos en la corte	1:1-21
Daniel y el sueño del rey	2:1-49
Los tres amigos en juicio	3:1-30
La humillación del rey	4:1-37
II. La era Nabónido-Belsasar	
La bestial naturaleza de los reinos	7:1-28
Los reinos identificados	8:1-27
En la víspera de la caída de Babilonia	5:1-30
III. En los tiempos medo-persas	
La preocupación de Daniel por su pueblo	9:1-27
Sobre el juicio por su religión	5:31-6:28
La revelación final de Daniel	10:1-12:13

---

2. Ver D. J. Wiseman, *Chronicles of Chaldean Kings,* p. 26. Ver, también, Cap. XV de este volumen.

3. Daniel pudo haber aprendido arameo en Jerusalén antes de ser hecho cautivo. Ya a principios del siglo VII a. C., el arameo era utilizado como el lenguaje internacional en Egipto, Fenicia y Siria. R. A. Bowman, «Arameans, Aramaic and the Bible», *Journal of Near Eastern Studies,* 7 (1948), 71-73.

4. Para una discusión de los pasajes proféticos en Daniel, ver R. D. Culver, *Daniel and the latter Days* (Westwood, N. J.: Revell Co., 1954). Para análisis y bosquejo, ver pp. 98-104.

Durante el reinado de Nabucodonosor[5]

Entre los rehenes tomados en Jerusalén, estaban Daniel y sus tres amigos, Ananías, Misael y Azarías.[6] Seleccionados para un entrenamiento especial en el colegio real, estos judíos jóvenes se encararon al problema de la profanación, cuando se les ofreció el lujoso menú de la corte pagana.

Daniel como portavoz del grupo, con valentía, aunque cortésmente, apeló al mayordomo jefe para proporcionarles un menú de su elección sobre la base de una prueba de diez días. Al final de aquel período, el mayordomo se complació en encontrar a Daniel y sus amigos en mejor salud que sus compañeros. Antes de que pasara el tiempo, se hizo obvio a los supervisores, que aquellos hebreos jóvenes estaban dotados con una extraordinaria destreza y sabiduría. Cuando fueron entrevistados por el rey, Daniel y sus tres amigos recibieron los más altos honores y fueron reconocidos como muy superiores a todos los otros hombres sabios de la corte real (1:17-21).

La afinidad de la religión y la política tuvo que haber causado una indeleble impresión sobre Daniel. En varias ocasiones, durante el año del acceso al trono de Nabucodonosor, que alcanzó su máximo exponente en la celebración del festival del Día del Año Nuevo, el rey reconoció a los dioses Nabu y Marduc al llevarlos en procesión pública que terminó en el templo de Akitu.[7] Daniel tuvo que haberse quedado perplejo cuando vio a Nabucodonosor extender sus conquistas en el nombre de aquellos dioses paganos.

Durante el primer año de su reinado, el triunfante Nabucodonosor de nuevo hizo que sus ejércitos marchasen hacia el oeste, exigiendo tributo de los reyes de Siria y Palestina.[8] De particular interés para Daniel tuvo que haber sido la anotación de Joacim en la lista de reyes tributarios y el hecho de que Nabucodonosor hubiese reducido a ruínas a Ascalón, antes de su retorno a Babilonia, a principios del 603 a. C.

El cronista de Babilonia informa poco de la actividad de Nabucodonosor durante su segundo año. Para Daniel, sin embargo, la más interesante experiencia, es su aparición personal ante este monarca, el más grande de los de Babilonia (2:1-49).

El rey Nabucodonosor tuvo un sueño que le sumió en la más completa perplejidad. Llamando a todos los hombres sabios de la corte ante su presencia, les pidió que relatasen e interpretasen dicho sueño.[9] Bajo amenaza de muerte, los sabios, frenéticamente, aunque en vano, imploran del rey que les relate el sueño. Daniel, sabedor del dilema existente, solicita una entrevista con Nabucodonosor. Mientras se hacen los arreglos necesarios, Daniel y sus tres compañeros apelan afanosamente ante Dios que les revele el misterio a ellos. En una visión durante la noche, Dios hace conocer a Daniel el sueño del rey y su interpretación. Llevado ante la presencia de

5. Los primeros diez años del reinado de Nabucodonosor han sido en gran medida ilustrados por la tablilla del Museo Británico 21.946, leída e interpretada por D. J. Wiseman. Ver *op. cit.*, pp. 67-74 y 23-27.

6. Los nombres babilónicos para Daniel y sus tres amigos eran: Beltsasar, Sadrac, Mesac y Abed-nego.

7. Wiseman, *op. cit.*, p. 27. Ver S. A. Pallis, *The Antiquity of Iraq* (Copenhague: Ejnar Munksgaard, 1956). Cap. XIII «Sacrifices and Festivals», pp. 668-711.

8. Wiseman, *op. cit.*, B. M. 21.946, pp. 69 y 28. Ver también II Reyes 24:1.

9. «El asunto lo olvidé». Dan. 2:5. La interpretación preferible es que esto se refiere al mandato del rey y no a su sueño. Si ellos pudieron decirle el contenido de su sueño, entonces hubiera confiado en su interpretación.

Nabucodonosor, Daniel le dice que Dios le ha revelado los misterios del futuro del rey.

En su sueño Nabucodonosor ha visto una brillante imagen con una cabeza de oro, pechos y armas de plata, vientre y muslos de bronce, piernas de hierro y pies de hierro y barro cocido. Ante él, dicha imagen es aplastada por una piedra, que causa su completa desintegración.

Daniel informa a Nabucodonosor que él es la cabeza de oro a quien Dios ha dado aquel gran imperio. El segundo y el tercer imperios serán inferiores. El cuarto reino representado por el hierro, aplasta a otros reinos, pero la mezcla de hierro y barro cocido en las piernas y pies indica su última división. Eventualmente, Dios establecerá un reino que nunca será destruido. Como la piedra que aplasta a la totalidad de la imagen, así este reino terminará con todos los reinos anteriores cuando esté permanentemente establecido.

Tras oír esta interpretación, Nabucodonosor concede honores a Daniel, reconociendo a Aquel que ha revelado su secreto como el Dios de los dioses y el Señor de los reyes.[10] Daniel es elevado a la categoría de gobernador de la provincia de Babilonia y situado a la cabeza de los hombres más sabios. A su demanda, sus tres amigos, cuyos nombres babilónicos eran Sadrac, Mesac y Abed-nego, reciben cargos de responsabilidad en otros lugares de la provincia, mientras que Daniel permanece en la corte real.

Durante el curso de su reinado, Nabucodonosor erige una gran imagen en la llanura de Dura (Dan. 3:1).[11] Esta imagen pudo haber tenido la forma de un obelisco con una base de 270 cms. llegando hasta una altura de 2.700 cms., resplandeciente de oro. En su dedicación, se cita a todo el pueblo, bajo amenaza de muerte, para que se postre en adoración. Cuando los tres amigos de Daniel rehusan el hacerlo, se nota el hecho inmediatamente.[12] Arrestados y llevados ante el rey, son lanzados dentro de un horno encendido. Con gran asombro, el rey pagano observa que los jóvenes no sufren el menor daño y están acompañados por una cuarta persona.[13] Cuando se les ordena que salgan fuera, Nabucodonosor confiesa que su Dios les ha liberado y emite un decreto público prohibiendo que nadie hable contra el Dios de Sadrac, Mesac y Abeb-nego.

La humillación de Nabucodonosor y la restauración (4:1-37) es tan significativa, que emite un edicto real, relatando su experiencia.[14] Reconocien-

---

10. Una razonable interpretación es el reconocimiento de la protesta precedente (2:27-28) por Daniel, dando todo el crédito a Dios. Al honrar a Daniel, el rey expresó su reconocimiento del Dios de Daniel, 2:46-47. Ver H. C. Leupold, *Exposition of Daniel* (Columbus, Ohio: Wartburg Press, 1949).

11. La fecha no se da en el texto hebreo. Si el texto griego es correcto al insertar el año 18.º de Nabucodonosor,·entonces esta exhibición de orgullo ocurrió en el 586 a. C., el año en que Jerusalén fue conquistada por los babilónicos. Que ésta era una imagen de Nabucodonosor, parece ser una razonable inferencia.

12. No se indica dónde estaba Daniel en este momento. Puesto que el relato de la Escritura no hace mención de él, la cuestión está sujeta a conjeturas. Es de lo más irrazonable inferir, sobre la base del carácter de Daniel según está descrito en todo el libro, que él rindiese culto a esta imagen.

13. Nabucodonosor utiliza una terminología pagana para identificar este ser sobrenatural. Para la traducción de «hijo de los dioses», Dan. 3:25, ver S. D. Driver, *The Book of Daniel* (Cambridge Bible Series), Cambridge University Press, 1900), como referencia. Ver también Leupold, *op. cit.*, como referencia, y a E. J. Young, *The Prophecy of Daniel* (Grand Rapids: Eerdmans, 1949).

14. En la Escritura no se da la fecha ni la exacta duración del tiempo de la humillación de Nabucodonosor. Presumiblemente, ocurrió en alguna ocasión durante las últimas dos décadas de su reinado.

do que Dios le ha humillado y le ha restaurado, reconoce públicamente a Dios como el gobernante de un reino que no tendrá fin. Nabucodonosor tiene otro sueño que le sume en confusiones. De nuevo llama a los sabios de la corte, esta vez relatándoles lo que ha soñado. Cuando los sabios se declaran incapaces de dar una explicación, Daniel también conocido como Beltsasar, es llamado para consultarle. En este sueño, Nabucodonosor vio un árbol extendiéndose hacia arriba hasta los cielos. Era tan gigantesco y fructífero que proporcionaba sombra, alimento y refugio para las bestias y las aves. A su debido tiempo, un santo vigilante de los cielos dio órdenes de talar el árbol, dejándolo reducido a un simple tocón.

Daniel interpreta el sueño de forma siguiente: El árbol representa a Nabucodonosor como rey del gran Imperio de Babilonia —al ser cortado el árbol en pedazos, así Nabucodonosor será rebajado desde su posición real a una bestial existencia por siete períodos de tiempo, hasta que compruebe que él no es supremo. Daniel informa al rey que el decreto proviene del Altísimo y le advierte que enderece sus pasos por el camino recto, para que su reinado pueda ser prolongado.

Parece que Nabucodonosor ignora este aviso. Bajo su supervisión, la ciudad de Babilonia se convirtió en la más extraordinaria capital de los antiguos tiempos. Murallas macizas con canales rodeaban la ciudad en cuyo interior se conservaban los templos de Marduc e Istar. En la famosa puerta de Istar, leones y dragones de metales resplandecientes marcaban el impresionante comienzo de la calle de la procesión que conducía al lujoso palacio real. Para su reina meda, Nabucodonosor construyó los jardines colgantes que los griegos consideraron como una de las siete maravillas del mundo. Jactándose de todas aquellas realizaciones, Nabucodonosor es súbitamente atacado de licantropía, en juicio divino[15], privado de su reino y relegado a la vida de las bestias del campo por un período designado como de "siete tiempos". Cuando la razón vuelve a él, es reintegrado al trono. En una proclamación oficial, él reconoce que el Altísimo es omnipotente entre todo el ejército de los cielos al igual que entre los habitantes de la tierra, y en alabanza y oración confiesa también que el Rey de los cielos es justo y recto en todos sus caminos y capaz de abatir al orgulloso.

La era Nabónido - Belsasar

Años de la historia de Babilonia pasan en silencio por lo que concierne al libro de Daniel. El magnífico reinado de cuarenta y tres años de Nabucodonosor terminó con su muerte en el 562 a. C. Tras dos años de gobierno de Awel-Marduc, y cuatro de Neriglisar, el imperio de Babilonia llega a su fin bajo Nabónido (556-539 a. C.). Belsasar, un hijo de Nabónido, cuya identidad con el corregente y administrador del reino babilónico está establecida más allá de toda disputa, se menciona en tres capítulos de Daniel.[16] Los acontecimientos del capítulo 5 están específicamente relacionados con los días finales de Belsasar cuando la ciudad de Babilonia es ocupada por el ejército medo-persa (octubre del 539 a. C.). La fecha exacta de los capítu-

---

15. Para conocimiento y precisión histórica, ver Pfeiffer, *op. cit.*, p. 758.
16. Ver. H. H. Rowley, *The Servant of the Lord and Other Essays on the Old Testament* (Londres, 1952), p. 262. Nótese también el artículo de Rowley «The Historicity of the Fifth Chapter of Daniel», en *Journal of Theological Studies*, XXXII (1930-31), 12-31.

los 7 y 8 depende del año en que Daniel fechase el comienzo del reinado de Belsasar, puesto que él fue su corregente con Nabónido. Las tablillas del contrato en donde aparece el nombre de Belsasar están fechadas en el reino de Nabónido. De acuerdo con los registros babilónicos, Belsasar está asociado como corregente con su padre a principios del 553 a. C.[17] En consecuencia, las fechas de los capítulos 7 y 8 en el primero y tercer años del reino de Belsasar, tienen que ser asignados al período de 553-539 a. C.

Los acontecimientos históricos contemporáneos ocurridos durante el tiempo de Belsasar y Nabónido tienen importancia como fondo para las visiones registradas en los capítulos 7 y 8. Ya había pasado más de medio siglo desde que Daniel claramente identificó a Nabucodonosor como la cabeza de oro, tras cuyo reinado surgiría un reino menor (2). Seguramente Daniel se hallaba completamente consciente del surgir de Ciro, quien tras subir al trono de Persia y Anshan en el 559 a. C., había ganado el control sobre Media (550 a. C.), que a su vez trastornó el equilibrio de poder hasta el punto de poner en peligro a Babilonia. Por el 547 a. C. Ciro había marchado con sus ejércitos hacia el noroeste, derrotando decisivamente a Creso en Lidia. A causa de su experiencia política, Daniel tuvo que haber comprendido bien la subida al poder de Persia mientras que el reino de Babilonia se desintegraba bajo los sucesores de Nabucodonosor.

Por aquella época, Daniel tuvo dos visiones en tres años. En la primera visión (7), vio cuatro grandes bestias surgir del mar movido por los cuatro vientos del cielo. Un león con alas de águila, que es derribado mientras que se mantiene erecto sobre dos patas, proporciona la mente de un hombre. La segunda es una bestia en forma de oso, erecta con tres costillas en su boca, a quien se le ordena que devore mucha carne. En la siguiente surge un leopardo con cuatro alas y cuatro cabezas. La cuarta es una bestia no descrita con dientes de hierro para devorar y machacar los residuos de la destrucción. Tres de sus diez cuernos están reemplazados por un cuerno con ojos perecidos a los de un hombre y una boca que devora grandes cosas. Después aparece un trono en el cual se sienta un individuo vestido de blanco y que está identificado como el Anciano de días. Los libros quedan abiertos. el juicio entregado. El cuerpo de la bestia no descrita está marcado por el fuego mientras que el resto de las bestias están desprovistas de su poder. El Anciano de días, entonces, ostenta el dominio sobre todos los reinos y lo entrega a uno "como un hijo de hombre" y establece su reinado permanentemente.

Daniel se halla perturbado y busca una explicación. En respuesta, es informado de que las cuatro bestias representan cuatro reyes terrenales. Eventualmente los santos del Altísimo poseerán el reino que durará para siempre. La cuarta bestia representa un cuarto reino que se extenderá sobre todo el mundo. Los diez cuernos significan diez reyes, tres de los cuales serán reemplazados por uno que desafía al Altísimo, incluso tentando cambiar los tiempos y la ley. Tras pasados tres períodos y medio, es juzgado y destruido. Los santos del Altísimo se hacen cargo del reino que durará para siempre. Aunque Daniel está grandemente perplejo por el sueño y su interpretación, pondera tales cosas en su mente; tal vez intentando relacionarlas con los acontecimientos corrientes.

---

17. J. Finegan, *Light from the Ancient Past*, pp. 189-190.

En el tercer año de Belsasar, Daniel tiene otra visión (8:1-27). Aunque no da el lugar de su residencia en esta ocasión, el lugar de la visión, es Susa, a lo largo de las riberas del río Ulai.[18] Esta ciudad estaba bajo control persa y más tarde se convirtió en la importante capital de verano bajo el gobierno de Darío el Grande (522-486 a. C.).

Ante Daniel, en las orillas del río, aparece un carnero con dos cuernos desiguales. Este carnero permanece tranquilo hasta que es atacado por un rápido macho cabrío que procede del oeste. Tras de que el último ha destrozado al primero, el gran cuerno del macho cabrío es roto y reemplazado por cuatro cuernos conspicuos. Fuera de esos cuatro, hay otro cuerno pequeño que avanza hacia el sur para hollar el santuario por un período de 2.300 días.

Una vez más, Daniel siente el deseo de la clarificación. El ángel Gabriel le informa que esta visión es para el final de los tiempos. El carnero con dos cuernos representa a los reyes de Medo-Persia. El macho cabrío está identificado con Grecia, con el gran cuerno representando al primer rey. Los cuatro reinados que emergen de Grecia no serán fuertes hasta que un rey poderoso de gran fortaleza se yerga. Desatará una vasta destrucción de su poder contra el pueblo sagrado y el Príncipe del ejército será súbitamente sin intervención humana.

Daniel queda tan turbado por esta visión que es incapaz de reanudar los negocios del rey durante varios días. Sabiendo que los medo-persas están a punto de absorber al reino de Babilonia, Daniel tiene razón para estar preocupado. La capacidad con la que Daniel sirve al gobierno de Babilonia tras la muerte de Nabucodonosor no está indicada, pero Belsasar se vuelve hacia él en la víspera de su muerte.

Es el año 539 a. C. Confiado de que Babilonia está fuera de toda posible conquista, Belsasar reunió a un millar de sus oficiales y sus esposas para un banquete. Beben el vino de vasos de oro y plata que Nabucodonosor había confiscado del templo de Jerusalén. Simultáneamente, los dioses paganos hechos por el hombre son reconocidos libremente. Mientras bebe ante sus señores sobre una alta plataforma, de acuerdo con la costumbre oriental, el rey se da cuenta súbitamente de que una mano escribe algo sobre una pared. Sobrecogido por el terror, Belsasar llama a los hombres sabios de Babilonia para que lean aquello y lo interpreten, ofreciendo como recompensa un vestido de púrpura, un collar de oro y el tercer lugar del reino.[19]

Oyendo la situación en que se encuentra el rey, la reina irrumpe en el banquete y recuerda al rey que hay un hombre en su reino a quien Nabucodonosor nombró como el jefe de los sabios de Babilonia.[20] Inmediatamente se lleva a Daniel ante Belsasar. No importándole la recompensa, Daniel asegura al rey que el interpretaría el mensaje de la pared. En simples palabras, le recuerda que Nabucodonosor, a quien Dios había confiado un gran reino, fue reducido a un estado de bestia hasta reconocer que el Altísimo goberna-

---

18. El Ulai es identificado como el Eulaeus que pasaba por Susa antes de desembocar en el río Choaspes. Ver M. S. y J. S. Miller, *Harper's Bible Dictionary* (Nueva York, 1952), p. 788.

19. Puesto que Belsasar fue corregente con Nabónidos, el tercer lugar en el reino era lo mejor que pudo ofrecerle como recompensa.

20. La reina se refiere a Nabucodonosor como el «padre» de Belsasar, Dan. 5:11. En las lenguas semíticas esta palabra se usa en ocho matices diferentes. Aquí pudo ser usada como una referencia en el sentido de antepasado. Ver el artículo «Daniel», por E. Young, en *The New Bible Commentary* (F. Davidson, ed.), p. 674.

ba en el reino de los hombres. Aunque familiarizado con aquello, Belsasar había fallado en honrar a Dios. La mano y su escritura fueron enviadas por Dios. La interpretación es bien clara. Dios terminó el reino y lo dividió entre los medos y los persas. Por lo que respetaba a Belsasar, ya había sido pesado en la balanza y encontrado deficiente.

Por mandato real, se le conceden a Daniel honores reales y fue aclamado como el tercero en el reino. Sin embargo, las últimas horas del reino de Babilonia estaban pasando rápidamente. Aquella misma noche, Belsasar fue muerto y la ciudad de Babilonia ocupada por los medo-persas (Dan. 5:30-. 31).

Los tiempos de los medo-persas

Los medo-persas conquistan y ocupan la gran capital de Babilonia sin destrucción. A finales de octubre del 539, el propio Ciro entra en triunfo y permanece en la famosa ciudad para celebrar el festival del Nuevo Año.[21]

Darío el medo, quien conquistó Babilonia, aparentemente sirvió a las órdenes de Ciro. Puesto que no hay ni una simple tablilla ni inscripción que haya sido hallada y que porte su nombre, se han producido numerosas teorías para su identificación. Basado en nuevos hechos, su identidad con Gubaru, el gobernador de Babilonia bajo Ciro, garantiza la conclusión de que Darío el medo puede ser considerado como un personaje histórico.[22] De acuerdo con el relato de Daniel, Darío estuvo a cargo de la ocupación de Babilonia y fue el gobernante del reino caldeo. Aunque medo por nacimiento, gobierna bajo las leyes de los medos y los persas.

Las experiencias personales de Daniel registradas en los capítulos 6 y 9 se relacionan con el reino de Darío. El verso final del capítulo 6 implica que, subsiguientemente, Daniel estuvo asociado con Ciro. Su final revelación está fechada en el tercer año de Ciro. Tal vez por ese tiempo, Darío hubiese muerto o Daniel habría sido trasladado, de forma que fuese directamente responsable hacia Ciro. En la crisis de la ocupación de Babilonia por los invasores, Darío reconoció inmediatamente a Daniel, nombrándole como uno de los tres presidentes de su gobierno. Con toda probabilidad, pasó un cierto tiempo antes de que los otros dos presidentes actuasen contra Daniel en un intento de deponerle del cargo (6:1-28). Mientras tanto, Daniel pudo haber tenido la experiencia registrada en el capítulo 9.

El hecho de que los medo-persas reemplacen a los babilonios como el reinado más importante del Cercano Oriente, no sorprende a Daniel. Ya muy temprano en su vida, en el segundo año de Nabucodonosor, en el 603 a. C., Daniel explicó claramente a los más grandes reyes de Babilonia que otros reinos seguirían en el curso del tiempo. Durante el reinado de Belsasar, la identificación del próximo reinado fue revelada. Cuando permaneció ante el tembloroso rey en vísperas de la caída de Babilonia, Daniel declaró clara y llanamente que los medos y los persas se harían cargo del reino.

Cuando la crisis ya había sucedido realmente y la supremacía de los medo-persas fue establecida, Daniel estuvo ansioso por conocer qué signi-

21. Pritchard, *Ancient Near Eastern Texts*, pp. 315-316.
22. John C. Whitcomb, Jr., *Darius the Mede* (Grand Rapids: Eerdmans, 1959). Ver también su examen de las teorías alternadas a la luz de la evidencia bíblica.

ficación tendría aquello para su propio pueblo. Leyendo las profecías de Jeremías, observa cuidadosamente que se había predicho un período de cautiverio que duraría setenta años.²³ Aunque no hace mención de ello, Daniel pudo también haber leído respecto a Ciro en el libro de Isaías (44:28-45:1) donde a Ciro se le identifica como el pastor a quien Dios utilizaría para liberar a su pueblo y hacerlo retornar a Jerusalén. Ciro ya había estado en la escena internacional durante varias décadas. ¿Podría ser posible que los judíos recibieran entonces permiso para volver? Aparentemente el edicto para su retorno, aún no había sido dictado ni publicado.

Daniel estaba muy ejercitado por las predicciones dadas por Jeremías. Casi setenta años habían transcurrido desde que el primer grupo de judíos, incluyéndole a él, había sido llevado al exilio desde Jerusalén en el 605 a. C. Comprobando que el tiempo de su cumplimiento era inminente, Daniel ora confesando los pecados de Israel y reconociendo que Dios es justo en todos sus juicios.

Gabriel ilumina a Daniel en lo concerniente al futuro de Israel. Una relación general de la sucesión de los imperios del mundo le había sido ya dada. Aquí, la atención queda enfocada sobre la nación de Israel en el plan de Dios. Setenta semanas representan el período en el cual Israel verá el cumplimiento de las promesas de Dios.²⁴

Los acontecimientos atribuídos a este período para el pueblo de Daniel y su sagrada ciudad, fueron como sigue:

(1) acabar la transgresión
(2) acabar con los pecados
(3) hacer una reconciliación con la iniquidad
(4) aportar una justicia que perdure para siempre.
(5) cerrar la visión y la profecía
(6) ungir al más santo.

Dividiendo el período total en unidades más pequeñas, una era de siete más sesenta y dos semanas, permite la aparición y la separación de un individuo identificado como "el ungido". La ciudad y el santuario son para ser destruídos por un pueblo del cual surgirá un príncipe que hará una alianza con muchos por una semana. Esta alianza lleva a la consideración de la semana septuagésima como el tiempo y la duración de su relación. Sin embargo, en medio de esta semana, el príncipe romperá el pacto, siendo la causa del sacrificio y ofrendiendo el cese y trayendo la desolación hasta que el destructor esté consumado.

Sin tener en cuenta las variadas interpretaciones de esta explicación, en cierta forma ambigua, como ejemplificada en numerosos escritos sobre estas profecías, el propio Daniel recibe la seguridad de que su nación, por quien él está en oración constante, tiene un lugar definido en el plan de Dios. Indudablemente, Daniel se siente grandemente alentado cuando Ciro, poco

23. Cotejar Jer. 25:11 y 29:10 con Dan. 9:1-2.
24. Para un resumen de la evidencia de que cada una de esas setenta semanas se refiere a un período de siete años, ver Alva J. McClain, *Daniel's Prophecy of the Seventy Weeks* (Grand Rapids: Zondervan, 1940). Para una discusión de la profecía de las setenta semanas, Dan. 9:24-27, ver Culver, *op. cit.*, pp. 135-160. Para una representativa interpretación amilenaria, ver E. J. Young, *The Prophecy of Daniel*, como referencia.

después de haber subyugado a Babilonia, emite una proclamación alentando a los judíos a que retornen a su hogar patrio.

Cuando Darío organiza su reino, Daniel sirve como uno de los tres presidentes. Desde hacía mucho tiempo se había distinguido como un sabio administrador, en tal modo, que sus otros dos colegas le tomaron envidia. Sin haber encontrado ninguna irregularidad en sus deberes oficiales, le incriminaron por sus prácticas religiosas hasta el extremo de echarle a la jaula de los leones. Cuando Darío encontró a Daniel, sin el menor daño entre las fieras, reconoció en público, en una proclamación al efecto. que Dios había liberado a Daniel—el Dios viviente que tiene signos y maravillas en los cielos y en la tierra como el gobernante de un reino que no tiene fin.

La revelación final de Daniel (10:1-12:13) está fechada en el tercer año de Ciro. Por entonces el hombre de estado y profeta ya estaba bien establecido en el gobierno medo-persa. Si Daniel tenía menos de veinte años cuando fue hecho cautivo, rondaría entonces por los ochenta. Desde el punto de vista de su edad, y responsabilidades oficiales en el gobierno, no es verosímil que considerase en serio el participar en el éxodo que organizaría el pueblo judío para su retorno a Jerusalén. A pesar de todo, tuvo un interés general en el bienestar y en las esperanzas futuras de su pueblo.

Daniel emplea tres semanas ayunando y llevando luto. En el día vigésimo cuarto del primer mes, está en la ribera del Tigris cuando se da cuenta de un hombre vestido de blanco lino que tiene unas características sobrenaturales. Cuando Daniel ve aquella visión, y oye el sonido de sus palabras, cae sobre su rostro y se sume en un profundo sueño. Los hombres que hay con él, huyen.

Daniel se despierta y es invitado a ponerse en pie. Aquel hombre le asegura que su oración ha sido escuchada. Debido a interferencia por el príncipe de Persia, la respuesta ha sido demorada. Puesto que Daniel es un hombre muy bien amado que se humilla a sí mismo con la oración, este divino mensajero ha venido con la ayuda de Miguel, uno de los príncipes jefes, para revelar el futuro de Israel. Aunque débil y temeroso, Daniel recibe una fuerza sobrenatural que le condiciona a oír el mensaje. El mensajero le informa que está a punto de acabar su conflicto con el príncipe de Persia y, subsiguientemente, esperar un encuentro con el príncipe de Grecia. Antes de marchar, comparte con Daniel el contenido del libro de la verdad (10:21).

Cuatro reyes sucedieron a Ciro sobre el trono de Persia, el último de los cuales haría que los griegos se levantasen a causa de lo excesivo de sus riquezas. Un rey más poderoso procedente de Grecia viene para sentarse a sí mismo como le plazca, aunque su vida quede súbitamente cortada. Su reino se dividirá en cuatro (11:2-4). Por algún tiempo, un agudo conflicto rugirá entre el rey del norte y el rey del sur (11:5-20). Tras que aquello suceda, una persona vil y despreciable surge para desafiar al rey del sur en repetidas batallas. En su rabia, profana el templo y causa el continuo ofrecimiento del fuego que cesará cuando muchos hombres en el conflicto hayan muerto (11:21-35).

Un rey obstinado que es el más desafiante de todos, se exalta a sí mismo por encima de los dioses, incluso desafiando al Dios de dioses (11:21-35). Por un tiempo, extiende su control hasta Egipto, Etiopía y Libia; pero por último encuentra su condenación en un furioso conflicto.

¿Qué ocurre mientras tanto al pueblo de Daniel? Por la época de este terrible conflicto, Miguel, el príncipe de Israel, surge para liberarle. Una resurrección ocurre cuando muchos son restaurados en una vida sin fin; otros sufrirán un desprecio eterno. Con la seguridad de que aquellos que sean sabios y prudentes y vuelvan a lo justo, son los receptores de las bendiciones de Dios, a Daniel se le aconseja para que selle el mensaje que le ha sido revelado. Al final del tiempo, muchos lo leerán para incrementar su conocimiento (12:4).

Daniel ve a dos individuos, uno a cada ribera del río. Volviéndose hacia el hombre de los vestidos blancos, inquiere lo concerniente a la terminación de aquellas maravillas. Levantando las manos a los cielos, el hombre vestido de blanco jura "por el que vive por los siglos" (Dan. 12:7), que tales maravillas se terminarán tras tres y medio períodos de tiempo. Esto también es el punto terminal para esperar el poder del pueblo santo. Daniel está todavía confuso. Oye las palabras, pero no comprende. Inquiriendo del hombre de las ropas blancas, es advertido de que siga su camino, —las palabras quedan cerradas y selladas hasta el tiempo del fin. Muchos serán purificados y comprenderán y otros continuarán en una excesiva maldad y no comprenderán. Incluso aunque los acontecimientos que tengan que venir, no están claros para Daniel, a él se le promete descanso y se le entregará un lugar al fin del tiempo. Con esta esperanza personal y la seguridad de que su pueblo triunfará finalmente. Daniel recibe instrucciones de acabar y sellar este libro.

BIBLIOGRAFÍA SELECTA

Libros en castellano

* ANDERSON, R. *El príncipe que ha de venir*. Grand Rapids: Editorial Portavoz, 1980.

ARCHER, G. L. *Jerome's Commentary on Daniel*. Grand Rapids: Baker Book House, 1958.

* CARBALLOSA, EVIS L. *Daniel y el reino mesiánico*. Grand Rapids: Editorial Portavoz, 1979.

CULVER, R. D. *Daniel and the Latter Days*. Chicago: Moody Press, 1965.

* GAEBELEIN, ARNO C. *Clave, visiones y profecía de Daniel*. Terrassa, España: Editorial CLIE.

* IRONSIDE, H. A. *Daniel*. Buenos Aires: Fundación Cristiana de Evangelización, 1976.

LEUPOLD, H. C. *Exposition of Daniel*. Columbus, OH: Wartburg Press, 1949.

McLAIN, ALVA, J. *Daniel's Prophecy of the Seventy Weeks*. Grand Rapids: Zondervan Publishing House, 1940.

* PETTINGILL, W. L. *Estudios sobre el libro de Daniel*. Terrassa, España: Editorial CLIE.

PUSEY, E. B. *Daniel the Prophet*. Nueva York: Funk & Wagnalls 1885.

WHITCOMB, J. C. *Darius the Mede*. Grand Rapids: Wm. B. Eerdmans Publishing Co., 1959.

* _____ . *Daniel*. Grand Rapids: Editorial Portavoz, 1987.

WILSON, R. D. *Studies in the Book of Daniel. Second Series*. Nueva York: Fleming H. Revell Co., 1938.

Capítulo **XXII**

En tiempos de prosperidad

La independencia política, la expansión y la prosperidad caracterizaron a Israel durante el apogeo del éxito de Jeroboam. Desde los días del derramamiento de sangre y opresión en el 841 a. C., la dinastía de Jehú eventualmente condujo el Reino del Norte a la cima del prestigio político y económico durante la primera mitad del siglo VIII. Eliseo continuaba su ministerio, manteniéndose como el mensajero de Dios durante aquellos años tumultuosos de principios de la dinastía de Jehú.

La sangre marcó los pasos de Jehú al trono de Samaria. No satisfecho con matar a los reyes de Judá e Israel, Jehú había matado a su placer hasta exterminar la familia real. Espoleado por un traicionero fanatismo reunió a todos los entusiastas de Baal para una masacre masiva.

El éxito local de Jehú fue pronto ensombrecido por los problemas internacionales. La horrenda muerte de Jezabel, no produjo ciertamente la buena voluntad de la Fenicia. Jerusalén, con su rey como víctima de la revolución de Samaria, fue lanzada a un torbellino sangriento bajo el terror de Atalía. Moab se reveló contra Israel. Desde Damasco, Hazael presionó ferozmente hacia el sur, ocupando el territorio israelita al este del Jordán. Jehú estaba desamparado—demasiado débil para salvar al pueblo de Galaad y Basán de la opresión siria. Además encontró necesario el enviar tributos a Salmanasar III con objeto de evitar la ominosa amenaza de la invasión asiria.[1]

Hazael llegó a ser el peor enemigo de Israel. Mientras gobernó en Siria existieron problemas y dificultades para Jehú y sus sucesores. Hazael

---

1. J. B. Prichard, *Ancient Near Eastern Texts Relating to the Old Testament.* 2.ª ed., p. 280. Ver también capítulos XII y XIII de este volumen para una eventual discusión.

no sólo invadió Basán y Galaad, sino que también avanzó hacia el sur en Palestina para capturar Gat. Además, amenazó con la conquista de Jerusalén (II Reyes 12:17). Rodeado y oprimido por los sirios, Israel parecía tener un futuro sin esperanzas. Aparentemente, los estados vecinos tomaron ventaja de la importancia de Israel por repetidos pillajes y saqueos (Amos 1:6-12).

Poco antes de fin de siglo, las perspectivas de alivio para Israel comenzaron a alborear con la muerte de Hazael. Con Asiria dominando a Damasco, Israel tuvo la oportunidad de resurgir una vez más en el concierto internacional. Pronto Joás hubo dispuesto una potente fuerza de combate para desafiar a lnuevo rey sirio, Ben-Adad, en su control del territorio israelita. En el despertar al éxito, la muerte de Eliseo, el veterano profeta de Israel, llegó como un tremendo golpe para Joás.

El ejército de Joás era tan grande que Amasías, el rey de Judá, le pidió prestados cien mil hombres para ayudar a la sumisión de Edom. Su éxito en esta aventura hizo a Amasías tan arrogante que volvió las tropas israelitas contra Joás en un desafío para encontrarse las fuerzas de Judá e Israel en la batalla. Cuando su advertencia verbal fue ignorada, Joás invadió Judá, destrozó parte de las murallas de Jerusalén, devastó el palacio y tomó rehenes que llevó a Samaria. Con Judá como vasallo de Israel, Amasías debió ser hecho prisionero, o al menos, destronado por un extenso período.[2]

Jonás hizo su aparición por esta época.[3] Su predicción fue precisa y, sin duda, popular. Declaró que Jeroboam estaba a punto de reclamar el territorio perdido a Hazael en tiempos pasados. Ciertamente, no transcurrió mucho antes de su éxito militar, la extensión territorial y la prosperidad económica se hizo una realidad bajo la enérgica y agresiva política de Jeroboam II, (793-753 a. C.). Con Siria debilitada, por la presión de Adad-Nirari III, Jeroboam volvió a recuperar su territorio nacional desde el mar Muerto hasta "la entrada de Hamat" (el paso entre el Líbano y su cordillera y monte Hermón). En consecuencia, Jeroboam II tuvo bajo su control un dominio más grande que cualquier otro de sus predecesores.

Se extendieron las relaciones comerciales. Floreció el comercio internacional más allá de todo lo conocido por Israel desde los días de Salomón. En esta era de éxito económico y expansión territorial, Samaria se fortificó contra cualquier invasión extranjera.[4] Con Siria como estado-tapón, los israelitas olvidaron complacientemente el peligro que representaba la amenaza asiria. Aunque Judá comenzó a mostrar signos de una reavivación política y económica, el Reino del Sur era todavía poco fuerte y se hallaba comparativamente adormecida, en tanto que Jeroboam continuaba gobernando en Samaria.

Con Israel en su apogeo, dos profetas hicieron su aparición: Amós y Oseas. Cada uno de ellos, por turno, intentó despertar a los ciudadanos de Israel de su letargo, pero ninguno de los dos consiguió que el pueblo volviera de su apostasía.

---

2. E. R. Thiele, *The Mysterious Numbers of the Hebrew Kings*, pp. 68-72.
3. Jonás vivió en Gathefeh, a unos cinco kilómetros al noroeste de Nazaret.
4. Ver André Parrot, *Samaria, the capital of Kingdom of Israel* (Londres: SMC Press, 1958).

Jonás —la misión de Nínive⁵ —Jonás 1:1 - 4:11

Jonás tuvo un mensaje popular que predicar en Israel. En tiempos de opresión, la promesa de días prósperos fue muy bien acogida. Indudablemente, el cumplimiento de su predicción, en la extensión del territorio de Israel bajo Jeroboam, aumentó su popularidad en su hogar patrio. No hay indicación de que tuviese un mensaje de advertencia o de juicio para liberar a su propio pueblo (II Reyes 14:25).

El sermón de Jonás a los ninivitas no fue otra cosa que adulación. El juicio y la condenación para esta ciudad extranjera está resumida en el tema: "De aquí a cuarenta días Nínive será destruida". Cuando finalmente él completó esta afirmación, registró sus experiencias en el libro que lleva su nombre. Obsérvese el siguiente breve análisis:

I. El viaje de Jonás hacia el oeste en un itinerario de ida y vuelta. 1:1-2:10
II. Una misión de predicación con éxito 3:1-10
III. La lección para Jonás 4:1-11

Jonás fue divinamente comisionado para ir a Nínive, una desagradable misión para un israelita. Durante los tiempos de Jehú, Israel había pagado tributo al rey asirio Salmanasar III. A Jonás le era conocido el sufrimiento a que Siria estaba sujeta repeliendo los ataques recientes de los asirios. ¿Por qué debería exponerse a tan peligrosa misión? Las atrocidades de los asirios, que más tarde aterrorizaron a las naciones en su misión a Tiglat-pileser III, pudieron ya haberse puesto en práctica en aquel tiempo. Desde el punto de vista humano, Asiria era el último lugar que un israelita hubiera podido elegir para una aventura misionera.

Jonás comenzó su viaje en una dirección opuesta. En Jope, abordó un barco que se dirigía al Mediterráneo occidental, al puerto de Tarsis. En ruta hacia su destino, una tormenta de tal magnitud que llenó de alarma los corazones de la tripulación se desató, aunque el mal tiempo no era cosa desconocida para ellos. Mientras que Jonás estaba durmiendo, los marineros atacados por el pánico descargaron el barco y apelaron a sus dioses. Jonás fue invitado a levantarse y unirse a sus oraciones paganas. Los pasajeros restantes decidieron que Jonás era el responsable de su desgracia. Aunque temeroso de la ira divina, le arrojaron por la borda. Inmediatamente cesó la tormenta y prevaleció una gran calma en el mar. Por lo que concernía a los marineros, la cuestión estaba resuelta. No así para Jonás. Sus problemas no habían hecho más que comenzar. Había sido tragado por un gran pez.⁶

5. Corrientemente, un tratamiento popular del libro de Jonás es para comprenderlo como un corto relato escrito para propaganda religiosa tal vez en el siglo IV a. C. Ver B. W. Anderson, *Understanding the Old Testament* (Englewoods Cliffs, 1957), pp. 503-504. Para un tratamiento más elaborado, ver R. H. Pfeiffer, *Introduction to the Old Testament*, pp. 587 y ss. Aage Bentzen, *Introduction to the Old Testament*, Vol. II (2.ª ed., 1952), pp. 144-147 lo considera con Bewer como una parábola.
Para una defensa del libro de Jonás como registro histórico, ver A. Ch. Aalders, *The Problem of the Book of Jonah* (Londres: Tyndale Press, 1948) y E. J. Young, *An Introduction to the Old Testament*, pp. 254-258. Para una representativa interpretación histórica, ver Frank E. Gaebelein, *The Servant and the Dove* (Nueva York: Our Hope Press, 1946), pp. 51-143. Keil y Delitzsch, *Commentary on the Minor Prophets*, Vol. I., pp. 379-417. E. B. Pusey, *The Minor Prophets*, Vol. I (Nueva York: Funk and Wagnalls, 1885), pp. 371-427.
6. No tiene que tratarse necesariamente de una ballena, sino de un «gran pez». Jonás 1:17, Mat. 12:40. Para una moderna analogía con la experiencia de Jonás, nótese el relato

Tres días y tres noches Jonás tuvo que permanecer en el vientre del monstruo marino. Apelando a Dios, reconoció francamente que estaba perdido, de no ser por la divina intervención. Hizo la simple promesa de que cumpliría sus votos una vez que fuese liberado. Y así, bajo el poder divino, el pez llevó a Jonás hasta depositarlo en terreno seco.

Una vez más Jonás es invitado a ir a Nínive. Esta vez se dirigió hacia el este, a la distante tierra de Asiria, aproximadamente a 1.287 kms. de Israel. Localizada en la orilla oriental del Tigris, Nínive era una gran ciudad con numerosos suburbios más allá de sus murallas.[7] Allí Jonás comenzó su misión de predicar. Sofisticado y pecador como era aquel pueblo, las gentes le escucharon y oyeron su advertencia: "a cuarenta días Nínive será destruido". Apenas había comenzado Jonás su itinerario cuando el pueblo respondió. Arrepintiéndose se vistieron de cilicio y ayunaron volviéndose hacia Dios con fe.[8] En cuanto su mensaje se dejó oír en palacio, el rey entró en acción.[9] Cambiando sus ropajes reales por arpillera, se escondió en un montón de cenizas. Para los ciudadanos de Nínive, emitió un edicto real amonestándoles a volverse hacia Dios de sus caminos pecadores y que se arrepintieran.[10]

Jonás se desconcertó al ver tan amplios signos de arrepentimiento. Para su gran sorpresa, su misión había tenido un éxito impresionante. Y para su decepción, la ciudad no fue destruida; fue salvada al responder Dios con su misericordia al arrepentimiento del pueblo.[11] Tal vez Jonás experimentó una reacción nerviosa. Es difícil de evaluar su estado mental y físico no sólo por su azaroso viaje, sino el tener que predicar un mensaje de juicio divino a un pueblo extraño. De cualquier forma, Jonás quedó terriblemente confuso.[12]

No satisfecho con la respuesta que Dios le había dado como aviso, Jonás se retiró a una colina cercana desde la cual pudo ver la ciudad que había sido señalada para su destrucción. Parece que el período de cuarenta días no había terminado todavía, y así él anticipó la posibilidad de la condenación que se aproximaba sobre Nínive.

Refugiado en una enramada, Jonás recibió aliento cuando Dios hizo que una planta creciese rápidamente, suministrándole una bóveda de sombra para protegerle del calor del día.

Pero Jonás tenía otra lección que aprender. En lugar de ser testigo de la ruina de la ciudad, un gusano destruyó la planta que le había permitido

---

de John Ambrose Wilson, en que una ballena cerca de las Islas Falkland, se tragó a un miembro de la tripulación de un barco que fue rescatado tres días más tarde, revivida de su inconsciencia y que subsiguientemente vivió con una salud normal. Ver *Princeton Theological Review*, «The Sign of the Prophet Jonah», XXV (1927), 636. Para la posibilidad de que una ballena pudo haber engullido a un hombre, ver el artículo «How to Test the Story of Jonah», por G. Macloskie en *Bibliotheca Sacra*, LXXII, 336 y ss.

7. «Nínive, la gran ciudad»: Esto incluye la propia ciudad y sus suburbios. Desde 1100 a. C., Nínive fue utilizada como una de las residencias reales. Después del 722, Sargón II, hizo de ella su capital, y continuó siendo la primera ciudad de Asiria hasta su caída en el 612 a. C.

8. Para una discusión de la «fe» de los ninivitas, ver Pusey, *op. cit.*, p. 415.

9. Gaebelein aventura la opinión de que el rey asirio en cuestión es o bien Adadnirari III, *ca.* 811-782 o Salmanasar IV, *ca.* 782-772. Ver *op. cit.*, p. 119.

10. Para una discusión sobre la reforma —aunque no está mencionada en la historia secular—, ver Aalders, *op. cit.*, pp. 6-7.

11. Ver los tratos de Dios en el pasado. Dios aseguró a Abraham que Sodoma y Gomorra serían salvadas en gracia a diez justos. Gén. 18. Ver también Ex. 32 y I Reyes 21:29, donde Dios demora su juicio por misericordia.

12 Ver Gaebelein, *op. cit.*, p. 129. Ver también I Reyes 19:4, Jer. 20, Job. 3.

disfrutar de tal delicia. Dios resaltó con ello que el profeta estaba mucho más preocupado por su propio confort que respecto al bienestar de los 120.000 niños inocentes que todavía no habían llegado a la edad del discernimiento.[13] Para Dios la conversión de los asirios era mucho más importante que la preservación de la planta que servía para el disfrute de una sola persona.

Lo que sucedió al final no está relatado en el libro que lleva su nombre. Aparentemente, Jonás volvió a su hogar patrio, para registrar y dejar constancia de su misión en Nínive.[14]

Amós —pastor y profeta —Amós 1:1 - 9:15

En los últimos años del reinado de Jeroboam, Amós proclamó la palabra de Dios en el Reino del Norte. Amós llegó a Samaria procedente del pequeño poblado de Tecoa, localizado a unos ocho kms. al sur de Belén. Para ganarse la vida, pastoreaba ovejas y descortezaba sicómoro.[15] Mientras se hallaba entre los pastores de Tecoa, Amós recibió la llamada de Dios para ser un profeta. Esta llamada fue tan clara como el cristal, de tal forma, que cuando el sumo sacerdote le llamó la atención en Betel, Amós rehusó el ser silenciado (7:10-17).

El mensaje de Amós reflejó el lujo y la comodidad de Israel durante el reinado de Jeroboam.[16] El comercio con Fenicia, el pasaje del tráfico de las caravanas a través de Israel y Arabia y la expansión hacia el norte a expensas de Siria, aumentaron extraordinariamente las arcas de Jeroboam. El rápido crecimiento del nivel de vida entre los ricos hizo más amplia la distancia entre clases. Prevalecieron los males sociales. Con una sagaz visión de las cosas, Amós observó la corrupción moral, el lujo egoísta y la opresión de los pobres mientras que la riqueza rápidamente acumulada, producía más ricos. En un simple lenguaje, pero lleno de fuerza, denunció, valientemente, los males que se habían introducido en la vida social, política y económica de todo Israel. En los rituales religiosos, no había substitutivo para la justicia, sin la cual la nación de Israel no podía escapar al juicio de un Dios justo.

¿Por cuánto tiempo profetizó Amós? Puesto que llegó de Judá al dominio de Jeroboam para denunciar la aristocracia de la riqueza y el lujo, es razonable asumir que su misterio sólo fue tolerado por un breve período de tiempo. Lo que sucedió a Amós tras que Amasías informase de él a Jeroboam, es algo que no está registrado. Pudo haber sido encerrado en prisión, expulsado o incluso martirizado.[17]

---

13. Pusey, *op. cit.*, p. 246, estima la población de Nínive en 600.000 habitantes.
14. La tradición de que Jonás fue enterado en el otero de Nebi Yunus, marcado por una mezquita en el sitio de Nínive, carece de soporte histórico. D. W. B. Robinson, en su artículo sobre «Jonás», sugiere que el libro pudo haber sido escrito en el Reino del Norte por Jonás, antes del 721 a. C. Ver *The New Bible Commentary*, p. 715.
15. Al pinchar este fruto en forma de higo, los insectos del interior quedan en libertad y el proceso de maduración fue acelerado.
16. Está universalmente convenido entre los eruditos que Amós profetizó durante los días de Jeroboam II. Su reino terminó en el 753 a. C., de acuerdo con E. R. Thiele, *op. cit.*, p. 70. W. F. Albright, *The Biblical Period*, p. 37, fecha el reinado de Jeroboam *ca.* 786-746. La última década del reinado de Jeroboam es una razonable fecha para la misión de Amós. Bentzen, *op. cit.*, p. 140, fecha a Amós aproximadamente del 760 al 750 a. C.
17. R. H. Pfeiffer, *The Books of the Old Testament* (Nueva York, 1957), p. 300, sugiere que el ministerio de Amós estuvo limitado a pocos meses. Amasías informó que el país no podía soportar tan duras palabras (Amós 7:10).

Con lucidez literaria y un magnífico estilo, Amós predica el mensaje de Dios para su generación.[18] En una clásica simplicidad, describe su encuentro con la pecadora generación contemporánea. Para un breve análisis del libro de Amós, nótese lo siguiente:

I. Introducción	1:1-2
II. Denuncia de las naciones	1:3-2:16
III. Las acusaciones ampliadas de Dios contra Israel	3:1-6:14
IV. El plan de Dios para Israel	7:1-9:15

Es de notar cómo Amós comenzó su misión predicatoria. Anunciando valientemente el juicio para las naciones circundantes, atrajo la atención de los israelitas. La acción del profeta verosímilmente provocó una alegría maliciosa en más de unos pocos corazones endurecidos.

Damasco fue la primera en ser denunciada. Seguramente algunos de los israelitas más viejos pudieron recordar cómo Hazael había forjado la destrucción sobre ellos, por la invasión, ocupación y el cautiverio durante el reinado de Jehú. Otros, en el auditorio de Amós, recordaron con desagrado a los filisteos, quienes traficaron con cautivos en su comercio con Edom. Tiro había sido culpable del mismo lucrativo negocio. Los edomitas, que eran notorios por su animosidad y odio hacia Israel, ya desde los días de Jacob y Esaú, no pudieron escapar al juicio y al castigo de Dios. Las atrocidades de los amonitas y los traicioneros moabitas con sus malas acciones, fueron igualmente señalados por el juicio divino.

Mientras los israelitas escucharon aquellas terribles denuncias hechas por Amós, se alegraron sin duda por el hecho de que el juicio divino estaba dirigido a sus pecadores vecinos. Aquellos paganos se merecían el castigo. Por entonces, Amós ya había avisado a Israel al enjuiciar a seis naciones circundantes. El séptimo en la lista era su propio reino Judá. Tal vez el pueblo de Jerusalén se había refugiado en el orgullo de ser y considerarse el atalaya de la ley y del templo. Amós sin temor les condenó por su desobediencia y el desprecio a la ley. Con toda verosimilitud, esto resultaba más agradable a los israelitas nacionalistas quienes se resentían del orgullo religioso de Judá.

De haber concluído Amós su mensaje allí, pudo haber sido más popular; pero no fue tal el caso. Los siguientes en el orden del día, eran los israelitas a quienes estaba hablando. Los males sociales, la inmoralidad, la profanación—todo aquello existía en Israel. Dios no podía dejar pasar tales pecados en el pueblo de su pacto y a quien había redimido de Egipto. Si otras naciones se merecían el castigo, mucho más lo tenía merecido la propia Israel. No, no escaparían al escrutinio del Señor.

Ciertamente, era íntima la relación entre Dios e Israel (3:1-8). De todas las naciones de la tierra, Dios había elegido a Israel para ser el pueblo de su pacto. Pero había pecado. Sólo quedaba una alternativa—Dios tendría que castigarlo. El fallo en apreciar y medir los mayores privilegios y las más abundantes bendiciones, traería la visita de Dios en su juicio.

¿Es que el juicio llega por casualidad? Por una serie de cuestiones retóricas, en donde la respuesta es obviamente "No", Amós expresó la verdad

---

18. Bentzen, *op. cit.*, p. 139, sugiere que el libro de Amós fue compilado en Judá, puesto que Jeroboam es nombrado antes de Uzías en 1:1.

evidente de que el mal o el castigo no llega a una ciudad sin el conocimiento de Dios. Dios se lo revela a los profetas. Y cuando Dios habla a un profeta ¿qué puede hacer, sino profetizar? En consecuencia Amós no tenía alternativa. Dios le había hablado. El estaba bajo la divina compulsión para pronunciar la palabra de Dios.

Apelando a los vecinos paganos como testigos, Amós perfila sus cargos contra Israel (3:9-6:14). En Samaria los ricos bebían y gozaban a expensas del pobre. Persistiendo en aquellos males, multiplicaron las transgresiones con sacrificios rituales. Al mismo tiempo odiaban la reprobación, resistían a la verdad, aceptaban sobornos, descuidaban al necesitado y afligían al justo. En esencia, habían tornado la justicia en un veneno. La evaluación de Dios de las condiciones de Israel, dejó sólo una alternativa. El exilio en masa había sido decretado para los israelitas.

Incluída en estos cargos, estaba la explícita aclaración, de la condenación que se avecinaba. Un adversario rodearía el país. Ni la religión ni la política salvaría a Israel cuando los altares de Betel y los palacios de marfil se derrumbasen bajo los golpes de invasores. Como peces cogidos con anzuelos los ciudadanos de Israel serían arrastrados al exilio. Dios estaba llevando a una nación sobre ellos en juicio para oprimir la tierra desde la frontera del norte en Hamat hasta el río de Egipto.

La misericordia había precedido al juicio.[19] Dios había enviado la sequía, las plagas y la peste para despertar en Israel el arrepentimiento; pero su pueblo no había respondido. Continuando en su vida impía, habían anticipado el día en que el Señor les traería las bendiciones y la victoria. ¡Qué trágica desilusión! Amós resaltó que para ellos este sería un día de obscuridad más bien que de luz. Como un hombre que corre de un león, sólo para encontrarse con un oso, así Israel se encaraba a una inevitable calamidad en el día del Señor. Dios no podía tolerar sus rituales religiosos, fiestas y sacrificios en tanto que eran culpables de pecados hacia sus conciudadanos. Su única esperanza para vivir, era buscar a Dios, odiar el mal, amar el bien, y demostrar la justicia en su total pauta de vivir. Puesto que no habían respondido a las repetidas advertencias y avisos, el juicio de Dios era irrevocable. A Dios no se le podía sobornar mediante ofrendas y sacrificios para apartar la aplicación de Su justicia. La completa ruína y no el triunfo, les esperaba en el día del Señor.

El plan de Dios para Israel estaba claramente perfilado. Ellos habían ignorado Su misericordia. El juicio estaba ahora pendiente. En cinco visiones, Amós previó los futuros acontecimientos en donde se le había dado un mensaje de advertencia (7-9). Aquellas visiones aclaraban, vívidamente la condenación en marcha. En ordenada progresión, las cuatro primeras visiones —la langosta, el fuego, la plomada y la canasta de frutas— llevaban a la cuarta, que significaba la real destrucción.

Cuando Amós vio la terrible formación de la langosta, se sintió profundamente conmovido por su pueblo. De ser liberados de la tierra, serían robados en su sustento, incluso aunque el rey tenía su participación en los pastos de primavera. Inmediatamente, Amós gritó: "Señor Dios, perdona ahora" (7:2) y la mano de Dios del juicio fue detenida.

---

19. La exhortación a prepararse para el encuentro con Dios, 4:12, no representaba otra «oportunidad». Habiendo desperdiciado la misericordia divina, ellos fueron solemnemente advertidos de que se prepararan para el castigo de Dios.

Enseguida, el profeta se dio cuenta de un fuego destructor que Dios estaba a punto de soltar en juicio sobre Israel. Amós no podía soportar el pensamiento de que el pueblo de Dios fuese consumido por el fuego. Una vez más intercedió, y en respuesta, Dios evitó el juicio.

En la tercera visión, el Señor aparecía con una plomada en su mano para inspeccionar la muralla. Esto significaba claramente la inspección de Dios hacia Israel. Nadie sabía mejor que Amós que los israelitas no podrían pasar este examen; pero el profeta fue advertido con anticipación de que Dios no pasaría la mano nuevamente con la misericordia. Por dos veces Dios había extendido su complacencia misericordiosa; pero entonces a los santuarios les aguardaba la ruina. La familia real se encaraba con la espada.

Aparentemente, este mensaje era demasiado fuerte para los que le escuchaban en Betel. Amasías el sacerdote se levantó en cólera contra Amós. Inmediatamente avisó al rey y a renglón seguido encaró al profeta con el dilema y el ultimatum de volver a Judá y ganarse allí su vida. Con la firme convicción de que Dios le había llamado, Amós anunció valientemente la condenación de Amasías. No solamente sería muerto y su familia expuesta al sufrimiento, sino que, por añadidura, Israel sería arrancado de raíz y llevado al exilio.

En la cuarta visión, le apareció una canasta de frutas de verano. Mientras que la plomada significaba la inspección, la fruta del verano indicaba la inminencia del juicio. Como la fruta madura espera ser consumida, así Israel estaba presta para la condenación. Aquel era el fin, Dios no esperaría más. Los opresores, los que quebrantaban el sábado y los negociantes sin escrúpulos, eran llamados para dar cuenta de sus acciones. Los lamentos iban a reemplazar a la música. Las condiciones pendientes eran, tales, que el pueblo desearía oír la palabra de Dios, pero no estaría en condiciones de encontrarla. Todos perecerán en el juicio.

En la visión final, el Señor aparece junto al altar para ejecutar la sentencia contra Israel. El tiempo ha llegado para destruir las ciudades y derribar toda la estructura del templo. Dios, que ha repartido entre ellos la bondad, está ahora dirigiendo la ejecución. Dios ha puesto su ojo sobre ellos por el mal, y no por el bien. No importa a dónde huyan, no podrán escapar del cautiverio. Israel está a punto de ser tamizada para apartar el grano de las granjas, entre las naciones.

Todos los profetas tuvieron un mensaje de esperanza. En su párrafo final, Amós inserta una promesa alentadora (9:11-15). La dinastía davídica será restaurada, el reino será reafirmado. Todas las naciones sobre las cuales "es invocado mi nombre" serán tributarias de Israel. El vigor y el éxito prevalecerán una vez más cuando la fortuna de Israel sea recobrada. El tiempo llegará cuando Israel sea establecida en su propia tierra y nunca más volverá a ser abatida.

Oseas —el mensajero del amor de Dios —Oseas 1:1 - 14:9

Oseas cuyo libro es el primero en la lista de los profetas menores, comenzó su ministerio en la última década del gobierno de Jeroboam. Por contraste con Amós, cuyo ministerio parece haber sido breve, Oseas continuó por varias décadas en el reino de Ezequías. Con toda probabilidad, él fue testigo de la caída de Samaria. Oseas no está mencionado en otros libros y es conocido por nosotros sólo porque registra los hechos que se citan en el libro que lleva su nombre. Aun siendo un hombre del norte, su ministerio pudo haberse extendido a ambos reinos (ver 6:4).

Echemos un vistazo a los tiempos de Oseas. Nació y se crió en una época de prosperidad y de paz. Hacia el fin de este período, cuando Israel tenía un lugar prominente entre las naciones en Palestina, Oseas comenzó su ministerio anunciando el juicio de Dios sobre la dinastía reinante de Jehú. Antes de que pasaran muchos años, la nación llevaba luto por la muerte de Jeroboam, el notable gobernante del Reino del Norte. El año 753/2 a. C. llevó el derramamiento de sangre y la muerte al palacio real. Zacarías gobernó seis meses cuando el asesino Salum terminó con la dinastía de Jehú. Tras el gobierno de un mes, Salum fue asesinado por Manahem. Aunque la capital estaba sobresaltada, el Reino del Norte mantuvo el *status quo* económico durante los primeros años del reinado de Manahem.

La escena internacional cambió bruscamente. Tiglat-pileser se apoderó del trono de Asiria en el 745. Esto marcó la reavivación de una agresión hacia el oeste que puso al Creciente Fértil bajo el control asirio durante el siglo siguiente. Ultimamente, bajo reyes sucesivos, el cinturón comercial del viejo mundo que llegaba hasta Tebas, fue controlado desde la capital asiria. El terror se apoderó de las naciones que se vieron bajo la ominosa amenaza de los ejércitos triunfantes de Tiglat-pileser. Había razón para sentir miedo. Bajo la nueva política militar de Asiria, el nacionalismo fue sometido al llevar y remover de las ciudades conquistadas, las poblaciones a distantes partes del imperio. A su vez, los extranjeros fueron asentados en tierras ocupadas para evitar las subsiguientes rebeliones. Una vez conquistada por Asiria, era más difícil, ciertamente, para cualquier nación el poder liberarse del yugo impuesto.

Tiempos turbulentos perturbaron los reinos de Palestina durante la segunda mitad del siglo VIII a. C. Inicialmente Uzías, el rey de Judá, capitaneó la coalición palestina contra el avance asirio, pero sin éxito duradero.[20] Manahem retuvo su trono sólo en base de pagar excesivos tributos, extrayéndolos a viva fuerza de su pueblo, para entregarlos al monarca asirio.[21] Aunque esto resolvió el problema temporalmente, Manahem levantó el resentimiento de los ciudadanos ricos de Israel. Tras de su muerte, su hijo Pekaía sólo gobernó dos años antes de que fuese asesinado en una rebelión contra el liderazgo que favorecía la política pro-asiria.

Peka, el asesino, tomó ventaja de la concentración de los asirios en la campaña de Urartu. Aliándose con los sirios de Damasco, se preparó para el día del retorno de los asirios. Este intento abortado de liberar a Israel de la amenaza asiria, sólo puso las cosas en peor estado. Por el 732 a. C., Resín, el rey sirio, fue muerto en la ocupación de Damasco por los asirios. Israel tenía poca oportunidad, ya que Acaz, el rey de Judá, había formado una alianza con Tiglat-pileser. Peka fue destronado en una muerte sangrienta para dejar paso a Oseas, quien inmediatamente aseguró al rey asirio su lealtad y el tributo de Israel.

Oseas comenzó su reinado como vasallo de Asiria. Cuando Salmanasar reemplazó a Tiglat-pileser en el trono de Asiria en el 727 a. C., los israelitas

20. Ver G. E. Wright, *Biblical Archaeology*, p. 161.
21. Pritchard, *op. cit.*, p. 283

intentaron otra rebelión. En pocos años, los ejércitos de Salmanasar V rodearon Samaria. Tras un asedio de tres años, la capital israelita capituló en el 722 a. C. Pasadas tres décadas después de la muerte de Jeroboam, el Reino del Norte fue reducido de un lugar de gobierno entre las naciones de Palestina a una provincia asiria.

Estas turbulencias y vicisitudes del reino en aquellas décadas, casi apagaron la voz del profeta Oseas. Los tiempos eran tan buenos en los primeros años de su ministerio, que los israelitas no querían ser perturbados por advertencias proféticas. La dinastía de Jehú había retenido, afortunadamente, el trono por casi un siglo. Antes de que pasara mucho tiempo, sin embargo, la predicción de Amós del exilio de Israel cobró una portentosa significación cuando la política militar de los asirios desarraigó a las poblaciones en las tierras ocupadas y las envió a lugares distantes del imperio, poniéndola así en práctica. Las repetidas muertes de palacio, la invasión asiria, los pesados tributos y contribuciones, las vacilantes alianzas con extranjeros y, finalmente, la caída de Samaria figuraron en los turbulentos tiempos del ministerio de Oseas.

Pasando a todo lo largo de las tribulaciones y problemas de los cambiantes tiempos, Oseas fielmente sirvió a su generación como portavoz de Dios. No se dan detalles respecto a su llamada al ministerio profético, más allá del hecho de que el Señor le habló a él. Oseas fue impelido a describir el hecho de que Dios todavía amaba a un Israel que había vuelto a antiguos pecados. Pacientemente, rogó a su pueblo que se arrepintiese, mientras que veía al reino deslizarse desde la posición arrogante que tenía con Jeroboam II, al nivel de una provincia asiria ocupada.

Durante su largo ministerio, Oseas compartió el empeño de su pueblo en un titubeante reino. Con compasión y amor por sus conciudadanos, manifestó una sensitiva respuesta a las necesidades de Israel en su pecadora condición. Además de su experiencia personal, expresó en un tono de tristeza el amor de Dios por un pueblo que había fallado en responder a su bondad.

No se dan fechas específicas en el libro de Oseas. Puesto que Jeroboam y Uzías son nombrados en el versículo inicial, se conviene generalmente que Oseas comenzó su ministerio alrededor del 760 a. C. en los últimos años del reinado de Jeroboam.[22] Ciertamente, su predicción concerniente a la dinastía de Jehú en el primer capítulo y posiblemente los sucesivos mensajes en los primeros tres capítulos del libro, fueron públicamente dados antes de la muerte de Jeroboam. Es razonable asociar los mensajes de los capítulos 4-14 con los acontecimientos que esparcieron las grandes sombras de la dominación asiria sobre la tierra de Palestina. Para un análisis de su mensaje completo, como está registrado en el libro que lleva su nombre, puede considerarse la siguiente perspectiva:

I. El matrimonio de Oseas y su aplicación a Israel   1:1-3:5
II. Las acusaciones de Dios contra Efraín   4:1-6:3
III. La decisión de Dios para castigar a Efraín   6:4-10:15
IV. La resolución de Dios en los juicios y misericordia   11:1-14:9

---

22. Ciertamente, un período de tres a diez años tiene que ser concedido para el matrimonio de Oseas y el nacimiento de sus tres hijos. No se indica qué cantidad de tiempo de ese período fue contemporáneo con Jeroboam. Con la fecha terminal de Jeroboam como el 753 a. C., parecería razonable fechar el comienzo del ministerio de Oseas aproximadamente en el 760 a. C.

Unica entre los profetas, fue la experiencia matrimonial de Oseas. Bajo divina compulsión, Oseas se casó con Gomer. En el curso del tiempo, le nacieron tres hijos, Jezreel, Lo-ruhama y Lo-ammi. Esta relación de familia se convirtió en la base para varios mensajes que Oseas entregó a su pueblo en la primera década de su ministerio.

La brevedad de Oseas en el informe de su matrimonio, y la vida de familia, deja un número pendiente de problemas.[23] A despecho de ello, el lector no puede fallar en ver la progresiva revelación del mensaje de Dios a través de Oseas. Con el nacimiento de cada hijo, la advertencia del juicio pendiente era presentado con más fuerza y exacta claridad.

El nombre "Jezreel" remueve numerosos recuerdos de triste memoria en las mentes de los israelitas. Como ciudad real de Israel, estaba asociada con el asesinato de Nabot por Jezabel. Corrientemente, ello recordaba a los israelitas que la poderosa dinastía reinante de Jehú, marcó su camino hacia el trono con un excesivo derramamiento de sangre en Jezreel (II Reyes 9-10). En esta forma, Oseas advirtió a su generación que el reino del Norte se hallaba cercano a su fin. Su poder sería destruido y quedaría roto en el valle de Jezreel.

Otra advertencia llegó a Israel con el nacimiento de la hija de Oseas, Lo-ruhama. El significado "no compadecida" llevó a los israelitas el mensaje de que Dios retiraría su misericordia. Ya no les perdonaría más totalmente.

Subsiguientemente, el nacimiento del tercer hijo trajo el anuncio de que Dios estaba haciendo más severas sus relaciones con Israel. En la alianza existía un mutuo lazo de unión entre Dios y su pueblo. Entonces Oseas dio la noticia a Israel de que aquel lazo sería disuelto. Ya no era Israel el pueblo de Dios; ni Dios, el Dios de Israel. La relación del pacto había alcanzado su punto de ruptura.

A pesar de todo, Oseas, mirando a lo lejos en el futuro, inyectó un rayo de esperanza en los proyectos del total abandono de Dios.[24] La sentencia contra Israel iba realmente a ser ejecutada; pero llegaría un día cuando tanto Israel como Judá serían reunidas de nuevo bajo un solo gobernante en su propia tierra. Esta multitud incontable sería identificada como los "hijos del Dios viviente".

Oseas, entonces, revirtió a los problemas contemporáneos. La esperanza de la última restauración necesitaba poco énfasis cuando su generación estaba a punto de perder el favor de Dios. La fórmula legal del divorcio (2:2) indica que el profeta disolvió su matrimonio con la adúltera Gomer. De igual forma, Israel por su terrible actuación es culpable de adulterio. El grano, el vino, el aceite, la plata y el oro que Dios había generosamente suministrado a su pueblo, habían sido utilizados por los israelitas en ofrendas a Baal. Israel, como su conducta había demostrado, no "sabía" ni se daba cuenta de que Dios había otorgado todas aquellas cosas buenas al pueblo de su pacto.[25] Entonces, Dios estaba a punto de visitarles con su juicio.

---

23. Las dos básicas interpretaciones de este pasaje son la literal y la alegórica. Para un breve sumario, ver Bentzen, *op. cit.*, pp. 131-133. Para una extensa interpretación ver los comentarios generales.
24. Para una discusión provechosa, ver C. F. Keil, *The Twelve Minor Prophets*, Vol. I (Edimburgo, 1868), en la referencia a Oseas 1:10.
25. La palabra «conocer» o «conocimiento» es usada frecuentemente por Oseas y no se refiere meramente a una comprensión intelectual. El problema es que el pueblo no ajusta sus vidas a los requerimientos de Dios.

Todas las festividades religiosas iban a cesar. Israel iba a ser castigada por su apostasía al ser desarraigada y exiliada —abandonada por Dios. Otra vez de nuevo, el futuro quedaba desvelado. A su debido tiempo, Dios concedería la gracia de restaurar a Israel (2:14-23). El día se aproximaba en que el pacto sería renovado de tal forma que una vez más gozaría de las bendiciones del Altísimo como pueblo de Dios. Esta promesa fue confirmada en la propia experiencia de Oseas (3:1-5).[26] El profeta fue invitado a buscar a su esposa y reinstalarla en su familia. Pero ¿dónde estaba ella? ¿Qué le habría ocurrido? Aparentemente, ella se había ido y había llegado a un límite tal de inmoralidad que nadie tenía necesidad de su compañía. Oseas la encontró en la plaza del mercado siendo ofrecida para la venta al mejor postor.[27] Yendo mucho más allá de sus obligaciones morales y religiosas, pagó el precio y puso en ella su amor renovando los votos de su matrimonio. Esta acción simbolizaba la actitud de Dios hacia la adúltera Israel. La simple promesa de Dios es que Israel una vez más, será restaurada en los últimos días bajo el gobierno de un rey, David.

¿Qué cargos tenía Dios contra Israel? Lenguaje blasfemo, la mentira, el asesinato, el robo, el adulterio y el crimen —todos esos fueron los síntomas del fracaso de Israel para reconocer a su Dios. El pueblo había ignorado la ley de Dios[28] y en consecuencia, Dios les había rechazado. En su idolatría, Efraín era peor que una ramera.[29] Los sacerdotes y los profetas igualmente habían fallado hasta el extremo de que incluso Judá fue advertida de no contaminarse por Efraín. El sacerdote, el rey, y el pueblo fueron alertados en el hecho de que el juicio se aproximaba (5:1). Con trompetas sonando la alarma por toda la tierra, Dios estaba avisando a Israel de que estaba a punto de abandonarla. No había buscado a Dios, sino que había mirado a Asiria en busca de ayuda. Dios iba a abandonarla hasta el tiempo en que Israel genuínamente le buscaba a El (6:1-3).

¿Qué haría Dios con Efraín? Esta pregunta sobresale en la objetiva discusión representada por 6:4-10:15. Esta sección refleja el mensaje de Oseas durante las décadas en que Efraín estaba en trance de desintegración bajo la aplastante marcha y el avance de la máquina asiria de guerra. Gradualmente, las nubes de exilio fueron expandiendo una sombra creciente sobre Efraín y, últimamente, quedaron extinguidos los últimos rayos de las esperanzas nacionales de Israel.

En la relación del pacto, el amor de Israel por Dios había vacilado constantemente. Repetidamente, Dios había intentado volver a su pueblo de sus caminos equivocados al enviar a los profetas para llamar su atención. En otras ocasiones, El la había visitado con calamidades y juicios. Todavía persistía en substituir las ofrendas por el verdadero amor y la lealtad. Cuando Dios hubiese revivido a Israel tras el castigo, ¿qué encontraría? Acciones malvadas, el engaño, el robo, la embriaguez—todo ello era nausabundo para Dios como un pastel a medio cocer. Nadie en Israel buscaba realmente a

---

26. Por una discusión de esta mujer en el capítulo 3 y su identificación con Gomer, ver Norman Snaith, *Mercy and Sacrifice* (Londres: SMC Press, 1953), pp. 27-38.
27. Posiblemente ella se había convertido en una esclava concubina de otro hombre o tal vez retornó con su padre a quien Oseas pagó un segundo tributo nupcial.
28. Ver Ex. 19:1-6 donde la obediencia es la clave para la recta relación de Israel hacia Dios como pueblo santo.
29. Oseas emplea con frecuencia la palabra «Efraín» para designar el Reino del Norte en contraste con Judá. El pacto fue hecho en tiempos de Moisés con la totalidad de la nación. La división política en el 931, todavía existiendo en tiempos de Oseas, no existirá en la restauración. Ver también Ezeq. 37.

Dios. Efraín era demasiado orgullosa. Actuando como una paloma fácilmente engañada, los oficiales buscaban la segura ayuda de Egipto o de Asiria por la diplomacia, esperando de ello escapar al juicio de Dios. En vez de confiar en Dios, continuaban manifestando su dependencia sobre Baal. ¡Qué podía hacer Dios sino ejecutar la sentencia contra el pueblo infiel y desagradecido!

Otra acusación contra Israel era que los reyes habían sido entronizados sin la aprobación de Dios. Haciendo ídolos, el pueblo se había apartado y despreciado el Decálogo, que claramente limitaba su pacto y lealtad hacia Dios, quien les liberó de la esclavitud de Egipto.[30] Además de todo eso, la multiplicación de altares y sacrificios no resultaba agradable a Dios, en tanto que no estaba acompañado con las debidas actitudes. La hipocresía religiosa de Israel, era patente para Dios en los días de Oseas. A causa de su evidente maldad, la muerte y la destrucción aguardaban a todo Israel. El rey sería completamente destronado a la terminación del reino (8:1-10:15).

¿Cómo podrían el eterno amor de Dios y su justicia hacia el Israel rebelde ser resueltos? ¿Podría Dios completamente abandonar y olvidar a su pueblo? La solución a este problema se da en 11:1-14:9.

Israel era el hijo de Dios.[31] En Egipto, Dios había confirmado su pacto con los israelitas y les había redimido de la esclavitud. Como un padre cría con mimo a su hijo vacilante, le provee en todas sus necesidades y le otorga su amor sin medida, así Dios se había cuidado continuamente de Israel. Ahora, el pueblo había pecado y se hallaba en la necesidad de recibir la correspondiente disciplina. El castigo tendría que llegar, pero no irían más a Egipto. Asiria es designada como la tierra del exilio.[32]

Todavía luchando con el problema del amor compasivo hacia un hijo descarriado y díscolo, el mensaje profético hace una transición desde una amenaza a una promesa por la cuestión de "¿Cómo podré abandonarte, oh Efraín?". El problema es resuelto al enviar a Israel al exilio con la seguridad de que retornará. Tanto Judá y Efraín son culpables de confiar en Egipto y Asiria en busca de ayuda. Israel ha provocado la ira de Dios y se ha convertido en reproche para El. Por un tiempo, irá hacia la nación como un león devorador para ejecutar la sentencia decretada sobre ella. Esto no puede ser alterado, pero en el futuro, Dios será su ayuda. Esta promesa proporciona a Israel consuelo y será como una boya durante los obscuros días del exilio.

Para su pueblo, Oseas da una simple fórmula para que vuelva hacia Dios: abandonar los ídolos, transferir su fe y confianza de Asiria a Dios, y confesar sus iniquidades. Solamente en Dios encontrarán la misericordia los que están abandonados por el padre (14:1-4).

La última esperanza es la restauración de Israel. El día llegará en que los ídolos serán abandonados y la devoción hacia Dios tendrá una plenitud piadosa. Restaurada en su propia tierra, Israel gozará una vez más de la prosperidad material y de las bendiciones divinas.

30. Ver las advertencias dadas por Moisés en Deut. 28:15-68.
31. Aquí Dios es representado como un padre que tiene compasión y que ama a su hijo, mientras previamente el pacto entre Dios e Israel está figurativamente expresado por un lazo matrimonial.
32. Compárese la versión Cipriano de Valera (1960) y RSV en Os. 11:5. La primera sigue el texto hebreo, diciendo «No volverá a tierra de Egipto». La última, omite el «no» siguiendo el texto griego.

BIBLIOGRAFÍA SELECTA
* Libros en castellano

AALDERS, G. *The Problem of the Book of Jonah.* Londres: Tyndale House Publications, 1948.

CRIPPS, R. *A Critical and Exegetical Commentary of the Book of Amos.* Nueva York: The MacMillan Company, 1955.

FEINBERG, C. *Hosea: God's Love for Israel.* Nueva York: American Board of Missions to the Jews, 1949.

HARPER, W. R. *Amos and Hosea* (ICC). Nueva York: Scribner's, 1910.

HILLIS, D. W. *The Book of Jonah.* Grand Rapids: Baker Book House, 1967.

KNIGHT, G. A. *Hosea: God's Love.* Londres: SMC Press, 1960.

LOGSDON, S. F. *Hosea: People Who Forgot God.* Chicago: Moody Press, 1959.

* MORGAN, G. C. *El corazón de Dios: Estudios en el libro de Oseas.* Buenos Aires: Ediciones Hebrón, 1980.

SNAITH, N. H. *Amos, Hosea and Micah.* Londres: Epworth Press, 1956.

_____. *Mercy and Sacrifice.* Londres: SMC Press, 1953.

WOLFE, R. E. *Meet Amos and Hosea.* Nueva York: Harper & Bros., 1945.

* WOOD, F. M. *Oseas: Profeta de la reconciliación.* El Paso: Casa Bautista de Publicaciones, 1981.

* YATES, K. M. *Amós: El predicador laico.* El Paso: Casa Bautista de Publicaciones, 1966.

Capítulo XXIII

Advertencias a Judá

¿A quiénes utilizó Dios para advertir a los ciudadanos de Judá del juicio venidero? Distinguidos entre los profetas mayores, fueron Isaías y Jeremías, cada uno de los cuales sirvió a su respectiva generación por más de cuarenta años. Como profetas menores, Joel, Miqueas, y Sofonías emergieron como las voces conductoras en el Reino del Sur. Con una responsabilidad dada por Dios, para relacionar los mensajes proféticos con los acontecimientos contemporáneos, ellos llegaron para asir los problemas con que se encaraba su generación, concluyendo con una promesa de restauración.

Joel —el día crucial del Señor —Joel 1:1 - 3:21

El profeta Joel es desconocido para nosotros, más allá de los límites del libro que lleva su nombre. Incluso en su libro la sola información que se nos da, es el nombre de su padre. Sus pronunciamientos reflejan un ministerio público en la tierra de Judá.[1]

La fecha de la actividad profética de Joel, es difícil de afirmar.[2] El se refiere a Filistea, Fenicia, Egipto y Edom, como naciones contemporáneas. El templo se halla en Jerusalén, con sus ancianos y sacerdotes como líderes prominentes en Judá. Una plaga extremadamente grave de langosta trae a Joel a la escena con un mensaje escatológico. Ninguna de esas referencias es conclusiva en establecer los tiempos del ministerio de Joel. Las fechas que

---

1. Arvid S. Kapelrud, *Joel Studies* (Uppsala, 1948), p. 11. Ver 1:14 y otros versículos.
2. *Ibid.*, pp. 181-192. Estas páginas hacen un excelente análisis del problema de fechar el libro de Joel. Aunque está a favor de una fecha aproximada del 600 a. C., admite que lo más difícil es fechar el tiempo del ministerio de Joel. Faltan directas alusiones al tiempo, de tal forma que las sugerencias para cualquier fecha, depende de una evidencia circunstancial.

HABLA EL ANTIGUO TESTAMENTO

han sido sugeridas van desde el reino de Joás a los tiempos post-exílicos (850-350 a. C.).[3] El siguiente análisis intenta mostrar los acontecimientos del mensaje de Joel:

I. La plaga de la langosta	Joel	1:1-12
II. Admonición e intercesión		1:13-20
III. Advertencia y exhortación		2:1-17
IV. La respuesta y la promesa de Dios		2:18-32
V. Juicio universal y bendición		3:1-21

Una plaga de langosta es una amplia causa para la alarma. Aunque tal devastación ya tenía precedentes en la tierra de Judá, esta podía ser grave fuera de lo usual. Los árboles quedan desnudos, los campos yacen desérticos, y el pueblo queda sobrecogido al quedar súbitamente carente de alimento. Tan menesterosa queda Judá, que incluso las ofrendas prescritas no pueden llegar a la casa del Señor. En esta desesperada situación, Joel, con un apropiado y oportuno mensaje, habla con la convicción que puede hacerlo un portavoz de Dios.

Las lamentaciones, el luto en cilicio, las reuniones públicas para el ayuno— todo está en el orden divino. En el medio de esta plaga de langosta, que deja incluso a las bestias del campo a punto de perecer, era imperativo que el pueblo reconociese esto, como un juicio divino. El profeta Joel intercede con una oración intercesoria.

Aunque esta devastación ha sido aterradora, un día más grande aún espera a Sión en el día del Señor (2:1-11). Joel pide que el soplido de la trompeta suene con la alarma. Un fuego que consume precede y sigue el ejército de la destrucción que vendrá a la ciudad de Sión. Los cielos tiemblan, la tierra se estremece, y las luminarias se obscurecen cuando Dios viene a ejecutar sus juicios en Sión. Quejumbrosamente el profeta plantea la pregunta concerniente al grande y terrible día del Señor: "¿quién podrá soportarlo?"

Pero todavía es tiempo de arrepentirse y buscar el perdón de Dios (2:12-17). Una vez más, de nuevo la tierra se regocijará con abundantes cosechas. La primera y la última lluvia volverán para que las estaciones de los frutos prevalezcan. Cosechas inesperadas por su abundancia serán la causa de que Israel reconozca a Dios y se alegre ante El.

¿No salvará Dios a aquellos que penitentemente solicitan el perdón? ¿No extenderá Dios su misericordia para evitar que Judá sufra el reproche entre las naciones?

La respuesta de Dios trae la seguridad de bendiciones sin medida (2:18-27). Una vez más la tierra se regocijará con una abundante cosecha. La lluvia temprana y tardía descenderá de nuevo para que las estaciones de cosecha prevalezcan. Las abundantes cosechas harán que Israel reconozca a Dios y se regocije delante de El.

Antes del fin del tiempo, Dios derramará su Espíritu. Los sueños y las visiones serán multiplicados. Los hombres invocarán el nombre del Se-

---

3. Para un breve sumario de fechas sugerido para Joel, ver Aage Bentzen, *Introduction to the Old Testament*, pp. 133-139 Para una fecha post-exílica, ver R. H. Pfeiffer, *Introduction to the Old Testament*, p. 575. Para una discusión de fecha más temprana, ver E. J. Young, *Introduction of the Old Testament*, pp. 247-249.

ñor y serán liberados. Tras esos tiempos de alivio, el sol se obscurecerá la luna tomará el color de la sangre. Joel no indica en ninguna parte cuanto durarán esos tiempos de alivio bajo el ministerio del Espíritu, pero da la conclusión. Las maravillas de los cielos seguirán a este período de bendiciones.

En el día de la restauración de Judá, todas las naciones serán reunidas en el valle de Josafat para el juicio.[4] Los paganos han esparcido a Israel, dividido la tierra, y sembrado la suerte y el destino para el pueblo de Dios. Fenicia y Filistea están cargadas con haber esclavizado a los ciudadanos de Judá, con objeto de venderlos a los griegos, y ellas, junto con otras naciones, están emplazadas a prepararse para la guerra en el valle de Josafat, donde Dios se situará para el juicio sobre innumerables multitudes. Su maldad ha colmado el límite de la misericordia de Dios. Dios ha venido sobre Sión para vengar la sangre de su pueblo. Los cielos y la tierra se estremecerán y el sol, la luna y las estrellas rehusarán su brillo cuando los malvados sean destruidos. Una vez más Sión será poseída por los israelitas y reconocerán al Señor. Una fuente surgirá del propio templo e irrigará la tierra por un tiempo de prosperidad y de bendiciones. Por contraste, Egipto y Edom serán desolados. Israel disfrutará la tierra para siempre, cuando el Señor habite en su santa ciudad de Sión y los extranjeros no vuelvan a pasar a través de Jerusalén.

Miqueas —un reformador en tiempos turbulentos —Miqueas 1:1 - 7:20

En el apogeo de Asiria de la dominación de Siria y Palestina, el profeta Miqueas aparece en la escena de Judá. Desde los días de Jotán (c. 740 a. C.) continuó su ministerio hasta la terminación del siglo. Durante el reino de Ezequías fue ensombrecido por la gran figura de su colega, Isaías.

El crepúsculo estaba cayendo sobre la era de prosperidad de Judá y de su prestigio internacional, cuando Miqueas surgió. Uzías, cuyos intereses comerciales penetraron en Arabia y cuyo poder militar desafiaba a los ejércitos que avanzaban de Asiria procedentes del norte, murió en el 740 a. C.[5] Jotán mantuvo el *status quo* por varios años más, mientras Peka desarrollaba una política anti-asiria en Samaria. Por el 735 a. C. el grupo pro-asirio en Jerusalén había establecido Acaz sobre el trono de David. Pasados pocos años, este joven rey selló un pacto con Asiria, que en esencia le convirtió en vasallo de Tiglat-pileser III. Durante las dos décadas de esta esclavitud judo-asiria, los reinos de Siria e Israel se derrumbaron bajo el avance asirio.

En este crítico período —tal vez en seguida tras la muerte de Uzías— Miqueas respondió a la llamada profética. Repetidas crisis trasformaron el equilibrio del poder entre las naciones en Palestina y Siria, mientras que los asirios extendían su imperio. Miqueas predice la caída de Samaria al igual que la destrucción de Jerusalén en su mensaje introductorio a los ciudadanos del Reino del Sur. Aunque las ocasiones específicas de sus predicaciones no están indicadas, el libro, indudablemente, representa la esencia

---

4. Josafat significa «Jehová juzga». La identificación de este valle es incierta. Ver 3:14 que se refiere a este mismo lugar como el valle de la decisión.
5. Ver W. F. Albright, *The Biblical Period*, pp. 39-40 y E. R. Thiele, *The Mysterious Numbers of the Hebrew Kings*, pp. 75-98 y G. E. Wright, *Biblical Archaeology*, p. 161.

de su mensaje durante los reinos de Jotán, Acaz y Ezequías. La predicción concerniente a Samaria pudo haber sido hecha al comienzo del reinado de Jotán. La corrupción y las condiciones idólatras reflejadas por todo el libro, pueden estar relacionadas con el bajo nivel de moralidad e interés religioso existente durante los días de Acaz. Por cuanto tiempo continuó Miqueas en el reino de Ezequías, ha quedado en la incertidumbre.[6]

Con el acceso al trono de Ezequías en el 716 a. C. una nueva era amanece en Judá. Los pagos y tributos y el culto pagano en el templo, promovidos por Acaz, se habían convertido en esta época en algo de lo más impopular. El nuevo rey terminó la política de apaciguamiento con los asirios. Fue una ventaja que Sargón, con sus ejércitos, estuviese muy ocupado y comprometido en otras partes de su gran imperio. Con un espíritu de nacionalismo, Ezequías se aprestó a desarrollar un programa de fuertes defensas. Además de extender y reforzar las murallas de Jerusalén (II Crón. 32:5), aseguró un adecuado suministro de agua construyendo el túnel de Siloé, un atractivo turístico aún hoy día.[7] La inscripción bien conocida del túnel se halla en el presente en el museo de Istanbul y lleva el testimonio de los esfuerzos de Ezequías.

La política religiosa inaugurada por Ezequías fue tan drástica, y efectiva, que constituyó la más sobresaliente reforma hecha en la historia de Judá (II Reyes 18). Los altares, pilares sagrados y los asherim, fueron demolidos. Incluso el Nehustán, la serpiente de bronce hecha por Moisés, fue destruida, ya que se había convertido en un objeto de veneración y de culto. Con toda certeza, los objetos del culto asirio también fueron suprimidos del templo. Mediante tales reformas, el camino quedaba despejado para que Israel retornase al culto del Señor, como estaba prescrito en la ley.

En aquellos tiempos Miqueas vivía en la tierra de Judá. Su hogar era el poblado de Moreset-Gat, aproximadamente a treinta kilómetros al sudoeste de Jerusalén.[8] Es posible que él viese a su nación asediada por los asirios bajo el mando de Senaquerib. La amenaza a Jerusalén en el 701, terminó bruscamente por una notable liberación registrada en Isaías, Reyes y Crónicas. Hasta qué extremo Miqueas estuvo personalmente implicado en aquellos acontecimientos cruciales, no es conocido.

Más allá de los límites del libro que lleva su nombre, el profeta Miqueas está citado sólo una vez en el Antiguo Testamento. Casi un siglo más tarde, Jeremías dio razón del pronunciamiento de la condenación de Miqueas (Jer. 26:18-19).

Con las repentinas crisis ocurridas en Judá y las naciones circundantes, Miqueas, indudablemente, tuvo numerosas ocasiones de levantar su voz como profeta. Las implicaciones políticas y religiosas de la deliberada y firme expansión del poder de Asiria en Palestina, llamaron al valiente ministerio de hombres valerosos como Miqueas e Isaías. Aunque ninguno de ellos se refiere al otro, ellos, sin duda, estuvieron asociados en sus deberes proféticos. Tan razonable es esta posibilidad, que se ha conjeturado que Miqueas

---

6. Bentzen, *op. cit.*, p. 147, sugiere *ca.* 724-711 como la época para el ministerio de Miqueas.
7. Pritchard, *Ancient Near Eastern Texts*, p. 321.
8. Este pueblo estaba situado en el Sepela, a unos 30 kilómetros de Tecoa, el pueblo donde nació Amós. Las caravanas y los ejércitos pasaron frecuentemente a través de sus llanuras. En el 734, 711, 701 y en otras ocasiones, los asirios llegaron a esta zona.

fue un discípulo de Isaías. El clásico pasaje de la restauración de Sión es común en ambos libros.⁹ También se ha conjurado que Miqueas fue un profeta rústico con un ministerio rural mientras que Isaías, educado en la ciudad, dedicó sus esfuerzos proféticos a la población y a la corte de Jerusalén. En tiempos tan turbulentos, Miqueas, sin temor alguno, pone de manifiesto los males que prevalecen en Samaria y en Jerusalén. Como Amós, no vacila en denunciar a los grandes propietarios y a los gobernantes por la opresión del pobre. Con Isaías, anuncia la condenación que se aproxima al igual que las esperanzas de restauración para Sión y la nación elegida.

Más numerosas que en muchos otros libros proféticos, son las específicas predicciones de Miqueas y su cumplimiento. Habla de la condenación de Samaria y Jerusalén, el exilio de ambos reinos, la restauración de Israel, el ideal período de paz absoluta y la llegada de un rey-pastor que nacerá en Belén. Algunas de esas predicciones ya son historia, mientras que otras todavía aguardan su cumplimiento.

La siguiente perspectiva sirve como introducción a una más específica consideración del mensaje de Miqueas:

I. Acusaciones contra Samaria e Israel   Miqueas   1:1-16
II. Los jefes condenados   2:1-3:12
III. Restauración de Sión   4:1-5:1
IV. El rey-pastor de Belén   5:2-15
V. Las condiciones contemporáneas contra las futuras   6:1-7:20

Miqueas está preocupado con las capitales de Judá e Israel en su introducción. Dios está a punto de aparecer de su hábitat en juicio sobre Israel, reduciendo a Samaria a un montón de ruínas. Las imágenes serán esparcidas y los ídolos destruídos (1:1-7). Sabiendo que Jerusalén está marcada por una suerte similar, Miqueas se lamenta con dolor. Abiertamente, muestra su pena dejando sus vestidos y caminando descalzo. Puesto que esta calamidad se extenderá hasta la puerta de Jerusalén, el pueblo de Judá es advertido a que se prepare para el destierro (1:8-16).

Con un incisivo análisis, Miqueas pone al descubierto las insidiosas acciones utilizadas por los nobles al ejercer su poder y prestigio (2:1-9). Se apoderan de los campos y de las casas. Desprecian los derechos de la herencia.¹⁰ Los turistas que pasan por las fronteras, son robados. Las viudas, que no tienen a nadie que las defienda, son usurpadas.¹¹ Por todo esto, la destrucción es inevitable, pero se da una esperanza en la restauración de los que queden (2:10-13). Dios reunirá y cuidará de su propio pueblo como un pastor se ocupa de su rebaño. La liberación del exilio es cierta, bajo el poder y la fuerza del Señor, que marchará ante ellos como su Rey.

Los gobernantes civiles son los próximos llamados a juicio por sus acciones malvadas. Odiando lo bueno y amando lo malo, son culpables de maltratar al pobre. Consecuentemente, Dios no les oirá. Los profetas conducen al pueblo descarriado al popularizar el mensaje para su propio provecho económico. El día está llegando en que los profetas, veedores, y adi-

---

9. Comparar Miq. 4:1-5 e Is. 2:1-4.
10. Comparar Núm. 27:11, Lev. 25:8 y ss., Deut. 27:17.
11. Nótese el cuidado por los huérfanos y las viudas en Ex. 22:22 y Deut. 27:19. Comparar también Is. 1:17.

vinadores serán apartados a causa de su incapacidad de obtener una respuesta de Dios. Miqueas, por contraste, está lleno con el Espíritu del Señor, increpando y advirtiendo a su generación de sus pecados.[12] Mientras tanto, los jueces pronuncian sus decisiones movidos por el soborno y los sacerdotes enseñan por las recompensas que reciben. La injusticia prevalece en todas partes. Por esto, Sión será arado como un campo y Jerusalén reducido a un montón de ruínas (3:1-12). La condenación es terrible y cierta. Pero Miqueas se vuelve entonces hacia la restauración de Sión en los últimos días. Desde aquella montaña —condenada a causa de los pecados de Judá— la ley será declarada para todas las naciones. Sión no será solamente la capital de Judá, sino el punto focal de todas las naciones. Prevalecerán los rectos juicios, las espadas y las lanzas se convertirán en instrumentos para la agricultura. La paz universal estará a la orden del día e Israel se verá libre de todo temor (4:1-5). Lo que quede de Israel, aunque esparcido por todas las naciones, gozará de la tranquilidad con la esperanza de la restauración. Dios la rescatará del destierro en Babilonia.[13] A despecho de la oposición de muchas naciones, Sión será restaurada (4:6-5:1).

La esperanza para el victorioso futuro de Sión, descansa en el gobernante cuyo lugar de nacimiento está identificado como Belén (5:2-9). Dos aspectos de su carácter son descritos en su papel de pastor y rey.[14] Como pastor, reunirá a su pueblo procedente de la tierra del exilio y cuidará tiernamente de él, al proveerle de pastos y redil. Por otra parte, ejercerá el poder y la fuerza de un rey, reuniéndoles de todas las naciones en un vivir pacífico. Miqueas asegura a su propia generación de la seguridad cuando los asirios vengan a la tierra de Judá.[15]

En ese día, Israel estará tan seguramente establecida, que los caballos, carros de guerra y todos los medios de defensa serán destruídos. La hechicería, la brujería y todas las formas idolátricas serán igualmente suprimidas, ya que Israel no confiará en ellas nunca más. En este día de la venganza, y de la ira, Dios ejercitará el juicio sobre todas las naciones culpables de desobediencia (5:10-15).

Dentro de poco, insiste Miqueas, Dios tendrá una controversia con su pueblo (6:1ss.). ¿No lo liberó Dios del cautiverio de Egipto y ha mostrado continuamente sus milagrosos actos en su nombre? El les trajo de la tierra de la esclavitud y les protegió después para que pudieran conocer sus acciones justas hechas en su favor. ¿Qué excusa tiene para ignorar a Dios?

Como respuesta, se plantea la cuestión: ¿Cómo puede el hombre agradar a Dios? ¿Se deleita Dios en la multiplicidad de los holocaustos o en los sacrificios humanos? Ciertamente que no como un sustituto de la justicia, los actos de bondad y de amor y una actitud de humilde obediencia en la relación del hombre con Dios.[16]

---

12. Ver C. F. Keil, *The Twelve Minor Prophets*, Vol. I y su referencia sobre Miq. 3:8.
13. Esta es una notable predicción, puesto que Asiria era una gran potencia en tiempos de Miqueas. Ver artículo por A. Fraser y L. H. Stephens-Hodge titulado «Micah», pp. 720-726, en *The New Bible Commentary*, ed. F. Davidson.
14. Comparar Miq. 2:11-12.
15. Comparar A. Fraser y Stephens-Hodge, *op. cit.*, p. 724. Judá tenía razón para temer una invasión asiria.
16. Miqueas denuncia el sacrificio como un sustituto de la obediencia. Comparar Ex. 19-1:5, donde Dios requiere obediencia en el compromiso del pacto. El sacrificio llevado por el obediente y el contrito de corazón sí era aceptable. Salmo 51:17-19.

¿Qué es lo que observa Miqueas en la pauta de conducta de su generación? Procedimientos pecaminosos en los negocios, corrupción moral, idolatría, odio, soborno, luchas, el fraude, la deshonestidad, e incluso el derramamiento de sangre— todo eso y más, prevalecen en la tierra. En vano Miqueas busca la misericordia y la justicia ejemplificadas en los israelitas. Agudamente comprueba que ninguna multitud de sacrificios pueden adecuadamente ser substituidos por la práctica de la justicia.

El profeta se vuelve hacia Dios en oración y busca su intercesión (7:7-20). Sabe que Dios ejecutará su juicio sobre su pueblo pecador. Durante este tiempo de sufrimiento, Israel estará sujeta a la burlona irrisión de sus enemigos. Pero Miqueas también está familiarizado con la promesa de la restauración, en la cual encuentra tranquilidad y esperanza. El día llegará en que el enemigo estará avergonzado de preguntar: ¿Dónde está el Dios de Israel? Como Dios liberó a Israel del cautiverio de Egipto, así reunirá a su pueblo de todas las naciones para establecerles con seguridad en su propia tierra. En ese día, las naciones se volverán hacia Dios con temor y miedo.

Miqueas concluye su plegaria con una nota de alabanza. En su misericordia Dios olvidará sus pecados y restaurará a su pueblo. No es de maravillar que el profeta exclame: "¡Qué Dios como tú!" (7:18).

Sofonías —el día de la ira y la bendición —Sofonías 1:1 - 3:20

La verdadera religión en Judá no sólo declinó tras la muerte de Ezequías, sino que fue reemplazada por una tremenda idolatría. Manasés erige altares a Baal, hace también asherim, y rinde culto al ejército del cielo, incluso utilizando el templo para esas prácticas idolátricas.[17] Ofreciendo a sus hijos en ritos sacrificiales, conforme a las costumbres paganas, y derramando sangre inocente en Jerusalén, Manasés conduce a su pueblo a pecados tan excesivos que Judá fue mucho peor que las naciones que Dios había expulsado de Canaán en tiempos pasados.

Desde hacía tiempo la voz de advertencia de Isaías estaba silenciada. Tanto si murió de muerte natural o por el martirio, bajo la política impía de Manasés, es algo no registrado en el relato bíblico. Tampoco el Antiguo Testamento identifica a los profetas que tuvieron el coraje y el valor de levantar sus voces en oposición a este malvado rey de Judá.[18] En cualquier caso, la religión de Judá estaba tan desmoralizada que el juicio prometido estaba a punto de dejarse sentir con furia, especialmente cuando el rey persistía en provocar al Altísimo.

El juicio divino cayó sobre Manasés cuando fue tomado cautivo para Babilonia por los asirios. Allí se arrepintió y en su tiempo fue restaurado a su trono en Jerusalén. Es difícil asegurar cuan efectivo estuvo en corregir el mal por toda Judá antes de que su reino terminase. Amón, su hijo, volvió a los malvados caminos de Manasés, y así incurrió más y más en su culpabilidad. En menos de dos años su reinado terminó bruscamente con su asesinato (ca. 740 a. C.).

Josías, el heredero del trono, condujo a Judá a una reforma religiosa, mientras que Asurbanipal, el rey asirio, dedicaba sus esfuerzos hacia los

---

17. II Reyes 21:1-18 y II Crón. 33:1-20.
18. Ver II Reyes 21:11.

intereses culturales y la supresión de las insurrecciones de Babilonia. Con la muerte del rey de Asiria (*ca.* 633 a. C.), el espíritu de tranquilidad existente por todo el Creciente Fértil estalló en una abierta revolución dando a Josías la oportunidad de liberar a Judá de la influencia asiria. La prematura muerte de Josías en el 609, cambió bruscamente la política futura de Judá. El ministerio profético de Sofonías está asociado con los tiempos de Josías (1:1). Más allá de eso, falta una fecha específica; pero parece muy probable que estuvo en activo antes del comienzo de la reforma llevada a cabo por Josías.[19] Aparentemente, como descendiente de Ezequías, Sofonías pudo haber sido exaltado bajo la influencia de los mismos maestros que instruyeron y guiaron a Josías en los primeros años de su vida. Ciertamente no está más allá de la razón dar crédito a este profeta al estimular el movimiento de reforma conducido por Josías. La familiaridad de Sofonías con Jerusalén, sugiere la probabilidad de que era ciudadano de la capital de Judá. Hablando a su propio pueblo, dejó sonar una alarma que tuvo que haber impulsado a la acción al más satisfecho de sí mismo.

Como una sonora trompeta, Sofonías levanta su voz para despertar a los complacidos ciudadanos de Judá. El día del Señor estaba a la mano. Es un día de juicio. Muy verosímilmente, Sofonías estaba familiarizado con el destino de Jerusalén como predicho por Amós, Isaías y otros anteriores profetas. Ya había pasado casi medio siglo desde que Isaías hubiese advertido explícitamente a Ezequías que sus descendientes y la riqueza de Jerusalén, serían tomados por Babilonia. Además, condenando a Judá por su gran idolatría y el derramamiento de sangre, Sofonías resaltó los disturbios portentosos de tipo internacional existentes en la zona del Tigris y el Eufrates. Tan penetrante mensaje debió haber causado una grave preocupación para todos los ciudadanos de Jerusalén. Con la condenación tan próxima, el profeta no solamente pone de relieve las inmediatas implicaciones del hecho, sino que advierte del tiempo final de juicio en el día del Señor. En un breve mensaje, cubre el alcance de los juicios que se extienden al mundo entero.

El libro de Sofonías puede ser perfilado en la forma siguiente:

I. La condenación inminente de Jerusalén   Sofonías   1:1-18
II. El alcance de los juicios de Dios   2:1-3:8
III. Restauración y bendiciones   3:9-20

Sin ningún temor, Sofonías abre su ministerio profético anunciando el día final del juicio sobre los malvados (1:2-3). En ese día, el hombre lo mismo que las bestias, serán borrados de la faz de la tierra.

Hablando a su generación, el profeta declara que Jerusalén se encara con la destrucción. La religión natural de Baal está condenada a la extinción. Solemnemente, precave al pueblo para que someta por sí mismo humildemente a los juicios divinos que le están aguardando. Vívidamente describe a Dios como sacrificando a los jefes de Judá que son responsables por el fraude y la violencia. Incluído en este castigo, está el pueblo, que ignora

---

19. Corrientemente, muchos eruditos fechan a Sofonías en el reinado de Josías antes del 621 a. C. Para una discusión apropiada, ver E. J. Young, *op. cit.*, pp. 265-267 y R. H. Pfeiffer, *op. cit.*, pp. 600-601. Para fechar a Sofonías en el reinado de Joacim, ver Eduard König, *Einleitung in das Alte Testament* (Bonn, 1893), pp. 352-354 y J. P. Hyatt en *Journal of Near Eastern Studies*, VII (1948), 25-29.

a Dios y desprecia la ley. No hay escapatoria para Jerusalén, ni para toda la tierra en el día de la ira de Dios (1:17-18).

Sofonías intercede con su pueblo para buscar la justicia y la humildad antes de que llegue ese día de la ira (2:1-2). La advertencia en sí misma, es un signo de misericordia, que proporciona otra oportunidad para que ellos se vuelvan hacia Dios en arrepentimiento.

En una visión panorámica, el profeta presenta los juicios de Dios sobre las ciudades de Filistea. Por vilipendiar a Judá, los moabitas y los amonitas esperan el sino de Sodoma y Gomorra. Etiopía también está marcada con el signo de la destrucción. Incluso la orgullosa ciudad asiria de Nínive, está a punto de ser reducida a ruínas y abandonadas a las bestias salvajes. Cuanto más es juicio que aguarda a Jerusalén. (3:1-8). En vez de confiar en Dios, los oficiales, jueces, profetas y sacerdotes han conducido al pueblo a su perdición. Conociendo la decisión de Dios de consumir todas las naciones en su ira celosa, Sofonías una vez más busca el que Jerusalén se levante en la esperanza de impedir el juicio pendiente de Dios.

Contra este obscuro presagio de fondo, Sofonías expresa la esperanza de la restauración. El tiempo vendrá en que el pueblo, desde tierras lejanas, llamará el nombre del Señor cuando el orgulloso y el activo sean barridos de Jerusalén. El humilde y los que quedan de Israel habitarán en paz y seguridad bajo el gobierno del Señor el Rey. Victoriosamente triunfante sobre todos sus enemigos, Israel una vez más gozará de la abundancia de las bendiciones de Dios en su propia tierra en donde prevalecerá la justicia y la paz.

BIBLIOGRAFÍA SELECTA

Libros en castellano

* ARCHER, G. L. *Reseña crítica de una introducción al Antiguo Testamento.* Grand Rapids: Editorial Portavoz, 1987.

BEWER, J. A. *The Prophets.* Nueva York: Harper & Brothers, 1949.

COPASS, B. A. Y CARLSON, E. L. *A Study of the Prophet Micah.* Grand Rapids: Baker Book House, 1950.

EISELEN, F. C. *Prophecy and the Prophets.* Nueva York: Methodist, 1919.

———. *The Minor Prophets.* Nueva York: Eaton & Mains, 1907.

ELLICOT, C. J. (ed). *Commentary on the Whole Bible.* Vol. v. Grand Rapids: Zondervan Publishing House, 1954.

ELLISON, H. L. *Men Spake from God.* Grand Rapids: Wm. B. Eerdmans Publishing Co., 1958.

* ———. *Portavoces del eterno: Una introducción a los libros proféticos.* Madrid: Literatura Bíblica, 1982.

FEINBERG, C. L. *Joel, Amos and Obadiah.* American Board of Missions to the Jews, 1948.

FREEMAN, HOBART E. *An Introduction to the Old Testament Prophets.* Chicago: Moody Press, 1968.

GOTTWALD, N. K. *All the Kingdoms of Earth*. Nueva York: Harper & Row, 1964.

HESCHEL, ABRAHAM, J. *The Prophets*. Nueva York: Harper & Row, 1962.

KAPELRUD, A. S. *Joel Studies*. Uppsala: Lundequistaka Bokhandeln, 1948.

KEIL, C. F. Y DELITZSCH, F. *Biblical Commentary on the Old Testament*. Grand Rapids: Wm. B. Eerdmans Publishing Co., 1954.

KENNEDY, J. H. *Studies in the Book of Jonah*. Nashville: Broadman Press, 1956.

LAETSCH, T. *The Minor Prophets*. San Luis: Concordia Publishing House, 1956.

LEHRMAN, S. M. *The Twelve Prophets*. Bournemouth: Soncino Press, 1948.

LEWIS, JACK P. *The Minor Prophets*. Grand Rapids: Baker Book House, 1966.

MARGOLIS, MAX. *Micah*. Filadelfia: Jewish Publication Society, 1908.

ORELLI, C. von. *Old Testament Prophecy*. Edimburgo: T. & T. Clark, 1885.

ROBINSON, G. L. *The Twelve Minor Prophets*. Grand Rapids: Baker Book House, 1962.

SCOTT, R. *The Relevance of the Prophets*. Nueva York: The MacMillan Co., 1953.

SMITH, G. A. *The Book of the Twelve Prophets*. 2 tomos. Nueva York: Harper & Brothers, 1928.

Capítulo XXIV

Las naciones extranjeras en las profecías

Tres profetas menores dedican su atención sobre una nación extranjera cada uno: Abdías sobre Edom, Nahum sobre Asiria y Habacuc sobre Caldea. A desemejanza de Isaías, Amós y otros profetas, los autores de estos oráculos apenas si se refieren a otras naciones. Ofrecen aliento o increpan a su propio pueblo sólo en forma de contraste o comparación.

Los tres libros no proporcionan información que pudiera satisfacer la curiosidad concerniente a la vida personal de los profetas. Al mismo tiempo, las limitadas referencias a sucesos contemporáneos hacen imposible lograr la certidumbre en fechar sus respectivas carreras. Consecuentemente, existen problemas en relacionar a esos hombres con los tiempos en que vivieron.

Abdías —el orgullo de Edom —Abdías 1-21

El libro más reducido del Antiguo Testamento, es el de Abdías. No tenemos medios de saber nada respecto al profeta aparte de su nombre y no hay base para identificarle con cualquier otra persona que lleve tal nombre. Las fechas sugeridas para el ministerio de Abdías, basadas en el contenido de su oráculo, van desde el tiempo de Amós a la última parte de los tiempos de Jeremías.[1] La profecía se divide en cuatro secciones:

I. La segura posición de Edom	Abdías	vs. 1-9
II. Las desgracias de Jerusalén		vs. 10-14

1. Para una fecha temprana para Abdías, ver E. B. Pusey, *The Minor Prophets*, I, pp. 343-369, y C. F. Keil, *The Twelve Minor Prophets*, I, pp. 337-378. Para una discusión de la fecha posterior al 600 a. C., ver R. H. Pfeiffer, *Introduction to the Old Testament*, pp. 584-586 y Aage Bentzen, *Introduction to the Old Testament*, II, pp. 143-144. El último permite considerar una fecha que llega al 312 a. C. cuando Petra estaba bajo control árabe de acuerdo con Diodoro Siculus.

III. El destino de Edom   vs. 15-16
IV. El triunfo de Israel sobre Edom   vs. 17-21

Edom es orgulloso. Seguro en su inexpugnable fortaleza rocosa los edomitas reflejan la actitud de aquellos que están por encima del peligro de la invasión y la conquista. No sólo se jactan de su seguridad dentro de su fortaleza natural, sino que, además, son orgullosos y soberbios en su pretendida sabiduría. Aunque complacidos en su creencia de que nada les ocurrirá, la divina humillación pende sobre ellos. Los ladrones sólo pueden robar lo suficiente para ellos y los recolectores de uvas suelen dejar rebusca, pero Edom aguarda el pillaje por los confederados que, indudablemente, conocen bastante respecto a los tesoros que tienen escondidos. Decepcionados por aliados y amigos, los edomitas llegarán a comprobar que ni su sabiduría ni su poder pueden salvarles (vs. 1-9).

¿Está justificado el juicio sobre Edom? Los cargos contra ella están claramente establecidos y declarados. En el día de la calamidad de Jerusalén[2] los edomitas se habían recreado en el mal ajeno e incluso habían entregado fugitivos al enemigo, siendo culpables de flagrante injusticia (10-14).

El día del Señor será un día de rendir cuentas para todas las naciones. Abdías, sin embargo, está especialmente preocupado con Edom y su relación con el estado y la situación final de Judá. Edom será juzgada por sus acciones. Beberá la copa de la ira y se desvanecerá como si nunca hubiera existido (15-16).

Por contraste, el monte de Sión será establecido. Mientras Edom desaparece sin un, solo superviviente, los israelitas serán restaurados con seguridad en su propia tierra, desde Neguev en el sur hasta Sefarad en el norte, con el Señor como gobernante. Incluso los exiliados de Sefarad retornarán para compartir la reclamación de las ciudades del Neguev.[3] Monte de Esaú, una vez representativa del orgullo y la altivez de los edomitas, será gobernada desde monte Sión (17-21).

Nahum —la suerte de Nínive —Nahum 1:1 - 3:19

Los matices internos del libro de Nahum ofrecen una evidencia fiable para fechar a este profeta en la segunda mitad del siglo VII. La referencia de Nahum a la caída de Tebas hace el 661 a. C. el *terminus a quo* y la predicción de la caída de Nínive sugiere el 612 a. C., como el *terminus ad*

---

2. Nótese las numerosas veces en que Jerusalén estuvo sujeta a las invasiones en el Antiguo Testamento:
    1. I Reyes 14:25-26 - Sisac en los días de Roboam.
    2. II Crón. 21:16-17 - Los filisteos y árabes, en tiempos de Joram.
    3. II Reyes 14:13-14 - Joás c Israel, en tiempos de Amasías.
    4. II Reyes 24:1 y ss. - Nabucodonosor en el 605-586.
Keil, *op. cit.*, y otros, datan Abdías en el reinado de Joram. D. W. B. Robinson, *The New Bible Commentary*, p. 170, y otros, fechan a Abdías tras la caída de Jerusalén.
3. Esto, probablemente, es una referencia a Safarda, un distrito del sudoeste de Media a donde Sargón exilió a los israelitas (II Reyes 17:6). Comparar Julius A. Bewer, *Obadiah and Joel* en *International Critical Commentary* (Nueva York: Scribner's Sons, 1911), pp. 45-46. Para la identificación con Sardis, *Cparda* en los monumentos persas, la capital de Lidia en Asia Menor donde existía una colonia judía, en el principio del reinado de Cyaxares (464-424), ver el *Interpeter's Bible* como referencia (Vol. 6, p. 867). Comparar también C. C. Torrey «The Bilingual Inscription from Sardis», *American Journal of Semitic Languages and Literature*, XXXIV (1917-1918), pp. 185-198.

quem para el período de su carrera. Dentro de esos límites es, por supuesto, imposible fijar un tiempo exacto para su ministerio.

La conquista de Tebas por Asurbanipal, representaba el máximo punto del avance asirio, a unas quinientos treinta kilómetros al sur del Cairo.[4] Pero no transcurrió mucho tiempo en que las rebeliones comenzaron a trastornar el imperio de Asurbanipal. Su propio hermano, Samasumukin, nombrado gobernador de Babilonia por Esar-hadón, dio lugar a una rebelión fracasada y pereció en la quema de Babilonia en el 648 a. C.[5] Cuando murió Asurbanipal, alrededor del 633, las rebeliones estallaron con éxito en varias zonas para advertir a Asiria de su próxima condenación. Cyáxares asumió el reinado de Media y en menos de una década Nabopolasar estuvo bien establecido sobre el trono de Babilonia. Aliando sus fuerzas con los medos y los babilonios, convergió sobre Asiria para llevar a efecto la destrucción de Nínive en el 612 a. C.[6] A los pocos años, el Imperio Asirio estaba absorbido por los vencedores.

Seguramente, Nahum estaba familiarizado con algunos de tales acontecimientos. Aunque Elcos, la población natal de Nahum, no ha sido nunca identificada con certidumbre, es verosímil que él fuese un ciudadano de Judá.[7] A Nahum le eran conocidas las calamidades que Judá tuvo que soportar durante el siglo de la dominación asiria. No hay duda de que estaba al tanto de la opresión asiria, mediante la cual, incluso Manasés, el rey de Judá, fue llevado al destierro por una temporada.

El siguiente análisis sugiere los temas importantes como están desarrollados en el libro de Nahum:

I. La majestad de Dios en el juicio y en la
   misericordia   Nahum   1:1-14
II. El sitio de Nínive y su destrucción   1:15-2:13
III. La razón de la caída de Nínive   3:1-19

La majestad de Dios es el tema introductorio de Nahum. Soberano y Omnipotente, Dios gobierna de forma suprema en la naturaleza. Los malvados —enemigos de Dios por sus acciones— continuarán porque Dios es lento en su cólera. A su debido tiempo, la venganza de un Dios celoso, será manifestada. Para aquellos que confían en El, serán salvados en el día de la ira, pero el enemigo será completamente destruído (1:1-8).[8]

Aparentemente, algunos entre el auditorio de Nahum se hallaban dudosos respecto al cumplimiento de su predicción (1:9). Con seguridad, el profeta declara que el juicio de Dios es tan decisivo, que no tienen por qué temer ni sentir aflicción de Nínive de nuevo. Las dificultades que Asiria ha impuesto sobre Judá no se repetirán (1:12-13). Dirigiéndose a los asirios Nahum predice que esta destrucción borrará su nombre a perpetuidad.

Para Judá, la destrucción de Nínive es el alivio de la opresión. De forma pintoresca, el profeta habla del mensajero que viene con las buenas no-

---

4. Tebas era conocido por *No* o *No-amón*, Nah. 3:8.
5. Ver D. J. Wiseman, *Chronicles of Chaldean Kings*, pp. 6-7.
6. Ver Pritchard, *Ancient Eastern Texts*, pp. 303-305.
7. Elcos pudo haber sido una población entre Gaza y Jerusalén, cerca de Neit-Jibrin. Ver *The New Bible Commentary*, F. Davidson, ed. p. 727, para varias tradiciones concernientes a Elcos.
8. En hebreo este poema de comienzo, es un acróstico alfabético.

ticias (1:15). El pueblo es amonestado a renovar su devoción religiosa en gratitud por su liberación. Por contraste con esta breve exhortación para Judá, el mensaje para Nínive contiene una grave advertencia. Nahum vívidamente describe el asedio, la conquista y la total ruína de la capital de Asiria (2:1-13). Esta orgullosa ciudad de los asirios, que sembró de calamidades a Jerusalén, está ahora sujeta al horrible efecto de un asedio en que prevalecerá la más completa confusión. El enemigo entra, destroza y reduce a Nínive a ruínas, dejándola totalmente desolada.

Los ciudadanos de Nínive han precipitado esta catástrofe; a ellos se les carga con un comercialismo sin escrúpulos y cruel rapiña. Describiendo vívidamente una de las más dramáticas escenas de batallas existentes en la literatura del Antiguo Testamento, Nahum describe los carros de guerra avanzando y cargando los jinetes mientras aplastan los cadáveres de los defensores de Nínive. Utilizando el simil de una ramera, Nahum describe la vergonzosa exposición de Nínive ante las naciones que tan cruelmente había oprimido. Todos la mirarán de reojo con desprecio, sin que haya uno que lamente su ruína.

La destrucción de Tebas se cita por comparación (3:8-15). A despecho de sus vastas fortificaciones, esta populosa ciudad egipcia fue conquistada y destruída por los asirios en el 661 a. C.[9] ¿Es Nínive mejor que Tebas? Fuerte, fortificada, y apoyada por Put y Libia, la ciudad de Tebas no podría soportar el asalto asirio. Tampoco aguardará Nínive en el día de su ataque. Sus fortificaciones serán inefectivas bajo la aplastante carga del enemigo que avanza como un fuego devastador.

En la final descripción del destino de Nínive, Nahum utiliza la figura de la plaga de la langosta, tan familiar para la mentalidad de los orientales. Comparando la población de Nínive a la langosta, el profeta predice que se esparcirá por la ciudad buscando refugio, pero será esparcida a lo lejos y desaparecerá. A diferencia de Judá, la nación de Asiria no tiene esperanzas de que quede un remanente. Además, todos se gozarán de su destrucción, puesto que ningún pueblo había escapado a las atrocidades y saqueos de la máquina de guerra asiria.

Habacuc —Dios utiliza a los caldeos —Habacuc 1:1 - 3:19

Con toda verosimilitud, Habacuc fue testigo del declive y caída del imperio asirio en el transcurso de su vida. Sincronizado con la decadencia asiria y su influencia en Judá, llega la reavivación con la jefatura de Josías. Simultáneamente con estos acontecimientos llegó el resurgir del poder de Media y Babilonia en la parte oriental del Creciente Fértil. La caída de Nínive pudo haber ocurrido antes de que Habacuc hiciese su aparición como portavoz de Dios. La descripción de la violencia, la lucha y la apostasía, tan frecuente en Judá durante los tiempos de Habacuc (1:2-4), parece encajar con el período inmediatamente siguiente a la muerte de Josías en el 609. Los caldeos no se han manifestado como una suficiente amenaza para Judá, puesto que el control de Egipto se extendía desde el Eufrates hasta la batalla de

---

9. Homero (*Ilíada*, IX 383) describe a Tebas con sus templos, obeliscos, esfinges y 100 puertas, como una de las más bellas ciudades del mundo antiguo.

Carquemis (605).[10] Consecuentemente, los años transcurridos entre el 609 y el 605 proporcionan una conveniente base para el mensaje de Habacuc.[11] El diálogo entre Habacuc y Dios es digno de mencionarse. El profeta plantea la cuestión filosófica de una aparente discrepancia entre los hechos de la historia y la revelación divina. Finalmente, él resuelve sus dificultades expresando su fe en Dios. Hecho básico a la totalidad de la discusión, es el uso de Dios de un pueblo pagano para castigar a su propio pueblo.

Como guía para ulterior consideración del mensaje de Habacuc, lleva por sí mismo a la siguiente perspectiva:

I. ¿Por qué Dios permite la violencia?   Habacuc   1:1-4
II. Dios levanta a los caldeos para castigar a Judá   1:5-11
III. ¿Por qué deberían los malvados castigar a los justos?   1:12-2:1
IV. La vida justa por la fe y la esperanza   2:2-4
V. Denuncia de la injusticia   2:5-20
VI. Un salmo de alabanza[12]   3:1-19

Habacuc se siente turbado por los males que prevalecen en su generación. Prevalece la injusticia, la violencia y la destrucción continúan, la Torá es ignorada, y respecto a esto el profeta apela impacientemente a Dios; pero nada cambia. ¿Por cuánto tiempo ignorará Dios su oración y tolerará tales condiciones?

La respuesta de Dios está en marcha. Los rudos e impetuosos caldeos se están aproximando. Rápidos en su avance, esparcen el terror con la captura de nuevas tierras, la destrucción de las fortalezas y la supresión de los reyes. Dios está permitiendo a esos feroces conquistadores para que lleven la justicia a Judá (1:5-11).

¿Utiliza Dios a los malvados para castigar a los infieles en Judá? ¿Es que no son los ofensores entre el pueblo de Dios —no importa lo culpable que sean— todavía mejores que los brutos idólatras procedentes de Babilonia? Habacuc imagina si la revelada naturaleza de Dios como santa y justa y las actuales condiciones de los paganos invasores, garantizan realmente la acusación de que Dios permita esto. Turbado y perplejo porque Dios ha ordenado a los caldeos que lleven a efecto el juicio, Habacuc espera impaciente la respuesta (1:12-2:1).

El profeta es invitado a registrar la revelación. Este divino mensaje es tan significativo que debería ser preservado para futuras consideraciones. La predicción es cierta en su cumplimiento, aunque el tiempo no haya llegado aún. Simple y con todo, es profundo el básico principio expresado aquí: el justo deberá vivir en su fidelidad.[13] Por contraste, la nación opresora será visitada después con la maldición. La fe en Dios es la piedra de toque de la perseverancia en una vida de fidelidad.

---

10. Ver Wiseman, *op. cit.*, pp. 19-23.
11. La mayor parte de los eruditos fechan a Habacuc en las proximidades de fin de siglo. Para su ulterior discusión ver Pfeiffer, *op. cit.*, pp. 597-600, y a Young, *Introduction to the Old Testament*, pp. 263-265.
12. Para discusión sobre Habacuc 3, como una unidad separada, ver Pfeiffer, *op. cit.*, pp. 597-600. El comentario de los rollos del Mar Muerto discute solamente los dos primeros capítulos. Para un tratamiento por W. F. Albright, que considera la totalidad del libro como «sustancialmente el trabajo de un simple autor», ver su artículo «The Psalm of Habakkuk», en *Studies in Old Testament Prophecy*, H. H. Rowley ed., pp. 1-18.
13. El pronombre hebreo es ambiguo. Los LXX leen «por mi fidelidad», sugiriendo que los justos vivirán porque Dios tiene esa divina facultad. El uso en el Nuevo Testamento reduce «fidelidad» a «fe». Comparar Rom. 1:17, Gál. 3:11, Hebreos 10:38.

Mirando a su alrededor, Habacuc ve una vívida demostración de los males que prevalecen. El enumera a aquellos que son soberbios y seguros de sus formas de proceder:

1. Los agresores injustos 2:6-8
2. Aquellos que justifican sus malos actos 2:9-11
3. Los que derraman sangre para provecho personal 2:12-14
4. Aquellos que decepcionan a sus vecinos 2:15-17
5. Aquellos que confían en los ídolos 2:18-19

Observando agudamente aquellas múltiplies manifestaciones de presuntuosidad respecto a él, Habacuc encuentra alivio en la realización de que el Señor está en su santo templo. Inmediatamente será pronunciado el solemne aviso de que toda la tierra debería guardar silencio ante El.

Esos pensamientos evocan un salmo de alabanza de los labios del profeta. Conocidas para él, son las grandes obras de Dios en tiempos pasados. Con una llamada para que Dios recuerde su misericordia en su ira, Habacuc implora de El que haga de nuevo conocer sus poderosas acciones. Dios manifestó su gloria y utilizó a la naturaleza para llevar la salvación a su pueblo de Israel cuando les trajo desde el desierto y les estableció en la tierra prometida. Habacuc desea soportar las presentes calamidades con el conocimiento de que el día de Dios y su ira caerá sobre el agresor. Aunque los campos y los rebaños fallen en sus provisiones materiales, él todavía se gozará en el Dios de su salvación. Mediante una fe viva en Dios, el profeta reune fuerza para encararse a un futuro incierto.

BIBLIOGRAFÍA SELECTA

Libros en castellano

FEINBERG, G. L. *Jonah, Micah, and Nahum.* Seattle: Pacific Meridian Publishing Co., 1951.
* FREEMAN, H. *Nahum, Sofonías, Habacuc.* Grand Rapids: Editorial Portavoz, 1980.
* LLOYD-JONES, D. M. *Del temor a la fe: Estudios en Habacuc.* Grand Rapids: Editorial Portavoz, 1992.
MAIER, WALTER A. *The Book of Nahum.* St. Louis: Concordia Publishing House, 1959.

Capítulo **XXV**

Después del exilio

Tras de que las esperanzas nacionalistas de Judá fueron perdidas y quedaron reducidas a polvo, con la quema de Jerusalén en el 586, el profeta Jeremías acompañó un remanente de judíos a Egipto y allí concluyó su ministerio. Ezequiel, un profeta entre los exiliados de Babilonia, dedicó su mensaje a los proyectos y perspectivas de una última restauración del hogar patrio. Su ministerio profético probablemente terminó alrededor del 570 a. C. Con la vuelta de los judíos a su país nativo, Hageo y Zacarías comenzaron a ejercitar su efectiva influencia, estimulando a los judíos en sus esfuerzos para reconstruir el templo. Antes de que transcurriese otro siglo, Malaquías surgió en Judá como un profeta del Señor.

Los tiempos de la reconstrucción de Jerusalén[1]

Las predicciones escritas de Jeremías concernientes a un período de setenta años de la cautividad de los judíos, ya era conocida y estaba en circulación entre los exiliados en Babilonia (Jer. 25:11; 29:10; Dan. 9:1-2). Mientras que los gobernantes de Babilonia continuaron en el poder, las esperanzas de una vuelta al hogar patrio fueron escasas. Para aquellos que estaban familiarizados con el mensaje de Isaías (44:28-45:1), una nueva esperanza tuvo que haber alboreado cuando Ciro, el persa, emergió frente a los destinos políticos y militares de su país, como líder absoluto. Con su conquista de Babilonia en el 539, la profecía de Jeremías levantó un renovado interés entre los piadosos y los devotos (Dan. 9:1-2).

---

1. Para una más completa discusión de los tiempos de Zacarías y Hageo, ver capítulo XVI.

Frente a los judíos, se extendían días transcendentales. Poco después de la caída de Babilonia, Ciro firmó un pertinente decreto. Revirtiendo la política de desarraigar de su hogar a los pueblos conquistados —una práctica de los asirios y de los babilonios de casi dos siglos— Ciro favoreció al pueblo judío y a otros pueblos cautivos con una proclamación en que se les permitía volver a su tierra natal. Aproximadamente, cincuenta mil judíos se reunieron en el largo viaje desde Babilonia a Jerusalén, para restaurar sus destinos nacionales bajo la jefatura de hombres tales como Zorobabel y Josué (Esdras 1-3).

Los judíos volvieron llenos de optimismo y comenzaron la tremenda tarea de reconstruir su país. Erigieron un altar y restituyeron el culto en Jerusalén, de acuerdo con la ley de Moisés. Con renovado entusiasmo, volvieron a celebrar las fiestas y las ofrendas prescritas. Valientemente, emprendieron la reconstrucción del templo en el segundo año después de la vuelta del exilio. Mientras muchos gritaban de alegría, otros lloraron mientras reflexionaban en la bellísima estructura salomónica, que había sido reducida a un montón de ruínas por los ejércitos de Babilonia cinco décadas antes.

El optimismo pronto dio paso al desaliento. Rehusando la ayuda de la población mezclada en la provincia de Samaria, los judíos se convirtieron en víctimas del odio. Tan hostiles fueron los vecinos del norte que el proyecto de la construcción fue completamente abandonado por casi dieciocho años.

No fue sino hasta el segundo año del reinado de Darío (520 a. C.), cuando los judíos estuvieron en condiciones de renovar sus esfuerzos. En aquel tiempo, los profetas Hageo y Zacarías insuflaron el celo y el patriotismo de una nueva generación.[2] Menos de un mes tras de que Hageo hiciese su apariencia en público, el pueblo reemprendió el programa de reconstrucción. Su incentivo aumentó, cuando unas semanas más tarde, Zacarías se unió a Hageo en mensajes de reproche, aliento y seguridad. Zorobabel y Josué dieron a su pueblo una valiente jefatura en el noble esfuerzo, a despecho de la oposición de Tatnai (Esdras 4-6). Cuando el último apeló al rey persa, Darío hizo una investigación y emitió un edicto favorable para los judíos. En el término de cinco años, el pueblo de Judá vio cumplidas sus esperanzas en la reedificación del nuevo templo.

Hageo y Zacarías apenas si se mencionan en el libro de Esdras (5:1-2 y 6:14) como profetas que ayudaron a Zorobabel y Josué. La efectividad de su ministerio y el impacto que causaron sobre el pueblo de Judá, se aprecia más claramente en sus escritos.

Hageo —promotor del programa de construcción —Hageo 1:1 - 2:23

Se conoce poco respecto a Hageo, más allá de su identificación como profeta. Muy probablemente nació en Babilonia y retornó con la migración a Jerusalén en los años 539-538 a. C. Su tarea específica fue inducir a los judíos a renovar su trabajo en el templo.

---

2. Amplias revoluciones ocurrieron durante los primeros años del reinado de Darío. Tanto si influyeron o no en las actividades de estos dos profetas, no se indica en sus escritos, aunque Pfeiffer, en *Introduction to the Old Testament*, pp. 602-607, interpreta a Hageo 2:6-9 y a Zacarías 2:6 y ss., como referencias para las condiciones no establecidas de esta época. Ver también Albright, *The Biblical Period*, p. 50. Ciertamente, Esdras 5 representa a Darío como muy favorablemente inclinado hacia los judíos.

Comenzando a últimos de agosto del 520 a. C. Hageo emitió cuatro mensajes al pueblo, antes de que terminase dicho año. La brevedad de su libro puede indicar que él registró solamente sus mensajes orales. La siguiente perspectiva del libro está basada en cuatro oráculos:

I. Amonestación y respuesta del pueblo	Hageo	1:1-15
II. La mayor gloria del nuevo templo		2:1-9
III. La seguridad de las bendiciones		2:10-19
IV. Un mensaje personal		2:20-23

La segunda década, desde que se añadió la primera piedra al templo, transcurrió rápidamente. El entusiasmo religioso expresado cuando se echaron los cimientos había sido decisivamente sofocado por los hostiles samaritanos. Mientras tanto, el pueblo se había dedicado a la construcción de sus propios hogares.

Hageo dirigió sus primeras palabras a Zorobabel, el gobernador, y a Josué, el sumo sacerdote. Valientemente, declaró que no era justo que el pueblo demorase la construcción. del templo. Volviéndose al laicado, les recordó que el Señor de los ejércitos era la fuente y posesor de todas las bendiciones materiales. En lugar de dedicar sus esfuerzos al santo proyecto, se habían dedicado a construir sus propios hogares. Por tanto, la sequía y las malas cosechas habían sido su premio (1:1-11).

Hasta entonces, ningún profeta había gozado de tan rápidos resultados en Judá. El pueblo respondió entusiásticamente a la exhortación. de Hageo. Veinticinco días después tuvo la satisfacción de ver renovada la actividad en la construcción (1:12-15).

La construcción del nuevo templo continuó a pasos agigantados por casi un mes antes de que Hageo entregase un nuevo mensaje. La ocasión se produjo el último día de la Fiesta de los Tabernáculos.[3] Hasta allí, sólo habíase dado una cosecha escasa y por ello la celebración fue notablemente mediocre en comparación con las elaboradas festividades en el atrio del templo en los tiempos pre-exílicos. Probablemente, debían quedar todavía unos pocos entre los ancianos que habían visto el anterior templo —menos en número, sin embargo, que en el 538 a. C., cuando la nueva fundación había sido asentada. Comparando lo que se hacía con la gloria de la estructura salomónica, se volvieron pesimistas y descorazonados. El trabajo se retardaba conforme el espíritu del desaliento comenzó a penetrar en la totalidad del grupo.

El oportuno mensaje de Hageo salvó la situación. Amonestando a los judíos a renovar sus esfuerzos, el profeta les aseguró que Dios, a través de su Espíritu, estaba entre ellos. Por añadidura, les llegó la palabra procedente del Señor de los ejércitos: Dios sacudiría a las naciones, el Señor haría que la gloria de aquel templo excediese a la del primero, y el Todopoderoso suministraría la paz y la prosperidad en aquel lugar. Aunque la promesa era inequívoca y específica, el tiempo de su cumplimiento está velado en las ambiguas palabras "dentro de poco". Para la generación de Hageo, esta promesa fue una fuente de aliento en su inmediata tarea.

---

3. Esta fiesta era observada en el 7.º mes, desde el 14.º al 21.º día. Comparar Lev. 23:34.

Tras dos meses de rápido progreso en el programa de la construcción, Hageo recibió otro mensaje de Dios.[4] El pueblo había experimentado años de escasez en el período en que había descuidado la construcción del templo, pero entonces que habían recomenzado los trabajos, Dios les bendeciría abundantemente. Aunque la semilla no había sido segada, ellos marcaron aquel día como el principio de bendiciones materiales mucho mayores.[5] Mejores cosechas vendrían para su disfrute inmediatamente.

El mismo día tuvo un mensaje personal para Zorobabel. Como descendiente del linaje real y como gobernador de Judá, él representaba al trono de David. En aquel día, cuando Dios haga estremecer los cielos y la tierra, derribe los tronos, y destruya la fuerza de las naciones paganas, el Señor de los ejércitos hará un sello para Zorobabel. Puesto que tales acontecimientos no ocurrieron en los tiempos de Zorobabel, la promesa dirigida a él lo fue como a un representante de la línea hereditaria del trono de David, la cual aguarda su cumplimiento.[6] La declaración, estableciendo que él estaba elegido por el Señor de los ejércitos, proporcionó el valor necesario para la efectiva jefatura en un tiempo en que los gobernadores persas en aquella zona, amenazaban con detener la construcción en Jerusalén.

Zacarías —Israel en un mundo en el ocaso —Zacarías 1:1 - 14:21

Jerusalén bullía con actividad y movimiento, cuando Zacarías anunció sus declaraciones apocalípticas. En los días de vacilación que siguieron a Hageo en su segundo mensaje, Zacarías recibió ulterior inspiración para los bandos en lucha de los judíos. Con toda probabilidad, pertenecía al linaje sacerdotal de Iddo, que había retornado a Palestina (Neh. 12:1,4,16). Si él es el sacerdote citado en Neh. 12:16, era todavía un hombre joven en el 520 a. C. cuando comenzó su ministerio.

Los mensajes de Zacarías en 1-8 están definitivamente relacionados con la época de la reconstrucción del templo. El resto de este libro puede ser razonablemente fechado en los últimos años de su vida y subsiguientes a la dedicación del templo. Obsérvese el siguiente análisis del libro de Zacarías:[7]

---

4. Por este tiempo, Zacarías ya había entregado su mensaje de apertura sobre el arrepentimiento. Nótese la cronología para estos dos profetas:
Durante el 2.º año de Darío:
1.er mensaje de Hageo (1:1), 6.º mes, 1.er día.
Comienza la reconstrucción (1:15), 6.º mes, 24.º día (1:15).
2.º mensaje de Hageo (2:1), 7.º mes, 21.º día.
1.er mensaje de Zacarías, 8.º mes.
3.er y 4.º mensajes de Hageo, 9.º mes, 24.º día.
Visiones nocturnas de Zacarías (1:7), 11.º mes, 24.º día.
Durante el 4.º año de Darío (7:1), 9.º mes, 4.º día.
5. Aunque las lluvias del 9.º mes tuvieron un decidido efecto sobre las cosechas en el siguiente año, nótese que Hageo hizo esta predicción mientras que las semillas se hallaban aún en los graneros.
6. Ver C. F. Keil, *The Twelve Minor Prophets*, Vol. II, como referencia a Hageo 2:20-23. El anillo del sello era la más preciada riqueza y un signo de autoridad en el Oriente. Ver también E. J. Young, *Introduction to the Old Testament*, p. 265.
7. Para un tratamiento representativo de Zacarías, asignando 9-14 al período griego, ver Pfeiffer, *op. cit.*, 607-612. Para una discusión de las variadas teorías sobre dos Zacarías, ver Young, *op. cit.*, pp. 269-273. Para una interpretación de Zacarías como uno solo, ver *The New Bible Commentary*, pp. 748-763. Ver también a C. L. Feinberg, *God Remembers*, (Wheaton, Ill.: Van Kampen Press, 1950). Nótese la selecta bibliografía de Feinberg con su valoración para ulterior estudio, pp. 281-283.

I. La llamada al arrepentimiento	Zacarías	1:1-6
II. Las visiones nocturnas		1:7-6:8
III. La coronación de Josué		6:9-15
IV. El problema del ayuno		7:1-8:23
V. El pastor rey		9:1-11:17
VI. El gobernante universal		12:1-14:21

Las palabras de apertura de Zacarías siguen en pos del mensaje de aliento de Hageo en la Fiesta de los Tabernáculos. Citando la desobediencia de sus antepasados por vía de advertencia, Zacarías apoya el esfuerzo de su colega para activar a los judíos. Sólo un genuino cambio de corazón evocará el favor de Dios (1:1-6).

El segundo oráculo de Zacarías le llega en una secuencia de visiones nocturnas.[8] En rápida sucesión, se aprecian descritas mediante el profeta, los acontecimientos corrientes y los problemas con que se encara su pueblo. Con cada aspecto de esta revelación, llegan las provisiones de Dios para su estímulo. Aunque cada visión merece un estudio especial con respecto a su significación para el futuro, el efecto de conjunto del panorama era vitalmente significativo para el auditorio de Zacarías en su noble lucha durante aquellos meses llenos de ansiedad.

Cuatro jinetes aparecen en la escena del comienzo. Volviendo de una patrulla de rigor, informan que todo está en calma. En respuesta a una pregunta que concierne al hado de Jerusalén, el Señor de los ejércitos anuncia que Sión será confortado en la restauración del templo de Jerusalén (1:7-17).

Cuatro cuernos y cuatro carpinteros son presentados entonces al profeta. La destrucción de los primeros por los últimos representa la ruina de las naciones responsables de la dispersión de Judá, Israel y Jerusalén (1:18-21).

Un medidor aparece a la vista de Zacarías. Tan populosa y próspera habrá quedado Jerusalén que será necesario ensancharla más allá de las murallas. Cuando el Señor aparezca como la gloria de esta ciudad, El será también como una muralla de fuego protector. Reuniendo a Israel, el Señor aterrorizará a las naciones de tal forma que se conviertan en un despojo para el pueblo que una vez fue tomado en cautiverio. Judá será de nuevo herencia de Dios cuando el Todopoderoso elija, una vez más, a Jerusalén como su lugar de morada (2:1-13).

En otra visión todavía, Zacarías ve a Josué vestido con ropas sucias. Satanás, el acusador del sumo sacerdote de Israel, es reprochado por Dios que ha elegido a Jerusalén. Josué es vestido en seguida con los debidos ornamentos. Condicionado por su obediencia, Josué recibe la seguridad de que entonces puede representar aceptablemente a su pueblo ante Dios. La promesa para el futuro está investida en el siervo identificado como el "Renuevo".[9] En un solo día el Señor de los ejércitos borrará todas las culpas de la tierra, para que vuelvan la paz y la prosperidad (3:1-10).

Especialmente digno de notarse es la visión del candelabro de oro con dos olivos. Por su importancia, Zacarías es despertado por un ángel. El recipiente que sirve como depósito reservorio para la lámpara, aparentemente

---

8. Zacarías comenzó su ministerio aproximadamente dos meses más tarde que Hageo, cuando el programa de la construcción ya había sido completamente activado.
9. Ver Is. 4:2 y 11:1, Jer. 23:15, Zac. 6:12. Ver también Is. 42:1 y 52:13.

estaba continuamente alimentado por el aceite de los dos olivos. Mediante esta visión, llega la seguridad para Zorobabel que Dios, mediante su Espíritu, cumpliría su propósito. Zorobabel había comenzado la construcción del templo y la completaría. Manteniendo la vigilia, el Señor de toda la tierra es ayudado por dos ungidos, que obviamente son Josué (3:1-10) y Zorobabel (4:1-14; Hageo 2:20-23).

Ciertamente dramática es la siguiente visión. Zacarías ve un rollo volante, fantástico de tamaño, unos 4,5 por 9 mtrs, que anuncia una maldición contra el robo y el perjurio. La maldición es enviada por el Señor para consumir toda la culpa que hay sobre la tierra (5:1-4).

Inmediatamente después, llega lo necesario para suprimir la maldad. Una mujer, que representa la iniquidad de la tierra, es llevada a Babilonia en un ánfora.

En la visión final, unos carros de guerra parten de los cuatro puntos cardinales para patrullar la tierra. De nuevo, el Señor de toda la tierra ejerce un control universal como lo hizo en la primera visión mediante los jinetes (6:1-8).

La situación en Jerusalén se aproximaba rápidamente a un estadio crítico cuando Zacarías entregó esta serie de mensajes, que le llegaron durante la noche en visiones. Habían pasado exactamente cinco meses desde la reconstrucción del templo en su comienzo, en respuesta al mensaje de Hageo. Mientras tanto Tatnai y otros oficiales persas habían llegado a Jerusalén para investigar lo que allí ocurría, implicando que los judíos estaban rebelándose contra Persia (Esdras 5-6). Aunque no ordenan un inmediato cese de los trabajos, toman nota de todos los nombres de los jefes judíos y hacen una relación formal a Darío. No está indicado cuanto tiempo transcurrió desde el envío del mensaje al rey hasta que recibieron su respuesta. Es probable que los judíos no conociesen el veredicto del rey de Persia, cuando Zacarías comenzó sus profecías. Sin duda, habría muchos que se preguntaron por cuanto tiempo estarían en condiciones de continuar el programa constructivo emprendido. Ya habían sido detenidos una vez; podría ocurrir de nuevo. El problema de su inmediato futuro que dependía del decreto del rey persa, molestó bastante a la comunidad judía.

Durante los días de la incertidumbre, el profeta tuvo un mensaje alentador. Mediante aquella serie de visiones nocturnas, le llegó la seguridad de que Dios, que vigila sobre toda la tierra, había prometido la restauración de Jerusalén. Las naciones, a cuyas manos los israelitas habían sufrido tanto, iban a ser destruidas, como los cuatro carpinteros destruyeron los cuatro cuernos. La paz y la plenitud estaban aseguradas en la promesa de la expansión de Jerusalén fuera de sus murallas. Puesto que la muralla de la ciudad proporcionaba seguridad contra el enemigo en los tiempos del Antiguo Testamento, el pacífico lugar más allá de las murallas implicaba libertad de ser atacado. En la visión de Josué se hizo provisión para una adecuada intercesión a favor de Israel. Inmediatamente después se le dio la seguridad de que Zorobabel sería revestido de poder por el Espíritu de Dios para completar la construcción del templo. A pesar de la maldición aplicada a los malvados y pecadores, la iniquidad estaba siendo realmente suprimida de la tierra. En conclusión, la patrulla de carros bajo el mando del Señor de la tierra, llevaría la tranquilidad a los reconstructores del templo. A todos aquellos que fueron receptores del mensaje del profeta y ejercitaron su fe en Dios, aquella oportuna palabra tuvo que haberles proporcionado un verdadero aliento, en momentos en que tanta ansiedad existía mientras se recibía el veredicto de Darío.

Extraordinaria y predictiva fue la acción simbólica del profeta (6:9-15). Con una corona de oro y plata y acompañado por tres judíos de Babilonia, Zacarías coronó a Josué como sumo sacerdote.[10] Muy significativo también fue la elección de Josué, para significar el Renuevo que construiría el templo cuando las naciones desde lejos, le prestarían su apoyo a ayuda.[11] La gloria, el honor y la paz acompañan a este gobernante en su combinación, única de realeza y sacerdocio. Estas dignidades estaban separadas en Judá incluso en los días de Zacarías.

La corona simbólica era para estar colocada en el templo como monumento conmemorativo. El mensaje del profeta sería certificado por la inmediata ayuda que iban a recibir (6:15).

Tampoco se indica con, qué prontitud les llegó la respuesta de Darío. Pero llegó con el veredicto favorable a los judíos. Darío, el rey persa, no solamente anuló el intento de Tatnai y sus colegas de gobierno para detener la construcción, sino que ordenó que ellos ayudasen a los judíos con suministros materiales y con tributos y ayuda económica (Esdras 6:6-15).

Dos años transcurrieron, en el programa de construcción. Una delegación de Betel llega a Jerusalén con una consulta referente al ayuno.[12] Zacarías les recuerda que la ira de Dios había caído sobre Jerusalén a causa de que sus antepasados no obedecieron la ley ni escucharon a los profetas, quienes les habían advertido (7:4-14). El Señor de los ejércitos es celoso por Sión y restaurará Jerusalén. Los que queden serán reunidos desde el este y desde el oeste de tal forma que una ligazón satisfactoria y de dependencia mutua será forjada entre Dios y su pueblo (8:1-8).

La inmediata aplicación a su auditorio es dada en 8:9-19. La admonición de Zacarías es que se redoblen los esfuerzos en el programa de reconstrucción. Dios hizo a Israel un objeto de burla entre las naciones, pero ahora se ha propuesto hacer el bien para su propio pueblo. Permitirá que la verdad, la justicia y la paz prevalezcan entre ellos. Permitirá también que el ayuno se torne en, días de alegría.[13] Cuando Dios es reconocido en Jerusalén, el pueblo ambicionará el favor divino. Los judíos serán buscados por las naciones porque reconocerán que Dios está con su pueblo (8:20-23).

No se da la fecha para la última parte del libro de Zacarías. Puesto que no se dan referencias al proyecto de la reconstrucción, es verosímil que este mensaje fuese dado tras la dedicación del templo. Presumiblemente

---

10. El plural «coronas» en hebreo, denota una simple corona de oro y plata mezclados o varias diademas. Ver Keil, *op. cit.*, en su comentario sobre 6:11.

11. Normalmente la corona real era entregada al gobernante político. R. H. Pfeiffer, *op. cit.*, pp. 605-606, cambia el texto, leyendo «Zorobabel» por «Josué», en 6:11, y afirma que Zorobabel estaba coronado en secreto, pero suprimido como gobernador por los persas. Falta la evidencia que apoye esta teoría. Ver *New Bible Commentary*, p. 754. Albright, *op. cit.*, p. 50, no ve indicación de que Zorobabel fuese, de ningún modo, desleal a la corona.

12. Ver también Keil, *op. cit.*, en la discusión de esta referencia.

13. Nótense los días del ayuno y los eventos conmemorados por los judíos en el cautiverio:

4.° mes, 9.° día - Las puertas de Jerusalén derribadas por Nabucodonosor. Jer. 39:2-3; 52:6-7.
5.° mes, 10.° día - La quema del templo. Jer. 52:12-13.
7.° mes, 3.er día - Muerte de Gedalías. II Reyes 25:22-25.
10.° mes, 10.° día - Comienzo del sitio a Jerusalén. II Reyes 25:1.

esto representa en mensaje de Zacarías durante un período posterior de su carrera profética.

Mientras que las naciones circundantes están sujetas a la ira de Dios (9:1-8), Jerusalén tiene proyectos de contar con un rey triunfante (9:9-10). Aunque humilde y sencillo en apariencia, el rey es justo y llevará la salvación. En su universal dominio, hablará de paz a todas las naciones. En nombre de Jerusalén, el Señor de los ejércitos ejercitará su poder protector contra el enemigo (9:11-17). El salvará a los suyos, ya que son el rebaño de su pueblo. Como una oveja sin pastor, los israelitas están desperdigados, pero Dios les rescatará. Castigando a los falsos profetas y pastores, Dios reunirá su rebaño, Efraín junto con Judá. Ellos vendrán desde todas las naciones, incluso desde tierras distantes, mientras que el orgullo de los paganos caerá por tierra (10:1-12).

Los pastores infieles de Israel están a punto de ser consumidos en un terrible juicio (11:1-3). Mediante un segundo acto simbólico, Zacarías es invitado a convertirse en el pastor de Israel (11:4-7).[14] En un sentido, el profeta está actuando con la capacidad del Señor de los ejércitos, quien es el verdadero pastor de Israel.[15] Mientras que él asume este papel, Dios describe la terrible suerte que aguarda a Israel en manos de los falsos pastores. Israel está condenada. En vano, el pastor intenta salvar a su rebaño, pero éste le detesta. Patético también el sino del rebaño entre los traficantes de ovejas cuyos pastores no se cuidan de ellas. De igual manera, Dios expondrá a Israel a sufrir entre las naciones, a causa de haber rechazado a su verdadero pastor.

Aunque abandonada a las naciones para el juicio, Israel tiene un lugar en los planes de Dios. El día llegará en que Israel se convertirá en una piedra onerosa para las naciones. Sión se sentirá reforzada y Judá emergerá con la victoria sobre todas las naciones que han ido contra ella (12:1-9).

En este día de victoria, los israelitas se tornarán en un espíritu de gracia y de súplica a Aquel que una vez rechazaron (12:10-14).[16] El pueblo de Jerusalén tendrá y se servirá de una fuente para limpiarse del pecado y la suciedad. No sólo el pueblo, sino que también la tierra será limpiada. Los ídolos serán barridos de la memoria y los falsos profetas relegados al olvido (13:1-6).

El sufrimiento y la pena del verdadero pastor tendrán como resultado la dispersión de las ovejas. Aunque perecerán dos tercios del pueblo, el remanente sobrevivirá a los fuegos purificadores. Esos tornarán a Dios y reconocerán que es el Señor (13:7-9).

En el día del Señor, todas las naciones serán reunidas en Jerusalén para la batalla. Desde el monte de los Olivos, el Señor resistirá a los enemigos y se convertirá en el rey de toda la tierra. Jerusalén, con un suministro de agua sobrenatural, quedará establecida con seguridad. La oposición presa del pánico se desintegrará de tal forma que la riqueza de todas las naciones será recogida sin interferencia. Todos los supervivientes irán a Jerusalén a adorar al Rey, el Señor de los ejércitos, y a guardar la Fiesta de los Tabernáculos. Con Jerusalén establecida como el punto focal de todas las naciones,

---

14. Para un resumen de las variadas interpretaciones de este pasaje, ver Feinberg. *op. cit.*, pp. 197-217.
15. Ver Ezeq. 34:11-31, Is. 40:10-11, y otros que están claramente identificados con el último Mesías. Comparar también Salmo 23 y Juan 10.
16. Ver Zac. 11:8, donde el verdadero pastor es detestado.

el culto a Dios será purgado de toda impureza en forma tal, que toda la vida pueda redundar en su magnificación.

Malaquías —el aviso profético final —Malaquías 1:1 - 4:6

La única mención del nombre "Malaquías" está en el primer versículo de este libro. Puesto que Malaquías significa "mi mensajero" la Septuaginta lo considera como un nombre común. El hecho de que todos los otros libros en este grupo están asociados con los nombres de los profetas, favorece el reconocimiento de Malaquías como su nombre propio.

Es difícil afirmar el tiempo en que se desarrolló el ministerio de Malaquías. El segundo templo ya estaba en pie, el altar de los sacrificios en uso y los judíos y su comunidad se hallaban bajo la jurisdicción de un gobernador persa. Esto coloca su actitud subsiguiente a los tiempos de Hageo y Zacarías, cuando el templo había sido reconstruido. Se conoce tan poco respecto a la condición del estado de Judá desde la dedicación del templo a la llegada de Esdras, que es imposible fijar una fecha concluyente para las profecías de Malaquías. El contenido del libro ha conducido a algunos a Malaquías con los tiempos de Nehemías.[17] Otros prefieren fecharle con anterioridad a la estancia de Esdras en Jerusalén, aproximadamente en el 460 a. C.[18]

Malaquías tiene la distinción de ser el último de los profetas hebreos.[19] Llega como un mensajero final para advertir a una generación apóstata. Con vigorosa claridad, perfila la vida y la esperanza final del justo en contraste con la maldición que aguarda a los malvados. Su mensaje entra en las siguientes subdivisiones:

I. Israel como nación favorecida de Dios	Malaquías	1:1-5
II. La falta de respeto de Israel hacia Dios		1:6-14
III. Reproche a los sacerdotes infieles		2:1-9
IV. La Judá infiel		2:10-16
V. Requerimientos de Dios		2:17-3:15
VI. El destino final de los justos y los malvados		3:16-4:6

La peculiar relación de Israel con Dios es el tema introductorio del mensaje de Malaquías. El Señor de los ejércitos ha elegido a Jacob. Edom, que desciende de Esaú, el hermano gemelo de Jacob, no volverá a estar en condiciones de afirmarse sobre Israel. El dominio del Señor se extenderá más allá de las fronteras de Israel para incluir a la sojuzgada tierra de Edom (1:2-5).

Pero Israel ha deshonrado a Dios. Al ofrecerle animales impuros o robados en sacrificio, el pueblo demuestra su falta de respeto hacia Dios. Ellos no se atreverían a tratar a su gobernador en esa forma. El nombre

---

17. C. F. Keil, *op. cit.*, pp. 423-429, siguiendo a Vitringa en enlazar a Malaquías con Nehemías. E. J. Young, *op. cit.*, p. 276, apoya esta posición.
18. Ver R. H. Pfeiffer, *op. cit.*, p. 614, y J. T. H. Adamson, «Malaquías», en *The New Bible Commentary*, pp. 764-767.
19. Para profetas fechados más tarde por ciertos eruditos del Antiguo Testamento, ver la discusión representativa de Anderson, *Understanding the Old Testament*, p. 449, para Joel, 503-504 para Jonás, y 515-520 para Daniel. No se dispone de evidencia histórica para fijar una fecha precisa para Joel, Jonás y Daniel y no son considerados como personajes históricos por Anderson.

de Dios es reverenciado entre las naciones, pero no en Israel. El no será tratado de esta manera por su pueblo elegido. El fraude garantiza la maldición divina (1:6-14).

Los sacerdotes son retirados para su retribución. Dios ha hecho una alianza con la tribu de Leví de tal forma que mediante ellos, el conocimiento y la instrucción pueden ser impartidas al pueblo. Por infidelidad en su responsabilidad, llegarán a ser despreciados por el pueblo a quien ellos conducen (2:1-9).

El pueblo de Judá ha profanado el santuario, por los matrimonios mixtos con gentes paganas. Las esposas extranjeras han introducido la idolatría. Igualmente cargados con el divorcio, el pueblo no puede ganar la aceptación de sus ofrendas ante el Señor de los ejércitos (2:10-16).

Después de todo esto, Malaquías recuerda bruscamente a su auditorio que han enfadado a Dios por su fracaso en buscar los caminos justos. Dios está a punto de enviar a su mensajero a su templo para juzgar, purificar, y refinar a su pueblo. Los cargos contra ellos son: brujería, adulterio, falsos juramentos, el fallo en entregar los diezmos, y la injusticia social hacia los asalariados, las viudas, los huérfanos y extranjeros. Por su conducta, ellos han menospreciado la sabiduría de servir a Dios fielmente (2:17-3:15).

Dios es conocedor de aquellos que le temen, ellos son su especial posesión. Registrados en el libro del recuerdo, los justos están designados para la salvación en el día de la ira de Dios. Aquellos que han sido presuntuosos y han promovido la maldad, perecerán como el rastrojo en un campo en llamas tras la cosecha. El temor de Dios, por otra parte, se acrecentará (3:16-4:3).

En conclusión, Malaquías exhorta a su propia generación para que obedezca la ley de Moisés (4:4-6). Con el terrible día del Señor pendiente, el profeta les recuerda que el juicio será precedido por un período de misericordia aligerado con la llegada de Elías. Predictivo en importancia, el nombre "Elías" sugiere un tiempo de resurgimiento mediante un individuo enviado por Dios. Tal persona, ya ha sido prometida (3:1). Cuatro siglos más tarde, este mensajero fue identificado (Mat. 11:10,14).

BIBLIOGRAFÍA SELECTA

* Libros en castellano

BARON, D. The Vision and Prophecies of Zechariah. Grand Rapids: Kregel Publications, 1973.

FEINBERG, C. L. God Remembers: A Study of the Book of Zechariah. Wheaton, IL: Van Kampen Press, 1950.

_____. Habakkuk, Zephaniah, Haggai and Malachi. Seattle: Pacific Meridian Publishing Co., 1951.

LOGSDON, S. F. Malachi: Will a Man Rob God? Chicago: Moody Press, 1961.

* TATFORD, F. A. Hageo: El profeta de la restauración. Grand Rapids: Editorial Portavoz, 1974.

UNGER, M. F. Commentary on Zechariah. Grand Rapids: Zondervan Publishing House, 1962.

* WOLF, H. Hageo y Malaquías: Rededicación y renovación. Grand Rapids: Editorial Portavoz, 1980.

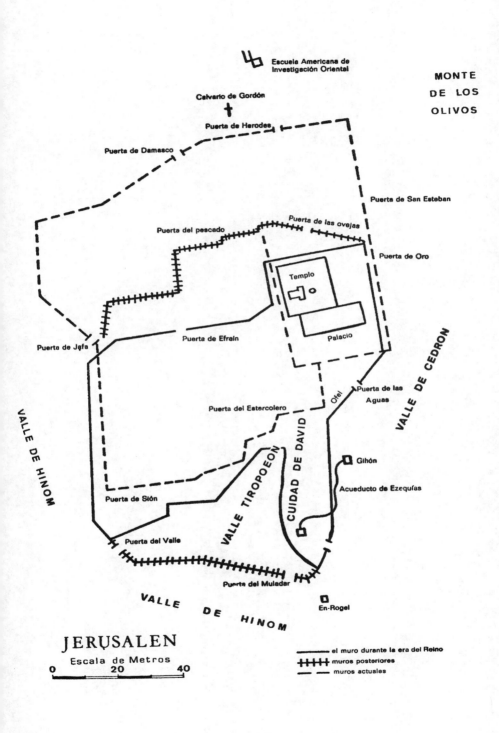

Escuela Americana de
Investigación Oriental

Calvario de Gordón

Puerta de Herodes

Puerta de Damasco

MONTE
DE LOS
OLIVOS

Puerta de San Esteban

Puerta del pescado

Puerta de las ovejas

Puerta de Oro

Templo

Palacio

Puerta de Efrain

Puerta de Jafa

VALLE DE CEDRON

Puerta del Estercolero

Ofel

Puerta de las
Aguas

Gihón

CUIDAD DE DAVID

Acueducto de Ezequías

VALLE DE HINOM

VALLE TIROPOEON

Puerta de Sión

Puerta del Valle

Puerta del Muladar

En-Rogel

VALLE   DE   HINOM

JERUSALEN
Escala de Metros
0   20   40

——— el muro durante la era del Reino
+++++ muros posteriores
--- muros actuales

Indice de textos bíblicos

Indice de los mapas

407

Indice de nombres y asuntos

EDITORIAL
PORTAVOZ

NUESTRA VISIÓN

Maximizar el efecto de recursos cristianos de calidad que transforman vidas.

NUESTRA MISIÓN

Desarrollar y distribuir productos de calidad —con integridad y excelencia—, desde una perspectiva bíblica y confiable, que animen a las personas a conocer y servir a Jesucristo.

NUESTROS VALORES

Nuestros valores se encuentran fundamentados en la Biblia, fuente de toda verdad para hoy y para siempre. Nosotros ponemos en práctica estas verdades bíblicas como fundamento para las decisiones, normas y productos de nuestra compañía.

Valoramos la excelencia y la calidad
Valoramos la integridad y la confianza
Valoramos el mérito y la dignidad de los individuos
 y las relaciones
Valoramos el servicio
Valoramos la administración de los recursos

Para más información acerca de nuestra editorial y los productos que publicamos visite nuestra página en la red: www.portavoz.com